한국 통신산업에 있어서
지배구조와 고용구조
1876-1945

Governance Structure and Employment Structure
in the Korea Communication Industry, 1876 - 1945

박이택 지음

한국 통신산업에 있어서
지배구조와 고용구조
1876-1945

KSI 한국학술정보㈜

책을 내면서

 필자는 대학 4학년이었던 1986년에 졸업 이후의 진로를 고민하면서, 한국경제사를 연구하겠다는 결심을 하였다. 이듬 해인 1987년에 대학원에 입학하여, 안병직 교수님의 지도를 받으며, 한국경제사를 공부하기 시작하였다. 돌아보면, 벌써 20년의 세월이 흘렀다. 그 과정에서 2000년 2월에는 『해방이전 통신사업의 전개과정과 고용구조』라는 제목의 박사학위논문을 제출하였다. 박사학위논문을 제출한 지 벌써 7년이 넘었다. 아직 책으로 출판하지 못하였던 것은 필자의 게으름 때문이기도 하지만, 박사학위논문을 조금 더 개선시켜 좋은 연구서를 만들어 출판해야겠다는 생각도 있었기 때문이다.

 그러나 박사학위를 받고 난 후, 필자는 여러 이유로 박사학위논문과는 다른 주제들을 연구하게 되었다. 조선후기 경제사나 식민지기 국민소득추계 등이 그것이다. 이 연구주제들은 너무나 해보고 싶은 것들이었기 때문에, 이 분야에 달려들었다. 이 분야들은 필자에게는 새로운 연구영역이었기 때문에, 많은 투자를 하지 않으면 안 되었다. 때문에, 박사학위논문을 개선시켜 좋은 연구서로 만들겠다는 생각은 뒷전으로 밀려나 있었다.

 2년 전 필자는 한국학술정보로부터 박사학위논문을 책으로 출판할 의향이 없느냐는 제의를 받았다. 이즈음 조선후기 경제사나 식민지기 국민소득추계 등의 작업도 일단락이 되었기 때문에, 좋은 기회이다 싶어, 그 제의를 수용하였는데, 그로부터 얼마 되지 않아, 일본으로 유학의 길을 떠나게 되었다. 따라서, 다시 논문을 수정하는 작업은 차일피일 미뤄지게 되었다. 일본 유학 동안 학위논문과 관련된 몇 가지 자료를 모으고, 관련된 연구서를 조금 읽기는 하였지만, 논문을 수정하는 작업에 큰 진척은 없었다. 일본에서는 또 그곳에서 하여야 할 다른 연구가 있었기 때문이다. 필자는 일본으로 가기 전에 6년 동안 성균관대학교 경제학부 BK21에 소속되어 있었는데, 일본에서 귀국하여 다시 성균관대학교 경제학부 BK21 연구교수 생활을 하게 되었다. BK21 단장님이 박사학위논문을 책으로 펴내는 작업을 하는 것이 좋겠다는 제안도 하여, 중단되었던 논문 수정작업을 다시 시작하였다.

많은 개선을 하여 좋은 연구서를 만들려고 하였지만, 그것이 용이한 일이 아님을 알게 되었다. 박사학위논문을 썼던 나는 현재의 나와는 또 다른 나였음을 확인하였다. 지난 7년 동안, 조선후기 경제사나 식민지기 국민소득추계에 대해서는 보다 심도 있는 이해를 할 수 있게 되었지만, 개항기와 식민지기 한국 통신사업의 지배구조와 고용구조에 관한 한 7년 전의 나는 현재의 나보다 훨씬 더 전문적이었다. 이 논문을 대폭적으로 수정할 전문성이 현재의 나에게 없음을 확인하여, 논문의 수정은 윤문하는 정도에서 멈추었다.

여러모로 부족한 필자가 이 정도의 책이나마 낼 수 있었던 것은 많은 분들의 도움이 있었기 때문이다. 먼저 서울대학교 경제학부의 여러 선생님들의 사은을 잊을 수 없다. 김종현, 안병직, 양동휴 선생님은 필자를 한 명의 경제사 연구자로 인도하여 주신 분들로서 이 자리를 빌려 감사드린다. 그리고, 박사학위논문의 심사에 참가하여 여러 조언을 주신, 오두환, 이영훈, 홍기현, 이철희 선생님들에게도 이 자리를 빌려 감사드린다. 필자는 박사학위논문을 쓰는 동안 김태성 논문 장학생으로 선발되어 소정의 장학금을 수여받았다.

동 장학금은 박사학위 논문을 발전시키는 데 유용하게 사용하였다. 늦었지만 고 김태성 교수님과 그 가족에게 감사드린다.

　비록 젊은 나이에 돌아가셨지만, 성실하고 근면하게 살아가는 생활 태도를 길러주신 아버지와, 늘 자상하게 돌봐주시는 어머니, 그리고 아버지 역할을 대신하기를 피하지 않았던 형, 그리고 학자로서의 길을 걸어가는 데 여러모로 도움을 준 누나들과 형수, 매형들에게 이 자리를 빌려 감사드린다. 나의 동반자 이수미가 없었다면 먹고살기도 힘든 경제사를 계속 공부하기는 어려웠을 것이다. 그리고 공부를 한다고 별로 돌보아 주지 않았는데, 밝게 커 준 나의 두 딸 민서와 서정이에게도 감사를 표한다. 또 이렇게 책을 출판할 기회를 주시고, 또 예쁘게 책을 만들어 주신 한국학술정보의 여러 선생님께도 감사드린다.

2007년 11월 20일
돈암동에서 북악산을 바라보며
박 이 택

목 차

서 론

1. 문제제기

해방 이후 한국은 국가주도 산업화를 통하여 경제발전을 이룩하였다. 한국의 산업화는 국가주도 산업화였다는 평가에 대해 큰 이견은 없는 듯하지만, 어떻게 하여 산업화를 선도할 수 있는 국가가 한국에서 형성되었는가에 대해서는 별로 연구된 바 없다.[1]

최근 조선후기에 관한 수량경제사적 연구가 축적되면서, 조선후기 경제의 동학이 어느 정도 구명되었다. 이와 같은 성과에 입각하여 조선후기 경제체제의 비교사적 특질을 구명하려는 시도도 이루어지고 있다. 이 연구들에 의하면, 조선왕조는 조세와 환곡(還穀)을 두 축으로 하는 재분배체계를 경제체제의 기축으로 하고 있었다. 재분배체계는 조선경제를 광역적으로 통합하고 경제의 안정적 재생산을 유지하는 데 있어 매우 중요한 역할을

---

[1] Gerschenkron(1962)은 유럽 후발국의 산업화 과정을 분석하여, 후발국의 경우 국가나 은행이 산업화를 견인하는 데 있어 중요한 역할을 하였음을 구명하였다. 거센크론은 후발국에 있어 국가나 은행이 행한 자본동원과 배분에 주목하였는데, 후발성의 정도가 심한 경우 국가가 중심적인 역할을 하고, 산업화가 진전되어 신용체계가 갖추어지면, 은행이 중심적인 역할을 한다고 파악했다. 그러나 그는 산업화를 추진할 수 있는 국가가 어떻게 형성되는가에 대해서는 자세한 분석을 하고 있지 않다. 해방이후 한국의 산업화가 국가주도 산업화였음을 고려한다면, 한국의 산업화의 역사적 조건의 하나로서 산업화를 주도할 수 있는 국가의 형성을 고찰할 필요가 있다.

하였지만,[2] 산업화를 추진하거나 지향하는 것과는 거리가 있었다. 국가는 산업화를 지지하는 제도 및 인프라스트럭처를 구축하고, 산업화에 필요한 자금을 동원하여 지원함으로써 산업화를 선도할 수 있는데, 조선왕조의 재분배체계는 이것과는 무연의 것이었다. 따라서, 한국에 있어 국가주도 산업화의 역사적 전제조건으로, 산업화를 선도하는 기능을 담당할 수 있는 국가의 형성을 구명하지 않으면 안된다. 한국에서는 언제 그리고 어떻게 산업화를 추동하는 국가체계가 형성되었는가. 산업화를 추동하는 국가체계의 형성은 그와 같은 국가를 형성하지 않으면 안 된다는 위기의식을 배경으로 한다. 유럽 각국에 있어 이와 같은 위기의식은 영국의 산업화를 배경으로 형성되었다. 동아시아에 있어 이와 같은 위기의식은 구미 선진 자본주의 제국의 동아시아 진출을 배경으로 형성되었다. 구미 자본주의 제국은 자국식의 통상질서를 형성하고자 하였는데, 이것을 상징하는 것이 무력을 배경으로 하여 강요한 개항이었다.

한국에서도 개항 이후 산업화를 하지 않으면 국가를 유지하기 어렵다는 위기의식이 형성되기 시작하였으며, 이를 배경으로 하여 산업화를 추동하는 제도적 물적 인프라스트럭처가 미약하나마 형성되기 시작하였다. 물론 한국에 있어 산업화를 추동하는 제도적 물적 인프라스트럭처의 형성과정이 유럽대륙의 후발국들과 같았던 것은 아니다. 아시아에서의 개항은 유럽의 선진자본주의 국가를 중핵으로 한 불평등 조약 체계에 아시아가 포섭되는 과정이었다. 즉 산업화를 지지하는 제도적 물적 인프라스트럭처의 구축과정은 세계경제체제의 종속국 내지 식민지로 재편되는 과정이기도 하였다. 한국은 개항기에 산업화를 자립적으로 추동할 만한 체제를 갖추지 못하고,

---

2 박이택(2005)은 18세기 한중일 삼국의 경제체제를 비교적으로 파악하였는데, 그에 의하면, 조선의 재정규모는 당대의 일본에 비해 더 많았다고 할 수는 없었지만, 광역적 통합을 상징하는 바의 미곡의 원격지 물류에서 재정적 물류가 차지하는 비중은 매우 높았음을 보여주고 있다.

일본의 식민지로 전락하게 되었음은 잘 알려진 사실이다. 일본 제국주의는 한국을 일본 경제권의 식민지로 재편하고, 식민지로 통치하기 위해 제도적 물적 인프라스트럭처를 구축하였다.

개항기와 식민지기 한국에서의 제도적 물적 인프라스트럭처의 구축과정은 자주적인 근대화에 성공한 국가와는 상이한 형태로 진행되었다. 자주적 근대화를 근대화의 이념형으로 설정하는 기존 연구들은 개항기를 조선왕조의 자주적인 근대화 노력이 제국주의의 외압에 의해 좌절되어 가는 시대로, 그리고 식민지기를 식민지적 수탈 속에서 조선인이 몰락되어 가는 시대로 파악하였다. 그러나 최근 이 시기에 대한 거시경제적 연구와 미시경제적 연구들이 축적되면서, 이와 같은 통설적인 역사상과는 상이한 증거들이 제출되고 있다. 개항기와 식민지기에 대한 장기 거시경제지표들은 1890년대 중반을 획기로 19세기의 경제적 위기에서 20세기적 성장으로 전환하였음을 보여주고 있다. 또한 농업이나 공업부분에 있어 조선인의 경제활동양식을 고찰하는 미시적인 사례연구들은 이 기간 동안 조선인은 몰락하여 갔던 것이 아니라, 새로운 체계에 적응하면서 자신의 성장을 도모하고 있었다.[3] 성장추세의 형성 및 이를 담지하는 경제주체의 형성이라는 이 시대의 변화상은 자주적 근대화를 이념형으로 하는 통설적 견해에서는 폄훼되어 왔다.

이 책은 성장추세의 형성과 이를 담지하는 경제주체 즉 국가를 위시한 여러 개발세력의 형성이 개항기와 식민지기에 어떻게 이루어지고 있었는가를 통신사업을 중심으로 하여 고찰한 것이다. 개항기와 식민지기 통신산업은 산업화를 지지하는 사회기반사업이었을 뿐만 아니라, 국가가 전장하는 국가독점사업이었다. 따라서 이 시기 통신산업은 근대화를 추동하는 국가체제의 형성 및 변화과정을 고찰할 수 있는 중요한 연구대상이다.

---

[3] 식민지기에 조선인의 성장에 관한 연구들은 많이 축적되고 있는데, 이중 가장 대표적인 연구서로는 安秉直·中村哲 공편(1993), 安秉直·李大根·中村哲·梶村秀樹 편(1990), 李榮薰·張矢遠·宮嶋博史·松本武祝(1992)를 들 수 있다.

이 책에서는 근대화를 추동하는 국가체제의 형성 및 변화과정을 두 가지 측면에서 고찰하고자 한다. 첫째, 사적 소유권에 기반한 국가의 의사결정체제의 형성과정이다. 조선왕조는 국가적 토지소유에 기반한 수취체계 위에서 운영되었던 국가였다. 국가적 토지소유는 사적 토지소유의 발전을 억압하고, 영업의 자유를 제한함으로써 근대화를 저해하는 작용을 하였다. 그러나 이 시기 동안 국가적 토지소유가 폐지되고, 사적 토지소유와 영업의 자유가 확립되면서, 국가는 민간에게 재화와 용역을 제공하기 위해 필요한 조세를 징수하는 국가로 전환되었다. 국가체계의 이러한 변화는 동시에 국가가 제공하는 재화와 용역에 대한 공공선택체계가 형성되는 과정이기도 하였다. 이와 같은 변화가 통신사업에서는 어떻게 진행되고 있었는지를 고찰하고자 한다.

둘째, 국가기구의 조직원리 및 운영방식의 변화과정이다. 조선왕조의 국가기구 운영원리는 기본적으로 관료제였다. 시험에 의한 선발, 인사고과에 의한 승진, 부패방지와 관리능력을 증진하는 직무순환 등은 조선왕조의 국가기구 운영원리로서 발전되어 있었다. 이와 같은 관료제적 운영원리는 현재에도 살아남아 있다. 그러나 조선시대의 관료제는 주자학적 질서를 구현하는 것을 목적으로 하고 있었으며, 品階制度(품계제도)와 신역제도(身役制度)에 기반한 신분질서에 의해 조직되어 있었다는 점에서 현재의 국가기구와는 다르다. 산업화를 추동하는 국가체제는 산업을 지도하고 관리할 수 있는 지식과 능력을 갖춘 관리들을 양성하여 선발하고, 이들이 산업환경의 필요에 적합한 정책을 결정하고 집행할 수 있는 의사결정체계를 갖추지 않으면 안 된다. 개항기와 식민지기에는 산업화를 지도하고 관리하는 데 필요한 정부기관이 형성되고, 이들 기관에 필요한 인재를 양성하고 채용하는 제도가 형성되면서, 품계제도와 신역제도 대신에 관등봉급제(官等俸給制)와 고용제도(雇用制度)가 형성되었다. 관등봉급제와 고용제도는 구래의 것과 비교할 때 현업 종사자(現業從事者)의 지위를 보다 높인 것이었다. 현업중심주의(現業中心主義)에 기반한 조직 체계 및 문화는 선진국의 발전된 제도와 기술을 효율적으로 활용하기에 적합한 것으로서, 후발공업화를 추진하는 국가에 있어서는 바람직한 조직체계로 인식되고 있다. 현업중심주의에 입각한 조직체계 및 조직문화로의 변화는 현업원이 사업의 중심을 이루고 있는 통신사업의 형성 및 전개과정을 통하여 고찰할 수 있다.

개항기와 식민지기에는 근대화를 추진하는 국가체제가 형성되었는데, 그것은 근대화 과정 속에서 형성되었던 유럽의 국가체제를 수용하는 과정이었다. 근대 유럽의 국가체제의 수용은 단순한 법률적인 변화만으로 종결되는 것은 아니다. 조선인이 이 체제에 적합한 주체로 변용되어 새로운 체제의 유효한 작동을 구현하지 않으면 안 된다. 특히 조선에서는 새로운 국가체제의 형성이 식민지 지배체제 형성의 일환으로 진행되었기 때문에, 국가체제의 변화와 새로운 체제의 담지자로의 조선인의 주체적 변용은 괴리될 수 있다. 때문에, 근대화를 추동하는 국가체제의 형성과 별개로, 이에 대응하여 조선인이 어떻게 이 체제의 담지자로서 주체적인 변용을 경험하게 되었는가를 고찰하지 않으면 안 된다. 이 책에서는 다음과 같은 세 가지 측면에서 조선인의 주체적 변용을 고찰하고자 한다. 첫째는 공공선택체계의 형성과 관련하여 조선인이 어떠한 참가체계를 가지게 되었는가를 파악하는 것이다. 둘째는 제도적 물적 인프라스트럭처의 형성 및 발전에 직면하여 조선인이 이들 제도와 시설을 어떻게 자기 성장의 기회로 활용하고 있는가를 파악하는 것이다. 셋째는 새롭게 구축되고 있었던 관료제하에서 조선인은 관리와 고용인으로서, 선진적인 기술과 조직원리를 어떻게 학습하여 가고 있었는가를 파악하는 것이다.

2. 연구대상과 본문의 구성

이 책은 개항기와 식민지기 조선에 있어서 성장추세의 형성과 이를 담당하는 국가체제 및 경제주체의 형성이 어떻게 진행되고 있었던가를 통신사업을 중심으로 하여 고찰한 것이다.

통신사업은 세계적으로 보면 19세기 중반 이후 급속하게 성장하여 온 사업이다. 1840년 영국에서 롤란드 힐의 제안으로 페니 포스트제가 도입된 이래 우편은 대중 통신수단으로서 빠른 성장을 이룩하였다. 이후 발전한 전신과 전화는 보다 빠른 통신을 실현함으로써, 대중 통신의 고속화를 실현하였다. 영국을 비롯한 일부 선진국의 경우, 근대적인 통신사업의 발전은 산업혁명에 선행하거나 산업혁명과 동시적으로 이루어졌다. 그러나 대부분의 후발국들에서는 통신사업의 발전은 산업혁명에 선행하여 진전되었다.[4] 일본과 한국에 있어서 통신사업은 근대화를 추진하기 위해 국가가 주도적으로 건설한 대표적인 인프러스트럭처이다. 조선에서 우편사업은 1884년에, 전신사업은 1885년에 실시되었다. 우편사업은 문명개화를 추진하고 있었던 개화당(開化黨)에 의해, 그리고 전신사업은 조선에 대한 지배권을 강화하고자 하는 청국(淸國)의 주도에 의해 개시되었으며, 이후 국가의 근대화 시책의 행보와 발맞추어 변화되어 갔다.

이 논문은 당시 전개되고 있었던 통신사업을 세 가지 측면에서 고찰하고

---

[4] 杉山伸也(1990)는 일본의 근대화의 특질의 하나로서 산업혁명에 선행하는 정보혁명을 들고 있다. 여기에서 정보혁명은 우편과 전신 전화의 보급을 의미하는 것이다. 그는 이 연구에서 당시 통신사업의 성장이 언제 이루어지고 있는가에 초점을 두었으며, 이 정보혁명이 산업혁명의 과정에 어떠한 영향을 미쳤는가에 대한 연구를 수행하고 있지는 않다. 石井寬治(1994)도 일본의 근대화의 특질로서 산업혁명에 선행하는 통신혁명을 들고 있다. 그는 통신산업의 발전이 가져온 정보독점구조에 초점을 두고 연구하였는데, 이 정보독점구조를 통하여 일본근대화에 미친 통신혁명의 영향을 파악하고 있다.

자 한다.

제1장 '근대적 통신기관의 도입과 전개'에서는 통신사업의 영업권의 소유구조와 통신기관의 보급과정을 중심으로 하여, 당시 근대화의 추동력과, 근대화 과정에서 새로게 정립되고 있었던 공공선택체계를 고찰한다.

통신사업의 영업권은 통신주권과 통신사업에 대한 국가독점권을 중심으로 고찰한다. 자유무역체제하에서 국가는 통신기관의 보급과 영사관 보고체계(領事官報告體系)의 확립을 통하여 산업발전과 무역진흥에 필요한 정보인프라 및 정보서비스를 제공한다. 통신주권의 확립은 이러한 국가활동을 전개하기 위한 전제조건이다. 개항기에 열강들은 자신들의 이익을 위해 조선의 통신주권을 제약하고 있었는데, 통신주권의 제약은 불평등 조약 체계(不平等條約體系)의 일부를 이루는 것이다. 개항기 통신주권의 존재양태의 변화를 추적하는 것은 통신사업을 통하여 당시 불평등조약체계의 변화과정을 고찰하는 것이기도 하다. 또한 통신사업에 있어서의 국가독점권의 행사방식은 사적 소유권의 확립실태를 파악할 수 있는 좋은 소재이다. 대부분의 국가에서 통신사업은 국가독점으로 운영되는데, 국가독점은 영업의 자유에 대한 예외로 설정된 것이다. 물론 민간에 의한 통신사업을 전적으로 배제하고 있는 것은 아니었다. 국가독점의 예외로서 사설전신전화제도 등을 두고 있다. 즉 영업의 자유를 인정하고, 그 위에 국가독점이라는 예외를 인정함과 동시에 국가독점의 예외로서 사설전신전화제도를 두고 있는 것이다. 조선에서는 이와 같은 근대적 통신사업의 영업권의 소유구조가 어떻게 확립되어 갔는가를 고찰함으로써, 사적 소유권의 정립과정을 고찰할 수 있다.

통신기관 보급과정의 특질은 통신기관의 지배구조 및 통신기관 설립유지비용의 분담체계와 관련하여 파악하고자 한다. 통신사업은 관청기업(官廳企業)의 형태로 운영되었지만, 모든 통신기관이 직영기관이었던 것은 아니다. 직영기관이 아닌 통신기관으로 대한제국기에는 임시우체사(臨時郵遞司)

가 있었으며, 보호국기와 식민지기에는 다양한 청부기관이 있었다. 이 기관
들이 통신기관의 대부분을 차지하고 있었으므로, 이 기관들의 창설 및 운
영형태를 분석하는 것은 통신기관 보급과정 및 그 특질을 파악하는 데 있
어 핵심적인 문제이다.

통신기관 창설 유지 비용은 국가재정에 의해 조달된 것만은 아니다. 이
이외에도 다양한 비용조달 방법들이 있다. 이러한 비용조달 방법으로는 보
호국기의 특설전화제도(特設電話制度), 식민지기의 청원통신시설제도(請援
通信施設制度), 전신전화 기부금제도(電信電話寄附金制度) 등을 들 수 있다.
이 비용조달방법들은 모두 비용을 분담하는 지역에 우선적으로 통신기관을
보급하는 방법이었으므로, 이 제도들과 관련하여 통신기관 유치운동이 전
개되었다. 통신기관의 운영형태, 통신기관 창설 유지 비용의 분담체계, 통
신기관 유치운동은 상호 결합되어 전개되고 있었으므로, 이들 간의 상호관
련성을 구명할 필요가 있다.

제2장 '통신 사용량의 추이'에서는 통신 사용량의 성장요인을 분석하고, 통
신 사용량에 포함되어 있는 다양한 정보를 활용하여 당시 전개되고 있었던
조선의 근대화 양상을 고찰한다. 통신 사용량의 성장요인은 공급 측 요인과
수요 측 요인으로 구분할 수 있다. 통신 사용량을 결정하는 공급 측 요인으로
중요한 것은 통신기관의 보급, 통신서비스의 요금과 질이다. 통신서비스의 요
금과 질은 통신기술의 발전과 밀접한 관련이 있으므로, 통신기술의 발전과
관련하여 고찰한다. 통신에 대한 수요의 변화는 통신 사용자층의 성장과 통
신 사용자당 통신 이용 횟수의 성장으로 나눌 수 있는데, 후자에 대해서는 고
찰할 수 있는 자료가 거의 없기 때문에, 전자를 중심으로 하여 고찰한다.

통신 사용량은 통신기관 보급 및 운영정책의 성과를 반영하는 지표이자,
국가전체의 경제적 성과를 반영하는 지표이며, 정보화의 정도를 보여주는
지표이다. 전체적인 경제적 성과를 측정하는 데는 GDP데이터를 활용하는
것이 바람직하겠지만, 현재 GDP데이터는 1911-1940년 동안에 대해 작성되

어 있는데, 민족별 소득분표를 알 수 없다는 한계가 있다. 통신 사용량 통계는 GDP통계를 대체할 수 있는 것은 아니지만, 보다 장기간의 시계열을 구축할 수 있고, 또 민족별 구성을 파악할 수 있으며, 지역별 통계를 작성할 수 있다는 자료상의 장점이 있으므로, GDP통계를 보완할 수 있는 측면도 있다. 이러한 자료상의 장점을 살려서 통신 사용량 통계가 가지고 있는 다양한 정보를 다음과 같은 세 가지 측면에서 고찰하고자 한다. 첫째, 조선-일본 간 통신과 조선 내부의 통신을 구분하여 살펴봄으로써, 당시의 통신망이 가지고 있었던 제국적(帝國的) 통신망으로서의 성격과 국지적(局地的) 통신망으로의 성격이 시기별로 어떠한 변화를 보이고 있는가를 살펴본다. 이것은 통신 네트워크 형성이라는 측면에서 비지적(飛地的) 발전론을 검토하는 것이다. 둘째, 통신 발신지를 대도시와 중소도읍으로 구분하여 살펴봄으로써, 대도시의 성장과 위성도읍의 성장이 어떠한 양상을 이루고 있는가를 파악한다. 이것은 비지적(飛地的) 발전론을 도시화와 관련하여 파악하는 것임과 동시에 당시 조선에서의 도시화의 양태를 통신 네트워크와 관련하여 파악하는 것이기도 하다. 셋째, 통신사용량을 민족별로 구분하여 파악한다. 일본인이 조선인을 지배할 수 있었던 기반 중의 하나는 당시 전개되고 있었던 근대적 제도와 시설의 이용능력의 우위성이었다. 따라서, 통신사용량의 민족별 동향을 분석함으로써 근대적 제도와 시설의 이용능력의 우위에 기반한 식민지적 지배체제가 어떻게 전개되고 있었는가를 파악할 수 있다.

제3장 '인사관리체계와 고용구조'에서는 통신기관에 있어 인사관리체계와 고용구조의 특질 및 그 변천을 분석한다. 인사관리체계는 일본이 통신기관을 탈취하기 이전과 이후로 나누어 고찰한다. 조선에서는 일찍이 중국의 관료제를 수입하였다. 전통적인 관료제하에서의 인사관리체계는 과거제도와 품계제도(品階制度)를 양 축으로 하는 능력주의에 입각한 인사관리체계이다. 이 시대에 있어 능력주의에 입각한 인사관리체계는 주자학적(朱子學的) 이념체계의 유지 관리자에 한정된 것이었으며, 국가의 여러 현업 노

무(現業勞務)는 신역제(身役制)에 의해 운영되고 있었다. 19세기에 이르러서 조선왕조의 관료제는 벌열지배체제(閥閱支配體制)를 유지하는 기제로 변질되었으며, 신역제도에 기반한 국가의 제반 현업업무는 신분제도의 해이에 따라 제대로 작동하지 않게 되었다. 조선의 개항은 이러한 상황 속에서 진행되었는데, 근대화를 수행하지 않으면 국가를 유지할 수 없다는 위로부터의 위기 의식과 관리들의 부패에 대항하는 농민들의 아래로부터의 저항은 조선정부가 더 이상 구래의 지배체제를 유지할 수 없도록 하였다. 조선정부의 근대화 시책은 이에 대한 대응으로서 진행된 것이다. 당시 근대화 시책은 새로운 관료제적 질서의 정립을 목표로 한 관제 개혁의 형태로 진행되었는데, 통신기관의 인사관리체계의 전개과정은 이를 잘 보여준다.

조선의 통신기관은 1905년 일본에게 탈취되었는데, 이때부터 조선의 통신기관은 일본국 통신기관의 일부로서, 일본에서 행해지고 있던 인사관리체계를 도입하였다. 통신사업은 당시 일본에서 전개되고 있었던 인사관리체계가 조선에 어떻게 이식되고 있었는가를 보여주는 좋은 소재이다. 필자는 당시 일본의 통신기관에서 전개되고 있었던 인사관리체계를 현업중심주의(現業中心主義)에 입각한 인사관리체계로 파악한다. 본 장에서는 현업중심주의에 입각한 인사관리체계의 특질과 그 체계가 조선에 이식되는 과정을 분석한다.

고용구조는 보호국기와 식민지기를 주 대상으로 하여 파악한다. 대한제국경영기에는 외국인을 거의 고용하지 않아서 조선인만으로 구성된 고용구조였다. 그런데 일본이 대한제국의 통신기관을 탈취하면서, 사무자 = 일본인, 노무자 = 조선인이라는 식민지적 고용구조를 만들었다. 최근에는 식민지적 고용구조하에서도 조선인이 성장하여 식민지적 고용구조가 변질되고 있음을 구명한 여러 연구들이 제출되었다. 그런데 이 연구들은 식민지적 고용구조를 유지하는 기제와 그것을 변질시키고 있는 기제를 어떻게 조화롭게 파악할 것인가라는 문제를 남겨두고 있다. 우선 식민지적 고용구조는 조선인과 일본인의 생산성 격차에 기반하여 자연스럽게 형성된 고용구조였는지 아니면 식민지 정부의 인위적인 차별정책에 의한 것이었는지를 명백하게 할 필요가 있다. 필자는 당시 식민지적 고용구조의 유지에는 식민지 정부의 인위적인 차별정책 예컨대 채용차별, 임금차별, 승진차별 등이 어느 정도 작용하였음을 실증적으로 구명하고자 한다. 그렇지만, 이 차별정책은 현업중심주의와 능력주의에 의거한 승진체계를 기축으로 하는 전전 일본형 인사관리체계를 대체할 수 있는 식민지적 인사관리체계는 아니었다. 즉 조선인의 성장을 어느 정도 억압하기는 하였지만, 완전히 배제할 수는 없었다는 의미에서, 취약한 차별체계였다. 일본인과 경쟁할 수 있는 학력과 자격을 갖춘 조선인의 성장은 식민지적 차별체계에 기반한 식민지적 고용구조가 변질되게 하는 계기였음을 명백하게 하는 것도 이 장의 연구과제이다.

3. 자료소개

본 연구에 사용된 자료는 5가지 종류로 구분할 수 있다. 첫째, 『관보』와 『조선총독부 직원록』이다. 『관보』에는 대한제국이 발간한 『구한국 관보』, 보호국기에 통감부가 발간한 『통감부 관보』, 그리고 식민지기에 조선총독부가 발간한 『조선총독부 관보』가 있다. 각 시기의 『관보』는 각각 특징이 있지만, 통신사업에 관한 법령이나, 통신기관의 신설 및 폐쇄, 각 통신기관에서 취급하는 업무 등 통신사업의 진행상황에 대한 자세한 정보를 게재하고 있다. 또 『관보』에는 통신기관 관리의 인사에 관한 정보를 게재하고 있어 인사동향을 파악할 수 있는 기초자료이다. 『구한국 관보』에는 대한제국의 통신기관 종사자 중 관리의 임면 및 처벌 승진 전보 등에 대한 정보가 포함되어 있다. 식민지기의 『관보』에도 관리에 대한 인사정보가 포함되어 있는데, 1919년까지는 판임관(判任官) 이상의 모든 관리에 대한 인사정보를 포함하고 있지만, 1920년대 이후에는 고등관(高等官) 이상의 관리에 대한 인사정보만을 포함하고 있다. 1920년 이후 조선인은 판임관으로 성장하여 가는데, 『관보』로는 이와 같은 동향을 파악할 수 없다. 『조선총독부 직원록』은 식민지기 인사정보를 파악하는 데 보다 나은 자료이다. 『조선총독부 직원록』에는 판임관 대우(判任官待遇) 이상을 모두 기록하고 있어서, 『관보』에서는 파악할 수 없는 1920년대 이후 판임관의 동향도 파악할 수 있다.

둘째, 통신주무관서의 거래안(去來案)이나 보고서 연보류(年報類) 등이다. 대한제국기에 매년 정기적으로 발간한 연보류는 남아 있지 않다. 규장각(奎章閣)에는 통신 주무관서가 타관서와 교류한 거래안이 많이 남아 있는데, 이 거래안에는 수입과 지출에 관한 통계가 많이 기록되어 있다. 당시 지방소재 통신기관의 운영비는 부나 군의 세입에서 획급(劃給)하여 사용하였고, 통신기관의 수입은 재정 담당관서에 모두 상납하고 있기 때문에, 이와 관련된 거래안들이 많이 남아 있게 된 것이다. 이 자료를 분석하면, 통신 사업량이나 통신 관련 재정지출의 실태를 조금은 파악할 수 있다. 보호국기와 식민지기에는 연보류(年報類)가 많이 남아 있어서 이를 통하여 통신기관의 전반적인 운영상황을 파악할 수 있다. 보호국기에 출간된 연보로는 『통감부 통신사업보고』가 있는데, 보호국기의 통신사업의 전체적인 운영상을 파악할 수 있다. 식민지기에는 보다 많은 종류의 연보가 남아 있다. 이 중 자료적 가치가 높은 것으로는 다음의 4종류를 들 수 있다. 1) 『조선총독부 체신연보』이다. 이 연보에는 당해 연도 체신사업의 주요 사항과 통계가 게재되어 있어서, 각 년마다 자세한 통계자료를 얻을 수 있다. 2) 『조선총독부 체신통계요람』이다. 이 통계요람은 1921년부터 독립된 책자로 발간되었다. 그 이전에는 『조선총독부 체신연보』에 합철된 형태로 공간되고 있다. 이 자료는 통신사업의 세부사업별 실적 등에 대한 장기통계를 작성하는 데 유용하다. 3) 『통신사무개황』이다. 필자는 1920년에서 1928년까지의 통신사무개황을 구할 수 있었는데, 통신사무개황에는 각 우편국소별 통신 취급량 통계가 게재되어 있어, 우편국소별 통신 사용량의 추이를 파악할 수 있다. 우편국소별 통신 취급량은 『통감부 통신사업보고』와 1911년 『우편국소요람』에도 게재되어 있기 때문에, 1906년부터 1928년까지 우편국소별 통신 취급량의 추이를 파악할 수 있다. 4)『조선체신국 내 직원 급 용인 위생통계』이다. 이 통계서에는 결근자에 대한 통계와 퇴직자에 대한 통계를 포함하고 있어서, 결근 및 퇴직을 분석하기 위해 활용하였다. 5)『제국의회 제출 세입세출 총예산』과 『제국의회 제출 세입세출 총결산』이다. 이 예산결산서에는 체신국의 예산 및 결산이 소분류에 이르기까지 기록되어 있다.

셋째, 신문과 『조선총독부 체신협회잡지』이다. 이 자료들에 실려 있는 체신사업에 대한 다양한 기술자료는 통계나 보고서류에서는 파악할 수 없는 통신사업을 둘러싼 환경적 요인과 그 변동에 관한 정보를 제공한다. 『조선총독부 체신협회잡지』에서는 인사정책과 관련된 환경적 요인과 그 변동을, 신문에서는 통신기관의 보급과 관련된 환경적 요인과 그 변동을 파악할 수 있다.

넷째, 이력서와 각급 학교 졸업생 명부, 인명록 등이다. 관보나 직원록 등을 통하여 임면상황 등을 파악할 수는 있지만, 각 인원의 관직경력 이외의 여러 정보를 관보나 직원록으로부터 획득할 수는 없다. 이를 보완해 줄 수 있는 자료가 이력서나 졸업생 명부, 인명록 등이다. 구한말에는 『대한제국 관원 이력서』가 있는데, 이 자료를 이용하여 상당수의 통신기관 관리의 이력을 확인할 수 있어, 대한제국 경영기의 통신기관 관리에 대한 보다 세밀한 분석을 할 수 있었다. 그리고 식민지기에 있어서는 체신이원양성소 졸업생 명부, 제국대학이나 고등공업학교 졸업생명부, 그리고 기타 인명록 등을 활용하여, 조선인으로서 상급관리로 승진하여 간 인원의 학력을 확인할 수 있었다.

다섯째, 연혁사(沿革史)이다. 식민지기와 해방 이후에 통신사업에 관한 연혁사가 여러 차례 간행되었다. 1938년의 『조선체신사업 연혁사』, 폐전 이후 일본이 작성한 『전기통신사 자료』, 1965년의 『한국전기통신80년사』, 1971년의 『한국우정사』, 1984년의 『한국우정100년사』, 1985년의 『한국전기통신100년사』, 1990년의 『전기통신연수원사』 등은 해방 이전 통신사업의 전개에 대해 위의 자료로써는 접근할 수 없는 정보들을 약간씩 포함하고 있으므로, 그러한 부분에 대해 참고하였다.

제1장

근대적 통신기관의 도입과 전개

머 리 말

해방 이전 조선의 통신사업은 국가독점사업으로 설정되어 관청기업(官廳企業)으로 운영되었다. 그러나 당시 국가독점권이 어떠한 의미를 가지는지, 그리고 관청기업이란 어떠한 지배구조를 가진 기업인지에 대해 별로 알려진 바 없다. 따라서 이 장에서는 다음과 같은 세 가지 문제에 초점을 맞추어 통신기관의 도입 및 전개과정을 살펴보고자 한다.

첫째, 통신사업에 있어 국가독점권이 소유권 체계에서 어떠한 의미를 차지하는가의 문제이다. 조선왕조는 국가적 토지소유제에 기반한 수취체계를 운영하였으므로, 사적 토지소유와 영업의 자유에 기반한 근대 자본주의 국가의 소유권 구조와는 다르다. 국가적 토지소유제 사회에 있어서의 국가독점은 국가의 본래적인 권리로서 존재하는 것인 반면에 사적 소유제 사회에 있어서의 국가독점은 영업의 자유의 예외로서 존재한다. 일본의 경우, 통신사업에 있어서 국가독점은 법률에 의해 규정되어 있다. 국가독점을 법률로 규정하는 것은 국가독점이 국민의 권리인 영업의 자유를 침해하는 것이기 때문이다. 물론 국가독점은 사적인 통신사업이나 시설을 완전히 금지하는 것은 아니다. 철도, 전기 및 광산과 같은 사업을 경영하기 위해서는 자체의 통신시설을 가질 필요가 있는데, 이 때문에 국가독점의 예외로서 사설전신전화제도(私設電信電話制度)를 인정하였다. '영업의 자유 – 통신사업의 국가독점 – 사설전신전화제도'는 통신사업에 있어서 근대적인 영업권의 소유구조이다. 조선후기에는 토지에 대한 사적 소유가 발전함에 따라 국가적 토지소유는 허구화되어 가고 있었지만, 통치원리의 차원에서 국가적 토지소유를 폐기한 것은 아니었으며,[5] 토지를 제외한 기타 자원에 대한 국가적 소유는 보다 강고하게 유지되고 있었다.[6] 이와 같은 국가적 토지소유가 개항기와 식민지기에 있어서 어떠한 변천을 보이고 있는가를 통신사업에 있어 국가독점권의 지위의 변천을 통하여 파악해 볼 수 있다.

둘째, 통신사업에 있어 지배구조에 관한 문제이다. 개항기와 식민지기 통신사업은 국가독점사업으로서, 관영으로 운영되었다. 관영은 민영과 대립하는 표현이지만, 현실 속에는 이 양자의 성격을 동시에 가지는 다양한 변종이 있었다. 예컨대 조선은 관료제적 지배체제가 강고하였기 때문에, 개항기 민간회사를 보면, 그 운영에 관료가 개입하는 관독상판형(官督商辦型) 회사가 상당수에 이르렀다. 반면 일본에서는 관청기업의 형태를 취하면서도 사실상 민영인 관청청부기관(官廳請負機關)이 많이 있었다. 소유권 및 이익분점의 형태, 경영자에게 보장되어 있는 자율성의 정도, 사업경영 수입과 정부 보조금의 비율, 이해관계자들(stakeholders)의 권리 등 지배구조에 영향을 미치는 다양한 요인을 검토하여, 당시 통신기관의 지배구조의 특질을 명확

---

[5] 이영훈(1997: 191-192)은 국가가 토지를 파악하는 문서인 양안에 인민의 소유권이 어떻게 표현되어 있는가를 추적하였다. 이 연구에 의하면, 갑술양전(甲戌量田) (1634년)까지는 인민은 국전의 경작자인 전부(佃夫)로 규정되었는데, 임인양전(任寅量田)(1662년)부터 기주(起主)로 규정되기 시작하였으며, 조선에서 마지막으로 행해진 대한제국기의 광무양전(光武量田)에서는 시주(時主)로 규정되었다. 시주(時主)의 본의(本義)는 인민이 토지의 주인이긴 하나, 어디까지나 임시적 내지 한시적인 존재라는 뜻으로서, 국가를 토지의 궁극적인 본주(本主)로 간주하는 국제(國制)의 전통적인 원리를 완전히 폐기하지는 못한 것이었다.

[6] 유통권에 있어서 사적 소유권의 미성립은 객주와 객주상회사를 통하여 파악할 수 있는데, 이에 관해서는 이병천(1983, 1984)을 참조할 수 있다. 갑오개혁과 광무개혁기에 객주에 대한 정책의 변화에 관해서는 김재호(1997)를, 개항기 광업에 있어서 사적 소유의 미성립에 관해서는 박기주(1998)를 참조할 수 있다.

하게 할 필요가 있다.

셋째, 통신기관의 보급을 결정하는 공공선택체계의 문제이다. 통신사업은 국가독점 사업이기 때문에 통신기관의 보급은 국가가 결정하였다. 이 국가는 어떠한 원칙 및 원리에 입각하여 통신기관의 보급을 결정하였는가? 이에 대해서는 별로 알려진 바 없다. 통신기관의 보급은 통신기관이 보급된 지역의 주민들에게 다양한 영향을 미친다. 따라서, 통신기관이 보급될 지역의 주민들의 의사가 어떻게 집결되고, 지역주민의 의사가 통신기관의 보급 정책에 어떻게 반영되는가를 검토할 필요가 있다. 일본에서는 통신기관의 보급과 관련하여 여러 형태의 유치운동이 전개되었는데, 유치운동의 배경에는 청원통신시설제도(請願通信施設制度)와 전신전화 기부금제도(電信電話寄附金制度)가 있었다. 조선에서는 위에서 언급한 제도들과 유치운동이 어떻게 전개되었는가를 고찰할 필요가 있다.

제1절 개항기 통신기관의 도입 및 전개과정

통신사업을 중심으로 개항기를 시기 구분하면 다음 네 시기로 구분할 수 있다. 첫째 시기는 1876년부터 1880년까지의 시기로, 개항은 하였지만, 정부가 근대화 정책을 추진하지는 않았던 시기이다. 이 시기 개항은 척양 대일 개항론(斥洋對日開港論)에 입각한 것이었다. 개항은 구래에 교린관계(交隣關係)를 맺어왔던 일본과 단절되었던 관계를 복원하는 것으로서 조선왕조에게는 어떤 체제 전환을 의미하는 것은 아니었다[김경태 1994: 92]. 구미제국에 대한 쇄국정책(鎖國政策)은 변함이 없었으며, 서구를 모방한 어떤 근대화 시책도 행해지지 않았다. 통신사업에 있어서도 근대화 시책은 행해지지 않았다.

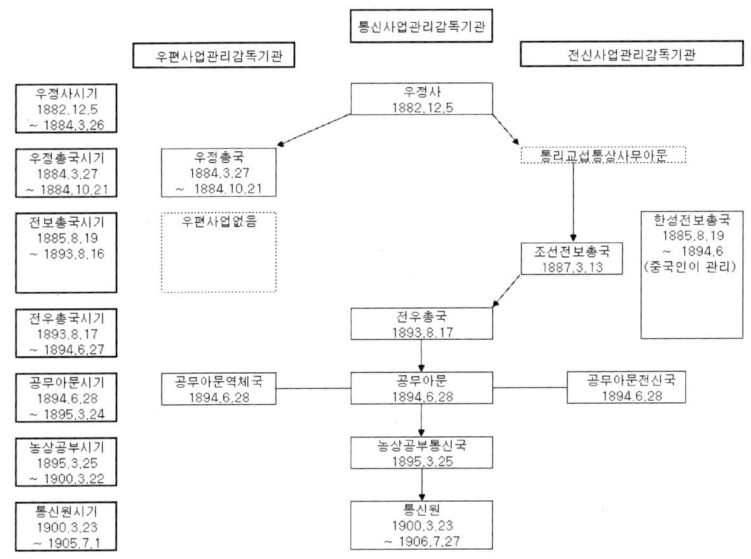

주: 1895년까지는 음력임. 1896년 이후는 양력임.

<도 1 - 1> 통신사업 관리감독기관의 변천(1882년-1905년)

　둘째 시기는 1880년부터 1893년까지의 시기로, 중화(中華)론적 세계질서와 주자학적 지배질서는 유지하면서, 서구의 근대적 문물을 수용한다는 동도서기론(東道西器論)이 지배적이었던 시기이다. 청국은 1897년 일본이 유구국(琉球國)을 오키나와현으로 편입한 것에 자극을 받아 1880년부터 조선에 대한 지배력을 강화하기 위한 노력을 추진하였는데, 그 일환으로 조선을 서구 각국과 수교(修交)하도록 주선하였다. 또한 청국은 조선정부에 외교통상업무와 군무업무(軍務業務)를 전담할 수 있는 기구의 설치를 권고하였는데, 이에 따라 1880년에는 청의 제도를 모방한 통리기무아문(統理機務衙門)이 설치되었다. 통리기무아문은 외교통상업무와 군무업무를 담당할 뿐만 아니라, 서구의 선진기술을 수입하는 기능도 담당하였다. 이 시기에 조선에서는 우편사업과 전신사업이 개시되었다. 1882년부터 우편과 전신사업을 실시할 준비를 하였는데, 통리기무아문의 후신인 통리교섭통상사무아문(統理交涉通商事務衙門)에 우정사(郵程司)를 두어 그 일을 총괄하게 하였다. 우편사업은 개화파가 주도하여 개시되었는데, 1884년 3월에는 우편사업을 담당할 관리감독기관이자 현업기관(現業機關)인 우정총국(郵征總局)이 개설되었다. 우정총국은 한성과 인천 간 우편사업을 실시하였지만, 갑신정변으로 인하여 얼마 되지 않아 폐지되었다. 우편사업은 1893년에 이르러 다시 실시할 움직임이 일어났지만, 재개된 것은 1895년에 이르러서이다. 전신사업은 일본과 청국의 요청에 의해 실시하게 되었다. 조선 최초의 해저전신인 부산 구설 해저전선(釜山口設海底電線)은 일본과 덴마크의 대북부전신회사(大北部電信會社)에 의해 가설되었으며, 조선에 진출한 일본국 전신분국(日本國電信分局)에 의해 운영되었다. 조선 최초의 육로전선(陸路電線)인 서로전선(西路電線: 인천-한성-평양-의주)은 한성전보총국(漢城電報總局)이라는 청국 기관에 의해 운영하였다. 이 시기는 청국이 서로전선을 가설하고 운영하는 대가로 조선의 해외전신과 국내전신에 대한 가설권과 관할권을 장악하고 있었던 시기였다. 청국이 가설권과 관할권을 장악하고는 있었지만, 조선정부에 의해 전신이 가설되고 운영되기도 하였는데, 조선정부의 전신기관은 조선전보총국(朝鮮電報總局)이라 불렸다. 1893년에 조선전보총국은 전우총국(電郵總局)으로 승격되었으며, 전우총국은 전신사업뿐만 아니라 우편사업도 관장하게 되었다.

셋째 시기는 1894년부터 1904년까지의 시기로, 조선정부가 중화론적 세계질서와 주자학적 지배질서를 폐기하고, 근대화 시책을 본격적으로 실시한 시기이다. 청일전쟁에서 일본이 승리하게 됨에 따라 조선은 중화론적 세계질서로부터 벗어나게 되었으며, 일본국이 제시한 내정개혁안(內政改革安)을 기초로 갑오을미개혁(甲午乙未改革)을 추진하게 되었다. 조선에서 주자학적 지배질서는 관료제를 정점으로 한 신분신역제(身分身役制)로 구체화되어 있었는데, 갑오을미개혁기에 과거제와 신분신역제는 폐지되고, 대신

에 근대적인 지식과 기술의 소양을 갖춘 인재를 양성하고 선발하는 체제가
형성되었다. 갑오개혁기에는 공무아문(工務衙門)에 역체국(驛遞局)과 전신
국(電信局)을 두어 우편업무와 전신업무를 관장하게 하였는데, 우편사업과
전신사업이 당장 재개되지는 않았다. 을미개혁기에는 농상공부(農商工部)에
통신국(通信局)을 두어 우편업무와 전신업무를 담당하게 하였는데, 이 시기
에 우편사업은 재개되었지만, 전신사업은 재개되지 않았다. 일본은 조선의
전신사업을 탈취할 의도를 가지고 있었으므로, 전신사업의 재개에는 적극
적이지 않았다. 전신사업이 재개된 것은 아관파천(俄館播遷) 이후이다. 이
때 조선정부는 일본과 러시아의 세력균형을 이용하여 자주적인 정책을 운
용할 수 있는 여지를 조금 가지게 되었는데, 이를 배경으로 광무개혁(光武
改革)이 단행되었다. 광무개혁 후 우편과 전신은 전통적인 통신수단인 역체
(驛遞)와 봉수(烽燧)를 대체하는 기간 통신수단으로 정립되었다. 이 시기의
통신사업은 대외적인 통신주권의 확립과 지방지배체제의 확립의 일환으로
행해진 것으로, 아직 대중적 통신수요에 바탕으로 둔 관영사업으로 정착한
것은 아니었다. 1900년에는 통신사업을 전담하는 기관인 통신원(通信院)이
설립되었다.

넷째 시기는 1905년부터 1910년까지의 시기로, 이른바 보호국기로 불리
는 시기이다. 일본은 한국의 외교권을 탈취하기 이전에 이미 대한제국의
통신기관을 탈취하였다. 이에 따라 대한제국의 통신기관은 사실상의 식민
지적 통신기관으로 변질되었다. 통신기관의 보급은 식민지화를 위한 기반
조성의 차원에서 이루어졌으며, 조선인의 통신수요에 부응하기 위해 발전
한 시기는 아니었다.

제1항에서는 둘째 시기에 해당하는 갑오개혁 이전의 통신기관의 도입과
정을 살펴보고, 제2항에서는 셋째 시기에 해당하는 갑오개혁기부터 1905년
까지의 시기를 고찰한다. 넷째 시기는 제2절에서 고찰한다.

1. 갑오개혁 이전의 근대적 통신기관의 도입과정

조선왕조는 역체와 봉수를 중심으로 한 국가적 통신체계를 갖추고 있었다. 역체와 봉수는 공적 업무나 군사적 업무에 사용이 한정되었고, 대민서비스를 제공하지는 않았다. 민간의 통신수요는 경주인(京主人)이나 보부상단(褓負商團) 등을 이용한 통신이나, 방자(房子)나 심부름꾼과 같은 인편을 이용한 통신에 의해 충족되었다. 당시 민간인들이 어떤 통신방법을 주로 사용하였는가는 잘 알려져 있지 않다. 경북 예천의 한 지주가의 일기인 『저상일기』에 의하면, 가장 중요한 통신방법은 직접 방문하는 것과 심부름꾼을 활용하는 것이었다. 인사를 하기 위해 근방뿐 아니라 원방의 사람들도 방문하여 행자(行資) 지출이 상당한 부담이 되었으며, 장사나 혼례와 같은 대사가 발생할 때는 심부름꾼을 이용하여 각처에 연락하였다. 심부름꾼에게 행자와 회자가 지급되었다. 이 이외의 통신방법은 발견되지 않는다.

개항기에 근대적 통신기관을 창설한 목적은 한편으로는 국가의 통신체계를 재정비하는 것이고, 다른 한편으로는 민간통신을 원활하게 하는 것이다. 우선 국가의 통신체계를 재정비하여야 하였던 이유를 검토하여 보자. 조선시대 국가의 통신체계로는 역체와 봉수가 있으나, 조선후기에는 봉수는 제기능을 거의 수행하지 못하였고, 역체는 조락과 재건을 반복하고 있었다. 역체는 기본적으로 역리(驛吏)와 역노비(驛奴婢)로 하여금 통신업무에 종사하도록 하는 신역제에 의해 운영되었다. 역의 노역은 무거워서, 조선전기와 중기에는 역리의 유망이 국가적인 문제가 되었으며, 역리를 계속 새롭게 충원하지 않으면 안 되었는데, 원악향리(元惡鄕吏)를 차정(差定)하여 충당하였다.[7] 조선후기에는 신분제가 이완되면서 신역제도 변질되어 갔다. 이에

---

[7] 《속형전》에는 '원악향리(元惡鄕吏)는 사람들로 하여금 진고(陳告)하는 것을 허락하여 도형(徒刑)을 범한 자는 장형(杖刑)을 가하여 도내 잔망(殘亡)한 제역(諸驛)에, 유형(流刑)을 범한 자는 장형(杖刑)을 가하여 타도의 잔망한 제역에 역리로 영속시

따라 조락하는 역의 재건만이 아니라, 역의 운영방식도 재검토할 필요가 있었다. 개항 이후에는 한성과 개항장까지의 연락사무가 중요하게 되었는데, 개항장은 구래 조선의 주요한 도읍이었던 지역이 아니라 새롭게 건설된 도읍이었다. 개항장과 한성 간의 연락체계는 새롭게 마련되지 않으면 안 되었다.

민간통신을 원활하게 하기 위해 국가가 대민 통신 서비스를 제공하여야 한다는 발상은 조선시대에는 없었다. 이 발상은 개항과 더불어 신문물이 들어오면서 형성되었다.[8] 이에 따라 당시 새롭게 만들어진 통신기관은 대민 통신 서비스를 제공하게 되었다.

1.1. 우편기관

조선에서 우편사업은 개화당(開化黨)에 의해 창설되었다. 개화당은 개항 이후 중국 및 일본을 시찰하면서 선진 제국의 근대적 양상을 학습하고, 선진문물의 도입을 적극적으로 추진하였던 신진관료들이다. 우편사업은 이들 중 특히 홍영식(洪英植)에 의해 주도되었다.

킨다.'고 규정되어 있으므로, 이 규정에 의거하여 원악향리는 자도나 타도의 역리로 영속시켰다[『조선왕조실록』(단종 3년 5월 14일)].

[8] 당시 일본에서는 메이지 유신 이후 근대화를 위한 제 제도와 시설이 정비되어 갔는데, 근대적 통신시설의 도입은 근대화의 일환으로 상당히 이른 시기에 시행되었다. 통신사업은 문화의 보급과 산업의 진흥을 위해 필요 불가결한 것으로 인식되었을 뿐만 아니라, 관영통신과 민간통신을 통합함으로써 얻을 수 있는 규모의 경제도 있어서, 국가가 대민 통신 서비스를 제공하는 것이 타당하다고 인식되었다.

<표 1-1> 갑오개혁 이전 우편사업 관련 주요 사항

	연 월	내 용
우정사 시기	1882.12.5	우정사 설치
우정총국 시기	1884.3.27	우정총국 설치
	1884.3.28	홍영식을 초대 우정총국 총판으로 임명
	1885.윤5.9	일본인 오비(小尾), 미야자키(宮崎)와 고용계약 체결
	1884.9.11	대조선 우정규칙, 대조선 우정총국 직제장정 및 사무장정 제정
	1884.10.1	경성 내 및 경인 간 우편업무 개시
	1884.10.17	갑신정변
	1884.10.21	우정총국 철폐
전우총국 시기	1893.8.17	전우총국 설치
	1894.1.27	만국우편연합 가입의사를 스위스 연방정부에 통보

주: 날짜는 음력임.

　1884년 3월 27일에 우정총국(郵征總局)이 설치되었는데, 우정총국은 우편
사업의 관리감독기관이자 경성에 소재한 우편현업기관이다. 우정총국이 설
치된 익일 우정총국 총판(總辦)으로 홍영식이 임명되었다. 홍영식은 우편사
업을 운영하기 위해 필요한 제도들을 마련하는 데 노력하였는데, 이 결과,
대조선 우정총국 직제장정(大朝鮮郵征總局職制章程), 대조선국 우정국 사무
장정(大朝鮮國郵征局事務章程), 대조선국 우정규칙(大朝鮮國郵征規則), 경성
내 우정 왕복 개설 규법(京城內郵征往復開設規法), 경성 인천 간 왕복 우정
규법(京城仁川間往復郵征規法) 등이 제정될 수 있었다. 이 법규들은 당시
일본의 우편관련 법규를 모범으로 한 것이지만, 완전히 동일한 것은 아니
었다.

　첫째, 이 법규들에는 우편사업의 국가독점을 선언한 조항이 없다. 국가가
우편사업을 실시할 때, 우편사업의 국가독점권을 법률로 규정하는 것이 당
시 일반적인 것이었다.[9] 당시 일본국에 있어 우편사업의 최고 법령인 우편

---

[9] 우편사업에 독점권을 부여한 이유로는 다음 두 가지를 들 수 있다. 첫째, 우편사업

조례(郵便條例)는 제1조에 우편사업의 국가독점을 선언하고 있다. 당시 우편관련 법규를 만들었던 사람들이 일본의 우편조례를 몰랐던 것은 아니다. 왜 조선의 우편관련 법규에는 우편사업에 대해 국가독점을 선언한 조항이 없는가? 우리는 두 가지 가능성을 생각할 수 있다. 첫째 가능성은 조선정부가 우편사업에 대해 국가독점을 선언할 필요성을 느끼지 못하였기 때문에, 선언하지 않았을 수 있다. 선진제국에서 우편사업에 대해 국가독점권을 법률로 선언한 이유는, 국가독점권이 영업의 자유를 침해하는 것이기 때문에, 법률로 국가독점을 선언함으로써 국가독점의 법적 정당성을 확보함과 더불어 그것이 영업의 자유의 예외임을 명백하게 할 필요가 있었기 때문이다. 반면에 조선정부는 국가적 토지소유제를 근간으로 한 수취체계에 기반하고 있었는데, 여기에서 토지란 영업권까지를 포괄하는 것으로 이해할 수 있다. 모든 영업권이 국가에 있다면, 우편사업에 대해서만 특히 국가독점을 선언할 이유는 없다. 둘째 가능성은 당시 구상하고 있었던 우편사업이 민간의 우편사업을 배제할 만큼 보편적으로 제공될 수 없다는 현실적인 제약을 고려하여 국가독점을 선언하지 않았을 가능성이다. 당시 우편사업은 전국적인 우편사업을 지향하고 있었지만, 바로 전국적인 우편사업을 실시할 수 있었던 것은 아니다. 당장은 한성과 인천, 한성과 부산 간의 우편 서비스를 제공하는 수준에 머물러 있었다. 따라서 우편사업의 국가독점권을 규정함으로써 국가가 통신 서비스를 제공하지도 않는 지역의 민간통신의 발전을 저해해서는 안 된다고 인식하였을 수 있다. 이 중 어느 것이 타당한지는 현재 알 수 없다. 단, 조선정부가 우편사업의 국가독점을 선언하지 않은 것은 이 시기만의 특징은 아니다. 대한제국기에 있어서도 우편사업에 대한 국가

은 규모의 경제가 있는 사업이므로, 독점을 인정함으로써 자본의 효율적 활용을 가능하게 하기 때문이다. 둘째, 전국 균일 요금제도하에서 독점을 허용하지 않는 경우, 단거리 서비스만을 제공하는 민간 통신업자들이 발전하여 국가의 우편사업을 취약하게 할 여지가 있기 때문이다.

독점권을 명시하지 않았다. 이에 대해서는 제2절에서 상술하도록 한다.

둘째, 우편기관의 편성도 일본과 동일하지 않았다. 당시 일본의 우편 관리기관과 현업기관의 편제를 살펴보자. 우편 관리기관에는 중앙관리기관으로 농상무성에 소속되어 있는 우체국(驛遞局)과, 지방관리기관으로 우체출장국(驛遞出張局)이 있었다. 현업기관은 우편국, 우편국 지국, 우편수취소가 있었으며, 우편국은 일등우편국에서 오등우편국으로 구분되어 있었다. 이 중 일등우편국과 우편국 지국이 직영기관이며, 이등우편국과 그 이하, 그리고 우편수취소가 청부기관이었다. 당시 일본은 청부기관을 중심으로 한 현업우편기관 보급정책을 추진하여 현업우편기관의 보급이 상당히 진척되었으며, 그에 따라 관리기관도 분화되어 중앙관리기관과 지방관리기관이 있게 되었다. 반면 조선에 있어 우편기관은 우정총국, 우정분국, 우정수취소로 구성하려고 하였는데, 이 중 우정총국은 관리기관이자 동시에 현업기관이어서, 아직 관리기관과 현업기관이 완전히 분리되지 않았다. 우정총국의 전신인 우정사(郵程司)는 통리교섭통상사무아문의 아래에 있었는데, 우정총국은 타 기관과 어떠한 관계하에 있었는가는 아직 밝혀져 있지 않다. 우편기관은 총국과 분국이라는 명칭을 쓰고 있는데, 총국-분국제(總局-分局制)는 당시 중국 관업기관에 있어서의 기구편성방식이었다.[10] 우정수취소(郵征受取所)는 일본의 우편수취소의 명칭을 수용한 것이다. 따라서 조직구성이 완전히 일본식이었던 것은 아니었다. 또 명칭에 우정(郵征)이라는 표현을 쓰고 있는데, 이는 중국의 우정(郵程)이나, 일본의 우편(郵便)과도 구별되는 독자적인 표현이었다.

이 시기 현업기관의 보급방식과 현업기관의 관리방식에 대한 구상을 당시 제정된 법규를 통하여 살펴보자. 대조선국 우정규칙에서는 우정국을 일등국에서 삼등국으로 구분하고 있는데, 이것은 우정국이 설치되어 있는 도

---

[10] 당시 중국은 우편사업을 실시하지는 않았지만, 실시하고 있었던 전신사업은 총국-분국제(總局-分局制)에 의해 운영하고 있었다.

읍의 규모에 의해 결정되는 것으로 생각된다. 별분전비(別分傳費)를 일등국지는 20문, 이등국지는 10문, 삼등국지는 5문으로 설정하고 있다.[11] 이로 보아 대도시뿐 아니라 중소도시에도 우정국을 설치하려고 하였으며, 우편배달이 되는 지역을 한정하지도 않았고, 우편배달이 되지 않는 지역을 규정하지도 않았다는 점에서 전국적인 사업을 구상하고 있었다고 보인다.

우편사업은 우선 개항장과 한성 간의 새로운 통신수요에 부응하기 위해 운영되었다. 1884년 우편사업이 시작될 때의 개항장은 부산과 인천과 원산이었는데, 우편사업이 가장 먼저 시작된 것은 경성과 인천 간이다. 이후 경성과 부산 간 우편사업을 시작할 예정이었지만, 실현되지는 않았다. 당시 개항장에서는 무역이 발전하고 해관업무가 실시됨에 따라 관영통신이나 민간통신의 수요가 증대하고 있었는데, 이러한 수요를 충족시키면서, 재정수입도 얻을 수 있을 것으로 기대하며 우편사업은 실행된 것이었다. 당시 우편사업은 한성 내 및 한성과 인천 간 우편사업을 실시하는 데 그쳤고, 전국적인 사업으로 확장되기 이전에 갑신정변으로 중단되게 되었다. 이 시기 우편사업 도입을 추진한 사람들은 역체나 봉수를 폐지할 어떤 체계적인 계획을 가지고 있지는 않았다. 역체와 봉수를 대체하기 위해서는 전국적인 우편사업을 실시하여야 하지만, 아직 이에 이르지는 않았던 것이다.

당시 개항장에는 일본국 우편국이 진출해 있었다. 일본의 경우에도 개항 이후 선진제국의 우편국이 일본에 진출하였다.[12] 당시 조선에 진출한 일본

---

[11] 별분전(別分傳)이란 일본에서는 별배달(別配達) 혹은 별사배달(別使配達)로 칭하는 것으로, 우정국의 정해진 분전방식(分傳方式)에 의해 분전하는 것이 아니라, 특사(特使)로 하여금 그 우편물만을 특별히 분전하게 하는 방법이다. 별분전은 기본 서비스는 아니고 부가 서비스이다. 부가 서비스는 실비주의(實費主義)에 의거하여 가격을 책정하는데, 대도시일수록 별분전의 실비는 증가한다. 대도시의 경우, 우정국(郵征局)의 분전범위가 소도시보다는 더 넓기 때문이다.

[12] 1862년에 영국이 요코하마(橫濱)에 우편국을 개설하였고, 그 이후 프랑스, 미국이 각 개항장에 우편국을 개설하였다. 일본에 있어 외국 우편국이 사라지게 된 것은 1880년에 이르러서였다. 선진 제국이 개항장에 우편국을 개설하는 것은 개항장에

국 우편국도 일본에 진출했던 선진 제국의 우편국과 동일한 역할을 하였다. 일본국 우편국은 개항장에 진출한 일본 영사관을 일본정부와 연결하는 역할을 수행하였을 뿐만 아니라 개항장에 진출한 일본인을 일본 본토와 연결하여 주는 역할을 하였다. 일본의 경우, 영사관이 해외정보 수입에 있어 중요한 역할을 담당하였음은 잘 알려진 사실이다.[13] 일부 학자는 우편사업을 이권사업으로 파악하기도 하지만, 당시 조선에 진출한 일본국 우편국은 전혀 수익성이 없었다. 불가피하여 개항장에 우편국을 설치하였지만, 그 이외의 지역에 우편국을 설치할 의도는 없었다.[14] 당시 일본은 조선정부가 우편

진출한 자국의 영사관원(領事官員)이나 상인들이 본국과 통신할 수 있도록 하기 위해서였다. 그러나 만국우편연합(萬國郵便聯合)이 창설되어, 국제우편교환에 대한 체계가 확립되고, 일본국이 1877년 6월 1일에 만국우편연합에 가맹하여 국제우편을 취급하게 되자, 각국 우편국은 1880년에 모두 폐쇄되기에 이르렀다.

[13] 19세기중반부터는 영국의 주도하에 자유무역시대로 들어갔는데, 자유무역주의의 압력으로 단일한 세계시장이 형성되고, 세계시장에 있어서 상품 자본 노동의 자유로운 이동이 이루어지게 되었다. 세계시장을 대상으로 사업을 수행하기 위해서는 세계 각지에 대한 정보수집이 필요하게 되었고, 이를 위해 조직적인 정보활동이 이루어지게 되었다. 조직적인 정보활동에는 국가도 관여하였다. 세계각국의 정보를 수입하여 자국민에게 알림으로써, 자국의 산업을 발전시키고자 한 것이다. 해외통상정보 수집을 담당한 것은 해외에 있는 자국의 영사관이다. 일본에 있어 영사관들의 해외통상정보 수집과 본국에 대한 보고체계는 매우 이른 시기에 형성되었다. 일본 영사관의 해외정보 수집 역할을 체계적으로 분석한 연구서로는 角山榮 編(1986)이 있다. 당시 일본의 영사관 보고의 실태는 『통상휘찬(通商彙纂)』에서 확인할 수 있다. 조선에 대한 일본국 영사관 보고체계는 1879년 부산의 관리관(管理官)으로 파견된 마에다(前田)에서 시작되었는데, 조선의 개항장이 많아지면서, 일본의 영사관은 각 개항장에 개설되어, 1900년에는 7개 영사관 관구체계(부산, 원산, 인천, 경성, 목포, 진남포, 마산)로 운영되었다.

[14] 영국이 중국에서 취한 태도를 살펴보자. 개항장에는 자국의 우편국을 설치하지만, 자국민이 진출하지 않은 지역에 우편국을 개설하지는 않았다. 개항장과 북경은 상당히 멀리 떨어져 있었는데, 외교상의 문제, 무역상의 문제 등으로 인하여, 개항장에 진출한 자국의 관원이나 국민들이 북경과 통신할 때, 통신수단의 제공 책임을 영국은 중국 측에 떠넘기려고 하였다. 이러한 이유로 중국에서는 해관우편(海關郵

사업을 실시하려고 한 것을 환영하고 있었다. 조선을 일본의 무역체계에 포섭하기 위해서는 잘 갖추어진 우편기관이 필요하였기 때문이다. 조선정부는 우편사업을 실시하면서, 개항장에 진출한 일본국 우편국의 업무를 인수할 계획을 수립하여, 구체적인 인수작업을 추진하였다. 물론 이것은 일본국 우편국의 철수를 의미하는 것은 아니었다. 여전히 일본국 우편국은 자국민에게 보내지는 우편물을 자신들이 취급하였고, 국제우편은 일본국 우편국을 이용하여 실시하도록 하였다. 조선은 아직 만국우편연합에 가맹한 상태도 아니었으며, 국제우편을 취급할 수 있는 능력도 없었기 때문에, 조선도 조선에 진출해 있는 일본국 우편국을 이용하여 국제우편을 실시하려고 하였다.

이 시기에 일본이 조선정부의 우편사업에 우호적이었음은 조선에 진출해 있는 일본국 우편국의 업무인계에 협조적이었던 것 이외에, 조선정부가 우편사업을 시작할 초창기에 우편제도 및 업무에 능숙한 일본인들이 고용될 수 있도록 한 것에도 확인할 수 있다. 당시 조선에서 우편사업의 기본적인 틀을 마련해 나갔던 사람들은 일본이나 구미를 시찰하여 우편사업의 운영을 견습한 조선인 관리들이었다. 이들은 우편업무에 종사하였던 일본국 관리를 고용하여 그들이 가진 지식과 능력을 활용할 수 있었다. 당시 고용된 일본국 관리는 비직(非職) 5등 역체관(驛遞官) 오비(小尾輔明)와 전(前) 외무성 출사(外務部出仕) 미야자키(宮岐言成) 2명이었다.[15] 조선에서 일본의 역체관을 고용할

便)이 출현하였다.

[15] 당시 일본국의 관제등급은 삼직(三職)과 십오등관(十五等官)으로 구성되어 있었다. 삼직(三職)과 삼등관(三等官) 이상이 칙임관(勅任官)이며, 사등관(四等官)에서 칠등관(七等官)이 주임관(奏任官)이며, 팔등관(八等官)에서 십오등관(十五等官)이 판임관(判任官)이다. 1871년 관제등급제가 실시되었을 당시 우편업무를 담당하는 역체료(驛遞寮)의 장은 역체두(驛遞頭)로서, 그의 관등은 오등(五等)이었다. 오등관은 주임관의 상위에 해당한다. 오비(小尾輔明)는 일본우편기관의 최고 상위관에 해당하는데, 조선에 고용되기 직전에는 실직이 없는 비직(非職)의 신분이었다. 출사(出仕)는 십사등관과 십오등관을 지칭하는 판임관으로서, 사무가 번극할 때 임시원외(臨時員外)로 채용한 관리였다.

수 있었던 것도, 일본국이 조선의 우편사업에 협조적이었음을 보여준다.

갑신정변 이후 바로 우편사업이 재개되지 않았다는 점은 시사하는 바가 크다. 우편사업이 개화당의 적극적인 근대화 시책에 의해 시행되었지만, 우편사업이 제자리를 잡기 위해서는 아직 많은 투자와 노력이 필요함을 시사한다. 1895년 조선정부가 다시 우편사업을 시작하기 이전의 개항장에서의 우편사업은 기본적으로는 외국우편기관 즉 객우(客郵)의 발달사이며, 1884년에 실시된 조선정부의 우편사업은 1895년 이전 개항기의 우편사업사에 있어 막간극 이상의 의미를 가지지 않는다. 이 이후 개항장에 진출한 일본국 우편국은 자신의 활동범위를 지속적으로 넓혀가고 있었다. 1889년에는 한성에 인천 우편국 출장소(仁川郵便局出張所)를 개설함으로써, 한성과 개항장 간의 통신도 일본국 우편국이 수행하게 되었다. 일본국 우편국은 외국우편 서비스를 제공하고 있었기 때문에, 일본인뿐만 아니라 각국의 공사나 영사도 즐겨 이용하는 기관이 되었다. 이 시기에는 중국의 관리하에 있었던 조선 해관도 중국의 해관우편제도(海關郵便制度)를 운영하고 있었다.[16]

국내 관영통신의 역사에서 보아도 1884년의 우편사업은 막간극에 불과하였다. 역체제도에는 아무런 변화도 일어나지 않았다. 역체제도는 갑오개혁

---

[16] 해관우편제도(海關郵便制度)는 청국(淸國) 해관이 해관 간 우편연락이나 개항장과 북경(北京) 간 우편연락을 위해 운영하였던 우편제도였다. 조선의 경우, 1876년에 체결된 강화도 조약(江華島條約)은 무관세 조약이었기 때문에 조선에는 해관이 없었다. 그 이후, 조선정부의 관세자주권 회복을 위한 노력으로 1883년 7월 25일에는 한일통상장정(韓日通商章程)이 체결되어 협정관세를 징수하게 되었다. 이에 따라 해관을 개설하였는데, 조선 해관은 사실상 청국(淸國)의 관리하에 있었다. 당시 조선 해관은 중국 해관과 긴밀한 관련을 가지고 운영되었으므로, 해관업무를 위해 긴밀한 우편연락체계가 필요하였다. 당시 조선에 진출한 일본국 우편국을 이용하는 경우, 조선에서 발송한 우편이 중국에 배달되는 데 한 달 정도가 소요되었다. 때문에, 청국 해관은 자신이 운영하는 해관우편을 조선에서도 실시하게 되었다. 이것이 조선에서 실행된 해관우편인데, 1897년까지 실시되었다.

에 이르러서야 해체되게 되었다.

1.2. 전신기관

전신사업은 우편사업과 거의 동일 시기에 조선에서 개시되었지만, 진행의 양상은 우편사업과 달랐다. 전신사업은 우편사업과는 달리 자본이 많이들 뿐만 아니라 전신선의 가설이나 전신송수신에는 상당한 기술이 필요하였다. 당시 개화당에는 전신사업을 수행할 자본도 기술도 없었다. 전신사업은 외국의 자본과 기술에 의해 개시되었다. 전신사업은 우편사업과는 달리이권사업으로서의 성격을 가진다. 전신사업의 이권사업으로서의 성격은 전신선의 가설과 연계되어 있는 전신사업 독점권의 성격을 고찰하면 드러난다. 그러나 당시 청국과 일본의 전신사업 진출을 이권사업 획득이라는 시각만으로 고찰하는 것은 불충분하다. 조선에 있어 전신사업의 전개는 조선의 지배권에 대한 청국과 일본의 세력 다툼의 일환으로 진행된 측면도 있기 때문이다.

1876년 조선은 일본의 군사적 위협하에 불평등한 통상조약을 체결함으로써, 만국공법의 체계에 포섭되게 되었다. 만국공법의 체계 속에서 조선을일본의 세력권으로 만들기 위해서는 조선에 대한 청국의 종주권을 배제하는 것이 요구되었다. 일본은 조선이 독립국임을 조약에 명기함으로써, 이를달성하려고 하였다. 그러나, 청국은 구래의 종주권에 기반하여 조선에 대한지배력을 강화하려는 적극적인 정책을 채택함으로써, 조선은 청국과 일본의 세력다툼의 장으로 변화하게 되었다. 1882년 임오군란은 청국이 조선에서 자신의 지배권을 강화할 수 있는 좋은 계기였다. 임오군란을 전기로 하여 청국은 종래의 의례적이고 형식적인 조청 종속관계로부터 조약에 기반한 실질적인 지배종속관계로 전환시키려는 적극정책을 취하게 되었다. 이시기부터 1894년 청일전쟁에서 일본이 승리할 때까지 조선은 청국이 보다 우위를 유지하는 상태에서 청국과 일본이 각축하는 장으로 존속하였다.

<표 1 - 2> 갑오개혁 이전 전신사업 관련 주요 사항

	연 월	내 용
우정사 시기	1882.12.5	우정사를 설치
	1883.1.24	일본과 부산구설해저전선조관을 체결
통서 시기	1884.3.27	한일 간 전신업무를 개시
	1885.6.6	청국과 의주전선합동을 체결: 서로전선에 관한 것
전보총국 시기	1885.8.19	중국이 관리하는 한성전보총국 개설
	1885.8.25	경인간전신업무를 개시
	1885.11.6	일본과 부산구설해저전선조관속약을 체결
	1886.1.19	청국과 중국대판조선육로전선속관합동을 체결 남로전선에 관한 것
	1887.3.13	조선전보총국을 설치: 조선정부가 운영
	1887.6.9	전보장정을 기초
	1888.3.25	청국과 중국윤양조선자설부산지한성육로전선의정합동을 체결: 남로전선에 관한 것
	1891.2.15	청국과 원선합동을 체결: 북로전선에 관한 것
전우총국 시기	1893.8.17	전우총국을 설치

주: 날짜는 음력임.

조선에 있어서 전신사업도 중국과 일본의 세력각축의 일환으로 전개되었다. 청국은 임오군란이 발발하자 대군을 파견하게 되었는데, 이를 위한 군사통신망으로 산동(山東) 등주부(登州府)에서 인천까지 해저전선을 설치하려고 계획하였다. 이 계획은 임오군란이 조기에 진압됨으로써 실행되지는 못하였다. 반면, 일본국은 동일한 시기에 부산과 일본을 연결하는 해저전선의 가설을 도모하고 있었다. 이 해저전선은 당시 부산 구설 해저전선(釜山口設海底電線)이라 불리었는데, 덴마크의 대북부전신회사에 의해 가설되었다.[17] 해저전선포설에 관한 조약인 부산 구설 해저전선 조관은 1883년 3월

---

[17] 덴마크의 대북부전신회사(大北部電信會社)는 일찍부터 동양에 있어서 해저전선

조선주차 변리공사 다케조에(竹添進一郎)와 조선국 통상사무 민영목(閔泳
穆) 간에 이루어졌다. 이 조약은 해저전선 부설의 독점권을 인정한 조약이
지만,[18] 이 전선과 이익을 다투는 것이 아니라면 조선정부는 편의에 따라
전선을 가설할 수 있었다. 단, 해저전신선이 아니더라도 해외전신선이면 부
산에 있는 일본국 전신국과 통련(通聯)하도록 규정하고 있는데, 이 규정은
육로로 중국 또는 러시아와 해외전신선을 가설할 것을 대비한 것이었다.
해저전선은 1884년 2월에 이르러 준공되었다. 이에 따라 일본은 부산에 일
본국 전신분국을 개국하여 일본 본토와의 전신업무를 취급하게 되었다.

청국도 조선과 중국을 연결하는 전신선의 부설을 갑신정변 이후 논의하
기 시작했는데, 1885년 6월에는 '의주 전선 합동 조약(義州電線合同條約)'이
체결되기에 이르렀다.[19] 의주 전선 합동은 한성과 인천, 한성과 의주 간의
전신선의 가설에 관한 조약일 뿐만 아니라, 청국에 조선에서의 전신선의
가설권과 관할권을 부여하는 조약이었다. 일본과 체결한 부산 구설 해저전
선 조관은 해저전선의 독점권을 부여하기는 하였지만, 조선에서의 국내전
신선 가설권은 조선정부에 남아 있는 것이었지만, 의주 전선 합동 조약은

부설에 관한 이권을 장악하고 있었다. 이 회사는 1870년 8월에 일본으로부터 상해
(上海)-나가사키(長崎) 간, 나가사키(長崎)-블라디보스톡 간, 나가사키(長崎)-요코하마
(橫濱) 간의 해저전선 부설권을 얻었다. 1871년에 상해-나가사키 간, 나가사키-블라디
보스톡 간의 해저전선을 설치하여 운영하였다. 1882년에는 나가사키-요코하마 간의
해저선 포설의 허가를 폐지하는 대신 나가사키-대마도-부산에 이르는 해저전선의
신설 면허를 획득하기 위해 면허권 발급을 일본정부에 출원하였는바, 1882년 12월
28일(음 10월 17일)에 면허조약(免許條約)이 조인되었다. 해저선의 공사는 대북부전
신회사가 담당하고 육지선의 가설은 일본이 부담하는 것으로 하였다.

[18] 부산 구설 해저전선 조관 제2조에 조선정부는 이 해륙전선이 준공 개통한 날로부
터 만 25년간 이 선로와 대항하여 이익을 다투는 성질의 전선을 가설하지 않으며,
또 타국 정부 및 회사에 해저전선 부설권을 인허하지 않는다고 규정하고 있다.

[19] 당시 청국 측 대표였던 청국 전보총국 독판 성선회(盛宣懷)는 진윤신(陳允頣)과 여창우
(余昌宇)를 대리로 보내어 조선 측 대표인 통서 독판 김윤식(金允植)과 협의하여 의주
전선 합동 조약을 1885년 6월 6일에 조인하게 하였다.

조선에서의 국내 전신선 가설에 대해서도 청국이 관할권을 가지도록 한 것이었다.[20] 청국의 조선에서의 전신선 가설권과 관할권은 이 조약에 의거하여 1894년까지 유지되고 있었는데, 이 조약은 당시 조선에서의 전신사업의 발전을 제약한 가장 난폭한 조약이었다.

의주 전선 합동 조약에 의해 전신선은 중국의 화전국(華電局)의 책임하에 가설되었고, 준공 이후에는 화전국이 경영하였는데, 전신선에 대한 소유권은 조선정부에 있으며, 경영상의 손실보전과 전신선의 보호의 책임도 조선정부에 있었다. 이 전신선을 가설하는 데 소요되는 비용은 두 가지 방법으로 조달되었다. 첫째, 중국차관에 의한 조달이다. 전신선의 가설에 소요되는 비용은 중국 전보국이 제공한 차관인 관평은(關平銀) 10만 냥을 경비로 사용하고, 이 차관은 5년 거치 후 20년 기한으로 매년 5000냥씩 무이자로 상환하도록 하였다. 둘째, 전주와 그 매립에 소요되는 인부는 조선정부가 부담하고, 화전국이 제공한 차관은 이 목적으로 쓰지 못하도록 하였다. 이처럼 전신선 설치에 필요한 모든 비용을 조선정부가 부담하였지만, 청국은 국내 전신선의 가설권과 관할권을 차관을 상환할 때까지인 25년 동안 갖게 되었다. 의주 전선 합동에 의해 가설된 전신선은 서로전선(西路電線)이라고 불렀다.

이제 서로전선의 경영방식을 보자. 의주 전선 합동 조약 제5조에는 화전국의 운영과 관리는 기술상 숙련공이 아니면 어려우므로 차관을 상환할 때까지 중국 전보국이 관리를 대리한다고 규정하였다. 이에 따라 청국은 한성에 한성전보총국(漢城電報總局)을 인천, 평양, 의주에 분국을 설치하여, 이곳에 중국인 관리를 임명하여 운영하게 하였다. 청국이 경영권을 가지고

---

20 의주 전선 합동 조약(義州電線合同條約) 제3조에는 조선정부는 전선개통일로부터 향후 25년간 해륙 전신선의 부설권을 타국정부나 각국 공사에게 허여하지 않는다고 규정하였다. 또 조선정부에서 전선을 확충 증설할 경우에도 반드시 화전국(華電局)의 승인을 얻어서 행하여야 한다고 규정하였다.

있음에도 불구하고, 경영상 발생하는 손실액은 조선정부가 보전하도록 하였으며, 전선의 수리와 보호에 요하는 인원은 조선정부가 제공하도록 하였다. 즉, 화전국은 25년 동안 조선에서의 전신 가설권과 관할권 및 서로전선의 경영권을 차지하지만, 전신가설 및 운영에 요하는 비용은 모두 조선정부가 부담하고, 경영상의 손실도 조선정부가 보전하도록 하였다. 한성전보총국은 상해에 있는 중국전보총국의 관할하에 있었으며, 서로전선에 관한 업무만을 총괄하는 기구였다. 그 업무상의 각종 규정은 중국 전보국의 그것을 그대로 적용하였다. 취급하는 전보는 한문 전보와 영문 전보와 불문 전보였으며, 조선문 전보는 취급하지 않았다.

　일본 측은 처음 서로전선의 가설을 반대하였지만, 1885년 9월 10일에 이르러 서로전선의 가설을 인정해 주는 대신 조선정부가 한성-부산 간 전선을 가설하라고 요구하였다. 이 전선은 남로전선(南路電線)이라 불린다. 조선정부는 일본의 무리한 요구에 의해 계획하지도 않던 전선을 가설할 필요가 없는데다가, 서로전선 가설과 함께 남로전선을 가설하는 것은 국가재정, 기술 기타 여러 면에서도 크게 곤란한 일이었기 때문에 거절하였다. 이에 청국관헌이 청국정부가 서로전선과 함께 남로전선의 가설도 맡을 용의가 있음을 비쳐 가면서 중재한 결과, 1885년 11월에 '부산 구설 해저전선 조관 속약(釜山口設海底電線條款續約)'이 체결되었다. 이 속약은 인천-의주 간 전선을 일본국 부산전신국과 통련하는 신설전선을 6개월 내에 착공하고, 착공한 날로부터 6개월 이내에 준공하도록 규정하고 있다. 이 속약은 청국정부가 대신 가설할 의사가 있음을 전제로 하여 이루어진 것이었기 때문에, 1886년 1월 19일에 외무독판 김윤식과 청국 측 대표 원세개(袁世凱)가 '중국 대판 조선 육로전선 속관 합동(中國代辦朝鮮陸路電線續款合同)'을 체결하게 되었다. 이 조약의 내용은 남로전선을 청국이 대신 가설한다는 것이다. 이 조약에 규정된 바, 가설비의 부담 및 운영방식에 대한 규정은 서로전선과 동일하였다. 전신선을 가설하는 데 들어가는 비용에는 의주 전선 합동 때 중국 측으로부터 얻은 차관의 잔여액을 사용하고, 전주와 인부는 조선정부가 부담하도록 하였다. 경영권은 화전국이 가지며, 손실보전의 책임과 전신선의 유지 보호를 위해 필요한 인원의 조달은 조선정부가 맡도록 하였다. 의주 전선 합동과 다른 점은 조선정부가 파견한 조관(朝官)과 학생(學生) 순변(巡弁) 순병(巡兵)을 관장하기 위해 조선전무사(朝鮮電務司)를 설치하도록 한 점이다.

그러나 중국에 의한 전선의 가설은 계속 연기되었고, 일본 측의 독촉은 심해졌다. 아직 그 경과는 잘 밝혀져 있지 않지만, 한성과 부산 간 전선은 조선정부가 직접 부설하는 것으로 되었다. 이를 위해 1887년 3월 13일에는 조선전보총국(朝鮮電報總局)을 창설하고, 1887년 3월 25일에는 조선이 남로 전선을 가설한다는 내용의 조약인 중국 윤양 조선 자설 부선 지 한성 육로 전선 의정 합동(中國允讓朝鮮自設釜山至漢城陸路電線議定合同)을 중국과 체결하였다. 조선정부가 직접 가설한다는 조약을 체결하게 된 것은 조선정부가 스스로의 자금과 기술로 이를 감당할 수 있게 되었음을 의미한다. 자금조달에 대해서는 이 조약 제1조에 약간의 기술이 있지만, 상세한 내역을 알기는 어렵다.[21] 전신가설 기술에 대해 살펴보자. 우선 조선에서 전신사업이 개시되기 이전부터 청국과 일본에서 전신업무를 학습한 조선인이 있었다. 그리고 서로전선이 가설될 때, 조선정부는 전주와 인력을 부담하였기 때문에 조선정부는 조선인 관리를 파견하였는데,[22] 이 과정에서 전주의 가설 및 유지에 대한 학습을 하게 되었다.[23] 화전국이 전신사업을 시작한 이

---

[21] 중국 윤양 조선 자설 부선 지 한성 육로전선 의정 합동 제1조에는 지금 조선의 상민들이 자진 출재하여 정부 재정을 도우면서 조선정부의 힘으로 가설하기를 원하기 때문에 조선정부가 이 전선을 직접 부설한다고 되어 있다. 당시 출재한 조선 상민들이 누구였는지는 아직 밝혀진 바가 없다.

[22] 전선가설을 위해 필요한 전주와 인력은 조선정부가 부담하였는데, 이를 관리하기 위해 조선정부가 파견한 관리가 전무대원(電務大員)과 전무위원(電務委員)이다.

[23] 서로전선을 가설할 때 전무대원(電務大員)으로 파견된 이용식(李容植)은 전주의

후에는 그곳에 조선인을 학생으로 파견하여, 화전국의 운영을 학습하도록 하였다. 이와 같은 과정을 거쳐 조선정부의 전신가설 및 전신사업 운영능력이 형성되었다.

그러나 조선에서 전신선을 직접 가설한다고 하여, 이 전신선에 대한 중국의 관할권이 사라진 것은 아니었다. 중국윤양조선자설부산지한성육로전선의정합동의 제4조에 부산전선[남로전선]은 비록 조선정부가 자설하는 것이지만, 원칙적으로 화전국의 관할하에 있다고 명시하였다. 관할권의 내용은 제5조에 규정되어 있는데, 부산전선[남로전선] 개설 후에 적용할 각종 규칙과 일체의 보비(報費: 전신요금을 지칭하는 말임) 결정은 화전국과 상의하여 제정하도록 하였다. 물론 실제에 있어 의정합동이 규정한 것만큼 화전국의 관할권은 강력한 것이 아니었다. 남로전선은 1888년 6월에 준공되어 전신업무를 개시하였다. 남로전선을 운영하기 위해 한성에 조선전보총국(朝鮮電報總局)을 두고, 공주, 전주, 대구, 동래에는 분국을 두어 운영하였는데, 공주, 전주, 대구는 모두 감영의 소재지로서, 조선의 중요한 행정도읍이다. 남로전선은 인천-의주선을 부산 전신국과 연접하는 의미만을 가진 것은 아니었고, 조선의 국내 전신망으로서도 중요하였다.

남로전선을 조선정부가 스스로 가설하게 된 것은 조선의 전신사업 발전에 있어 일대 사건이었다. 스스로 전신선을 가설하고 운영할 수 있는 능력이 생겼음을 확인하였을 뿐만 아니라, 청국과 일본의 요구에 의해 마지못해 전신가설을 허용하는 수동적인 입장에서 조선정부가 필요로 하는 전신선을 주체적으로 건설할 수 있는 방향으로 전환된 것을 의미한다. 이후 전신선은 조선정부의 필요에 따라 가설되게 되었다. 1889년에는 공주-청주 간

소요량, 동원된 인원, 가설방법 등을 기록하여 의정부와 내외아문에 발송하였는데 이는 후에 상고할 자료를 만들기 위한 조치였다[『한성주보(漢城週報)』(1886년 1월 25일)].

의 지선을 가설하였는데,[24] 청주는 교통상의 요지이며 충청 병영의 소재지로서 행정상 긴요하였으므로 건설하게 되었다. 즉 청국과 일본 간의 세력다툼의 산물로서 건설되고 있었던 조선의 전신선은 이제 조선정부의 필요에 따라 확장되기에 이른 것이다.

조선정부가 전신선을 가설하고 운영할 수 있는 능력이 생기자, 청국과 일본의 반대를 무릅쓰고, 북로전선(北路電線) 가설을 도모하게 되었다. 서로전선은 조선과 중국을 연결하는 전신선이고, 남로전선은 조선과 일본을 연결하는 전신선이다. 북로전선은 조선과 러시아를 연결하는 전신선으로 기획되고 있었다. 북로전선의 가설계획은 1888년부터 논의되기 시작하였으나, 청국과 일본의 반대, 조선정부의 재정상의 문제 등으로 인하여 지체되고 있다가, 1891년에 이르러, 그 실현을 보기에 이르렀다. 북로전선 가설을 위해 중국과 체결한 '원선 합동(元線合同)'의 내용은 대체로 '중국 윤양 조선 자설 부산지 한성 육로전선 의정 합동'의 내용과 동일하다. 단, 비용의 일부를 인천과 부산의 관세수입으로 조달하도록 한 것이 특징적이다. 북로전선은 1891년 6월 20일에 완공되었고, 원산과 춘천에 분국을 두어 업무를 개시하였다. 북로전선의 가설은 조선정부가 만국공법체계에도 적응하고 있었음을 보여준다. 만국공법체계 속에서 조선이 독립을 유지하면서 생존하기 위해서는 주변강국의 세력균형을 유도하고 이용하여야 하였다. 북로전선의 가설은 열강 간의 세력균형을 도모한 것으로 판단되는데, 북로전선의 관할권은 청국에게 있었다.

당시 조선정부의 전신사업은 청국에 국내 전신선 가설권과 관할권이 있었다는 한계 즉 통신주권이 제한되어 있었다는 한계를 안고 있었다. 뿐만 아니라, 전신시설에 대한 사회경제적 수요가 아직 충분히 성숙되지 않았다는 또 다른 한계를 안고 있었다. 중국과의 연결선인 서로전선을 제외하면,

---

[24] 공주-청주지선은 1889년 4월 13일에 준공되었고, 청주에 분국을 개설하여, 전신업무를 개시하였다.

전신선은 개항장과 일부 감영을 한성과 연결하는 수준에 머물러 있었다. 전신기관 보급 수준은 서로전선을 포함하여도 2총국 10분국으로서, 총 11개 지역에 전보국이 설치되어 있는 데 머물러 있었다.

<표 1-3> 갑오개혁 이전 조선정부 전신기관의 동향

	화전국(華電局)		조선전보총국		계
	총 국	분 국	총 국	분 국	
1886	1	3			4
1887	1	3			4
1888	1	3			4
1889	1	3	1	4	9
1890	1	3	1	5	10
1891	1	3	1	5	10
1892	1	3	1	7	12
1893	1	3	1	7	12
1894	1	3	1	7	12

자료: 체신부(1985), 『한국전기통신100년사』.

2. 갑오개혁 이후 통신주권의 확립과 통신기관의 증설

1894년은 한국의 개항기에 있어 분수령이다. 이때 조선정부는 중화론적 세계질서와 주자학적 지배질서를 폐기하였다. 1894년부터 1904년간의 시기는 아관파천 이전과 이후의 시기로 다시 구분할 수 있다. 청일전쟁에서 승리한 일본은 친일내각을 수립하여 갑오을미개혁이라 불리는 조선의 내정개혁을 단행하였다. 일본의 영향력하에 진행된 개혁은 아관파천으로 중단되게 되었다. 아관파천은 일본과 러시아의 세력균형을 가져옴으로써, 조선은 상대적으로 자주적인 개혁을 단행할 수 있는 여지를 확보하게 되었다. 통신사업에 있어서도 아관파천은 중요한 전환점이 되었다. 일본은 조선의 전신사업을 탈취하려는 의도를 가지고 있었기 때문에, 근대적인 제 개혁을 실시하였음에도 불구하고 전신사업의 재개에는 적극적이지 않았다. 전신사업이 적극적으로 추진된 것은 일본의 이러한 의도가 무산된 아관파천 이후이다. 통신사업의 측면에서 보면, 아관파천 이전의 개혁은 대외적 주권이 결여된 개혁이었다면, 아관파천 이후의 개혁은 대외적 주권을 확립하기 위한 개혁이었다.

통신사업의 관리기관을 중심으로 이 기간을 고찰하면, 공무아문 시기(工務衙門時期), 농상공부 시기(農商工部時期), 통신원 시기(通信院時期)로 구분할 수 있다. 1894년 6월 중앙정부는 6조에서 8아문으로 변경되었는데, 공무아문은 8아문의 하나이다. 공무아문에는 통신기관을 감독하는 국으로 역체국과 전신국이 있었다. 공무아문은 1894년 6월 28일부터 1895년 3월 24일까지 존속하였다. 1895년 3월에는 다시 7부(部)로 변경되었는데 이때 공무아문과 농상아문은 통합되어 농상공부로 되었다. 공무아문은 당시 조선의 상황에서는 필요하지 않다는 일본의 입장에 따른 것이다. 공무아문은 우편, 전선, 철도, 선박 등 근대적인 교통통신기관을 총괄하는 기관으로서, 이 사업들을 일본이 탈취하려는 의도를 반영한 기구개편이었다. 농상공부 통신국은 1895년 3월 25일부터 1900년 3월 25일까지 존속하였다. 그러나 통신사업이 발전하여 감에 따라 통신기관만을 전담할 기구의 독립이 이루어졌다. 1900년 3월 26일에는 통신원이 창설되었는데, 통신원은 통신업무만을 전담하는 기관이다. 그러나 당시 통신원은 농상공부 외청으로서, 농상공부로부터 완전히 독립된 기관은 아니었다. 1900년 11월 26일에 통신원은 농상공부로부터 독립하여 완전한 독립관청이 되었다. 통신원시기는 통신기관이 일본에 탈취될 때까지 지속하였다.

앞의 시기구분과 관련하여 보면, 공무아문 시기와 농상공부 시기 중 앞 1년간이 일본에 의한 내정개혁의 시기에 해당하고 앞 1년을 제외한 농상공부 시기와 통신원 시기가 러일 간의 세력균형하에서 조선이 대외적인 통신주권을 확립하기 위해 자주적으로 통신사업을 발전시켜 갔던 시기이다.

2.1. 우편기관

우편사업은 1895년에 이르러 재건되었지만, 재건의 움직임은 그 이전부터
있었다. 1893년 8월에 조선전보총국은 전우총국(電郵總局)으로 개편되었다.
조선전보총국이 남로전선과 북로전선을 관리하는 전신기관임에 반하여, 전
우총국은 전신업무와 우편업무를 동시에 관리하는 기관이다. 어떤 목적을
가지고 우편사업을 다시 재개하려고 하였지에 대해 아직 알려진 바는 없다.
그러나 당시 우편사업은 다음과 같은 세 가지 이유로 실시될 필요가 있었다.

첫째, 문란한 역체제도를 대체할 통신방법으로 우편사업을 재개할 필요가
있었다. 역은 끊임없이 조락의 위험에 봉착해 있었다. 1892년 7월 의정부에
서 우역(郵驛)이 모두 조잔하여 절참하는 지경에 이르는데 그 원인은 역마의
남파와 역전(驛田)의 매토와 호수(戶首)의 빈번한 체임이었다.

둘째, 통신주권을 확립하기 위해서는 국제우편 업무를 개시하는 것이 필
요하였다. 조선정부는 일본 영사관을 통하여, 그리고 조선주재 외국공사의
귀임 편에 부쳐 외국정부와 교신하고 있었다. 이러한 조선정부의 행동은
일본국 우편국의 정당성을 간접적으로 확인하는 것으로, 조선의 통신주권
을 스스로 상실하는 결과를 야기하고 있었다. 통신주권을 회복하기 위해서
는 스스로 국제우편업무를 하지 않으면 안 되었다. 조선정부는 이에 따라
만국우편연합에 가입하려고 시도하였다. 국내우편을 실시하기도 전에 외국
우편업무를 수행하기 위해 미국인 구례(具禮: Greathouse)를 전우총국 회판
외체우신사무(外遞郵信事務)로 고용하여, 국제우편을 준비하도록 하였으며.
1894년 1월 27일에는 만국우편연합에 가입을 신청하였다.[25]

---

[25] 독판 교섭통상사무 조병직은 왕명에 따라 대조선국의 만국우편연합에의 가입을
신청하였다. 동시에, 주미조선공사에게 국제우편 업무의 집행에 만전을 기하고 있
으므로, 조약에 규정된 모든 이권이 허용되기를 바란다는 뜻을 주미 스위스 공사
를 통해 만국우편연합의 행정사무를 맡고 있는 스위스 연방정부 외무민관에게 전
하도록 하였다.

셋째, 전신사업의 발전을 위해서도 우편사업을 재개할 필요가 있었다. 일본의 경우, 전신의 배달은 전신기관 소재지에는 전신기관이 직접 배달하지만, 그 이외 지역은 우편으로 배달하였다. 전신의 배달체계를 갖추기 위해서도 우편사업을 재개할 필요가 있었다.

<표 1-4> 갑오개혁 이후 우편사업 관련 주요 사항

	연 월	내 용
공무아문 시기	1894.6.26	갑오경장
	1894.6.28	공무아문 역체국을 설치
농상공부 시기	1895.3.25	농상공부 통신국을 설치
	1895.5.26	지방관제를 제정: 23부 331군으로 개편
	1895.윤5.26	국내우체규칙을 제정: 국가독점규정을 포함
	1895.윤5.26	우체사 관제를 제정: 우체사 사등(司等)구분 없음
	1895.6.1	우편업무를 재개
	1896.1.18	역제를 폐지
	1896.2.11	아관파천
	1896.8.4	지방제도를 개정: 13도 7부 1목 331군으로 개편
	1896.8.5	우체사 관제를 개정: 일등사, 이등사체제
	1897.3.16	국내우체규칙을 개정: 국가독점규정 삭제
	1897.3.23	우체사 관제를 개정: 총사, 일등사, 이등사체제
	1897.12.22	임시우체규칙을 제정
	1898.7.29	만국우편연합조약에 고종황제가 비준
	1900.1.1	국제우편을 실시
통신원 시기	1900.3.23	통신원을 신설
	1900.11.3	임시우체규칙을 개정: 임시우체사에 대한 통신원의 통제강화
	1903.8.24	체전부 집무 급 료자 지급규정을 제정
	1904.4.1	일본과 한일통신 협정을 체결

주: 1895년 이전은 음력임.

우편사업을 재개하려는 노력은 청일전쟁으로 일시 중단되었지만, 을미개혁과 광무개혁기에 급속하게 진전되었다.

갑오개혁은 일본이 작성한 조선정부 내정개혁론에 의거하여 진행되었다.[26] 갑오개혁의 한 특징으로 현업통신기관을 재건하는 것에 대한 조치가 없었다는 것을 들 수 있다. 갑오개혁은 중앙관서의 개혁이 중심이었고, 지방관서의 개혁은 시작되지 않았다는 것이 한 요인으로 작용하였을 것이다. 통신사업의 경우에도 갑오개혁기에는 중앙관제의 개편에 머물러 있었고, 지방현업기관의 설치에는 이르지 않았다.

우편현업기관의 재건은 을미개혁기 지방제도 개혁과 더불어 급진전되었다. 1895년 5월 26일에 '지방제도 개정에 관한 건'을 발령하여 전국을 23부로 하는 지방제도를 제정하였다.[27] 그리고 동일자에 발령된 '인천 부산 원산 3항의 감리서 폐지하는 건'에서 개항장의 감리서를 폐지하고, 인천 관찰사, 동래부 관찰사, 덕원 군수가 종전에 감리가 관장하던 일을 맡아서 처리하도록 하였다.[28] 지방제도 개혁은 중앙정부에 의한 지방지배력 강화를 목적으로 한 조치였다. 이를 위해서는 효율적인 통신체계를 마련할 필요가 있었다.

'지방제도 개정에 관한 건'이 나온 한 달 후인 1895년 윤 5월 26일에 우체사 관제(郵遞司官制)를 제정하여, 23부를 연결하는 우체통신망을 구축하려고 하였다. 우체사 관제에는 우체사 설치예정지로 24개 지역을 선정하였는데, 24개 설치예정지 중 23개는 바로 23부의 소재지이다. 이 외에 원산이

---

[26] 오오도리(大鳥) 일본공사는 1894년 5월 23일(양 6월 26일)에 고종을 알현하는 자리에서 내정개혁론을 제시하였고, 1894년 6월 1일(양 7월 3일)에 외무독판 조병직을 만난 자리에서 내정개혁방안강목을 제시하였다.

[27] 당시 개혁의 요지는, 첫째, 전국을 23개의 부로 나누어 전국 337개의 군을 23개의 부의 관할하에 소속시키고, 둘째, 종래의 유수부·부·목·대도호부·도호부·군·현으로 되어 있던 고을을 일률적으로 모두 군으로 하고, 부에는 관찰사를 군에는 군수를 두어 행정사무를 총괄하도록 하였으며, 셋째, 한성부의 지위를 격하하여 한성부 산하에 한성군을 두도록 한 것이다['칙령 제98호 지방제도 개정에 관한 건', 『한말근대법령자료집1』, pp.398-402].

[28] '칙령 제99호 인천 부산 원산 삼항(三港)의 감리서(監理署) 폐지하는 건', 『한말근대법령자료집1』, pp.402-403.

포함되어 있는데, 개항장 중 인천과 부산은 부의 소재지였지만, 원산은 부의 소재지가 아니었다. 그러나 원산은 개항장으로서 통상과 외교의 업무상 통신기관이 필요하였다. 이러한 점을 고려하여 원산에도 우체사를 설치하도록 하였다고 판단된다.

<표 1-5> 대한제국이 경영하는 우편기관의 동향

	우체사				임시우체사	영수소	계
	총사	일등사	이등사	지사			
1884.10							2
1896							11
1897	1	10	11	2			24
1898	1	12	15	5			33
1899	1	12	15	5	343		376
1900	1	15	15	5	343		379
1901	1	15	20		343		379
1902	1	15	20	1	343	3	383
1903	1	15	26	1	343	3	389
1904	1	15	26	4	343	2	391
1905	1	17	26	4	343	2	393

자료: 『구한말관보』.

1895년 6월 1일 한성과 인천에 우체사가 설치된 이래, 계속 예정된 지역에 우체사를 설치하여, 1896년 7월 25일에 진주에 우체사가 설치되는 것으로 일단락되었다. 23부 중 강릉 제주 갑산을 제외한 20부와 원산에 우체사가 설립되었고, 수원에 한성 우체사지사가 설치되어, 21 우체사 1 우체지사의 체계가 성립하였다.

그런데, 23부(府) 지방제도는 오래 존속하지 못했다. 지방사족들과 이족 등 구래의 지방제도에 이권을 가지고 있던 제 계층이 반발하면서, 1896년 8월 4일에 지방제도는 다시 23부 중 한성부를 제외한 전 지역을 13도 7부 1

목 331군으로 재편성하였다.[29] 이때 한성부는 수부(首府)로 독립시키는 방침을 취하여, 한성 판윤은 관찰사와 동격으로 되었다. 또 1896년 8월 7일 '각개항장 감리서 복설 관제 급 규칙'을 제정하여 1895년 지방제도 개정 시 폐지되었던 감리서를 다시 부활시켰다.[30] 그러나 우체사의 경우 을미개혁기의 지방제도의 틀을 간직하고 있었다.

지방제도 개정과 더불어 우체사 관제도 조금 변하였다. 1896년 8월 5일 우체사 개정에서는 1895년 윤 5월 26일자 우체사 설치 예정지에 수원을 더한 25개 지역에 우체사를 설치하도록 하였다. 이 개정에서는 우체사의 사등(司等)을 정하고 있다. 우체사를 일등사와 이등사로 구분하였는데, 한성, 인천, 개성, 대구, 부산, 전주, 공주, 평양, 의주, 원산, 경성은 일등사로 되었다. 인천, 부산, 원산은 개항장이다. 일등사의 도별 분포를 보면, 경기에 한성, 인천, 개성이 있으며, 경기 이외의 지역은 구래의 지방행정의 중심지이다.[31] 우체사의 사등을 나눈 것은 당시 일본에서의 우편기관 편제의 변경과 궤를 같이하는 것이었다.[32]

1897년 3월 23일에는 우체사 관제를 개정하여 한성 우체사를 우체총사

---

[29] '칙령 제36호 지방제도 관제 봉급 경비 개정', 『한말근대법령자료집2』, pp.115-124.

[30] '칙령 제50호 각 개항장 감리서 복설 관제 급 규칙', 『한말근대법령자료집2』, pp.141-145.

[31] '칙령 제42호 우체사 관제 개정', 『한말근대법령자료집2』, pp.130-131.

[32] 1871년 일본국이 우편사업을 시작할 때, 우편기관은 우편역소(郵便役所)와 우편취급소(郵便取扱所)로 이중화되어 있었다. 우편역소는 직영기관이고, 우편취급소는 청부기관이었다. 우편역소와 우편취급소의 체계는 몇 차례의 변화를 겪어서, 1883년에는 직영기관으로 일등우편국과 우편국지국이 있었으며, 청부기관으로서 이등우편국에서 오등우편국, 그리고, 우편수취소가 있었다. 조선에서는 아직 우편청부기관이 발전하지 않았다. 직영기관만을 본다면, 일본은 일등우편국과 우편국지국의 편성이었는데, 조선도 1895년에는 우체사와 우체지사의 편성이었다. 우체지사는 관제 외 기관으로서, 수원우체지사가 한성우체사의 지사로 있었다. 일본에서는 1896년에 우편기관의 편제를 바꾸어, 직영기관을 일등우편국과 이등우편국 그리고 일등우편국 지국 세 가지로 편성하였고, 청부기관은 삼등우편국과 우편수취소 두 가지로 편성하였다. 이 시기 조선에서는 일본의 우편기관의 편제와 비슷하게 변경되었다. 청부기관이 없다는 점은 이전과 동일하며, 직영기관은 일등우체사, 이등우체사, 우체지사로 편성하였다.

(郵遞總司)로 승격시켰다. 이것은 지방제도를 개정하여 한성부를 수부의 지위로 격상시킨 것과 관련되는 것이다. 우편업무상으로 볼 때, 한성은 우편집중지로서의 성격을 가지고 있기 때문에 이와 같은 편제는 합리적이라 할 수 있다. 이 때부터 우체사는 총사 - 일등사 - 이등사 – 지사로 편제되었으며, 이 편제는 통신기관이 피탈될 때까지 변하지 않았다.[33]

당시 우체사 관제는 일본과 동일해지는 방향으로만 변한 것은 아니었다. 1884년에 우편사업을 실시할 때 법령에 우편사업의 국가독점권을 명시하지 않음은 앞서 지적한 바 있다. 그런데, 갑오을미개혁기 동안 일본의 내정간섭하에 우편사업이 재개되면서, 국가독점권이 명시되게 되었다.[34] 그런데 이 국가독점권은 아관파천 이후 우편사업에 대한 자주권이 강화된 1897년의 개정에서는 삭제되어 버렸다. 그리고 그 이후 통신기관이 일본에 탈취될 때까지 우편사업에 대한 국가독점권을 선언하는 조항은 우편관련 법령 어디에도 나타나지 않는다. 대한제국은 왜 국가독점권을 의도적으로 삭제하였는가? 국가독점권을 선언하지 않은 것은 우편사업에 그치는 것이 아니었다. 전신사업과 전화사업도 마찬가지로 국가독점권을 선언하지 않았다.

이후 우체사 증설은 두 가지 방향으로 이루어졌다. 첫째는 개항장의 신설에 따른 증설이고, 둘째는 체송(遞送) 및 분전체계(分傳體系)의 합리화를 위한 증설이다. 이에 따라 1902년 10월 3일에는 우체사 설치예정지가 총 46개로 증가하였는데, 이 중 나주, 금성, 갑산, 안주의 4곳을 제외한 42개소는

---

[33] '칙령 제17호 우체사관제 개정', 『한말근대법령자료집2』, pp.223-224.

[34] 당시 우편사업의 가장 근원적인 법령은 국내우체규칙이었다. 국내우체규칙 제18조에는 우체사가 소재한 지역으로부터 우체사가 소재한 지역으로 송전하는 제1종 우체물(편지)은 다음의 경우를 제외하고는 우체사를 경유하지 않고서는 어떠한 사람이든 스스로 송전하거나 혹 타인으로 하여 송전할 수 없다고 규정되어 있다. 예외로 인정되는 경우는, 첫째, 체송비를 지급하지 않고 임시로 친족붕우고인(親族朋友雇人) 등으로 하여금 그 영수인에게 직접 전하는 것과, 둘째, 우체로 할 수 없는 이유가 있어 임시로 전인(傳人)으로 하여금 그 영수인에게 직접 전하는 것이다['칙령 제124호 국내우체규칙', 『한말근대법령자료집1』, p.456].

1902년까지 모두 설치되었다. 이 시기 동안 개항장에는 모두 일등사가 설치되었으며, 개항장을 제외한 지역에는 이등사가 설치되었는데, 이등사는 우체사지사의 형태로 개설되었다가, 이등우체사로 승격되는 경로를 취하는 것이 대부분이었다.[35] 지사는 우체사 관제에는 없는 관제 외 기관(官制外機關)으로서, 통신원 총판이 필요하다고 인정한 경우 증설할 수 있었다. 우체지사는 인접한 우체사의 지사로 운영되었는데 이 중 4개는 1898년 2, 3월에, 그리고 5개는 1902년 7, 8월에 개설되었다. 이것은 우체지사의 설립이 이후 설명할 임시우체사제도(臨時郵遞司制度)의 운영과 긴밀한 관련을 가지고 있음을 의미한다. 임시우체사제도는, 이후 언급하겠지만, 전국적인 분전체계를 구축하기 위해 군청의 공문서 수발계통을 공중통신체계에 통합시킨 것이다. 임시우체사는 일군에 하나씩 설치되었으며, 우체사가 관리하였다. 우체지사 또는 이등우체사의 증설은 우체사의 체송구간을 줄임과 동시에 임시우체사에 의한 분전(分傳)을 보다 잘 감독할 수 있도록 하기 위해서 이루어진 것이다.

1904년 3월 12일에는 18개 지역을 우체사 설치지역으로 새로 선정하였다. 이 중 종성을 제외한 17개 우체사는 경부철도 연변에 있는 것으로서, 경부철도와 관련하여 배치하면, 시흥-진위-직산-(아산)-천안-전의-(노성)-(연산)-(진산)-(금산)-영동-황간-(성주)-칠곡-청도-금산-밀양으로 된다.[36] 이 중 진위와 황간은 일등사로, 기타 15개 사는 이등사로 설치할 예정이었다. 이것은 대한제국기에 있어 가장 대규모 증설계획으로, 경부철도 건설을 우편사업 도약의 계기로 이용하고자 하였던 대한제국의 의도를 보여준다. 대한제국은 경부철도가 건설됨으로써 유

---

[35] 이 시기 동안 이등우체사는 이등사로의 강등(鏡城郵遞司)과 이건(移建)을 제외하고 13개 사가 증설되었는데, 이 중 수원, 정주, 청주, 안성, 안동, 북청, 은진, 경주, 장흥, 서흥, 벽동 등 11개 지역이 우체사지사로 설치되었다가 이등우체사로 승격된 곳이다. 이등사의 경우 지사에서 이등사로의 승격이 주된 설치 경로였다.

[36] 이중 ( ) 안의 지명은 경부철도가 지나는 경로와 조금 떨어진 지역이기는 하지만, 경부철도의 영향을 받는 지역이다.

발된 우편수요를 흡수하고, 또 체송의 합리화를 도모하려고 한 것이지만 실현되지는 않았다. 17개 우체사 설치예정지 중 실제 설치된 것은 진위와 시흥뿐이다. 러일전쟁이 발발하고, 일본이 조선의 통신기관을 탈취하려는 의도를 강행함에 따라 대한제국의 기획은 좌절되게 되었다.

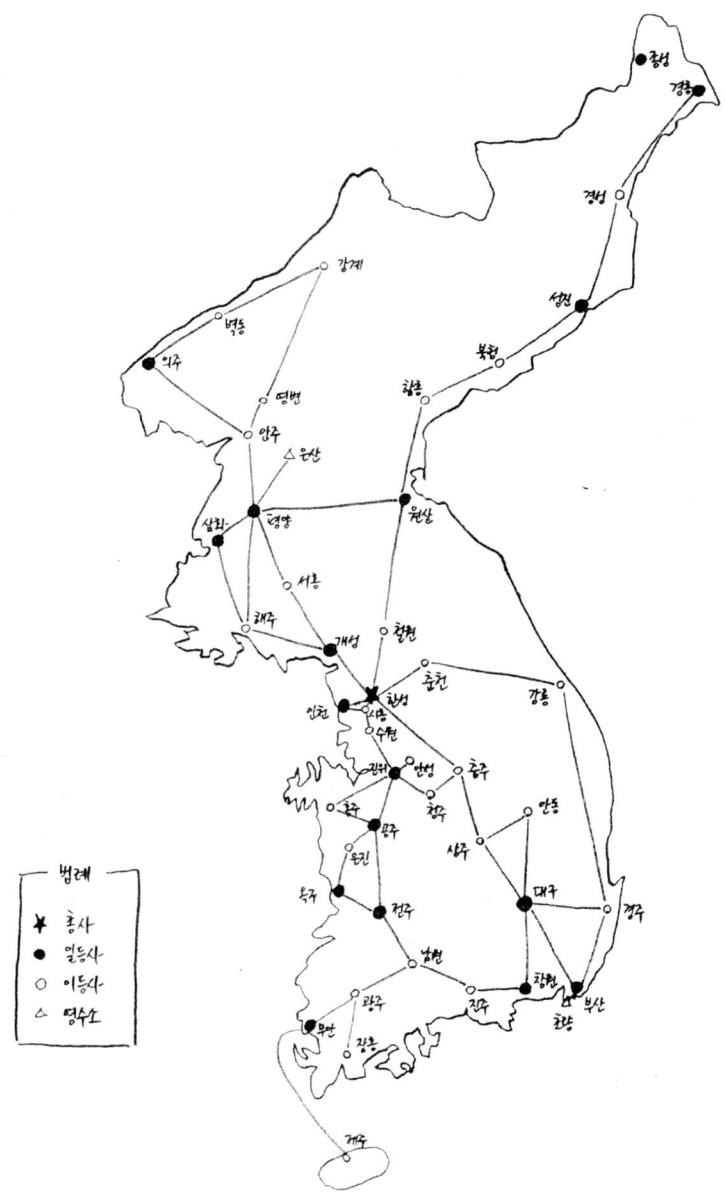

<도 1 - 2> 1905년 우체사의 지리적 분포

이제 임시우체사제도(臨時郵遞司制度)에 대해 살펴보자. 1895년 우편사업
을 재개한 이래 다수의 우체사를 증설하였지만, 그것만으로는 전국적 분전
체계(分傳體系)를 유지하기 어려웠다. 1904년에 이르러서도 우체사는 44개
에 불과하여, 한 우체사가 8개 군 이상을 집배송하여야 했는데, 이것은 불
가능한 것이었다. 그러나 우체사를 대대적으로 증치하는 것은 재정상 허용
되지 않았다. 당시 우체사 비용 중 80%는 인건비인데, 우체사의 연간 인건
비는 지방행정기관의 인건비와 같은 수준이었으며,[37] 사업수입은 인건비에
훨씬 못 미치는 것이었다.[38]

우편수요가 적은 상황이었으므로, 비용이 많이 드는 우체사를 증설하는
것은 어려웠다. 이러한 문제를 해결하기 위해 출현한 것이 임시우체사제도
였다. 1897년 12월 23일에는 임시체송규칙(臨時郵遞規則)을 제정하였는데,
이것은 군(郡)의 공문체송망을 우편집배송망으로 활용하는 것이었다. 각 부
군 지방관을 우체사장으로 예겸(例兼)하게 하고, 각 부군 향장(鄕長)을 우체
주사로 겸임하게 하여, 각 부군 방곡 면촌에 분전 및 우송하는 임시우체물

---

[37] 1903년 말 정원과 1903년 말 급료를 이용하여 각 사별 인건비를 계산하면, 총사
(總司)는 13,236원, 일등사는 평균 일사당 3,002원, 이등사는 평균 일사당 1,988원,
지사는 평균 일사당 1,452원이다. 지방행정기관의 연간 인건비를 보면, 관찰도(觀
察道)는 일도당 8,280원이고, 한성부는 4,278원이며, 7부는 일부당 3,432원이고, 일
등군은 2,700원, 이등군은 2,532원, 삼등군은 2,160원, 사등군은 1,944원, 오등군은
1,536원이다. 즉 한성우체총사의 인건비는 한성부 인건비의 3배를 넘으며, 관찰도
인건비의 1.6배에 달한다. 그리고, 일등사의 인건비는 일등군의 인건비의 1.1배이
고, 이등사의 인건비는 사등군의 인건비와 거의 동일하고, 지사의 인건비는 오등
군의 인건비의 95%이다. 이등사나 지사를 하나 설치하더라도 지방행정기관을 하
나 설치하는 것에 상당하는 인건비가 소요되었다.

[38] 사업수입/인건비의 비율이 가장 높았던 시기인 1903년에도 46%였으며, 1890년대
후반에는 10% 안팎이었다. 그리고 이 수입도 한성우체사와 인천우체사 등 몇 개
우체사에 집중되어 있어, 다른 우체사의 수입은 매우 적었다. 우편기관은 사업기
관이었지만, 몇 개의 우체사를 제외하고는 거의 사업수입이 없었다(<부표 1- 3>
참조).

은 각 해임(各該任)으로 하여금 당해 부군 겸임우체주사의 지휘를 받아 순차로 분전 및 체송하도록 하였다.[39] 향장은 1896년 8월 지방관리직제 개혁 때 신설된 것으로 해당지역에서 7년 이상 거주한 전 향리나 유지 중에서 군수가 택차하여 군민의 동의를 얻어 임명하였고,[40] 군수의 지휘를 받아 군의 수서기와 함께 군수 부재 시 군수의 임무를 대행하였다.[41] 향장 즉 겸임 우체주사는 당해 도내 우체사에 전부(前赴)하여 우무(郵務)를 숙달하게 하였으며, 각 부군에 발송하는 임시우체물은 그 도에 있는 우체사에서 관리하도록 하였다. 임시우체사제도를 마련함으로써 전혀 비용을 들이지 않고 전국적인 분전망을 갖출 수 있게 되었다. 향장은 일종의 명예직이고, 면임(面任)은 공식적으로 어떠한 보수도 받지 못하는 존재이지만, 이를 관청기업을 위해 무보수로 활용할 수 있는 것은 아직 신역제가 향촌사회에 엄존하였기 때문이다. 전신사업에 있어 순변 순병제(巡弁 巡兵制)가 노역의 부담을 지방관부에 전가시킨 것과 동일한 성격의 것이다. 임시우체사제도는 1900년 11월 3일에 개정되었는데, 개정의 요지는 임시우체사장을 예겸하게 된 지방관에 대한 통신원 총판의 통제권을 강화한 것과, 향장으로 임시우체사무를 맡은 지 3개년이 된 자는 임시우체주사로 임명하는 것이다.[42] 실제 운영 상황을 보면, 임시우체주사가 한 번 임명된 군의 경우, 임시우체주사가 해직될 때, 얼마 되지 않아 바로 임시우체주사를 임명하고 있는데, 새로 임명된 임시우체주사는 임시우체사무를 맡은 지 3년이 되지 않은 사람이다. 임시우체주사 제도는 임시우체사 업무를 전담하는 실무주사를 가려 뽑아, 임시우체사의 업무의 안정성을 도모한 조치로서, 향장이 자주 교체됨으로써, 임시우편사무을 맡는 실무주사의 경질이 자주 일어나는 폐단을 시

---

[39] '칙령 제43호 임시우체규칙', 『한말근대법령자료집2』, pp.305-319.
[40] '칙령 제44호 각 부목 판임관 이하 임면규례', 『한말근대법령자료집2』, pp.135-136.
[41] '칙령 제37호 지방관리직제', 『한말근대법령자료집2』, pp.124-126.
[42] '칙령 제45호 임시우체규칙 개정', 『한말근대법령자료집3』, pp. 236-237.

정할 수 있었다.[43] 임시우체주사는 1901년에 78군, 1902년에 35군, 1903년에 37군, 1904년에 38군, 1905년에 9군 등 모두 197군에 임명되었고, 나머지 145 군에는 임명되지 못하였다. 그리고 1903년에는 임시우체사에 임시체전부 2 명씩을 배치하려고 하였는데, 이것이 1904년에 이르러 실현되었다. 임시우 체주사는 월급 8원을 지급하였으며, 임시체전부에게는 월급 5원을 지급하 였다.[44] 이와 같이 유급으로 바뀌면서, 1904년 10월 11일에는 임시우체사장 과 임시우체주사 및 임시체전부에 대한 통신원의 통제를 강화하였다. 그리 고 임시체전부도 면임이 아니라, 조해문자(粗解文字)하고 초지사리자(稍知 事理者)로 선임하도록 하였다. 이 시기 임시우체사의 인건비는 연간 216원 으로, 이등우체사의 일사당 인건비 1988원의 10%에 불과하다. 임시우체사 의 경비가 이등사보다 절감된 것은 보다 적은 인원을 채용하고, 보다 낮은 급료를 지급하였기 때문이지만, 임시우체사의 급료수준이 당시 군의 원역 (員役)의 급료수준보다 낮은 것은 아니었다.

임시우체사의 분전 범위는 우체사가 설치되어 있는 부나 군의 경우에는 '우체사가 소재한 지역의 20리 이내를 제외한 전군(全郡)'이고, 우체사가 소 재하지 않은 지역의 경우에는 전군이다. 단 2명의 임시체전부가 분전을 담 당하였기 때문에, 임시우체사 분전지역의 주민들은 낮은 수준의 우편 서비 스를 받았다고 할 수 있다.

이상과 같이 국내우편체계가 갖추어져 감에 따라 국제우편을 개시하기

---

[43] 『황성신문』(1900년 3월 30일자)에는 통신원 총판(通信院總辦)인 민상호의 우편사 업에 대한 운영방침을 소개하고 있는데, 이 중에 "각 군 향장도 뽑아서 채용하여 그 동안 폐단이 많던 것을 쇄신할 것이다"는 표현이 있다. 그러나 향장은 통신원 총판이 임명할 수 있는 것은 아니었다. 민상호의 의도는 임시우체주사제도(臨時 郵遞主事制度)에 의해 실현되었다.

[44] 1904년 9월 10일에는 임시우체규칙이 개정되었는데, 이때에 와서 비로소 임시우 체주사와 임시체전부에게 료미(料米)를 지급하는 것으로 되었다['칙령 제25호 임 시우체규칙 개정', 『한말근대법령자료집3』, pp.645-646].

위한 본격적인 노력을 경주하였다. 국제우편을 실시하려는 시도는 1893년
부터 진행되었다. 그러나 이 시도는 동학농민전쟁과 청일전쟁 때문에 실행
에 옮기지는 못하였다. 을미개혁 때 우편사업을 재개하였지만, 국제우편서
비스의 실시는 일본의 반대 때문에 별 진척이 없었다. 국제우편을 실시하
려고 한 것은 그것이 외교 및 통상업무를 수행하기 위해 필요하였기 때문
만은 아니었다. 국제우편을 실시하고 만국우편연합에 가입하면, 외국계 우
편국 즉 객우(客郵)를 축출할 수 있었다.[45] 국제우편 서비스가 이와 같은 성
격을 가지기 때문에, 일본이 주도권을 장악하고 있는 갑오을미개혁기에는
국제우편을 개시하려는 시도가 별로 진척되지 못하였다. 만국우편연합에
가입하고 국제우편을 실시하려는 움직임은 아관파천 이후에 다시 재개되었
다. 1897년 5월에 이범진과 민상호가 전권위원이 되어 워싱턴 만국우편연합
총회에 참석하였고, 6월 15일에는 만국우편연합 개정 조약 의정서 시행세칙
등에 서명하였다. 이에 따라 1897년 6월 24일 스위스 정부가 조선정부에 이
사실을 통보함으로써 만국우편연합 가입은 확정되었다. 이에 따라 1899년
1월 1일부터 국제우편을 실시할 예정이었으나, 그 준비관계상 1년이 지난
1900년 1월 1일부터 국제우편 업무를 실시함으로써 완전한 회원국이 되었다.

그러나 대한제국은, 만국우편연합에의 가맹을 계기로, 조선에서 객우 즉
일본국 우편국을 철수시키지는 못하였다. 국제우편을 배달하는 데 있어 필

---

[45] 객우(客郵)는 개항장과 본국을 연결하기 위해 진출한 외국 우편기관으로서, 이들
의 존립근거는 조선정부가 아직 국제우편을 실시하지 못하므로 자국의 필요한 수
요를 스스로 충족하겠다는 것이다. 따라서 국제우편을 실시하여 개항장에 진출한
일본인이 본국과 통신할 수요를 조선정부가 충족시켜 줄 수 있게 되면 그 존립근
거를 상실하게 된다. 즉 국제우편의 실시는 통신주권의 확립과 긴밀한 관계를 가
지고 있다. 일본도 만국우편연합(萬國郵便聯合)에 가입하기 이전에는 외국계 우편
국 즉 객우(客郵)가 개항장에 진출하여 있었지만, 일본이 국제우편을 실시하게 되
자 객우는 소멸되게 되었다. 중국은 조선보다 우편사업을 더 늦게 실시하였지만,
만국우편연합에 가입한 후 중국에 진출한 외국계 우편국을 구축할 수 있었다. 즉 만
국우편연합에의 가입은 객우를 구축하는 수단으로서의 의미를 가지는 것이었다.

요한 선편을 마련하는 것이 문제가 되었다. 1898년 7월 김승익 등이 우선회사(郵船會社)를 만들었고, 1899년 3월에는 원일 우선회사가, 동년 12월에는 박용구 등의 우선회사가 설립되었지만, 이들은 모두 부산을 중심으로 영남 호남의 해안에서 활동하고 있어서, 국내체송도 제대로 감당하지 못하였다. 일본우선회사(日本郵船會社)는 1895년부터 조선의 이운사를 인수하여 운영하고 있었다. 따라서 우편물의 해외체송은 일본우선회사에 의존할 수밖에 없었다. 1899년 11월부터 클레망세로 하여금 한일우편조약(韓日郵便條約)을 초안케 하여, 여러 차례 절충을 거듭하였는데, 결국 일본 체신성의 제안을 받아들여, 우편물의 해외체송은 일본국 우편국을 경유하도록 하였다. 대한제국 통신기관의 해외우편물은 일본우선회사가 체송하도록 함으로써, 1900년 1월 1일부터 국제우편을 실시할 수 있었다. 외국우편의 교환사(交換司)로는 한성, 인천, 무안, 부산, 원산, 삼화의 6개 우체사가 지정되었고 조선 내 일본국 우편국과 교환하도록 규정하였다. 대한제국의 국제우편 서비스 실시는 조선 내 일본국 우편국의 합법화를 동반한 것이어서, 조선에서 일본국 우편국이 철수하도록 하는 계기가 되지는 못하였다.

2.2. 전신기관

청일전쟁은 조선의 전신사업에 두 가지 영향을 미쳤다. 첫째, 의주 전선합동(義州電線合同) 이후 조선의 전신사업의 발전에 장애가 되었던 청국의 전신가설권과 관할권이 소멸되었다. 이것은 조선정부가 전신사업을 자주적으로 발전시킬 수 있도록 통신주권이 회복되었음을 의미한다. 둘째, 청일전쟁 및 갑오농민전쟁 등에 의해 조선의 전신선 및 전주 등 시설이 파괴되었을 뿐만 아니라 서로전선과 북로전선은 일본에 강점되어 있는 상황이어서, 조선의 전신사업은 사실상 중단상태에 빠져 있었다.

<표 1-6> 갑오개혁 이후 전신사업 관련 주요 사항

	연 월	내 용
공무아문 시기	1894.6.26	갑오경장
	1894.6.28	공무아문 전신국을 설치
농상공부 시기	1895.3.25	농상공부 통신국을 설치
	1895.5.9	봉수제도를 폐지
	1895.5.26	지방관제를 제정: 23부 331군으로 개편
	1896.2.11	아관파천
	1896.7.23	전보사 관제를 제정: 일등사와 이등사 체제
	1896.7.26	국내전보규칙을 제정
	1896.8.4	지방제도를 개정: 13도 7부 1목 331군으로 개편
	1897.6.14	전보사 관제를 개정: 총사, 일등사, 이등사체제
통신원 시기	1900.3.23	통신원을 신설
	1902.3.19	한성 인천 간 전화 설치를 공고
	1902.4.24	전화규칙을 반포
	1902.4.24	전보사 관제를 개정: 전화사무 추가
	1904.3.31	공두 집무 급 료자 지급규정과 전전부 집무 급 료자 지급규정을 제정
	1905.4.1	일본과 한일통신 협정을 체결

주: 1895년 이전은 음력임.

　당시 중국과 일본을 연결하는 국제 전신선은 두 개였다. 첫째는 덴마크의 대북부전신회사가 건설한 상해-나가사끼선(長崎)이다. 둘째는 화전국의 전선과 조선정부의 전선과 대북부전신회사의 전선이 연접되어 이루어진 상해-봉천-의주-한성-부산-나가사끼선이다. 즉 한국의 전신은 중국과 일본을 연결하는 2대 간선 중의 하나였다. 일본은 조선의 전신권을 탈취할 의사를 가지고 있었으므로, 갑오을미개혁기에 조선의 전신사업을 재개할 시도를 하지 않았다. 일본의 이러한 의도 때문에, 조선정부가 전신사업을 수행할 능력이 상당히 축적되어 있었음에도 불구하고, 거의 새로 시작하는 우편사업보다 더 늦게 재건된 이유이다.

조선의 전신사업이 다시 재개된 것은 아관파천 이후이다. 1896년 7월 23일에 전보사관제가 제정되었는데, 조선의 전신사업의 체계적인 재개는 이 때부터 이루어지게 되었다. 그 이전에도 조선정부의 전신사업의 재개 움직임은 있었지만, 전신사업 재건에 종사하는 사람들의 신분이 보장되지도 않는 매우 불안정한 상태 속에서 전신선의 복구와 일부 구간의 전신업무가 진행되었을 뿐이다.

1896년 7월 23일 전보사 관제는 27개 지역에 전신사를 개설하도록 규정하고 있는데, 1895년 우체사 관제와 비교하면, 경흥, 회령, 고성이 더 추가되어 있다.[46] 전보사 관제는 친러내각하에서 제정된 것이기 때문에, 전신선을 러시아와 연접하기 위해 경흥과 회령을 전보사 설치 예정지역에 포함시킨 것이다. 고성은 일본과의 관계를 염두에 두고 전보사 설치 예정지역에 포함시킨 것으로 판단되지만, 자세한 이유를 알기는 어렵다.[47] 우체사 관제와 마찬가지로 23부를 모두 전신사 설치 예정지역으로 규정하였는데, 전신선을 지방행정 통신망으로 발전시키려는 의도를 보여주는 것이라 할 수 있다. 1896년 전보사 관제에는 이미 일등사와 이등사의 구분을 채택하고 있는데, 일등사와 이등사의 구별은 앞서 언급한 우체사에서의 일등사와 이등사의 구분과 거의 동일한 것이지만, 사등(司等)의 구분은 우체사 관제보다 전보사 관제에서 먼저 이루어졌다. 일등사는 수부(首府)인 한성과 개항장인 인천, 원산, 부산, 그리고, 청국과의 연접지인 의주, 러시아와의 연접지인 경흥과 회령에 설치하고, 이를 제외한 지역에는 모두 이등사를 설치하도록 하였다.[48]

전신사업을 운영하기 위해서는 전신선을 가설하지 않으면 안 되는데, 아

---

[46] 전보사관제가 제정된 당시에는 23부제의 지방제도가 시행되고 있었기 때문에, 23부가 포함되어 있었고, 부(府)가 아닌 곳은 원산, 경흥, 회령, 고성이다.

[47] 고성은 진해만을 사이에 두고 부산과 마주 보고 있는 지역이다. 진해만은 천혜의 요충지로서 조선후기부터 해군기지로 발전한 곳이다.

[48] '칙령 제32호 전보사관제', 『한말근대법령자료집2』, pp.102-104.

직 전보사들을 연결하는 전신선의 경로가 어떻게 계획되고 있었는지에 대한 연구는 없다. 그러나 1895년 이전에 이미 삼대 간선이 설치되어 운영되었으므로, 이 삼대 간선을 중심으로 하여 전신선이 구상되었다고 추측할 수 있다. 서로전선(西路電線)은 한성-인천, 한성-평양-의주선이고, 북로전선(北路電線)은 한성-춘천-원산선이며, 남로전선(南路電線)은 한성-공주-전주-대구-동래선이다. 이 삼대 간선은 이후에도 전신망의 기간선으로서의 지위를 유지하고 있었다. 이 삼대 간선을 어떻게 확장하려고 하였는지에 대한 기록은 없지만, 전신사가 설치된 지역은 우체사가 설치된 지역이므로, 우체사를 연결하는 체송로로부터 전신 가설망을 유추해 볼 수 있다.

당시 우편체송망은 사대 간선, 즉 한성-의주선, 한성-경성선, 한성-나주선, 한성-부산선을 주축으로 하여 구성되어 있었다. 한성-의주선은 한성-개성-평양-의주를 연결하는 체송로로서, 지선으로는 개성-해주선과 평양-강계선이 있었다. 한성-경성선은 한성-원산-함흥-경성를 연결하는 체송로로서, 여기에는 지선이 없었다. 한성-나주선은 한성-수원-공주-전주-나주를 연결하는 체송로로서, 지선으로는 공주-홍주선과 전주-남원선이 있었다. 그리고 한성-부산선은 한성-충주-안동-대구-동래를 연결하는 체송로이다. 인천과 춘천은 한성으로부터 바로 연결되어 있었으며, 진주는 남원으로부터 연결되었는지 부산으로부터 연결되어 있었는지는 아직 불분명하다. 우편체송망을 전신선의 3대간선과 비교하면, 한성-의주선은 서로전선에 해당하고, 한성-경성선은 북로전선에 해당하고, 한성-나주선과 한성-부산선은 남로전선에 해당한다. 남로전선은 한성-공주-전주선이 전주에서 전주-무안선과 전주-대구-부산선으로 분기되었다.

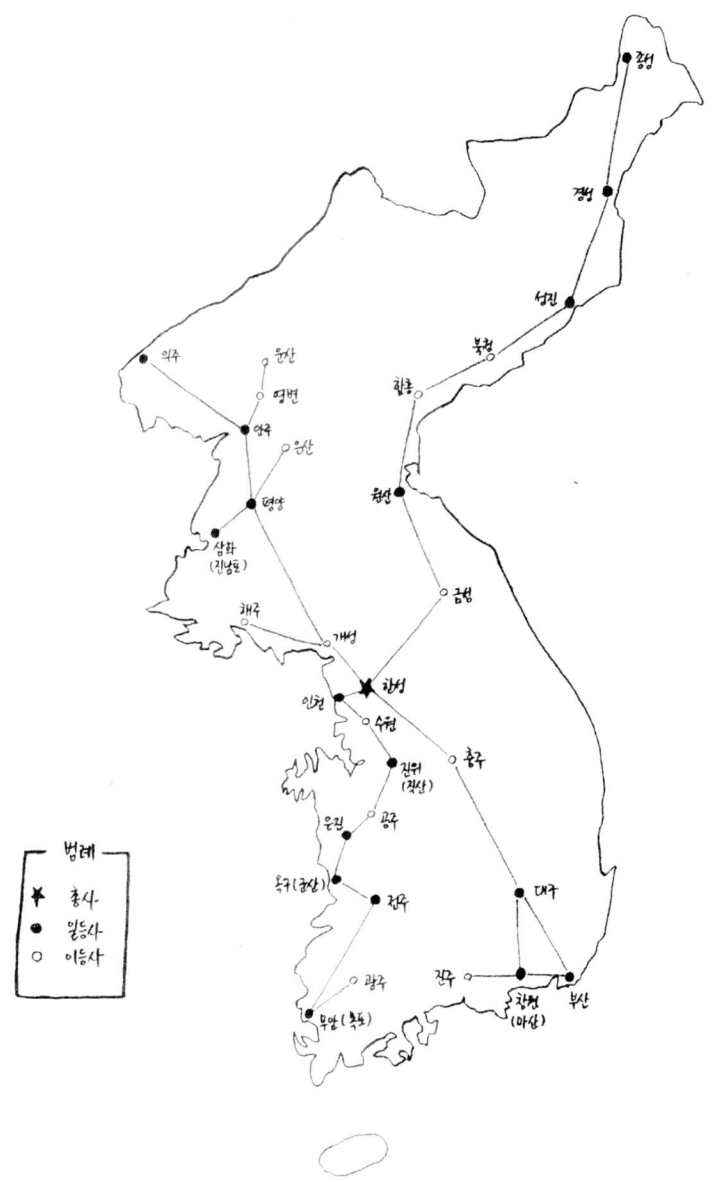

<도 1 - 3> 1905년 전보사의 지리적 분포

삼대 간선은 1898년 6월까지 거의 복구되었다. 서로전선은 1896년 7월 28일에 이미 개통되어, 한성-개성-평양-의주에 전보사를 설치하여 운영하였으며, 한성-인천선은 1897년 3월 15일에 개통되었다. 북로전선은 1897년 5월 31일에 개통되어, 한성-원산 간의 전신업무가 개시되었다. 남로전선 중 한성-공주-전주선은 1897년 12월 7일에 개통되었고, 전주-무안선은 1898년 2월에, 전주-대구-부산선은 1898년 6월 18일에 개통되었다. 이 기간 중에 개통된 지선으로는 1897년 11월 25일에 개통된 평양-삼화선이 있다. 그러나 이들 간선상에 있지 않는 23부에 대한 지선의 가설은 거의 이루어지지 않았다. 23부에 대한 지선이 가설되지 못하였던 이유 중의 하나로, 1896년 8월 4일에 지방제도가 개정되어, 23부제가 1부 13도제로 변하였다는 점을 들 수 있다.

이후 전보사가 설치된 곳은 다음 6가지 유형으로 구분할 수 있다. 첫째, 새로 개항한 지역으로, 진남포, 무안은 이미 개설되었고, 군산, 마산, 성진이 추가로 개항되었는데, 이곳에도 전보사가 설치되었다. 둘째, 외국인에 의해 개발되고 있는 광산이 소재한 지역으로, 금성, 운산, 은산이 여기에 포함된다. 셋째, 이미 부설된 간선과 지선의 중도에 있는 주요 지역에 전보사를 신설한 것으로, 안주, 영변, 수원, 진위, 은진이 여기에 포함된다. 넷째, 북로전선을 북쪽으로 연장하기 위해 개설한 것으로, 함흥, 북청, 성진, 경성이 여기에 포함된다. 다섯째, 관찰도 소재지에 개설한 것으로, 해주, 광주, 진주, 충주가 여기에 포함된다. 여섯째, 한성인접의 주요지역에 설치된 전보사지사로, 시흥, 경교, 마포가 여기에 포함된다.

<표 1-7> 대한제국이 경영하는 전신기관의 동향

	전보사				계
	총사	일등사	이등사	지사	
1897	1	2	2		5
1898	1	6	3		10
1899	1	7	5		13
1900	1	10	8		19
1901	1	11	11		23
1902	1	12	14		27
1903	1	13	13		27
1904	1	14	15	3	33
1905	1	15	15	3	34

자료: 『구한말관보』.

이들 지역 이외에 전보사 설치를 계획하였으나, 설치되기에 이르지 못한 곳은 다음 두 가지 유형으로 구분할 수 있다. 첫째, 러시아와의 전신 연접과 관련된 예정지이다. 러시아와의 연접을 위해 경흥과 회령을 일등사로 설정하였지만, 설치되지는 않았다. 러시아는 1902년 4월에 의주 연접을 새롭게 제의하였다. 의주 연접과 관련된 것으로 판단되는데, 1903년 2월 1일에는 창성, 벽동, 초산, 위원을 이등전보사 설치예정지에 포함시키는 관제 개정을 하였다. 물론 이것도 설치되지는 않았다. 둘째, 경부철도 연변의 설치예정지이다. 1904년 3월 12일에 우체사 관제 개정 시에 새롭게 설치예정지에 포함시켰던 지역에 전보사도 설치할 계획을 수립하였다. 그러나 우체사의 설치와 마찬가지로 진위와 시흥에만 전보사가 개설되었을 뿐 나머지 15개 사에는 전보사가 설치되지 못하였다.

위에서 전보사가 신설된 곳을 여섯 가지 유형으로 구분하였는데, 이 중 특히 언급할 가치가 있는 것은 두 번째 유형이다. 이를 제외하고는 모두 조선정부가 자신의 필요에 따라 설치한 것이지만, 이것은 광산을 운영하는 외국인의 요구에 의해 개설된 것이다.

이 문제를 살펴보기 전에, 우선, 전신사업에서도 국가의 전신사업 독점권은 선언되지 않았지만, 이것은 일반 사람이 임의로 필요에 따라 전신선을 가설할 수 있음을 의미하는 것은 아니라는 점을 지적하여 둔다. 비록 국가의 전신사업 독점권은 선언되지 않았지만, 국가의 허가를 받지 않은 전신선 가설은 불법가설로 취급되었다.[49] 그러나 철도사업과 광산개발과 전기사업에 있어서는 사업의 특성상 전신가설이 필요하다. 때문에, 선진 제국에서는 이 사업과 관련하여서는 국가의 전신사업 독점권에 대한 예외로서 사설전신을 허용하고 있다. 사설전신에 대한 규정이 없기 때문에 문제가 된 것은 처음에는 광산이었으며, 다음에는 철도였다. 철도사업에 있어 사설전신의 문제는 1905년 일본이 조선의 통신기관을 탈취하게 되는 가장 기저적인 요인이었다. 이 문제는 일본이 조선의 통신기관을 탈취하여 가는 과정을 논의하면서 상론하기로 하고, 여기에서는 광산에서의 전신선 설치에 대해 살펴보자.

광산개발권은 제국주의국가들이 차지하고자 하였던 가장 대표적인 이권사업이었다. 외국인이 조선의 광산개발권을 획득한 것은 1886년에 경남 창원의 금광채굴권을 일본인이 획득한 것이 처음이다. 그것에 뒤이어, 1895년에는 미국이 평북 운산금광채굴권을 획득하였고, 1896년에는 러시아가 함경북도 경원 종성 광산채굴권을 획득하였고, 1897년에는 독일이 강원도 금성 당현 금광채굴권을 획득하였고, 1898년에는 영국이 평남 은산 금광채굴권을 획득하였고, 1900년에는 일본이 충남 직산 금광채굴권을 획득하였고, 1901년에는 프랑스가 평북 창성 금광채굴권을 획득하였다. 이처럼 외국인들은 광산 특히 금광개발권을 주요한 이권으로 획득하였는데, 이 중 전신가설을

---

[49] 대한제국이 국가의 전신사업독점권을 선언하지 않은 이유가, 전신사업에 있어 사적인 영업의 자유를 허용하였기 때문이 아니라는 것을 이로부터 확인할 수 있다. 전신사업에 있어 국가의 독점권을 선언하지 않은 것은 사적인 영업의 자유를 일반적으로 인정하지 않았기 때문이라고 해석하는 것이 더 타당할 것이다.

요구한 광산은 평안북도 운산금광(雲山金鑛)과 강원도 금성 당현금광(金城
堂峴金鑛) 그리고 평안남도 은산금광(殷山金鑛)이다.

이 중 가장 먼저 전신가설을 요구한 것은 강원도 금성 당현광산이다. 이
광산은 세창양행에 의해 개발되고 있었다. 세창양행은 독일공사를 통하여
1899년 1월에 전신가설권을 요구하였는데, 전신가설을 위한 자료와 경비는
모두 세창양행이 부담한다는 조건이었다. 조선정부는 이것을 인가하면 다
른 광산들도 이를 선례로 하여 전신가설권을 요구하게 될 것을 염려하여
세창양행의 요구를 수용하지 않았다. 그러나 독일공사의 계속적인 요청에
의해 조선정부가 직접 가설하여 운영하는 것으로 결정되었다. 이에 따라
한성-원산선을 한성-금성-원산선으로 이설하고, 1899년 5월에 금성 전보사를
설치하였다. 이와 거의 동일한 시기인 1899년 3월에 평북 운산금광도 전신
시설을 설치하여 달라는 요구를 하였다. 미국공사관은 조선정부가 운산금
광과 협정한 내용에 '앞으로 조선정부는 운산광산의 운영에 있어서 광산의
전운(통신 및 수송)에 관계되는 일체의 편의에 협조한다'는 조항이 있음을
근거로 하여 가설 후 소정의 요금 이외에 매월 25원을 더 내겠다고 자진
제의하면서 전신가설을 요구하였다. 조선정부는 이에 불응하려고 하였으나,
미국 측의 요구가 꾸준하였기 때문에 전보사를 설치하기로 결정하였다. 대
신 이 전신은 오로지 미국의 광산만을 위한 특수시설임을 지적하고 우선 5
개년 기한으로 운산, 박천, 평양, 진남포, 인천 간에는 운산광산의 광무관계
(鑛務關係)로 수발하는 일체의 전보는 모두 요금을 받지 않는 대신, 전보
통수의 다과를 불문하고 매월 200원씩 총 2400원의 보비(報費)를 연 2회로
나누어 납부하도록 하는 약정을 체결하였다. 당시 이등전보사의 연간 인건
비[50]의 2.9배에 달하는 금액이기 때문에, 가설비 및 감가상각을 감안한다

---

[50] 이등전보사의 인건비를 계산하여 보자. 이등전보사에는 주사 2명과 용인 6 내지
7명이 있다. 주사 일인당 연봉은 240원이므로 주사의 일 년간 봉급액은 480원이
고, 용인은 일인당 연급료액을 60원이므로, 용인의 일 년간 급료액은 360원이다.

할지라도 다소의 이익이 남을 수 있는 요금수준이었다. 1900년 5월에는 다시 영국의 요구에 의해 평안도 은산광산에 전신이 가설되었는데, 은산광산은 운산광산의 예를 따랐다. 운산광산과 은산광산의 요금은 이후 저감되었다. 1901년에는 3개월에 은화 200원을 수납하도록 하여 요금은 1/3로 감소하였는데,[51] 요금의 인하가 어떻게 결정되었는지 그 경과는 잘 알 수 없다.

이상과 같이 외국인은 자신의 필요에 따라 전신가설을 청원(請願)하여 그것을 관철시키고 있는데, 조선인이 이러한 청원을 한 사례는 아직 발견되지 않았다. 이것은 사업의 일환으로 전신선을 적극적으로 이용하는 경영방식이 조선인에게는 결여되어 있었음을 의미한다. 물론 이것은 전신선의 가설을 청원할 정도가 아니라는 것이지, 조선인의 전신사용이 정체되어 있었음을 의미하는 것은 아니다. 이 시기 조선인의 전신수요도 미약하지만 성장하고 있었다. 예컨대 신문사를 보자. 독립신문사(獨立新聞社)의 경우, 1897년에 영국전보국(英國電報局)과 세계정치에 상관되는 일은 매일 신문사로 전보를 치도록 약조를 하여,[52] 세계 정치의 흐름을 신속하게 신문에 게재함으로써, 조선인의 문화의 발전에 기여하였다고 한다. 그리고 제국신문사(帝國新聞社)도 1899년부터 매월 100원을 들여가면서 영국 런던 전보를 사서 보았는데,[53] 이 전보는 번역되어 신문에 게재되어 조선인의 문화 발전에 기여하였다고 한다. 그러나 이들 계몽지 및 소수의 개화된 사람을 제외하고는 민간에서 전보를 사용하는 사람은 별로 많지 않았다. 아직 전보는 대중매체로 자리 잡지는 못하였다.

이 당시 대부분의 조선인에게 전신시설은 유용한 이기라기보다는 인민을 불편하게 하는 것이었다. 동학농민전쟁 때 동학군은 폐정개혁의 요구조항

이 양자를 합친 총 인건비는 840원이다.

[51] 『황성신문』(1901년 1월 22일).

[52] 『독립신문』(1897년 3월 6일).

[53] 『제국신문』(1899년 5월 3일).

의 하나로 '전보는 다폐민간하니 철폐할 사'를 포함시키고 있다. 여기에서 폐단이란, 전주와 인부 그리고 순변(巡弁)과 순병(巡兵) 등을 그 지역 주민으로부터 징발하는 것을 의미한다. 이 폐단은 물론 점차 제거되었다. 1896년 6월 16일에 전선수호에 필요한 인원을 인접군으로부터 차출하는 순변 순병제도를 폐지하고, 대신에 공두(工頭)를 고용하여 그 임무를 맡게 하였다. 물론 이 조치로 폐단이 완전히 없어진 것은 아니다. 민권이 확립되어 있지 않는 사회에서는 하시라도 재발할 수 있는 폐단이었다. 예컨대, 1899년 6월에는 "농상공부가 서관 연로군에 알리기를 서전(西電)은 외국과 통신하는 연로라 전간목(電桿木)이 소재한 부근 동이 책임을 지고 전신줄을 끊거나 전신주를 파괴하는 폐단을 일체 엄금하라"[54]고 하였다. 전신의 사용과 거의 무관한 일반 민인에게 관리책임을 묻고 있는 데에서 당시 민권의 수준을 가늠할 수 있다.

대한제국기에 들어 새로 시작한 업무로 전화사업이 있다. 대한제국은 왜 전화사업을 실시하게 되었는가? 이 질문은 당시 국가가 대민통신사업을 하게 되는 동기와 통신사업 영업권에 대한 대한제국의 인식을 파악할 수 있는 좋은 단서이다. 조선에 전화기의 실물이 도래한 것은 1882년으로서, 미국인 벨이 전화기를 발명한 지 6년 후였다. 그러나 조선에서 전화가 설치되어 운영되는 데에는 조금 더 시간이 걸렸다. 1893년에는 궁내용전화(宮內用電話)를 가설하려고 하였는데, 갑오농민전쟁과 청일전쟁으로 실현되지는 못하였고, 1899년에 실현되게 되었다. 이 궁내부 전화(宮內府電話)는 궁내부에 통신사(通信司)를 두고 이 통신사에서 운영하였다.[55] 전화가 공중통신망으로 이용되게 된 것은 이보다 4년이 늦은 1902년에 이르러서이다. 이 시기에 대한제국이 공중전화사업을 실시한 것은 민간의 전화사업에 대한 수요가 증대하였기 때문이 아니라, 일본국 우편국이 전화사업을 개시한다는 정보에 의거하여 전화사업에 있어 통신

---

[54] 『황성신문』 (1899년 6월 26일).
[55] '포달(布達) 제47호 궁내부관제 개정', 『한말근대법령자료집2』, pp.510-511.

주권을 확보하기 위한 것이었다. 당시 언론에 정부에서 공중전화사업을 하려고 한다고 보도된 것은 1902년 3월 6일이었다.[56] 그런데 일본공사가 조선정부에 경인 간 전화선 부설을 희망한다고 요청한 것에 대해 정부가 거부의 의사를 보였다는 보도가 나온 것은 1902년 3월 31일이었으므로[57] 일본은 1902년 3월 31일 이전에 경인 간 전화선 부설을 요청한 것으로 보인다. 물론 일본국 우편국이 전화사업을 개시한 것은 그보다 더 이전으로, 이미 일본거류민에게서 전화가입자를 모집하고 있었다. 이와 같이 일본이 전화사업을 실시하기 위해 준비하고 나가자 조선에서는 공중전화사업 실시가 논의된 지 한 달도 되지 않은 1902년 3월 20일에 한성-인천 간 공중전화사업을 실시하였다.[58] 그리고 한 달이 더 지난 1902년 4월 24일에야 전화사업에 대한 칙령인 전화규칙(電話規則)을 제정하였다.[59] 전화규칙조차 마련되지 않은 상태에서 공중전화사업을 실시하였는데, 이것은 조선정부가 전화사업을 어느 만큼 서두르고 있었는가를 보여주는 것이다. 대한제국의 전화사업은 일본이 조선 내에서 전화사업을 실시하려는 움직임에 대응하여, 통신주권을 지키기 위해 실행한 사업이었다.

1902년 3월에 실시된 경인 간 전화통화사업은 현재로 말하면 시외전화사업이다. 시내교환사업은 이보다 3달 뒤인 1902년 6월에 한성에서 시작되었다. 그런데 한성에서 실시된 대한제국의 전화교환사업에 대해 미국공사는 한성에서의 전화사업권은 한성전기회사에게 있다는 점을 들어 항의하였다. 미국공사가 항의하게 된 근거는 1898년 이근배와 김두승의 청원으로 거슬러 올라간다. 1898년 이근배와 김두승은 서울에 전기등과 전차와 전화기를 설치하겠다는 청원을 농상공부에 제출하였는데[60] 이때 농상공부는 이를 허가하였다. 농상공부가 허가한 내용은 앞으로 35년간 한성부 내의 전기, 철도, 전

---

56 『황성신문』 (1902년 3월 6일).
57 『황성신문』 (1902년 3월 31일).
58 '통신원고시 제3호 한성 인천 간 전화를 통신하는 건', 『한말근대법령자료집3』, p.363.
59 '칙령 제5호 전화규칙', 『한말근대법령자료집2』, pp.367-369.
60 『독립신문』 (1898년 1월 8일).

기등 및 전화기 부설권을 한성전기회사에 허여한다는 것이었다. 한성전기회사의 부설권에 대한 실질적인 권리소유자는 미국인 콜브란과 보스트윅이었다. 미국공사는 이 한성전기회사(漢城電氣會社)와의 계약서를 가지고 항의한 것이다. 이에 대해 통신원은 어떠한 사업 권리를 막론하고 외국공사에 인허하는 것과 본국정부에서 자행하는 것은 처음부터 다르다고 주장하면서, 지금 통신원이 행하는 전화사업은 본국 정부의 당연한 권리를 행사하는 것이므로, 한성전기회사와의 계약보다 통신주권이 우선이라고 주장하였다.

이후 조선정부의 전화사업은 확장되어, 전화통화사업은 개성, 평양, 수원, 마포, 도동, 시흥, 경교로 확장되었고, 시내교환사업은 1903년 2월에 인천에서, 1903년 7월에 평양에서 시행되었다. 전화통화 및 전화교환업무는 전화소(電話所)에서 담당하였다. 전화소는 독립된 기관이 아니라, 전보사에서 전화업무를 취급하는 건물의 이름이다. 전화업무는 전보사에서 담당하였기 때문에, 전화사업을 실시하면, 전보사의 소요인원이 증가하게 된다. 이를 반영하기 위해, 1902년 4월 24일에는 관제를 개정하여 전화선구역 내에 있는 전보사에서는 주사 2인 이하를 증설할 수 있도록 하였다.[61]

제2절 통신주권의 침해와 식민지 통신기관으로의 변질과정

1. 재조선 일본국 우편전신기관의 형성과정

일본국 통신기관은 한국의 개항과 동시에 조선에 진출하였다. 일본국 우편국이 가장 먼저 설치된 곳은 부산이었다. 부산에 일본국 우편국이 진출

---

[61] '칙령 제6호 전보사관제 개정', 『한말근대법령자료집2』, pp.369-370.

한 것은 강화도조약이 체결된 지 8개월 후인 1876년 11월 10일이었다. 다음으로 일본국 우편국이 설치된 곳은 원산이다. 원산은 1880년 5월 1일에 개항되었지만, 일본국 우편국은 원산이 개항되기 이전인 4월 14일에 이미 설치되었다. 인천에 일본국 우편국이 설치된 것은 인천이 개항된 지 근 1년이 지난 1883년 12월 28일이었다. 1888년 7월 11일에는 한성에도 일본국 우편기관이 설치되었는데, 한성에 설치된 것은 인천 우편국 출장소로 우편국보다 간이하지만, 일본국 체신성이 직영하는 우편기관이다.

일본은 조선의 개항장에 우편국을 설치하였는데, 당시 조선에 진출한 일본국 우편국을 유지하기 위해서는 막대한 손실을 감수하여야 했다. 조선에 진출한 일본국 우편국은 개항장의 일본인이 일본본토와 교신하는 창구로서의 역할을 하였는데, 이를 위해서는 정기적인 우편항로를 유지하지 않으면 안 되었고, 정기적인 우편항로를 유지하기 위해서는 우선회사에게 막대한 보조금을 지급하여야 했다. 이러한 손실을 감수하면서 조선에 우편국을 개설한 것은 일본인의 조선진출을 촉진하기 위해서였다. 일본국 우편국은 그 자체가 수익사업이었던 것은 아니고, 일본인의 조선진출을 위한 인프라스트럭처였다고 할 수 있다.

1888년에 한성에 인천 우편국 출장소가 설치된 이후, 1896년까지 추가적으로 개설된 일본국 우편기관은 없었다. 일본국 우편기관이 다시 증설된 것은 1897년부터이다. 1897년에는 목포에 우편국이 설치되었고, 1899년에는 용산에 우편수취소(郵便受取所)가, 진남포에 우편국이, 군산에 목포 우편국 군산출장소가, 마산에 부산 우편전신국 마산출장소가 설치되었다. 수취소는 출장소보다 더 간이한 통신기관으로서, 일본국 체신성의 직영기관이 아니라, 수취소장이 운영하는 창구업무 대행기관(窓口業務代行機關) 즉 청부기관이었다. 1901년에는 성진 우편국과 평양 우편국이 설치되었다. 이와 같이 증설되어서, 1901년 말에는 조선에 진출한 일본국 통신기관이 11개로 늘었다. 이 시기까지 진출한 일본국 우편기관은 대부분 일본국 체신성이 직영하는 우편국과 우편국 출장소였고, 용산에만 예외적으로 우편수취소라는 청부기관이 설치되었다.

<표 1 - 8> 보호국기 이전에 조선에 진출한 일본국 통신기관의 동향

	우편전신국	우편국	우편국 출장소	수취소		전신취급소	전화소	합계	우편취급 기관 계
				우편전신	우편				
1877		1						1	1
1878		1						1	1
1879		1						1	1
1880		1						1	1
1881		2						2	2
1882		2						2	2
1883		2						2	2
1884	1	2						3	3
1885	1	2						3	3
1886	1	2						3	3
1887	1	2						3	3
1888	1	2						3	3
1889	1	2	1					4	4
1890	1	2	1					4	4
1891	1	2	1					4	4
1892	1	2	1					4	4
1893	1	2	1					4	4
1894	1	2	1					4	4
1895	1	2	1					4	4
1896	1	2	1					4	4
1897	1	2	1					4	4
1898	1	3	1					5	5
1899	1	3	1					5	5
1900	1	4	3		1			9	9
1901	1	8			1			10	10
1902	1	9			1			11	11
1903	3	7	2	1	5	4	3	25	18
1904		10	2	1	17	4	3	37	30
1905		10	6	1	44	14	4	79	61

자료: 통감부 통신관리국, 『통감부 통신사업보고』.

1902년부터 일본국 우편기관은 급속하게 증설되기 시작하였는데, 이 때부터 증설된 통신기관은 대부분 우편수취소였다. 1905년 일본이 대한제국의 통신기관을 탈취하기 직전 일본국 우편수취소는 45개에 이르고 있어, 조선에 진출한 전체 일본국 우편기관의 74%를 차지하게 되었다. 우편수취소는 청부기관 즉 사실상의 민영기관이었기 때문에, 어느 정도 수익성이 보장되는 곳에 개설되었다. 당시 우편수취소는 일본인이 100인도 거주하지 않는 지역에도 개설되고 있었는데, 이것은 조선에 진출한 일본인들의 통신수요가 매우 높았음을 의미한다.

1902년부터 일본국 우편기관이 신설된 지역은 크게 두 가지 유형으로 구분되는데, 첫째는 경부철도 연선 지역이고, 둘째는 개항장에 인접한 해안 지역이다. 경부철도 연선 지역에는, 경부철도 건설과 관련하여 그 연선에 일본인 정주지역이 형성되었기 때문에, 일본인 우편기관이 신설되었다. 개항장에 인접한 해안 지역의 일본인 우편기관은 일본어민의 조선연안 진출과 관련되어 있다.

조선에는 조선에 진출한 일본어민의 편의를 위하여 특수한 형태의 우편기관도 설치되었는데, 순라선 내 우편수취소(巡邏船內郵便受取所)가 그것이다. 순라선 내 우편수취소는 보호국기에 순라선 내 우편소(巡邏船內郵便所)로 개칭되었다. 순라선 내 우편수취소는 1903년 7월 1일에 설치된 조선해수산조합 마산 지부 소속(朝鮮海水産組合馬山支部所屬)의 마산포근해 순라선 내 우편수취소(馬山浦近海巡邏船內郵便受取所)가 최초이다. 이를 뒤이어, 1904년 6월 1일에는 조선해수산조합 부산항 소속의 순라선 내에 우편수취소가 설치되었으며, 동년 10월 10일에는 조선해수산조합 목포항 소속의 순라선 내에 우편수취소가 설치되었다. 순라선 내 우편취급소는 우편물 집배업무와 우편저금업무를 취급하였다. 이 외에 러일전쟁기간에는 일로전쟁 야전 우편국(日露戰爭野戰郵便局)이 설치되었는데, 57개소에 이르렀다.

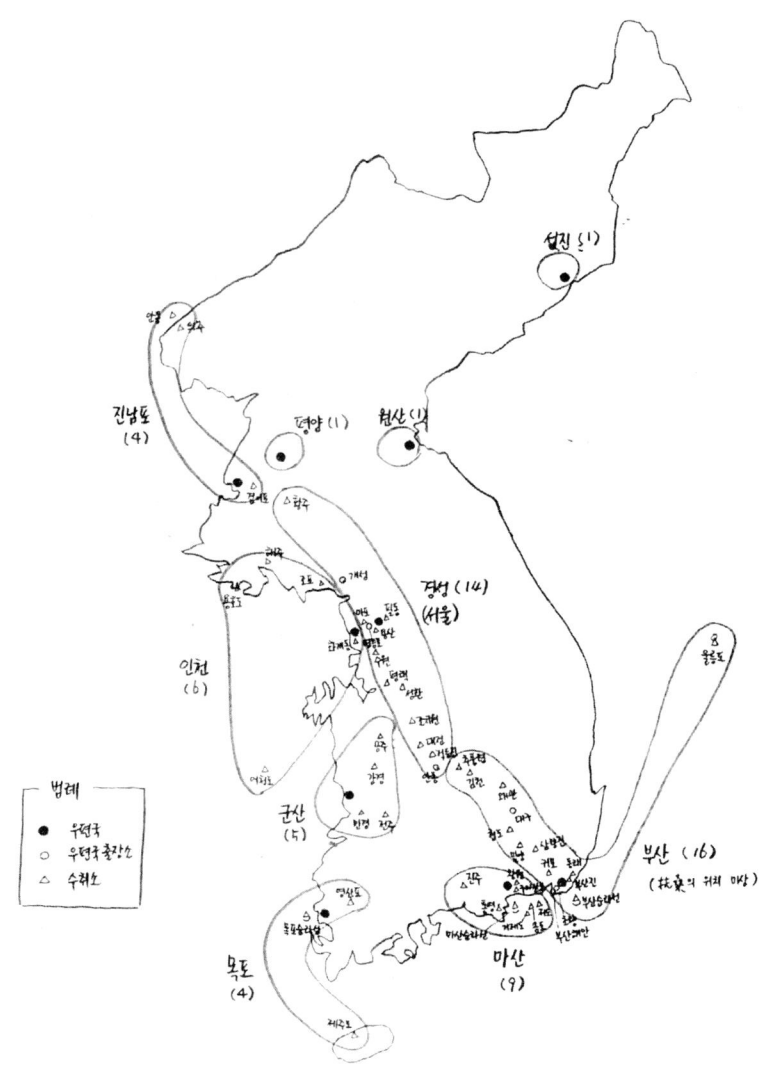

<도 1-4> 통신기관 합동 이전(1905년 4월) 일본국 통신기관의 지리적 분포

 이제 당시 조선에 진출한 일본국 우편기관의 지리적 분포를 살펴보자. 당시 조선에 설치된 일본국의 우편기관은 우편국, 우편국 출장소, 우편수취소 세 종류였다. 1905년 당시 일본국 우편국은 10개 국으로, 이 10개의 우편국이 각 지역의 우편국 출장소와 우편수취소를 관리하였다. 이 중 기관의 수가 많은 것부터 차례로 살펴보면, 부산 우편국은 15개 우편기관을 관리하고 있었는데, 경부선을 중심으로 하여 조선의 내지로 우편기관이 진출하고 있었다. 부산 우편국이 관리하는 지역의 상한은 추풍령이었고, 그 이북에 있는 우편기관은 경성 우편국이 관리하였다. 이 중 대구와 초량에는 우편국 출장소가 설치되어 있었다. 경부선의 연선을 제외한다면 울릉도가 부산 우편국의 관리하에 있었다. 다음은 경성 우편국으로, 13개 우편기관을 관리하고 있었다. 경부선과 경의선의 통과지역이라고 할 수 있는데, 경부선 방면의 남쪽으로는 안동에 이르고, 경의선 방면의 북쪽으로는 황주에 이른다. 이 중 개성과 영등포와 안동에는 우편국 출장소가 설치되어 있었다. 다음은 마산 우편국으로, 8개 우편기관을 관리하고 있었는데, 마산 우편국이 관리하는 우편기관은 마산을 중심으로 한 해안에 분포되어 있었다. 다음은 인천 우편국으로, 5개 우편기관을 관리하고 있었는데, 인천을 중심으로 한 해안에 분포되어 있었다. 다음은 군산 우편국으로, 4개 우편기관을 관리하고 있었는데, 만경 전주 강경 공주에 소재하고 있었다. 다음은 목포 우편국과 진남포 우편국으로, 각각 3개의 우편기관을 관리하고 있었는데, 영산포와 제주도는 목포 우편국이, 겸이포와 의주는 진남포 우편국이 관리하고 있었다. 그리고 평양 우편국, 원산 우편국, 성진 우편국은 그 아래에 관리하는 우편기관이 없었다. 대한제국의 통신기관은 한성을 중심으로 하여 X자형으로 배치되어 있음에 반해 일본국 우편기관은 10개의 중심거점이 그 인접지역을 포섭하는 형태로 확장되고 있었다.

 조선 내 일본국 우편기관은 일본 내 우편기관과 마찬가지로 다양한 우편 부대업무를 취급하였다. 부산우편국을 사례로 하여, 우편 부대업무의 추이를 고찰하여 둔다. 부산우편국은 1876년 개설 당시에는 우편업무만을 취급하였는데, 1880년 5월 1일부터는 우편환 업무(郵便換業務)를 취급하였고, 동년 8월 1일부터는 우편저금 업무(郵便貯金業務)를 취급하였다. 그리고, 1884년에는 부산과 이즈하라(嚴原) 간에 해저전신선이 부설됨에 따라 2월 15일에는 부산에 일본국 전신분국(日本國電信分局)을 설치하여 전신사무를 취급하게 되었는데, 1887년에는 부산우편국과 부산전신분국을 합병하여 부산우편전신국으로 만들었다.[62] 1900년 5월 1일부터는 전신환 업무(電信換業務)와 수입인지 판매 업무(收入印紙販賣業務)와 소포우편 업무(小包郵便業務)를 취급하였고, 1903년 3월 11일부터는 전화 업무(電話業務)를 시작하였다.

조선 내 일본국 우편기관이 증가되어 감에 따라, 조선 내 우편기관은 조선에 진출한 일본인을 일본과 연결하는 통신망으로서뿐만 아니라, 조선 내 일본국 우편기관 간의 통신도 수행하게 되었다. 이 때문에, 1900년부터는 조선 내에서 왕복하는 통신물에 대한 취급규칙들이 제정되게 되었다.

2. 대한제국 통신기관의 탈취와 식민지 통신기관으로의 재편성

조선에 진출한 일본국 우편국은 두 가지 난관에 부딪쳤다. 첫째, 대한제국이 우편사업을 재개하여 만국우편연합에도 가입하여 국제적으로 독립적인 우정청으로 인정받아 일본국 우편국의 철수를 요구함에 따라, 조선 내 일본국 우편국의 경영권이 위협을 받고 있었다는 점이다. 특히 일본국 우편국은 경부철도를 중심으로 하여 진출하고 있었는데, 대한제국의 우편기

---

[62] 부산에서 전신사무를 취급하게 된 1884년 당시, 일본에 있어 우편현업기관과 전신현업기관은 상이한 기관이었다. 따라서 부산에서도 우편현업기관과 전신현업기관은 분리되어 운영되었다. 그러나 일본에서는 전신기관이 보급되어 감에 따라 현업기관의 유지비를 줄일 목적으로 우편기관과 전신기관을 통합하게 되었다. 이에 따라, 부산에서도 우편현업기관과 전신현업기관이 통합되기에 이르렀다.

관이 이 지역으로의 진출을 시도함에 따라 경영권의 안정성을 확보하는 것
이 요구되었다. 둘째, 통신망의 체계적인 정비가 필요하게 되었다는 점이다.
일본국 우편국은 개항장을 중심으로 일본과 조선 간의 통신을 주로 하였으
나, 조선 내 일본국 우편기관이 증가하면서, 조선 내에서 발착하는 통신이
중요하게 되었다. 조선 내에서 발착하는 통신을 효율적으로 수행하기 위해
서는 체송망과 전신망의 체계적인 정비가 필요하였다. 이에 덧붙여 조선을
식민지화하기 위해서는 그 전초작업으로서 국가의 신경망이라 할 수 있는
통신기관을 장악할 필요가 있었다.

   일본군은 러일전쟁을 수행하기 위해 1905년 2월 8일 인천에 상륙하여 바
로 한성으로 입성하였다. 일본군은 한성을 무력으로 제압한 후 2월 23일 한
일의정서(韓日議定書)를 체결하였다. 한일의정서의 체결은 조선에 있어 러
일 간의 세력균형체계가 와해되었음을 의미한다. 즉 조선 내에서 일본을
견제할 세력이 사라졌음을 의미한다. 일본은 이를 바탕으로 하여 대한제국
의 통신기관을 탈취하기 위한 작업을 시작하였다.

   일본공사 하야시(林權助)는 1904년 4월 1일 외무대신 고무라(小村壽太郎)
에게 대한사견개요(大韓私見概要)를 보냈는데, 그 내용에는 획득해야 할 이
권으로 우편전신이 포함되어 있었다. 1904년 7월에는 일본공사 하야시(林權
助)의 지시를 받아 일본국 체신성 외신과장인 이케다(池田十三郎)를 서울에
파견하여 실태를 조사하였다. 이케다(池田十三郎)는 2개의 안을 작성하였다.
제1안은 병합의 안이고, 제2안은 일본정부가 감독권을 가지는 안이었다.[63]
1905년 2월 21일에 하야시 공사는 제1안인 통신기관의 병합안을 고종황제
에게 제시하였다. 이 안은 1905년 4월 1일 일본이 조선을 군사적으로 강점
한 상황하에서 조인되었는데, '통신기관 위탁(通信機關委託)에 관한 협정서'
라 불린다. 제1조는 한국정부가 국내에 있는 우편 전신 및 전화사업의(궁내
부 전속전화를 제외함) 관리를 일본국 정부에 위탁할 것을 규정하고 있다.

---

63 水原明窓(1993), pp.384-388.

이에 따라 대한제국의 통신기관은 일본의 관리하에 들어가게 되었다. 제10조는 장래 한국정부 재정에 충분한 여유가 생길 때에는 양국정부는 협의하여 통신기관의 관리를 한국정부에 환부할 것을 규정하고 있다. 명시적인 위탁연한을 제시하지 않고 있다는 점도 이 때 체결된 위탁관리 계약(委託管理契約)의 한 특징이다.

협정서가 조인된 후 일본국은 조선의 통신기관을 탈취하기 위한 구체적인 수순을 밟아갔다. 협정서가 조인된 직후 일본은 인계위원(引繼委員)을 선발하여 조선에 파견하였으며, 1905년 5월 18일까지 인수를 위한 준비작업을 마치고, 동일부터 한성전보총사와 한성우체총사를 인수하기 시작하여 7월 2일에 강계우체사를 인수함으로써 종료되었다.

이 때부터 1906년 1월 9일까지 대한제국의 통신기관은 일본국 체신성이 직접 관리하였으며, 1906년 1월 10일부터 조선총독부가 설립될 때까지는 통감부 통신관리국(統監府通信管理局)이 대한제국의 통신기관을 관리하였다.

통신기관 합동은 대한제국의 통신기관을 조선에 진출한 일본국 우편국이 흡수 통합하는 것이었다. 즉 일본국 우편국과 대한제국 우체사나 전보사가 공존하는 지역에서는 대한제국 우체사와 전보사를 일본국 우편국에 흡수하였다. 일본국 우편국은 일본인 거주지에, 대한제국 통신기관은 조선인 거주지에 설치되어 있었다는 점을 고려하면, 조선인의 이용은 더 불편해졌다.

일본은 대한제국 통신기관을 탈취함으로써 통신기관의 조직적 통일성을 획득할 수 있게 되었다. 개항장을 중심으로 한 다중심체계(多中心體系)는 한성을 중심으로 한 통일적인 통신체계로 변화하였다. 이 시기 동안 통신기관의 수는 거의 증대되지 않았다. 대한제국 통신기관의 인계가 완수된 1905년 7월에 통신기관 수는 445개였는데, 1910년에는 502개로 되었다. 이 기간 동안에 57개가 신설되었는데, 이 중 49개는 전신취급소(電信取扱所)이다. 전신취급소는 철도역에 설치되어 있는 전신시설을 공중이 이용할 수 있도록 한 것으로서, 통신관서(通信官署) 산하의 통신기관이 아니라, 철도회사에 소속된 것이다. 전신취급소는 우편업무는 취급하지 않고 전신업무만을 취급하는 간이한 것이었다.

이 시기에는 통신기관의 수는 크게 증가하지 않았지만, 식민지 지배체제(植民地支配體制)의 확립과 관련하여, 중요한 질적 변화가 일어났다. 첫째, 조선의 재정개혁과 관련하여 통신기관의 정비가 이루어졌다. 메가다(目賀田)재정고문은, 재정개혁의 일환으로, 조세수입의 관리체계를 정비하였다. 조세수입의 관리체계를 정비하기 위해 국고금제도(國庫金制度)를 새로 마련하였는데, 당시 조선에는 국고금 사무를 취급할 수 있는 금융기관이 거의 없었다. 따라서 금융기관이 없는 지역에는 우편기관이 국고금 취급 사무를 수행하게 하였다. 대한제국기 우편기관은 지방행정체계와 관련하여 보급되었으며, 또한 임시우체사제도를 실시함으로써 일군일사(一郡一司)를 달성할 수 있었다. 통신기관이 국고금 취급 사무를 행하기 위해서는 임시우체사가 이 업무를 수행할 수 있는 기관으로 바뀌지 않으면 안 되었다. 임시우체사는 앞서 언급한 바와 같이 군수(郡守)가 임시우체사장을 맡고, 향장(鄕長)이나 군주사(郡主事) 등이 임시우체주사를 맡고 있어, 지방행정기관과 독립적으로 존재하고 있었던 것은 아니다. 통감부 통신관리국은 우편기관이 국고금 취급 사무를 수행하기 위하여, 국고금 취급 사무를 행할 수 있는 통신기관으로 우편취급소(郵便取扱所)라는 기관을 만들어, 일본인 판임관(判任官)이 우편취급소장을 맡게 하였다. 우편취급소는 우편국보다는 시설이 불충분한 기관으로서, 대부분 임시우체사를 승격시켜 만들었다. 우편취급소는 과도적인 형태로서 이후 우편국으로 승격되어 갔다. 이제 이러한 변화상을 통신기관 구성의 변화를 통하여 살펴보자. 1905년 7월에는 통신기관으로 우편국, 우편국 출장소, 우편전신수취소, 우편수취소, 전신취급소, 임시우체소가 있었다. 우편국과 우편국 출장소는 일본국 체신성이 직영하는 기관이며, 우편전신수취소와 우편수취소는 청부기관으로서, 수취소장의 신분은 고원 대우였다. 전신취급소는 앞서 언급한 바와 같이 철도역에 설치되어 있는 철도회사 소속의 전신기관이며, 임시우체소는 임시우체사가 그 명칭만 바꾼 것이다. 반면 1910년에는 우편국, 우편소, 전신취급소, 우체소로 구성되어 있다. 우편국은 통감부 통신관리국의 직영기관이며, 우편소는 청부기관으로서 우편전신수취소와 우편수취소가 승격된 것이다. 수취소장은 고원 대우이지만, 우편소장은 판임관이다. 이와 같이 청부기관의 지위를 승격시킨 것도 국고금 취급 사무와 관련되어 있다. 국고금 사무를 취급하기 위해서는 현금출납 담당관(現金出納擔當官)이 필요하였는데, 우편소장의 지위를 판임관으로 함으로써 국고금 취급 사무를 수행할 수 있게 되었다.

<표 1 - 9> 보호국기 국고금 취급기관과 취급금액의 동향

	취급개소		취급금액(단위 원)					
	금고	체신관서	세입			세출		
			금고	체신관서	계	금고	체신관서	계
1906	13	159		195302			29822	
1907	24	149	7430232	6108470	13538702	12453141	1549685	14002826
1908	26	150	16237891	5736038	21973929	18075168	2079762	20154930
1909	26	150	24115484	6605146	30720630	27415242	2796229	30211471
1910	24	271	13985419	7993283	21978702	15709968	2105687	17815655
1911	24	396	44053158	8231307	52284465	40878831	5293480	46172311
1912	24	417	40955194	8701900	49657094	45621114	6147329	51768443

자료: 조선총독부, 『조선총독부 통계연보』

\<표 1 - 10\> 1910년 우편배달상의 시내 시외 구역별 거주자의 민족별 구성

단위: 인 %

실수	시내(A)			시외(B)		
	일본인	조선인	계	일본인	조선인	계
경기	65186	313491	384119	2455	749889	752731
충북	2360	31505	33968	530	352088	352628
충남	7545	46277	54490	707	387899	388773
전북	6808	63562	70619	1118	570133	571285
전남	9531	138451	148143	1411	1242741	1244154
경북	11490	109125	120788	1111	978171	979282
경남	43953	163309	207634	5566	1011477	1017045
황해	4791	60715	65656	1621	601202	603073
평남	12224	81557	95220	1636	648285	650142
평북	5709	62861	70336	1426	701575	703765
강원	2621	49486	52179	558	539746	540325
함남	9342	73095	83082	529	536247	536841
함북	8096	42969	51628	683	366583	367281
계	189656	1236403	1437862	19351	8686036	8707325
비율						
경기	96.37	29.48	33.79	3.63	70.52	66.21
충북	81.66	8.21	8.79	18.34	91.79	91.21
충남	91.43	10.66	12.29	8.57	89.34	87.71
전북	85.89	10.03	11.00	14.11	89.97	89.00
전남	87.10	10.02	10.64	12.90	89.98	89.36
경북	91.18	10.04	10.98	8.82	89.96	89.02
경남	88.76	13.90	16.95	11.24	86.10	83.05
황해	74.72	9.17	9.82	25.28	90.83	90.18
평남	88.20	11.17	12.78	11.80	88.83	87.22
평북	80.01	8.22	9.09	19.99	91.78	90.91
강원	82.45	8.40	8.81	17.55	91.60	91.19
함남	94.64	12.00	13.40	5.36	88.00	86.60
함북	92.22	10.49	12.32	7.78	89.51	87.68
계	90.74	12.46	14.17	9.26	87.54	85.83

자료: 조선총독부 통신국(1911), 『우편국소요람』.

국고금을 취급하는 기관수를 보면 1906년에는 172개였는데, 금고가 13개이고 체신관서가 159개이다. 그리고 1911년에는 420개의 기관이 국고금을 취급하였는데, 금고가 24개이고 체신관서가 396개이다. 국고금 출납에 있어 체신관서의 중요성을 파악할 수 있다. 물론 국고금 취급액을 보면 금고가 더 우위를 차지하고 있다. 통신기관은 수적 우세에도 불구하고 금고에서 취급하는 국고금 취급액에 훨씬 못 미치고 있는데, 그 이유는 은행이 진출하지 않은 지역에서만 통신기관이 국고금을 취급하였기 때문이다.

우체소는 임시우체소의 명칭을 변경한 것이다. 이 시기 우편국과 우편소와 전신취급소는 증가하였으며, 임시우체소는 감소하였다. 임시우체소 대신에 우편국과 우편소가 설립되었기 때문이다. 우편국의 설립은 앞서 언급한 바와 같이 국고금취급사무를 취급하여야 할 지역의 임시우체소를 우편취급소로 그리고 우편취급소를 우편국으로 승격시켜 이루어진 것이다. 그리고 이 시기의 우편소는 일본인이 일본인 거주지역에 설치한 우편업무청부기관이었다. 이러한 변화과정을 통하여 통신기관은 조선인 거주지역에서 일본인 거주지역으로 옮겨지고 있었다.

둘째, 식민지 치안체계의 확립 및 철도의 건설 등과 관련하여 전신전화시설이 확충되어간 점이다. 철도의 보급에 따라 철도역에 설치된 전신취급소는 1905년 10개에서 1910년에는 59개로 증가하였다. 식민지 치안체계를 확립하기 위해 경비전화(警備電話)라 명명된 전신전화망을 설치하였다. 일본이 조선을 보호국화하고 더 나아가 식민지화하여 감에 따라 조선인의 저항은 각지에서 발생하고 있었다. 조선인 의병을 효율적으로 진압하기 위해서는 조선 전국에 조밀한 치안통신망을 건설할 필요가 있었다. 이를 위해 마련한 제도가 경비전화제도(警備電話制度)이다. 경비전화 건설은 1908년도부터 1910년도에 걸쳐 대한제국 정부에 설치된 한국 경비전화 건설부(韓國警備電話建設部)가 담당하였는데, 통감부 통신관리국 직원을 촉탁(囑託)으로 초빙하도록 되어 있었다. 통감부 통신관리국장이 한국 경비전화 건설부

사무총장을 촉탁형식으로 맡음으로써, 사실상 일본인이 지배하는 기관이 되었다. 그러나 그 예산은 대한제국의 예산에서 지출되었다. 의병은 각지에서 산발적으로 일어나고 있었으므로, 경비전화도 전국 각지에 건설되어, 전신전화선은 전국 각지에 모세혈관처럼 설치되게 되었다. 경비전화선은 공중전신전화선으로도 활용함으로써, 조선은 상대적으로 빠르게 전신업무를 취급하는 기관이 증가하게 되었다. 1905년 7월 전신을 취급하는 기관은 44개로서 우편국이 12개, 우편국 출장소가 21개, 우편전신취급소가 1개, 전신취급소가 10개였다. 그런데 1911년에 전신취급기관은 369개로 8.4배 증가하였다. 이 때 전신업무를 취급하는 기관은 우편국이 184개, 우편소가 118개, 전신취급소가 67개이다. 전체 통신기관의 70%에서 전신업무를 취급하게 된 것이다. 이와 같이 급속하게 전신취급기관이 증대하게 된 것은 경비전화 가설로 인해 전국 각지에 전신전화선이 건설되었기 때문이다.

셋째, 조선의 통신기관이 대륙진출을 위한 전초기지로 기능하도록 하기 위해, 국경지대에 통신기관을 증설한 것이다. 조선의 통신기관이 대륙진출을 위한 전초기지로서의 성격을 가지고 있었음은 통신기관의 지리적 배치를 통하여 파악할 수 있다. 1907년 3월 전국의 우편국 수는 50개였는데, 이 중 7개는 평북에 5개는 함북에 설치되었다. 경기에는 우편국이 8개였는데, 경기를 제외하고는 한 도에 많아야 4개의 우편국이 있으며, 황해도에는 1개의 우편국밖에 없었다는 점을 감안하면, 이 두 지역에 매우 많은 우편국을 설치하였음을 알 수 있다. 이 우편국들은 국경의 정세를 용이하게 파악하기 위한 목적으로 설치된 것으로서, 압록강변과 두만강변에 설치되었다.

이 시기 통신기관의 정비 및 전신전화의 보급은 식민지 지배체제의 확립과 대륙전초 기지화와 관련하여 진행되었다고 하겠는데, 이러한 시설들은 모두 공중통신으로도 활용되었다. 그리고 일본인 이민이 증가함에 따라 우편소가 증설되고 있었던 점도 주목해 둘 만한다.

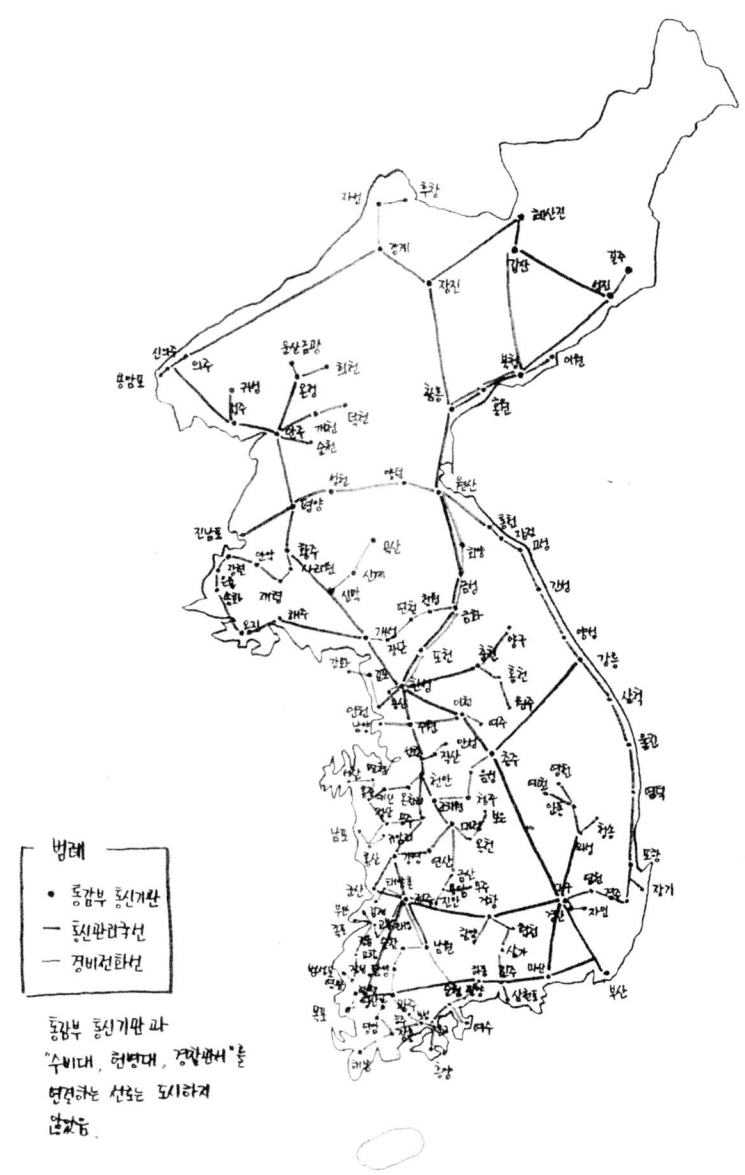

<도 1-5> 한국 경비전화 선로도

3. 통신기관 취급업무

대한제국 경영기에 대한제국 통신기관이 취급한 업무는, 앞서 언급한 바와 같이, 우편사업과 전신사업과 전화사업이었다. 대한제국 통신기관은 통신사업에 고유한 업무만을 취급하였을 뿐, 부대사업은 취급하지 않았다. 반면, 일본에서는 통신사업에 고유한 업무 이외에 다양한 부대사업을 취급하였다. 조선에 진출한 일본국 우편국이 일본에서의 부대사업의 발전에 발맞추어 조선에서도 이를 수행하였음은 제1항에서 부산우편국을 사례로 하여 살펴보았다. 1905년 이전에 부산우편국은 통신사업에 고유한 업무로서 우편사업, 전신사업, 전화사업을 취급하고 있을 뿐만 아니라 통신부대사업으로서 우편환 사업, 우편저금 사업, 수입인지 판매사업, 소포사업을 취급하였다. 소포사업은 그 성격상 고유한 통신업무는 아니지만, 일반적으로 우편사업의 일부로 취급하여, 우편사업을 통상우편 사업과 소포우편 사업으로 구분한다. 이상의 업무에 더하여 보호국기에는 우편대체 사업(郵便對替事業)과 국고금 취급 사업(國庫金取扱事業)을 취급하게 되었다. 식민지기에 추가된 부대사업으로는 간이생명보험 사업(簡易生命保險事業)과 우편연금 사업(郵便年金事業)이 있을 뿐이다.

여기에서는 통신기관이 취급한 각 업무의 성격을 정리하여 두자. 통신기관이 취급하는 업무는 앞서 말한 바와 같이 통신사업과 통신 부대사업으로 구분할 수 있다. 통신사업은 우편 전신 전화를 통칭하는 것이다. 통신부대사업은 잘 갖추어진 통신망을 바탕으로 범위의 경제를 추구하기 위해 수행한 사업이다.

범위의 경제는 크게 3가지 방면에서 발생하였다. 첫째, 통신현업기관을 국가재정자금의 취급기관으로 활용하는 것이다. 국고금 취급 사업이나 연금 은급 지급 사업(年金恩級支給事業)이 이에 포함된다. 일본에서 통신현업기관이 국고금 취급 사무를 수행하게 된 것이 1916년이었음에 반해, 조선에서는 1906년부터 국고금 취급 사무를 시행하게 되었다. 일본보다 먼저 국고금 취급 사무을 담당하게 된 것은, 앞서 언급한 바와 같이, 금융기관의 보급이 미흡하다는 조선에서의 특수한 상황에 기인한 것이었다.

둘째, 통신현업기관을 자금결제기관(資金決濟機關)으로 활용하는 것이다. 우편환(郵便換), 우편대체(郵便對替)[64], 집금우편(集金郵便)[65] 등이 이에 포함된다. 당시 조선에는 금융기관이 설치되지 않은 지역들이 많이 있었다. 우편환이나 우편대체, 집금우편은 금융기관이 설치되지 않는 지역에 자금결제 서비스라는 금융적 편의를 제공하였다. 이것은 조선의 농촌경제 또는 재래경제를 일본 경제권에 포섭하는 데 중추적인 역할을 하였다. 특히 조선의 재래시장을 일본의 경제권 내로 포섭하기 위해 개시일에는 우편국사무원을 시장에 출장을 보내고, 또 개시일이 공휴일인 경우에도 재래시장에서는 우편환 업무(郵便換業務)를 수행하도록 하였다.

셋째, 통신현업기관을 소규모 영세자금을 동원하는 기관으로 활용하는 것이다. 은행이나 보험회사 등은 상당한 규모의 저금이나 보험만을 취급할 뿐, 소액저금이나 소액보험 등은 취급하지 않았다. 일본에서는 통신기관을 이용하여 소액저금이나 소액보험을 취급하도록 하였는데, 이렇게 함으로써, 한편으로는 은행의 문턱이 높아 금융 서비스를 제공받지 못하는 사람에게 금융 서비스의 혜택을 부여함과 동시에, 통신기관을 소규모 영세자금을 동원하는 기관으로 활용할 수 있었다.

위에서 언급한 부대사업 중 간이보험 사업과 우편연금제도를 제외하고는 모두 식민지기 이전에 실시되었다. 일본이 대한제국의 통신기관을 탈취하여 일본국 우편국으로 흡수 통합한 후, 조선의 거의 모든 통신기관들은 이 업무들을 모두 취급하는 방향으로 재편되고 있었다. 따라서 보호국기에 조선의 통신기관의 취급업무는 대폭적으로 늘어나게 되었다.

---

[64] 당시는 우편진체저금(郵便振替貯金)으로 불렀다. 우편진체구좌를 개설하여, 이 구좌를 이용하여 지로송금과 계좌이체를 할 수 있다. 영어로는 postal giro라고 한다.

[65] 우편부로 하여금 수금(收金)을 대행할 수 있도록 한 서비스를 가르킨다.

<표 1 - 11> 보호국기 통신기관 취급사무별 취급기관수의 동향

| | 통상 우편 | 소포 우편 | 전　　신 | | | 전　　화 | | 환저금 | 국고금 취급 |
			일본어	구미어	한국어	교환 및 통화	통화		
1906	459	121	84	66	32	6	7	121	
1907	468	264	117	77	35	10	12	264	158
1908	436	268	146	95	40	15	24	258	150
1909	427	275	172	115	110	20	44	272	150
1910	438	293	259	203	199	24	49	290	150
1911	447	338	309	250	248	32	185	332	271
1912	465	465	370	303	303	43	235	463	396

자료: 조선총독부 체신국, 『조선총독부 체신연보』.
주: 환저금은 우편환, 우편대체, 우편저금을 통칭하는 것임.

제3절 식민지기 통신기관의 전개와 청부기관의 보급

1. 통신기관의 보급 수준 및 특질

1.1. 통신기관 보급의 저위성

전전 일본 제국에 있어 통신기관의 보급수준은 선진국과 비교할 때 낮은 편이었다. 1922년 통신기관당 인구수는 미국이 2,070명, 영국이 2,080명, 독일이 1,738명, 프랑스가 2,459명으로, 선진국은 대체로 2,000명당 하나의 통신기관이 있었다. 반면에, 일본 본토는 6,801명당 하나의 통신기관이 있어, 인구 대비 통신기관의 보급수준은 선진국의 1/3 수준에 불과하였다. 일본

본토의 통신기관의 보급수준은 후진국과 비교하여도 높은 수준은 아니었다. 당시 이집트의 경우, 통신기관당 인구수는 4,334명으로 일본보다 더 적었다. 그러나 동아시아에서는 가장 높은 보급수준을 보이고 있었다. 당시 중국의 경우, 통신기관당 인구수는 11,302명으로서 일본보다 2배 더 많았다.

　　조선은 일본의 식민지로서 일본보다 통신기관의 보급수준은 더 낮았다. 조선의 경우, 1922년 통신기관당 인구수는 28,849명으로서 일본보다 4배 더 많고, 중국보다 2배 더 많다. 동일한 일본의 식민지였던 대만은 16,872명으로, 조선보다는 더 적었지만, 일본이나 중국보다는 더 많았다. 조선은 당시 통계를 구할 수 있는 26개국 중 통신기관 보급수준이 가장 낮았다.[66]

　　조선이나 대만에 있어 통신기관의 보급율이 낮았던 이유는 무엇인가? 통신사업이 상대적으로 늦게 시작되었다는 것을 이유로 들 수는 있지만, 이것은 중요한 설명요인이 되지 않는다. 이 점을 살펴보기 위해 일본에서의 통신기관의 보급속도와 조선 및 대만에서의 통신기관의 보급속도를 비교하여 보자.

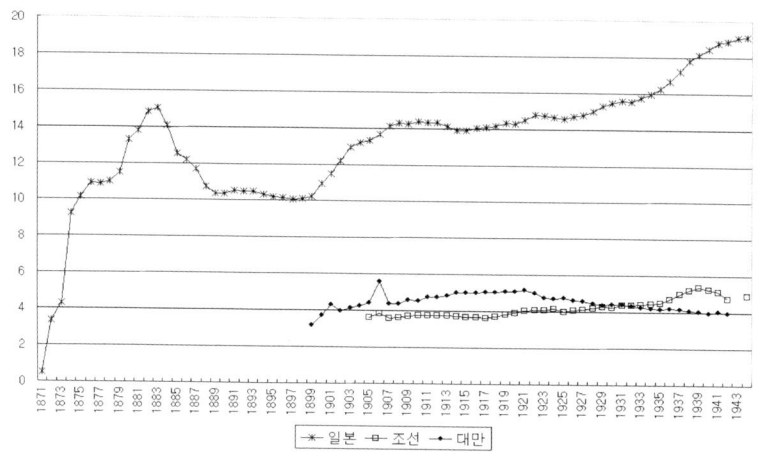

<도 1-6> 조선 일본 대만에 있어서 인구 십만 명당 통신국소 수

---

[66] 조선총독부 체신국(1924), 『조선총독부체신연보』.

일본본토에 있어서 인구 10만 명당 통신기관수는 우편사업을 시작한 1871년에는 0.541개였는데, 1872년에는 3.465개, 1873년에는 4.453개, 1874년에는 9.538개로 증가하여, 통신사업을 시작한 초기에 급속하게 보급되었음을 확인할 수 있다. 반면 조선에서는 일본이 통신기관을 피탈하였을 당시인 1905년에 3.628개였으나, 1939년에도 5.368개로, 식민지 말기에 있어서도, 일본의 1874년 수준에 못 미치고 있다. 대만에서는 1898년에 3.189개였는데, 약간의 기복을 가지면서, 지속적으로 증가하여 1921년에는 5.162에 달했지만, 그 이후 지속적으로 감소하여, 1939년에는 4.037로 되었다.[67] 이것은 당시 조선의 통신기관 보급수준에도 미치지 못하는 것이다. 조선과 대만에서는 식민지시기에 통신기관의 보급이 별로 이루어지지 않았다. 그렇지만, 조선과 대만에 있어 통신기관 보급수준의 역전 현상은 주목하여 둘 만하다.[68]

식민지시기에 통신기관의 보급이 별로 이루어지지 않았던 이유는 무엇인가? 우선 들 수 있는 것은 식민지에 있어서 통신수요가 적었다는 것이다. 그러나 이것으로는 충분한 설명이 되지 않는다. 이와 관련하여 다음 두 가지 점을 지적하여 두고자 한다. 첫째, 낮은 통신수요는 통신기관의 낮은 보급률에 의해 야기된 것이기도 하다.[69] 둘째, 조선과 대만의 일인당 통신사용량과 통신기관의 보급수준을 일본과 비교하면, 통신수요의 저위성만으로 통신기관 보급의 저위성을 설명할 수 없음을 확인할 수 있다.[70]

---

[67] 이것은 통신기관의 절대수의 감소를 의미하는 것이 아니라, 통신기관의 보급속도가 인구성장률에도 미치지 못하고 있음을 의미하는 것이다.

[68] 조선의 통신기관의 보급수준은 1931년까지는 대만의 통신기관의 보급수준에도 미치지 못하는 것이었지만, 1932년부터는 역전되어, 조선에서의 통신기관의 보급수준이 대만에서의 통신기관의 보급수준을 능가하게 되었다.

[69] 통신기관이 보급되면, 통신기관을 이용하는 데 소요되는 접근비용이 감소한다. 따라서 통신수요를 증대시키는 효과가 있다. 뿐만 아니라, 통신은 네트워크 외부성을 가지고 있다. 통신 사용자가 많아질수록 통신 네트워크는 확대되어 통신수요를 증대시킨다.

[70] 통신 사용량은 통신기관의 가장 기본적인 취급업무인 통상우편에 한정하여 살펴보자. 1939년 일인당 통상우편 발송량을 보면 조선에서는 16.4통, 대만에서는 15.4

조선과 대만에서는 통신기관의 낮은 보급수준과 낮은 통신 수요량이 결합된 하위 균형의 덫에 빠져 있다고 할 수 있다. 통신기관의 보급수준을 높임으로써 이 하위균형으로부터 벗어날 수 있는데, 조선과 대만에서는 일본에서와는 달리 통신기관을 보급하여 통신수요를 적극적으로 개척하는 정책을 쓰지 않았다. 조선과 대만을 비교하는 경우, 대만보다는 조선에서 통신기관을 보급하는 데 상대적으로 더 적극적이었다. 일본 제국의 각 지역에서 상이한 통신기관 보급정책을 수립하게 된 배경에는 식민지 재정의 문제와 식민지 동화정책의 문제가 깔려 있다.

우선 식민지재정의 문제를 살펴보자. 통신사업을 수행하기 위해서는 창설비와 유지비가 필요하다. 창설비와 유지비는 통신수요가 많은 지역에서는 사업수입에 의해 충당할 수 있다. 통신기관은 통신수요가 많은 지역에 우선적으로 설치되기 때문에, 통신기관이 일정 수준 이상 설치된 이후에는 신규로 통신기관을 설치할 지역의 수익성은 당장은 높지 않다. 그런데 통신기관은 지역 산업개발의 첨병의 역할을 하기도 한다. 통신기관이 설치되어 산업이 개발되면 통신수요가 늘어나서 당장 수익이 없는 경우에도 장기적으로는 수익을 얻게 될 수 있다. 즉 이러한 지역에서의 통신기관 창설은 자본적 성격을 가진다고 할 수 있다. 따라서 단기적으로는 초기 창설비뿐만 아니라 상당기간 동안의 운영비도 재정자금으로 충당하여야 한다. 그러나 당시의 예산편성 및 재정운영은 이와 같은 자본적 재정지출에 우호적이지 않았다. 재정지출은 장기적 수익성이 아니라 당장의 재정수지에 의해 영향을 받았기 때문에, 통신기관의 보급은 재정 상황과 긴밀한 관계를 가지게 되었다.

구한말 조선의 재정은 매우 빈약한 것으로서 근대적 산업발전을 이룩하기 위해 필요한 사회간접자본을 형성할 수 있는 여력은 매우 적었다. 조선

통이었다. 이는 1899년 일본의 14통을 능가하는 것이지만, 통신기관의 보급은 일본의 1874년 수준에도 미치지 못하고 있다.

총독부의 재정도 이 연장선상에서 전개되었다. 조선총독부는 대한제국을 병합한 지 4년 밖에 지나지 않은 1914년에, 조선총독부의 재정 독립을 목표로 한 예산을 편성하였다.[71]

---

[71] 식민지의 재정을 독립채산방식으로 운영하는 것이 바람직한가 그렇지 않은가에 대해서는 많은 논란이 있다. 미국과 같은 나라는 식민지의 개발 진척을 도모함을 당연한 의무로 하여, 그를 위해 매년 거액의 실비를 부담하였고, 프랑스와 같은 나라는 장래 식민지의 부원을 개발하면 초기의 실비는 보상을 받고도 남음이 있다고 믿어서 재정상의 보조를 많이 하였으며, 네덜란드와 같은 나라는 식민지를 일종의 재원으로 간주하여, 식민지로 하여금 모국에 재정적 원조를 부여하도록 하였고, 영국과 같은 나라는 독립 자급의 주의를 장려하였다. 이처럼 나라마다 식민지 재정에 대한 방침은 상이하였는데, 네덜란드와 같이 식민지를 일종의 재원으로 생각한 나라로는 스페인이나 포르투갈을 들 수 있는데, 이들 정책은 장기적으로 보면 바람직하지 않은 것으로 판명되어, 대부분의 국가는 식민지에 대한 보조주의와 식민지의 자급주의 중 하나를 채택하게 되었다. 자급주의란 식민지 재정의 독립을 본칙으로 하고, 모국은 특별한 사정이 없는 한 식민지에 대하여 재정상의 보조를 부여하지도 않으며, 식민지로부터 원조를 받지 않는 주의를 말한다. 영국이 이와 같은 자급주의를 채택하였는데, 영국 식민지의 저발전은 식민지 재정의 독립을 장려한 결과 식민지의 부원 개발을 잘 하지 못하였기 때문이라고 평가되기도 한다. 보조주의란 모국이 식민지에 대해 재정상의 원조를 할 수 있다고 인정하는 주의를 말한다. 그러나 이와 같은 보조주의를 장기적으로 유지시켜야 한다고 평가하는 식민국은 없었다. 보조주의는, 현재 식민지가 자급주의로 운영하기 어려워 보조주의에 입각하여 부원을 개발함으로써 식민지의 재정 자립의 길을 마련하도록 하는 과도적 조치이다. 따라서 식민지 재정정책의 문제는 처음부터 자립주의를 택할 것인가, 아니면 보조주의에 입각하여 식민지의 부원을 개발한 후 식민지의 재정 자립으로 갈 것인가의 선택의 문제이다. 조선총독부는 이 중 처음부터 자립주의를 취하는 방안을 선택하였다.

<표 1 - 12> 1910년대 예산상의 통신사업 수지의 동향

(단위: 원)

	수 입	지 출			수 지	
	예산(A)	경상부(C)	임시부	계(D)	A-C	A-D
1912	2914480	2592335	448460	3040795	322145	-126315
1913	3320634	2725135	392954	3118089	595499	202545
1914	3727341	2939372	273627	3212999	787969	514342
1915	3738021	3079593	360412	3440006	658428	298015
1916	3738060	3169490	198796	3368286	568570	369774
1917	3909113	3278836	239923	3518759	630277	390354
1918	4234581	3443771	1133255	4577026	790810	-342445
1919	4904222	3978662	2012011	5990673	925560	-1086451

조선총독부의 재정 독립을 위해 통신사업의 경우에도 1913년부터 흑자예산을 편성하였다. 물론 경기가 좋지 않아 수입이 예상에 미치지 못하여 적자로 실현된 경우는 있지만, 예산은 흑자로 편성되었다. 흑자예산의 편성은 통신사업의 발전을 제약한 것이다. 조선은 일본과는 달리, 아직 통신기관의 보급수준이 미흡하였다. 그러나 통신기관을 확장할 재정적인 여력이 없어서 통신기관의 보급을 하지 못하였음은 당시의 통신기관 보급정책을 수립하는 당국도 인정하는 바였다. 1920년대 이후에도 체신국의 예산은 몇 해를 제외하고는 흑자예산으로 편성되었다. 흑자예산의 편성이라는 제약하에서 통신기관의 보급이 이루어졌던 것이 당시 통신기관의 보급의 저위성을 규정하는 한 요인이었다.

재정상의 자립주의와 통신사업의 흑자예산 편성은 당시 일본 식민지에 있어 통신기관 보급의 저위성을 어느 정도 설명하여 주지만, 1921년 이후 대만보다 조선에서 통신기관의 보급이 상대적으로 더 빨리 보급되었던 현상을 설명하지는 못한다. 식민지민에게 어느 수준으로 통신기관을 보급할 것인가의 문제는 식민지 동화정책(植民地同化政策)과도 관련되어 있었다.

일본의 식민지 지배정책은 점진적인 동화주의라고 할 수 있다.[72] 당시의 용어로 표현하면, 민도(民度)에 상응하여 동화를 실행시켜 나가는 것이다. 이 동화주의정책은 조선과 대만에서는 상이하게 전개되었다. 조선과 대만에서 동화주의정책이 상이하게 전개된 배경으로는 두 가지 점을 들 수 있다. 첫째, 식민지민이 자신의 의견을 반영할 수 있는 관료제적 채널이 있었는가의 문제이다. 이는 지방지배체제에 있어 식민지민의 참여양상과 관련되어 있다. 조선에서는 대만과는 달리 민족분할 통치체제(民族分割統治體制)를 구축하였다. 도지사나 군수 등의 지방행정관료에 조선인을 대거 임용함으로써, 조선인에 의한 조선인의 지배체제를 만들었다. 반면, 대만에서는 조선과는 달리 대만인을 청장(廳長)이나 군수(郡守)와 같은 지방행정관료에 등용하지 않았다. 즉 조선에서는 관료제적 의사결정에 자신의 의견을 전달할 수 있는 채널을 가지고 있었음에 반하여 대만에서는 그것이 전적으로 결여되어 있었다. 둘째, 동화정책을 관철시키는 일본제국의 의지가 조선과 대만에서는 달랐다. 일본제국은 조선에 대해서는 동조동근(同祖同根)론에 입각하여 조선인의 일본인화를 강력하게 추진하였다. 물론 조선인의 일본인화는 조선인의 아이덴티티를 말살하는 것이지만, 다른 한편으로는 일본

---

72 식민지 지배방식으로는 영국형의 자치주의와 프랑스형의 동화주의가 있다. 자치주의와 동화주의의 구분은 식민지 통치의 권원을 어떻게 확보할 것인가의 문제와 관련된 것이다. 프랑스의 경우, 식민지에 프랑스 헌법을 적용하여, 식민지 지배의 정당성을 프랑스 헌법으로부터 찾았는데, 이와 같은 지배방식을 동화주의라 한다. 영국의 경우, 식민지에 의회를 설립하여, 이 의회로부터 식민지 통치의 정당성을 확보하였는데, 이와 같은 지배방식을 자치주의라 한다. 일본의 식민지 지배는 식민지에 의회를 설립하지 않았다는 점에서 영국형의 자치주의도 아니었으며, 식민지에 일본의 헌법을 적용하지 않았다는 점에서 프랑스형의 동화주의도 아니었다. 일본은 상대적으로 문화적 배경이 비슷한 지역을 식민지화하였기 때문에, 일본의 제도를 식민지에 도입하기가 용이하였다. 따라서, 일본은 일본본토의 제도를 식민지에 이식하는 정책을 주된 식민지 정책으로 사용하는데, 이것을 일본형 동화주의로 표현하기도 한다.

인으로 동화하는 조선인을 일본신민으로 배려하는 체계의 발전과정이기도
하다. 이러한 배려체계에는 조선인을 조선총독부의 관리로 특별 임용하는
제도를 발전시킨 것, 청원통신기관제도(請願通信機關制度)를 활용하여 조선
인의 통신기관 유치운동(通信機關誘致運動)을 정책에 반영한 것 등이 포함
된다.

1.2. 통신기관보급의 특질

식민지기에 있어서도 통신기관의 보급계획에는 정치군사적인 요구가 많
이 반영되어 있었다. 경비전화제도와 일본-조선-만주를 잇는 통신망이 그
대표적인 예이다.

보호국기에 만들어진 경비전화제도는 식민지기에 더 발전되었다. 경비전
화는 대한제국 때에는 대한제국 경비전화 건설부(大韓帝國警備電話建設部)
에서 관리하였지만, 식민지가 되면서 총독부 경무총감부(總督府警務總監部)
에서 관리하였으며, 1911년 10월에는 경비전화규칙(警備電話規則)을 제정하
여 조선총독부 통신국(이후 체신국으로 명칭이 변경됨)에서 관리하도록 바
꾸었다. 체신국은 이미 설치된 공중 전신전화선의 일부를 경비전화선으로
편입하였고, 이와 관련된 시설비는 모두 체신국 소관예산에서 지출하였다.
그리고 대한제국 경비전화 건설부에서 설치한 것, 체신국 신설의 전신 또
는 전화선을 경비전화선으로 편입한 것, 그리고 기부에 의해 시설된 것은
모두 경비전화와 공중 전신전화선으로 겸용하도록 하였다. 경비전화제도
는 1920년에는 약간 변하였는데, 경비전용으로 시설한 경비전화회선을 만
들어서, 경비전화에만 사용하고, 공중 전신전화선으로는 사용하지 못하도
록 하였다.[73]

---

73 黑松秀太郎(1929), "警備電話に就で", 『조선체신협회잡지』 9월호, pp. 35.

<표 1 - 13> 식민지기 경비전화 선로의 종류별 연장

단위: 선로(線路)와 선조연장(線條延長)은 리(里), 사용료는 원

	공중 겸용 회선				경비 전용 회선			계		
	선로 연장	선조 연장	과금 리정	사용료 연액	선로 연장	선조 연장	사용료 연액	선로 연장	선조 연장	사용료 연액
1908	568	794						568	794	
1909	766	1052		40000				766	1052	40000
1910	800	1097		68000				800	1097	68000
1911	858	1204		69959				858	1204	69959
1912	858	1204		72900				858	1204	72900
1913	864	1234		73750				864	1234	73750
1914	900	1271		75450				900	1271	75450
1915	950	1321	1338	77096				950	1321	77096
1916	981	1354	1377	80280				981	1354	80280
1917	1003	1377	1047	82560				1003	1377	82560
1918	1017	1391	1420	84360				1017	1391	84360
1919	1088	1633	1648	84900				1088	1633	84900
1920	1476	2938	1689	98820	395	1294	120168	1871	4232	218988
1921	1513	3272	3289	299304	36	335	56986	1549	3607	356290
1922	1561	3469	3491	362651	47	196	28399	1608	3665	391050
1923	1577	3575	3651	365833	16	107	9944	1593	3682	375777
1924	1577	3576	3693	372550				1577	3576	372550
1925	1577	3576	3728	340669				1577	3576	340669
1926	1667	3744	3893	350873	89	167	24066	1756	3911	374939
1927	1744	3876	4027	375328	76	131	24905	1820	4007	400233
1928	1799	3977	4150	394586	54	100	5094	1853	4077	399680

자료: 黑松秀太郞(1929), "警備電話に就て," 『조선체신협회잡지』 9월호, pp. 35-36

통신국은 1911년에 강계-희천 간을 포함한 7구간에 경비전화선을 신설한 것을 비롯하여, 1945년에 이르기까지 많은 경비전화선을 신설 또는 증설하였다. 이 중 3.1독립운동을 계기로 1919-20년간 부산-신의주선을 포함한 36회선을 신증설한 것과 만주사변을 계기로 1932-34년간 평안도 함경도지방을 중심으로 30여회선을 신증설한 것이 가장 대규모적인 것이었다. 1921년 이래 전신전화 정비 개량 사업이 예산관계로 원만히 진행되지 못하였음에도 불구하고 경비전화 시설만은 매년 경무국의 예산과 체신국의 영선비로 시설되었다.[74]

또한 조선은 대륙진출의 교두보였기 때문에, 통신시설에 있어서도 조선은 일본과 만주를 잇는 가교로 위치 지워졌다. 때문에, 일본제국과 조선총독부는 일본-조선-만주를 연결하는 통신선로에 많은 투자를 하였다. 조선과 일본 간의 전신은 부산 구설 해저전선에 의해 1884년부터 개통되어 있었고, 조선과 중국대륙 간의 전신은 이미 서로전선이 가설된 1885년부터 개통되어 있었다. 그러나 통화량 증가에 대응하고, 통신의 신속을 도모하기 위해, 전신선을 증설하고, 주요 지역 간에 직통선을 개설할 필요가 있었다. 특히 경성과 대련 간의 직통선 개설이 문제가 되었다. 당시 경성과 대련은 봉천(奉川)을 중계로 하여 연결되었다. 통신의 신속과 전보송수상의 오류를 줄이기 위해서는 경성과 대련을 직통선으로 연결할 필요가 있었다. 이에 대한 논의는 1920년대 초부터 진행되었지만, 1922년에야 실현되었다. 그리고 일본과 조선과의 전신선 증설도 진행되었다. 그런데 해저전선의 포설에는 막대한 비용이 소요되므로, 일본과 조선 간 무선전신을 발전시키기도 했다. 1923년에는 용산에 있는 군용 무선전신소(軍用無線電信所)의 전부를 인계받아, 일본-조선 간 무선전보를 취급하였다.

일본-조선-만주를 잇는 전화도 건설되었다. 1910년대까지는 장거리 전화기술이 발전하지 않아서, 일본-조선-만주를 바로 연결하는 전화의 가설은

---

[74] 체신부(1966), pp.476-486.

기술적으로 불가능하였다. 그러나, 장거리 전화기술이 발전하여, 일본-조선-만주를 직통으로 연결하는 전화의 가설이 시도되었다. 조선-만주 간 전화가설문제는 1920년대 초부터 논의되기 시작하였지만, 예산과 기술상의 문제 때문에 용이하게 실현되지는 않았지만, 1925년에는 경성-봉천 간 전화가 가능하게 되었다.[75] 조선-일본 간의 전화회선을 가설하는 계획은 보다 늦게 수립되었다. 이 계획은 1927년 어근에 작성되었다고 생각되는데, 가설에 착공한 것은 1928년이다. 1928년에 착공하기는 하였지만, 예산관계로 공사가 계속 이월되어, 1932년에야 부산-시모노세키(下關) 간 전신용 해저전선을 이용한 부산-시모노세키 간 전화회선이 구성되었다. 부산-시모노세키 간 전화에는 반송장치(搬送裝置)가 사용되었다. 1933년에 부산-이즈하라(嚴原) 간 전화용 해저전선이 가설되어, 전화용 해저전선에 의한 한일 간 전화가 개통되었다. 그리고 1938년에 일본-조선-만주 간에 무장하(無裝荷) 케이블[76]이 가설되어, 일본-조선-만주 간 직통전화가 가능하게 되었다.

그러나 식민지기 통신기관 및 통신시설의 증설을 정치군사적인 것으로만 파악할 수는 없다. 식민지기에는 조선인 거주지역에도 통신기관의 보급이

---

[75] 1921년 6월에 관동체신국장은 대련(大連)과 안동현(安東縣) 간의 전화통화가 이루어진 것을 계기로, 조선-만주 간의 직전(直電)에 대해 조선총독부 체신국장과 교섭하였다. 신의주와 경성의 전화가 완성되면, 만주선과 연결하여 대련-경성 간의 전화가 개통될 수 있었다. 그런데, 조선에서는 경성-신의주 간 전화가 개통되어 있지 않았다. 경성-신의주 간 전화 개통은 두 단계로 나누어 이루어졌다. 1924년에는 평양과 신의주 간에 전화가 개통되어, 동년 11월부터 평양-신의주-안동현-봉천 간, 진남포-신의주-안동현-봉천 간, 신의주-안동현-봉천-장춘 간의 장거리전화가 개통되었다. 1925년에는 평양-경성 간 전화선을 증설하여 이를 평양-봉천선에 연결함으로써, 경성-봉천 간 전화가 가능하게 되었다.

[76] 무장하케이블은 장하선륜(裝荷線輪)을 쓰지 않는 케이블을 의미한다. 장하선륜(裝荷線輪)이 있는 것보다 전류에너지가 더 현저하게 약해지지만, 전파속도가 크며, 변형의 반향이 작다. 에너지가 약해지는 문제는 중계기를 사용함으로써 해결할 수 있으므로, 장거리 다중전화에 유리하다.

어느 정도 이루어졌다. 이것은 보호국기 때 조선인 거주지역의 통신기관이 일본인 거주지역으로 이전된 것과 대조된다. 이러한 변화가 일어나게 된 배경으로는 다음 두 가지를 들 수 있다. 첫째, 조선인 통신수요의 증가이다. 식민지기에는 사적 소유권이 확립되고, 산업정책이 실시되고, 무역이 증대됨에 따라 이에 편승하여 근대적인 산업에 진출한 조선인이 증가하고 있었음은 여러 연구에서 지적되고 있다. 근대부문에 있어 조선인의 성장은 조선인 통신수요의 성장을 가져오고 있었다. 이에 따라, 통신기관을 설립하면 수지가 맞는 조선인 거주지역도 형성되고 있었다. 둘째, 1930년 간이생명보험사업의 실시에 따른 통신기관 보급정책의 변화이다. 통신기관은 통신업무뿐만 아니라 다양한 부대사업을 실시하고 있음은 앞서 지적한 바 있다. 이 중 통신업무는 국가적 행정사무로 파악되어, 국가는 정상적인 운영에 노력할 뿐, 그 이용자를 확보하기 위해 적극적으로 노력하여야 하는 사업으로 파악하지는 않았다. 반면 우편저금과 간이생명보험 사업(簡易生命保險事業)은 사회적 경제사무로 인식되어, 보급과 장려를 적극적으로 추진하여야 하는 것으로 파악되었다. 우편저금과 간이생명보험의 적극적인 보급과 장려의 대상은 조선인이었다. 1910년부터 우편저금을 조선인에게 보급하기 위해 다양한 노력을 실시하기는 하였지만, 우편저금의 예금이자가 시중이자보다 지나치게 낮았기 때문에 큰 성과를 얻기는 어려웠다. 1930년부터 실시된 조선간이생명보험 사업은 우편저금 사업과는 달랐다. 조선간이생명보험에 대한 조선인의 반응은 매우 좋았으며, 체신국의 보급 및 장려 정책도 우편저금과는 그 수준을 달리하였다. 우편저금과 간이생명보험이라는 사회적 경제사무를 적극적으로 시행하기 위해서는 이 사업의 주요한 대상인 조선인 거주지역에 통신기관을 설치할 필요가 있었다.

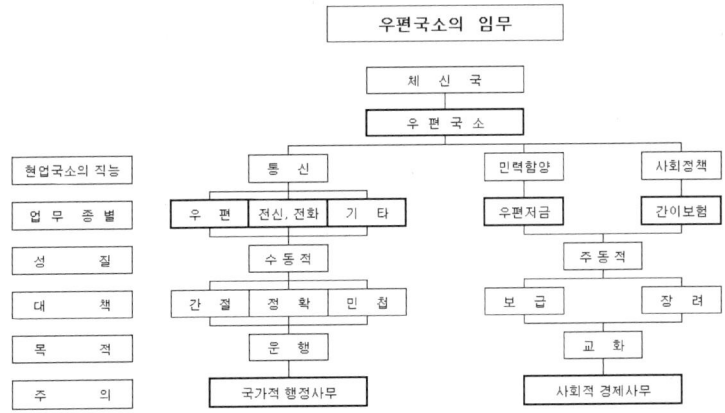

<도 1 - 7> 우편국소(郵便局所)의 임무

2. 통신기관의 종류와 종류별 동향

2.1. 통신기관의 종류

식민지기에는 매우 다양한 통신현업기관이 있었다. 다양한 종류의 통신기관이 존재하게 된 이유로는 두 가지를 들 수 있다. 첫째, 통신기관이 설치된 지역의 발전수준이나 특성에 차이가 있었다. 지역발전의 정도나 지역의 특성에 따라 우편수요는 있지만 전신이나 전화수요는 없는 지역, 전신이나 전화수요는 있지만 우편수요는 없는 지역(예컨대, 관광지나 휴양지)이 있었으므로, 지역발전의 정도나 지역의 특성에 맞게 취급사무를 설정할 필요가 있었다. 또 지역발전의 정도에 따라 통신사용량의 규모도 차이가 나기 때문에, 통신기관의 규모도 이에 맞게 설정하여야 했다. 둘째, 각 지역에 산재하는 통신기관을 하나의 통합된 통신망으로 편성하기 위해서는 통신기관을 위계적으로 편성할 필요가 있었다. 우편체송(郵便遞送)이나 전신중계(電信中繼), 전화중계(電話中繼) 등을 효율적으로 운용하기 위해서는 집중국(集中局)을 설정할 필요가 있으며, 또 많은 현업기관(現業機關)을 감독하기 위해서는 일부 규모가 큰 통신기관에 감독기능의 일부를 위임할 필요가 있었다.

우선 통신기관의 위계적 편성을 살펴보자. 조선총독부 체신국 및 그 산하 통신기관은 기획관리기관과 현업기관으로 구분된다. 위계의 최상층부에는 기획관리기관으로서 체신국이 있다. 체신국은 현업업무는 수행하지 않는 비현업기관이다. 통신현업기관은 각처에 분산되어 있기 때문에, 체신국만으로 각 지역의 현업기관을 모두 관리 감독하는 것은 어려웠다. 때문에, 각 지역별로 관리감독기관을 설정할 필요가 있었다. 이를 위해, 전국을 몇 개의 체신관구(遞信管區)로 나누고, 각 체신관구에 분장사무취급 우편국(分掌事務取扱郵便局)을 두었다. 분장사무취급 우편국은 위임받은 사무에 한하여 체신관구 내의 현업기관을 관리 감독하였다. 분장사무취급 우편국은 관리감독기관이면서 동시에 현업업무도 취급하였다. 이후 통신현업기관의 수가 늘어나서, 각 체신관구에 관리감독의 업무만을 취급하는 독립된 기관이 필요하게 됨에 따라, 1941년에는 지방 체신국(地方遞信局)을 설립하게 되었다.

통신현업기관은 다시 우편국(전화국이나 전신국도 동일한 급임)과 우편소 그리고 우편소에도 못 미치는 간이한 통신현업기관(전신전화취급소, 우편취급소)으로 구분된다. 통신현업기관의 지위는 기관장의 직급에 따라 구분할 수 있다. 우편국장에는 주임관(奏任官)이나 서기(書記)가 부임하였다. 서기보(書記補)도 우편국장 심득(郵便局長心得)이라는 형태로 부임하기도 하였지만, 예외적인 경우이다. 우편소장은 그 자체 특수한 판임관(判任官)이다. 우편소장의 지위의 특수성은 다음 항에서 논의하기로 한다. 우편소에도 미치는 못하는 간이한 통신기관에는 전신전화취급소와 우편취급소가 있는데, 취급소장은 고원에 준하는 자이다. 이 중 우편취급소는 1930년에 새로 만들어진 기관으로, 설립된 후 4-5년이 지나면 대체로 우편소로 승격되는 과도기적인 간이한 통신현업기관이다. 전신전화취급소는 원래 전신전화소(電信電話所)라 불렸는데 1930년에 전신전화취급소로 개칭되었다. 관광지나 휴양지와 같이 외래인의 방문이 많은 지역의 호텔이나 여관에 설치된 간이한 통신기관이다. 온천지, 해수욕장, 금강산 등에 설치된 전신전화취급소도 그 지역의 통신수요가 커지면, 우편소로 승격되었다.

　취급사무별로도 분류할 수 있는데, 식민지기 통신현업기관은 기본적으로 우편업무, 전신업무, 전화업무를 겸하여 취급하였기 때문에, 이 중 어느 하나만 취급하는 통신현업기관은 적었다. 경성에서는 전화가입자가 많아 전화교환만을 담당하는 전화국과 그 분국(分局)이 설치되어 있었는데, 이것은 경성에 한정된 것이다. 나머지 지역에서는 우편국소가 전화교환업무를 취급하였다. 전신국은 경성 중앙전신국(京城中央電信局)과 무선전신국(無線電信局)을 통칭하는 것인데, 경성의 경우에는 중계전신의 비중이 대단히 크기 때문에, 전신만을 취급하는 경성 중앙전신국이 설치되어 있었다. 경성 중앙전신국이 설치되었다고 하여, 경성의 각 우편국소가 전신업무를 취급하지 않은 것은 아니다. 무선전신국은 선박과의 무선전신, 비행기와의 무선전신, 및 원격지 무선전신을 취급하는 독립적인 기관으로 설치되어 있었다. 그리고 전신전화취급소와 전신취급소가 있는데, 전신전화취급소는, 앞서 언급한 바와 같이, 관광지나 휴양지의 여관이나 호텔에 설치된 전화를 가지고 전신전화를 하는 매우 간이한 기관이다. 전신취급소(電信取扱所)는 철도역 전신취급소(鐵道驛電信取扱所)와 선박 전신취급소(船舶電信取扱所)가 있다. 철도는 자체 통신시설을 갖추고 있었다. 철도역 중 일부는 철도역 전신시설을 일반인도 이용할 수 있도록 하였는데, 이러한 역을 공중전보 취급역(公衆電報取扱驛)이라 한다. 체신국에서는 이를 철도역 전신취급소(鐵道驛電信取扱所)라 불렀다. 철도역 전신취급소에서 전신업무를 담당하는 직원은 철도국 소속이다. 공중전신요금은 체신국에 귀속되며, 체신국은 철도국에 취급료를 지급하였다. 무선전신기술이 발달하자 일부 대형 선박은 무선전신장치를 부착하였는데, 이것을 승객에게 이용할 수 있도록 지정한 선박을 무선전신취급소(無線電信取扱所)라고 하였다. 위에서 제시한 몇 가지 예외를 제외하고는 전신과 전화는 기본적으로 우편국소에서 취급하였다. 우편국소는 다시 집배업무를 취급하는가 취급하지 않는가에 따라 구분할 수 있다. 조선에 있어 군부(郡部)에 있는 우편국소는 모두 집배 우편국소(集配郵便局所)이다. 무집배 우편소(無集配郵便所)는 도시에만 있었다. 전신사무는 대부분의 우편국소가 취급하게 되었다. 전화사무는 전화통화 사무(電話通話事務)와 전화교환 사무(電話交換事務)로 구분되는데, 전화통화 사무는 우편국소에 설치된 전화시설을 일반인이 사용할 수 있도록 하는 사무이고, 전화교환 사무는 우편국소의 관리지역 이내에 전화가입자를 수용하여 이들 간의 시내교환업무와 시외교환업무를 취급하는 사무이다. 전화교환 사무는 비교적 통신수요가 발전한 지역의 통신기관이 취급하였다. 지역의 통신수요가 성장함에 따라 통신기관이 취급하는 사무도 늘어나는데, 일반적인 성장패턴은 다음과 같다. 우편사무 -> 우편사무 + 전신사무 + 전화통화사무 -> 우편사무 + 전신사무 + 전화통화사무 + 전화교환사무. 우편업무를 취급하는 기관은 동시에 우편저금(郵便貯金) 및 우편환(郵便換), 우편진체저금(郵便振替貯金) 등 환저금 사무(換貯金事務)도 동시에 취급하였다. 국고금 취급 업무는 보호국기에는 금고가 설치되지 않은 지역의 우편국 급의 기관에서 취급하였지만, 식민지기에는 금고가 설치되지 않은 지역의 우편소에서도 국고금취급업무를 취급하였다. 간이보험사업은 우편소 이상의 거의 모든 통신현업기관에서 취급하고 있다. 간이한 기관으로 1930년에 설치된 우편취급소는 우편업무와 환저금업무는 취급하지만, 국고금취급업무와 간이보험업무는 취급하지 않았다.

통신기관의 다양성은 이상과 같이 통신현업기관의 위계제적 편성과 취급사무의 차이에 의한 것이다. 우편소의 경우에는, 위에서 구분하는 것 이외에, 운영자금의 조달방식에 따라 구분되기도 한다. 청원우편소(請願郵便所)

와 일반우편소(一般郵便所)의 구분이 그것인데, 이에 대해서는 제4항과 제5
항에서 살펴보고자 한다.

2.2. 종류별 동향

통신현업기관의 종류별 동향을 살펴보자. 보호국기에는 우편소의 증설도
상당히 이루어졌지만, 주된 변화는 임시우체소(臨時郵遞所)의 우편국으로의
승격이다. 임시우체소를 우편국으로 승격시킨 이유는, 앞서 언급한 바와 같
이, 국고금 취급 사무를 담당하게 하기 위함이었다. 이에 따라 보호국기에는
우편국이 많이 증가하여, 우편국의 비중이 높아졌다. 그러나 식민지기에는
주로 우편소가 증가하였다. 우편소는 그 전신인 우편수취소(郵便受取所)나
우편전신수취소(郵便電信受取所)와는 달리 국고금 취급 사무를 취급할 수
있게 되었으므로, 통신사용량이 많지 않고 정치 군사적으로도 특별히 중요
하지 않은 우편국은 우편소로 변경하였으며, 통신기관을 신설해야 할 지역
에는 대부분 우편소를 설치하였다. 우편국의 추이를 보면, 1912년에서 1920
년까지는 179개와 180개 사이를 오가고 있는데, 그 이후에는 3차례에 걸쳐
크게 감소하고 있다. 1920년부터 1922년에 걸쳐 180개에서 126개로 격감하였
고, 1924년에는 다시 100개로 감소하였고, 1931년에는 다시 85개로 감소하였
다. 전신취급소는 1905년부터 1921년까지 계속 증대하고 있는데, 1919년을
보면 경부선에 33개, 경의선에 35개, 호남선에 13개, 경원선에 10개, 함경선
에 8개가 설치되어 있다. 철도는 철도전신시설을 공중에게 이용하게 함으로
써 통신문화의 보급에 기여하였다. 뿐만 아니라, 철도역을 중심으로 상권과
취락이 발전하면, 철도역전 우편소(鐵道驛前郵便所)도 설립되었기 때문에,
전신취급소는 체신국의 직속기관은 아니지만, 통신현업기관의 발전과 긴밀
한 관계를 가지고 있었다. 전신취급소는 전신만을 취급하는 기관으로서, 이
하의 분석에서는 특별한 언급이 없는 한 통신기관의 수에 포함시키지 않는다.

<표 1 - 14> 통신기관의 종류별 동향(1905년-1944년)

	우편국	우편국 출장소	우편 전신 취급소	우편 취급소	우편소	우편 전신 수취소	우편 수취소	전신 취급소	(임시) 우체소	우편 수도소	우편 계립소	우편 교환소	총수
1905년7월	12	41				1	46	10	335				445
1905	16	60				3	44	17	338	7	12	15	512
1906	50		17	126		17	54	40	204	3	4	11	526
1907	51		27	114	66			51	168	3	1	6	487
1908	52		32	107	81			57	152	2			483
1909	52		103	36	99			56	145	2			493
1910	191				141			59	109	2			502

	우편국	전신국	전화국	전화국 분국	우편소	우편 취급소	전신 전화 취급소	전신 취급소	우편 수도소	총수
1911	189				272			67	1	529
1912	179				302			74		555
1913	179				317			83		579
1914	180				331			84		595
1915	179				333		1	86		599
1916	180				342		1	91		614
1917	180				342		1	93		616
1918	179				359		1	97		636
1919	180				379		3	100		662
1920	164				409		3	102		678
1921	151				446		4	106		707
1922	126				488		4	104		722
1923	126	1	1	2	495		5	103		733
1924	100	1	1	2	548		6	98		756
1925	100	3	1	2	557		6	97		766
1926	100	3	1	2	566		7	99		778
1927	100	5	1	2	580		8	98		794
1928	100	5	1	2	600		9	91		808
1929	100	6	1	2	621		9	90		829
1930	100	7	1	2	641	6	9	94		860
1931	85	7	1	2	677	12	11	92		887
1932	85	7	1	2	688	12	13	98		906
1933	85	7	1	2	705	16	13	95		924
1934	87	7	1	2	724	21	10	95		947
1935	88	8	1	2	745	26	12	103		985
1936	88	8	1	2	794	31	11	106		1041
1937	88	9	1	2	858	31	8	124		1121
1938	88	11	1	2	893	31	12	147		1185
1939	88	14	1	2	924	31	12	152		1224
1940	89	14	1	2	954	15	10	161		1246
1941	89	14	1	3	985		4	168		1264
1942	90	15	1	3	986		3	162		1260
1943										
1944	93	13	4		1010		3	150		1273

자료: 통감부 통신관리국, 『통감부 통신사업보고』 ; 조선총독부 체신국, 『조선총독부 체신연보』 ; 조선총독부 체신국, 『조선총독부 체신통계요람』 ; 체신부, 『조선 체신통계요람』 .

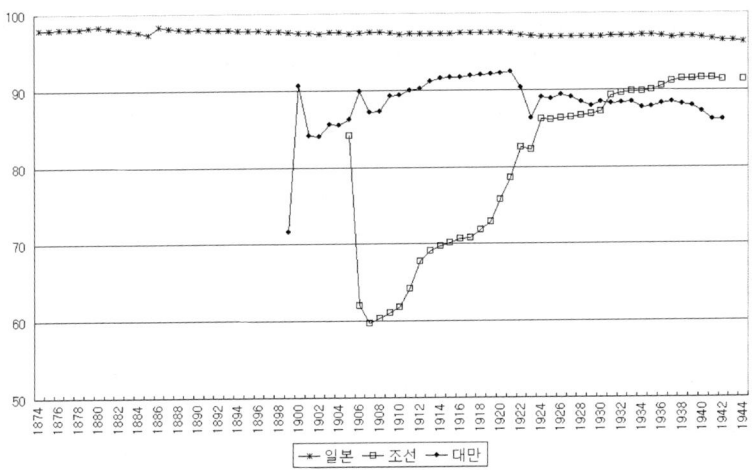

<도 1 - 8> 조선 일본 및 대만에 있어서 통신기관 중 청부기관의 비중

앞서 우편국의 비중은 감소하고 우편소의 비중은 증가하였음을 언급하였다. 조선에 있어 우편소나 우편소보다 간이한 기관이 전체 통신기관에서 차지하는 비중이 비교사적으로 보아 어느 정도의 수준이었는가를 확인하기 위해 일본 및 대만과 비교하여 보자. 당시 일본과 대만에 있어 조선의 우편소에 해당하는 것은 삼등우편국(三等郵便局)이었다. 따라서, 일본과 대만의 경우에는 삼등우편국과 삼등우편국보다 간이한 기관이 전체 통신기관에서 차지하는 비중을 제시하였다. 일본에서는 통신사업이 개시될 때부터 통신 현업기관 중 삼등국 이하에 해당하는 기관의 비중이 매우 높았다. 반면, 대만이나 조선에서는 식민지화 초기에는 일이등우편국(一二等郵便局)(우편국급)의 비중이 상대적으로 높았다. 조선에서 1905년부터 1907년에 걸쳐 우편소급 이하의 비중이 급격하게 줄어든 이유는, 앞서 설명한 바와 같이, 임시우체소(臨時郵遞所)를 우편국 급으로 승격시킴으로써 발생한 것이었다. 그러나 이후 우편국을 우편소로 대체하고, 신설 우편기관은 우편소나 그 이

하의 기관들이었기 때문에, 식민지 말기에는 우편소 급의 비중이 상당히
높아졌다. 그러나 여전히 우편소급의 비중은 일본과 비교하면 낮은 수준이
었다. 이하에서 살펴보겠지만, 우편국은 체신국의 직영기관(直營機關)이고,
우편소 및 그 이하의 기관은 청부기관(請負機關)이다. 이것이 의미하는 바
는 다음 항에서 상술할 것이다.

　조선에 있어 통신기관의 보급의 저위성은 우편소 및 그 이하의 기관 즉
청부기관의 미발달에 기인한 바가 크다. 왜 조선에서는 청부통신협업기관
들이 덜 발전하게 되었는가? 이것이 조선이나 대만에 있어 통신기관 보급
의 저위성을 구명하는 중요한 열쇠이다. 조선에서 청부기관이 덜 발전된
이유로는 여러 가지를 들 수 있지만, 가장 중요한 한 가지를 제시한다면,
일본에 있어 청부기관이 가지고 있는 장점들이 조선에는 없었다는 점이다.
조선에 있어 청부기관이 별 장점을 가지지 못하게 된 이유로는 다음 두 가
지를 들 수 있다. 첫째, 조선에서는 우편소 경영자가 1919년 이전에는 모두
일본인이었으며, 1919년 이후 조선인 우편소장이 출현하여 그 비중이 늘어
나고는 있었지만, 식민지 말기에 있어서도 우편소장의 2/3는 일본인이었다.
일본의 경우 지방유지를 삼등우편국장으로 임용함으로써, 삼등우편국이 지
역사회에 깊숙히 파고들었음에 반해 조선이나 대만에서는 외지인인 일본인
이 운영자로 임용되어 지역사회에의 침투도가 높지 않았다. 둘째, 조선에
있어 우편소의 인건비는 일본의 삼등우편국보다 더 많았다. 조선에 있어
우편소의 전신은 우편수취소와 우편전신수취소인데, 이들 기관은 1900년대
부터 많이 증설되었다. 당시 이 기관에 종사하는 고원(雇員)들은 일본인이
었다. 이들은 일본의 일이등우편국 고원보다 더 높은 임금을 지급받고 있
었다. 반면 일본의 삼등우편국에 근무하는 고원이나 용인은 일이등우편국
에 근무하는 고원이나 용인보다 더 낮은 임금을 지급하였다. 조선에서는
식민지기가 되어서도 우편소에 근무하는 고원에게는 일본의 일이등우편국
고원보다 더 많은 임금을 지급하였다. 즉, 조선의 우편소는 일본의 삼등우

편국보다 인건비가 더 많이 들었다.

　이제 통신현업기관의 취급사무별 구성의 추이를 살펴보자. 우편국과 우편소는 취급하는 업무에 제약이 없었다. 우편국과 우편소는 기본적으로 통상우편 업무, 소포우편 업무, 환저금 업무, 국고금 취급 업무, 간이보험 업무를 취급하고 있으며, 지역에 따라 전신업무와 전화업무를 취급하는 곳도 있었다. 전신업무와 전화통화 업무를 취급하는 통신기관은 보호국기에 급속하게 늘었는데, 이는 경비전화제도에 의한 것임은 앞서 언급한 바 있다. 식민지기 이후에도 전신전화업무를 취급하는 국소수는 꾸준히 증가하고 있다. 통신수요가 가장 발전된 곳에서 행하는 업무는 전화교환 업무인데, 전화교환 업무를 취급하는 기관은 1905년 5개소에서, 1941년 282개소로 증가하였다. 그 구성을 보면, 우편국이 77개소, 전화국 및 분국(分局)이 4개소, 우편소가 201개소여서, 상당수의 우편소에서 전화교환업무를 취급하게 되었음을 확인할 수 있다. 당시의 전화는 고급관료와 대상인들의 전유물이었다는 점을 고려하면, 대도시와의 유기적인 관련을 맺으면서 중소도읍에서 상업활동을 영위하는 대상인이 성장하고 있음을 알 수 있다.

<표 1 - 15> 통신기관 종류별 취급업무별 구성(1905년-1941년)

		총수	우편국	우편국 출장소	우편전신 취급소		우편 수취소		전신 취급소	임시 우체소
1905년 7월	국소수	445	12	41	1		46		10	335
	통상우편	435	12	41	1		46			335
	소포우편	100	12	41	1		46			
	환저금	100	12	41	1		46			
	전신	44	12	21	1				10	
	전화 교환통화	5	3	1	1					
	통화	1		1						
		총수	우편국	전신국	전화국	우편소	우편 취급소	전신전화 취급소	전신 취급소	우편 수도소
1911년	국소수	529	189			272			67	1
	통상우편	461	189			272				1

		총수	우편국	전신국	전화국	우편소	우편 취급소	전신전화 취급소	전신 취급소	우편 수도소
	소포우편	461	189			272				1
	환저금	461	189			272				
	전신 일본어	369	184			118			67	
	전신 조선어	302	184			118				
	전신 구미어	302	184			118				
	전화 교환 교환통화	43	34			9				
	전화 통화	235	133			102				
	국고금취급	394	161			233				
1921년	국소수	706	150			446		4	106	
	통상우편	596	150			446				
	소포우편	596	150			446				
	환저금	596	150			446				
	전신 일본어	653	150			393		4	106	
	전신 조선어	543	150			393				
	전신 구미어	551	150			393			8	
	전화 교환 교환통화	56	46			10				
	전화 통화	484	100			380		4		
	국고금취급	527	123			404				
1931년	국소수	887	85	7	3	677	12	11	92	
	통상우편	774	85			677	12			
	소포우편	773	84			677	12			
	환저금	773	84			677	12			
	전신 일본어	801	84	7		607		11	92	
	전신 조선어	705	84	6		607		8		
	전신 구미어	705	84	7		607			7	
	전화 교환 교환통화	156	66		3	87				
	전화 통화	544	18			515		11		
	국고금수불	664	58			606				
	연금은급교부	761	84			677				
	간이보험	758	84			674				
1941년	국소수	1264	89	14	4	985		4	168	
	통상우편	1074	89			985				
	소포우편	1073	88			985				
	환저금	1073	88			985				
	전신 일본어	1077	87	14		804		4	168	
	전신 구미어	150	87	14		34			15	
	전화 교환	4			4					
	전화 교환통화	278	77			201				
	전화 통화	612	10	1		597		4		
	연금은급교부	1073	88			985				
	간이보험	1073	88			985				

자료: 통감부 통신관리국, 『통감부 통신사업보고』; 조선총독부 체신국, 『조선총독부 체신연보』.

3. 청부통신기관의 운영실태

3.1. 청부통신기관 경영자의 신분

3.1.1. 일본에 있어서 삼등우편국장제도 성립의 배경

일본의 근대우편사업은 우편사업의 국가독점제를 기초로 하고 있지만, 일본은 우편사업을 창업할 당시 전국에 직영현업기관을 모두 설치할 만큼 재정자금이 충분하지 않았다. 그래서 지방의 명망가에게 자비로 우편국사를 마련하여 우편업무를 담당하게 하였는데, 그 대가로 준관리의 신분과 약간의 수당을 제공하였다. 이것을 '우편취급역제도(郵便取扱役制度)'라 불렀다.[77] 일본은 우편취급역제도를 바탕으로 하여 매우 빠르게 전국적으로 조밀한 우편현업기관을 갖출 수 있었다.

우편취급역제도는 관리임용자격제도의 실시를 계기로 삼등우편국장제도로 변하였다.[78] 삼등우편국장은 판임관 신분으로 규정되어 있지만, 다른 일반 판임관과는 달리 급료가 아니라 수당을 받고, 정년(停年)이 없으며, 은급제도(恩給制度)의 적용대상이 아니고, 그 경력이 일반 판임관으로 될 수 있

---

[77] 藪內吉彦(1975), pp.150-151. 우편국 우편취급역의 채용방법은 1885년 7월 우편취급역 채용규칙(郵便取扱役採用規則)에 규정되어 있다.

[78] 이또오 히로부미(伊藤博文)는 행정관료에 대한 정실적인 인사를 배제하기 위해 시험에 입각하여 선발하는 체계를 확립시키려 했는데, 이 구상은 1887년 고등문관시험 시보 급 견습 규칙(高等文官試驗試補及見習規則)으로 실현되었다. 이때부터 일본의 주임관과 판임관은 시험에 의해 선발하는 것을 원칙으로 하게 되었다[天野郁夫(1992), p.125]. 삼등우편국장제도는 관리임용자격제도가 확립되면서, 관리자격을 갖추지 않은 각 지방의 유력자를 우편국장으로 임용하기 위한 특별임용제도로 만들어졌다. 특별임용제도로서의 삼등우편국장제도는 1887년 12월에 칙령 제66호로서 발령된 '삼등우편국장 임용의 건'으로 확립되었다. '삼등우편국장 임용의 건'은 삼등우편국장의 관리로서의 지위의 특수성을 규정한 것이었다.

는 자격으로 인정되지 않는 특수한 판임관이었다.[79] 삼등우편국장의 임명권
이 체신대신에게 있었기 때문에 우편국장의 지위가 완전히 사적인 지위는
아니지만, 우편국장의 지위는 상속할 수 있었고, 관제상의 정원의 제약도
받지 않았다. 삼등우편국장은 자비로 우편국 청사를 제공하고, 자신의 책임
하에 우편국 직원을 채용하고, 우편국을 경영하여 흑자가 발생하면 자신의
수입으로 하고, 적자가 발생하면 자신이 책임을 지는 사적 독립적 경영자
였다. 우편취급역제도와 그 후신인 삼등우편국제도는 우편사업을 민간에게
청부함으로써 국가독점사업으로서의 실질을 부정하는 것이지만, 민간청부
자 및 청부기관을 관리신분제와 관제에 형식적으로 포섭함으로써, 우편사
업의 국가독점제를 형식적으로 구현한 것이다. 일본국 체신성은 삼등우편
국장제를 활용함으로써, 통신현업기관의 경영 및 관리부담을 줄이고, 민간
의 자금과 경영력을 활용할 수 있었다.

　이 책에서는 운영방식의 실질적인 특질을 부각하기 위해 이와 같이 운영
되는 통신현업기관을 청부통신현업기관(이하 간략하게 청부기관이라 표기)
이라 표현한다. 물론 모든 통신현업기관이 이와 같은 청부통신현업기관은
아니다. 우편역소나 그 후신인 일이등우편국은 명실상부한 국가기관으로, 다
른 국가기관의 종사자와 동일한 관리신분을 가지고 있으며, 예산과 결산에
의해 세출이 엄격하게 규제되었다. 이와 같은 통신현업기관을 본 논문에서
는 직영통신현업기관(이하 간략하게 직영기관이라 표기)이라 표현한다.

---

[79] 내각관보국(1887), 『관보』(제1349호 메이지 20년 12월 26일). 삼등우편국장은 그
　지역에 재주하고 상당한 자산이 있는 자를 선임할 필요가 있으므로 체신대신이
　일반 판임관과는 다른 채용규칙을 정하여 그를 선임할 수 있도록 하고 있으며, 이
　규칙에 의해서 선임된 삼등우편국장은 그 경력을 근거로 하여 다른 판임관에 임
　용할 수 없다고 규정하고 있다. 일반 판임관 채용규칙과는 다른 채용규칙에 의해
　임용한다는 점에서 특별임용제(特別任用制)와 동일하다고 할 수 있지만, 특별임용
　제의 경우에는 그 경력을 근거로 다른 판임관으로 전임할 수도 있으며, 승진할 수
　도 있지만, 삼등우편국장은 다른 판임관으로 전임할 수 없다는 점에서 특별임용
　제와는 구별된다.

3.1.2. 조선에 있어서의 우편소장제도와 우편취급소장제도

조선총독부 체신국은 일본국 체신성의 지방체신국 정도로 위치지워져 있었다. 이러한 지위는 현업기관의 명칭에서도 드러난다. 일본의 삼등우편국에 상당하는 우편소[80]가 우편국이 아니라 우편소로 이름 붙여져 있는 것이다. 이러한 명칭의 차이에도 불구하고, 조선총독부 체신국의 우편소는 일본국 체신성의 삼등우편국과 동일한 등급의 통신현업기관이었다.

조선에 있어 우편소의 기원은 개항기의 우편(郵便) 및 전신수취소(電信受取所)로 올라간다. 우편소는 일본이 조선의 통신기관을 탈취한 후 일원적 통제가 가능한 통신현업기관체제로 재편하는 과정에서 편제된 청부기관인데, 1907년부터 출현한다.[81] 우편소장은 판임관으로서 그 임용에 관해서는 일본내지(日本內地) 삼등우편국장(三等郵便局長)에 관한 규정을 기본적으로 준용하였는데, 채용규칙이나 수당, 복무규정 등에 대해서는 통감부가 따로 정하였다.[82] 우편 및 전신수취소를 경영하는 자는 취급인(取扱人)인데, 취급인의 신분은 고원에 준하는 것이었다. 우편소제도(郵便所制度)는 고원으로 대우받던 청부기관의 경영자를 판임관으로 임명한 것이었다.[83]

1907년 1월 통감부령 제1호로 제정된 통감부 우편소장 채용규칙에 의하면, 통감부 우편소장은 연령 만 20세 이상의 남자여야 하고, 다음의 조건을

---

[80] 우편소는 1941년에 특정우편국으로 명칭이 변경되지만, 여기에서는 특정우편국까지를 통칭하는 용어로 사용하고자 한다.

[81] 조선에서는 1907년 3월 30일자로 우편(郵便) 및 전신수취소(電信受取所)를 폐지하고, 동년 4월 1일 우편소(郵便所)라는 제도를 실시하여 68개소의 우편소를 신설함과 동시에 동수의 우편소장을 임용하였다.

[82] 1907년 1월 통감부령(統監府令) 제1호로 통감부 우편소장 채용규칙(統監府郵便所長採用規則), 동 제2호로 통감부 우편소장 수당금 연액(統監府郵便所長手當金年額) 또 1907년 3월 달통 제13호로서 통감부 우편소장 복무규정(統監府郵便所長服務規程)을 제정하였다[통감부통신관리국(1908), p.142].

[83] 통감부 통신관리국(1908), p.146

갖추고 있는 자에 한정하고 있다.

1. 우편소 소재지에 재주하는 자.

2. 300원 이상의 자산을 가지고 있는 자. 단 만 3년 이상 통신사무에 종사한 관리는 제외.

3. 중학교 3학년 수업 이상이라고 인정되는 자.

그리고 이 규칙 제3조에서는 통감부 우편소장이 성실히 그 직무를 수행한 후 노년 또는 질병 기타의 사고에 의해 사직했거나 혹은 재직 중 사망한 때 그 사자(嗣子) 또는 상속인인 남자가 위의 조건을 만족할 때, 그 연령이 만 16세 이상이기만 하면, 채용할 수 있다고 규정하였다. 즉 우편소장직을 가업으로서 계승할 수 있도록 연령상의 편의를 규정한 것이다. 우편소장 채용규칙은 몇 차례에 걸쳐 개정되었지만, 1937년 4월의 채용규칙과 1907년의 채용규칙을 비교하면, 큰 변화는 발견되지 않는다.[84]

일본국 체신성의 삼등우편국장과 조선총독부 체신국의 우편소장은 법적 지위에 있어서는 동일하지만, 그 직에 취임하고 있는 국소장(局所長)의 성격은 동일하지 않았다. 첫째, 일본의 삼등우편국장은 현지의 유지가 담당하였으며, 그 지역의 명예직으로 인식되고 있었다. 반면에 조선의 우편소장은 1919년까지 조선인 우편소장은 없었고, 1920년 이후에도 조선인 우편소장의 임용을 상당 기간 기피하였으며, 일본인을 우편소장으로 임용하려고 상당한 노력을 기울였다. 즉 일본에서는 지역사회의 구성원이 삼등우편국장을 하는 데 반하여 조선에서는 일본인이라는 이주자가 우편소장을 하고 있다. 조선의 우편소장에는 전직 통신관리나 일반 행정관리가 임용되는 경우가

---

[84] 1907년에는 연령제한이 만 20세 이상이었는데, 1937년에는 만 25세 이상으로 높아졌다. 또 300원 이상의 자산이 상당한 자산으로 바뀌었고, 중학교 3학년 수업 이상이 상당한 학식재간이 있는 자로 바뀌었다. 자산의 규모와 학력을 명시적으로 규정하지 않음으로써, 채용대상은 넓어졌으며, 체신국장의 선택권은 증대하였다고 할 수 있다. 그리고 상속인의 우편소장 임용은 만 20세 이상의 남자이면서 위의 조건을 만족하면 임용할 수 있는 것으로 바뀌었다.

많았으며, 이들의 상당수는 우편소 소재지 이외에 거주하고 있는 자였다. 조선인 우편소장의 외래인으로서의 특성은 우편소장과 지역주민과의 의사 소통을 어렵게 하였으며, 지역사회에 우편소가 정착하는 데 상당한 문제를 야기하였다.

둘째, 일본의 삼등우편국장은 우편국 경영을 내직(內職)으로 경영하는 반면에, 조선에서는 우편소장을 주업으로 하는 사람이 많다는 점이다. 물론 조선의 우편소장들도 대부분 부업을 하고 있었기 때문에 이 차이는 과대평가되어서는 안 되지만, 조선의 우편소장들은 이러한 차이를 들어 일본의 삼등우편국장보다 더 나은 대우를 해줄 것을 요구하였다.

우편소보다 간이한 통신기관으로 우편취급소(郵便取扱所)가 있었다. 우편취급소는 이후 설명하겠지만 우편현업기관의 개척자적 경영자를 수용하기 위해 1931년에 새롭게 만들어진 정부기관이지만, 1941년에는 모두 우편소로 승격되었다. 여기에서는 우편취급소의 장인 취급소장의 신분에 대해 간략히 살펴보자. 우편취급소의 공식적인 인원은 우편취급소장(郵便取扱所長) 1인으로, 그는 고원 대우(雇員待遇)로 취급되었다. 우편취급소장도, 우편소장과 마찬가지로, 우편취급소 청사를 제공하고, 자기책임하에 우편취급소 종사자를 채용하여 우편취급소를 운영하고, 이로부터 발생하는 수입을 자신의 소득으로 하는 사적 독립적 경영자였다. 체신국은, 우편소의 경우, 우편소장의 수당과 우편소에서 취급하는 사업의 량에 따라 설정된 인원에 대한 보수를 지급하였는데, 우편취급소에는 우편취급소장 1인에게 고원의 급여만을 지급하였으므로, 체신국의 입장에서 볼 때 우편소에 비해 운영비가 훨씬 덜 드는 기관이었다. 물론 우편취급소는 이후에 살펴볼 청원우편소(請願郵便所)와는 달리 창설 시에 그 유지비를 취급소장이 부담하지는 않는다. 우편취급소는 통신수요가 성장하면 우편소로 승격되어 간다. 우편취급소의 소장은 전직 우편국 관리들이 취임하고 있는바, 통신기관 종사자의 퇴직 후의 직업으로서의 의미도 가지고 있었다.

3.2. 청부통신기관의 경리의 특수성

당시 일반 행정관청의 종사자는 관리이건 고원이나 용인이건 국가로부터 지급받는 급여가 행정관청에 종사하는 대가의 전부였다. 이 급여는 예산에 의해 책정되고, 결산에 의해 지출이 확정적 계수로서 표시된다. 그 기관에서 발생하는 수입이나 잉여는 국고로 환수되고, 개인의 업무성과는 승진이나 연공가급에 반영될 뿐, 그 기관에서 발생한 수입이나 잉여에 대한 지분권을 갖는 것은 아니다. 직영통신현업기관인 우편국은 위와 같은 방식으로 운영되었다. 반면 우편소와 우편취급소는 이와는 다른 형태로 계리(計利)되고 있었다. 우편소와 우편취급소의 수입원은 와타시키리(渡切) 경비[85]와 우표류 및 수입인지류 판매수입이었다. 이 두 가지 수입의 경리체계는 청부기관으로서의 우편소와 우편취급소의 특질을 잘 보여준다.

3.2.1. 와타시키리 경비

정부결산은 국가기관 일체의 수입과 지출의 실적을 확정적 계수로 표시하는 행위이다. 결산에 의해 예산집행의 정당성이 확인되고, 예산집행의 책임이 면제된다는 점에서, 결산제도는 근대 재정제도의 핵심적인 요소이다.[86]

와타시키리(渡切) 경비는 결산을 보지 않아도 되는 정부지출을 의미한다. 정부지출은 예산에 의해 편성되고 결산에 의해 그 지출이 확정적 계수로 표시되기 때문에, 원칙적으로 모든 정부지출은 예산과 결산을 받지 않으면

---

[85] 와타시키리(渡切)는 일본의 특수한 경비지출방법으로 현재 한국에는 이에 상당하는 제도가 없다. 현재 일본에서는 여전히 이 용어를 사용하고 있으며, 청부제로 운영되고 있는 특정우편국을 와타시키리히(渡切費) 우편국이라고도 부른다. 와타시키리 케이히(渡切經費)는 때로는 와타시키리히(渡切費)라고도 표현한다. 이 용어는 일본어이지만, 이에 상당하는 한국어가 없기 때문에, 일본어 그대로 사용하고자 한다.

[86] 신경남(1993), p.87.

안 된다. 따라서 예산에 의해 지출되었지만 결산을 받지 않아도 되는 와타시키리(渡切) 경비제도는 정부지출제도의 특례라 할 수 있다.[87] 일본에서 와타시키리 경비제도라는 정부지출제도의 특례가 용인하게 된 이유는 예산경리상의 경제성 때문이었다. 비교적 소액인 경비를 항례적으로 지출하는 경우 그 하나 하나를 모두 본격적인 지출방법에 따를 경우, 매우 번잡해지기 때문에, 일정액을 견적하여 그것을 당해 관리에게 교부하고, 수급자에게 자유로운 방법으로 경리시키고, 그 증명을 생략하여 경비의 절약과 사무의 간첩(簡捷)을 도모할 수 있는 경우가 있기 때문이다.

일본에 있어서 와타시키리 경비는 1903년 이전부터 외무성 소관 재외공관, 대장성 소관 해외 주할 재무관 등에 활용되고 있었는데, 아직 준거할 법은 제정되지 않아서, 실제의 필요와 편익에 기초하여 칙령이라든가 훈령에 의해 실행되었다. 체신관서에서는 1903년부터 와타시키리 경비제도를 실시하였다.[88] 그러나 1903년 와타시키리 경비제도는 삼등우편국의 경비제도와 관련이 없었다.[89] 삼등우편국의 경비제도로 와타시키리 경비제도가 활

---

[87] 와타시키리히는 주무관리가 일정금액을 지급받아 관청사무의 전부 또는 일부를 처리하는 것이기 때문에 공법상의 청부계약으로 파악할 수 있다. 주무관리는 지급받은 금액으로 지정된 사무를 완성할 의무를 지닌다. 이 경우 와타시키리히는 공금인지 사금인지에 관한 법리의 문제가 발생한다. 일정한 공무를 처변하여야 할 의무가 과해진 부담부 지급이기 때문에, 그 경비는 공금의 성질을 갖는다고 할 수 있는데, 그렇다면 그것을 부정하게 쓸 때 공금횡령의 범죄를 구성한다고 보아야 한다. 그러나 이렇게 공금의 성질을 잃지 않는다고 하면, 잉여가 발생할 경우 반납하지 않으면 안 되는데, 이것은 와타시키리히의 취지에 반하게 되므로 사금으로 보아야 한다. 이것이 공금인지 사금인지에 대한 정설은 당시에 없었고, 연구하여야 할 문제로 설정되어 있는 상태에서 정부지출제도의 특례로 운용되고 있었다[木村精一(1938), pp.328-330].

[88] 체신성(1940), 『체신사업사 제7권』.

[89] 1903년 3월 19일 칙령 제44호 우편국 경비 와타시키리에 의하면, 체신대신은 특히 지정된 우편국에 한해 경비의 일부를 와타시키리로 교부할 수 있도록 하였는데, 그 세출과목은 대장대신과 협의하여 정하도록 하였다. 당시에는 일이등국에

용된 것은 1905년에 이르러서였다.[90] 삼등우편국 이하의 우편관서의 경비는
종래 청부경비(請負經費)로 경리되었기 때문에, 사실상 공법상의 청부경비인
와타시키리 경비와 동일한 경리체계였다. 때문에, 통신관서에 와타시키리 제
도를 도입하면서, 종래 청부경비로 경리하던 것을 와타시키리 제도에 통합
시킨 것이다. 1907년 4월에는 통신관서 경비 와타시키리 시행규칙(通信官署
經費渡切施行規則)이 제정되어, 와타시키리 경비가 구체적으로 명기되기에
이르렀다.[91] 와타시키리 경비의 종목을 보면, 1. 기구기계비, 2. 양식지 장부
잡품비(樣式紙帳簿雜品費), 3. 도서구매비(圖書購買費), 4. 신탄비(薪炭費), 5.
점등비(點燈費), 6. 통신운반비(通信運搬費), 7. 용인료(傭人料), 8. 삼등국 이하
사무비(三等局以下事務費), 9. 삼등국 이하 집배비(三等局以下集配費), 10. 삼
등국 이하 체송비(三等局以下遞送費), 11. 선박차량비, 12. 회비(賄費), 13. 제잡
비이다. 삼등우편국 이하의 통신기관의 경우, 사무비, 집배비, 체송비가 모두
와타시키리 경비로 지급되었다. 이 시행규칙은 이후 큰 내용변화 없이 계속
적용되었다.

1905년 일본국이 대한제국의 통신기관을 탈취할 때 일본에는 이미 삼등

대해서만 해당사항이 있었고, 삼등국에는 해당사항이 없었다[인쇄국(1903), 『관
보』(제5911호 메이지 36년 3월 20일)].

[90] 1905년에는 칙령 제62호로서 통신관서 경비 와타시키리 규칙(通信官署經費渡切
規則)을 제정하였다[인쇄국(1905), 『관보』(제6514호 메이지 38년 3월 22일)]. 이
규칙을 1903년 규칙과 비교하면, 와타시키리 경비로 지급되는 관서의 대상을 우
편국에서 통신관서로 바꾸었고, 경비의 일부를 경비의 전부 또는 일부로 바꾸었
다. 그리고 와타시키리 경비제도의 적용대상을 일이등우편국에 한정하지 않고, 다
른 통신기관에 대해서도 적용할 수 있도록 하였다. 체신성은 공달 제258호로써
삼등우편국 또는 그 이하의 통신관서에 대한 와타시키리 경비도 종래의 규정을
준용하는 것으로 하였다.

[91] 1903년과 1905년의 규칙에는 와타시키리 제도를 적용할 구체적인 세출과목을 체
신대신이 대장대신과 협의하여 정하도록 되어 있었는데, 이것을 시행규칙으로 공
포한 것이다.

우편국 이하에 와타시키리 경비제도를 활용하는 제도가 마련되어 있었다. 따라서 조선에서는 일본에서 확립되기 시작한 와타시키리 제도를 순차 도입하여 적용하였다. 통신기관 합동에 의해 통감부의 관리로 넘어간 임시우체사(臨時郵遞司)에 대해, 통감부는 와타시키리 경비를 교부하여,[92] 실가에 대해 때로 과잉 또는 부족이 발생하여도 그것을 추징 또는 추급하지 않도록 하였다.[93] 또, 1906년 3월에는 와타시키리 경비를 교부받는 통감부 통신관서(統監府通信官署)를 지정하여, 와타시키리 경비를 교부하였다. 1907년에 신설된 우편소는 일본의 삼등우편국을 준용하는 것으로 되어 있는데, 이 시기에는 이미 일본에서 와타시키리 경비제도가 삼등우편국 경비지급에 활용하는 방식이 정립되어 있어서, 그 방식을 그대로 차용하였다.

일본은 조선을 식민지로 병합한 이후, 통신기관의 운영에 와타시키리 경비제도를 활용하기 위해, 그와 관련된 일련의 명령 및 규칙을 발령하였다.[94] 그 내용은 일본에 있어 1907년 통신관서 경비 와타시키리 시행규칙(通信官署經費渡切施行規則)과 크게 다르지 않다. 이 중 우편소와 그 이하의 통신기관과 관련된 부분을 보면, 우편소, 전신소, 전화소 및 전신전화소 이하의 통신관서의 사무비, 집배비, 체송비(遞送費)를 와타시키리 경비로 지급할 수 있도록 하였다. 이 규정은 기본적으로 변하지 않고 식민지 말에

---

92 통감부는 임시우체사에 대해 1905년 6월까지는 종래대로 매월 한화(韓貨) 월액(月額) 20원(元)을 지급하고, 1905년 7월 1일부터는 매월 월액 금(金) 10원(圓)(내역 임시주사(臨時主事) 수당 4원, 집배비 5원, 제잡비 1원)을 지급하였다. 우표류의 판매 및 우편물의 집배, 기타 주관사무에 관한 일체의 비용은 이것으로 충당하도록 하였다.

93 통감부 통신관리국(1906), p.132.

94 1910년 9월에 제정된 '조선총독이 지정하는 관서의 경비 와타시키리에 관한 건'(칙령 제409호)을 보면, 조선총독부가 특히 지정한 체신관서에 한해 경비의 일부를 와타시키리로 당해 이원에게 교부할 수 있다고 규정하였다. 1910년 10월에는 총령(總令) 제21호로서 '조선총독부 소속관서 경비 와타시키리 규칙(朝鮮總督府所屬官署經費渡切規則)'을 제정하였는데, 이 규칙에 우편국소의 와타시키리 비목(費目)이 규정되어 있다.

이르기까지 유지되었다.

이상에서 살펴본 바와 같이 우편소 경비의 대부분은 와타시키리 경비에 의해 지급되는데, 우편소의 와타시키리 경비의 유래는 청부경비에 있었고, 와타시키리 경비도 공법상의 청부경비라는 성격을 가지고 있었기 때문에, 경비지급방식으로 보면 우편소 및 그 이하의 통신현업기관은 청부기관 또는 공법상의 청부기관이라 할 수 있다.

우편소의 고원과 용인의 임금은 일본과 비교할 때 어떠한 수준이었는가? 삼등우편국이나 우편소의 직원에 대한 임면권은 삼등우편국장이나 우편소 장에게 있다. 삼등우편국장이나 우편소장은 업무를 수행하기 위하여 필요한 인원을 자기 책임하에 고용한다. 일본국 체신성이나 조선총독부 체신국은 삼등우편국장이나 우편소장에게 현재 고용되어 있는 인원수에 따라 인건비를 지급하지는 않는다. 일본국 체신성이나 조선총독부 체신국은 삼등우편국이나 우편소의 업무량을 파악하여 업무량을 수행하는 데 필요한 인원수를 산정하고, 이 인원수에 대해 예산정율(豫算定率)로 정해진 일인당급여를 곱하여 산정된 금액을 지급한다. 삼등우편국장이나 우편소장은 주어진 업무량을 감당하기 위해 체신성이나 체신국이 필요하다고 인정한 인원수보다 더 많은 인원을 고용할 수도 있고, 더 적은 인원을 고용할 수도 있다. 단, 삼등우편국장이나 우편소장은 업무를 지장 없이 수행하기만 하면 되는 것이다. 여기에서는 일본국 체신성과 조선총독부 체신국이 정하여 놓은 1932년 예산정율을 비교하여 보자.

<표 1 - 16> 1932년 일본국 체신성 종사자와 조선총독부 체신국 종사자의 급료 예산정율 비교

(단위 원,%)

	일본국 체신성 소속 종사자		조선총독부 체신국 소속 종사자				비교		
		일본인 (A)		조선인 (B)	일본인 (C)	와타시 키리히	B/A	C/A	C/B
	일이등국		우편국						
판임관	속(屬)	1000							
	가수(技手)	1000	가수	985	1576		98.5	157.6	160.0
	서기, 간수	900	서기	985	1576		109.4	175.1	160.0
	서기보	600	서기보	630	1008		105.0	168.0	160.0
고원	선장	900	선장		1500			166.7	
	기관장	840	기관장		1200			142.9	
	사무원, 사무고, 순시	420	사무원	420	780		100.0	185.7	185.7
	공원, 기술고, 시험원	650	공수		960			147.7	
	전화사무원	320	전화교환수		420			131.3	
	공장 취체	420							
	등대간수 조수	300							
현업용인	집배수, 체송수, 우편수, 어자(馭者), 마정(馬丁)	520	집배인,체송인, 우편인	480	600		92.3	115.4	125.0
	수화부(水火夫)	500	수화부	480	720		96.0	144.0	150.0
	원부조수	300	원부조수		360			120.0	
	신사(信使)	230	신사		360			156.5	
직공용인	제기기공(製機技工)	590	공부, 직공, 항공기공		720			122.0	
	통신기공, 전기기공, 기계기공	570							
	통신공수	520							
	인쇄기공, 석판기공	500							
	대공(大工)	460	대공		600			130.4	
	전기고공, 사진기공	420							
보통용인	자동차 운전수	850	자동차 운전수		960			112.9	
	난방화부	500							
	정부(定夫)	460	정부		480			104.4	
	유차(油差), 타차(舵取), 수화부(水火夫)	400	유차		720			180.0	
	창고간수인	420							
	소사(小使)	380	소사	240	360		63.2	94.74	150.0
			두부		360				
	급사(給仕)	180	급사	144	180		80.0	100.0	125.0

	일본국 체신성 소속 종사자		조선총독부 체신국 소속 종사자				비교		
		일본인 (A)		조선인 (B)	일본인 (C)	와타시 키리히	B/A	C/A	C/B
	삼등국		우편소						
판임	국장	144	소장	150	250		104.2	173.6	166.7
고원	사무원	380	사무원			600			
용인	집배수, 채송수	380	용인			480			

자료: 『쇼와 7년도 척무성 소관 조선총독부 특별회계 세입세출 예정계산서』; 체신대신 관방문서과(1932), 『체신일람』.

　　일본의 일이등국 사무원의 예산정율은 420원이고, 조선의 우편국 사무원의 예산정율은 일본인은 780원, 조선인은 420원이다. 조선인 사무원의 예산정율은 일본의 일이등국 사무원의 예산정율과 같고, 조선의 일본인 사무원은 일본의 일이등국 사무원보다 86% 정도 더 받는다. 용인의 경우, 일본의 일이등국 집배수는 520원을 받는데, 조선의 우편국의 일본인 집배인은 600원, 조선인 집배인은 480원을 받는다. 용인의 경우, 조선인 용인은 일본의 용인보다 더 적은 임금을 받는 반면 조선의 일본인 용인은 일본의 용인보다 더 많은 임금을 받는다. 이상은 직영기관의 경우를 살펴본 것인데, 직영기관에 있어서 예산정율은 예산산정을 위해 사용되는 것일 뿐, 실제 지급되는 임금은 각 개인의 급봉에 따라 다르다. 이제 삼등우편국과 우편소의 예산정율을 살펴보자. 일본의 삼등우편국 고원은 380원을 받으며, 용인도 380원을 받는다. 일본의 삼등우편국 고원은 일이등우편국 고원의 90%의 임금을 받고 있으며, 삼등우편국 용인은 일이등우편국 용인의 73%를 받고 있다. 즉 삼등우편국 종사자의 급료 예산정율은 일이등우편국 종사자의 급료 예산정율보다 더 적다. 반면 조선에서는 우편소 고원은 600원을 받는데, 600원은 우편국의 조선인 고원과 일본인 고원의 임금의 평균이다. 우편소장은 조선인 고원을 고용할 수도 있고 일본인 고원을 고용할 수도 있는데, 체신국은 그것과 관계없이 조선인 고원과 일본인 고원의 급료 예산정율의 평균을 지급한다. 그리고 우편소 용인의 급료 예산정율은 480원인데, 이것은 우편국 조선인 용인의 급료 예산정율과 같다. 용인은 우편국이나 우편소나 조선인이 다수를 차지하고 있으므로, 조선인 용인의 임금을 기준으로 지급하고 있다. 즉 조선에서는 우편국이나 우편소나 종사원의 임금의 차이는 거의 없다. 때문에, 조선의 우편소 종사자의 임금은 일본의 삼등우편국 종사자의 임금보다 더 높다. 조선의 우편소는, 임금경제의 측면에서 보면, 일본의 삼등우편국과 같이 보다 적은 인건비로 운영할 수 있는 기관이 아니었다.

우편소 고원이나 용인에게 지급할 급료는 와타시키리 경비로 지급하는데, 이 지급액을 산정할 때, 급료 예산정율을 이용한다. 우편소장은 와타시키리 경비로 우편소원의 급료와 우편소 운영비를 충당하는데, 와타시키리 경비로 받은 것보다 지급액이 더 적으면, 그것은 우편소장의 수입이 되고, 지급액이 더 많으면, 그 차액만큼은 우편소장이 부담하여야 한다. 우편소 운영에 있어 와타시키리 경비제도의 의의는 체신국이 우편소의 경영에 필요한 최소한의 비용을 산정하여 지급함으로써, 청부통신기관의 경영상의 안정을 도모한 것이다.

<표 1 - 17> 1932년도 세입세출 예정계산서상의 와타시키리 경비의 내역

(단위 원, %)

내　역	단　위	단　가	금　액	비　율
1. 우편국 경비			45090	1.938
2. 우편소 경비			2276577	97.853
가. 사무원			1310132	56.313
ㄱ. 급료	1881인	600	1107300	47.595
ㄴ. 잡비			202832	8.718
나. 용인			870377	37.411
ㄱ. 급료	1729인	480	819480	35.223
ㄴ. 잡비			50897	2.188
다. 현업용인 복무수당			12364	0.531
라. 과인부 체송 청부비			22931	0.986
마. 전보 별배달료			8230	0.354
바. 청사료			52542	2.258
3. 우편취급소 경비	10개소		4860	0.209
계			2326527	100.000

자료: 『쇼와 7년도 척무성 소관 조선총독부 특별회계 세입세출 예정계산서』.
주: 1. 사무원 중 32인은 6개월분, 18인은 4개월분, 10인은 3개월분임.
　　2. 용인 중 30인은 6개월분, 9인은 3개월분임.
　　3. 우편소 경비 중 우편소장 수당은 잡급 및 잡비 항목에 들어가 있고, 우편소장의 수당을 제외한 모든 경비는 와타시키리히에 포함되어 있음.

체신국의 와타시키리(度切) 경비는 우편국비, 우편소비, 우편취급소비로 구분되는데, 1932년의 예산편성안을 통하여 그 구성비를 살펴보면, 우편국 비의 비중은 1.9%에 불과하고, 우편취급소비는 0.21%에 불과하며, 우편소비가 차지하는 비중은 97.93%로 그 대부분을 차지한다. 이 중 우편소 사무원의 급료와 용인의 급료가 차지하는 비중은 82.9%여서, 임금이 매우 큰 비중을 차지함을 알 수 있다.

<표 1 - 18> 와타시키리 경비의 동향

	와타시키리히(A)	우편소수(B)	우편소 고용인(C)	A/B	A/C*0.828
1925	1947067	548	3667	3553	440
1926	2004585	557	3794	3599	437
1927	2016355	566	3844	3562	434
1928	2102050	580	4006	3624	434
1929	2127483	600	4235	3546	416
1930	2153211	621	4398	3467	405
1931	2110690	641	4535	3293	385
1932	2217675	677	4914	3276	374
1933	2274651	688	5139	3306	366
1934	2420582	705	5382	3433	372
1935	2463310	724	5565	3402	367
1936	2498123	745	5862	3353	353
1937	2928630	794	6392	3688	379
1938	3635287	858	7240	4237	416
1939	4053089	893	8013	4539	419

자료: 『제국의회 제출 세입세출총결산』.

주: 1. 와타시키리히에는 우편국 경비와 우편취급소 경비가 포함되어 있지만, 그 규모는 미미함.

2. 와타시키리히 상의 우편소 고용인수는 현인원이 아니라 사무분량에 의해 산출된 인원수로서 우편소 현고용인수와 일치하지 않음. 따라서 A/C는 우편소 고용인의 평균임금을 보여주는 것은 아님.

이제 결산서를 이용하여, 우편소당 와타시키리 경비 및 우편소 고용인 일인당 와타시키리 경비의 동향을 살펴보자. 우편소당 와타시키리 경비는 25년부터 28년까지는 상승하다가 1929년부터 1932년까지는 하락하고 그 이후 약간 상승한다. 우편소 고용인 1인당 와타시키리 경비를 보면, 1925년부터 1936년까지 지속적으로 하락하고 있다. 우편소 고용인 일인당 와타시키리 경비가 하락하고 있는 것은 체신국이 업무량으로부터 산정한 고용인수보다 더 많은 인원을 우편소장이 채용하고 있음을 의미한다. 이것은 우편소 경영이 와타시키리 경비 이외의 수입에 더 의존하게 되었음을 의미하는데, 와타시키리 경비 이외의 우편소 수입으로는 다음 항에 살펴볼 우표 및 수입인지 판매수입이 있다.

3.2.2. 우표 및 수입인지 판매수입

근대적 통신사업은 우표제도와 밀접하게 관련되어 있다. 우표제도는 우편요금의 징수수단으로 개발된 것이지만, 우표를 사용한 수납체계는 많은 편리함을 가졌기 때문에, 전신요금, 전화요금, 그리고 통신부대업무의 수수료 수납에도 사용되었다. 물론 통신기관에서 취급하는 모든 서비스의 요금이 우표로 수취된 것은 아니었다. 우편의 경우에도 요금별납제(料金別納制)[95]를 이용할 때는 우표가 아니라 현금으로 요금을 수납하게 하였고, 전보의 경우에도 탁송전보(託送電報)[96] 요금은 현금으로 수납하게 하였다. 전화의 경우에는 우편국소에서 전화통화를 하는 경우에는 우표로 요금을 수납하게 하였지만, 전화가입자의 전화사용료는 현금으로 수납하게 하였다.

---

[95] 동일한 내용의 우편물을 일정통수 이상 발송하는 경우, 요금별납을 할 수 있는데, 요금별납은 우편국에서만 취급하고, 우편소에서는 취급하지 않았다.

[96] 전보는 우편국소에 와서 신청하도록 되어 있지만, 전화가입자가 전보를 보다 편리하게 사용할 수 있도록 하기 위해, 집에서 전화로 전보를 의뢰할 수 있도록 한 서비스이다.

우표는 우편국, 우편소, 우편취급소 등 통신기관뿐만 아니라, 우표판매소(郵票販賣所)에서도 판매하였다. 우편국의 경우, 우표 판매대금의 일부가 우편국의 수입이 되는 것은 아니었다. 반면에 우편소, 우편취급소, 우표판매소의 경우, 판매금액의 일정부분이 우편소, 우편취급소, 우표판매소의 수입으로 귀속되었다. 체신국은 이들 기관에게는 우표를 할인하여 판매하였는데, 이 할인율은 판매수수료율이라고 할 수 있다. 우편소나 우편취급소의 경우, 우표 판매액은 이들 기관이 취급한 통신서비스와 어느 정도 연동되어 있기 때문에, 우편소나 우편취급소에 대한 성과급으로 볼 수 있는 측면도 있다.

우편소나 우편취급소, 우표판매소는 우표뿐만 아니라 수입인지도 판매하고 있다. 체신국은 이 기관들에게는 수입인지도 할인하여 팔았는데, 이 할인율도 판매수수료율이라고 할 수 있다. 수입인지는 우편소나 우편취급소의 현업업무와 관련된 것은 아니다. 수입인지의 판매액은 행정관청이나 사법관청과 같이 관이 인지하는 증명서를 발행하는 기관과의 근접성에 의해 영향을 받는다.

우표 및 수입인지 판매제도의 변천과정을 살펴보자. 일본에 있어서 우표류의 판매에 대한 대가는 처음에는 수수료로 교부하였는데[97], 1900년 10월부터는 일정률로 할인하여 판매하는 것으로 변하였다. 그리고 1885년 이전에는 전금제와 후금제의 병용 및 후금제 등이 사용되었지만, 1885년 이후에는 전금제가 사용되었다. 수입인지는 1899년부터 할인제와 전금제를 사용하였다. 수수료 및 할인율은 집배삼등우편국, 무집배삼등우편국, 우편수취소 또는 우편취급소, 우표판매소 등에 따라 달랐는데, 여기에서는 집배업무를 취급하는 보통삼등우편국의 수수료 및 할인율의 변천만을 살펴보도록 하자. 1871년에는 후금제를 채택하였는데 이때의 수수료는 4%였다. 1872년에는 전금에 대해 10%로 되었으며, 이 수수료율은 그 후 구입수량에 따라

---

[97] 수수료를 현금으로 지급하는가 우표로 지급하는가와 관련된 변화가 있었다.

할인율이 달라지기도 하였지만, 1881년까지는 기본적으로 동일하였다. 1881
년 7월에는 전금에 대해 7%로 줄어들었고, 1898년에는 5%로 변경되었고,
1931년에는 4%로 다시 줄어들었으며, 1937년에는 매수 월액 800원까지는
4%, 800원을 초과할 때는 1.5%의 할인율을 적용하는 것으로 되었다. 후금제
는 이들 기관이 우표를 판매한 후에 체신성에 납부하는 것이고, 전금제는 이
들 기관이 우표받을 때 미리 우표 값을 지불하는 것이기 때문에, 후자는 이
기관들이 이자부담과 판매위험을 감당하여야 하기 때문에 할인율이 더 높다.
따라서 후금제와 전금제의 할인율을 바로 비교하는 것은 의미가 없다. 전금
제만을 보면, 1872년 10%의 할인율에서 점차 하락하여, 1937년 이후에는 4%
이하로 떨어지게 되었다. 수입인지의 할인율도 1899년에 6%에서, 1909년에
4%로, 1931년에 3.5%로 점차 줄어들었다.[98]

조선에 있어서 우표류 및 수입인지류의 할인율을 살펴보자. 1907년 4월
24일 통감부 우편소 또는 우표판매소에서의 할인율은 우표류에 대해서는
3.5%, 수입인지에 대해서는 4%로 정하였다. 당시 일본에서의 할인율과 비
교할 때, 모두 더 낮은 상태였다. 1911년에는 수입인지류의 할인율을 3.0%
로 줄여, 일본과 비교할 때, 조선의 할인율이 더 낮아지게 되었다. 1925년에
는 조선의 우편소장회의에서 조선의 우표 및 수입인지의 할인율은 일본에
비해 더 낮으므로 일본과 동일하게 해달라고 건의할 것을 결의하였고, 1926
년 분장우편국장회의(分掌郵便局長會議)에서는 조선의 우표 및 수입인지의
할인율을 일본과 동일하게 해줄 것을 자문하고 있다. 우편소장들의 주장은
1930년 3월에 이르러 실현되었다. 이때, 우편집배사무를 취급하는 우편소에
대해서는 우표는 5%, 수입인지는 4%, 우편집배사무를 취급하지 않는 우편
소, 우편취급소, 및 전신전화취급소에 대해서는 우표는 4%, 수입인지는
3.5%, 우표판매소에 대해서는 우표는 3.5%, 수입인지는 3%로 하였다. 우편
소의 경우, 우표류와 수입인지류의 할인율이 모두 상승하였고, 우표판매소

---

[98] 체신성(1940), 『체신사업사 제2권』, pp.548-551

의 경우, 이전과 동일하였다. 이로써 우편소에 적용되는 우편류 및 수입인지류의 할인율은 일본의 삼등우편국에 적용되는 할인율과 같아지게 되었지만, 다음 해인 1931년에 일본에서 할인율을 인하함으로써, 조선에서의 할인율이 일본보다 더 높게 되었다.

이렇게 우편소장의 주장을 수용하게 된 데에는 경영이 곤란한 우편소가 상당수에 달하게 되어 이들에 대한 대책이 필요하였기 때문이다. 특히 현업기관의 중심이 우편국에서 우편소로 변화하면서, 우편소의 대우개선을 더 이상 방치할 수 없게 되었기 때문이다. 물론 우표와 수입인지의 할인율을 올리자는 데 모든 우편소장이 동의했던 것은 아니다. 일부 우편소장은 오히려 우표와 수입인지의 할인율을 낮추고 와타시키리 경비를 더 올려야 한다고 주장했다.[99] 그렇지만, 이러한 견해를 주장했던 우편소장은 소수에 불과했고, 우표와 수입인지의 할인율을 올리는 방향으로 전개되었다.

할인율이 오르기 이전인 1925년에 우편 및 수입인지의 판매수입을 보면, 도회지에 소재한 우편소나 군소재지에 소재한 우편소는 매월 2000원 내지 5000원 때로는 1만 원의 우표나 수입인지 판매수입을 얻고 있는데, 경영이 곤란한 250여 개의 우편소에서의 우표 및 수입인지 판매수입은 월액 8원에도 못 미친다고 한다.[100] 각 우편소 수입의 차이를 규정하는 요인으로서 우표 및 수입인지 판매수입이 매우 중요하였으며, 이러한 차이가 그 기관의 업무활동과의 연계성보다는 지리적 위치에 의해 규정되었다는 점도 확인할 수 있다.

---

[99] 현재 경영이 곤란한 우편소는 우표와 수입인지의 판매액이 적은 우편소이기 때문에, 우표와 수입인지의 할인율을 더 올리는 것은 이들에게 큰 이득이 되지 않는다. 우표와 수입인지의 할인율을 높이면 장소가 유리한 우편소의 수입은 더욱 좋아지는 반면, 그렇지 않은 우편소의 수입은 별로 개선되지 않아, 우편소 간의 수입의 격차는 더욱 커질 수밖에 없다. 따라서, 경영이 곤란한 우편소를 구제할 목적이라면 우표와 수입인지의 할인율을 낮추고, 이렇게 하여 남게 된 수입으로 와타시키리 경비를 올려주어야 한다는 것이다.

[100] 萍堂(1926), "經營困難なる郵便所の救濟策に就て", 『조선체신협회잡지』 5월호, p. 7.

4. 창설비 및 운영비의 전가형태

식민지 조선에 있어 통신사업은 국가독점사업이었다. 따라서, 통신기관의 설립 권한은 전적으로 조선총독부 체신국에 귀속되어 있었으므로, 조선총독부 체신국은 자신이 수립한 보급계획에 따라 통신기관을 증설하여 갔다.

1905년 일본이 대한제국의 통신기관을 탈취하여 통신기관을 합동하였을 때, 조선의 통신기관은 일군에 하나의 통신기관이 있는 정도였다. 같은 군에 소속되어 있더라도 통신기관에 멀리 떨어진 곳에 거주하는 사람은 통신기관을 이용하기 위해 하루 이상의 시간을 허비하여야 했다. 뿐만 아니라, 조선총독부는 도와 면을 두 축으로 하는 지방행정체제를 형성하고 있었으므로, 지방행정체제의 원활한 운영을 위해서도 1면 1통신기관이 요구되었다. 그렇지만, 예산상의 이유로 식민지기에 통신기관의 보급은 신속하게 이루어지지는 못하였다. 식민지 말기에 있어서도 정책적인 보급목표는 2면 1통신기관이었으며, 실제 달성된 수준은 2.5면에 1통신기관이었다. 식민지 조선에 있어 통신기관의 보급속도는 일본에 비할 때는 훨씬 느린 것이었지만, 대만과 비교하면 약간 더 빠른 것이었음은 앞서 언급한 바와 같다.

어떻든 식민지 조선에는 통신기관을 이용하기 어려운 지역에 사는 사람들이 많이 있었다. 때문에, 통신기관을 설치할 때에 어느 지역에 우선적으로 설치하는가가 매우 중요한 문제였다. 이 문제를 해결하는 방식으로 채택된 것이 바로 청원통신시설제도(請願通信施設制度)와 전신전화 기부금제도(電信電話寄附金制度)이다. 창설비와 유지비의 일부를 부담하는 지역에 먼저 통신기관을 보급하는 제도이다. 이 제도를 이용함으로써 조선총독부 체신국은 통신기관의 설립 및 유지비용을 줄임과 동시에, 통신기관 설치지역의 결정과 관련된 문제를 해결할 수 있었다. 이하에서는 이 제도의 운영 실태에 대해서 살펴보도록 하자.

4.1. 청원통신시설제도

청원이란 국민이 국가기관 또는 지방자치단체에 대하여 희망을 진술할
수 있는 권리이다.[101] 일본에서는 메이지(明治)헌법에 이미 국민의 청원권을
인정하였는데, 이에 따라 제정된 것이 1917년 청원령(請願令)이다. 이와 별
도로 의원에 대한 청원이 있는데, 이것은 1890년 의원법(議員法)으로 제정
되었다. 통신시설에 대한 청원제도는 국가기관에 희망을 진술한다는 점에
서 위에서 언급한 청원과 동일한 성격이지만, 일반적인 청원과는 달리 청
원에 의해 개설된 통신기관의 창설 및 운영비를 청원자가 분담하는 비용분
담 제도로서의 성격도 가지고 있었다.

일본에 있어 비용분담제도로서의 청원통신시설제도는 1903년에 만들어
졌다.[102] 1903년 3월 19일 칙령 제41호 '정촌의 청원에 의한 전신시설에 관
한 건'이 그것이다.[103] 이때에는 청원대상이 전신시설에 한정되어 있었지만,

---

101 현재 우리 나라 헌법에도 국가 각 기관에 대해 국민이 청원할 수 있는 권리를 규
   정하고 있으며, 국민이 청원할 경우, 국가는 이를 심사할 의무를 진다. 청원(請願)
   은 국민의 권리나 이익이 침범되었을 때에만 행하는 것은 아니며, 국가는 그에
   대해 재결 및 구제의 의무를 지지 않는다는 점에서 소송 내지 소원(訴願)과 구별
   된다. 소원은 행정행위를 위법 또는 부당하다고 하는 자가 그것을 취소 또는 변
   경하기 위하여 권한 있는 행정청에 재심사를 청구하는 행위이다. 행정이 법규 또
   는 공익에 적합하도록 보장하는 제도이며, 행정상의 복심적 쟁송의 일종이다. 소
   원에 대하여 행정청은 단순히 이를 수리하는 데에만 그치지 않고, 적법인 것에
   대해서는 반드시 심리하여 결재하지 않으면 안 된다는 점에서 청원과 성질이 다
   르다.
102 1903년 이전에 지역민이 전신 개설에 어떤 영향을 미치지 않았음을 의미하는 것
   은 아니다. 일본의 경우, 메이지 전기부터 지역민의 왕성한 전신국 유치운동이
   있었다[藤井信幸(1988), pp.71-88]. 전신국 유치운동이 왕성하게 전개된 이유는 전
   신을 통한 정보의 수집을 상업적 기회로 활용하는 상업체계의 발전이 있었기 때
   문이다[藤井信幸(1993), pp.76-94].
103 이 칙령에는 체신대신이 정촌의 청원에 의해 전신국소를 신설하고 기타 전신사
   무취급의 편리를 도모하는 것이 가능하다고 되어 있다. 그리고 이 청원시설에 대

1915년 11월 30일 칙령 제215호 '청원에 의한 통신시설에 관한 건'에서 무집배우편국소도 청원의 대상에 포함시켰으며, 청원자를 정촌에 한정하는 규정도 삭제하였다. 청원의 대상사업과 유지비에 대해서는 1915년 12월 1일에 청원통신시설 규칙에 상세하게 규정되어 있다.[104] 1915년에는 아직 우편집배사무가 청원의 대상이 아니었다. 일본의 경우, 우편집배사무가 청원의 대상이 된 것은 1928년부터이다.[105]

해서는 그 시설을 위해 필요한 창설비의 전부 및 유지비의 일부를 정촌에게 부담지울 수 있도록 하였다[인쇄국(1903), 『관보』(제5911호 메이지36년 3월 20일)].

[104] 1915년 12월 1일 청원통신시설 규칙에 규정된 청원의 대상사업은 다음의 8가지였다. 1. 우편국 신설(우편집배사무를 취급하지 않는 것에 한함), 2. 무선전신국 신설, 3. 자동전화소 신설, 4. 전신사무 개시, 5. 무선전신사무 개시, 6. 전보배달사무 개시, 7. 전화통화사무 개시, 8. 전화호출사무 개시 등이었다. 우편집배사무와 전화교환사무가 청원의 대상에 포함되어 있지 않다. 이 규칙에 규정된 유지비는 다음과 같다. 우편에 관한 시설의 유지비는 지정한 유지비액을 징수하고, 전신과 전화 무선전신에 관한 시설의 유지비는 시설연도에 있어서는 지정한 유지비액을 징수하고, 그 이후 연도부터는 당해국소의 전년도 전신전화 무선전신의 수입으로부터 아래의 방식에 의해 산출된 금액이 지정된 유지비에 미치지 못하는 경우, 그 부족분을 징수하는 것으로 되어 있다.

1. 전신에 관한 시설
   무선전신의 시설, 전신사무 개시(전보배달사무를 취급하는 것)   요금액의 전부
   동상(전보배달사무를 취급하지 않는 것)   요금액의 8/10
   전보배달사무 개시   요금액의 2/10
2. 전화에 관한 시설
   전화통화사무 개시(전화호출사무를 취급하는 것), 자동전화소 신설
      요금액의 전부
   전화통화사무 개시(전화호출사무를 취급하지 않는 것)   요금액의 8/10
   전화호출사무 개시   요금액의 2/10
그리고 유지비는 국소 신설 또는 사무 개시의 일부터 기산하여 5년 경과 후는 그것을 감면하는 것으로 되어 있다[인쇄국(1905), 관보 (제1000호 다이쇼 4년 12월 1일)].

[105] 일본에 있어 청원통신시설제도는 이후 수차 변경되었는데, 그 주된 변경 내용은

이상은 일본에 있어서의 청원통신시설제도의 변천과정이다. 조선에서 청
원통신시설제도가 실시된 것은 1923년부터였다. 그러나 청원에 의한 통신
기관의 설립이 그 이전에 없었던 것은 아니다. 예컨대 목포의 창평정 우편
소(구칭 남교동 우편소)는 1912년에 일본인 조오다 노리(造田規)가 청원하
여 설치한 우편소로서, 1910년대에도 우편소를 설립하는 것이 수익성이 있
다고 생각되는 지역에서는 우편소 설립을 청원한 자가 있었다. 그러나 이
것은 당시 일본에서 실시되고 있는 것과 같은 제도로서의 청원통신시설은
아니다. 청원통신시설제도를 조선에 실시하라는 요구는 1923년 이전부터
제기되었다. 예컨대 1918년에 한 체신국 종사자는 다음과 같이 요구하고
있다.

> "청원제도는 아직 조선의 민도에 적용하지 않는다는 비난이 있지만, 창설비
> 의 전부 및 유지비의 일부를 부담함에 있어서는 공공단체는 물론 널리 개인의
> 청원을 인정하고……광업업자의 청원 결코 근소하지 않을 것이다."[106]

이 자료를 보면, 청원통신시설제도의 설립 요구는 1918년 이전부터 있었
지만, 조선의 민도가 아직 성숙하지 않았음을 이유로 실시되지 않고 있었

청원의 대상사업의 범위였다. 1940년 11월 청원통신시설규칙을 보면, 청원의 대상
사업은 다음과 같다. 1. 무집배우편국 신설, 2. 집배우편국 신설, 3. 우편집배사무
개시, 4. 무선전신국 신설, 5. 공중전화소 신설, 6, 전신사무 개시, 7. 무선전신사무
개시, 8. 전보배달사무 개시, 9. 전화호출사무 개시 등이다. 1915년 청원통신시설규
칙과 비교하면, 우편집배사무도 청원의 대상이 되었으며, 전화통화사무는 청원의
대상에서 제외되었다. 일본의 경우 전화가 상당히 보급되었고, 공중전화소(公衆
電話所)가 보급되었기 때문에 우편국에서 전화통화사무를 취급하는 것이 별로
중요하지 않게 되었음을 반영하는 것이다. 그런 점에 볼 때 가장 두드러진 변화
는 우편집배사무가 청원의 대상이 되었다는 것이다. 우편집배사무가 청원의 대
상으로 된 것은 1928년부터이다.

[106] 尾崎生(1918), "如何にして電報の敏速と正確を期し得べきか," 『조선체신협회잡
지』 8월호, p. 31

다. 그러나 1921년부터는 조선에 청원통신시설제도를 실시한다는 전제하에, 본격적으로 청원통신시설제도를 수립하기 위한 논의가 체신국 내부에서 진행되었다. 1921년 6월 24일자 조선일보에 의하면 체신국에서는 조선 내 통신기관 분포의 현황과 함께 각지에서 국을 설치해 달라는 요청의 현황을 보고, 경제적 시설을 취지로 한 청원통신시설제도를 실시하고자 1921년 5월 분장국장회의에서 자문한 결과, 1921년도 중에 법규를 제정하여 실시하도록 예정하였다.[107] 어떠한 이유로 법규의 제정이 늦어졌는지는 알 수 없지만, 그 2년 후에 법규가 제정되게 되었다.[108]

　1923년 1월 25일에 제정된 조선의 청원통신시설 규칙에는 청원의 대상이 되는 사업과 유지비에 대한 규정이 포함되어 있는데, 청원의 대상이 되는 사업만이 일본과 상이할 뿐 다른 규정은 일본의 1915년 청원통신시설 규칙과 동일하다.

　청원의 대상이 되는 사업은 1. 우편소 신설, 2. 우편집배소 신설, 3. 전신전화소 신설, 4. 자동전화 신설[109], 5. 우편집배사무 개시, 6. 전신사무 개시, 7. 전보집달사무 개시, 8, 전화통화사무 개시, 9. 전화호출사무 개시이다. 당시 일본의 청원통신시설규칙과 비교하면, 일본에서는 우편집배업무는 청원의 대상이 아니었는데 조선에서는 청원대상이라는 점과, 조선에서는 무선전신이 청원대상이 아니라는 점이다. 일본에는 이미 우편기관이 많이 보급되어, 기설 우편기관에 의한 집배송체계에 별문제가 없었기 때문에, 청원에 의한 통신기관은 무집배기관에 한정되어 있는 반면, 조선에서는 아직 충분히 우편기관이 보급되어 있지 않아서, 신설될 청원통신기관에 우편집배업무도 포함시킴으로써 우편집배송체계의 완비를 기하려고 한 것이다. 이후 조선

---

[107] 『조선일보』 (1921년 6월 24일).

[108] 1923년 1월에는 청원에 의한 통신시설에 관한 건(1915년)을 개정하여 이것을 조선에도 적용하도록 하였다.

[109] 현재의 공중전화를 당시에는 자동전화라고 불렀다.

에서도 청원의 대상이 되는 사업은 확장되었는데, 1930년대에는 우편취급소라는 간이한 통신기관도 청원에 의해 설치하는 것이 가능하게 되었다. 그러나 1943년에 이르기까지 무선전신에 대한 청원은 인정하지 않았다.

일본에 있어 청원통신시설제도가 형성되게 된 이유를 시미즈(淸水順治)는 다음과 같이 서술하고 있다.

> "아국에 있어서 통신사업은 정부가 관장하는 바이기 때문에 국소의 증설 기타의 통신시설은 국가가 그 비용을 부담하고 그 임(任)에 당(當)하는 것을 원칙으로 한다. 따라서 각 년에 있어서 예산의 다소는 바로 시설 보급의 여하에 영향을 미치고 국가재정이 풍부하지 않은 시대에 있어서는 필요한 시설도 충분히 그것을 실현하는 것이 가능하지 않는 것이 적지 않다.
>
> 통신사업회계의 독립을 인정하지 않고, 그 수지를 일반회계의 일부로 하는 현행 제도하에 있어서는 특히 이러한 우려가 있다. 그런데 사회의 진운은 통신기관의 완비를 요망하고 있어서 단지 재정상의 이유로 그 시설을 제한하는 것은 사회 일반의 참을 수 없는 바이다.
>
> 그런 이유로 이 실제상의 불편을 해소하는 보조적 방법의 하나로서 시설을 요망하는 자에게 창설비 또는 유지비의 전부 또는 일부를 부담시킴으로써 시설을 하는 길을 열었다."[110]

이 청원통신시설은 사인(私人)이 창설비와 유지비를 부담하는 것이지만, 그렇다고 사설(私設)인 것은 아니다. 청원시설을 위해 설비한 물건은 국소신설 또는 사무개시의 때에 모두 국가의 소유로 귀속된다. 그러므로 청원이 수리되는 경우, 국소신설을 청원한 자는 비용부담의 의무를 져도, 그 때문에 바로 그 국소의 장이 되는 것은 아니었다. 일본에서는 1915년부터 1927년까지 청원에 의해 신설된 무집배우편국의 수는 804개여서 매년 62개 정도의 무집배우편국이 신설되고 있다. 당시 일본 전체 통신국소수에 비하

---

[110] 淸水順治(1928).

면 미미한 수준이지만, 무시할 수 있는 규모는 아니었다.

우편국의 신설에는 유지비만을 납부하면 되었는데, 1928년 당시 일본의 청원무집배우편국의 유지비의 지정연액은 750원이었다. 이 유지비는 5년 이후부터 감하여 줄 수 있도록 하였다. 반면 전신 전화 무선전신의 경우는, 시설의 유지비는 사무의 종류 선로의 리정에 따라 다르게 설정되어 있었다. 뿐만 아니라, 전신 전화 무선전신의 경우, 유지비 이외에 창설비가 있었다. 창설비는 시설을 설치하는 데 들어가는 모든 비용이다. 유지비는 첫째 연도에는 지정된 액수를 납부해야 하고, 둘째 연도 이후에는 그 시설의 수입으로부터 산정된 금액이 유지비를 능가할 경우에 유지비를 낼 필요가 없다. 대체로 전신 전화 무선전신의 수입으로부터 산정된 금액이 유지비를 능가하므로, 전신 전화 무선전신의 경우, 창설비와 창설연도의 유지비만이 필요하였다.

위에서 언급한 사항들은 조선에서도 마찬가지였다. 조선에서 청원통신시설제도를 실시할 즈음에 조선총독부 체신국장은 청원통신시설제도를 조선에서 실시하게 된 배경을 다음과 같이 설명하고 있다.

> "조선에 있는 통신기관을 충실히 하여 지방개발에 이용하는 것에 대하여 종래 당국에서도 종종 노력하던 바, 해마다 성립하는 예산으로는 지방공중에 부합할 만큼 충분한 시설을 함이 불가능함은 매우 유감스럽다. 조선에 있는 통신기관의 분포상황은 면적 20방리, 인구 2만 5천여 명에 대하여 일국만 배치한 상태라 이를 일본의 면적 3방리 인구 7천 명에 일국을 배치한 것에 비하면 실로 매우 현격한 차이가 있다.
>
> 당국에서는 이 불편을 구하는 일단으로 청원통신시설제도를 개시하여 공중의 우편국소 경영상에 필요한 제 경비를 부담하는 조건으로 우편국소의 신설 또는 각종의 사무의 개시를 청원할 만한 제도를 실시하기로 계획 중이던 바 조선의 민도의 실정이 과연 본 제도를 허용할지의 여부에 대하여 심히 고려를 요하는 점도 있어 금일까지 연구하는 터이므로 해마다 각 지방의 우편국소 설치 청원건수는 수십 건에 달하고 근래 이 청원제도의 실시를 열심히 희망하는 자

도 속출함에 이르렀으므로 당국에서도 이의 실시가 도래한 것으로 인정하고 모처에 수속 중이더니 금회 칙령으로 이의 실행을 보기에 이른 것은 조선의 지방개발을 위하여 진심으로 기뻐할 일이라."

조선에서도 예산상의 이유로 일반시설로서 통신국소의 보급이 지체되고 있고, 이에 따라 청원자가 속출하므로, 이에 대한 대응으로 청원통신시설제도를 실시하게 된 것이다. 청원통신시설제도는 각지에 있어 통신기관 설치 청원을 창설비와 유지비를 부담하는 조건으로 수용하는 것이다. 이렇게 함으로써 예산의 제약에서 다소 벗어나 통신국소의 보급이 약간 더 빨라질 수 있었다.

청원통신시설제도가 도입된 이후, 통신시설은 청원통신시설제도에 의해서만 신설된 것은 아니었다. 일부 지역에는 일반 예산에 의해 통신시설을 신설하고, 일부 지역에는 청원통신시설제도에 의해 통신시설을 신설하였다. 따라서, 어느 곳은 청원통신시설에 의해 통신시설을 신설하고, 어느 곳은 일반예산에 의해 통신시설을 신설하는가가 중요한 문제가 되었다.

"청원통신시설제도가 도입된 이듬해인 1924년 통신당국의 통신기관 증설계획에 의하면, 1924년의 국소증설 계획에 대하여 전년도 예산을 답습한 결과 전조선을 통하여 근근 우편소 5개소를 신설함에 불과하나 이는 교통이 가장 불통한 벽원지로서 청원시설로 우편소를 설치할 희망 없는 지방 중 급설을 요하는 후보지가 적지 않으므로 이 방면의 증설비로 돌릴 예정이며, 일반 후보지에 대해서는 청원시설에 의함이 아니면 일반시설의 방법으로는 그 급설을 희망하기 어려운 사정이다.

따라서 1924년도의 국소증설은 청원시설을 위주로 할 것인 바, 이 청원시설은 각 지방의 직접 이해 관계자가 시설에 요하는 경비를 부담하고 청원에 의하여 정부의 일반 시설 순위를 배제하고 우선 시설을 인가하는 제도이며 조선에는 작년 1월 이래 비로소 실시된 것인데 점차 일반 민중의 이해로 이미 본 제도를 이용한 우편소 신설이 수 개소에 달하고 또 당국에서 심사 중에 있는 것이 30여 건에 달하는 상황이다."[111]

즉 청원에 의해 시설될 가능성이 없지만, 급히 신설하여야 할 지역으로 체신국이 판정한 곳에 한하여 일반예산에 의해 통신시설을 신설하고, 나머지는 모두 청원에 의해 통신시설을 신설하는 것으로 하였다. 청원통신시설제도는 자신의 지역에 통신시설이 보다 빨리 설치될 수 있도록 하기 위해 지역민이나 유지가 창설비와 유지비를 납부하는 제도이기 때문에, 이와 관련하여 통신기관 유치운동이 전개되게 되었으며, 전 국민의 부담으로 일정지역의 편익을 도모하는 지역이기주의의 전개를 줄이는 효과를 가지고 있었다.

4.2. 전신전화 기부금제도

전신전화시설은 창설비 및 유지비가 어떻게 조달되는가에 따라 일반 예산에 의한 시설, 청원에 의한 시설, 기부금에 의한 시설로 구분할 수 있다. 또 사용자의 입장에서 자신만이 사용할 전용시설을 갖는가 공중망을 이용하는가를 선택할 수 있다. 현재 공중망이 결여되어 있는 경우, 사인이 공중망의 설치를 요구하는 방법으로는 기부에 의한 방법과 청원에 의한 방법이 있다.[112]

---

111 『동아일보』(1924년 4월 13일).

112 여기에서는 청원과 기부와 사설이 사용자의 측면에서 어떠한 차이가 있는가를 살펴보자. 우선 청원과 사설의 차이를 살펴보자. 첫째, 사설은 법령에 위반되지 않는 한 반드시 허가해야 할 것이지만, 시설의 청원은 반드시 수리되는 것은 아니다. 둘째 사설에 의한 시설은 여전히 사적 재산이지만, 청원에 의한 시설은 국고로 귀속된다, 셋째 사설시설의 공사, 유지 운용은 기업자가 스스로 담당하지만, 청원의 경우에는 이 모든 것을 체신국에서 시행한다. 창설비는 양자 모두 기업자가 납부한다. 유지비는 사설의 경우 당연히 기업자가 납부하지만, 청원에 의한 경우, 시설 이용 수입이 상당액에 달하면, 기업가는 시설연도에만 유지비를 납부하면 된다. 넷째, 사설에서는 자신이 사용하는 통신사료를 납부할 필요가 없지만, 청원에 의한 경우에는 청원시설을 자신이 쓰는 경우에도 사용료를 납부하여

공공기관에 의한 기부금 모집은 국민의 재산권을 침해하고 생활의 안정을 저해할 가능성이 있으므로 단속의 대상이 되었다. 그러나 예외적으로 기부금 모집을 허용하는 영역이 있었다. 조선에 있어서는 공립학교의 설립과 전신전화선의 가설의 경우 기부금 모집을 허용하였다.

일본에 있어 전신전화설립을 위한 기부금 모집이 법적 근거를 가지게 된 것은 1909년부터이다.[113] 이 전신전화시설비 기부금제도가 조선에서는 언제부터 실시되었는지 명확하지 않지만, 전신전화시설비 기부수입은 1927년부터 체신국의 결산자료에 포착되고 있다. 또, 『조선총독부 체신연보』에는 1925년부터 전신취급 개시국을 일반·기부·청원으로 나누어 기재하고 있다. 따라서 늦어도 1925년 이전에 기부금에 의한 전신선 가설이 이루어지고 있었다. 1925년 이래 재원별 전신취급 개시국의 추이를 살펴보자. 1925년부터 1933년까지 예산에 의한 전신사무 개시 국소는 32개소에 불과하였고, 청원에 의한 전신사무 개시 국소는 49개소, 기부에 의한 전신사무 개시 국소는 36개였다. 전신사무 개시국의 재원별 구성은 청원·기부·예산의 순이었다. 그러나 1934년부터 1940년까지는 조선총독부가 일반재원으로 전신사무를 개시한 국소를 상당히 증설하여, 예산에 의해 전신사무가 개시된 국소는 135개소에 이르고, 청원과 기부는 각각 34개소와 26개소에 그치고 있다. 이처럼 1933년 이전에는 청원과 기부가 중요한 위치를 차지하였지만, 1934년

야 한다. 사설전신이나 전화는 전기회사나 광업회사 등의 회사에서 활용된다. 청원과 기부의 차이를 살펴보자. 청원과 기부 모두 시설물이 국고로 귀속된다는 점은 동일하다. 그런데 청원에서는 창설비 이외의 유지비가 있지만, 기부금은 창설비만을 납부하면 된다. 어떠한 경우에 청원이 되고, 어떠한 경우에 기부가 되는지는 명백하지 않지만, 기부에 비해 청원은 유지비가 더 많이 든다. 그런 점에서 청원보다는 기부가 더 유리한 제도라고 할 수 있다.

[113] 1909년 5월 1일 칙령 제123호 '전신전화시설의 비용에 충당할 목적으로 하는 기부에 관한 건'을 제정하여 전신전화시설의 비용에 충당할 목적으로 금전의 기부를 받는 것을 가능하게 하였다[인쇄국(1909), 『관보』(제7752호 메이지 42년 5월 1일)].

이후에는 일반 예산에 의한 설치가 증가한 이유로는 다음 세 가지를 들 수 있다. 첫째, 일반시설에 의한 전신시설 설치와 기부 및 청원에 의한 전신시설 설치가 공존함으로써 발생하는 모순이다. 둘째, 전시체제에 대비하기 위해 방공통신망의 설치가 중요해졌는데, 이것은 주로 일반 예산에 의해 설치되었다. 셋째, 절반은 예산으로 재원을 조달하고, 절반은 기부로 재원을 조달하는 경우, 그것은 예산에 의해 설치되는 것으로 분류되었다.

<표 1 - 19> 전신사무 개시 국소의 재원별 구성의 동향

	실수				비율			
	일반	청원	기부	계	일반	청원	기부	계
1925	2	5	5	12	16.67	41.67	41.67	100.00
1926	1	6	3	10	10.00	60.00	30.00	100.00
1927	5			5	100.00	0.00	0.00	100.00
1928	1			1	100.00	0.00	0.00	100.00
1929	3	5	8	16	18.75	31.25	50.00	100.00
1930	4	9	8	21	19.05	42.86	38.10	100.00
1931	4	10	5	19	21.05	52.63	26.32	100.00
1932	7	6	5	18	38.89	33.33	27.78	100.00
1933	5	8	2	15	33.33	53.33	13.33	100.00
1934	10	4	6	20	50.00	20.00	30.00	100.00
1935	22	2	4	28	78.57	7.14	14.29	100.00
1936	14	9	5	28	50.00	32.14	17.86	100.00
1937	36	9	4	49	73.47	18.37	8.16	100.00
1938	25		7	32	78.13	0.00	21.88	100.00
1939	12	5		17	70.59	29.41	0.00	100.00
1940	16	5		21	76.19	23.81	0.00	100.00
1925-33	32	49	36	117	27.35	41.88	30.77	100.00
1934-40	135	34	26	195	69.23	17.44	13.33	100.00
계	167	83	62	312	53.53	26.60	19.87	100.00

자료: 체신부(1965), 『한국전기통신80년사』.

사정이 그러하였음을 몇 가지 사례를 통하여 살펴보자. 1925년 기부에 의해 전신사무를 개시한 우편소로 함경북도 성진군 학중면 임명동에 소재한 임명 우편소가 있는데, 임명 우편소의 전신가설비 마련과정을 살펴보자.

"성진군 학중면 구암시는 제일의 시장으로 일찍이 북관에서는 유명한 시장으로 활기를 이루었으며 가구수로 보아도 300여 가구의 상점이 즐비하고, 또한 길주 통로에 있어 철도 개통 전에는 물건의 집산지 역할을 하였으나 통신기관이 없어서 작년 면민의 운동으로 우편소를 설치하고 보통우편 일체를 취급하되 전신전화의 설치는 없어서 총총히 30리나 되는 성진을 가야 되므로 일반의 불편이 아주 많았다.

이를 사람들이 유감으로 여기던 중 얼마 전 청진국의 양해하에 설치할 계획은 성립되었으나 경비의 일부는 지방에서 거출해야 하므로 지금과 같이 불경기인 때에 막대한 돈을 갹출키 어려워서 기성회를 조직하고 모금 활동 및 대원 10여 명을 무보수로 고용하여 아래의 지방을 순회하는데 해당 활동사진대에서도 호의로 돈을 내었다는데 가까운 장래에 전신전화가 가설될 것이라고 한다. 이와 같이 되면 임명의 번영은 무궁할 것이며 종래의 불편은 일소될 것이라는데 각 동에서도 동참하여 주기를 바란다고 하며 기성회원 및 순회지방과 일정은 아래와 같다.

위원: 박창윤, 신석한, 자동목, 마장신치, 신격준, 상고차랑, 윤봉혁

순회일 및 지방: 8월 31일 임명동, 9월 1일 수동, 2일 송상동, 3일 송하동, 4일 진성동, 5일 송중동, 6일 춘동, 7,8일 학동면 일대(단 우천시 연기됨)"[114]

임명 우편소는 그 해 전신시설이 가설되었다. 그러나 기부에 의한 전신이 항상 승인되는 것은 아니었다. 1926년에 전남 고흥군 고읍면 풍남포의 일본인 5인은 기부금을 모집하여 전신을 가설하려고 하였지만, 결국 성공하지는 못하였는데 이 사례를 살펴보자.

---

[114] 『동아일보』 (1925년 9월 8일).

"전남 고흥군 고읍면 풍남포는 해태의 부고인 거금도와 어염의 산지인 나로도 등과 대립하고 뒤로는 면화산지로 유명한 고흥반도가 포함된 까닭에 오기를 청하는 상인의 연락이 끊이지 않으며 남해안을 항해하는 조기조우(朝氣朝郵) 등 기선이 기항하여 수륙교통이 자못 편리하여 장래 요망지이나 아직 전신시설이 없어 곤란이 크므로 그곳 일본인 5가구에서는 각자 기부하여 약 3천 원의 비용으로 전신시설을 도모하려고 지금 운동 중인데 일반은 하루라도 빨라 이루어지기를 요망한다고....."[115]

이 풍남 우편소는 결국 전신시설이 가설되지 못하였다. 전신가설비의 기부제도가 아무 문제를 동반하지 않은 것은 아니었다. 일반 예산에 의한 설비와 기부에 의한 설비의 공존은 비형평성의 문제를 안고 있었는데, 이것이 사회적 문제가 되기도 하였다. 고읍 우편소의 전신가설과정은 이를 보여준다.

"경의선 고읍역은 평양과 신의주 간 중앙에 위치하여 있는 일개 소역에 불과하나 호수 130여 호에 총인구 800여 명이 될 뿐만 아니라 근접한 오산시에는 800여 명을 수용하는 관서에 유일한 사립 오산보통고등학교와 부속 보통학교가 있으며 산업 방면으로는 광대한 동인 수리조합 몽리구역에서 산출되는 곡물은 대부분 고읍시장을 경유하여 각지로 산출되므로 대규모로 현미업을 경영하는 상회가 삼 개소가 있으니 삼조합 공신 만성 삼상회에서 벼와 현미로 진남포 인천 등지로 1년간 수출하는 통계로 보면 벼 840만 원, 현미 75만 원에 이르니 이 같은 숫자로 보아도 적다 할 수 없는 시장임에 불구하고 전신전화시설이 없어 일반상업자들은 영업상 여러 가지로 막대한 손실과 불편을 느껴 왔었다. 이에 고읍시민과 오산시민은 궐기하여 고읍우편소 당국에 전신취급을 요구하기에 이르렀다.
그러나 우편소 당국자는 경비부족이라는 구실하에 시민으로부터 전신가설

---

115 『동아일보』(1926년 1월 13일).

에 필요한 보조금으로 2700원이란 거대한 금액을 제공하라고 요구하여 교섭은 드디어 중단되고 말았다. 통신기관이 국영이요, 또한 일반민중의 공익을 목표로 존재하는 이상 민중의 요구와 편리를 따라서 그 시설을 적절히 배치함이 옳은 것이다. 예산상 부득이한 때에 민간의 보조금을 요하기도 할 것이나 이는 피원지에 한해서 할 것이요 산업상 중요한 지위를 점차로 가지게 되는 지방에 대해서는 국비로써 교통기관을 가설함이 당연한 일이다. 고읍시민의 성의 있는 교섭을 저버리지 말고 하루라도 빨리 전보를 취급하기를 요구하는 바이다."[116]

고읍 우편소는 1929년 8월 29일 일반예산으로 설치된 우편소로서, 전신 가설은 1934년에 이르러 일반예산으로 가설되기에 이르렀고, 전신사무는 1935년 3월 24일부터 시작되었으며, 1937년에는 시내전화도 가설되어 전화 교환업무도 취급하기에 이르렀다.

기부에 의한 전신의 가설은 마을의 유지들에 의해 주도되기도 하였지만 우편소장에 의해 주도되기도 하였다. 유천 우편소와 온수 우편소에서의 전신가설과정은 그것을 보여준다.

"경북 청도군 유천은 경부선 연로의 중간 요역으로 경상남북도의 경계선이며, 미곡의 생산이 풍부하고 전 조선에서 유명한 청도, 유천 누룩과 은어의 특산지이다.

유천우편소는 유천개척자 허청 씨가 5년간 노력한 결과 1931년 3월에 개설된 청원통신시설로서 우편집배사무만을 취급하여 오다가 전신전화의 필요를 느끼고 허씨는 당국과 교섭하여 가설비 370만 원을 제공했다는데 올해 7월 중에는 실현되리라 한다."[117]

이 청원통신시설의 우편소장은 1931년부터 1938년까지는 최정한(崔貞翰)

---

116 『동아일보』 (1930년 10월 6일).
117 『동아일보』 (1932년 7월 5일).

이었고, 1939년부터는 박노옥(朴魯玉)이었다. 허청 씨는 우편소장은 아니지만, 청원우편소의 설치를 주도하였던 인물로서 우편소장과 밀접한 관계에 있었다고 생각된다. 이 유천우편소에 전신시설이 가설된 것은 1934년인데 분류는 기부로 되어 있다.

강화의 온수 우편소의 전신가설과정도 우편소장에 의해 주도된 예를 보여주는데, 강화 온수리에서는 전신선이 아니라 전화선을 가설했고, 이 전화를 통하여 전신을 취급하였다. 온수 우편소의 예는 기부가 아닌 일반예산으로 가설된 것으로 되어 있지만, 실제 기부적 성격을 가지고 있음을 보여준다.

> "강화 온수리는 교통상으로나 또는 문화상으로나 단연 강화에서 둘째가는 도시임에도 불구하고 아직까지 전화의 시설이 없어 통신상 불편을 많이 느껴 오던 바 현지 주민들의 열렬한 활동과 우편소장 김영식 씨의 필사적인 노력으로 주민부담 2천 원과 체신국의 2천 원 보조로 드디어 지난 1일부터 전화가 개통되었다 한다."[118]

경기도 온수 우편소는 1929년 3월 20일 청원에 의해 신설된 우편소로 창설시부터 계속 김영식 씨가 우편소장으로 있었다. 1936년 3월 1일 전신사무 및 전화통화사무를 시행하였는데 분류는 일반으로 되어 있다.

이상의 사례를 살펴볼 때 기부는 지역주민이 주도한 경우도 있으며, 우편소장이 주도한 경우도 있었다. 기부금액을 보면, 가설할 전신선의 이정에 따라 차이가 나지만, 2, 3천 원의 고액이다. 이 많은 금액을 일개인이 모두 내기는 어려웠고, 그 혜택은 일반주민이 모두 공유하기 때문에, 기부금 모집이라는 형식으로 조달하였다. 기부에 의해 설치된 전신시설은 기부자가 유지비를 부담하지 않아도 되지만, 청원에 의해 설치된 전신시설은 청원자

---

[118] 『조선중앙일보』 (1936년 3월 5일).

가 유지비를 납부하여야 함에도 불구하고 왜 청원에 의해 설치된 전신가설이 있었는지는 이해하기 쉽지 않다. 기부금 모집과 관련되어 마찰이 발생하기 때문에 청원에 의해 설치된 전신시설도 있게 된 것은 아닌가 판단된다.

5. 통신기관 유치운동

5.1. 통신시설 청원실태

이제 조선에 있어 청원통신시설제도에 의해 설립된 우편소의 추이를 살펴보자. 여기에서 청원통신시설로 파악된 기관수는 당해년에 청원통신비를 납부하고 있는 기관수이다. 청원우편소의 경우, 운영비를 계속 납부하도록 되어 있다. 단, 5년이 지나면 운영비를 줄여줄 수 있도록 하고 있기 때문에, 운영비의 납부가 면제된 청원우편소는 통계에 집계되지 않는다. 또 소수이기는 하지만, 통신수요가 크지 않아 폐쇄된 청원우편소도 있다. 따라서, 청원우편소의 수는 청원에 의해 설립된 우편소의 누계는 아니지만, 위와 같은 이유로 집계에서 누락된 수가 많지는 않았다. 1941년에 청원통신시설로서 운영비를 납부하고 있는 우편소는 253개이다. 전신전화취급소는 1928년에 4개로 가장 많았으며, 우편집배사무 취급을 청원한 것은 1937년에 8개가 되었다. 전신전화사무 취급의 경우에는 창설비와 유지비를 납부하는데, 유지비는 전신전화사업의 수입이 지정된 금액을 넘으면 면제되므로, 전신전화사무 취급의 경우, 대부분 1년이 넘으면 청원통신시설에 집계되지 않는다. 또 여기에 집계된 전신전화사무 취급은 전신전화사무 취급만을 독자적으로 신청한 것을 집계한 것으로, 우편소 청원과 동시에 전신이나 전화 취급을 동시에 청원한 것은 포함되어 있지 않다. 청원통신기관 중에 조선인이 주도하여 청원한 것의 비율을 보여주는 자료는 없다. 단 그 대리변수로 청원통신기관으로 설립된 것 중 조선인이 우편소장을 하고 있는 통신기관의 수를 조사하여 그 통계를 제시하였다.

<표 1 - 20> 청원통신시설의 동향

	종류별				청원우편소 중	B/A
	우편소(A)	전신전화 취급소	전신전화 사무취급	우편집배 사무취급	조선인이 소장인 우편소(B)	
1923	5		2			
1924	27	2	3		2	0.40
1925	37	2	5		14	0.52
1926	44	2	5		20	0.54
1927	54	3	6			
1928	67	4	7		26	0.48
1929	84	3	-			
1930	104	3	-		38	0.45
1931	123	3	-	2	48	0.46
1932	134	3	8	3	59	0.48
1933	143	3	8	4	65	0.49
1934	156	3	8	4	71	0.50
1935	167	3	8	4	78	0.50
1936	194	3	8	4	88	0.53
1937	219	3	8	8	101	0.52
1938	228	3	-		113	0.52
1939	237	3	3		131	0.57
1940	247	1	3			
1941	253		3			

자료: 조선총독부 체신국, 『조선총독부 체신연보』.

주: 1. 1924년 1925년의 청신시설의 수는 신설 수의 누계임.

　　　폐쇄된 시설도 있을 수 있으므로 실제 수보다 과장된 것임.

　　2. 청원통신시설(請願通信施設)의 누계는 연도 말 수치이고, 조선인이 우편소장인 우편소는 조선총독부 직원록에 의거하여 작성하였으므로 양 데이터 간에는 상당 기간의 차이가 존재함.

　　3. B/A는 B와 전년도 A를 비교한 것으로 약간 과장되었다고 할 수 있음.

<표 1-21> 조선인이 우편소장을 하는 청원우편소의 도별 분포의 동향

	경기	충남	충북	전남	전북	경남	경북	황해	평남	평북	강원	함남	함북	계
1924									2					2
1925						1	1		6		1	5		14
1926	1					1	1	2	6	1	1	5	2	20
1928	2	1		2		1	3	4	4	1	1	5	2	26
1930	4	1		3		3	4	6	6	2	3	5	1	38
1931	4	1	1	5		4	6	6	8	3	4	5	1	48
1932	6	3	2	5		5	7	6	10	4	5	5	1	59
1933	6	3	2	6		5	9	6	11	4	6	6	1	65
1934	6	4	2	8		5	10	7	10	5	7	6	1	71
1935	8	5	2	8		6	11	6	11	5	9	6	1	78
1936	9	6	3	8	1	6	12	9	13	5	9	6	1	88
1937	12	7	5	9	2	7	13	11	14	5	9	6	1	101
1938	14	8	7	11	4	7	13	13	14	6	9	6	1	113
1939	17	9	8	11	4	9	16	14	16	6	11	7	3	131

자료: 『조선총독부 관보』; 『조선총독부 급 소속관서 직원록』.

청원우편소 수는 연도 말 기준이므로 1923년도 말 통계는 1924년 3월 말 통계이다. 그리고 직원록은 시기에 따라 다르지만 연중의 사실을 반영한 것이므로, 전년도 청원우편소 수 중 본년도 조선인이 우편소장을 하고 있는 청원우편소의 수를 구하였다. 때문에, 동 비율은 조금 과대하게 평가되었을 것이지만, 바이어스의 정도는 크지 않다. 이 비율을 보면 40%에서 57% 사이이다. 청원통신시설의 우편소장 중 절반 정도는 조선인임을 알 수 있다. 조선인이 우편소장을 하는 청원우편소의 도별 분포를 보면, 어느 특정 도에 집중되어 있는 것이 아니라, 전국에 걸쳐 있음을 확인할 수 있다. 당시 조선인이 주도적으로 참가한 청원 운동이 전국에 걸쳐 진행되었음을 보여준다.

청원통신시설 신청자와 청원통신기관의 우편소장과의 관계를 몇 가지 단편적인 사실을 통해 살펴보면, 청원자가 우편소장을 하는 경우도 있고, 청원자가 청원통신시설을 신청하여 아들에게 우편소장을 시키는 경우도 있지만, 이 이외에도 매우 다양한 관계가 있을 수 있다. 그러나 청원우편소 청원자는 유지비를 납부하여야 하기 때문에, 우편소장은 긴밀한 관계를 유지할 수밖에 없다. 청원시설이 아닌 우편소의 경우에도 우편소 청사는 우편소장이 제공하도록 되어 있으며, 우편소 경영은 사적 경영체로서의 성격을 가지고 있는데, 청원통신기관의 경우에는 더욱 그러하다. 따라서, 청원자 본인이나 친인척이 청원우편소의 우편소장을 하는 것이 상당히 다수였을 것임을 미루어 알 수 있다. 전신시설 중 청원에 의하여 시설된 것은 앞서 기부에 의해 설치된 것을 고찰하면서 언급하였기 때문에, 여기에서는 생략하도록 한다.

5.2. 전화가설운동

전화는 도시내부의 통신수단임과 동시에 대도시 간 그리고 대도시와 위성도시 간 통신수단이다. 그러나 식민지기 초기에는 장거리전화가 별로 발전하지 않았기 때문에 대도시 간 통신수단으로는 거의 사용되지 않았다. 또 도시내부에도 가입자가 많지 않아 도시내부의 통신수단으로서의 기능도 별로 중요하지 않았으며, 위성도읍에의 전화보급이 많지 않아 대도사-위성도읍 간의 통신에도 큰 효용은 없었다. 그러나 식민지기 동안, 도시에서의 전화가입자가 늘고, 위성도읍에 전화가 가설되고, 시외전화선이 확장되어가면서 전화의 효용은 나날이 증대되어 갔다. 그래서 상공업도시적 성격을 가지고 있는 지역에서는 전화의 가설이 그 지역의 상공업발전에 결정적으로 중요한 역할을 하게 되었다.

전화사업은 관청기업인 체신국에 의해 가설되고 운영되고 있었으며, 체신국은 조선총독부 특별회계의 한 구성부분으로 편성된 예산으로 통신사업을 운영하였다. 조선총독부 특별회계는 제국의회의 협찬을 받아야 할 뿐만 아니라, 체신국의 회계가 특별회계로 되어 있지도 않았기 때문에 경무비와 교육비의 압박 때문에 크게 편성되지 못하여 빈약한 재정으로 운영되어야 했다. 이 때문에, 예산이 아닌 다른 재원으로 통신시설이 설치되게 된 것이다. 이러한 사정은 전화가설에 있어서도 마찬가지였다. 1920년 특설전화제도(特設電話制度)가 폐지되기 이전까지 전화는 보통전화와 특설전화로 구분되었다. 보통전화는 가설비를 체신국에서 부담하는 것이고, 특설전화는 가입구역 내의 전화선의 가설 등 일체의 비용을 가입자가 부담하고, 우편국은 교환사무를 취급할 1개월 요금을 낮게 책정하였다. 특설전화는 가설비의 부담을 가입자에게 전가시킴으로써 예산상의 제한을 극복하려는 시도였다. 특설전화에 의해 전화가설이 이루어진 지역은 모두 1912년 이전의 것이다. 1911년 이전에 가설된 것으로는 해주, 포항, 목도, 경주, 영등포, 동래, 영흥, 서호진, 광양, 남평, 현동 등이 있고, 1912년에 가설된 것으로는 김천 통영이 있다. 이 이후 특설전화로 신설된 것은 없었다. 특설전화지역은 가입자의 규모가 상당히 커진 것도 있지만, 상당수는 가입자가 20인 미만의 상태에 머물러 있다. 특설전화는 그 지역 내의 시내통화를 목적으로 하여 설치되었다기보다는 주변의 대도시와의 시외통화를 위하여 신청된 것이다. 특설전화제도는 가입구역 내의 전화선의 가설비만을 가입자가 부담하도록 함으로써, 특설전화를 취급하는 우편국소와 대도시의 우편국소와의 시외전화선은 체신국이 예산에 의해 가설하지 않으면 안 되었다. 특설전화를 설치하는 지역이 대도시와 인접해 있는 곳이라면 별문제가 없지만, 멀리 떨어져 있는 경우 그 비용은 상당한 수준에 달하게 된다. 1912년 이전에 설치된 지역은 시외전화선의 가설비가 별로 많지 않은 곳이 대부분이었다. 대도시와 인접해 있거나, 1908년부터 1910년에 걸쳐 설치되었던 의병소탕용 경비전화가 시외전화선의 가설을 필요 없게 한 지역도 있었다.

장거리 시외전화선을 신설하여야 할 특설전화지역은 예산이 많이 소요되기 때문에 허가되기 어려웠으며, 시외전화선의 가설비까지 부담시키는 전화제도는 아직 없었다. 그러므로 1919년 특설전화의 가설이 다시 논의될 때까지 전화의 신규가설지역은 1912년 진해를 제외하고는 없었다. 진해는 군항으로서의 특수성이 고려된 유일한 예외이다. 특설전화제도는 대도시를 중심으로 농촌을 포섭하는 데 있어 중계역할을 수행하므로, 그 중요성이 인정되어, 1919년에는 다시 특설전화제도를 이용한 전화의 보급이 시도되었다. 1919년에는 겸이포 사리원 이리 등에 특설전화에 의해 전화를 보급하려고 특설전화 설비비를 예산에 포함시켰다. 그러나 이해 10월에 특설전화제는 폐지되게 되었다.

　체신국의 신규전화 가설능력은 매우 제한적이어서 보통전화제도에 의해 전화가 보급되어 있는 지역에도 전화를 신청하였으나 아직 가설되지 않은 많은 적체인원이 있었는데, 새로 급히 전화를 가설하여야 할 전화신청자도 등장하게 되었다. 전화신청자가 적체되어 있는 상황에서, 급히 전화를 가설하여야 할 전화신청자에게 우선적으로 전화를 가설하여 주는 지급전화제가 이 시기에 시행되게 되었다. 지급전화제는 가설비를 지급하는 경우, 이들에게 우선적으로 전화를 가설하여 주는 제도이다. 이후 보통전화에 의한 전화의 신규 가설은 거의 이루어지지 않아, 거의 모두 지급전화로 보급되게 되었다. 상황이 이러하였으니, 특설전화는 특수한 제도가 아니게 되었다. 지급전화나 특설전화나 가설비를 전화신청자가 납부한다는 점에서 그 성격은 동일하였다. 따라서 지급전화제가 특설전화제를 대체하게 되었고, 이에 따라 특설전화제는 폐지되게 되었다. 이후 지급전화에 의한 전화의 보급은 식민지 말기까지도 지속되었다. 1938년 부일신문에서는 이에 대해 다음과 같은 기사를 게재하고 있다.

　　"아국의 전화신청은 보통과 급설이 있다. 급설은 매년 추첨을 행하고, 당첨자만에게 가설하는 것으로 되어 있는 것은 주지의 사실이다. 보통신청의 규칙 등은 일반에게 알려져 있지 않다. 2, 30년 전에 신청한 전화임에도 금일 여전히 가설되지 않아 완전히 사문인 것이다. 500원이라든가 1000원이라든가 프리미엄이 붙은 전화사용권이라는 재산권조차 생기기에 이르러 금일에도 채권관계에 어떠한 움직임도 없는 상태이다. 금일 전화가입자는 약 90만에 달하지만, 그 보급템포는 최근 5개년간에 2할 내외라는 정도의 완만한 것이다. 아국에서는 전화는 일상의 요구(要具)는 아니고, 단지 영업용의 범위에 그치고 있다.

보통은 논외로 하고, 급설로 신청해도 1년, 구입해도 거대한 프리미엄을 지불하고, 하나의 재산권으로 되어, 세계는 넓어도 우리나라 이외에는 없는 것이다. 이러한 유난한 명예를 부담하는 것은 필경 관영의 선물이다."[119]

그런데 특설전화제는 시내가설비를 전화가입자에게 부담시키는 것 이외에 위성도시 양성의 기능을 담당하는 것이었기 때문에, 이러한 목적을 실현하기 위하여 전화가입에 관한 지정지제를 정하고, 이 지정지에서 전화가입을 희망하는 자는 가입에 필요한 물자 노동력을 기부하는 것을 원칙으로 했다. 지정지제에 의한 전화가입요금은 가입자수가 적은 곳에 유리하도록 편성되어, 대도시에서의 보급보다는 위성도시에서의 전화의 신규설치에 유리하였다. 그리고 이와 더불어 시외통화 발수용(市外通話發受用) 전화제도를 실시하였다. 도시라고 할 수도 없는 위성거점은 지구 내 가입자 간의 시내교환이란 별 의미가 없고, 대도시와의 시외전화만이 필요하다. 이러한 경우 이 시외전화를 자택에서 하고 싶은 사람은 자택과 우편국소 간에 전화선을 설치하여 자택에서 시외전화를 송수신할 수 있도록 하였는데, 이 제도가 시외전화 발수용 전화제도이다. 이 제도는 조선에 특수한 제도로서 위성거점을 대도시와 연결하는 제도이다. 시외통화 발수용 전화제도에 의해 2-3개의 전화가 설치된 지역은 상공업이 발전하면서 전화가입구역으로 변경되어갔다. 시외통화 발수용 전화제도의 경우에도, 우편국과 전화기 설치 장소 간의 전화선로를 기부 시설하도록 하였으며, 발수용 전화요금과 선로의 유지료 등을 납부하여야 했다.

1919년의 전화규칙의 변경은 위성도시에의 전화가설을 유리하게 하였고,

---

[119] 『부일신문』 (1938년 2월 18일).

이에 따라 전화가입구역이 급속도로 확장되어 갔다. 1912년 진해를 마지막으로 1918년까지 신설된 전화가입구역은 없었는데, 1919년부터는 다시 증가하기 시작하였다. 1919년에는 여수가, 1920년에는 겸이포, 사리원, 이리가, 1921년에는 강릉, 논산, 상주, 송정, 순천, 천안, 철원, 충주가, 1922년에는 강경, 김제, 남원, 안동, 웅기, 정읍이 전화가입구역으로 되었다.

<표 1 - 22> 부산 체신관구 내 시외전화 발수용 전화시설소 및 발수자의 동향

(단위 인)

	1933	1934	1935	1936	비 고
경상남도	46	57	50	46	
진영		9	10	10	
협천	5	5			전화교환사무취급으로 승격
남지	5	5	5	6	
창령	5	5			전화교환사무 취급으로 승격
양산	4	4	4	4	
수산	4	4	4	6	
장생포	4	4	4	4	
함양	3	4	4		전화교환사무 취급으로 승격
남해	3	3	3		전화교환사무 취급으로 승격
삼랑진	3	3	3	3	
해운대	3	3	4	4	
산청	3	3	3	3	
언양	1	1	1	1	
선진	1	1	1	1	
물금	1				
칠원	1	1	1	1	
함안		1	1	1	
기장		1	1	1	
군북			1	1	
경상북도	59	71	57	53	
함창	10	10			전화교환사무 취급으로 승격
대포	7	8	8	9	
안강	7	7			전화교환사무 취급으로 승격

	1933	1934	1935	1936	비　고
도구	6	6	6	6	
영덕		5	7	6	
성주	4	4	4	4	
구미	4	4	5		전화교환사무 취급으로 승격
의성	3	3	3		전화교환사무 취급으로 승격
하양	3	3	3	3	
장기		3	3	2	
선산	2	2	2	2	
현풍	2	2	2	2	
고령	2	2	2	2	
약목	2	2	1	1	
청송	2	1	1	1	
문경	1	1	1	1	
군위	1	1	1	1	
양남	1	1	1	1	
건천	1	1	1	1	
점촌				2	
자인	1	1	1	1	
청하		1	1	1	
영주		1	1	1	
봉화		1	1	4	
영양		1	2	2	
전라남도	8	7	6	6	
곡성	4				전화교환사무 취급으로 승격
학교	2	2	2	3	
나노도	1	2	2	2	
옥과		1			
오성원	1	1	1		
록동		1	1	1	
강원도	1	1	1	1	
평해	1	1	1	1	

자료: 부산우편국, 『국세대요』.

새로운 가입지가 증대함에 따라 전화가설의 움직임은 전국적으로 확산되어 갔다. 그런데 전화가입구역이 되기 위해서는 20인 이상의 전화가입 신청자를 확보하지 않으면 안 되었다. 20명이라는 숫자는 별로 많아 보이지 않지만, 전화 한 대의 가격이 집 한 채의 가격을 초과하는 상태에서 소규모 도읍에서 20여 명 이상의 가입자를 확보한다는 것은 쉬운 일이 아니었다. 가입자를 모집하고 난 이후에도, 체신국으로부터 인가를 얻기 위해서는 또 다른 노력이 필요하였다. 전화가입 신청자를 모집하고, 인가를 얻어내기 위해서는 일정한 추진주체가 필요하였다. 이 추진주체(발기인)가 형성되면 이들의 운동에 의해 전화가 가설되게 되었는데, 이것을 당시 사람들은 전화가설운동(電話架設運動)이라 표현하였다. 전화가설운동의 실태를 다음 두 가지 사례를 통하여 살펴보자,

> "재령에서는 지난해 식산철도의 개통을 본 이래 상업상 거래가 더욱 복잡해져서 시가가 점차 발전되는 중인데 이와 반대로 필연의 세로 일어나는 통신기관의 완비는 이 지역 일반상업계의 통감한 바가 되어 일전 시민의 결의로 이 지역 청년 실업가 민병덕(閔丙德) 씨와 나카무라(中村六治郞) 씨가 대표로 금번 전화가설 신청원을 당국에 제출하였는데 전화가설 청구자수가 이미 50여 명에 이르렀다고 한다."[120]

재령에서는 일본인과 조선인 1명이 공동대표가 되어 전화가설운동을 추진하였다.

> "경북 영주읍은 호수 1,234호와 인구 6,534인의 숫자를 갖고 있으면서 일반 시설이 아직 장족적 진전을 보지 못하므로 영주번영회에서는 다시 시가 정리의 일부를 계획하는 동시 지난 9일부터 시내전화가설을 촉진시키기 위하여 부회장 전하경, 간부 박서양, 김태두 씨 등의 활동으로 가설자 신청에 몰두한다는데 벌써 신청된 수효는 25번까지라는데 머지 않아 곧 실현되리라 한다."[121]

---

[120] 『동아일보』 (1923년 2월 11일).
[121] 『동아일보』 (1936년 3월 15일).

영주에서는 영주번영회가 추진하고 있는데, 조선인들이 중심이 되어 진행된 것이다. 이 추진주체는 전화가설 이외에 시가 정리사업도 추진하고 있다.

지면의 관계상 전화가설운동과 관련된 모든 사례를 다 제시할 수는 없다. 여기에 제시하지 않은 사례까지를 포함하여 정리해 보면, 추진주체는 조선인과 일본인 대표 각 1인으로 구성되기도 하고, 군청이나 신문사, 우편소장, 번영회 등이 되기도 하는데, 1930년대 후반에 가설된 지역의 경우, 조선인의 주도성이 강화되었다. 그리고 초기에는 전화가설만을 목적으로 추진하였는데, 후기로 갈수록 지역사회의 발전을 위한 다양한 사업을 동시에 추진하는 주체가 형성되고, 이들이 전화가설도 추진하고 있다. 영주 번영회는 시가정리와 전화가설을 동시에 추구하는 주체이고, 여기에는 소개하지 않았지만, 전등과 전화가설을 목적으로 조직을 만든 곳도 있으며, 전등과 전화 수도를 보급할 목적으로 설립된 지역도 있다.

전화와 관련된 운동으로는 전화가설운동 이외에도 다양하였다. 우선 직통전화가설운동(直通電話架設運動)이 있다. 이와 관련된 두 가지 사례를 들어보자.

"양평읍내 양근리 시장은 호수가 4, 5백 호로 제반 상업이 일익 발전될 뿐만 아니라 동으로 강원도 일부인 횡성, 홍천, 평창, 인제 등지의 산물이 전북 양평을 경유하여 앞에 말한 각 방면으로 이입되는 실상에 비추어 볼 때 지금까지 시내전화가설은 물론 관계 각지 간 통화기관이 없으므로 이를 유감으로 생각하던 이곳 관민 유지 일동은 전화가설기성회를 조직하고 제1보로 시내전화가설과 동시에 경성-양평 간 직통전화(현재는 양평-경성 간 통화는 이천을 경유하므로 일반의 불편이 적지 않음)와 양평 홍천 횡성 간 전화가설을 실현하고자 동아일보 양평지국과 조선일보 양평분국 발기로 지난 14일 오후 2시에 양평군청 회의실에서 유 군수, 빈원 서장 외 유지 30여 명이 회합하여 양평시내 전화가설 기성회를 조직하였는데, 정각이 되자 발기인 측으로 김연수 씨로부터 개회사와 취지설명이 있은 후 올해 3월까지 기어이 목적을 달성하기로 일치 가결하고....."[122]

---

122 『동아일보』 (1929년 1월 7일).

양평의 경우 동아일보와 조선일보의 발기로 이루어지고 있는데, 시내전화가설운동과 더불어 경성-양평 간 직통전화운동과 양평 홍천 횡성 간 전화가설운동을 하고 있다.

> "경남 부산-통영 간에 발착하는 전신전화는 모두 마산을 중계하고 있으나 통영의 전신전화의 8할까지는 부산 직통이 지편하므로 양지 유지가 재삼 직통선 신설의 청원의 결과 금회 직통하기로 결정하고……"[123]

이 사례는 마산의 지위의 하락과 통영의 지위의 상승을 반영하는 것이기도 한데, 통영의 유지는 마산을 배제하고 부산과의 직통회선 설치를 추진한 것이다.

이 이외에 시내취급운동(市內取扱運動)이 있었다. 시내취급운동은 그 역사가 보다 오래되었다. 경성과 용산은 원래 교환구역이 구별되어 있어 용산에서 서울로 전화를 걸 때 시외통화료를 내야 되었는데, 용산의 가입자들은 서울과의 교환구역통합을 추진하여 성공하였고, 영등포의 경우에도 가입자들의 운동에 의하여 경성에 통합되었으며, 현동과 목도의 경우에도 부산과 교환구역이 통합되었다. 이것은 대도시의 주변지역이 대도시와 동일한 가입구역으로 통합되는 것이다. 시내취급운동은 대도시에만 국한된 것은 아니었다. 안주의 예를 보면,

> "평남 안주군 구안주와 신안주 간에는 거리가 1리 반에 불과한 까닭에 전화가설에 대하여 시내로 취급해 달라는 신청서를 지난 6일에 신안주 주민 중 전화 신설자 29인의 연서로 체신국에 제출하였다는데 만일 구안주 신안주를 한 시내로 취급하면 사업가에 큰 이익을 주는 동시에 전화도 더욱 번성할 것이라는데 구안주 주민들도 신안주가 시내로 취급되기를 갈망한다".[124]

---

123 『동아일보』 (1926년 5월 28일).
124 『동아일보』 (1925년 10월 10일).

전화의 보급과 운영에 관련된 다양한 지역운동이 일어났는데, 이러한 운동 중 가장 대표적인 운동으로는 전화가설운동을 들 수 있다. 이러한 운동들은 특정 지역 주민들의 이익을 증진시키기 위한 지역운동으로서, 이와 관련하여 지역개발을 추진해 나가는 지역세력이 형성되어 갔다. 이러한 운동이 형성되게 된 배경은, 체신국의 예산상의 제약에 의해 전신전화시설이 통신수요의 증대를 반영할 만큼 확충되지 못하여, 상대적으로 희소한 통신망을 자기 지역에 유리한 방향으로 편성하기 위해 지역차원에서의 운동이 필요하였기 때문이다. 체신국은, 이러한 지역주의를 이용하여, 시설비의 일부를 전가시킬 수 있었다.

이와 같은 전화가설운동에 의해 위성도읍으로 전화가 보급됨으로써, 전화망은 대도시와 위성도읍 간의 통신수단으로 발전하게 되었다. 그러나 전시체제로 돌입하면서 전시예산이 편성되게 되어, 더 이상 체신국은 민간수요를 충당할 전신전화망의 보급을 추진할 수 없게 되자, 반관반민의 전신전화회사를 설립하여 관청 예산제도의 한계에서 벗어나 조선의 전화망을 급속하게 보급하는 것으로 그 방향을 선회하게 되었다.[125] 그러나 이러한 방향으로의 전환은 실현에 이르지 못하였다.

---

[125] "산업개발, 문화향상에 따라 사회 중추신경인 시외전신전화와 시내전화 이용자는 격증할 뿐인데 지금 형편으로는 전시예산관계로 전신전화노선 연장과 시내전화 지급개통수는 오히려 줄어들지 않을 수 없는 사정에 직면한 체신국에서는 고속 통신기관의 발본색원적 확충책으로 내지와는 독자적 입장에서 반관반민의 전신전화회사 신설을 연구 중에 있는 중이[다.].... 국제전기통신회사와 같은 국책회사를 신설하여 전신전화의 건설과 보수는 회사가 당하여 필요한 보수대로 늘려 나가고 경영만은 현재대로 체신국에서 하면 전신전화수입도 늘어나갈 것으로 가장 합리적인 전화기근대책이라고 하여 체신국에서는 전신전화 국책회사 신설을 구체적으로 연구하고 있다."[『조선일보』(1939년 4월 27일)].

6. 통신기관 설치거점

6.1. 교통의 요지

19세기 중반 이후 세계 각국은 교통혁명의 시대에 들어갔다. 조선의 교통혁명은 조금 더 늦게 그리고 느린 속도로 20세기에 진행되었다. 도로가 개수되고, 철로와 항만, 비행장들이 건설되어서 운송비의 절감과 운송속도의 증대가 이루어졌다. 새로운 교통수단이 들어선 지역에는 더불어 통신수요도 증대되었는데, 이 지역에서의 통신수요는 두 가지로 구분할 수 있다. 첫째는 교통기관 그 자체가 필요로 하는 통신수요이다. 둘째는 이 지역들이 개발됨으로써 늘어난 일반 민간의 통신수요이다. 새로운 교통기관이 설치되어 발전한 지역에서는 전자의 수요가 후자의 수요를 선행한다. 따라서, 전자의 목적으로 설치된 통신시설이 후자를 위해 사용될 수도 있다.

철도는 철도운행 및 관리체계를 유지하기 위해 역 간의 통신 시스템을 구축하고 있었으며, 항만과 비행장에는 선박과 비행기와의 통신 시스템를 갖추고 있었다. 철도에서는 유선전신 및 유선전화망을 중심으로 한 통신시스템이 구축되었으며, 항만과 선박, 비행장과 비행기 간에는 무선전신을 중심으로 한 통신시스템이 구축되었다. 교통기관이 자신의 필요에 따라 설치한 통신시설들은 상당부분 공중통신용으로 사용되기도 하였다. 체신국의 통신현업기관 중 이 교통기관들과 직접적으로 관련되어 있는 것이 전신국과 전신취급소이다. 1938년까지 전신국은 항만과 비행장에 설치된 무선전신국을 의미한다. 1939년에는 경성중앙전신국이 설치되어 무선전신국이 아닌 전신국이 존재하게 되었지만, 이 이후에도 이 하나를 제외하면, 나머지는 항만과 비행장에 설치된 무선전신국이다. 그 추이를 보면, 1923년에 하나이던 것이 1942년에는 14개로 증가하였다. 무선전신국의 건설에는 매우 많은 비용이 소요되어 유선전신을 대체할 수 있는 경제적인 통신수단은 아니었다. 따라서 이들 전신국이 공중전보를 취급하기는 하였지만, 전신국의 수도 적고, 공중무선전보의 양도 적기 때문에 공중전보의 발전에 크게 기여하지는 못하였다. 공중전보의 발전과 보다 직접적으로 관련되어 있는 것은 전신취급소였다. 전신취급소는 철도전신취급소(鐵道電信取扱所)와 선박전신취급소(船舶電信取扱所)를 통칭하여 표현한 것이다. 철도전신취급소는 철도역에 설치되어 있는 전신시설을 공중에게 개방하여 이용할 수 있도록 한 공중전보 취급역(公衆電報取扱驛)의 공중전보 이용창구(公衆電報利用窓口)이다. 선박전신취급소는 선박에 설치되어 있는 무선전신시설을 공중에게 이용할 수 있도록 한 선박에 설치된 공중전보이용창구를 지칭한다. 전신국이 체신국 소속이었던 것과는 달리 전신취급소는 체신국에 소속되어 있지 않았다. 선박전신시설은 선박의 소유이고, 철도전신시설은 철도국 소유이다. 전신취급소는 체신국으로부터 공중전보 취급에 대한 대가로 취급료(取扱料)를 지급받았으며, 전신요금은 체신국에 귀속되는 방식으로 결산되었다. 전신취급소의 추이를 보면, 1905년에 5개이던 것이 1941년에는 168개로 증가하였다. 1941년 당시 조선 전체의 전신취급기관수가 1,077개였으므로, 이 중 16%가 전신취급소인 셈이다. 전신취급소 중 선박전신취급소는 선박에 승선한 승객에 대한 편의시설로서, 조선 내 전신기관의 보급에 미친 영향은 크지 않았다. 반면, 철도전신취급소는 전신을 취급하는 통신기관이 들어설 수 있는 전초기지로서의 역할을 수행하였다. 이제 철도전신취급소의 추이와 지방통신기관의 발전에 대하여 고찰하여 보자. 전신시설이 설치되어 있는 철도역은 1910년에는 107였는데, 점차 증가하여 1938년에는 497개로 증가하였다. 전신시설이 설치된 모든 철도역이 공중전보를 취급하였던 것은 아니다. 1910년에는 총 107개 중 59개가 공중전보를 취급하였으며, 1938년에는 497개 중 105개가 공중전보를 취급하였다. 공중전보 취급역은 전신시설을 갖춘 철도역의 증가보다 더 적게 증가하였다.

<표 1 - 23> 철도전보 취급소와 공중전보 취급소

		1910	1915	1919	1924	1927	1931	1934	1938
경부선	철도전보 취급소		57	57	62	64	59	60	71
	공중전보 취급소		30	33	29	26	18	18	18
경의선	철도전보 취급소		54	56	58	60	75	78	85
	공중전보 취급소		32	35	33	32	25	19	20
호남선	철도전보 취급소		22	23	23	24	30	31	32
	공중전보 취급소		14	13	12	11	11	9	10
경원선	철도전보 취급소		17	18	21	21	26	26	29
	공중전보 취급소		8	10	6	5	5	4	4
함경선	철도전보 취급소		1	15	34	53	87	74	75
	공중전보 취급소		1	8	17	22	24	19	18
경전선	철도전보 취급소					6	33	36	37
	공중전보 취급소						5	5	8
전라선	철도전보 취급소					2	4	4	27
	공중전보 취급소						1	1	6
동해선	철도전보 취급소						32	41	46
	공중전보 취급소						1	2	4
경경선	철도전보 취급소								11
	공중전보 취급소								2
평원선	철도전보 취급소					2	10	10	19
	공중전보 취급소					1	1	1	4
도문선	철도전보 취급소						24		
	공중전보 취급소						1		
만포선	철도전보 취급소							17	37
	공중전보 취급소								4
혜산선	철도전보 취급소							8	16
	공중전보 취급소							2	5
백무선	철도전보 취급소							3	12
	공중전보 취급소								2
합계	철도전보 취급소	107	151	169	198	232	380	388	497
	공중전보 취급소	59	85	99	97	97	92	80	105

공중전보 취급역의 증가가 전신시설을 갖춘 철도역의 증가보다 더 적었던 이유로는 두 가지를 들 수 있다. 첫째, 공중전보를 취급하는 역 인근에 전신사무도 취급하는 우편소가 생김에 따라 공중전보를 취급하지 않게 된 역이 있었기 때문이다. 1923년에서 1938년까지 총 40개의 철도전신취급소가

폐지되었는데, 그 대부분은 부근의 우편소가 창설되고, 또 전신사무도 취급할 수 있게 됨에 따라 공중전보 취급역이 필요 없어졌기 때문이다. 그러나 철도역 부근에 전신사무를 취급하는 우편소가 성장함으로써 공중전보취급역이 폐지된 것만으로, 공중전보 취급역의 비중이 1910년의 50%에서 1938년의 20%로 감소한 것을 설명할 수는 없다. 철도전신취급소를 운영하기 위해서는 이를 담당할 직원이 필요한데, 이것은 일정 규모 이상의 철도역에서 가능한 것이었다. 공중전보 취급역은 일정 규모 이상의 역에만 설치되어 운영되었다. 따라서 공중전보 취급역은 통신기관이 보급되어 있지 않는 지역에서 공중들에게 전신시설을 이용할 수 있도록 하기보다는 통신수요가 많은 발전된 지역에 있는 철도역에서 그 이용자의 편의를 위한 시설로서 운영된 측면이 강하였다. 철도전신취급소가 지방에 전신시설을 갖춘 통신기관이 보급될 수 있도록 하는 인큐베이터의 역할을 하였다는 점을 전혀 부정할 수는 없지만, 통신기관의 보급에 미친 영향은 위와 같은 한계로 그렇게 크지 않았을 수 있다.

　이제 이들 교통기관이 들어서면서 그 지역이 상업의 중심지로 성장함에 따라 발생하게 되는 일반 민간의 통신수요의 증대를 살펴보도록 하자. 전신국이 설치된 주요 항만이나 비행장은 소수일 뿐만 아니라 개항장이나 주요행정도읍으로서 이미 통신기관이 설치되어 있는 지역이라는 점에서 통신기관의 광범한 보급에 기여한 정도는 적었다. 보다 중요한 역할을 하였을 것으로 생각되는 것은 철도의 보급이다. 1928년에 국유철도역은 490개였다. 이 중 역세권 내에 우편국소가 있었던 역은 210개였다. 철도의 보급이 통신기관의 보급에 기여한 것은 분명하지만, 당시 조선에는 철도망이 아직 조밀하지 않았고, 철도역이 존재하는 경우에도 상대적으로 중요한 역에만 통신기관이 보급되었기 때문에, 철도의 보급만으로 통신기관의 보급을 충분히 설명할 수는 없다.

6.2. 장 시

식민지기에는 도시 점포상업이 성장하였지만, 동시에, 농촌장시수 및 거래액도 증대하였다. 장시수 및 장시거래액의 증가에는 식민지정부의 농촌개발정책도 영향을 미쳤다. 식민지정부는 농촌개발을 위하여 농회(農會)나 금융조합(金融組合) 등을 조직하였는데, 이 조직들은 지역 산업개발 단체이자, 중앙으로 연결되는 유통기구였다. 이 기관들은 장시의 네트워크를 이용함으로써 말단 유통기관을 조직하는 데 소요되는 비용을 줄일 수 있었다.[126]

이러한 관계는 금융조합과 장시의 소재지를 비교하는 것으로 어느 정도 파악할 수 있다. 1938년 금융조합과 장시의 소재 동명(洞名)을 비교하여, 장시가 있는 동에 소재한 금융조합의 수를 조사하여 보자. 금융조합은 1940년 행정구역 편재상에서 군부(郡部)에 소재한 것에 한정하였다. 그 결과, 총 634개 금융조합 중 479개가 장시가 소재한 동에 위치하고 있었다. 즉 상당수의 금융조합은 장시가 소재한 동에 같이 있었다. 당시 장시가 있는 군부의 동 수는 1445기였기 때문에, 장시 3-4기 중 한 곳에는 금융조합이 설치되어 있었다.

---

[126] 木村光彦(1989), pp.304-305.

<표 1-24> 1938년 장시 소재동에 위치한 금융조합수

	금융조합수 A	장시 소재지의 금융조합수 B	B/A
경기	53	40	75.47
충북	35	27	77.14
충남	47	39	82.98
전북	44	28	63.64
전남	68	41	60.29
경북	76	62	81.58
경남	63	44	69.84
황해	55	43	78.18
평남	40	38	95.00
평북	47	38	80.85
강원	46	34	73.91
함남	33	24	72.73
함북	27	21	77.78
계	634	479	75.55

자료: 1. 금융조합 소재동명은 『조선은행회사[조합]요록』 (1938)을 사용함.

2. 장시 소재동은 문정창의 『朝鮮の市場』에 게재되어 있는 1938년 통계에 의거했음. 문정창의 책에 동명이 기재되어 있지 않은 장시는 경성 상공회의소 조사월보에 게재되어 있는 1928년 장시의 소재동명을 사용하였음.

주: 1940년 현재 군부(郡府)에 있는 금융조합만을 대상으로 하였음.

<표 1 - 25> 1940년 장시 소재동에 위치한 우편국소수

	장시소재동수	내 우편국소 소재동	우편국소수	B/A	B/C
	A	B	C		
경기	86	43	65	50.00	66.15
충북	63	33	36	52.38	91.67
충남	82	44	59	53.66	74.58
전북	58	31	46	53.45	67.39
전남	116	47	75	40.52	62.67
경북	170	62	78	36.47	79.49
경남	180	54	78	30.00	69.23
황해	109	48	60	44.04	80.00
평남	148	46	53	31.08	86.79
평북	106	46	61	43.40	75.41
강원	154	54	74	35.06	72.97
함남	105	34	56	32.38	60.71
함북	68	25	43	36.76	58.14
계	1445	567	784	39.24	72.32

자료: 1. 장시 소재동은 문정창의 『朝鮮の市場』에 게재되어 있는 1938년 통계에 의거했음. 문정창의 책에 동명이 기재되어 있지 않은 장시는 경성 상공회의소 조사월보에 게재되어 있는 1928년 장시의 소재동명을 사용하였음.
2. 우편국소의 소재동명은 필자가 『관보』와 『우편국소 일람』을 참조하여 만든 자료를 사용하였음.
주: 1940년 현재 군부에 소재하는 장시와 우편국소만을 대상으로 하였음.

당시 장시는 농촌의 가장 중요한 유통기관임과 동시에 농촌개발기관들의 진출거점이기도 하였다. 이에 따라 식민지당국은 통신기관을 설치할 때, 장시의 소재지를 고려하였다. 이제 군부에 있는 통신기관의 소재동과 장시의 소재동을 비교하여 보자. 1940년 우편기관이 있는 군부의 동 수는 784개 동이었는데, 이 중 장시가 소재하는 동은 567개 동으로서, 군부의 통신기관 중 72%는 장시소재동에 위치하고 있었다. 장시가 소재하는 군부의 동 수가 1445기였으므로, 장시 2.5기 중 하나에 통신기관이 보급되어 있었던 셈이다. 통신기관의 보급에 있어서도 장시는 중요한 진출거점이었음을 확인할 수 있다.

조선의 장시망은 개항기에 이미 이계층구조(二階層構造)를 형성하고 있어서 일부 장시가 고차중심지로서의 역할을 수행하고 있었는데, 국제무역의 전개, 철도운송의 개시, 상설점포의 성장 등이 고차중심지의 형성에 영향을 미쳤다.[127] 이와 같은 시장의 계층구조는 식민지기에 더욱 발전하였는데,[128] 이와 같은 계층구조의 발전에는 일부 장시가 농촌개발의 거점으로, 그리고 통신망의 거점으로 변화하여 간 것도 영향을 미쳤다.

소 결

이 장에서는 통신사업에 있어서 영업권의 소유구조와 통신기관의 보급과정의 특질을 밝히려고 노력하는데, 이것들은 모두 통신사업에 있어서 지배구조와 관련된 문제들이다. 이상에서 밝혀진 내용을 다음의 네 가지 주제로 나누어 간략히 정리하여 둔다.

첫째 주제는 통신사업에 있어 영업권의 구조에 관한 것이다. 대한제국기에는 통신사업에 대한 국가독점을 법령에 명시적으로 선언하지 않았다. 당시 통신사업에 대한 국가독점을 선언하지 않았던 이유는 명확하지 않지만, 이것이 통신사업에 있어 영업의 자유를 허용하는 것은 아니었다. 영업의 자유를 허용하지도 않으면서, 국가독점도 선언하지 않는 당시의 영업권의 구조는 영업의 자유 – 통신사업에 대한 국가독점 – 사설전신전화의 허용이

---

[127] 이헌창(1989), p.226.
[128] 木村光彦(1989), p.300.

라는 근대적 통신사업에 있어서의 영업권 구조의 발전을 저해하고 있었다. 그러나 보호국기와 식민지기에는 통신사업에 대한 국가독점이 선언되어, 이것이 영업의 자유의 예외임을 명시하였다. 또 국가독점은 공정성이나 효율성의 관점에서 필요한 영역에 제한하고, 사설전신전화가 유리한 산업의 경우에는 사설전신전화제도를 만들어서 그 조건이 충족되는 경우에 국가가 반드시 사설전신전화를 허가해 주도록 하였다.

둘째 주제는 통신기관의 보급을 추진하고 있었던 동력에 관한 것이다. 대한제국기에 있어 통신사업을 개시하고 발전시킨 동력은 통신주권을 확보하기 위해 근대적 통신기관을 개시할 필요성과 구래의 통신체계를 근대적인 통신기관으로 재편해야 할 국가적 필요성에서 나왔다. 즉 대한제국이 통신사업을 수행하지 않으면, 당시 조선에 진출해 있는 외국계 통신기관의 철수를 요청할 명분을 확보할 수 없었으며, 개항장과의 통신이나 지방행정기관과의 긴밀한 통신을 위해서도 통신기관의 재편이 필요하였다. 이 시기 통신기관의 설립에 민간이 자신의 의사를 반영할 수 있는 제도적인 채널은 거의 없었다. 민간의 요청에 의해 설치된 통신시설은 외국계광산에 설치된 전신시설이 거의 유일하다. 이와 같은 요청이 실현될 수 있었던 것은 그 뒤에 외교적인 압력이 있었기 때문이다. 보호국기에 이르러 식민지 지배체제의 일환으로 조선의 통신기관은 재편되었다. 일본이 조선의 재정을 장악하기 위해 추진한 재정개혁의 일환으로 조선의 통신기관은 국고금 취급 사무(國庫金取扱事務)를 담당하게 되었으며, 식민지화에 저항하는 조선인 의병운동을 진압하기 위해 정비되고 있었던 치안제도의 일환으로 조선의 통신기관은 경비전화제도(警備電話制度)를 담당하게 되었다. 이와 같은 재편과정은 동시에 조선에 있어 우편국소가 정비되고 전신전화선이 보급되는 과정이기도 하였다. 식민지기에 있어서도 경비전화제도는 여전히 중요하였고, 또 일본-조선-만주를 연결하는 통신시설의 구축에 노력하였으므로, 통신기관의 보급에 있어 정치군사적인 요인이 작용하였음을 부인할 수 없다. 단,

식민지기에는 식민지 산업개발과 관련하여 민간의 통신에 부응하기 위해 통신기관을 보급한 측면도 있었다. 그러나, 식민지기에 있어 통신기관을 확충하기 위해 사용된 예산은 매우 제한된 것이어서, 민간의 통신수요에 제대로 부응할 수 없었다. 이를 배경으로 하여, 통신기관 설립 및 운영의 부담을 민간에게 전가시키는 제도로서 청원통신시설제도(請願通信施設制度)와 전신전화 기부금제도(電信電話寄附金制度)가 실시되었다. 이 제도들은 한편으로는 통신기관의 창설비와 유지비를 민간에게 전가시키는 수단이지만, 다른 한편으로는 이 제도들은 민간이 자신의 의사를 정부정책에 반영할 수 있는 창구였다. 이 제도를 배경으로 하여, 각 지역의 주민들은 청원통신기관의 창설이나 통신기관의 유치운동 등을 전개하게 되었는데, 이를 통해 개발지향적(開發志向的)인 지역집단(地域集團)이 출현하게 되었다. 통신기관의 보급정책에서 상대적으로 소외되어 있던 조선인들이 이 운동의 주체로 성장하고 있었다.

셋째 주제는 통신기관의 운영방식의 변화에 관한 것이다. 대한제국기에 있어서 통신기관은 직영기관과 신역제적 성격에 기반하여 운영되는 임시우체사(臨時郵遞司)가 있었다. 보호국기와 식민지기에는 직영기관 이외에 우편소나 우편취급소와 같은 청부기관이 발전하여, 통신현업은 주로 청부기관이 담당하게 되었다. 우편소나 우편취급소는 우편소장이나 우편취급소장이 자기 계리하에 직원을 채용하고, 사무를 관장하는 사적 경영체였다. 우편소나 우편취급소의 수입은 체신국이 사업량을 산정하여 지급하는 와타시키리 경비와 우표 및 수입인지 판매수입으로 구성되어 있다. 일본에 있어 청부통신기관은 지역유지가 부업으로 운영하였기 때문에, 체신성의 입장에서 볼 때, 직영기관보다 운영비가 적게 드는 기관으로 활용할 수 있었다. 반면, 조선에서는 일본인 우편소장이나 일본인 고원 등 외래자들이 주업으로 운영하는 기관이었기 때문에, 체신국은 이들의 수입을 충분히 보증하여 주어서, 경비절감의 이점은 크지 않았다. 청부기관의 운영비가 상대적으로 더 많이 들었기 때문에, 조선에 있어 통신기관의 보급수준이 낮은 수준에 머무른 측면도 있다.

넷째 주제는 통신기관의 보급수준에 관한 것이다. 대한제국기에 있어 통신기관은 1군에 1통신기관으로 보급되어 있었는데, 식민지 말기에는 2.5면에 1통신기관으로 증가되었다. 식민지기에 통신기관의 보급이 진행되기는 하였지만, 그 수준은 일본과 비교할 때 매우 낮았다. 그러나 동일한 일본의 식민지인 대만과 비교하면 상대적으로 더 빨리 통신기관이 보급되었다. 조선과 대만에 있어 통신기관 보급수준의 차이는 일본의 식민지 지배방식에 있어 조선과 대만의 차이에 의해 규정된 바도 있다.

제2장

통신 사용량의 추이

머리말

후발 산업화의 과정은 한편으로는 산업화를 지지하는 다양한 제도와 시설이 정부에 의해 구비되어 가는 과정임과 동시에 다른 한편으로는 이러한 제도와 시설을 이용할 수 있는 민간 산업주체가 형성되는 과정이기도 하다. 제1장에서는 통신기관의 보급을 통하여 산업화를 지지할 수 있는 제도와 시설이 구비되어 가는 과정을 살펴보았는데, 이 장에서는 통신 사용량을 분석함으로써, 이러한 제도와 시설을 이용할 수 있는 민간 산업주체의 형성과정을 살펴보고자 한다.

제1절과 제2절에서는 통신 사용량의 수준을 결정하는 공급측면의 요인과 수요측면의 요인을 고찰한다. 통신 사용량을 결정하는 공급측면의 요인으로 중요한 것은 통신기관의 보급수준, 통신 서비스의 요금과 질이다. 통신 서비스의 요금과 질은 통신기술의 발전과 밀접하게 관련되어 있기 때문에, 통신기술의 발전과 관련하여 고찰한다. 통신 사용량을 결정하는 수요 측의 요인은 통신 사용자층의 성장과 통신 사용자당 통신이용횟수로 나누어 고찰할 수 있는데 통신 사용자당 통신이용횟수를 알 수 있는 자료는 없으므로 통신 사용자층의 성장을 중심으로 파악하고자 한다.

제3절에서는 통신 사용량의 장기적인 동향을 고찰한다. 통신 사용량은 국가에 의한 통신기관의 보급정책과 국가전체의 경제적 성과를 반영하는 지표이자, 정보화(情報化)의 정도를 보여주는 지표이다. 전체적인 경제적

성과를 측정하는 데는 GDP데이터를 활용하는 것이 바람직하겠지만, 현재 GDP데이터는 1910년에서 1940년까지에 대해서만 알 수 있고, 또 민족별 GDP를 알 수 없다는 한계가 있다. 물론 통신 사용량 통계는 GDP통계를 대체할 수 있는 것은 아니지만, 보다 장기간의 시계열을 구축할 수 있고, 또 민족별 구성을 파악할 수도 있다. 조선에 있어 통신 사용량의 장기적인 동향의 특성을 파악하기 위해서 본 연구에서는 일본과 대만에 있어서의 장기적인 동향과 비교하는 시점을 취하고자 한다. 민족별 통신 사용량의 장기적 추이를 고찰하는 것은 그 나름의 의미가 있다. 일본인이 조선인을 지배할 수 있었던 기반 중의 하나는 당시 전개되고 있었던 근대적 제도와 시설을 이용할 수 있는 능력에 있어서의 우위였다. 통신 사용량의 민족별 동향은 근대적 제도와 시설의 이용능력의 우위에 기반한 식민지적 지배체제가 어떻게 변화되어 가고 있었는지를 보여준다.

제4절에서는 통신 사용량 통계를 통하여 당시 형성되고 있었던 통신 네트워트의 존재형태를 파악하고자 한다. 우선 조선-일본 간 통신과 조선 내부의 통신을 구분하여 살펴봄으로써, 당시의 통신망이 가지고 있었던 제국적(帝國的) 통신망으로서의 성격과 국지적(局地的) 통신망으로의 성격이 시기별로 어떠한 변화를 보이고 있는가를 고찰한다. 이는 바로 비지적(飛地的) 발전론을 통신 네크워크의 형성의 측면에서 검토하는 것이다. 그 다음 통신발신지를 대도시와 중소도읍으로 구분하여 살펴봄으로써, 대도시의 성장과 위성도읍(衛星都邑)의 성장이 어떠한 양상으로 이루어지고 있는가를 파악한다. 이것은 비지적 발전론을 도시화와 관련하여 검토하는 것임과 동시에 당시 조선에서의 도시화의 양태를 통신 네트워크의 형성 및 확장과 관련하여 파악하는 것이다.

제1절 공급의 변화: 통신기술과 통신요금

완전경쟁시장에서는 수요와 공급이 일치하는 곳에서 균형가격과 균형생산량이 결정된다. 공급을 결정하는 요인으로는 생산기술과 생산요소 가격을 들 수 있다. 그러나 통신사업은 완전경쟁시장이 아니라, 국가독점사업으로 운영되었다. 가격은 왈라스적 경매인이 결정하는 것이 아니라, 정부가 결정하였다. 정부는 수익성과 공익성을 고려하여 적정한 가격을 설정하는데, 보다 정치한 분석을 하기 위해서는, 정부의 공공요금 결정에 대한 공공선택이론적 분석을 하여야 할 것이다. 그러나 여기에서는 이러한 정치한 분석을 시도하지는 않는다. 대신에 통신요금의 추이를 분석함으로써, 정부가 수익성과 공익성 중 어떠한 것을 중시하였는가만을 파악하고자 한다. 제1항에서는 통신기술의 발전을 고찰하고, 제2항에서는 요금의 추이를 분석하여, 통신기술의 발전과 규모의 경제에 의해 증대되고 있는 경제적 잉여를 요금인하를 통하여 소비자가 향유하게 하는지, 아니면 재정수입으로 흡수하는지를 고찰한다.

1. 기술발전

1.1. 우편기술의 발전

우편업무는 우편물의 분류, 체송 및 집배송으로 구성된다. 현재 우편물은 우편번호를 사용하고, 우편물 자동분류기계를 사용함으로써, 생산성의 향상이 이루어졌는데, 이것은 해방 이후의 일이고, 해방 이전에는 우편번호도 사용되지 않았고, 우편물 자동분류기계도 없었다. 해방 이전에 있어서 우편기술의 발전은 우편물 분류업무에서는 거의 이루어지지 않았다. 반면, 체송과 집배송에 있어서는 기술상에 있어 커다란 진전이 있었다.

체송 및 집배송 기술의 발전은 교통업의 발전과 관련된다. 운송수단은 19세기에 들어 급속하게 발전하였다. 기선(汽船), 철도, 자동차, 항공으로 이어지는 운송수단의 발전은 수송비를 절감하고, 수송속도를 크게 향상시켰다. 체송과 집배송 기술은 발전된 수송수단을 채용하여, 경비를 절감하고 수송속도를 향상시키는 방향으로 전개되었다. 일본의 경우 이 산업들은 대부분 체신성(遞信省)이 관리하였다. 이 중 철도는 철도원으로 분리되어 나갔지만, 그 이전에는 체신성이 관리하였다. 체신성은 관련법규를 제정하고 보조금을 지급하고, 필요한 기술인력을 양성함으로써, 이 산업들이 발전하도록 노력하였다. 우편물의 체송은 수부 체송(受負遞送)이라는 청부방식(請負方式)에 의하여 이들 기업에 위탁하는 것이 일반적이었다. 물론, 직영으로 체송하는 것도 있었다.

반면 대한제국 경영기에 있어 교통업의 발전은 매우 미흡하여, 체송 및 집배송은 대부분 인부(人夫)에 의한 체송 및 집배송이다. 대한제국 경영기의 체송로에 대한 전체적인 통계는 거의 남아있지 않는데, 1903년에는 총 체송거리에 대한 통계를 얻을 수 있다. 당시 체송로는 한성과 각 관찰도 및 항구사를 연결하는 체송로와, 다시 각 관찰도와 각 군을 연결하는 체송로로 구성되어 있다. 전자를 원선로(原線路)라 하고 후자를 임시선로(臨時線路)라고 한다. 원 선로는 4,815킬로미터(12,260한리(韓里)), 임시선로는 6,013킬로미터 (15,310한리(韓里))로서 총 체송로는 10,828킬로미터이다. 원 선로는 매일 1회 체송하고, 임시선로는 2일에 한 번 체송하므로, 일일 체송 연리정(一日遞送延里程)은 원선로 4,815킬로미터와 임시선로 3,006킬로미터로서, 총 7,821킬로미터이다.[129] 평균 1.35일 만에 한 번씩 체송이 이루어지고 있다. 물론 이것은 당시 체송로를 망라한 것은 아니었다. 선박에 의한 체송도 있었음을 여러 자료를 통하여 확인할 수 있는데, 수로 체송을 이 자료는 포함하고 있지 않고, 또 육로 체송의 경우에도 경인 간에 철도가 부설되어 있어서 철도를 이용한 체송을 하였는데, 이를 포함하고 있지 않다. 그러나 이 시기의

---

[129] 통감부 통신관리국(1906).

체송이 거의 대부분 인부 체송이었으며, 철도 체송이나 선박 체송은 미미하였음을 당시의 철도 보급상황과 해운업의 발전상황을 통하여 파악할 수 있다.

1905년 대한제국 통신기관의 체송로는 보다 자세하게 파악할 수 있다.[130] 체송로의 단리정(單里程)을 운송수단별로 보면, 도로 체송선이 15,155킬로미터(3859일본리(日本里)), 수로 체송선이 2,326킬로미터(1256리(浬)), 철도 체송선이 481킬로미터(299리(哩))이고, 총 체송로는 17,962킬로미터여서, 1903년에 비해 2.3배 증가하였음을 확인할 수 있다. 철도 체송은 경부철도가 건설되어 증대되었으며, 수로체송선은 1903년에 어떠하였는지를 파악할 수 없으므로, 이 기간 중에 어느 만큼 변화하였는지 알 수 없다. 도로 체송의 경우에는 그 리정이 증대되었다. 일일 평균 연리정(延里程)을 살펴보면, 도로 체송선은 12,312킬로미터(3135일본리(日本里)), 철도 체송선은 2,332킬로미터(1449리(哩)), 수로 체송선은 665킬로미터(359리(浬))로서 총 15,309킬로미터이고, 단리정의 85%였다. 많은 지역은 아직 1일 1회 체송되지 못하였음을 보여준다. 도로 체송선의 경우에 평균 1.23일에 한 번씩 체송이 이루어지고 있어서, 1903년에 비할 때 그 리정이 증가하였을 뿐만 아니라 체송횟수도 증가하였음을 확인할 수 있다. 철도체송의 경우, 일일 평균 4.85회 체송하고 있으며, 선박 체송의 경우에는 평균 3.5일 만에 한 번씩 체송하고 있다. 이 기간 동안 철도 체송이나 선박 체송이 크게 늘었다고 판단되지만, 여전히 인부 체송이 대부분을 차지하고 있다.

대한제국기에 집배송은 우체사가 있는 구역은 우체사가, 우체사가 없는 구역은 임시우체사가 집배송하였다. 이 시기에 있어 집배송과정에 어떤 발달된 운송수단을 활용하였음을 보여주는 자료는 아직 없다.

일본은 조선의 통신기관을 탈취하면서, 대한제국의 체송로와 일본국 우편국의 체송로를 통합한 새로운 체송로 체계를 만들었다. 대한제국 통신기관

---

[130] 일본국이 대한제국 통신기관을 탈취할 때, 탈취대상에 체송로도 포함되어 있다. 때문에, 당시 인수인계 자료에는 체송로에 대한 통계가 포함되어 있다.

은 한성을 중심으로 하여 방사형으로 뻗어나가는 육로 체송체계가 주를 이루고 있는 반면에 조선에 진출한 일본국 통신기관들은 개항장을 중심으로 그 인접지역에 진출한 일본국 우편기관을 수로 및 육로에 의해 체송하고, 또 각 개항장 간에는 수로를 통해 체송하는 수로중심의 체송체계였으며, 철도가 건설되면서 철도 체송의 비중이 증대하고 있었다. 보호국기의 체송로는 대한제국 통신기관의 육로중심의 체송로와 일본국 우편국의 수로중심의 체송로가 결합된 것으로서, 대한제국 통신기관의 체송로와 비교할 때, 수로 체송의 비중이 크게 증가하였다. 1906년 체송로의 단리정을 보면, 통상도로가 10,499킬로미터, 철도가 1,043킬로미터, 수로가 15,655킬로미터로서, 총 27,197킬로미터이다. 일본에게 통신기관을 탈취당하기 직전의 대한제국 통신기관의 체송로와 비교하면, 150% 증가하였는데, 그 구성을 보면, 철도 체송은 220%로, 수로 체송은 670%로 증가하였지만, 도로 체송은 오히려 2/3 수준으로 감소하였다. 이 시기에는 수로 체송이 도로 체송을 대체하였다고 할 수 있다. 단리정으로 보면 수로 체송의 리정은 도로 체송의 리정을 능가하게 되었다. 일일 평균 연리정으로 보면 도로 체송이 9,291킬로미터, 철도 체송이 4,116킬로미터, 수로 체송이 3,254킬로미터로 총 16,661킬로미터이다. 체송은 평균 1.6일 만에 한 번씩 하는 것으로 줄어들었는데, 체송횟수가 많지 않은 수로 체송이 급속하게 늘어난 것에 기인한다. 도로 체송의 경우, 평균 1.13일에 한 번씩 체송하게 되어, 체송의 횟수가 인계 당시에 비해서 증가하고 있는 반면, 철도 체송은 1일 평균 4회로, 선박은 4.8일에 한 번씩 체송하는 것으로 줄어들었다.

식민지 시기에도 철도 체송과 선박 체송을 중심으로 하여 발전하였다. 체송로는 1906년부터 1938년까지는 지속적으로 증가하였다. 1906년에 27,197킬로미터이던 것이, 1938년에는 77,590킬로미터로 증가하였다. 이 중 도로 체송은 1906년 10,499킬로미터에서 1938년에는 14,580킬로미터로 증가하여 1.39배 되는 데 그치고 있으며, 철도 체송은 동 기간 동안 1,043킬로미터에서 5,488킬로미터로 증가하여 5.26배로 되었으며, 선박 체송은 15,655킬로미터에서 53,273킬로미터로 증가하여 3.40배로 되었다. 철도와 선박을 중심으로 하여 체송로가 발전하였음을 확인할 수 있다. 뿐만 아니라, 도로 체송의 경우에도 도로가 정비되어 감에 따라 인부 체송(人夫遞送)에서 인차(人車)나 마차 체송(馬車遞送)으로 더 나아가서는 자동차 체송으로 대체되어 갔다. 자동차 체송은 1916년 대구와 포항 간의 체송에서 시작되었는데, 1922년에는 전체 도로 체송 중 30%를 차지하게 되었으며, 1925년에는 45%, 1930년에는 85%, 1935년에는 90%를 넘어서게 되어 거의 대부분의 도로 체송이 자동차체송으로 변화하였다. 또한 1929년부터는 항공 체송이 등장하였는데, 1929년에 910킬로미터였던 항공 체송은 1938년에는 4,249킬로미터로 증가하였다.

<표 2-1> 우편 체송로의 운송수단별 구성

	실　　수					단위　km					
	단리정						일일 평균 리정				
	통상도로　자동차 체송도로		철도	수로	항공로	계	통상도로　자동차 체송도로		철도	수로	항공로	계
1906	10499		1043	15655		27197	9291		4116	3254		16661
1910	10558		1096	23217		34871	15331		5416	5334		26081
1915	11218		1683	18164		31065	23379		8738	6602		38719
1920	12473	-	2134	17642		32249	23539	-	9855	5876		39270
1925	11946	5514	2841	23419		38206	22364	11096	14172	7849		44385
1930	11286	9577	3835	25880	910	41911	23947	-	18241	5369	780	48337
1935	13351	12097	4918	51389	1680	71338	36108	-	24638	10090	2610	73446
1938	14580	13253	5488	53273	4249	77590	32381	28732	34746	10808	7525	85460
1944	11111	-	6273	4913	5825	28122	23116	-	19708	12789	8860	64473

	비　　율					단위　%					
	단리정						일일 평균 리정				
	통상도로　자동차 체송도로		철도	수로	항공로	계	통상도로　자동차 체송도로		철도	수로	항공로	계
1906	38.6		3.8	57.6		100.0	55.8		24.7	19.5		100.0
1910	30.3		3.1	66.6		100.0	58.8		20.8	20.5		100.0
1915	36.1		5.4	58.5		100.0	60.4		22.6	17.1		100.0
1920	38.7		6.6	54.7		100.0	59.9		25.1	15.0		100.0
1925	31.3	14.4	7.4	61.3		100.0	50.4	25.0	31.9	17.7		100.0
1930	26.9	22.9	9.2	61.7	2.2	100.0	49.5		37.7	11.1	1.6	100.0
1935	18.7	17.0	6.9	72.0	2.4	100.0	49.2		33.5	13.7	3.6	100.0
1938	18.8	17.1	7.1	68.7	5.5	100.0	37.9	33.6	40.7	12.6	8.8	100.0
1944	39.5		22.3	17.5	20.7	100.0	35.9		30.6	19.8	13.7	100.0

자료: 조선총독부 체신국, 『조선총독부 체신통계요람』; 조선총독부, 『조선총독부 조사월보』.

1939년부터는 체송로가 줄어들었는데, 도로 체송과 선박 체송이 감소하였기 때문이다. 철도 체송과 항공 체송은 이 시기 동안에도 계속 늘어나고 있었다. 특히 선박 체송이 급속히 감소하였는데, 단리정으로 보면 1938년에 53,273킬로미터이었던 것이 1944년에는 4,913킬로미터로 줄어들었다. 이것은 체송횟수가 많지 않은 선박 체송로를 정리한 것에 기인한다. 연리정(延里程)으로 보면, 1938년에 10,808킬로미터이던 것이 그 이후 점차 감소하다가 다시 증가하여 1944년에는 12,789킬로미터로 오히려 증가되었다. 반면 철도체송은 단리정(單里程)으로 보면 증가하고 있지만, 연리정으로 보면 1938년 34,746킬로미터이던 것이 1944년에는 19,708로 감소하였다. 새로운 철도의 건설과 함께 체송로는 증가하였지만, 철도의 체송횟수는 감소하고 있음을 보여주는 것이다. 1938년 이후의 이러한 변화는 전시 교통정책과의 관련 속에서 파악하여야 할 것이지만, 아직 이 시기의 교통정책에 대한 연구가 결여되어 있으므로 현재로서는 그 역사적 의미를 명확하게 파악할 수는 없다.

인부체송에서 철도 체송, 선박 체송, 자동차 체송, 항공 체송으로의 변화는 운송수단의 변화를 의미하는 것일 뿐만 아니라, 체송방법의 변화를 의미하는 것이기도 하다. 인부 체송과 철도 체송은 통신기관 소속의 통신부(通信夫)가 체송하는 것이지만, 선박체송과 자동차체송과 항공체송은 일반적으로 통신부 체송이 아니라 수부 체송(受負遞送)이었다. 즉 선박회사나 자동차회사나 항공회사 등에 우편물 체송을 위탁시켜 체송시킨 것이다.

보호국기 이후에는 체송에서뿐만 아니라 집배송에서도 기술의 향상이 이루어지고 있었다. 집배송에 자전거, 우편마차, 우편자동차, 궤도 등을 활용함으로써, 생산성의 향상이 이루어졌다.

이상과 같은 운송수단의 변화는 체송시간의 단축을 통하여 우편배달기간을 줄임으로써, 우편서비스의 질을 향상시켰을 뿐만 아니라, 체송비용의 절감을 가져왔다. 여기에서는 통신부 일인당 우편물 취급건수의 동향을 통하여 비용의 감소추이를 파악하고자 한다. 체송 및 집배송에는 청부에 의한 체송이 있는데, 청부에 소요된 금액은 당시 통신부 일인당 급료연액을 사용하여 통신부로 환산하여, 이를 통신부 인원수에 합산하였다. 1911년 이전에 임시우체사나 우체소에서 지급된 체전부 고용을 위한 지급분도 당시 체전부의 급료연액을 사용하여 체전부 인원수로 환산하였다. 1902년의 경우에 임시우체사제도를 운영하기는 하였지만, 이들 기관에 업무상 필요한 비용을 지급하지 않았는데, 실제 이러한 업무를 수행하기 위해서는 인원이 소요되었다. 임시우체사에 경비를 지급하는 규칙이 제정된 것은 1903년이지만, 1902년도 1903년의 예에 따라 이 인원을 산정하였다. 이와 같은 방식에 의해 산출된 통신부 일인당 우편물 취급건수는 1902년에는 895통이었는데, 1906년에는 26,687통으로 1930년에는 36,915통으로 증가하여, 1930년에는 1902년보다 40배가 넘게 증가하였다. 특히 통신기관의 합동 이후 급속하게 증가되어, 1906년에는 1902년의 30배에 달하고 있다. 그 이후에는 완만하게 증가하여, 1930년은 1906년의 1.3배에 그치고 있다. 물론 통신부 일인당 우편물 취급통수의 증가는 운송수단의 발전에만 기인한 것은 아니다. 1902년에 체전부는 월 5회 내지 6회 정도를 체송하고 있는데, 일회 체송 시 취급하는 우편물량은 평균 15통에 그치고 있다. 즉 운송수단이 발전되지 않아서 체송에 많은 시일이 소요될 뿐만 아니라, 통신수요가 많지 않아 일회 체송 시 우편물 통수도 매우 적었다. 보호국기 이후 통신부 일인당 취급통수의 증가는 한편으로는 운송수단의 발전에 의하여 체송에 소요되는 시간이 단축되었을 뿐만 아니라, 통신사용량이 급속히 증가함에 따라 일회 체송 시의 취급통수도 증가하였기 때문이다.

보호국기와 식민지기에 들어 우편물 한 통을 체송 및 집배송하는 비용은 크게 감소하였으며, 우편물의 체송 및 집배송에 요하는 시간이 축소되어 감에 따라 우편 서비스의 질도 개선되었다.

1.2. 전신기술의 발전

전신기술은 1837년 미국의 모스에 의해 개발된 이래 급속하게 발전되었다. 우리가 고찰하는 시기에는 송수신기 및 송수신 방식을 중심으로 하여 전신기술이 발전하였다. 1945년 이전 일본과 조선에서 사용된 최고의 기술수준은 인쇄 전신(印刷電信) 반송식 전신(搬送式電信) 사진 전신(寫眞電信)[131] 이다. 이 전신기술들은 전후에 더욱 발전하여 텔레텍스 팩시밀리 등이 출현하게 되었다.

당시의 기술발전은 회선의 절약, 사용의 편리성, 다중매체(多重媒體)의 전송을 추구하고 있었는데, 이 중 가장 중요한 것은 회선의 절약이었다. 회선을 절약하는 전신방법으로서 가장 발전된 것은 무선전신이지만, 무선전신은 막대한 시설비를 요구하여, 선박 무선통신, 항공 무선통신 등과 같이 유선전신을 사용할 수 없는 영역에서 사용되었으며, 유선전신이 사용되고 있는 영역에서는 유선전신을 보조하는 수단에 머물렀다. 유선전신은 전신선의 가설 및 유지에 비용이 많이 들어가기 때문에 회선을 절약하기 위하여 고속전신이나 인쇄전신 등과 같이 송수신속도를 높이는 고속전송(高速電送) 기술과, 반송식전신과 같이 한 회선에 여러 통의 전신을 보낼 수 있는 다중전송(多重電送) 기술을 발전시켰다. 이하에서는 고속전송과 다중전송에 초점을 맞추어서 일본에서의 고급 전신기술의 발전과정과 조선에서의 고급 전신기술의 수용과정을 살펴본다.

전신기술의 발전은 송신방법의 발전, 수신방법의 발전, 다중전송의 발전으로 이루어졌다. 송신방법은 수송전건(手送電鍵)[132] -> 자동송신기(自動送

---

[131] 사진전신법(寫眞電信法)은 문자뿐만 아니라 회화 사진 등을 원격지에 보내 상대방이 완전히 그와 동일한 서화(書畵)를 수신할 수 있도록 하는 전신방법으로 문자전신의 수준을 넘어선 것이다. 이 기술은 팩시밀리의 출현한 예고하는 것이었다.

[132] 수송전건은 전건을 길고 짧게 누르는 것에 의하여 모스 기호를 송신하는 방법이다. 수송전건을 사용하여 전신을 보내기 위해서는 상당한 정도의 숙련이 필요하다.

信機)[133] -> 건반송신기(鍵盤送信機)[134]로 발전되었다. 수신방법은 현자기(顯字機)[135] -> 음향기(音響機)[136] -> 인자기(印字機)[137]로 발전되었다. 이 발전들도 송수신을 보다 빠르게 하므로 회선절약적인 기술발전이라 할 수 있다. 이 외에도, 송수신방법과 관계없이 한 전신선으로 동시에 여러통을 송수신할 수 있는 전송방법도 발전하였다. 전송방법은 단신법(單信法)[138] -> 이중법(二重法)[139] -> 사중법(四重法)[140] 등으로 발전되었다. 또 전화선을 이용하는 전신법도 발전하였다. 전신선은 1838년 독일의 슈인하일 씨에 의해 귀로로서 땅을 이용하는 방법이 발명되어 선로는 일반적으로 단선식(單線式)이다. 반면 전화선은 쌍선식(雙線式)이다. 전신선과 전화선은 재질 등에 있어 차이가 없기 때문에, 전화선을 이용하여 전신을 하는 것도 가능하고 전신선을 이용하여 전화를 하는 것도 가능하다. 전화는 전신 2회선으로 하나의 전화회선을 만들 수 있다. 따라서 전화선을 전신에 사용하는 것은 별다

---

[133] 자동송신기를 이용하여 전신하기 위해서는 우선 찬공기를 이용하여 송신할 부호를 송신용찬공지에 입력하고, 그것을 자동송신기에 걸어 송신하는 것으로 전건을 이용하는 것보다 6배 빠르게 송신할 수 있다.

[134] 건반송신기는 타이프라이터의 건반을 두드리면 이 문자에 대한 부호가 송신되는 것으로 모스부호로 변형하여 전송할 필요가 없기 때문에 편리하다.

[135] 현자기는 모스부호가 인쇄되어 나오는 것으로 시각에 의존하기 때문에 속도가 느리고 오류가 많다.

[136] 음향기는 모스부호가 소리로 수신되어, 귀에 의존하기 때문에 속도가 빠르고 오류는 줄어들지만, 빠르고 정확한 수신을 위해서는 상당한 숙련이 요구된다.

[137] 인자기는 전신내용이 문자로서 출력되어 나오는 것으로 모스부호에서 문자로의 변형과정이 필요없는 편리한 방법이다.

[138] 단신법은 전신 일회선으로 2국 또는 수국을 접속하여 서로 통신하는 방식으로 쌍방에서 동시에 통신하는 것은 가능하지 않다.

[139] 이중법은 한 전신회선을 이용하여 쌍방으로부터 통신이 가능하게 하는 전송방법으로 단신법에 비해 전신회선의 활용도를 두 배로 늘릴 수 있다.

[140] 사중법는 일회선에 동시에 2통의 음신을 송수신할 수 있는 방법으로 2중법 2회선에 상당하는 통신능력을 갖고 있다. 단신법에 비해 전신회선의 활용도가 4배로 늘어난다.

른 기술이 요구되지 않는다. 단, 전화통화를 하고 있는 전화선을 이용하여 전화를 방해하지 않으면서 전신을 보내기 위해서는 기술의 발전이 필요하였다. 이것이 반송식 전신법이다.[141]

그리고 엄밀한 의미에서는 전신이 아니지만, 전신 서비스의 일종으로 행하는 구송(口送)이 있다. 구송은 전화기로 전신내용을 직접 읽어 송수신하는 것이다. 전신을 전신부호를 이용하여 정보를 전달하는 것으로 정의하면, 전신부호가 아닌 말로 정보를 전달하기 때문에 전신이라 할 수 없다. 그러나 다른 한편으로 전화는 쌍방 통신이고, 전신은 일방 통신인데, 구송은 일방 통신이어서 사용자의 입장에서는 전신과 구분되지 않는 서비스이다. 구송은 전신기를 이용하는 것보다 속도가 느리기는 하지만, 송수신에 숙련이 필요하지 않으므로 편리하다.

이제 일본에서의 전신기술의 발전과 조선에서의 전신기술의 수용과정을 살펴보자. 일본에 있어서 수신기의 발전을 살펴보자. 처음에는 페리제독이 가지고 온 부레겟트 지자기를 사용하였는데, 이것은 원거리에 사용하기 어렵고, 빠르게 송수신하기 어렵다는 단점이 있었기 때문에 1871년부터는 모스기를 사용하였다. 모스기는 현자기를 사용하여 수신하기 때문에, 앞서 언급한 대로 수신속도가 느릴 뿐만 아니라 오류도 많아서, 다시 음향전신기(音響電信機)를 사용하도록 변하였다. 음향전신기가 언제부터 사용되기 시작하였는지 그 연대를 정확하게 알 수는 없지만, 1898년에는 음향전신기 10대가 있었음이 확인되므로, 그 이전부터 사용하였을 것이다. 1898년 이후부터는 빠르게 음향전신기로 교체되어 광범하게 사용되게 되었다. 비교적 통

---

141 반송식 전신법은 고주파 전신법과 음성주파 전신법이 있다. 이 중 음성주파 전신법은 전신과 전화를 동시에 할 수 없다는 단점이 있지만, 감쇄가 적게 일어난다. 고주파 전신법은 전신과 전화를 동시에 할 수 있지만, 감쇄가 크기 때문에 다수의 중계기를 사용하여야 하는 단점이 있다. 그리고 반송식 전신법은 여러 주파수대의 반송파를 사용함으로써 한 회선에 여러 통의 전신을 한꺼번에 할 수 있다는 장점이 있다.

신이 한산한 곳과 특별한 필요가 있는 곳을 제외하고는 모두 음향전신기를 사용하는 것으로 되었다. 인자기(印字機)는 1927년에 등장하는데, 이 때의 인자기는 구문인자기이다. 일본어 인자기는 1928년 가을에 개발되었다. 1928년 가을에는 도쿄와 교토 간에 설치되어 매일 2,000통 내외의 전신을 소통하는 우수한 성적을 보였다. 1937년에는 도쿄-오사카 간에도 설치되어 이용되었지만, 아직 광범하게 보급된 것은 아니었다. 전전에 있어 일본 전신기술의 발전을 총괄적으로 살펴보면 현자기 사용에서 시작하여 음향기를 거쳐 인쇄기로 변화되어 갔지만 가장 중요한 전신수단은 여전히 음향기였다.

<표 2- 2> 일본에 있어서 전신기의 변천

		1884	1887	1892	1897	1902	1907	1913	1918	1923	1929	1934	1936
전화기				53	2	312	842	1983	2319	3278	4089	4491	4716
현자기	단신	457	499	996	2033	1860	2042	2214	1849	694	135	2	1
	이중			10	50	5	11	18	4	7	2	2	1
음향기	단신					1215	1511	2134	2810	4588	5377	5171	5103
	이중				10	176	173	186	270	433	483	640	743
	사중					14	42	32	56				
	중단신								8	108	158		
	교직쌍신								26	25	47		
	고주파식 이중								1	4	4		
	교직사중									93	86	82	70
자동기	이중			8	12	23	13	22	61	128	136	168	172
인자기											10	63	73
사진전신기												4	4
현파기	단신				2	2	5	5	3				
	이중				3	3	3	5	8				
	단신 자동									4	4	3	5
	이중 자동									11	11	12	11

자료: 『일본 전기사업 발달사 전편』; 『체신통계요람』; 『체신성 연보』.

송신기의 발전을 살펴보자. 송신기는 처음에는 수송송신기(手送送信機)였지만, 통화량이 많은 지역에는 자동송신기(自動送信機)가 도입되었다. 자동송신기는 1882년 도쿄-오사카 간의 통신에 처음으로 사용되었다. 건반송신기(鍵盤送信機)가 보급되기 이전에 이미 타이프라이터가 보급되어 전신수신에 활용되고 있었다. 건반송신기의 보급시기를 정확히 알 수는 없지만, 건반송신기는 인쇄전신기와 결합되어 사용되기 때문에, 앞서 소개된 인자기의 사용 시점과 비슷할 것으로 판단된다.

이제 회선절약형 전신기술의 채용시기를 살펴보자. 이중법(二重法)은 1880년 요코하마-고베 간에 사용한 것이 처음이기는 하지만, 이중전신기가 통신용으로 확실한 신용을 얻게 된 것은 1893년에 이르러서이다. 자동송신기를 이중법으로 사용하는 이중자동전신법은 1891년 6월 오사카-시모노세키 간의 통신에서 처음으로 사용되었다. 4중 전신기(四重電信機)는 1887년에 처음 시험되었는데, 1892년 6월에 도쿄-오사카 간에 설치되어 사용되었다. 고주파 반송식 전신법은 1918년 3월에 이르러 사용되기 시작하였다. 전화기를 이용한 구송은 1889년 전화교환사업이 시작되면서였을 것으로 판단되는데 1892년에는 53대의 전화기가 전신용으로 사용되고 있었다.

이제 조선에서 전신기술이 수용되는 과정을 살펴보자. 대한제국 경영기의 전신방법은 수송전건(手送電鍵)과 모스현자기를 이용한 송수신이었다. 이 외에 경성과 대구 간에는 충주에, 경성과 전주 간에는 공주에 자동중계장치(自動中繼裝置)를 설치하여 이 양 지역 간의 직접통신을 가능하게 했다. 대한제국 경영기에는 회선절약적인 통신방법의 발전이 이루어지지 않았는데, 그 이유로 당시 조선에서는 전신수요가 미약하여 회선절약적 통신방법을 채용할 유인이 적었다는 점을 들 수 있다. 1905년 조선에서 사용되고 있던 전신기를 종류별로 살펴보면 모스현자기가 95대, 전화기가 40대, 자동이중기가 3대이다. 이 중 자동이중기(自動二重機)는 일본국 부산우편국이 러일전쟁 때 나가사키-부산 간에 사용한 것이다. 그리고 조선에서 전화기가

통신국소에 보급된 것은 1902년 이후이므로 전화기가 전신에 이용된 것은
이 이후라고 생각된다. 전화기와 자동이중기는 조선에 들어와 있던 일본국
우편국에서 사용한 것으로, 대한제국이 경영하는 전보사(電報司)에서는 현
자기를 사용하고 있었다.

<표 2- 3> 조선에 있어서 전신기의 변천

		1906	1910	1915	1920	1925	1930	1935	1940	1944
전화기		41	306	624	691	756	769	794	823	?
현자기	단신	98	30	2	2	1	1	1		
음향기	단신	15	139	256	289	389	445	497	718	675
	이중	2	6	7	15	21	26	30	61	42
	사중				4	4				
	중단신						3	4		
자동기	이중	3	3	7	11	15	17	18	27	30
	진동식 이중					2	2	1	2	
인자기							1	6	27	61
현파기	이중			1	1	1	1			

자료: 『조선총독부체신통계요람』.

  일본은 대한제국의 통신기관을 탈취한 시기를 전후하여 일본의 전신기술
과 보조를 맞추기 위해 새로운 장치를 들여왔다. 자동이중기는 1904년에
이미 일본국 부산우편국에 설치되었으며 전화기도 1905년 이전에 상당수
설치되었고, 1906년에는 음향기가 설치되었다. 4중기는 1918년에 설치되었
다. 그러므로 1905년 이전 일본의 주요한 전신기술들은 사중기(四重機)를
제외하고는 1902년에서 1906년 사이에 모두 조선에 수용되었다. 그 이후
개발된 중요한 전신기술로는 인쇄전신기와 사진전송기와 반송식전신법이
있다. 인쇄전신기(印刷電信機)는 1932년에 서울과 인천 간에 설치되어 운영
되었고, 1935년에는 경성과 부산 간에 1937년에는 부산과 대구 간에 설치되
었다. 사진전신기(寫眞電信機)는 1937년에 경성에 설치되었다. 반송식 전신

장치(搬送式電信裝置)는 1932년에 설치되었으며, 1938년 3월에는 무장하케 이블을 이용한 음성주파 다중전신법을 시행하기 위하여 경성 및 부산국에 음성주파 다중전신 단국장치가 1대씩이 설치되었고, 1940년에는 함흥국에 반송식 주파수 다중전신장치가 설치되었다.

조선에 있어서 첨단기술의 수용시점을 일본과 비교하면 인쇄전신은 4년, 사진전신은 6년, 반송식 전신장치는 14년의 차이가 난다. 사진전신기는 일본내부에서도 1936년까지 4대밖에 없었고, 고주파기는 1930년 이후에는 통계상에 잡히지 않는데 이것이 고주파기의 소멸인지 통계상으로 잡히지 않는 것인지는 알 수 없지만, 1918년에 도입된 이래 1929년에 이르기까지 4대가 보급된 것에 불과하다. 반면에 인자기는 상당히 빠른 속도로 보급되고 있는데, 조선에서는 일본보다 4년 늦게 설치되고 있다. 이러한 속도의 기술수용이 빠른 것인지 느린 것인지를 논의하는 것은 용이하지 않다. 단, 이 기술들이 일본의 주요 우편국에 보편적으로 보급되기 이전에 조선에 보급되었다는 점은 지적해 둘 만하다. 전신의 효율적 운용을 위해서는 양쪽의 기술수준이 동시에 향상될 필요가 있다. 이를 감안하면, 일본에서 일반적으로 보급되지 않은 첨단장치들이 조선에 설치되고 있었던 것은 의외가 아니다. 첨단 전신기술의 도입은 식민지에 관한 그리고 중국과 만주에 관한 정보의 신속한 수집이라는 정치군사적 목적에도 부합된 것이었다.

그러나 이러한 신기술은 대중통신망이나 현업작업과 관련하여 볼 때 그렇게 중요하지는 않다. 대중통신망이나 현업작업과 관련하여 중요한 것은 대중화되어 있는 기술이 어떠한 것인가이다. 우선 수신장치의 동향을 살펴보면, 일본의 경우 현자기의 수는 1913년까지 증가하다가 그 이후에 감소한다. 물론 전화기와 음향기의 상대적인 급성장을 고려하면 현자기의 비중은 전화기와 음향기가 도입된 이래 지속적으로 감소하고 있다. 반면 조선에서는 현자기의 수가 1906년부터 감소하였고, 1911년에는 4대밖에 남지 않아 거의 소멸되어 버렸다고 할 수 있다. 대한제국 경영기에 전신사에는 현자기가 설치되어 있었는데, 전신사는 주요한 지역에 설치되어 있었기 때문에, 일본이 통신기관을 탈취한 이후 전신사를 인계한 우편국들은 현자기를 음향기로 빠르게 대체하였다. 그 이후 우편소에서도 전신을 취급하였는데, 우편소에서는 전화기를 이용한 구송을 사용할 수 있었기 때문에 현자기는 거의 설치되지 않았다. 이와 같은 이유로 조선에서는 매우 빠르게 현자기가 사라지게 되었다.

일본에서는 음향기의 보급이 전화기의 보급을 항상 앞지르고 있는데 반해, 조선에서는 1940년까지 전화기가 음향기를 앞지르고 있다. 비중을 보면 일본에서는 전화기가 음향기를 대체하는 방향으로 전개되었는데, 조선에서는 음향기가 전화기를 대체하는 방향으로 전개되었다. 이것은 시외전화선과 전신선의 보급의 수준과 관련되어 있다. 조선에서는 경비전화와 관련하여 상당히 빠른 시기에 주요 지역 간의 시외전화망이 갖추어져서, 각 지방의 우편소들은 전화통화업무를 하고 있었다. 그러나 전화기에 의한 구송은 속도가 느리기 때문에 전신수요가 증대됨에 따라 음향기가 보급되게 된 것이다. 1925년 이전에는 우편국을 중심으로 음향기가 보급되었지만, 1926년 이후에는 우편소에도 음향기가 보급되기 시작하였다. 1926년에 진영 우편소가 음향기 통신방법으로 변경하였고, 1927년에는 합천 우편소 외 8개소가, 1928년에는 경성 강지정 우편소 외 35개소가, 1930년에는 보성 우편소 외 37개소가, 1931년에는 영암 우편소 외 5개소가 음향기 통신방식으로 개량하였다. 이처럼 우편소에 음향기가 보급되어 음향기의 비중이 늘어난 것이다. 물론 음향기가 설치되었다고 하여 전화기에 의한 구송이 완전히 사라진 것은 아니다. 전화기에 의한 구송 장치도 동시에 사용되었다. 조선의 우편소에 음향기가 보급되고, 일본의 작은 우편국에 전화기가 보급됨에 따라, 일본과 조선에 있어 전화기 전신과 음향기 전신의 비율은 점차 수렴되어 가고 있었다.

회선 사용방식을 보면(여기에는 전화기를 포함시키지 않았음), 일본이나 조

선이나 모두 압도적인 비중을 차지하는 것은 단신기(單信機)이다. 이중기 이
상의 고급 기계의 비중은 조선보다 일본에서 더 높다. 단신기의 비중이 이렇
게 높았던 이유는 가설된 전신선 중 상당부분은 전신 통화량이 많지 않아 보
다 고도의 기술을 필요로 하지 않았기 때문이다. 일본에서 다중통신기의 비
중이 더 많은 것은 지역 간 전신 교신량이 많은 도시의 발전과 관련되어 있
다.[142]

　조선에 고급 전신기가 도입되고 있었던 것의 효과를 과대평가해서는 안
된다. 일본에 있어 첨단 전신기계의 도입은 그 기계와 관련된 연구개발의
진전과 국산화를 동반한 것이었다. 반면, 조선에서는 첨단 전신기계를 생산
하는 주체도 연구개발기관도 거의 없었기 때문에, 일본에 있어 첨단 전신
기계의 개발 및 수용과 동일한 성격의 것이 아니었다. 이 이외에 자동중계
반이나 전신집신기 전신교환기 전신감독기 등의 다양한 전신기계가 있었지
만, 이것은 소수의 국에 몇 개 설치되어 있었던 것이다.

　이상에서 살펴 본 바와 같이 전신기술의 발전은 회선절약적인 것이었다.
이에 따라 신규회선을 건설하고 유지하는 비용을 줄일 뿐만 아니라, 전신
송수신 속도를 높임으로써 노동생산성의 증대를 가져왔다. 뿐만 아니라, 전
신회선의 증설과 더불어, 대기시간을 줄임으로써, 통화서비스의 질을 향상
시키는 데 기여하였다. 이제 이러한 기술의 발전이 비용을 얼마나 감소시
켰는가를 살펴보고자 한다. 전신기술의 발전은 1906년 현자기에서 음향기

---

[142] 전신기를 사용하기 위해서는 일정한 숙련이 필요하다. 때문에 전신기의 발전은
　　그에 상응하는 양성체계의 변화를 동반한다. 전신 기술자의 양성은 기본적으로
　　음향기를 다룰 수 있는 기능자의 양성이었다. 이들에 대한 수요는 고급 전신기가
　　도입된 이후에도 여전히 많았다. 고급 전신기를 취급할 수 있는 기술자도 필요하
　　게 되었지만, 필요인원은 많지 않았다. 1926년 이전 조선에 있어서는 우편소에 거
　　의 전신기가 보급되어 있지 않았기 때문에 우편소 전신요원은 거의 필요하지 않
　　아 양성되지 않았다. 그러나 우편소에도 전신기가 보급됨에 따라 우편소에도 전
　　신 기술자가 필요하게 되었다.

로의 대체 및 1925년 이후 우편소에 있어서 전화기 구송에서 음향기로의
대체 등이 중요하다. 이로 인해 전신 취급통수가 증가할 수 있었다. 그렇지
만, 전신 사무원 당 취급통수의 변화로 기술 효과의 크기를 측정하기는 어
렵다. 이 기간 동안에는 통신수요가 적은 지역에도 전신기관이 보급되고
있었기 때문이다. 전신 사무원 당 취급통수의 변화에는 생산성 변화의 효
과만이 아니라, 통신수요가 적은 지역에의 전신기관의 보급의 효과도 반영
되어 있기 때문이다. 반면, 회선당 전신통화수를 살펴보면, 지속적으로 증
가하고 있다. 당시의 기술발전이 회선절약적인 방향으로 전개되었음을 보
여주는 것이지만, 이것도 회선절약적인 기술의 발전의 효과를 모두 보여주
는 것은 아니다. 통신수요가 많지 않은 지역에도 전신 서비스를 향유하도
록 하기 위해 전신회선이 신규로 설치되고 있었기 때문이다.

　당시 기술의 발전은 비용의 감소를 가져왔고, 대기시간을 감소시킴으로
써 통신서비스의 질을 고양시키는 효과가 있었음은 부정할 수 없다.

1.3. 전화기술의 발전

　전화기술의 발전은 전화기의 발전, 전화교환기의 발전, 전화선 이용방식의
발전 등으로 이루어졌다. 여기에서는 전화교환기의 발전과 전화선 이용방식
의 발전을 중심으로 살펴보자. 전화기는 자석식(磁石式) -> 공전식(共電式) ->
자동식(自動式)으로 발전하였는데, 전화기의 이러한 발전은 전화교환기의 발
전과 궤를 같이하는 것이기 때문에 따로 고찰하지는 않겠다. 전화교환기는
자석식 교환기(磁石式交換機)[143] -> 공전식 교환기(共電式交換機)[144] -> 자동식

---

[143] 자석식은 각 전화 가입자가 자신의 전지를 가지고 있어, 파수를 돌리면 전화국소
　의 교환기에 신호음이 울려 교환수가 받고, 가입자가 자신이 통화하고 싶은 사람
　을 이야기하면 연결하여 주는 것으로, 종료가 되어도 교환수가 종료가 되었는지
　를 알기가 어렵다. 그러한 문제를 해결한 것이 가신호부 교환기이다.

교환기(自動式交換機)[145]의 순으로 발전되어 갔다. 전화가입자가 많아지면, 통화를 원하는 가입자들을 서로 연결시키는 작업이 어려워진다. 전화교환기는 이러한 어려움을 극복하는 방향으로 전개되었다. 즉 전화교환기의 발전은 많은 가입자를 서로 연결시킬 수 있는 교환기를 개발하는 방향으로 전개되었으며, 교환을 자동화함으로써 인력을 절감하는 방향으로 전개되었다.

  자석식 교환기와 공전식 교환기는 다시 단식 교환기(單式交換機) -> 직렬 복식 교환기(直列複式交換機) -> 병렬 복식 교환기(並列複式交換機)로 발전되었다. 단식교환기는 교환기 1대가 수용할 수 있는 전화가입자수가 대개 80인이고, 3대 이상을 장치하는 경우 인접교환기 이외의 것과 접속할 때 다시 중계접속을 하지 않으면 안 된다. 때문에, 가입자수가 많아지면 접속에 상당한 불편을 야기한다. 따라서 전화가입자가 700명을 넘으면 복식기를 사용한다. 복식이란 각 교환기마다 그 국에 속한 전체 가입자를 중계 접속하지 않고 바로 접속하도록 하는 장치로서 교환기를 접속하는 방식에 따라

---

144 공전식은 자석식과는 달리 교환국에 장치된 단일의 전원으로써 모든 가입자에게 필요한 송화전류와 신호전류를 공급하는 것으로 창업비가 비싸고 선로기계의 보수에 많은 주의를 요하는 단점이 있지만, 가입자는 파수를 돌려 신호음을 만들 필요가 없이 단지 수화기를 들면 신호음이 생겨 편리하고, 또 교환수는 가입자가 대화자와 응답하거나 통화를 종료한 상태를 자동적으로 파악할 수 있어 교환에 편리하다. 그래서 가입자가 5,000명 이상이면 공전식 병렬 복식교환기를 사용하게 된다. 물론 여기에서의 인원수는 1919년 일본의 가입자 다과에 의한 교환방식의 수치로 절대적인 의미를 가지고 있는 것은 아니다. 특히 자석식 전화기를 사용하는 통화와 공전식 전화기를 사용하는 통화자를 연결하는 것은 약간의 문제를 동반하므로 공전식 전화기가 설치되어 있는 교환국과 통화가 많은 국은 동일한 공전식으로 하는 것이 편리하므로 반드시 이러한 구분이 통용되는 것은 아니다.

145 자동식 교환기의 경우, 자동식 전화기 소유자가 다이얼을 돌리면 자동교환기가 바로 그 전화번호에 상응하는 대화자와 접속시켜 준다. 자동식 교환기는 접속시간을 단축시킬 수 있을 뿐만 아니라, 교환수를 필요로 하지 않기 때문에 인건비가 적게 들지만, 창설비가 크기 때문에 인원이 많지 않으면 비효율적이고, 가입자수가 증대되면 보다 경제적으로 된다.

직렬 복식과 병렬 복식으로 나뉘고, 2,000명 이하이면 직렬 복식을 사용하고, 2,000명 이상이면 병렬 복식을 사용한다.

일본에서 최초로 사용된 교환기는 자석식 교환기로 1883년에 처음 사용되었다. 공전식 교환기는 1903년에 교토국에서 처음으로 사용되었다. 자동식 교환기는 1889년 미국의 스트로우저가 발명하였는데, 일본에서 1926년부터 사용되었다.

전화교환기의 발전을 도쿄를 사례로 하여 살펴보자. 1890년 도쿄에 전화가 창설될 때에는 단식 교환기 3대가 있었는데, 1893년에는 직렬 복식 교환기로 개량되었고, 1898년에는 자석식 병렬 복식 교환기로 개량되었고, 1907년에는 공전식 교환기로 개량되었다.

<표 2-4> 일본에 있어서 전화교환기의 변천

			1899	1904	1909	1914	1919	1924	1926	1930	1935
수동식	단식		39	140	962	1801	2092	2991	3421	5243	6173
	직렬복식		12	6	7	92	136	250	290	360	357
	병렬복식	자석식	53	106	175	247	241	121	119	13	
		램프식					28				
		공전식		8	40	148	295	498	728	1022	956
	공중전화용										248
	중계대	자석식					73	6	6		
		램프식					14				
		공전식					161	286	408	445	383
		콜 인티게이터대							41		
		무유(무선)								26	32
		계	12	34	54	162	248	292	455	471	415
	시외선용	공전식								694	1236
		대형자석식A	9	27	53	99	170	342	503	468	417
		소형자석식B		23	235	571	661	1017	1230	2023	2069
		기록대		5	8	15	14	36	50	99	172
	합계		125	349	1534	3135	3885	5547	6796	10393	12043
자동식	스트로우저식	각종 보드수							404	1062	1627
		각종 프레임수									244
		소자동교환기									1
	지멘스 할스케식, 지멘스 브라더식	각종 보드수							260	870	1129
	합계								664	1932	3001

자료: 『일본 전기사업 발달사 전편』 ; 『체신통계요람』 ; 『체신성 연보』.

조선에서는 1907년까지 자석식 단식 교환기(磁石式單式交換機)만 사용되었다. 1908년 6월에 이르러 경성(京城)에서 공전식 복식 교환기(共電式複式交換機)를 사용하였다. 일본에서는 공전식 복식 교환기가 1903년에 쿄토에서, 1907년에 도쿄에서 사용되었음을 고려할 때, 1908년에 경성에서 공전식 복식 교환기를 사용한 것은 상당히 빠른 것이라 할 수 있다. 경성국에서는 1913년 3월에 공전식 복식 교환기를 시외전화교환에도 사용하게 되었다. 경성과 교환구역이 구분되어 있었던 용산에도 1920년에 공전식 복식 교환기를 사용하게 되었으며, 1923년 6월에는 광화문 전화분국(分局)에도 공전식 복식 교환기를 설치하였다. 그러나 경성을 제외하고는 1911년 감시신호부 복식 교환기를 사용한 부산을 제외하고는 1921년까지는 단식 교환기만 사용되고 있었다. 1920년에는 평양에, 1922년에는 대구와 인천에, 1931년에는 군산에, 1936년에는 신의주에 복식 교환기를 사용하여, 복식 교환기를 사용하는 곳이 늘어나고는 있었지만, 여전히 대부분의 전화교환국은 단식 교환기를 사용하고 있었다. 이들 지역에는 가입자수가 적어서 단식 교환기로 충분하였기 때문이다.

자동교환기(自動交換機)는 1934년에 나진 우편국에 설치된 지멘스 할스케식 자동교환기가 처음이다. 일본에서는 1926년에 자동교환기가 설치되었음을 고려하면, 조선에 자동교환기가 설치된 것이 매우 늦었다고 할 수 있다. 조선에는 자동식 교환기를 사용할 만큼 많은 가입자를 가진 지역이 없었기 때문에, 도입이 늦어진 것이다. 나진은 전화가입자가 많지는 않았지만, 만철의 종단항으로서, 대련(大連)과 교환방식을 통일하기 위해 자동교환기를 채용하였다. 그러나 1934년 이후에는 가입자수가 많지는 않지만, 자동식 교환기를 사용하는 곳이 늘어갔다. 1935년에는 경성과 청진에, 1938년에는 평양에, 1940년에는 부산 함흥 진해에 자동식 교환기가 사용되었다.

<표 2- 5> 조선에 있어서 전화교환기의 변천

				1905	1910	1915	1920	1925	1930	1935	1940	1944
자석식	단식	100회선		17	80	110	128	216	304	380	421	419
		50회선							2	11	12	13
		10회선,20회선		11	9	3	27	65	131	95	114	140
		경편					15	40	115	83	97	102
		시외선용	대형			2	2	107	15			
			소형	4	16	27	40		142	169	257	246
		계										
	소형복식										55	76
	직렬복식	가입자					4	13	18	24	23	23
		일호	대시외					7	10	13	14	14
	감시	가입자					4	5	9	10	11	
		3호	대시외					3	5	6		
	계							460	752	792	993	
공전식	가입자	교환기			6	9	10	28	34	20	36	39
	시내중계	교환기						8	8	5	17	17
	시외					4	5	5	7	12	54	61
	기록안내					1	1	2	2	3	18	22
	공중								1		2	2
	계							43	52	40	127	141
자동교환기 스위치수										4496	24622	38304

자료: 『조선총독부 체신통계요람』.

이제 전화회선의 효율적 운용을 위한 기술의 발전을 살펴보자. 전화회선의 효율적 운용을 위한 기술로 전신전화 쌍신법(電信電話雙信法)[146]과 반송식 전화법(搬送式電話法)[147] 이 개발되었다. 반송식 전화법은 조선에서는

---

[146] 전신선 2선으로 전화선 일회선을 만들 수 있으므로, 전신선을 이용하여 전화를 할 수 있는데, 이 방법을 전신전화 쌍신법이라 한다.

[147] 반송식 전화법은 삼극진공관의 특성을 이용하여 음성주파 전류로서 그것보다 큰 주파수를 갖는 고주파 전류(이 경우 일반적으로 반송전류라 부름)를 변조하여 보통전화 회선에 중첩하여 다중통신을 하는 방법이다. 반송전류를 적당히 선택하여 각 주파수 전류 상호간에 간섭이 발생하지 않게 하면 다중통신을 할 수 있다.

1928년 경성-평양 간에 처음 사용되었다. 그 이후 1932년에는 부산-시모노세키 간 해저전신을 전화회선으로 변경 개통하여 한일 간에 최초로 전화통화를 하였는데 이 때에도 반송식 전화법이 사용되었다. 1933년 7월 1일 경성-도쿄 간에 전화를 개통하였는데, 이를 위해 1932년 동래군 서면에 반송장치가 설치되었다. 반송식 전화법은 1933년에는 경성-군산선에도 채용되었고, 1936년에는 경성-청진 간, 그리고 경성-함흥 간에도 사용되었다. 1937년에는 장거리전화에 있어 획기적 발명품 중의 하나인 무장하 케이블을 사용하는 반송식 전화법에 의해 봉천-경성-오사카-도쿄 간 직통전화가 가능하게 되었다. 즉 반송식 전화법은 장거리 및 국제통신용으로 발전하였으며, 무장하 케이블은 반송식 전화법에 의한 장거리 및 국제통신 서비스의 질을 한 단계 더 높여 준 것이다. 그러나 전화는 장거리나 국제통화용이라기보다 시내전화용이거나 중심도시와 위성도시 간의 통화용이었다. 장거리 통신이나 국제통신에는 전화보다는 전신이 더 많이 사용되었다.

자동식 교환기 이전까지는 교환수가 전화교환을 편리하게 하는 방식으로 교환기가 개선되어, 교환수의 생산성을 높였다고 할 수 있다. 그리고 자동식 교환기는 교환수를 기계로 대체하는 것이었다. 교환수 일인당 전화통화수를 살펴보면, 추세적으로 늘고 있음을 확인할 수 있다. 이것은 물론 기술의 발전에 의한 생산성 향상을 완전히 반영하는 것은 아니다. 전화통신수의 불가분성에 의하여, 전화가입자가 적은 지역에 전화교환업무를 보급함으로써, 교환수 1인당 통화수는 감소하는 경향도 있기 때문이다. 통화량의 증대는 규모의 경제를 낳기도 하지만, 또한 규모의 불경제도 유발한다. 가입자수가 늘어날 때, 가입자의 연결은 그 자승배만큼 어려워지는데, 이것은

본 방식은 고주파를 사용하기 때문에 타선으로부터의 유도장애가 적고 지전류의 방해도 없어 전화전류의 파형에 왜곡이 없기 때문에 통화가 명료하다. 그러나 원래 반송식 전화장치는 복잡한 단국장치가 필요할 뿐만 아니라 그 외의 부수적인 장치가 필요하고, 유지관리비가 많아, 짧은 구간에서는 유리하지 않다. 따라서 장거리 전화에 주로 사용되었다.

대표적인 규모의 불경제의 예이다. 전화교환기술의 발전은 이러한 규모의 불경제성을 극복하는 형태로 진행되었다. 기술발전에 따라, 전화대기시간이 감소하고, 통화품질이 개선되어, 서비스의 질은 좋아지고 있었다.

회선을 절약하는 방식의 기술발전은 전신에서처럼 전화에서 중요하였던 것은 아니다. 전화는 기본적으로 시내전화용 내지 단거리 통화용이었기 때문이다. 그러나, 전화가 보급되면서, 점차 장거리 통화가 중요하게 됨에 따라 회선절약적인 기술의 발전도 중요해졌다. 특히 봉천(奉天)-경성(京城)-도쿄(東京) 간 국제전화선에서 그러하였다. 그러나 시외전화와 국제전화는 식민지 말기에 있어서도 시내전화에 비하면 전화사업에 있어 중요한 비중을 차지하는 것은 아니었다.

2. 요 금

통신사업은 네트워크 외부성[148]과 규모의 경제성[149]이 있는 산업이다. 통신사업의 이와 같은 특성을 감안하면, 초기에는 낮은 요금을 책정하여 통신 사용량을 늘림으로써, 장기적으로 높은 수익을 도모하는 것이 유리하다. 일본의 경우, 통신사업을 시작한 초기에 낮은 요금을 책정함으로써, 통신문화의 보급에 경주하였다. 이에 따라 초기에 통신사업은 적자로 운영되었지만, 통신 사용량이 증대되어 감에 따라 흑자경영으로 바뀌게 되었다.

---

[148] 네트워크 외부성이란 특정 네트워크를 사용하는 사용자가 많아질수록, 그 네트워크를 이용함으로써 얻을 수 있는 잠재적 이득이 증대하는 것을 의미한다. 기존에 통신이 불가능한 지역에 이제 통신기관이 진출하여 통신서비스를 시작하는 경우, 기타 지역의 통신사용자들도 이 지역과 통신을 할 수 있게 됨으로써, 통신할 수 있는 지역의 범위가 확대된다는 이점을 얻게 된다.

[149] 규모의 경제성이란 생산량이 증가함에 따라 생산단가가 하락하는 생산기술상의 특성을 의미한다.

통신사업이 어느 정도 보급된 상태일 때 어느 수준의 가격을 책정하는
것이 바람직한가는 논란의 대상이다. 경제학 이론에 의하면 한계비용 가격
설정을 하는 것이 경제적 후생을 극대화할 수 있는 방법이지만, 규모의 경
제가 있는 사업에서는 한계비용 가격설정을 하는 경우 적자가 발생한다.
적자를 보전하기 위해 재원을 마련하는 과정에서 초과부담이 발생한다. 적
자를 보전할 때 발생하는 초과부담이 평균비용 가격설정을 함으로써 발생
하는 초과부담보다 더 크다면, 평균비용 가격설정을 하는 것이 바람직할
수 있다. 당시에는 평균비용으로 가격을 설정하여야 한다는 주장을 수수
료주의라 불렀다. 수수료주의는 서비스를 제공하는 데 들어가는 실비를
징수하자는 요금론이다.

평균비용보다 더 높게 가격을 책정하여 이득이 발생하면, 그것은 국가의
수입으로 귀속된다. 따라서 통신사업의 수익을 조세의 일종으로 파악할 수
있다. 통신사업의 수익을 조세로 보는 경우, 조세체계상에서 볼 때 통신사
용량에 비례하여 과세하는 조세가 어떠한 성격을 갖는가가 논의되어야 할
것이다.

이상의 논의는 통신요금과 관련된 경제이론적인 것이다. 역사적으로 통
신요금이 결정되는 또는 변경되는 데에는 이 이외의 다양한 요인도 영향을
미쳤다. 일본의 경우, 1920년대 이후 통신요금의 인상론과 현상유지론이 대
립하고 있었다. 통신요금 인상론자들의 논거는 통신요금의 인상은 수입의
증대를 늘릴 수 있는데, 이 통신요금은 간접세보다는 더 누진적인 성격을
가지므로, 간접세 중심으로 조세를 인상할 것이 아니라, 보다 누진적인 조
세에 해당하는 통신요금을 인상하여야 한다는 것이다. 반면 통신요금 현상
유지론자들의 논거는 통신사업의 가치재로서의 성격을 강조한다. 통신사업
은 문화의 보급과 산업의 개발을 촉진하는 데 기여하므로, 보다 낮은 가격
을 책정하는 것이 바람직하다는 것이다.

이 연구에서는 통신요금을 결정 또는 변경하였던 공공요금 결정체계를

직접적으로 고찰하지는 않는다. 이 연구에서는 통신요금의 장기적인 추이를 고찰함으로써, 통신기술의 발전과 규모의 경제에 의한 발생한 이익이 소비자에게 귀속되었는가 아니면 국가의 재정수입으로 되었는가를 대략적으로 파악하는 수준에 머물 것이다.

2.1. 대한제국 경영기

1884년에 제정된 대조선국 우정규칙(大朝鮮局郵征規則)에서는 우편요금을 내국우정세(內國郵征稅)라 표현하였다. 우정에서 정(征)자는 구실받을 정자로서 징세한다는 의미이다. 우정이라는 말에 이미 세금을 징수한다는 의미가 포함되어 있는데, 여기에 다시 세(稅)자를 붙이고 있는 것이다. 당시 우편사업을 추진하고 있는 주체였던 개화당이 발간하고 있던 한성순보에 실려 있는 태서우제(泰西郵制)를 보면, '공문은 우체비용을 물지 않지만, 사신에는 우표 값이 필요하더라도 아주 싸다. 이로써 우편국의 비용에 쓰고 나머지 막대한 금액을 나라에 바치면 이는 국가를 이롭게 하는 동시에 백성을 편하게 하는 것이니 이보다 더 좋을 것은 없다.' '우편사무는 날이 갈수록 번잡해진다고 하지만 우편수입이 지출을 충당하고도 남음이 있다 한다.'라는 구절이 있다. 당시 우편사업을 재정수입을 얻을 수 있는 좋은 사업으로 인식하고 있었는데, 우편요금의 명칭도 이를 반영하여 내국우정세라 표현하였다. 갑오개혁기에 들어 제정된 국내우체규칙(國內郵遞規則)에서는 우체료(郵遞料)로 변경되었다.

일본의 경우, 1871년 우편사업을 시작할 때, 우편요금을 임전(賃錢)이라 하였지만, 1873년에는 우편세(郵便稅)로 개칭하였다. 당시 지방 우편취급소장인 취급역 중에는 명망이 있는 신사(紳士)들이 많았는데, 이들은 관존민비의 사상을 가지고 있었다. 이들은 세금을 받는 것은 관무를 집행하는 명예로운 일이지만, 임전은 비천한 일을 한 대가로 받는 것으로 인식하고 있었다. 이들의 사회적 지위를 고려하여 임전이라는 용어를 우편세로 개칭하 게 되었다. 일본에서 우편세를 우편요금으로 바꾼 것은 1900년 우편법이 제정될 때이다. 일본과 비교할 때, 조선에서는 보다 빨리, 세금에서 요금으 로 용어가 개칭되었다.

전신요금의 경우, 1888년 전보장정에는 보비(報費), 전보비(電報費), 요금(料 金) 등으로 표현되어 있으며, 국내전보규칙에도 전보비, 보비 등으로 표현되 어 있다. 전화요금의 경우, 전화규칙에는 세금(稅金)으로 표현되어 있다.

갑오개혁기 이후에, 우편과 전신은 요금을 징수하는 것으로, 전화의 경우 에는 세금을 징수하는 것으로 인식되었음을 그 용어로부터 확인할 수 있다. 세금이란 재정수입으로 징수하는 것을 의미하고, 요금은 서비스 제공에 대 한 정당한 대가를 의미한다. 물론 당시 이 용어를 어느 만큼 명백하게 구분 하여 쓰고 있었는지는 확실하지 않지만, 갑오개혁기 이후에는 우편요금과 전신요금은 모두 서비스를 제공한 대가로 받는 것으로 인식되었음은 확실 하다.

<표 2-6> 대한제국 경영기에 있어서 통신사업 예산의 수지 동향

		예산상의 사업비 (원)			예산상의 수입개산액 (원)				수입/사업비 (%)		
		우체비	전보비	계	우체수입	전보수입	전화수입	계	우체	전보전화	계
농상공부	1895			18461							
	1896	51386	90933	142319							
	1897	60000	60000	120000							
	1898	73000	87000	160000	3805	8995		12800	5.21	10.34	8.00
	1899	106041	115484	221525	7124	32420		39544	6.72	28.07	17.85
	1900	140350	177000	317350	7600	22958		30558	5.42	12.97	9.63
통신원	1900(4월)	115079	156369	271448							
	1901	160350	217000	377350	15600	69492		85092	9.73	32.02	22.55
	1902	173580	180000	353580	25000	80000		105000	14.40	44.44	29.70
	1903	206575	219720	426295	25000	95000	3000	123000	12.10	44.60	28.85
	1904	318427	276303	594730	30000	160000	3000	193000	9.42	58.99	32.45

<표 2- 7> 1903년 우체사업비의 구성

(단위 원, %)

과목				예산액	비중	비 고
제2관 우편사업비				381532.46	100.00	
	제1항	봉급		64080.00	16.80	사장, 주사, 사무원의 봉급
		제1목	직원급료 A	64080.00	16.80	2등사에도 모두 사장을 임명
	제2항	잡급		64860.00	17.00	전부, 고원, 청사, 사역의 급료
		제1목	용인급료 B	64860.00	17.00	급별 차등급료를 지급
	제3항	사비		72791.34	19.08	
		제1목	비품비	8374.80	2.20	
		제2목	도서비	5.00	0.00	
		제3목	인쇄비	6090.00	1.60	
		제4목	문구비	2209.80	0.58	
		제5목	소모비	7517.34	1.97	
		제6목	잡비	48594.40	12.74	
			내 숙박비	45684.00	11.97	체전부의 숙박료
	제4항	수리비		15905.00	4.17	
		제1목	청사수리비	15905.00	4.17	
	제5항	여비		3607.82	0.95	
		제1목	순회조사 여비	1529.60	0.40	통신원 착주임관의 각 우체사 조사 여비
		제2목	부임 여비	2078.22	0.54	
	제6항	외체비		8753.90	2.29	
		제1목	소포물 외체비	8753.90	2.29	
	제7항	우표제조비		17000.00	4.46	
		제1목	우표 제조비	17000.00	4.46	
	제8항	학당비		971.40	0.25	
		제1목	내체 학당비	425.60	0.11	교제와 문구비 등
		제2목	외체 학당비	545.80	0.14	교제와 문구비 등
	제9항	임시잡급		82320.00	21.58	
		제1목	임시용인급료	82320.00	21.58	343개 임시우체사의 비용
			내 임사우체사 주사비 A	32928.00	8.63	
			내 임사우체사 주사비 B	41160.00	10.79	
	제10항	지사설치비		51243.00	13.43	
		제1목	지사설치시 각항비	51243.00	13.43	경부철도 정거장 10개처 지사설치비
			내 직원급료 A	6600.00	1.73	
			내 용인급료 B	9600.00	2.52	
우편사업비 중 급료액						
직원급료 합계	A의 합계			103608.00	27.16	
용인급료 합계	B의 합계			115620.00	30.30	
급료합계				219228.00	57.46	

실제 우편과 전신요금은 세금으로서 기능하지 못했다. 대한제국 경영기 동안 통신사업 예산은 계속 적자로 편성되었으며, 결산도 적자로 실현되었다. 물론 통신사업수지는 통신사용량이 증가함에 따라 개선되었다. 예산상의 수지로 보면, 1889년에 수입은 사업비의 8%에 불과하였지만, 1904년에 수입은 사업비의 32.5%로 편성되었다. 1904년에는 상당한 정도 수지의 개선이 이루어지기는 하였지만, 여전히 대폭적인 적자가 발생하였다. 이와 같은 적자를 사업확장에 따른 초기투자비 때문으로만 돌릴 수는 없다. 1903년 통신원(通信院)이 작성한 우편사업비의 구성을 보면, 사업확장에 따른 초기투자비로 볼 수 있는 것은 전체 예산의 13.43%에 불과하고, 초기투자비도 그 내역을 보면, 상당부분이 신설할 지사의 운영비이다. 이 예산은 통신원 내부에서 작성한 것으로서 실행예산은 이보다 삭감되어서, 위에서 제시한 우체비와는 일치하지 않는다. 1903년 우체사의 실제 수입액은 49,905원이었으므로, 삭감된 예산을 바탕으로 하여 계산한다고 하여도, 우편수입은 급료지급액의 1/4도 되지 않는다.

1904년 통신원이 작성한 전보사업비의 구성을 보면, 경부철도정거장 10개 처를 신규로 설치하기 위한 예산이 지사설치비라는 명목으로 포함되어 있으며, 시설투자비는 신건수리비, 가설수리비, 전료전간비에 나뉘어 계상되어 있다. 시설투자비 중 어느 정도가 사업확장을 위한 초기투자비이고, 어느 정도가 유지보수를 위한 비용인지를 구분할 수 없다. 당시에는 전주의 훼손이 상당히 심하여서, 수명이 길지 않았고, 또 사업에 소요되는 건전지의 가격도 비쌌기 때문에, 그 유지보수비도 적지 않았다고 생각된다. 확실한 소모경비로 볼 수 있는 급료의 비중을 보면, 총지출의 24%이다.

<표 2-8> 1904년 전보사업비의 구성

(단위 원, %)

과목				금액	비중	비 고
제2관 전보사업비				567117.15	100.00	
	제1항 봉급			70200.00	12.38	사장, 기사, 주사, 고원의 봉급
		제1목 직원봉급	A	70200.00	12.38	2등사에도 모두 사장을 임명
	제2항 잡급			46812.00	8.25	보방직, 별공두, 공두, 전전부, 청사, 사역의 급료
		제1목 용인급료	B	46812.00	8.25	전전부와 공두는 급별 급료 차등되어 있음.
	제3항 사비			47229.60	8.33	
		제1목 비품비		2679.60	0.47	
		제2목 도서비		80.00	0.01	
		제3목 인쇄비		13280.00	2.34	
		제4목 문구비		1738.00	0.31	
		제5목 소모비		8392.00	1.48	
		제6목 잡비		21060.00	3.71	
	제4항 신건수리비			14000.00	2.47	
		제1목 신건비		6000.00	1.06	
		제2목 수리비		8000.00	1.41	
	제5항 여비			6109.55	1.08	
		제1목 순회여비		1722.15	0.30	전보교사와 사장과 주사의 순회여비
		제2목 부임여비		2123.20	0.37	
		제3목 가설여비		2264.20	0.40	사장, 주사, 고원 등 가설인원의 여비
	제6항 가설수리비			29120.00	5.13	
		제1목 가설수리비		29120.00	5.13	전선가설 및 수리역비
		내 공두급료		1920.00	0.34	
		내 역부급료		19200.00	3.39	
		내 전료운반비		8000.00	1.41	
	제7항 전료전간비			268173.00	47.29	
		제1목 전료비		215673.00	38.03	가설기 및 전료구매비
		제2목 전간비		52500.00	9.26	전간구매비
	제8항 전보학당비			2490.00	0.44	
		제1목 전보학당비		170.00	0.03	
		제2목 전보학도 외국유학비		2320.00	0.41	전보학도 4명 1년간 체재비와 여비
	제9항 지사설치비			82983.00	14.63	
		제1목 지사설치 시 각항비		82983.00	14.63	경부철도 정거장 10개 처 지사설치비
		내 직원봉급	A	9600.00	1.69	
		내 용인급료	B	9720.00	1.71	
전보사업비 중 급료액						
직원급료 합계 A의 합계				79800.00	14.07	
용인급료 합계 B의 합계				56532.00	9.97	
급료합계				136332.00	24.04	

이 예산서는 통신원에서 작성한 것으로 실제 예산은 많이 삭감되어 있어서 앞에서 본 전보비와는 그 총액이 다르다. 1904년 전보수입과 전화수입의 합계는 177,187원이고, 지출예산은 276,303원이다. 1904년 전보사업을 위한 지출액이 얼마인지는 현재 알 수 없지만, 통신원의 전체 지출액은 예산액보다 더 적으므로, 전보사업비로 실제 지출된 액은 이보다 더 적을 것이다. 당시 급료지출액을 추계한 것에 의하면 82,320원으로, 급료지출액을 제한 수입액은 9만 5천 원 정도이다. 반면 수지적자액은 10만 원에 이른다. 실제 1904년에 신설된 전보사는 1개소에 불과하여 신규투자비는 매우 미미하였을 것으로 생각되므로, 전보사업의 경우에도 적자를 면하지는 못하였다고 판단된다. 즉 대한제국기의 통신사업은 만성적인 적자상태였으며, 이 적자는 신규투자비 때문만은 아니었다. 수입은 운영비에도 미치지 못하였기 때문에, 당시의 요금은 수수료에도 미치지 못하였다고 할 수 있다.

이제 대한제국기에 요금이 어떻게 변화되었는지를 살펴보자. 대한제국의 통신기관의 요금과 조선에 진출한 일본국 우편국이 조선 내에서 발착하는 우편이나 전보에 부과한 요금을 비교하면서 검토하고자 한다. 왜냐 하면 양자는 경쟁관계에 있었기 때문이다.

우편요금은 1884년 개화당에 의해 우편사업이 시작될 때부터 전국 균일 요금제를 채용하였다. 1895년 우편사업을 재개했을 때 편지의 요금은 7.5그램(2전중(錢重))마다 1전이었다. 이 요금은 1900년에 15그램(4전중)마다 3전으로 증가되었다. 일본의 기본 양목은 유럽보다 더 낮은 수준이었는데, 1873년에는 7.5그램(2錢)이었으며, 1899년부터는 15그램(4錢)이었다.[150] 조선

---

[150] 근대적인 우편제도는 전국 균일 요금제도를 채택하고 있다. 전국 균일 요금제도는 창구비용을 줄이고, 이용자들이 보다 편리하게 이용할 수 있도록 함으로써, 우편사용의 일반적 보급을 도모할 수 있다. 전국 균일 요금제도가 창구비용을 줄이는 효과를 거두기 위해서는 거리뿐만 아니라 일정 정도 이하의 무게에 대해서는 동일한 요금을 받아야 한다. 만약 무게에 따라 상이한 요금을 부과하게 되면, 모든 우편물의 무게를 측정하여야 하므로, 창구비용은 줄어들지 않기 때문이다.

의 기본 양목은 일본의 기본 양목과 같다.

일본의 우편요금은 1873년에 7.5그램마다 2전으로 정하였는데, 1899년부터는 15그램마다 3전으로 개정하였다. 이 요금은 일본국 우편국이 취급하는 조선 내에서 발착하는 우편물에 대한 요금이기도 하다. 대한제국의 우편요금은 1895년에 7.5그램마다 1전이었는데, 당시 조선전 1전은 일본전 2전이므로, 대한제국의 우편요금은 일본의 우편요금과 같았다. 이후 조선전의 가치는 하락하여, 1900년경에는 조선전 1전은 일본전 1.5전 내외가 되었다. 1900년 조선의 요금은 15그램(4전중)마다 3전으로 인상되었는데, 이는 조선의 화폐가치의 하락, 일본의 요금인상을 반영하여 인상한 것이지만, 일본의 우편요금과 비교할 때 조금 비쌌다. 그러나 이후 조선의 화폐가치는 계속 하락하여 1902년 이후에는 조선전 1돈은 일본전 1전과 거의 같아지게 되었으므로, 1905년 통신기관을 피탈당할 때까지 조선의 우편요금은 일본의 우편요금과 거의 같았다.

전신요금은 1896년 국내전보규칙(國內電報規則)이 제정되기 이전까지는 구간에 따라 달랐는데, 국내전보규칙이 제정되면서 전국 균일 요금제를 채택하게 되었다. 조선어 전신요금의 추이를 살펴보자. 1896년에는 매 자마다 2전이었는데, 1897년에는 1전으로 반감하였고, 1898년에는 다시 2전으로 환원하였으며, 1903년에는 4전으로 인상하였다. 당시 일본의 일본어 전신요금을 보면, 1885년에는 일본어 10자 이내(1음신(音信))일 때는 15전, 이를 초과할 때는 1음신(音信)마다 10전이었고, 1897년에는 일본어 15자 이내(1音信)

이 문제를 해결하기 위해 채용한 것이 기본 양목(基本量目)제도이다. 기본 양목제도는 일정한 무게 이하에 대해서는 동일한 요금을 징수하는 것이다. 기본 양목제도하에서 창구비용을 감소시키기 위해서는 기본 양목을 어느 정도 높은 수준으로 정하여서 대부분의 편지에 대해 동일한 요금을 부과하도록 하여야 한다. 만약 상당히 많은 편지가 기본 양목을 초과한다고 하면, 편지마다 무게를 측정하여야 하는 문제를 야기하기 때문이다. 1910년경 유럽 각국의 기본 양목을 보면, 영국은 4온스(약 113그램), 독일과 프랑스는 20그램이었다.

일 때는 20전, 이를 초과할 때 5자마다 5전을 더 받는 것으로 개정하였다. 이것은 일본 내에서 발착하는 전보에 대한 요금이다. 조선 내에서 발착하는 전보에 대해서는 상이한 요금을 부과하였는데, 1900년 재한국 본방 우편전신국 우편국 상호간 발착 전보규정(在韓國本邦郵便電信局郵便局相互間發着電報規程)에서 조선 내에서 발착하는 전보의 경우 일본어 7자(1어)마다 10전으로 정하였다. 일본어 7자 이내일 때는 조선 내에 발착하는 전신요금이 일본 내에 발착하는 전신요금보다 더 싸지만, 16자 이상일 때는 조선 내에 발착하는 전신요금이 일본 내에 발착하는 전신요금보다 더 비싸게 된다. 보호국기에는 조선어 3자를 일본어 7자와 동일하게 취급하였으므로, 이를 기준으로 하여 비교하면 조선어 전보 3자의 요금은 일본국 우편국에서는 일본전 10전이고, 대한제국 전보사에서는 조선전 6전이다. 1900년경 조선전 1전은 일본전 1.5전 내외이므로,[151] 대략 일본전 9전으로 조선에 진출한 일본국 우편국의 조선 내 전신요금보다 조금 쌌다. 1903년에 대한제국은 조선어전신요금을 2배로 인상하였는데, 조선의 화폐가치도 하락하여 조선전 1전은 일본전 1전 내외였으므로, 대략 일본전 12전에 해당하므로, 조선에 진출한 일본국 전신기관의 조선 내 전신요금보다 더 비싸게 되었다.

실질 통신요금이 어떠한 추이를 보이는가는 아직 이 시기에 대한 물가지수가 작성되어 있지 않아서 잘 알 수 없다.

이 10년간에 걸쳐 우편요금은 1차례 개정되었고, 전신요금은 3차례 개정되었는데, 전신요금 개정에는 일시 요금을 인하하였다가 다시 원래 요금으로 복귀한 경우가 포함되어 있어, 전체적으로 보아 통신요금은 매우 안정적이었다고 할 수 있다.

대한제국기의 통신요금은 수수료에도 미치지 못하는 낮은 수준이었다. 대한제국은 형식적으로는 통신사업을 국가독점사업으로 운영하였지만, 실질적으로는 조선에 진출한 일본국 우편국과 서비스 경쟁을 하고 있었다.

---

151 조선전과 일본전의 비가는 오두환(1991, p.218)에 의거하였음.

즉 대한제국의 통신요금은 조선에 진출한 일본국 우편국과의 경쟁요금이었기 때문에, 일본통화와 조선통화의 가치의 변화, 일본에서의 통신요금의 변화를 반영하여 대한제국의 통신요금은 개정되었다.

2.2. 보호국기

보호국기는 조선의 통신요금체계가 일본의 통신요금체계의 일부로 통합되는 시기였다. 단, 대한제국 경영기의 통신요금체계는 일본국 통신기관과의 경쟁요금체계여서, 일본의 통신요금과 큰 차이가 없었으므로, 일본의 통신요금체계로의 통합이 통신요금의 급격한 변화를 야기하지는 않았다.

편지에 대한 우편요금은 통신기관 피탈 이전에는 15그램마다 조선전 3전(=일본전 3전)이었는데, 피탈 이후에는 15그램마다 일본전 3전으로 되어 변함이 없으며, 조선어 전신에 대한 요금은 피탈 이전에는 3자에 조선전 12전(=일본전 12전)이었는데, 피탈 이후에는 3자에 일본전 10전으로 되어 다소 인하되었다. 전화의 사용료 연액은 피탈 이전에는 조선전 100원(元)(=일본전 50원(元))이었는데 피탈 후에는 일본전 60원(元)으로 20% 인상되었다.

물론 보호국기 동안 모든 통신요금이나 서비스가 일본과 조선에서 동일하게 된 것은 아니다. 편지에 대한 우편요금과 소포요금은 조선과 일본에서 동일하였다. 그런데, 당시 조선에서의 소포 서비스는 등기소포 서비스뿐이었다. 일본에서는 1907년에 등기소포보다 더 싼 가격으로 이용할 수 있는 보통소포 서비스가 실시되었는데, 조선에서는 실시되지 않았다. 전신요금은 앞서 언급한 바와 같이 조선 내에 발착하는 전신요금은 일본 내에서 발착하는 전신요금과 상이하였다. 이 요금체계는 보호국기에도 지속되었는데, 전신의 경우, 일본어 16자일 때는 조선에서의 전신요금이 더 비싸다. 전화는 일본에서보다 더 비쌌다. 가입자가 일 년에 납부할 전화요금은 가입자수가 많아짐에 따라 높게 책정하는 것이 당시 전화요금책정의 원리였다.[152] 그런데 조선에서는 목포 군산 강경 평양 용산 등 새로 전화사업을 시작하여 그 사용자가 별로 많지 않은 지역에서조차도 전화사용료 연액을 60원으로 책정하였는데, 이 요금은 교토보다 더 비싼 것이었다. 1908년에는 전화규칙이 제정되었는데, 이에 따라 전화요금의 체계도 변하였는데, 전화가입구역을 갑지(경성)와 을지(기타)로 구분하여, 갑지는 사용료 연액이 72원, 을지는 사용료 연액이 60원으로 되어서 경성의 전화사용료 연액은 도쿄나 오사카보다 더 비싸게 되었다.

이 시기에는 통신기관 합동에 의한 규모의 경제와 일본의 발전된 기술도입 등으로 채산성이 개선되었다. 그러나 이것은 소비자 잉여의 증대로 나타나지는 않았고, 수지개선을 이유로 하여 일본통신기관이 흡수하였다.[153] 뿐만 아니라, 수지상황을 나쁘게 할 보통소포제도는 실시하지 않았으며, 전화요금은 일본보다 더 비싸게 개정하였다.

2.3. 식민지기

식민지기에 일본국 통신관계법률은 거의 모두 그대로 조선에 적용되었다. 우편에 대한 가장 근원적인 법률은 우편법이고, 전신전화에 관한 가장 근

---

[152] 당시의 전화요금은 사용량과 무관하게 일정 요금을 징수하였다. 이러한 요금체계하에서는 전화가입자수가 많아지게 되면 전화사용량이 증가한다. 뿐만 아니라, 당시의 교환방식은 전화교환수에 의한 교환이었는데, 가입자가 많아질수록 이들 간을 연결시키기 위해서는 더 고가의 교환기를 사용하여야 하고, 교환에 필요한 인원도 늘어나게 된다. 따라서 가입자수가 많아지면 더 많은 사용료 연액을 책정하였다.

[153] 통신사업의 수지가 균형을 이루는 상태는 수요곡선과 평균비용곡선이 일치하는 상태이다. 이 상태의 가격을 수수료라고 하는데, 보호국기까지 통신요금은 평균비용보다 더 아래에 있었다. 수요의 증대는 규모의 경제성에 의해 평균비용의 인하를 가져오는데, 가격은 하락하지 않았으므로, 수지가 개선되게 되었다.

원적인 법률은 전신법이다. 우편요금은 법률로써 정하였는데, 우편법에 규정되어 있다. 물론 우편에 관한 모든 요금이 전부 우편법에 명시되어 있는 것은 아니다. 우편법에는 통상우편물의 종류별 요금만을 규정하고 있고, 소포우편물의 요금 및 우편물 특수취급에 관한 요금은 명령으로 정하도록 위임하고 있다. 이들 요금을 규정하고 있는 명령은 체신성령인 우편규칙이다. 또 우편법에서 규정하고 있는 요금도 명령으로써 할인할 수 있도록 하였다. 전신요금과 전화요금은 전신법에 규정되어 있는 것은 아니고 체신성령인 전보규칙이나 전화규칙에 규정되어 있다.

조선에서 일본국 통신관계법률이 그대로 적용되었지만, 대만과는 달리 통신사업에 대한 명령이 조선에서 그대로 시행된 것은 아니다. 조선에서는 식민지 내 통신사업과 관련된 명령을 조선총독부령으로 제정하여 실행하였는데, 우편규칙, 전보규칙, 전화규칙 등이 그것이다. 이 중 전화규칙은 1919년 조선총독부령으로 제정 공포하기 이전까지 통감부령으로 공포된 전화규칙을 사용하였다.

따라서 우편법으로 정해진 요금은 일본 본토와 마찬가지로 조선에서도 그대로 적용되었다. 그러나 이를 제외하고는 일본과 상이한 요금을 부과할 수도 있다. 이하에서는 일본과 상이한 요금을 부과할 수도 있는 소포요금과 전신요금과 전화요금에 대해 살펴보자.

보통소포우편은 일본과 달리 식민지시기 동안 조선에서는 실시되지 않았다. 조선에는 등기소포 서비스만 있었다. 등기소포의 요금은 1900년 체신성령(遞信省令) 제56호 청한 소포우편규칙(淸韓小包郵便規則)에 의해 조선 내에서 발착하는 소포우편의 요금은 일본내지에서 발착하는 소포우편요금과 동일하게 책정하도록 된 이래, 1920년 5월까지 이 원칙에 따라 운영되었다. 그러나, 1920년 6월 1일부터는 조선에서만 등기소포 우편요금의 인상이 단행되어, 일본 본토에서 발착하는 등기소포 우편요금보다 더 비싸게 되었다. 전신요금은 보호국기에는 일본과 요금체계가 달랐으나 식민지가 되면서 조선에서 발착하는 전신요금은 일본 본토에서 발착하는 전신요금과 동일하게 되어 요금인하가 이루어졌다, 그러나 1925년에는 조선에서만 요금인상이 단행되어, 일본보다 더 바싸게 되었다. 전화요금은 보호국기에도 이미 일본 보다 높았는데 식민지가 되어서도 여전하였다. 일본에서는 1920년에 가입 자가 많은 지역에 도수요금제를 실행하였는데, 조선에서 도수요금제는 1937년에 이르러서야 실시되게 되었다. 즉 조선에서의 통신요금은 일본에 서의 통신요금보다 더 바싸게 되었다.

이제 편지 1통의 우편요금과, 전신 1통(일본어 전보 15자)의 전신요금, 전 화 1통의 전화요금의 추이를 살펴보자. 가입자의 전화요금은, 도수요금제가 실행되기 이전에는, 시내통화 사용도수에 관계없이 일정액을 납부하는 균 일요금제였다. 비가입자의 통화와 시외전화는 1통화시당 전화요금이 정해 져 있었다. 가입자의 전화요금이 압도적으로 많으므로, 전화 1통당 요금은 전화 관련 제 수입의 합계를 가입자·비가입자, 시내·시외를 망라한 전화통 화도수로 나눈 값을 사용한다. 이것들을 비교하면, 편지 1통의 요금과 전화 1통의 요금은 거의 같았지만, 전신 1통의 요금은 이들 요금을 상회하고 있 다. 당시 가장 비싼 통신수단은 전신이었다.

통신요금의 추이를 보면, 식민지기 동안 우편 전신요금은 하방경직성을 보이고 있다. 1930년에는 물가하락을 고려하여 관리의 봉급도 삭감되었지만, 통신요금의 인하는 일어나지 않고, 물가앙등에 의해 통신사업비용이 증가 하는 경우에는 인상되었다. 그러나 이러한 요금의 인상이 자주 일어난 것 은 아니다. 우편의 경우에는 1905년부터 1937년에 이르기까지 변화가 없었 으며, 중일전쟁 이후에야 인상되었다. 전신요금은 1912년 이후부터 중일전 쟁 이전까지 1920년과 1925년 2차례의 인상이 있었을 뿐이다. 명목 통신요 금은 대단히 안정적이었다. 실질 통신요금의 변화는 주로 물가변화에 의해 야기된 것이다. 식민지 전 기간을 걸쳐서 볼 때, 실질 통신요금이 상승하는 경향에 있었다거나 하락하는 경향에 있었다고 평가하기는 힘들다.

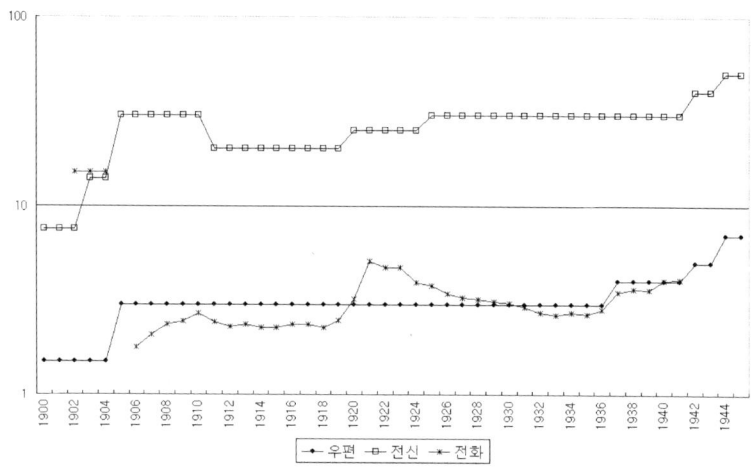

<도 2-1> 명목 통신요금의 추이

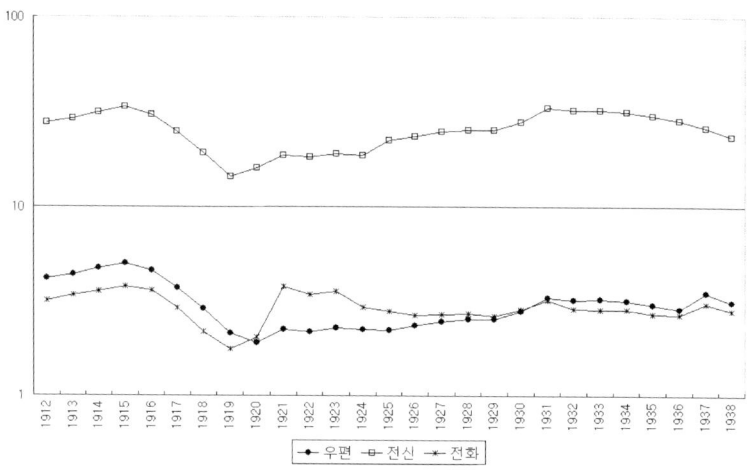

<도 2-2> 실질 통신요금의 추이

왜 조선의 소포요금, 전신요금, 전화요금은 일본보다 더 비쌌는가? 조선에
있어 통신사업의 비용이 더 컸기 때문으로 이해되는데, 조선에서 통신사업

의 비용이 더 커지게 되는 이유로는 네 가지를 들 수 있다. 첫째, 통신사업에 종사하는 이원에는 일본인이 많은데, 그들에게는 외지수당이 지급되어서, 인건비상으로 볼 때 조선은 일본보다 더 고비용구조였다. 둘째, 비용인하를 위한 마련된 청부기관으로 볼 수 있는 우편소에 지급하는 금액도 동일한 성격을 가지고 있는 일본 내 3등우편국에 지급하는 금액보다 더 높았다. 셋째, 조선에서는 교통이 별로 발전하지 않아서, 운송비가 일본에서보다 더 높았다. 넷째, 통신사업에 필요한 설비를 일본에 의존함으로써, 설비의 구입비용이 더 높게 들어갔다. 일본은 조선에서의 고비용을 일본보다 더 높은 요금을 징수하여 일본과 동일한 정도의 통신사업 흑자를 얻고자 하였다.[154]

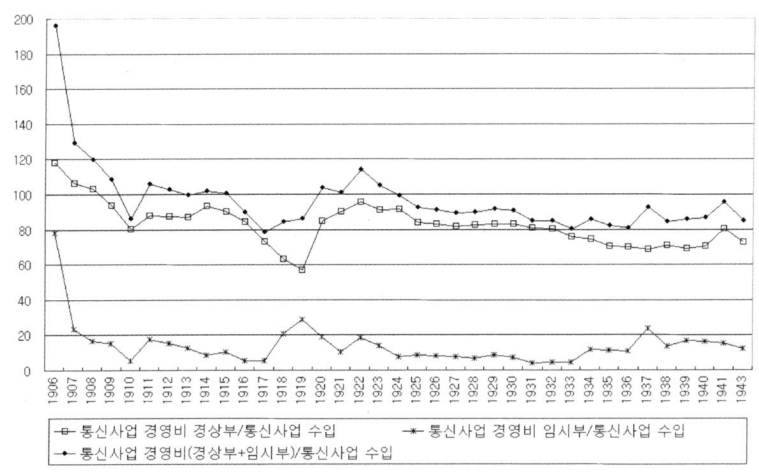

<도 2-3> 통신사업 수입에 대한 통신사업 경영비의 비율

---

[154] 요금인상이 수입의 증대로 귀결할 것인가는 현재 요금수준에서의 수요곡선의 가격탄력성에 따라 다르다. 가격탄력성이 1보다 크면, 요금의 인상은 오히려 수입의 감소를 가져온다. 반면 가격탄력성이 1보다 작으면, 요금의 인상은 수입의 증대로 나타난다. 요금의 인상이 재정수입의 증대를 가져온다는 본 논문의 표현은 가격탄력성이 1보다 작다는 것을 전제한 것이다. 통신수요가 비탄력적이었는지는 추후 검토해 볼 필요가 있다.

이제 이를 통신사업 수입에 대한 통신사업 경영비의 비율을 통하여 살펴보자. 통신사업 수입이 통신사업 경영비 중 경상비를 능가하게 된 것은 1909년이다. 식민지기가 되어서는 전 기간 동안, 통신사업 수입은 통신사업 경영비 중 경상비를 능가하고 있다. 그리고 통신사업 경영비(경상비+임시비)는 1923년 이전까지는 경기상황에 따라 통신사업 수입을 초과할 때도 있고, 미달할 때도 있는데, 1924년부터는 통신사업 수입이 항상적으로 통신사업 경영비(경상비+임시비)를 초과하게 되었다. 조선총독부는 통신기술의 발전과 수요 증대에 따른 잉여를 재정수입으로 흡수하는 요금정책을 실시하였음을 보여준다.

제2절 통신 이용자층의 성장

통신수요의 증대는 통신 이용자층의 증대와, 통신 이용자당 통신수요의 증대로 나누어 볼 수 있다. 여기에서는 통신 이용자층의 증대를 통하여 당시 통신수요 변동의 일면을 고찰하고자 한다.

본 연구가 고찰하고 있는 통상우편과 전기통신은 모두 통신 서비스이기는 하지만, 그 이용자층은 달랐다고 판단된다. 통상우편은 취급기관이 많을 뿐만 아니라, 요금이 싸서 보다 광범위한 계층이 이용한 통신수단이었음에 반하여, 전기통신은 전화가입자층이 주로 이용한 것으로서, 우편보다는 그 이용자층이 더 협소하였다. 따라서 여기에서는 통상우편 이용자층과 전기통신 이용자층을 따로 고찰하고자 한다.

1. 우편기관 이용자층

통상우편 이용자층에 대한 조사자료는 현재까지 발견된 바 없다. 따라서 우편기관을 이용한 층은 어떠한 층이었는가를 통하여 간접적으로 살펴보고자 한다. 당시 우편기관은 통신기관임과 동시에 금융기관이었다. 우편저금은 우편기관이 취급한 가장 대표적인 금융상품이다. 우편저금은 영세자금을 동원하는 것을 목적으로 하여 창설된 금융상품으로서, 저금의 하한액이 매우 낮아 영세민의 가입도 가능한 금융상품이었다. 우편저금 예입원에는 자발적으로 가입하는 사람도 있는가 하면, 우편국소 사무원이나, 우편집배원의 권장에 의해 가입한 사람들도 있다. 자발적인 것이든 권장에 의한 것이든 간에 우편국소를 이용하지 않거나, 우편국소 종사자와 거의 접촉하지 않는 사람들은 우편저금 예입원이 될 수 없다. 따라서 우편저금 예입원이 우편기관 이용자층을 대변할 수 있다고 생각된다. 우편저금 예입원에 대해서는 예입자의 민족별 직업별 분포를 파악할 수 있으므로, 이를 통하여 당시 우편기관 이용자층의 동향을 파악할 수 있다.

그런데 우편저금 예입원 통계는 몇 가지의 문제를 가지고 있다. 첫째, 우편저금은 일반금융기관을 이용할 수 없는 영세한 사람을 대상으로 한 금융상품이라는 점이다. 따라서 일반금융기관을 이용하는 사람들이 누락되어 있을 가능성이 있다. 그러나 이것은 큰 문제는 아니라고 할 수 있다. 일반금융기관을 이용할 수 있는 사람들의 수는 그리 많지 않으며, 또 은행통장을 가지고 있다고 해서 우편저금통장을 가지고 있지 않다고 할 수는 없기 때문이다. 둘째, 조선에는 영세자금의 동원에 있어 우편기관과 경쟁관계에 있는 금융조합(金融組合)이 있다. 금융조합의 예금이율(利率)은 우편저금보다 더 높고, 파산할 위험도 거의 없기 때문에, 금융조합의 예금이 우편저금보다 더 유리한 측면이 있었다. 금융조합에 예금을 하고 있는 인원은 대부분 농업종사자이다. 그러므로 우편저금 예입원은 우편기관을 이용하는 인원 중 농업종사자의 상당수가 누락되어 있을 수 있다. 단 1908년과 1914년의 통계에서는 이러한 문제를 고려할 필요가 없다. 이 시기는 금융조합이 예금업무를 취급하지 않은 시기이기 때문이다. 1920년 이후의 통계부터는 농업자의 상당수가 누락되었을 가능성이 있다. 셋째는 휴면저금(休眠貯金)이 많다는 점이다. 즉 우편저금을 개설하였지만, 실제로는 활용하지 않아 장기 휴면상태에 있는 통장들이 있다. 이것은 우편저금 예입원의 직업별 분포의 변화가 예입자들의 직업의 변화를 잘 반영하지 못하도록 하는 요인이라 할 수 있다. 이러한 점을 염두에 두면서 우편저금 예입원의 직업별 분포를 통하여 우편기관의 이용자층을 분석하여 보기로 하자.

<표 2-9> 우편저금 예입원의 직업별 구성

	1908	1914	1920	1927	1932	1908	1914	1920	1927	1932
일본인										
실수						구성비				
농업	1703	9989	18320	36350	38863	2.45	5.80	6.74	6.70	6.50
상업	9541	30121	50666	101454	104034	13.71	17.50	18.64	18.70	17.40
공업	5757	11183	16324	32552	17937	8.27	6.50	6.01	6.00	3.00
잡업	3311	9400	15021	29840	34080	4.76	5.46	5.53	5.50	5.70
피용인	9474	21531	28525	56966	49028	13.61	12.51	10.49	10.50	8.20
관리군인	32012	60253	88906	177410	215841	46.00	35.02	32.71	32.70	36.10
학교생도	3257	15964	27904	55881	90283	4.68	9.28	10.27	10.30	15.10
어수업선부	1092	2587	4522	9223	8968	1.57	1.50	1.66	1.70	1.50
무직업	2189	5859	13585	27127	35874	3.15	3.40	5.00	5.00	6.00
단체	131	3310	8034	15734	2990	0.19	1.92	2.96	2.90	0.50
직업미상	1121	1880				1.61	1.09	0.00	0.00	0.00
합계	69588	172077	271807	542537	597898	100.00	100.00	100.00	100.00	100.00
조선인										
실수						구성비				
농업	536	401298	829783	1021711	584020	4.87	73.22	74.71	74.70	30.80
상업	498	24087	62250	76594	310971	4.53	4.39	5.61	5.60	16.40
공업	114	3730	9010	10942	36027	1.04	0.68	0.81	0.80	1.90
잡업	374	8007	12705	15045	37923	3.40	1.46	1.14	1.10	2.00
피용인	2317	26695	50576	62917	293905	21.07	4.87	4.55	4.60	15.50
관리군인	5825	25675	36020	43768	54989	52.96	4.68	3.24	3.20	2.90
학교생도	1164	49012	97022	118994	521445	10.58	8.94	8.74	8.70	27.50
어수업선부	29	1940	5445	6839	15169	0.26	0.35	0.49	0.50	0.80
무직업	80	4188	4296	5471	39819	0.73	0.76	0.39	0.40	2.10
단체	10	2546	3232	4103	1896	0.09	0.46	0.29	0.30	0.10
직업미상	52	912	262	1368		0.47	0.17	0.02	0.10	0.00
합계	10999	548090	1110601	1367752	1896164	100.00	100.00	100.00	100.00	100.00

자료: 『조선총독부 체신연보』

1908년을 보면, 우편저금 예입원은 일본인 6만 9,544명과, 조선인 1만 999명이었다. 보호국기 이전에 대한제국 통신기관에서는 우편저금을 취급하지 않았지만, 조선에 진출한 일본국 우편국은 이미 우편저금을 취급하고 있었기 때문에, 조선에 진출한 일본인 상당수는 우편저금에 가입하고 있었다. 조선인이 우편저금에 가입하게 된 것은 보호국기에 들어와서이다. 조선인에게는 우편저금은 1908년부터 새롭게 시작된 서비스이므로 우편에 비해 그 이용도가 더 낮았다고 할 수 있다. 그러므로 이를 근거로, 조선인 우편기관 이용자수가 일본인 우편기관 이용자수보다 더 적었다고 판단하기는 어렵다. 조선인 우편저금 예입원의 구성을 보면, 관리와 군인이 52.96%을 차지하고 있고, 그 다음이 피용인으로, 21.07%를 차지하고 있고, 그 다음은 학생생도로 10%를 차지하고 있다. 농업종사자, 상업종사자, 공업종사자 등의 수는 매우 적다. 관리나 지식인 그리고 근대부문에 고용되어 있는 조선인 등이 우편기관을 이용한 조선인의 대부분을 구성하고 있다. 이들이 당시 도입되고 있었던 근대적 시설의 적극적인 수용자층이었으며, 이를 제외한 사람들은 아직 근대적인 시설과는 별 접촉이 없이 생활하고 있었다고 판단된다. 물론 이것은 당시 우편기관 이용자층과는 괴리되었을 수 있음은 앞서 언급하였다. 앞서 언급한 것 이외에 저금장려정책이 미친 영향도 고려할 필요가 있다. 우편저금의 보급수단으로 가장 중요한 것은 학동저금(學童貯金)과 규약저금(規約貯金)인데, 이 저금장려정책의 대상이 근대부문의 피고용자나 학생이기 때문에, 이들의 비중이 높았을 수 있다. 1914년의 우편저금 예입원을 보면, 조선인 우편저금 예입원의 수가 대폭적으로 증가하여 전 우편저금 예입원의 76.11%를 차지하게 되었다. 우편저금이 조선인에게 급속하게 보급되고 있었음을 알 수 있는데, 이것은 우편기관과 접촉하는 조선인이 급속하게 늘어났음을 의미한다. 1908년과 비교하면, 모든 직업에서 조선인 우편저금 예입원이 증가하였지만, 특히 농업종사자의 증가가 두드러지고, 다음으로 학교생도와 상업종사자의 성장이 두드러진다. 근대적

시설을 이용할 수 있는 층은 이제 일반 생업 종사자로까지 확장되었음을 확인할 수 있다. 이러한 증가 추세는 민족별 구성을 얻을 수 있는 1932년까지 지속되는데, 1927년까지 직업별 구성에 있어 큰 변화는 보이지 않는다. 농민이 74%대를 차지하고 있고, 다음으로 학교생도가 9%대를 차지하고 있으며, 상인이 6%대이며, 피용인이 5%대, 관리와 군인이 3%이다. 조선사회는 기본적으로 농업사회이므로, 농업종사자의 증가를 동반하지 않고는 사용자의 큰 증가를 기대하는 것은 불가능하다. 물론 농업종사자도 다양한 계층으로 구분되는데, 1927년에는 100만 명이 넘어서서, 지주와 자작농뿐만 아니라 자소작층의 상당부분도 우편기관을 이용하게 되었다고 할 수 있다. 1932년이 되면서 구성비에 상당한 변화가 일어났다. 농민의 수는 1927년에 103만 명에서 1932년 58만 명으로 감소하였고, 대신 농업종사자를 제외한 모든 직업종사자는 증가하고 있다. 특히 학생생도와 상인 그리고 피용인의 증가가 두드러진다. 당시 국가의 주지선전(周知宣傳)의 주된 장소는 학교로서, 교과서에 저축이나 통신에 대한 내용을 게재하여 저축심의 함양과 통신능력의 보급을 도모하였을 뿐만 아니라, 학동저금이라는 저축장려정책을 사용하였기 때문에, 학생의 증가를 이해할 수 있다. 물론 이러한 변화의 밑에는 근대교육을 수용하는 조선인의 증가가 있었다. 보다 주목되는 것은 상인의 증가이다. 1927년에 비해 상인은 4배 정도 증가하였다. 우편저금에 가입한 상업종사자 중에서 조선인의 비중을 보면, 74.93%로 조선인 상업종사자가 주류를 차지하는 형태로 바뀌었음을 확인할 수 있다. 그리고 피용인도 거의 5배로 증가하였다. 전업적인 상업자와 공업자 그리고 피용인이 증가하고 농업종사자의 비중이 감소한 것은 농업에서 상공업으로 조선사회가 변해 가고 있는 것을 어느 정도 반영한다고 할 수 있다. 이들의 증가는 농민의 급감과 맞물려 있는데, 이 시기 동안 조선의 농가경제가 파탄하였고, 이들 농민들이 상업이나 공업, 피용자층으로 전직하여 있었음을 고려할 때, 나름의 역사적 현실을 반영하고 있다고 할 수 있다. 물론 이것은 조선

인 전체 유업자의 산업별 구성의 변화를 의미하는 것은 아니고, 우편저금
예입원의 산업별 구성의 변화를 말하는 것이다.[155] 조선사회는 아직 근대적
부문과 무관하게 생활하고 있었던 막대한 층과, 근대적 부문과 긴밀한 관
계을 맺고 살아가는 층으로 구성되어 있었다고 판단되는데, 우편저금 예입
원의 산업별 구성의 변화는 근대적 부문과 긴밀한 관계를 맺고 살아가는
층의 급격한 변동을 보여주는 것으로 이해된다.

우편저금 예입원의 직업별 구성의 변화는 1919-1929년까지 시기와 1929-
1938년까지 시기의 조선인의 통신수요의 증가패턴의 변화를 어느 정도 설
명하여 준다. 우편기관 이용자는 지주, 자작농, 그리고 자작농상층부까지
확산되었는데, 이 농민들은 1930년대의 농업의 피폐에 의해 더 이상의 발
전력을 상실하여, 우편기관 이용자의 외연적인 확대는 정체적인 국면으로
전환하고, 이후의 증가는 산업구성의 고도화에 따른 통신사용량의 증대가 주
도하였다. 1929년 이후에 조선인의 우편발송량보다 조선인 전보 및 전화사용
량이 더 빠르게 증가한 것은 이와 같은 변화를 반영한 것으로 판단된다.

2. 전기통신 이용자층

통상우편 이용자층에 대한 자료는 거의 없는 반면에 전기통신 이용자층
에 대해서는 몇 시기에 대해 단편적인 정보가 남아 있다.

전화가입자에 대한 통계로는 1906년의 것이 있다. 이 통계는 각 지역별
민족별 종사업종별 전화가입자에 대한 통계이다. 이 시기 조선인 가입자는
101명으로, 상품 제조 판매업자가 4인, 교통업자가 5인, 은행 보험 환전(換

---

[155] 우편저금예입원이 전체 유업자 중에서 차지하는 비중을 살펴보자. 우편저금예입
원 중 학생생도는 유업자가 아니므로 이를 제외하면, 유업자인 우편저금예입원
은 1932년에 137만 4719명으로 전체 유업자의 15% 정도가 우편저금예입원이다.

錢) 및 질상이 4인, 매개상 1인, 여관 음식점 6인, 음식품 제조 판매가 1인, 관청 공서 관리 공리가 69인, 교화에 종사하는 자가 3인, 의약업 3인, 사치품 및 학술 기예에 관한 자가 1인, 잡업이 4인이다. 1906년 조선인 전화가입자의 대부분은 관공리이고, 상공업자와 서비스업 종사자의 비중은 낮았다. 당시 일본인 전화가입자도 관공리의 비중은 상당히 높아, 총 2,229 가입자 중 331명이 관리이지만, 조선인보다는 그 비중이 더 낮다. 반면 상공업자와 서비스업자의 비중은 높다. 조선인 전화가입자의 지역적 분포를 보면, 경성에 58인, 용산에 3인, 인천에 5인, 수원에 1인, 부산에 15인, 마산에 2인, 대구에 6인, 진남포에 10인, 원산에 1인이었다. 경성이 가장 많고, 부산, 진남포, 인천의 순이다. 이 시기 이후에도 전화가입자의 직업별 통계는 있지만, 민족별 구성을 보여주는 자료는 없다. 1917년의 주요 8개 도시 전화가입자의 통계에 의하면, 전화가입자는 상공업자가 대부분이지만, 여전히 관공리도 18%여서 상당한 비중을 차지할 뿐만 아니라, 1906년의 17.3%보다 오히려 증가하고 있다. 전보의 사용업무별 통계는 1918년 인천에 한해서 알 수 있는데, 상업 금융업 운송업에 관한 전보가 거의 대부분이다.

이 통계들은 모두 부분적인 통계로서, 식민지기 조선인 전기통신 수용자층의 동태적인 변화를 보여주지 못한다. 약간 그 성격을 달리하지만 청취용 무선전화(聽取用無線電話) 가입자(=라디오 청취자)는 1930년대 말의 전기통신수용자층을 파악할 수 있게 하는 가장 체계적인 자료라고 할 수 있다.[156]

무선전화는 전화보다 그 보급이 늦게 시작되었기 때문에 무선전화 보급 초기에는 전화가입자보다 더 적었지만, 점차 전화보다 보급이 빨리 이루어

---

[156] 당시 청취용 무선전화 보유자는 체신국에 신고하여야 하였고, 이 신고서를 바탕으로 하여 무선전화 청취자로부터 청취료를 수납하였다. 청취용 무선전화의 이러한 관리시스템 때문에 청취용 무선전화 가입자에 대한 자료는 체계적으로 남아 있다.

져서, 1934년이 되면 전화가입자수보다 더 많게 된다. 1930년대 후반에는 전화가입자는 라디오 청취자의 범주 속에 포함된다고 할 수 있으므로 그 성격이 상이하지만, 당시 전기통신 사용자의 외연을 확인할 수 있는 좋은 자료라고 할 수 있다.

아직 전화가입자수를 능가하기 이전인 1933년의 전화가입자와 라디오 청취자를 비교하여 보자. 라디오 청취자는 32,014명으로 전화가입자 36,229명보다 4천 명 정도 적다. 이 중 조선인은 라디오의 경우에는 6,401명으로 전체의 19.99%이고, 전화의 경우는 7,353명으로 전체의 20.29%여서 전화의 경우 조선인의 비중이 약간 더 높았다. 1933년 이전까지는 대체로 몇 명의 실험적인 라디오 연구가를 제외하고는 전화가입자와 거의 중복되었다고 판단된다. 그러나 그 이후 라디오는 전화보다 빠르게 보급되어, 1942년에는 전화가입자의 4.3배가 되었다. 이 기간의 민족별 성장률을 보면, 일본인 19.45%인 데 반해, 조선인은 41.94%이다. 1941년에 조선인 라디오 청취자수는 일본인 라디오 청취자수를 넘어서게 되었다. 당시 라디오는 식민지정부의 가장 중요한 주지선전(周知宣傳)의 수단이었다. 그렇지만, 공공장소에 가설된 라디오 수가 많았던 것은 아니다. 주지선전의 수단으로 관공서나 제단체에 설치된 수는 보급 초기의 1.54%에서 1941년의 0.8%로 감소하였다. 가입자의 대다수는 개인이었다. 라디오를 구입하는 동기로 국가의 보급장려를 들 수도 있지만, 보다 중요한 것은 라디오가 주는 본연의 효용이었다고 생각된다. 당시 라디오 방송의 주된 내용은 보도(報道)와 오락 그리고 교양이었다. 라디오는 가장 신속하게 미가를 포함한 주요 곡물시세를 얻을 수 있는 수단이었고, 이를 넘어 세계정세와 일본제국의 변화양상을 가장 신속하게 파악할 수 있는 수단이었다. 뿐만 아니라 감미로운 음악이 주는 오락성과 주요 저명인사의 강연으로부터 얻을 수 있는 교양 등도 무선전화 청취자로 가입하도록 하는 동기였다.

<표 2- 10> 청취용 무선전화(라디오)가입자의 민족별 직업별 동향

		1932	1936	1937	1938	1939	1940	1941
일본인								
개인	농업	529	1508	1721	2058	2272	2293	2319
	수산업	123	246	308	439	483	482	659
	상공업	4723	9995	13054	18792	20408	25589	32260
	요리옥, 여관, 대좌부	525	811	999	2154	2365	2590	2906
	은행 회사원	3582	8186	10989	14585	16580	21704	27335
	판공리	5389	11264	15111	21508	23639	25032	28096
	교육 종교 법률가	531	1320	1907	2579	2882	3092	3371
	의사, 산파, 간호부	467	844	1030	1769	1923	2086	2390
	학생	69	140	152	257	174	351	355
	무직	597	1837	1986	2523	2826	1278	2196
	계	16535	36151	47257	66664	73652	84497	101887
단체	관공서 학교	551	1036	1115	1824	2110	1937	2004
	은행 회사	309	579	616	1036	1183	1409	1610
	조합 클럽	34	163	174	182	199	271	486
	계	894	1778	1905	3042	3492	3617	4100
기타		273	211	218	515	550	592	808
계		17702	38140	49380	70221	77694	88706	106796
조선인								
개인	농업	235	1145	1694	2307	3099	3109	5077
	수산업	6	52	80	72	93	187	704
	상공업	1482	5929	10639	11175	14368	23482	38742
	요리옥, 여관, 대좌부	62	458	723	1144	1453	1728	2592
	은행 회사원	363	2675	4084	8694	10708	19905	29191
	판공리	238	2695	3786	12605	14284	18355	23444
	교육 종교 법률가	68	534	936	1184	1399	2439	2845
	의사, 산파, 간호부	121	483	707	1688	1979	2017	2109
	학생	47	138	188	512	607	821	917
	무직	85	295	337	1208	1520	4416	6019
	계	2707	14404	23174	40589	49510	76459	111640
단체	관광서 학교	48	271	359	486	690	974	1019
	은행 회사	32	140	159	328	410	598	863
	조합 클럽	10	92	119	136	238	331	615
	계	90	503	637	950	1338	7903	2497
기타		63	52	56	272	302	412	961
계		2860	14959	23867	41811	51150	78774	115098

주: 1932년은 12월말 통계이고, 1936년 이후는 3월말 통계임.
자료: 『ラヂオ年鑑』

이제 라디오 청취자층의 직업별 구성을 통하여 전기통신 이용자층의 변화를 파악하여 보자. 1932년 라디오 청취자의 직업별 통계는 당시 가장 선진적으로 전기통신을 수용한 층을 보여준다. 조선인의 경우, 그 절반 이상인 51.82%가 상공업자였다. 그 다음은 은행 회사원으로 12.69%이다. 은행 회사원으로 대변되는 화이트칼라층은 이제 선진문화의 수용자로서 그 독자적인 분류코드를 획득하였다. 반면, 식민지 초기에 가장 선진적인 전기통신 수용자층이었던 관공리는 8.32%로서, 그 비중은 줄어들었다. 농업의 비중은 8.22%로 관공리보다 적다. 지주와 자작농 상층부를 중심으로 하여 우편저금이 광범하게 보급되었던 것과는 달리 전기통신 사용자층에서 농업종사자가 차지하는 비중은 적다. 1930년대에는 통상우편보다는 전기통신을 중심으로 하여 정보화가 진행되었는데, 그 첨단이었던 라디오는 상공인과 화이트칼라층을 중심으로 하여 급속히 보급되고 있는 것이다.

1941년의 조선인 청취용 무선전화 가입자를 보면, 상공업 38,742인과 은행 및 회사원 29,191인, 관공리 23,444인이 가장 큰 세력을 이루고 있다. 조선인 청취용 무선전화 가입자 중 관공리의 증가는 1930년대 말 중앙 및 지방행정기관에서의 조선인의 성장을 반영하는 것으로 판단된다. 이 외에 농업도 약간 증가하였지만, 5,077명에 불과하다. 농업종사자를 농촌거주자로 생각하면, 당시 라디오는 1개 면에 2개 정도 있었다고 할 수 있다. 일본인 가입자와 단체 가입자를 고려에 넣는다 하더라도 라디오는 1개 면에 4-5개 정도가 있었다. 아직 라디오는 농촌에 광범하게 보급되어 있지는 않았다.

제3절 통신 사용량의 장기적 동향

통신기관은 다양한 통신 서비스와 부가 서비스를 제공한다. 제공하고 있는 서비스는 점점 많아지고 있었는데, 1944년에 제공하고 있는 서비스는 4

가지 종류로 구분할 수 있다. 첫째, 순수한 의미에서의 통신 서비스로, 통상우편, 전신, 전화가 여기에 포함된다. 둘째, 소화물 운송서비스로, 소포우편이 여기에 포함된다. 셋째, 자금결제 서비스로, 우편환 서비스, 우편대체 서비스, 집금우편이 여기에 포함된다. 넷째는 자금동원 사업의 일환으로 제공된 금융 서비스로, 우편저금, 간이생명보험, 우편연금이 여기에 포함된다. 이 이외에 국고금 취급 사무가 있지만, 이것은 대민 서비스가 아니기 때문에 제외했다.

여기에서는 첫째와 둘째에 초점을 맞추어 고찰하는데, 우선 이 서비스들의 성격을 간략히 소개하여 둔다. 통상우편은 편지와 엽서, 신문·잡지·서적, 업무형 서류, 상품 견본, 농산물 종자, 무료 우편물 등으로 구분된다. 식민지시대에 가장 큰 비중을 차지하였던 것은 편지와 엽서였다. 통상우편은 통신수단 중에서 가장 값싸게 사용할 수 있었으며, 취급기관이 가장 많았던 대중적이고 보편적인 통신수단이었다. 따라서 통신문화의 일반적 수준을 측정하는 지표로 사용할 수 있다.

소포우편은 엄밀하게는 통신 서비스가 아니다. 통신 서비스는 정보의 교류가 대상인데, 소포는 정보의 교류가 아니라 상품의 운송이 대상이다. 일본에서는 일반소포와 등기소포 모두를 취급하고 있지만, 조선에서는 등기소포만을 취급하였다. 등기소포만을 취급한 이유는, 조선의 경우 교통수단이 발전하지 않아 운송비가 많이 들어 일반소포를 취급하면 채산성이 없기 때문이다. 그러나 교통기관이 상당히 발전된 1930년대에도 여전히 등기소포만을 취급하고 보통소포는 취급하지 않았다. 등기소포는 상대적으로 고가의 상품 유통에 사용되었다. 직물, 금은세공품, 일용잡화, 약재, 인삼, 의약품, 지역 특산물 등이 그것이다. 직물의 경우에도 값싼 것은 거의 사용되지 않았다. 고급면직물이나, 모직물, 견직물 등과 같은 고급직물만이 소포우편의 대상이었다. 따라서 소포우편을 사용하는 층은 대부분이 상인이었다고 할 수 있다. 이 시기 상인들은 소포우편을 통하여 통신판매를 하고,

판매대금은 집금우편(集金郵便)이나 우편환, 전신환, 우편대체(郵便對替)로 받았다. 요즘에는 잡지나 서적, 업무용 서류 등이 소포로 발송되기도 하지만, 당시 이것들은 모두 통상우편으로 취급되고 있었다는 점은 지적하여 둘 필요가 있다.

전신과 전화는 우편에 비하면 상대적으로 고가의 통신수단이다. 전화는 시내전화와 시외전화로 구분되며, 또 가입자의 전화통화와 비가입자의 전화통화로 구분된다. 시내전화는 전화교환구역 내에서의 통화를 지칭하고, 시외전화는 상이한 전화교환구역으로의 통화를 지칭한다. 가입자의 전화통화는 전화가입자가 자신의 집에 설치된 전화를 이용하는 전화통화를 말하고, 비가입자의 전화통화는 우편국소나 전신전화소, 자동전화(현재의 공중전화)를 이용하여 하는 전화통화를 말한다. 물론 시내전화가 시외전화보다 압도적으로 많고, 가입자 전화가 비가입자의 전화보다 압도적으로 많다. 당시 시내전화는, 경성에서 1930년대 중반에 도수제를 실시하기 이전까지 모든 지역에서, 그리고 경성에서 도수제가 실시된 이후에는 경성을 제외한 모든 지역에서 연간 일정액을 납부하면 되었다. 즉 사용자 측면에서 볼 때 전화통화의 한계비용은 0이다. 시내전화통화 또는 가입자 전화통화의 우위는 이러한 측면에서 기인한 것이기도 하다. 반면 시외전화는 장거리 전화 기술이 별로 발전되지 않았기 때문에, 먼 지역과의 통화는 기술적으로 불가능하였다. 몇 개의 구역에는 장거리 전화제도가 있었다. 예컨대 경성과 평양 간의 전화가 그것이다. 장거리 전화는 장거리용 전화기를 사용하여야 하고, 장거리 전화를 이용하는 데 부가적인 사용료를 지불하여야 하는데, 사용료는 상당히 많은 편이었다. 장거리전화에 대한 이러한 제약은 물론 식민지 후기로 될수록 점차 완화되어 가지만, 경성과 평양, 경성과 부산, 경성과 원산과 같은 원거리 간 통화는 많지 않았다. 통상 시외전화라 하는 것도, 앞서 언급한 장거리 전화와 비하면, 근거리 전화였다. 시외전화는 장거리 전화가 아니더라도 거리가 멀어질수록 요금이 비싸진다. 반면 전보는 거리에 따른 요금 격차가 없었다. 그리고, 장거리 연락은 중계전신을 이용하면 되었기 때문에, 전화와 같은 기술적 제약도 없었다. 따라서 전신은 장거리 연락에 많이 사용되었다. 이러한 차이 이외에도 전화와 전신은 여러 면에서 차이가 있지만, 사용자층은 대체로 중첩된다. 전보는 원칙적으로 우편국소에 와서 접수하여야 하지만, 당시는 탁송전보(託送電報) 서비스를 제공하고 있어 전화가입자는 집에서 전화로 우편국소에 전화를 걸어 전보를 접수시킬 수 있었다. 당시 전보의 대부분은 탁송전보였다.

시외전화가 대도시와 위성도읍 간의 단거리 연락을 수행하는 것이라면, 전보는 이에 더하여 대도시와 대도시 간의 통신 및 조선과 일본 간의 통신 등 원거리 통신용으로 사용되었다. 전보는 대체로 무역과 금융, 도매거래에 주로 사용되었다.

각각의 통신수단은 위에 언급한 차이를 내포하고 있기 때문에, 각 통신 사용량을 분석함으로써, 조선사회의 동태를 상당히 다면적으로 고찰할 수 있다. 이하에서는 위에서 설명한 통신수단의 성격의 차이를 염두에 두면서, 시기별로 통신량의 추이를 고찰하고자 한다.

제1항에서는 대한제국기 통신 사용량의 추이를 고찰하고, 제2항에서는 보호국기 통신 사용량의 추이를 고찰하며, 제3항에서는 식민지기 통신 사용량의 추이를 고찰한다.

1. 대한제국 경영기

조선에서 통상우편사업은 우정사업(郵征事業)이라는 이름으로 1884년 개화당에 의해 개시되었지만, 갑신정변의 실패로 얼마 되지 않아 중단되었다. 통상우편사업이 다시 재개된 것은 1895년에 이르러서이다. 전신사업은 1885년 중국에 의해 서로전선이 가설되면서 개시되었는데, 조선정부도

1888년부터는 독자적인 전신사업을 개시하였다. 조선정부의 통신사업은 1905년 일본에 통신사업권을 피탈당할 때까지 조선정부에 의해 확장되고, 성장하여 갔다. 이 시기 통신사용량에 대한 집계치는 1900년과 1902년의 것을 얻을 수 있다. 1900년의 우편물 인수통수(=취집량)는 80만 6,408통이고, 1902년의 우편물 인수통수는 103만 4,477통이며, 전보 발송량은 19만 5,359통이다.

1902년이면, 조선정부가 통신사업을 본격적으로 시작한 지 8년째 되는 해이다. 이 때의 일인당 통상우편물 발송량은 조선인 인구를 적게 잡아 1000만 명으로 볼 때, 0.1통이다. 일본의 경우, 우편사업을 시작한 첫해인 1871년에 56만 5,934통이었는데, 1872년에는 251만 656통, 1873년에는 1,055만 902통으로 늘었다. 각 시기 일인당 통상우편물 발송량을 보면, 우편사업이 시작된 해에는 0.017통, 이 년째 되는 해에는 0.075통, 삼 년째 되는 해에는 0.313통으로, 삼 년째 되는 해의 일인당 통상우편물 발송통수는 조선에서 8년째 되는 해의 일인당 통상우편물 발송통수의 3배가 넘는다. 이렇게 비교하여 보면, 조선에서의 일인당 통상우편물 발송량의 성장속도는 일본의 메이지 전기의 동일 수준의 시기와 비교할 때, 훨씬 느렸음을 확인할 수 있다.

전보의 경우, 마찬가지로 조선의 인구를 적게 잡아 1000만 명으로 볼 때, 조선인에 의해 전신사업이 시작된 지 14년째인 1902년의 일인당 전보 발송통수는 0.0195통이었다. 일본의 경우, 전신사업이 시작된 1871년에는 19,448통이었고, 전신사업을 시작한 지 7년째 되는 해인 1877년에는 690만 1,620통이어서, 일인당 전보통수를 보면, 0.0199통이었다. 전신 발송통수에 있어서도 조선은 일본보다 더 느리게 성장하고 있었다.

조선에 있어 우편과 전보사용량의 성장속도가 일본보다 더 늦었던 원인으로는 우선 조선에 진출한 일본국 통신기관에 의한 통신시장의 잠식과 전보의 경우 1894년까지 청국의 통제에 따른 발전의 지체를 들 수 있을 것이다. 그러나 조선에 진출한 일본국 통신기관에 의한 통신시장의 잠식이 이와 같은 낮은 성장률을 설명하기에 충분한 것은 아니다. 일본국 통신기관이 취급한 통신 사용량을 합한다 하더라도 조선에서의 통신 사용량의 성장 속도는 더 늦다. 조선에 있어 낮은 성장률은 상공업 발전의 저위성과 조선 정부의 통신사업 추진력의 저위성에 기인한 측면도 있다.

통신 네트워크의 형성이라는 측면에서 통신 사용량의 증가를 재조명해 보자. 우편의 경우, 우편물 종류별 구성에 관한 통계를 얻을 수 있는 가장 이른 시기는 1906년이다. 1906년에는 이미 조선의 통신기관이 일본에 의해 피탈되었지만, 그러나 이 시기 조선인 우편 사용량의 구성을 통하여 대한 제국기 우편사용량의 실체를 어느 정도 파악할 수 있다. 1906년 조선인 통상우편의 종류별 구성을 보면, 신문과 잡지가 60.52%로 가장 높고, 편지는 34.33%, 엽서는 4.4%이다. 이 이외의 서적류, 업무용 서류, 견본 및 추형, 농산물 종자, 무료 우편물이 차지하는 비중은 매우 작다. 조선에서의 우편 네트워크는 주로 신문과 잡지의 보급망으로 성장하고 있었음을 확인할 수 있다.

조선에서 최초로 발간된 신문은 1883년 10월 31일부터 발간된 한성순보이다. 한성순보는 정부에서 발간한 관보(官報)로서의 성격을 가진 것으로, 조선인의 개화를 위한 수단으로 활용되었다. 한성순보는 한성주보로 명칭이 개칭되어 발간되다가, 1888년 7월 7일에 수구파 세력이 득세하면서, 박문국의 폐지와 더불어 폐간되었다. 조선의 최초의 신문이었던 한성순보·한성주보가 발간된 시기인 1884년에 조선에서 우편사업이 개시되지만, 갑신정변의 실패로 좌초되었기 때문에, 한성순보·한성주보의 발송망으로 거의 기능하지는 못하였다.

조선인의 신문사업은 1896년 4월 7일 독립신문의 발간으로 재개되었다. 이를 뒤이어 1898년에는 협성회회보·매일신문, 경성신문·대한황성신문·황성신문, 제국신문 등이 발간되었다. 이 중 협성회회보·매일신문의 통신판매망을 고찰하여 보자. 협성회회보는 당시 배제학당의 학생들이 중심이 된 청년단체가 사회개화적인 사명을 주장하면서 발간한 것인데, 구독자가 늘어나면서, 1898년 4월 9일에는 매일신문으로 개명하였다. 이 신문은 우리나라 최초의 일간신문이다. 협성회회보·매일신문은 1년 3개월밖에 존속하지 못하였는데, 이 신문은 일간신문을 발간하면서 다음과 같은 광고를 냈다.

"본사에서는 이달 9일부터 매일신문을 발간하는데 학문상에 유지할 말과 내외국의 시세형편의 실적한 소문을 많이 게재하오니 많이 사다 보시되 한 장 값 엽 너 푼 한 달 선급 엽 일곱 돈 석 달 선급 엽 두 냥 여섯 달 선급 엽 석 냥 아홉 돈 일 년 선급 엽 일곱 냥 아홉 돈이오, 외방에서 보는 이에게는 우체 값 병하여 한 달 선급이 엽 한 냥이오니 남대문안 전 싸전 도가 매일신문사로 와서 사가시고 신문에 게재할 말이 있거든 자세히 적어 본사 대문 밖 투함통에 갖다 넣으시되 성명 거주가 분명치 않으면 게재치 아니할 터이오."[157]

1898년 9월 30일에는 외방에서 보는 이에게는 우체 값을 병하여 한 달 선급을 일곱 돈 육 푼으로 낮추고 있다. 당시 신문은 한양에서는 매일신문사에서 직접 구입할 수 있으며, 다른 지역은 우편에 의해 발송하고 있음을 확인할 수 있다. 즉 우편기관이 지방배급망을 담당하고 있었다.

기존의 신문사 연구는 그 내용의 반제국주의성과 반봉건성에 초점을 두고 있을 뿐, 이 신문이 일반인에게 어느 정도 대중적으로 침투해 가고 있었는가는 거의 고찰하지 않는다. 당시 신문의 편제를 보면, 신문에 대한 전통적 수요를 반영하고 있다. 당시 신문기사는 크게 4가지로 구분할 수 있다. 첫째, 관보란이다. 조선에서는 조보(朝報)라고 하는 전통적인 관보가 발전되어 있었는데, 조보의 기능을 관보란으로 수용하고 있다. 둘째, 내외국의 정세에 대한 보고이다. 장시망이나 유동인구에 의해 전파되고 있었던 소문에 대한 수요는 이미 전통사회에 형성되어 있었는데, 신문은 이 수요를 훨

---

157 『매일신문』(1898년 4월 29일).

씬 체계적으로 전달하는 매체로서 자리잡고 있었다. 내외국의 정세의 보고
는 또한 개화를 촉진하는 기능을 동반하고 있었다. 셋째, 신문에 따라서 결
여되어 있기도 하지만, 경제상황에 대한 정보를 포함하고 있다. 물론 경제
상황에 대한 정보는 경제상황의 수집처로서의 장시의 기능을 대체하는 수
준에 이른 것은 아니지만, 장시를 보완하는 기능을 어느 정도 수행하고 있
었다고 판단된다. 넷째, 투서와 광고라는 일종의 공시기능(公示機能)의 수행
이다. 보부상이나 유림에 의해 사용된 통문과 격문은 상당히 발전된 공시
수단이었다. 신문은 공시수단의 기능을 대신 수행해 주고 있었다. 투서는
공시수단으로서 사용되었을 뿐만 아니라, 신문기자에 의한 기사수집력이
취약한 상황에서 각 지역의 뉴스를 확보하는 주요한 원천이었다. 당시의
신문은 그 신문이 취하는 성향뿐만 아니라 구독자의 수요와도 관련지어 살
펴볼 필요가 있다. 당시의 신문은 전통적 수요를 수용하는 방향으로 편제
되어 있었기 때문에, 대중적인 매체로 성공할 수 있었다고 판단된다. 신문
배달이 우편에서 가장 큰 비중을 차지하는 이유는 신문에 대한 전통적인
수요가 있었다는 점과 신문사가 자체의 배달망을 갖지 못하였다는 점에서
찾을 수 있을 것이다.

이 시기 우편통신망은 주로 신문배달망으로 성장하고 있었고, 이 이외에
공문서 전달망으로서의 기능도 중요하였다. 그러나 일반인의 사적 통신이
나 상업적 통신의 성장은 매우 미흡하였음을 편지와 엽서의 비중이 낮은
것과 통신사용량의 저위성에서 파악할 수 있다.

전보의 경우, 처음부터 국제적 통신망으로 발전하고 있었다. 1884년에 부
산에 진출해 있는 일본국 우편국과 일본 나가사키 간의 해저전선이 개통되
어 일본-조선 간 전신이 일본국 부산전신분국에 의해 운영되었다. 1885년에
는 경인 경의 전신선 즉 서로전선(西路電線)이 중국에 의해 가설되어 화전
국(華電局)이라는 중국의 전신기관에 의해 운영되었다. 서로전선은 조선과
중국을 연결하는 전신선일 뿐만 아니라 조선을 세계 각국과 연결시키는 신

식문물의 통로였다. 이 전신선의 활용자로는 역시 신문사를 들 수 있다. 앞서 제1장에서 살펴보았듯이, 독립신문사와 제국신문사는 영국전보국과 계약하여 세계정치에 관계되는 일을 매일 전보로 받아보고 있었다. 그리고 국가의 외교망으로도 활용되고 있었다. 그러나 자유무역시대에 있어 국가 정보활동의 가장 중요한 형태인 영사관 보고체계(領事官報告體系)는 아직 형성되지 않았다. 전신선은 처음에는 청국과 일본에 의해 가설되었지만, 이후 조선정부에 의해 가설되었다. 이때부터 전신망은 국내정보의 유통망으로도 기능하게 되었다. 당시 신문을 보면 알 수 있는데, 각 지방의 뉴스가 전보에 의해 접수되고 있다. 지방의 뉴스 전달체계로서뿐만 아니라 국내 치안망이자 지방통치망으로도 발전하고 있었다. 1893년부터 각지에서 동학군에 의한 집단적 행동이 일어나자, 각지의 정보를 신속하게 확보하는 것이 조선정부에 매우 긴요한 문제가 되었다. 이 때부터 조정에서 각 지역에 명령을 하달하거나, 보고를 수령함에 있어 전보를 많이 사용하였다. 그러나 조선에 있어 전보발송량은 낮은 수준에 머물러 있는데, 상공업의 저위성이 한 원인이라 할 수 있다.

2. 보호국기

1905년 일본의 대한제국 통신기관 탈취는 조선의 보호국화의 서막이었다. 통신사업에 있어 식민지화는 이 시기부터 시작되고 있었다. 현재 보호국기와 식민지기의 차별성을 강조하는 연구들이 제출되고 있는데, 이 논의들은 보호국기에는 아직 조선의 정부가 있었고 조선의 법령이 통용되고 있으며, 통감부에 의한 지방지배체제는 잘 갖추어지지 않았다는 점 등을 들고 있다. 통신사업의 경우, 보호국기와 식민지기의 차이는 더 적었다. 보호국기에도 통신관련 법령은 일본의 법령이 적용되었고, 통신기관은 통감부가 수립되기 이전에는 일본국 체신성에, 통감부가 수립된 이후에는 통감부에 소속되어 있어서, 조선정부하에 편제되어 운영되고 있었던 다른 국가업무보다 훨씬 더 식민지화되어 있었다. 그러나 보호국기에 통감부에 의한 지방지배체제가 잘 갖추어지지 않았다는 점은 통신사업에 있어서도 타당한 측면이 있다. 대한제국기의 임시우체사 중 일부는 여전히 동일한 자태로 존속하고 있었다. 그러나 임시우체사 중 상당수는 국고금 취급 사무와 관련하여 우편취급소로 변화하였으며, 나머지 임시우체사는 전체 통신기관 중에서 중요한 지위를 차지하지 않았으므로, 통신사업에 있어 보호국기와 식민지기의 차이는 크지 않았다.

조선의 통신사업의 역사에 있어 보호국기는 제국주의의 외압하에 상대적으로 제한된 것이기는 하였지만, 나름대로 자주적인 발전을 추구하여 온 조선의 통신망이 일본제국의 통신망의 일부분으로 편입되고, 대한제국의 통신기관이 식민지 지배의 일환으로 재편되는 시기였다.

조선에 진출한 일본인의 통신 사용량은 개항 이래 지속적으로 증가되었는데, 특히 1903년부터 1906년 동안 크게 증가하였다. 통상우편물 인수통수는 1902년에는 150만 통이 안 되었는데 1906년에는 2,735만 통으로 18배 증가하였고, 소포우편물 인수통수는 1902년에는 5,000통이 안되었는데 1906년에는 15만 통으로 30배 증가하였고, 전보 인수통수는 1902년에 10만 통이었는데 1906년에는 93만 통으로 9배 증가하였다. 조선 내 일본국 통신기관은 1903년부터 많이 신설되었던 것이 일본인 통신사용량을 크게 증가시킨 한 원인이었다. 1905년 대한제국 통신기관의 탈취는 일본인 통신 사용량의 급속한 성장을 배경으로 하여 이루어진 것이었으며, 일본인 통신 사용량을 가일층 증가시키는 계기가 되었다.

<표 2- 11> 식민지화 이전 조선에 진출한 일본인의 통신 사용량의 동향

	통상우편물		소포우편물		전　　보		조선 내
	인수	배달	인수	배달	인수	배달	일본인수
1894	1379823	1280608			36695	27754	9354
1895	1331529	1016803			57391	47487	12303
1896	1112034	1623144			36267	36085	12571
1897	1255421	1400012			49278	50344	13615
1898	1207882	1494776			51355	52654	15304
1899	906378	1393438			61812	62940	15068
1900	994659	1514715	2355	7242	89269	94702	15829
1901	1378134	1963592	3200	12064	103429	108158	17928
1902	1479613	2318925	4858	17932	102140	105453	22471
1903	2163662	3277832	8496	30566	143231	136151	29197
1904	6018577	9329026	29664	101333	297011	263729	31093
1905	17942962	20003622	74175	203950	717109	676625	42460
1906	27345883	28918488	150756	346294	926856	879633	83315
1907	27467916	28618768	202727	413220	1070077	1028406	98001
1908	29018725	31939299	312581	521086	1204448	1169785	126168
1909	32979147	35496635	384341	645115	1421486	1382782	146147
1910	39458397	42804766	510037	755424	1828345	1777536	171543

자료: 『통감부 통신사업보고』 ; 『조선총독부 체신통계요람』.

주: 1. 1904년까지의 통수는 조선에 진출한 일본국 우편국 취급통수로서, 일본인 통신사
　　 용량과는 다름.
　 2. 1905년부터는 일본인 통신사용량 통계임.

　일본에 의한 대한제국 통신기관 탈취는 일본인 통신사용량의 증가에는
기여하였지만, 조선인의 통신사용량 증가에는 악영향을 미쳤다. 통신기관이
일본인 거주지로 옮겨지고, 창구직원이 일본인으로 대체되어, 조선인이 통
신기관을 이용하는 것이 더 불편하게 되었을 뿐만 아니라, 이러한 대체가
민족적 적개심도 야기하여 조선인의 통신기관 이용을 더욱 어렵게 하였다.
그러나 다른 한편으로 식민지기 조선인의 발전은 일본과의 무역관련의 심

화와 그에 동반된 상품화폐경제의 발전에 의해 촉발되었는데, 이러한 유형의 조선인의 성장은 이 시기부터 시작되고 있었다. 이 항에서는 이 두 가지 측면을 나누어서 고찰한다.

우선 통신기관의 피탈이 조선인 통신 사용량에 미친 악영향을 고찰하여 보자. 대한제국 통신기관의 통상우편물 발송량은 1902년에 103만 4,477통이었다. 물론 조선인의 경우, 일본인 우편기관을 이용하여 편지를 부치기도 하였고, 또한 일본인도 조선인 우편기관을 사용하였을 것이므로, 이 통계가 완전히 조선인 통상우편물 발송량이라고 할 수는 없지만, 대체로 조선인 통상우편물 인수통수는 이로부터 크게 벗어나지는 않았다고 판단된다. 통신기관을 강탈당한 이듬 해인 1906년 조선인 통상우편물 발송량은 1902년 대한제국 통신기관이 취급한 103만 4,477통보다 2.5배 정도 증가한 382만 7,837통이다. 이 4개년 간 조선인 통상우편물 발송량의 연평균 증가율은 38.7%여서, 1900-1902년 간의 증가율인 13.3%보다 25%가 더 높다. 전보발송을 보면 1902년 대한제국 전신기관이 취급한 전보통수를 모두 조선인 전보통수로 보는 경우, 1906년에는 1902년의 거의 60% 수준인 11만 3,537통으로 감소하였다. 즉 통상우편은 급증하였고, 전보는 급감하였다.

그러나 통상우편의 경우에도 그 내부를 들여다보면, 일본에 의한 대한제국 통신기관 탈취가 조선인 우편사용량에 악영향을 미쳤음을 확인할 수 있다. 이를 확인하기 위해 『통감부 통신사업 제2회 보고(統監府通信事業第二回報告)』 부록에 실려 있는 1906년의 우편물 인수상황을 분석하여 보자. 이 자료에는 우편국 우편전신취급소 우편전신수취소 우체소별로 구분하여 도별 우편물 종류별 통계를 게재하고 있다. 그러나 민족별 구분을 하고 있지 않아서 각 기관별 조선인의 사용량을 직접적으로 파악할 수는 없다. 그러나 민족별 우편물 발송의 종류별 구성의 차이를 바탕으로 하여 그 대체적인 양상을 파악할 수는 있다.

1906년 우편물의 종류는 편지, 무봉함 편지, 엽서, 신문잡지, 서적류, 업무용 서류, 견본 및 추형, 농산물 종자, 무료 우편물로 되어 있는데, 조선인 발송량 중 가장 높은 비중을 차지하는 것은 신문잡지로서, 전체 발송량의 60.52%인 231만 6,721통이다. 다음으로 많은 것은 편지로 전체 발송량의 28.45%인 131만 4,099통이다. 이 두 가지 이외에 많은 발송량을 보이는 것은 엽서로서 16만 8312통으로 전체 발송량의 4.40%를 차지하고 있고, 나머지는 모두 0.4%에도 미치지 못하는 미미한 수준에 머물러 있다. 반면 조선 전체 통상우편물의 종류별 구성을 보면, 무료우편이 가장 많아서 1,029만 8,748통으로 전체의 33.04%를 차지하고 있다. 무료우편에는 통감부 통신관리국(統監府通信管理局)의 국보(局報)나 사무보(事務報), 무료 군사 우편물이 포함된다. 무료 군사 우편물은 653만 9,290통으로 전체 무료 우편물의 63.5%를 차지하고 있다. 당시 통신기관의 군사적 성격을 보여주는 것이라고 할 수 있다. 무료 우편물 다음으로 많은 것은 편지로 전체의 28.45%인 886만 7,587통을 차지하고 있고, 엽서는 전체의 24.60%인 766만 9,309통을 차지하고 있다. 조선인이 발송한 우편물 중 가장 큰 비중을 차지하는 신문잡지는 407만 8,057통으로 전체의 13.08%를 차지할 뿐이다. 이 외의 우편물 종류는 모두 1% 미만이다. 그 구성에서 볼 때 조선인과 일본인은 커다란 차이를 보이고 있다. 일본인의 경우 무료 우편물과 엽서가 높은 비중을 차지하고 있는 반면에, 조선인의 경우 신문잡지가 많다. 엽서의 경우, 전체 엽서량의 95.5%가 일본인 우편물이고, 신문잡지의 경우에는 전체 신문잡지의 56.81%가 조선인 우편물이다.

1906년 기관별 민족별 사용량은 알 수 없지만, 옆서의 비중과 신문잡지의 비중을 통하여 기관별 민족별 사용량을 대체적으로 파악할 수 있다.

우선 각 우편기관의 성격을 파악하여 두자. 우리의 관심사는 대한제국의 우체사와 임시우체사를 일본제국이 재편함으로써, 조선인 통상 우편량이 어떠한 변화를 겪게 되었는가를 살펴보는 것이므로, 이 시기 통신기관이 어떠한 발생연원을 가지고 있는지를 살펴보자.

통감부는 통신기관을 취급사무와 운영방식에 따라 구분하고 있다. 취급사무에 따른 구분에서 핵심적인 것은 전신사무를 취급하고 있는가의 유무이다. 취급소의 경우, 전신사무를 취급하지 않는 기관을 우편취급소로, 전신사무를 취급하는 기관을 우편전신취급소로 구분하고 있으며, 수취소의 경우에도 전신사무를 취급하지 않는 기관을 우편수취소로, 전신사무를 취급하는 기관을 우편전신수취소로 구분하고 있다. 또한 운영방식에 따라 우편국, 취급소, 수취소, 우체소로 구분하고 있다. 우편국과 우편전신취급소는 통감부의 정식관리가 기관장으로 취임하여 운영하는 직영기관이다. 우편국과 취급소는 모두 직영기관이지만, 취급소는 우편국으로 운영될 수 있을만큼 기관이나 시설이 정비되지 않은 것이다. 수취소는 조선에 거주하는 일본인이 설립한 관청청부기관(官廳請負機關)으로, 수취소장은 고원의 대우를 받는 기관이고, 우체소는 대한제국기의 임시우체사에서 연원한 것으로, 아직 통감부에 의해 재편되지 않고 남아 있는 조선인이 기관장인 기관이다.

우편국은 통신기관 탈취 이전에 일본국 우편국이나 일본국 우편국 출장소에서 기원한 것과 통신기관 탈취 이후에 대한제국 통신기관을 인수하여 우편국으로 만든 것이 있다. 일본국 우편국이나 일본국 우편출장소가 있었던 지역에는 모두 대한제국 통신기관도 있었기 때문에, 우편국은 모두 대한제국 통신기관에서 기원하였다고 파악할 수도 있다.[158] 우편(전신)취급소는 통신기관이 국고금 취급 사무를 담당하게 됨에 따라 설치된 우편기관이다. 우편취급소 중 일부는 대한제국기의 임시우체사가 승격된 것이다. 우편전신취급소는 17개소인데, 일본국 우편국 출장소에서 승격된 곳이 15곳이고, 임시우체사와 우편전신수취소를 통합하여 우편전신취급소를 만든 곳이

---

[158] 일본국 통신기관과 대한제국 통신기관이 공존한 지역은 모두 일본국 통신기관에 대한제국 통신기관을 흡수 통합하는 방식으로 인계되었다. 즉 조선인 거주지역에 있었던 대한제국 통신기관은 일본인 거주지역에 있는 일본국 통신기관에 흡수되었다.

2곳으로, 이들 지역은 일본인의 진출이 이미 상당히 진행된 곳이다. 수취소
는 일본인의 진출에 발맞추어 이들의 통신수요를 충족하기 위해 일본인 민
간인에 의해 만들어진 청부기관으로 이 지역의 통신사용량은 일본인의 것
이 대부분이다. 우체소는 대한제국기 임시우체사를 인계한 것으로, 명칭이
바뀌었고, 지위가 변하였지만, 임시우체사로부터 달라진 것은 별로 없다.
우체소는 1906년 당시 유일하게 조선인이 기관장으로 운영하고 있는 기관
이다. 이상을 종합하면, 우체국과 우편취급소와 우체소는 대한제국 통신기
관에서 연원한 것이며, 대부분의 우편전신취급소와 수취소는 대한제국 통
신기관과 관련이 없는 것으로 분류할 수 있다.

　1906년의 우편업무를 취급하는 통신기관을 보면, 우편국 50개국, 취급소
143개소(이 중 17개는 우편전신취급소), 수취소 71개소, 우체소 158개소였
다. 통상우편물 발송량 중 우편국이 취급한 것은 2,695만 통으로 총발송량
의 86%를 차지하고 있으며, 나머지 14%는 취급소와 수취소와 우체소가 차
지하고 있다. 각 통신기관 당 취급수를 보면, 우편국이 일 국당 5만 4천 통
의 통상우편물을 인수하고 있고, 그 다음은 수취소로 일 소당 2만 6,984통
의 통상우편물을 인수하고 있으며, 취급소는 1만 2,670통의 통상우편물을
인수하고 있으며, 우체소가 가장 적은 3,138통의 통상우편물을 인수하고 있
다. 수취소가 취급소나 우체소보다 통상우편물 인수건수가 많다. 수취소는
일본인이 많이 거주하는 곳에 설치된 일본인 우편기관으로서, 일본인의 우
편사용량이 많았음을 보여주는 것이다. 반면, 취급소는 수취소에 비해 더
상위의 기관이지만, 통상우편물 발송량은 수취소의 절반에도 미치지 못하
고 있다.

<표 2- 12> 1906년 통신기관 당 통상우편물 인수통수

	우편국	취급소	수취소	우체소	전 체
경기	1204689	2938	30973	3671	190478
충남	119878	2141	16009	2754	16918
충북	49136	1969	38285	3900	13650
전남	98699	2235	5805	2559	11051
전북	122442	1210	8848	2101	16163
경남	643369	41587	36155	4170	66508
경북	105281	2148	12511	2236	12508
강원	42725	2054		2762	6887
황해	137722	25905	38918	5187	28645
평남	1314179	2569	8661	4455	161523
평북	183427	31240	27219	3452	65911
함남	1991867	31306	28207	3352	298816
함북	209529	22991	69051	1686	58135
계	539006	12670	26984	3138	73871

자료: 『통감부 통신사업보고』.

이상은 전국 수준에서 살펴본 것이다. 도 수준에서 고찰하면, 우편국이 가장 높으며, 그 다음은 대체로 수취소가 높지만, 경남과 평북, 함남의 경우에는 취급소의 발송량이 수취소의 발송량을 능가한다. 취급소의 일 소당 발송량을 보면, 두 가지 부류의 도로 구분할 수 있다. 경남, 황해, 평북, 함남, 함북의 5개 도의 취급소는 그 발송량이 다른 도의 10배 이상에 달하고 있다. 이 5개 도는 우편전신취급소가 있는 곳이다. 우편전신취급소는 동일한 취급소이지만, 그 기원에 있어서는 차이가 있음을 앞서 언급한 바 있다. 그런데, 이 5개 도를 제외한 나머지 8개 도를 보면, 취급소의 발송량이 우체소의 발송량보다 오히려 더 적다. 즉 임시우체소에서 우편취급소로 변경된 지역에서는 취급소의 통상우편물발송량이 우체소보다 더 적은 것이다. 우체소보다 취급소에서 통상우편물 발송통수가 더 많은 도의 취급소의 우편물 구성을 보면, 무료 통상 우편물의 비중이 크고, 조선인의 사용이 거의 없는 엽서의 비중이 크다. 즉 조선인의 수요 증대가 아니라, 군사통신과 일본인 통신의 증가에 기인한 것이다. 임시우체소를 취급소로 변경한 것은 보다 상급의 우편기관으로 조직 변경한 것이지만, 조선인의 통신수요의 성장에는 저해적인 작용을 하였다. 조선인 통신수요는 취급소나 수취소에서는 거의 이루어지지 않았고 우편국과 우체소에서 상당히 증가하였다고 할 수 있는데, 이를 조선인이 주로 발송한 우편물인 신문잡지의 인수통수를 통하여 살펴보자.

<표 2-13> 1906년 통신기관 당 신문잡지 인수통수

	우편국	취급소	수취소	우체소	전 체
경기	367347	44	795	2035	56057
충남	1679	23	238	1020	605
충북	33	10	1155	1711	916
전남	6840	24	83	1891	1415
전북	11499	8	91	1188	1839
경남	52568	1199	411	1924	4247
경북	5440	21	80	887	878
강원	133	11		1564	715
황해	5632	215	260	2583	1008
평남	51215	49	64	3381	7657
평북	1952	40	15	794	785
함남	18126	146	71	671	2925
함북	585	170	72	625	414
계	75561	342	515	1514	9663

자료: 『통감부 통신사업보고』.

신문잡지의 일 국소당 발송량을 보면, 우편국, 우체소, 수취소, 취급소의 순서로 되어 있다. 신문잡지의 발송량은 우편국과 우체소에 집중되어 있음을 알 수 있다. 우체소에서의 신문발송량이 모두 조선인 발송량이라고 가정하면, 조선인 신문잡지 발송량 중 우체소(156개)의 발송량이 차지하는 비율은 10%이다. 이 비율은 1904년 우체사와 임시우체사의 수익금의 구성에서 본 343개의 임시우체사의 비중인 7.7%보다 더 큰 것이다. 즉 우체소의 수는 줄어들었지만, 그 비중은 늘어났음을 확인할 수 있는데, 이는 이 시기에 우체소 거주지역의 조선인 통신수요의 증가를 의미하는 것이다. 따라서 이 시기 조선인 통신사용량은 여전히 우체소로 남아 있는 지역에서 늘어나고 있었다. 반면 일본에 의해 재편된 기관의 경우에는 오히려 조선인 우편 사용량이 감소하였다는 점에서, 일본에 의한 통신기관의 탈취는 1906년도의 시점에서 보는 한 조선인의 성장을 억제하는 방향으로 작용하였다.

일본에 의한 통신기관의 탈취가 조선인의 통신 사용량의 성장에 저해적인 작용을 하였지만, 조선의 통상우편물 발송량은 보호국기에도 계속 성장하고 있었다. 그러나 그 성장의 내용은 변하였다. 1906년에는 편지와 엽서의 비중이 38.73%였는데, 1907년에는 62.74%로 증가하여, 신문잡지보다 그 비중이 높아지게 되었으며, 1912년에는 93.93%로 높아지게 되었다. 신문잡지는 1909년까지는 그 절대량이 증가하지만, 1906년에 비해 그 비중은 감소하였고, 식민지기에 들어 조선총독부가 조선어 신문을 탄압함에 따라 급속하게 축소되어 갔다.

<표 2- 14> 조선인 발송우편물의 종류별 구성의 동향

	편지	무봉 편지	엽서	신문 잡지	서적류	업무용 서류	견본 및 추형	농산물 종자	광고 우편	무료	합계
실수											
1906	1314099		168312	2316721	14340	2920	900	519		10026	3827837
1907	2188031	97	382143	1465567	45386	4453	135	244	9	10605	4096670
1908	2331264	564	1490304	2675496	21544	6759	473	356	492	18848	6546100
1909	3383008	5159	885025	3222096	62156	17546	1221	748	737	25096	7602792
1910	3975332	23379	1536825	1952441	65023	22851	3936	2923	237940	42463	7863113
1911	5238307	105101	2558589	431503	493282	73600	6994	5824	0	34222	8947422
1912	7489729	156637	3941418	446108	58734	188370	12558	7826	0	35360	12336740
비율											
1906	34.33	0.00	4.40	60.52	0.37	0.08	0.02	0.01	0.00	0.26	100.00
1907	53.41	0.00	9.33	35.77	1.11	0.11	0.00	0.01	0.00	0.26	100.00
1908	35.61	0.01	22.77	40.87	0.33	0.10	0.01	0.01	0.01	0.29	100.00
1909	44.50	0.07	11.64	42.38	0.82	0.23	0.02	0.01	0.01	0.33	100.00
1910	50.56	0.30	19.54	24.83	0.83	0.29	0.05	0.04	3.03	0.54	100.00
1911	58.55	1.17	28.60	4.82	5.51	0.82	0.08	0.07	0.00	0.38	100.00
1912	60.71	1.27	31.95	3.62	0.48	1.53	0.10	0.06	0.00	0.29	100.00

자료: 『통감부 통신사업보고』 ; 『조선총독부 통계연보』 .

이제 조선인 전보발신수의 변화를 살펴보자. 일본은 대한제국의 통신기관을 탈취한 직후, 일본어 전보와 구미어 전보만을 취급하였으나, 얼마 지나지 않아 조선 내의 전보발신에 한하여 조선어 전보를 취급하였다. 대한제국 전보사에서 조선어 전보를 능숙하게 타전하던 조선인 전보사 주사들은 통신기관이 탈취된 이후, 여전히 통감부 통신관리국에 남아 전신사무를 담당하던 사람들도 일부 있었지만, 대부분은 통신기관을 떠났다. 통감부 통신관리국에서 전신사무를 취급하는 대부분의 사무원은 일본인이었다. 전신사무원이 일본인으로 바뀌고, 전신기관도 일본인 거주지역으로 이동함에 따라, 조선인 전보는 많이 감소하였다.

이제 일본이 통신기관을 탈취한 이후 전신업무를 취급하는 통신기관의 증설상황을 살펴보자. 통신기관을 탈취하기 이전인 1905년의 전신사무 취급기관수를 보면 일본국 전신취급기관은 18개였으며, 대한제국 전신취급기관인 전보사는 35개였다. 1906년도에 전신업무를 취급하는 기관수는 총 121개로 늘어났는데, 이 중 조선어 전보를 취급하는 기관은 33개였다. 즉 전신취급기관은 3배 이상으로 증가하였지만, 조선어 전보를 취급하는 기관은 증가하지 않았다. 조선어 전보를 취급하는 기관의 소재지를 1905년 통신기관이 탈취되기 이전의 전보사의 위치와 비교하여 보자. 조선의 전보사는 피탈 이후 그 위치가 조금 변한 지역이 있는데, 이러한 지역까지 모든 원래의 전보사가 있었던 지역으로 파악한 결과, 조선어 전보를 취급하는 전신기관 중 32개 지역은 원래 전보사가 있었던 지역이었다. 전보사가 없었던 지역으로서 조선어 전보를 취급한 지역은 춘천 한 군데였고, 이곳에서 발신된 조선어 전보의 통수는 192통이었다. 통신기관 피탈 이후 일본에 의한 전신선의 가설과 전신기관의 확충으로 늘어난 조선어 전보는 이 192통뿐이다. 당시 전신기관의 확충과 전신선의 가설은 조선인의 편의에 기여하지 않았으며, 북부 국경지역의 정보수집의 강화와 조선에 진출한 일본인의 경제활동에 기여한 것이었다.

물론 조선인 전보통수와 조선어 전보통수는 동일한 것이 아니다. 1906년 조선인 전보통수는 총 11만 3,537통이었는데, 조선어 전보통수는 7만 5,351통이어서, 조선어 전보통수는 조선인 전보통수의 66%를 차지할 뿐이다. 조선어 전보통수에는 일본인 전보통수도 포함되어 있을 수 있으므로, 조선인이 발신한 전보 중 일본어 전보나 구미어 전보가 차지하는 비중은 34% 이상이었다. 조선인의 전보발신수는 감소하였으며, 또한 조선인 전보의 상당수는 이제 일본어 아니면 구미어로 발송할 수밖에 없게 되었다. 1908년 조선인 구미어 및 일본어 전보를 보면, 구미어 전보는 282통, 일본어 전보는 54,953통으로 일본어 전보가 대부분이었다. 조선인이 발신한 일본어 전보의 수신지를 보면, 조선이 수신지인 것이 49,420통이고, 만주가 421통, 외국 즉 일본이 5,062통이므로 일본어 전보도 그 대부분은 조선 내에 발착하는 전보이다. 즉 조선인은 조선 내에 발착하는 전보의 상당부분을 일본어 전보로 하지 않으면 안 되었다. 새로 증설된 전신기관에서 조선어 전보를 취급하지 않았기 때문에, 이와 같은 현상이 나타나게 됐다. 점차 조선어 전보를 취급하는 기관이 늘어나게 되자, 조선인 전보 중 조선어 전보의 비중은 늘어났다. 조선인 전보 중에서 조선어 전보가 차지하는 비중은 1906년 66%에서 1909년에는 60%까지 하락하였지만, 1911년에는 91%로 증가하였다. 이것은 보호국기에 들어 새롭게 전신시설이 들어선 지역과 통신을 하는 조선인이 늘어나고 있음을 보여주는 것이기도 하다.

<표 2-15> 조선에 있는 전신기관이 취급하는 각국어의 분포

	일본어	구미어	조선어
1903	6	5	27
1904	9	8	33
1905	18	8	34
1906	84	66	32
1907	117	77	35
1908	146	95	40
1909	172	115	110
1910	259	203	199
1911	309	250	248
1912	370	303	303

자료: 『통감부 통신사업보고』; 『조선총독부 체신연보』.

대한제국 전보사가 있었던 지역의 조선인 전보통수는 1906년 통신기관을 탈취당하면서 급격하게 감소하였지만, 이러한 감소 속에서도 새로운 전신시설이 들어선 지역과 통신을 하는 조선인 전신 사용자층이 출현하고 있었다.

조선인 전보의 격감과 새로운 형태의 조선인 전보의 증가는 단순한 양적 변동은 아니었다. 대한제국기의 전보발신의 상당수는 해외정보수집이 목적이었다. 보호국기 이전에는 대한제국의 해외공관이 존재하여, 이들을 매개로 하여 해외의 정보를 수집하는 대한제국의 정보망이 있었는데, 보호국화되면서 조선의 외교권을 일본이 장악하게 되고, 대한제국의 해외공관이 철수하게 되어, 대한제국의 해외 정보망은 사라지게 되었다. 또한 조선의 치안권을 일본이 장악하여 감에 따라 조선인의 치안통신망도 일본인에 의해 장악되어 조선인 통신망으로서의 성격은 사라지게 되었다. 반면 새롭게 성장하고 있는 조선인 통신수요는 조선에 진출한 일본 상업자본의 하급 소매업자로서 성장하고 있던 조선인 상인이나 또는 이들에 대항하여 자신의 경영력을 증대하여 가고 있던 조선인 상인의 성장에서 찾아야 할 것이다. 이러한 상인의 성장의 모습은 이 시기 조선인 소포우편물의 증가와 우편환의 증가를 통하여 살펴볼 수 있다.

우편환과 소포우편은 보호국기 이전에 일본국 통신기관이 제공하였던 서비스였으며, 당시 대한제국 통신기관은 취급하지 않았던 서비스이다. 일본은 대한제국 통신기관을 탈취하여, 일본국 통신기관에 통합하면서, 조선인도 이러한 서비스를 받게 되었다. 우편환은 원격지 자금결제의 중요한 수단이었다. 1910년에 우편환은 은행환의 20.29%에 상당하였다. 조선인 우편환 사용액을 살펴보면, 1908년에는 196만 6,090원으로 전체 우편환 사용금액의 8.68%를 차지하였는데, 1911년에는 785만 9,365원으로 전체의 26.87%를 차지하게 되었다. 보호국기에 조선인 우편환 사용금액은 매우 빠른 속도로 증가하였음을 확인할 수 있다. 소포우편은 통신판매수단으로서 발전하였는데, 조선인 소포우편물 발송통수를 보면, 1905년에는 3,129통으로 전체 소포우편물 발송통수의 4%였는데, 1912년에는 21만 4,146통으로 증가하여 전체 소포우편물 발송통수의 32%를 차지하게 되었다. 보호국기에는 조선인 소포우편물 발송통수도 크게 증가하였음을 확인할 수 있었다. 우편환과 소포우편은 주로 상인들이 이용하였다. 조선인 우편환 사용금액과 소포우편물 발송통수의 급속한 증가는 새로운 통신 서비스체계에 대응하여 이를 바탕으로 하여 성장을 기획하는 조선인 상인의 성장이 있었음을 증거한다.

3. 식민지기

이 항에서는 식민지기뿐만 아니라 보호국기까지도 포함하여 분석한다. 이 40년간은 다음과 같이 시기 구분할 수 있다. 1905년부터 1920년까지는 식민지 지배체제 형성기로서, 일제에 의한 직접적 폭력이 행사되고 있었던 시기이다. 1920년대는 1919년 3.1운동을 계기로 조선인의 민족적 각성이 급속하게 진전된 시기로서, 식민지정부는 이에 대한 대응으로 식민통치방식을 문화통치방식으로 변경하였으며, 산미증식계획으로 대변되는 농촌개발을 기도했던 시기였다. 1930년대는 산미증식계획이 좌초되면서 대신 식민지 공업화가 추진되었던 시기로서, 도시개발이 이루어졌던 시기이다. 1940년대 전반은 전시동원체제의 시기이자 병참기지화가 추진되던 시기였다. 전시동원체제란 국가의 산업통제, 생산력증강을 위한 자금 및 노동의 동원을 의미하고, 병참기지화란 일본군의 대륙진출을 후방에서 지원하는 체계를 조선 내에 건설한다는 것으로서, 일본제국으로부터 상대적으로 자립적인 경제구조를 조선 내에 형성하는 것을 의미한다. 시기구분은 정책의 방향전환을 기점으로 파악하는 것이 일반적이지만, 여기에서는 통신 사용량의 성장속도를 고찰하려고 하기 때문에, 경기순환도 고려하여 그 시기를 획정하는 것이 필요하다.[159]

---

[159] 정책의 변동시기만을 염두에 두고 시기구분을 하게 되면, 저점에서 시작하여 정

통신수요 중 경기순환에 가장 민감하게 반응하는 것은 바로 소포우편, 전신발신수, 시외전화도수 등이다. 그러므로 이 세 지표에서 보이는 경기순환을 염두에 두면서 시기를 구분하여 보면, 1910년대와 1920년대를 구분하는 정점은 1919년이다. 1919년은 제1차 대전에 의해 촉발된 경기상승의 정점이고, 그 이후 전후 불황이 이어진다. 1920년대와 1930년대를 구분하는 정점은 1929년이다. 1929년 이후에는 1930년대 공황이 이어진다. 1930년대와 1940년대를 구분하는 시기는 1938년을 설정하였다. 1938년을 획기로 설정한 것은 통상우편과 소포우편의 발송통수를 민족별로 구분할 수 있는 마지막 시기가 1938년이라는 자료상의 제약 때문이다. 1905-1919년을 제1기로, 1919-1929년을 제2기로, 1929-1938년을 제3기로, 1938-1944년을 제4기로 나누어서 각 시기의 통신사용량의 성장을 살펴보자.

<표 2- 16> 조선에 있어서의 연평균 통신 성장률

	통상우편물 인수통수	소포우편물 인수통수	전신 발신수	시내전화 도수	시외전화 도수
1905-19년	14.12	25.56	14.67	19.41	27.66
1919-29년	6.35	2.03	1.02	11.91	2.67
1929-38년	4.27	4.01	7.60	6.52	5.02
1938-44년	3.30	4.75	3.00	4.86	4.08
1905-44년	8.09	10.86	7.60	12.12	11.84

자료: 『조선총독부 체신통계요람』.

우선 조선 전체의 통신 사용량의 변화를 살펴보자. 1905-1944년까지의 통신사용량의 연평균 증가율을 살펴보면, 통상우편물 발송량은 8.09%이며, 소포우편물 발송량은 10.86%이고, 전신발신수는 7.60%, 시내전화도수는

점에서 끝나도록 시기가 설정되거나 정점에서 시작하여 저점에서 끝나도록 시기가 설정될 수도 있기 때문이다.

12.12%, 시외전화도수는 11.84%이다. 통상우편과 전신서비스는 이 기간 이전에 이미 10년 이상 사업이 전개되어 통신 사용량이 상대적으로 높기 때문에, 이 서비스의 성장률은 상대적으로 낮다. 통신 사용량의 성장률은 모두 국내지출 성장률을 훨씬 상회하고 있다.[160] 통신 사용량이 국내총지출보다 더 높은 성장률을 보였음은 통신사업수입이 국내총지출에서 차지하는 비율을 통하여서도 확인할 수 있다. 통신사업수입이 국내총지출에서 차지하는 비율은 1911년에 0.48%였는데, 1938년에는 0.93%로 되었다. 비록 차지하는 비중은 미미하지만, 2배 수준으로 증가하였음을 확인할 수 있다. 통신사업은 식민지기에 가장 역동적으로 성장했던 산업 중의 하나였다.

이제 각 시기별 성장률의 추이를 살펴보자. 통상우편물 발송량을 보면, 시기가 내려올수록 성장률이 감소하는 성장률 체감 추세를 보이고 있다. 이와 동일한 패턴을 보여주는 것이 시내전화도수이다. 반면 전신 발신수와 시외전화도수의 성장률은 제1기의 고수준과 제2기의 상대적 정체, 제3기의 고수준과 제4기의 상대적 정체라는 순환적인 패턴을 보이고 있는데, 후기로 갈수록 추세적으로 둔화하였다. 소포우편물 발송량의 성장률은 제1기에 고수준, 제2기의 상대적 정체, 제3기와 제4기의 상대적 개선의 패턴을 보이고 있다. 소포우편은 제4기를 제외하면, 전보 및 시외전화도수와 동일한 패턴을 보였다. 통상우편물과 시내전화도수는 경기의 변화에 덜 민감한 반면, 전신발신수와 시외전화도수와 소포우편물 발송량은 경기변화에 민감하기 때문에 상이한 패턴을 보이는 것으로 이해된다.

다시 국내총지출 성장률과 비교하여 보자. 미소구찌의 국내총지출 통계는 1911-1938년에 대해 작성되어 있는데, 1910년대와 1920년대를 구분하는 정점은 1919년이고, 1920년대와 1930년대를 구분하는 정점은 1928년이다. 그래서 1911-1919년, 1919-1928년, 1928년-1938년의 세 시기로 나누어서 국내

---

[160] 미소구찌에 의하면, 1911년에서 1938년까지 국내총지출증가율은 연평균 4.1%였으므로 국내총지출증가율의 2배 내지 3배 정도가 된다[溝口敏行·梅村又次(1988)].

총지출의 연평균 성장률을 계산하여, 제1기는 7.3%, 제2기는 1.0%, 제3기는 4.5%이다. 이 기간에 맞게 통신사용량 성장률을 계산하면 제1기와 제2기에는 통신사용량의 성장률이 국내총지출의 성장률을 능가하지만, 제3기의 경우, 통상우편과 소포우편의 성장률은 국내총지출 성장률보다 더 낮지만, 전신발신수와 시내전화도수와 시외전화도수의 성장률은 국내총지출 성장률보다 더 높다. 제3기에는 우편사용량의 성장률보다 전기통신사용량의 성장률이 더 빠르게 진행되었음을 알 수 있는데, 이는 농업개발에서 공업개발로 식민지개발정책이 변화한 것과 관련되어 있다고 판단된다.

<표 2- 17> 민족별 연평균 통신 성장률

	통상우편물 인수통수	소포우편물 인수통수	전신 발신수
일본인			
1905-19년	12.81	20.38	13.75
1919-29년	4.51	2.83	0.67
1929-38년	4.12	4.05	6.65
1905-38년	7.84	10.29	7.71
조선인			
1905-19년	20.19	49.55	19.93
1919-29년	10.53	1.05	2.28
1929-38년	4.52	3.95	10.34
1905-38년	12.80	20.26	11.72

자료: 『조선총독부 통계연보』 ; 『조선총독부 체신통계요람』 .

<표 2- 18> 조선인 통신 사용량의 비중

	통상우편물 발송통수	소포우편물 발송통수	전 신 발신수	전 화 가입자
1906	12.28	4.01	10.91	4.28
1919	25.37	46.79	20.44	11.61
1929	37.31	42.47	23.15	17.98
1938	38.14	42.27	29.04	27.85

자료: 『조선총독부 통계연보』 ; 『조선총독부 체신통계요람』.

　이제 민족별 통신 사용량의 동향을 살펴보도록 하자. 민족별 통신 사용량은 통상우편과 소포우편의 경우 1905-1938년까지 알 수 있고, 전신도 1905-1938년까지 알 수 있다. 시내전화와 시외전화도수는 민족별로 구분된 통계를 구할 수 없기 때문에 제외하도록 하자. 우선 1905-1938년까지의 통신사용량의 연평균 성장률을 비교하여 보자. 통상우편물의 경우 일본인 인수통수는 연평균 7.84% 성장하였지만, 조선인 인수통수는 12.80% 성장했다. 소포우편물의 경우, 일본인 인수통수는 연평균 10.29% 성장하였지만, 조선인 인수통수는 20.26% 성장하였다. 그리고 전신의 경우, 일본인 발신수는 연평균 7.71% 성장하였지만, 조선인 인수통수는 연평균 11.72% 성장하였다. 즉 모든 매체에서 일본인 사용량보다 조선인 사용량의 성장률이 더 높았다. 특히 소포우편물에 있어 조선인 사용량이 크게 성장하였음을 확인할 수 있다. 소포우편 서비스는 1905년 이전에도 조선에 진출한 일본국 통신기관이 취급하였기 때문에, 1906년에 일본인의 사용량은 상당한 수준에 있었지만, 조선인은 대한제국 통신기관이 일본에 탈취되어, 통신기관이 재편된 이후에야 사용하게 된 서비스이기 때문에, 1906년 조선인 사용량은 매우 적어서, 상대적으로 높은 성장률을 보이는 것이다.

　이제 각 시기별로 살펴보자. 통상우편물과 전신의 경우, 전 시기에 걸쳐 조선인 사용량의 성장률은 일본인 사용량의 성장률보다 더 크다. 반면, 소포우편의 경우, 제1기에는 조선인의 성장률이 더 높았지만, 제2기와 제3기에는 일본인의 성장률이 더 컸다. 그렇지만, 제1기에 조선인의 성장률이 29%정도 더 컸던 점을 주목할 필요가 있다. 소포우편의 경우, 제1기 조선인 사용량의 급성장 때문에 1919년에 소포우편물에 있어서 조선인 사용량의 비중은 46.76%에 이르렀다. 이후 조선인의 성장률이 일본인의 성장률을 밑돌았지만, 소포우편물에 있어 조선인 사용량의 비중은 40%를 상회하고 있어, 통상우편이나 전신보다 조선인의 비중이 더 높다. 우편·전신·전화는 조선인의 비중이 최대인 시기에도 그 비중이 40%에 도달하지 못하였다.[161] 소포우편은 1906년에 조선인이 처음 접한 서비스라는 점을 고려하면, 1919년에 조선인의 비중이 47%에 달한 것은 놀라운 일이다. 그러나 소매유통업에 있어서, 식민지민의 우위는 일반적으로 다른 식민지의 경우에도 발견된다. 소매시장에서는 그 지역의 독특한 상관행이 중요하고, 이러한 상관행에 기반하여 식민지민의 우위가 유지된다. 소포우편도 소매유통업의 일종이기 때문에, 조선인의 성장이 식민지 초기 특히 보호국기에 급속하게 이루어졌던 것은 결코 이상한 것은 아니다. 제2기와 제3기에 조선인의 소포사용량이 일본인의 사용량보다 더 느리게 성장한 것은 이 시기 운송업과 유통구조의 변화와 관련하여 파악할 필요가 있는데, 이에 대해서는 아직 본 연구자가 분석하지 않아서, 그 변화의 의미를 정확히 파악할 수는 없다.

통상우편과 전신의 경우, 조선인 사용량의 성장률이 일본인 사용량의 성장률보다 전 기간에 걸쳐 더 높다. 통상우편물의 경우, 조선인 사용량의 성장률은 제1기에 7% 정도, 제2기에 6% 정도, 제3기에 0.4% 정도 일본인 사용량의 성장률보다 더 높다. 이렇게 조선인의 성장률이 제3기에 상대적으

---

[161] 통상우편물 발송량에서 조선인의 비중이 최대가 된 해는 1926년으로, 그 해 조선인의 비중은 39%였다. 전신 발신수에서 조선인의 비중이 최대에 달한 해는 1939년인데, 그해 조선인의 비중은 31%였다. 전화가입자수에서 조선인의 비중이 최대에 달한 해는 1941년인데, 그해 조선인의 비중은 29%였다.

로 둔화된 것은 농민경제의 파탄과 관련된다고 생각한다. 전신는 소포와 마찬가지로 상공업과 긴밀한 관련을 갖는다. 전신의 경우, 조선인 사용량의 성장률은 제1기에 6% 정도, 제2기에 2% 정도, 제3기에는 4% 정도 일본인 사용량의 성장률보다 더 높다. 특히 제3기 조선인 전신 발신수의 성장률은 10.34%라는 높은 수치를 보여주고 있는데, 이는 통상우편과 소포우편에 있어서 조선인 사용량의 성장률이 저조한 것과 대조된다. 1930년대에 조선인은 전기통신 사용자로서 역동적으로 성장하고 있었다.

　이제 식민지기의 성장을 일본의 메이지 다이쇼기의 경험과 비교하여 보자. 조선에 있어서 1906년 내지 1907년 일 인당 통신 사용량과 동일한 일 인당 통신 사용량 수준에 있었던 일본의 연대를 확인하고, 다시 1938년에 조선이 도달한 일 인당 통신 사용량 수준과 동일한 상태에 있었던 일본의 연대를 확인하여 그 소요기간을 비교하여 보자. 조선에 있어서 1906년 내지 1907년 일인당 통신사용량과 동일한 일인당 통신사용량 수준에 있었던 일본의 연대를 살펴보면, 통상우편은 1881년, 소포우편은 1892년, 전신은 1881년, 전화는 1898년이다. 통상우편과 전보는 1880년대 전반에 해당하고, 전화와 소포우편은 1890년대 전반과 후반에 해당한다. 통신수단별로 차이가 나는데, 이 서비스들이 일본에서 시행된 시기가 다르기 때문이다.[162]

　위에서는 조선 전체의 통신사용량을 일본의 통신 사용량과 비교한 것이다. 이제, 조선인의 통신 사용량을 일본의 통신 사용량과 비교하면, 우편은 1872년에, 소포는 1892년에, 전신은 1873년에, 전화는 1890년에 해당한다. 우편과 전신은 각각 1872년과 1873년에 해당하는데, 일본의 우편과 전신은 1871년에 시작하였으므로, 일본이 사업을 개시한 지 1년 또는 2년이 경과한 후의 일 인당 사용량과 같다.

---

[162] 일본에서 이른 시기에 시행된 통상우편과 전신은 1881년이고, 일본에서 늦은 시기에 시행된 소포와 전화는 각각 1892년과 1898년이어서, 통상우편과 전신보다 더 늦다.

이제 식민지 말의 일 인당 사용량 수준을 비교하여 보자. 조선의 1938년 내지 1939년의 일 인당 통신 사용량을 일본과 비교하면, 통상우편과 소포는 1900년에, 전신은 1912년에, 전화는 1910년에 해당한다. 이제 조선인의 통신 사용량을 비교하면, 통상우편은 1891년에, 소포는 1896년에, 전신은 1894년에, 전화는 1903년에 해당한다. 전화와 우편저금을 제외하고는 모두 1890년대 전반과 중반에 해당한다.

각각의 소요기간을 비교하여 보자. 조선인에 있어 일인당 통신 사용량의 성장에 걸린 기간과 동일한 성장을 하는 데 일본에서 소요된 기간을 비교하여 보자. 통상우편은 일본에서 19년에 걸쳐 이루어진 것이 조선에서는 32년이 걸렸고, 소포는 일본에서 4년에 걸쳐 이루어진 것이 조선에서는 31년이 걸렸고, 전신은 일본에서 21년에 걸쳐 이루어진 것이 조선에서는 33년이 걸렸으며, 전화는 일본에서 12년에 걸쳐 이루어졌던 것이 조선에서는 32년이 걸렸다. 조선인에 있어 통신 사용량의 성장속도는 일본에 있어 통신 사용량의 성장속도에 훨씬 못 미치는 것이었다.

조선에 있어 통신 사용량의 성장이 일본의 메이지 전기보다 더 낮았던 이유로는 일본에서보다 조선에서 통신요금이 더 비쌌다는 점을 들 수도 있지만, 더 중요한 이유로 통신기관 보급이 별로 이루어지지 않았다는 점을 들 수 있다. 통신기관 보급의 지체가 통신사용량의 성장을 억제하고 있었던 점은 조선과 대만을 비교하면 보다 명확해진다.

<표 2- 19> 조선 일본 대만에 있어서 통신 사용량의 성장속도의 비교

		초기	말기	기간			초기	말기	기간
일 인당 통상우편물 발송수									
조선	발송수	2.359	15.484		대만	발송수	2.434	14.24	
	연도	1906	1938	32		연도	1897	1938	41
일본	발송수	2.294	16.498		일본	발송수	2.294	16.498	
	연도	1881	1900	19		연도	1881	1900	19
조선 내 조선인	발송수	0.292	6.088		대만 내 대만인	발송수	0.025	5.74	
	연도	1906	1938	32		연도	1897	1938	41
일본	발송수	0.075	6.12		일본	발송수	0.017	6.12	
	연도	1872	1891	19		연도	1871	1891	20
백 인당 소포우편물 발송수									
조선	발송수	1.723	14.398		대만	발송수	6.124	14.88	
	연도	1907	1938	31		연도	1898	1938	40
일본	발송수	0.099	17.056		일본	발송수	3.992	17.056	
	연도	1892	1900	8		연도	1895	1900	5
조선 내 조선인	발송수	0.193	6.276		대만 내 대만인	발송수	0.56	3.227	
	연도	1907	1938	31		연도	1898	1938	40
일본	발송수	0.099	6.482		일본	발송수	0.099	3.992	
	연도	1892	1896	4		연도	1892	1895	3
백 인당 전보발신수									
조선	발신수	7.871	61.53		대만	발신수	14.583	45.838	
	연도	1906	1939	33		연도	1897	1939	42
일본	발신수	7.045	63.474		일본	발신수	13.154	47.379	
	연도	1881	1912	31		연도	1892	1905	13
조선 내 조선인	발신수	0.865	19.512		대만 내 대만인	발신수	0.192	9.147	
	연도	1906	1939	33		연도	1897	1939	42
일본	발신수	0.553	19.599		일본	발신수	0.058	10.514	
	연도	1873	1894	21		연도	1871	1890	19
만 인당 전화가입자수									
조선	가입자수	2.49	24.359		대만	가입자수	2.287	38.108	
	연도	1907	1939	32		연도	1903	1939	36
일본	가입자수	1.843	25.204		일본	가입자수	2.668	39.072	
	연도	1898	1910	12		연도	1899	1914	15
조선 내 조선인	가입자수	0.144	7.084		대만 내 대만인	가입자수		13.133	
	연도	1907	1939	32		연도	1903	1939	36
일본	가입자수	0.085	7.492		일본	가입자수	0.085	15.834	
	연도	1890	1903	13		연도	1890	1908	18

자료: 조선은 『조선총독부 체신연보』, 일본은 『대일본제국 통계연감』, 『체신통계요람』, 『체신성 연보』
　　대만은 『다이쇼 삼년 대만 통계요람』, 『대만 통계 일람표 다이쇼 십사년』, 『대만총독부 체신통계요람』.
주: 인구는 삼국 모두 호구조사 인구를 사용하였음. 조선의 경우 1910년 이전은 조선인은 1910년 인구로 일본
　　인은 당시 일본인 호구조사 인구를 사용하였음.

식민지화 이전, 통신사업은 중국본토보다 대만에서 더 발전된 측면도 있다. 대만의 전신사업이나 우편사업은 이미 식민지화 이전에 시작되었는데, 우편사업의 경우 중국본토보다 먼저 실시되었다. 또 민간의 통신문화의 발전을 상징하는 민신국(民信局)도 식민지화 이전에 이미 발전하여 있었다. 대만에서 통신사업이 발전한 이유로는 대만 주민의 대다수가 중국의 복건성과 광동성을 고향으로 가지고 있기 때문에, 중국 본토와의 통신수요 및 송금수요가 컸다는 것을 들 수 있다. 이제 대만에서의 통신 사용량의 성장속도를 조선에서와 마찬가지 방법으로 일본의 메이지 다이쇼기와 비교하여 보자. 통상우편, 소포우편, 전신의 경우는 1897년의 일인당 통신 사용량을, 전화가입자수의 경우는 1903년의 그것을 초기치로 하고, 1938년 내지 1839년의 일인당 통신 사용량을 마지막 값으로 하여 대만인의 통신 사용량의 성장에 소요된 기간과 일본본토에서 동일한 수준의 성장이 이루어지는 데 소요된 기간을 비교하여 보자. 통상우편의 경우, 대만인에게 있어 41년간에 걸쳐 이룩된 것이 일본에서는 20년 동안에 이루어졌고, 소포우편의 경우, 대만인에게 있어 41년간에 걸쳐 이룩된 것이 일본에서는 3년 동안에 이루어졌고, 전신의 경우, 대만인에게 있어 42년간에 걸쳐 이룩된 것이 일본에서는 19년 동안에 이루어졌으며, 전화가입자수의 경우, 대만인에게 있어 36년간에 걸쳐 이룩된 것이 일본에서는 18년 동안에 이루어졌다. 즉 전화를 제외하면 대만에서의 통신 사용량 성장속도는 조선보다 더 낮았다. 따라서 조선에서의 통신 사용량의 성장은 일본에는 미치지 못하였지만, 대만보다는 더 빨랐다.

이제 조선과 대만의 일인당 통신 사용량을 직접 비교해 보자. 조선이 경험한 보호국기는 대만에는 없는 특이한 시기이므로, 이 시기를 제외하고, 1911년과 1938년의 일 인당 통신량만을 비교하자. 일 인당 통상우편물 발송량은 1911년에 조선인은 0.647통이고, 대만인은 1.776통이었는데, 1938년에는 조선인은 6.088통인데, 대만인은 5.740통이 되었다. 즉 1911년에 조선인

일 인당 통상우편물 발송량은 대만인 일 인당 통상우편물 발송량의 1/3에 불과하였는데, 1938년에는 조선인 일 인당 통상우편물 발송량이 대만인 일 인당 통상우편물 발송량보다 더 많게 되었다. 이와 같은 역전은 1937년에 발생하였는데, 조선인 통상우편물 발송량이 꾸준히 증가된 데 반하여, 대만 인의 경우 1935년 이후에 일 인당 통상우편물 발송량은 감소하였기 때문이 다.[163]

백 인당 소포우편물 발송통수를 보면, 1911년에 조선인은 1.548통이고, 대 만인은 2.852통이었으며, 1938년에 조선인은 6.276통인데, 대만인은 3.227통 이 되었다. 1911년에 조선인 백 인당 소포우편물 발송통수는 대만인 백 인 당 소포우편물 발송통수의 1/2을 약간 넘었는데, 1938년에는 조선인 백 인 당 소포우편물 발송통수가 대만인 백 인당 소포우편물 발송통수의 두 배에 달하고 있다. 이것도 조선인 백 인당 통신 사용량의 꾸준한 성장과, 대만인 백 인당 통신 사용량의 감소가 결합되어 나타난 것이다.[164]

백 인당 전신 발송통수를 보면, 1911년에 조선인은 1.639통이고, 대만인은 2.122통이었는데, 1939년에 조선인은 19.512통인데 대만인은 9.147통이 되었 다. 역시 조선인의 전신 사용량이 빠르게 성장한 것이다. 이것도 조선인의 사용량은 지속적으로 성장하였음에 반해, 대만인의 경우, 1920년대 이후 상 대적으로 저조하게 된 것에 기인한다.

만 인당 전화가입자수를 보면, 1920년에 조선인은 0.816대이고, 대만인은 5.208대였는데, 1939년에 조선인은 7.084대인데, 대만인은 13.133대였다. 전 화의 경우, 순위의 대체는 발생하지 않았지만, 그 차이는 좁혀지고 있었다.

---

[163] 대만인 일인당 통상우편물 발송통수는 1935년에는 6.142통이었지만, 그 이후 감 소하고 있다.

[164] 대만인 백인당 소포우편물 발송통수는 1920년에 6.911통이었으나, 그 이후 꾸준 히 감소하여 3.227통이 되었다.

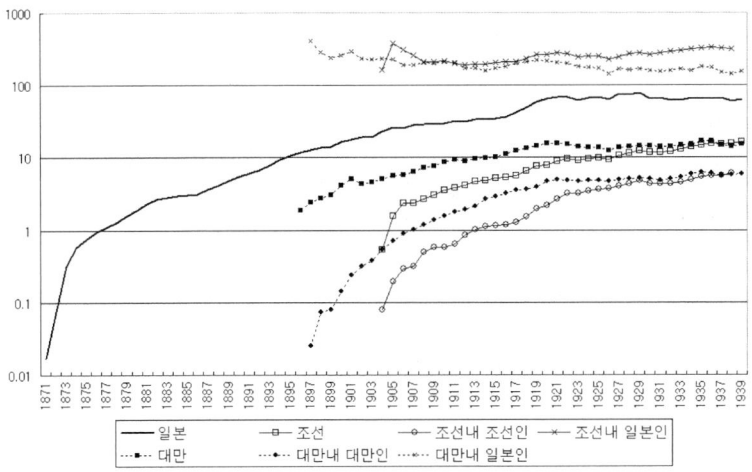

자료:<표 2-21>과 동일

<도 2- 4> 조선 일본 대만에 있어서 일 인당 통상우편물 발송통수

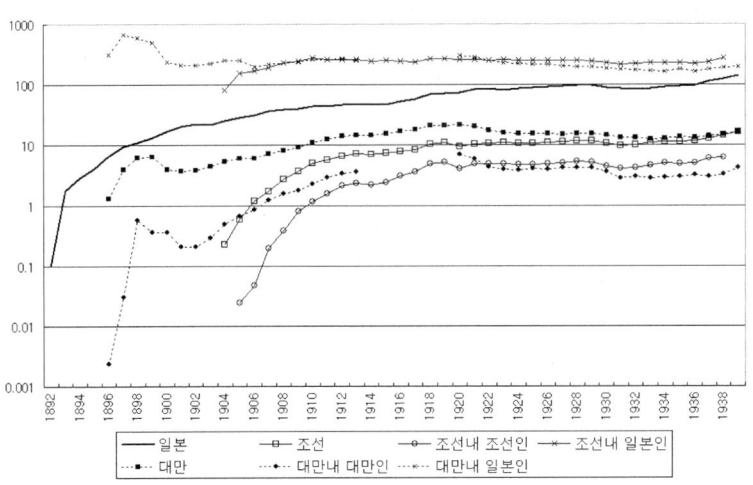

자료: <표 2-21>과 동일

<도 2- 5> 조선 일본 대만에 있어서 백 인당 소포우편물 발송통수

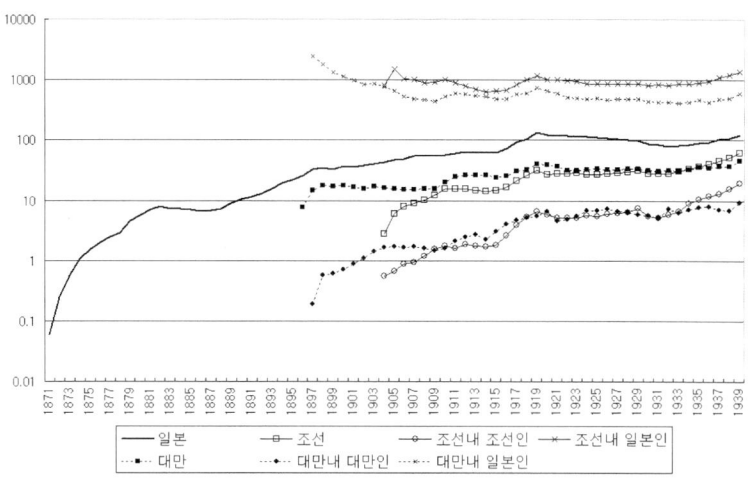

자료: <표 2-21>과 동일

<도 2-6> 조선 대만 일본에 있어서 백 인당 전신 발신통수

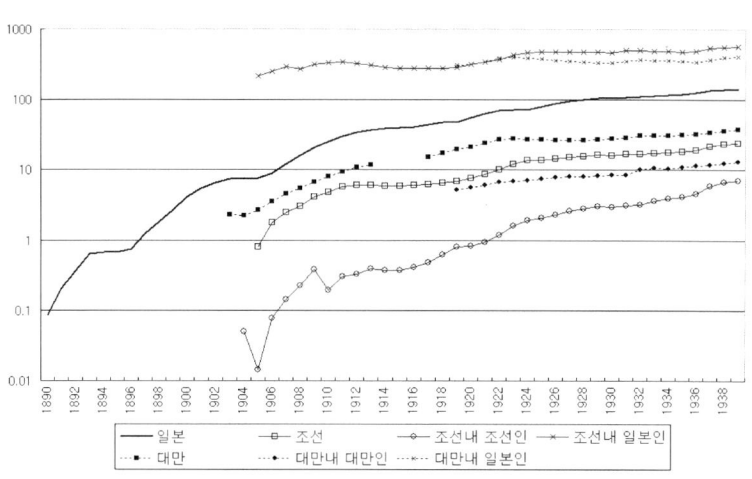

자료: <표 2-21>과 동일

<도 2-7> 조선 일본 대만에 있어서 만 인당 전화 가입자수

　대만인보다 조선인의 통신 사용량이 보다 빨리 성장하여 조선인의 통신
사용량이 대만인의 통신 사용량을 능가하게 된 것은 상당히 흥미 있다. 식
민지 초기에 대만인은 조선인보다 통신 사용량이 더 많았는데, 대만인의
소득수준이 조선인보다 더 높고, 상품화폐경제도 대만에서 더 발전하였기
때문이다. 식민지기 조선인의 통신 사용량이 대만인의 통신 사용량을 상회
하게 된 것은 조선인의 소득이 대만인의 소득을 능가하였기 때문은 아니다.
이것은 일 인당 소득의 역전이 아니라, 일 인당 통신기관수의 역전에서 기
인하였다. 제1장에서 살펴보듯이 조선에서는 대만에서보다 더 빨리 통신기
관이 보급되었다. 이러한 사실은 조선이나 대만에 있어 통신 사용량이 상
대적으로 느리게 성장하였던 것은 메이지기 일본보다 통신기관의 보급이
더 느리게 이루어졌기 때문이라고 해석하는 것을 지지하여 준다.

제4절 통신 사용량의 지리적 분포

　개항기와 식민기지에는 교통통신기관이 발전하고 식민지적 분업관련이
형성되면서, 새로운 거래망과 새로운 거래거점이 형성되었다. 이 절에서는 거
래망과 거래거점의 형성을 통신 사용량의 동향을 통하여 파악하고자 한다.
　식민지적 분업관련의 형성으로 일본과 조선과의 거래망은 발전하였지만,
전통적인 조선 내 분업관련체계는 상대적으로 약화되었다. 그러나 다른 한
편으로 식민지적 분업관련이 발전하자 그 일환으로 조선 내 거래망이 발전
되기도 하였으며, 근대적 제도나 시설이 갖추어짐에 따라 조선인 간의 조
선 내 거래망이 새롭게 발전하기도 하였다. 이 항에서는 일본-조선 간 통
신량과 조선 내 통신량의 추이를 통하여 당시 거래망의 발전과정을 파악
하고자 한다.

거래망이 발전하면서, 거래를 수행하는 거점 즉 도시도 발전하였다. 개항기 및 식민지기의 도시에 대한 기존 연구는 크게 두 방향에서 이루어졌다. 첫째는 인구사의 일환으로서, 도시 인구의 추이를 분석하는 연구이다. 둘째는 상업사나 공업사의 일환으로서, 상업 및 공업의 발전지역을 분석하는 연구이다. 이 연구들은 대부분 도시 = 부, 농촌 = 군이라는 이분법에 입각하여 연구하고 있다. 그러나 당시의 도시화는 부와 군의 이분법으로 파악할 수 있는 단순한 구조는 아니었다. 군부(郡部)에서도 일부지역은 교환경제의 거점이 되어, 도시적인 외양을 갖추어 가고 있었음을 여러 자료가 보여주고 있다. 가장 대표적인 자료는 시가지 인구의 추이이다. 이 지역들을 여기에서는 위성도읍(衛星都邑)이라 부르고자 한다. 위성도읍이라 부르고자 하는 이유는 당시 이들 지역이 대도시와 농촌을 연결하는 중간거점으로서 성장하고 있었다고 파악되기 때문이다. 위성도읍의 개념을 포함시키면, 대도시 – 위성도읍 – 농촌이라는 삼중적인 구조로, 조선의 도시화의 양상을 파악할 수 있다.

1. 조선 내 통신과 조선-일본 간 통신

1.1. 대한제국 경영기

대한제국기에 조선 내 통신과 조선-선진 제국 간 통신의 구성을 파악할 수 있는 자료는 거의 없어 그 추이를 파악하는 것은 매우 어렵다. 1902년 대한제국 통신기관이 취급한 전보통수의 경우, 국내통신과 국제통신의 비중을 알 수 있는데, 국제통신은 전체통신량의 0.5%를 차지하는 것에 불과하고, 99.5%는 조선 내 통신이었다. 당시 국제전보의 량은 매우 미미한 것이었다. 물론 이것은 조선의 통신발전에 있어 국제통신이 별로 중요하지 않았음을 의미하는 것은 아니다. 당시 조선에는 대한제국 통신기관만 있었던 것은 아니고, 일본국 통신기관도 있었다. 일본국 통신기관은 조선에 진출한 일본인이 일본본토와 통신하기 위해 이용한 기관이었다. 따라서 조선에서의 국제통신의 비중을 고찰할 때는, 대한제국 통신기관의 통신량뿐 아니라, 조선에 진출한 일본국 통신기관의 통신량도 시야에 넣어야 한다.

이제 양 기관의 취급량의 추이를 살펴보자. 우편의 경우, 1894년 이전에는 대한제국에서 우편사업을 시작하지 않았으므로, 일본국 우편기관의 취급량만이 있다. 1894년 당시 조선에 진출한 일본국 우편기관의 통상우편물 인수통수는 138만 통이다. 당시 일본국 우편기관으로는 인천, 부산, 원산에 우편국이 있었으며, 경성에 인천우편국 출장소가 있었는데, 조선 내 통신량과 조선·일본 간 통신량을 구분하여 파악할 수 있는 자료는 없다. 이 중에는 상당부분 경성 및 개항장 간의 통신량을 포함하고 있다고 판단된다. 대한제국이 우편사업을 실시하면서 일본국 우편기관의 취급량은 감소하여, 1899년에는 90만 통으로 감소하였다. 이에 대해 대한제국 우편기관의 통상우편물 인수통수는 점차 증가되어서, 1900년에는 80만 6천 통에 이르고 있다. 대한제국 우편기관의 통상우편물 인수통수는 양 기관 전체 인수통수의 45%에 해당한다. 이 시기 대한제국 우편기관은 우체사가 36개, 임시우체사가 340여 개로, 총 370여 개였으며, 일본국 우편기관은 9개였다. 당시 전체 취급량의 55%에 달하는 일본국 우편기관의 통신량에는 일본인의 조선 내 통신이 포함되어 있었겠지만, 조선 내 일본인 우편기관 보급의 저위성 및 조선 내 통신에 있어서 대한제국 우편기관의 우위를 고려하면, 일본국 우편기관 통신량의 상당부분은 조선·일본 간 통신이었다고 판단된다. 이렇게 보면, 당시 조선에서의 우편통신량은 국내통신보다는 조선·일본 간 통신이 중심이었다고 할 수 있다. 1899년까지와는 달리 1900년부터는 다시 일본국 우편기관의 취급량은 빠른 속도로 증가하여서, 1904년에는 600만 통에 이르게 된다. 반면, 대한제국 우편기관의 통상우편물 인수통수의 증가는 일본국 우편기관의 통상우편물 인수통수의 증가에 훨씬 못 미쳤다. 대한제국 우편기관의 통상우편물 인수통수는 1903년에 103만 4천 통으로 늘어나기는 하였지만, 일본국 우편기관과 대한제국 우편기관의 전체 인수통수 중 차지하는 비중은 32.3%로 감소하였다. 1904년에 일본국 우편기관의 통상우편물 인수통수는 격증하였음에 반하여 대한제국 우편기관의 우편수입은 감소하고 있음을 감안하면, 이러한 비중의 감소는 1904년에도 지속되었다고 판단된다. 그러나 이 시기 일본국 우편기관의 통신 취급량 비중의 증가를 조선-일본 간 통신의 비중의 증가로 바로 연결 지을 수는 없다. 1900년부터 일본국 우편기관의 조선진출은 빠르게 진전되어, 조선에 진출한 일본국 우편기관 간의 통신이 중요하게 되었기 때문이다. 이상을 정리하면, 대한제국기에는 조선에 진출한 일본인에 의한 조선-일본 간 통신이 높은 비중을 차지하고 있었으며, 조선인 간의 조선 내 통신의 비중은 1900년 이후 감소되고 있었다. 이와 같은 변화는 일본인의 조선진출의 가속화와 이들을 매개로 한 일본제국(日本帝國)과의 분업관련의 심화를 보여주는 것으로 판단되다.

전신의 경우에, 일본국 통신기관의 전신 발신통수는 1894년에 3만 7천 통이었는데, 이후 지속적으로 증가하여, 1904년에는 29만 7천 통으로 증가하였다. 이 시기는 대한제국 통신기관이 청일전쟁으로 파괴되었던 전신을 복구하고 다시 발전되었던 시기였는데, 1902년 대한제국 통신기관의 전신 발신통수는 19만 5천 통으로서, 일본국 통신기관과 대한제국 통신기관 전체 전신 발신통수의 58%를 차지한다. 이 비중은 물론 1904년에 더 감소하였다. 1904년에는 일본국 통신기관의 전신 발신수가 격증하고 있는데, 대한제국 통신기관의 전신수입은 감소하여, 대한제국 통신기관의 전신 발신통수의 비중은 감소하였다고 할 수 있는데, 정확한 비중을 파악할 수는 없다. 단, 50%를 훨씬 밑돌게 되었다는 것은 확실하다. 전신은 우편보다 대한제국 통신기관의 취급량이 더 큰 비중을 차지하고 있었음을 확인할 수 있지만, 전신의 경우에도, 일본국 통신기관의 취급량은 40%를 능가할 정도로 높은 비중을 차지하고 있었다.

대한제국기에 있어 대한제국 통신기관의 발전에도 불구하고, 일본국 통신기관에 의한 취급량의 비중이 더 커지고 있었다. 이것은 조선에 진출한 일본인을 중심으로 한 조선-일본 간 통신의 중요성이 강화되고 있었음을 의미한다.

1.2. 보호국기와 식민지기

1905년 일본은 대한제국 통신기관을 탈취하여 일본체신성(遞信省)의 관리하에 두었고, 이후 통감부 통신관리국(統監府通信管理局)이 관리하는 시대를 거쳐 조선총독부 체신국(朝鮮總督府遞信局)이 관리하는 시대로 넘어갔다. 보호국기와 식민지기에 걸쳐 조선 내 통신사용량과 조선-일본 간 통신사용량의 비중의 변화를 통상우편, 소포우편 및 전신에 대하여 고찰하자. 전화로는 조선-일본 간 통신을 거의 할 수 없었기 때문에 제외한다.

통상우편물의 경우, 1907년에 조선에서 인수된 우편물 중 일본으로 배달된 조선-일본 간 통신량은 49.4%였다. 이 비율과 이전 시기의 비율을 바로 비교하는 것은 어렵지만, 통신기관이 피탈되기 이전에 일본국 우편국의 통신취급량이 전체 통신량의 50%를 훨씬 상회하였으므로, 일본이 대한제국 통신기관을 피탈한 이후 조선-일본 간 통신의 비율이 급속하게 증대하였다고 보기는 어렵다. 그런데 이 이후에 이 비율은 점차적으로 감소하여 1936년에는 18.51%까지 하락하였다. 보호국기와 식민지기에는 조선-일본 간 통신보다 조선 내 통신이 더 빠르게 성장하였음을 확인할 수 있다. 이것은 한편으로는 일본인의 조선 진출 및 조선 내 일본인 간의 통신 네트워크의 형성에 기인하는 것이지만, 다른 한편으로는 통신기관의 보급을 성장의 기회로 활용하는 조선인의 성장에 기인한 것이기도 하다. 물론, 조선 내 통신을 조선-일본 간 통신과 대립적인 것으로 파악할 수는 없다. 조선 내부의 분업

관련의 발전은 식민지적 분업관련이라는 규정 속에서 진행된 것이기 때문에, 조선-일본 간 통신수요에서 파생된 수요로 볼 수 있는 측면도 있기 때문이다. 그러나 당시 통신의 발전이 단순히 조선-일본 간 통신의 발전에 그치지않고, 조선 내부 통신이 보다 빠르게 성장하였다는 점을 주목해 둘 만 하다.

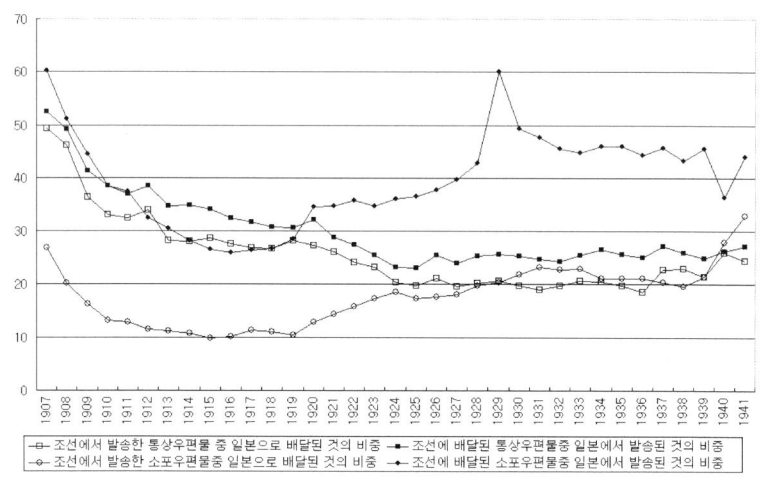

자료: 『조선총독부 체신통계요람』.

<도 2-8> 조선-일본 간 우편물의 비중

소포우편을 보면, 조선에서 발송된 것 중 일본으로 배달된 것의 비율은 매우 낮다. 조선에서는 일본으로 수출할 만한 고가상품을 생산하고 있지 못하였기 때문이다. 조선 내에서 발송된 소포우편물은 대부분이 조선 내에 배달되었다는 점에서 소포우편물은 통상우편물이나 전보와는 상이하였다. 통상우편과 전보는 정보의 교류로서, 조선에서 발송된 것 중 일본에 배달된 것의 비율과 조선에서 배달받은 것 중 일본에서 발송된 것의 비율은 거의 비슷하다. 반면 소포우편은 고가상품의 흐름을 대변한다. 조선에서 일본으로 이출되는 고가상품은 적은 반면, 일본에서 조선으로 이입되는 고가상

품은 매우 많았다. 그렇지만, 조선에서 발송한 소포우편물 중 일본으로 배달된 소포우편물의 비율은 1910년대에 10%의 수준에서, 1920년대 이후에는 20-30% 수준으로 증가하였다. 대일 소포우편물의 증가는 조선의 상공업의 발전의 결과이자, 이러한 소포우편물 발송자로서의 일본인의 성장을 의미한다. 이것은 1920년대 이후 소포우편물 발송량에서 조선인 발송량의 비중이 상대적으로 낮아지는 이유를 설명해 준다.[165] 소포우편에서 조선-일본 간 통신을 고찰할 때, 보다 중요한 것은 조선에 배달된 것 중 일본에서 발송된 것의 비율이다. 이 비율은 1906년에 60%였는데, 조선 내에서 통신판매가 급속히 성장하자 감소하였지만, 1919년부터는 다시 증가하기 시작하여 1930년대에는 거의 50% 수준을 유지하였다. 조선 내 통신판매시장에 대한 일본의 지배력을 확인할 수 있다. 소포우편에 있어 조선인의 성장은 1920년대에 들어 상대적으로 정체하고 있는데, 일본본토에 거주하는 사람이 소포우편을 통하여 조선의 통신판매시장을 직접 개척하였던 것이 한 원인이라 할 수 있다.[166]

---

[165] 소포우편은 기본적으로는 소매유통이다. 다른 식민지 국가에서도 소매유통에 있어서 현지인의 우위성은 발견되는데, 소매유통에 있어 현지인의 우위성은 현지인 시장에 한정된다. 이러한 점을 감안하면 조선 내에서 발송되고 배달된 소포우편물의 비중이 높은 것은 국내시장을 바탕으로 한 조선인 통신판매시장의 발전을 의미한다고 해석할 수 있다. 그렇지만, 당시 소포우편은 고급품의 통신판매이기 때문에, 그 수요자 중 일본인도 상당한 수준이었을 것이기 때문에, 국내 소포 통신판매시장에서 조선인이 압도적 우위를 점하고 있었다고 판단하기는 어렵다.

[166] 이 시기 조선에서 발행된 잡지들에는 일본에 우편이나 전신으로 신청하면 배달받을 수 있는 다양한 상품 카탈로그 광고를 싣고 있다.

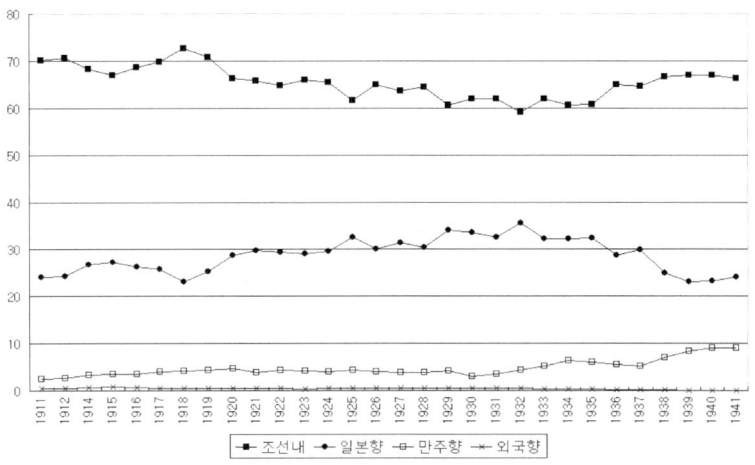

자료: 『조선총독부 체신연보』.

<도 2-9> 조선에서 발신한 전신의 수신지별 구성

전신의 경우, 조선에서 발신한 전신 중 일본에 수신된 것의 비율은 1905
년에 43%였는데, 조선 내 통신수요가 증가함에 따라 식민지기에는 20-30%
의 수준으로 하락하고 있다. 기간별 변화를 보면, 1905-1918년간에는 약간의
상승과 하강을 동반하면서 1918년에 23%까지 하락하였는데, 이 수치는 식
민지기간 중 가장 낮은 수치이다. 1918-1933년까지는 약간의 상승과 하강을
동반하면서, 1933년에 37%에 이르고 있다. 그리고 1933-1941년까지는 약간
의 상승과 하강을 동반하면서, 1940년에 24%로 하락하였다. 1918년까지는
조선 내 전신 통신망이 확장되면서 일본의 제국적(帝國的) 통신망 의 하위
네트워크로 조선 내부의 통신망이 성장하고 있었다고 한다면, 1918-1933년
까지는 식민지적 분업관련이 강화되면서, 조선-일본 간 통신망이 강화되었
고, 1933년 이후에는 조선 내부에서 공업화가 추진되면서 조선 내부의 통신
망의 고도화가 진행되었음을 확인할 수 있다. 그러나 식민지 전 기간에 걸
쳐 조선-일본 간 통신의 비중은 매우 높은 비율을 보이고 있다.

통상우편과 소포우편과 전신 통신량의 내부구성을 고찰함으로써, 조선-일본 간 통신의 중요성을 확인할 수 있다. 그러나 제국적(帝國的) 통신망의 규정성을 일방적으로 강조할 수는 없다. 식민지기에는 조선 내부의 사회적 지리적 분업에 기반한 통신망의 성장도 이루어지고 있었기 때문이다. 조선 내부에서의 사회적 지리적 분업에 기반한 통신망의 성장은 전화사용의 성장을 통하여 파악할 수 있다.

전화는 제국적(帝國的) 통신망과는 거의 관련이 없이 발전하였다. 당시 전화기술은 원거리 간 전화통화를 원활하게 수행할 수 있을 정도로 개발되지 않았기 때문에 전화는 국지적 통신망에 머물러 있었다. 국지적(局地的) 통신망인 전화는 1930년대에 빠르게 보급되고 있다. 전화 통신망은, 한편으로는, 시내전화라는 형태로 도시 내부의 통신망으로 기능하고 있었으며, 다른 한편으로는, 시외전화라는 형태로 대도시-위성도시 간 통신망으로 기능하였다. 물론 전화는 대도시 간 통신망으로도 사용되었다. 그러나 당시 조선의 대도시들, 예컨대, 경성 부산 평양 원산은 근거리에 있지 않았다. 경성-평양 간 전화는 장거리 통화로, 장거리용 전화기를 사용하여야 할 뿐만 아니라, 원거리일수록 전화요금은 크게 증가하였다. 시외전화는 기본적으로 대도시 간의 통신망이라기보다는 대도시-위성도시 간의 통신망이라 보는 것도 큰 무리는 없다.[167]

일본은 전화의 시대가 되자, 조선의 전화망을 일본의 전화망과 연결하기 위해 많은 투자를 하였으며, 더 나아가서 일본-조선-만주를 연결하는 제국

---

[167] 경성과 인천, 평양과 진남포, 신의주와 용암포, 부산과 마산, 원산과 함흥, 나진과 청진 등과 같이 근거리에 있는 도시 간 통신에 있어 전화가 결정적인 영향을 하였는데, 이 도시 간 통신을 대도시 간 통신으로 볼 것인가, 대도시-위성도시 간 통신으로 볼 것인가는 조금 더 생각해 볼 필요는 있다. 단, 본 연구에서는 지역 간 통신망이 발전하였는가, 지역 내 통신망이 발전하고 있었는가에 초점을 맞추고 있는데, 이 도시들 간의 전화 통신망은 기본적으로 지역 내 통신망의 발전을 의미하지, 지역 간 통신망을 의미하지는 않는다.

적 전화망을 가설하기 위해 많은 투자를 하였다. 그러나 아직은 장거리 전화기술이 발전되지 않아서, 한 회선으로 사용할 수 있는 통화수는 매우 적어, 일본-조선-만주를 연결하는 전화통화가 가능하게 되었지만, 이것이 통신량에서 차지하는 비중은 매우 적었다. 조선-일본 간 국제전화망이 가설된 이후에도 전화는 기본적으로 국지적 통신망으로 남아 있었다. 조선 내 전화통신망이 발전하자, 위성도읍에 거주하는 조선인들은 자신들의 지역에 있는 통신기관이 전화교환업무를 수행하도록 노력하였다. 이러한 노력의 결과, 전화사용자로서의 조선인은 대도시에서보다는 위성도읍에서 상대적인 우위를 가지면서 성장하고 있었다.

또 하나 간과할 수 없는 점은 조선인이 제국적 통신망으로 파고들어가, 조선-일본 간 통신의 담지자로 성장하고 있었다는 점이다. 즉 조선-일본 간 통신 사용자 중 조선인의 비중이 증대하고 있었다. 이러한 현상은 전신 통신량을 통하여 파악할 수 있다. 조선-일본 간 통신에 있어 조선인의 비중은 1908년에는 1.4%였는데, 1924년에는 5.5%로 증가하였고, 1928년에는 10%로 증가하였으며, 공황기에 약간 감소하기는 하지만 다시 회복되어 1934년에는 11.2%로 증가하였다. 조선인의 통신수요가 역동적으로 성장하여 가는 1934년 이후에 이 비율은 더욱 높아졌을 것으로 판단되지만, 그것을 보여주는 통계는 없다. 또한 조선-만주 간 통신에 있어서도 조선인의 비중은 증대하고 있었다. 1908년에 조선-만주 간 통신에서 조선인 사용량의 비중은 2%였는데, 1911년에는 1%로 조금 하락였다가, 1922년에는 4%로, 1928년에는 26%로 성장 증가하였다. 공황기에 이 비율이 하락하였지만, 1934년에는 어느 정도 회복되어, 25%에 이르고 있다.

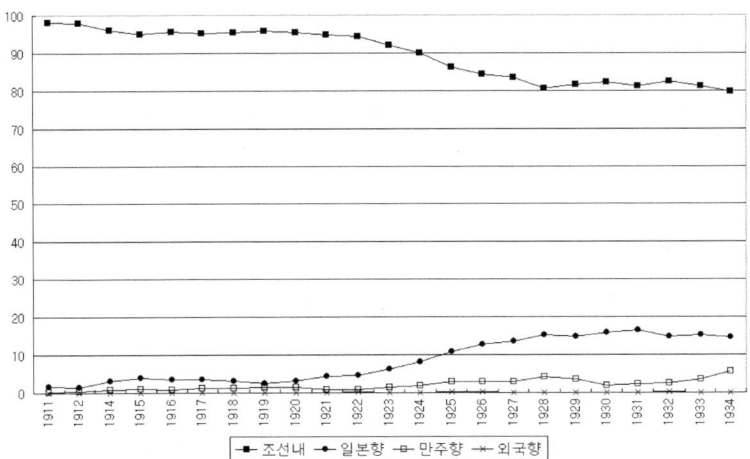

자료: 『조선총독부 체신연보』

<도 2-10> 조선인이 발신한 전신의 수신지별 구성

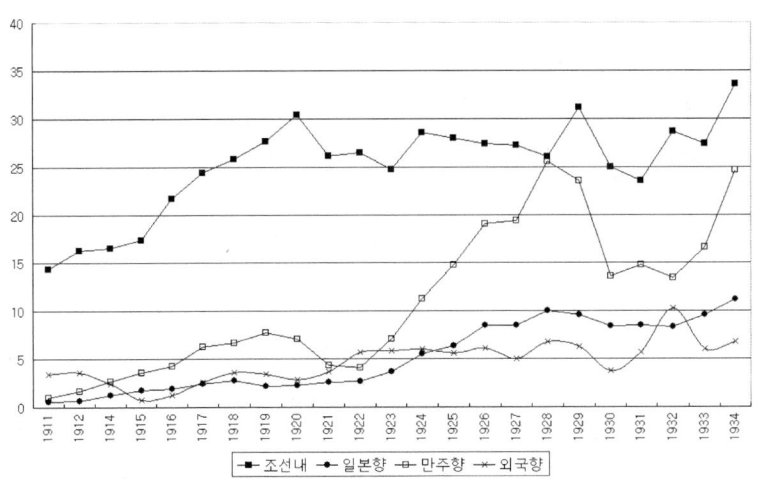

자료: 『조선총독부 체신연보』.

<도 2-11> 조선에서 발신한 전신 중 조선인이 발신한 전신의 비중(수신지별)

조선의 통신망이 기본적으로 제국적 통신망의 일환으로 존재하고 있었음은 부정할 수 없다. 그러나 통상우편은 일본과의 통신보다 조선 내 통신이 더 빠르게 성장하였고, 조선 내 통신망으로 볼 수 있는 국지적 통신망인 전화도 빠르게 보급되고 있었다. 물론 모든 통신수단이 이와 같은 추세를 보인 것은 아니다. 소포우편의 경우 조선-일본 간의 거래가 보다 중요해지게 되었다. 그러나, 조선 내부 통신망이 매우 빠르게 성장하고 있었음을 부정할 수는 없다.

조선 내 통신망이 제국적 통신망의 일환으로 규정되어 있는 한, 조선인 통신수요가 성장하는 데는 일정한 한계가 있을 수 있다. 이와 같은 한계가 조선인의 통신량의 비율이 절반에도 미치지 못하는 상태에 머물러 있도록 하였다고 할 수 있다. 그러나 조선인 사용량이 비록 절반에 미치지 못하지만, 계속 성장하였음을 부정할 수는 없기 때문에, 조선인 통신량이 성장할 수 있도록 한 것으로서, 조선 내 통신망의 성장이나, 조선-일본 간 통신의 담지자로서의 조선인의 성장을 주목할 가치가 있다.

2. 주요 도시별 통신 사용량의 동향

도시에는 상업종사자나 공업종사자의 비중이 크고, 공공기관이나 은행 회사 등이 집중되어 있으며, 이주민들의 비중이 크다. 이들은 자신들의 사업이나 생활상의 필요 때문에 통신수단을 많이 이용한다. 도시의 통신량이 농촌의 통신량을 월등히 능가하는 것은 도시 경제 및 도시인들의 통신 의존성 때문이라 할 수 있다. 따라서 도시 경제 및 도시화의 특질을 통신 사용량을 통하여 고찰하는 것도 나름대로 의미 있는 일이다.

이하에서는 이러한 문제의식에 의거하여 통신 사용량의 도시별 민족별 동향을 분석함으로써, 조선에서의 도시화의 전개의 특성과 도시경제에 있어 조선인의 지위의 변동[168]을 고찰한다.

---

[168] 경제활동의 기본단위는 거래이다. 이와 같은 거래를 누가 어떻게 조직하는가가

2.1. 대한제국 경영기

대한제국은 46개 지역에 우체사를 설치하였고, 343개 지역에 임시우체사를 설치하였다. 또 31개 지역에 전보사를 설치하였다. 통신기관의 지리적 배치를 고찰하여 보자. 우체사는 한성에서 평양을 거쳐 의주에 이르는 서북선과 한성에서 원산을 거쳐 성진 경흥에 이르는 동북선과, 한성에서 진위 공주를 거쳐 전주에 이르는 호남선과, 한성에서 대구를 거쳐 동래 창원에 이르는 영남선 상에 배치되어 있어, 한성을 중심으로 한 X자형 배치라 할 수 있다. 한성을 중심으로 한 X자형의 통신망은 이 시기에 만들어진 것은 아니다. 한성을 중심으로 한 X자형의 통신망은 조선시대부터 주변 강국에 대한 정보를 수집하고 외교를 수행하는 통로이자, 지방을 통치하는 망으로 발전되어 온 것이다. 그러나 이 시기 X자형의 통신망은 조선시대의 X자형과는 약간 다르다. 개항 이후에는 개항장이 중요한 정치적 행정적 상업적 거점으로 발전하였기 때문에, X자형의 종단항에는 개항장(開港場)이 위치해 있다. 한성에는 우체총사(郵遞總司)가 설치되었으며, 한성 이외의 중요한 지점에는 일등우체사(一等郵遞司)가 설치되었다. 일등우체사가 설치된 지역을 보면, 부산 원산 인천 삼화 옥구 무안 창원 의주 성진 경흥 등 개항장과 평양 개성 대구 전주 공주 등 구래의 행정의 중심지이다. 이 이외의 지점에는 이등사가 설치되어 있다.

이제 대한제국기 도시의 발전을 1904년 도시별 우체사 수입을 통하여 살펴보자(<부표 1-3> 참조). 가장 수입금이 많은 지역은 한성으로 15,887원이었다. 그 다음은 인천으로 9,315원이고, 서울의 59% 수준이다. 개화당에 의

경제활동의 특질을 규정한다. 거래는 기본적으로 상품, 화폐, 정보의 흐름을 동반한다. 통신은 이 중 정보의 흐름을 대변한다고 할 수 있다. 따라서, 통신 사용량을 분석하여, 도시에 있어 거래 조직자들이 어떠한 사람들이었는가를 파악하여 볼 수도 있다.

해 최초로 시작된 우편업무는 경성-인천 간의 우편업무였다. 1904년에 있어서도 경성-인천 간 우편량이 가장 많다. 그 다음은 평양으로 1,415원이고, 경성과 인천에 비할 때, 미미한 수준이다. 즉 경성-인천 간 우편통신 이외에는 별로 우편통신이 발전하지 않았음을 확인할 수 있다. 평양 다음으로는 부산으로 평양의 1/2을 약간 상회하는 수준이다. 그리고 평남의 은산과 경기의 개성, 충남의 공주와 경북의 대구가 각각 5위에서 8위를 차지하고 있다. 이 다음이 삼항사이다. 우체사수입으로 보는 한, 인천과 부산을 제외한 다른 개항장보다 내지의 주요 행정도시에서 우편통신이 발전하였음을 확인할 수 있다. 이 시기 우편통신에서 가장 큰 비중을 차지하고 있었던 한성과 인천 간 쌍방향 통신을 제외하고 보면 한성우체사의 수입은 다른 여러 도시의 수입을 월등히 능가하고 있다.[169] 이는 여러 도시의 통신이 한성과의 통신에 집중되어 있으며, 한성을 제외한 여러 도시 간의 우편통신은 별로 발전하지 않았음을 의미한다. 도별로 보면, 경기와 평남과 경남이 주된 통신발신지이다. 이 3개 도를 제외하고는 통신량이 많지 않았다. 이 시기에 평남의 우체사 수입이 경북의 우체사 수입보다 더 많음은 주목해 둘 만하다.

이제 1904년의 도시별 전보사 수입을 통하여 당시 도시의 발전을 살펴보자(<부표 1-4> 참조). 한성 인천 평양 부산의 4곳이 각각 1위에서 4위를 차지한 것은 우체사 수입에서 본 것과 같다. 그러나 5위부터 9위까지는 원산 삼화 옥구 의주 무안 등 개항장이고, 그 다음이 대구 전주 개성 진주 은진 해주 은산 등 내지의 주요 행정도읍이다. 우체사 수입을 통하여 본 것과는 달리 내지의 행정도시보다 개항장에서 전보통신이 더 발전하였음을 확인할 수 있다. 그리고 수입금을 보면 우체사 수입과는 달리, 한성과 인천의 수입이 별로 많지 않다. 우체사 수입의 경우 한성과 인천의 수입을 합하면 전체

---

[169] 당시 우편통신의 가장 큰 부분을 차지하고 있었던 것은 신문의 발송이다. 당시 신문사는 한성에 집중되어 있었다. 우편통신에 있어서 한성의 압도적 우위는 신문발송이 우편통신에서 중요한 비중을 차지한 것과 무관하지 않다.

수입의 70%가량이지만, 전보사 수입의 경우 한성과 인천의 수입은 전체수입의 34.5%이다. 이로 볼 때, 개항장의 경우, 한성과의 전보통신뿐만 아니라 개항장 간의 전보통신도 상당히 이루어졌다고 할 수 있다. 즉 우편통신의 경우에는 한성과 인천의 쌍방 통신을 제외하고는 여러 도시와 한성 간의 통신이 주된 통신형태였음에 반하여, 전보통신의 경우에는 한성과 여러 도시 간의 통신 못지않게 개항장 간의 통신도 중요하였다.

손정목(1982: 95)은 당시 도시로 성장한 지역을 크게 두 계열로 구분하였다. 첫 번째 계열은 개항장 소재지로서 일본거류민들이 중심이 되어 무역이 활발히 전개된 신도시들로서, 인천, 군산(옥구), 목포(무안), 부산(동래), 마산(창원), 진남포(삼화), 신의주(의주), 원산(덕원), 청진 등이고, 두 번째 계열은 지방행정의 중심으로서 1,000여 년의 전통을 이어받은 구래의 도시로서 경성 대구 평양 수원 개성 충주 청주 공주 천안 전주 광주 제주 경주 안동 상주 진주 밀양 동래 춘천 강릉 철원 해주 안주 의주 정주 함흥 경성 등이다. 통신 사용량을 통해서도 손정목(1982)이 지적한 바와 같이 두 계열의 도시가 성장하고 있음을 확인할 수 있다. 그런데 통신 사용량 통계는 양 계열의 도시의 성장방식이 상이하였음을 보여준다. 개항장은 한성과 개항장 간의 네트워크뿐만 아니라 개항장 간의 네트워크도 중요하였으며, 통신의 매체는 행정도시와 비교할 때 우편보다는 전신에 더 의존하였다. 반면, 구래의 행정도시는 한성과의 통신을 제외하고 다른 도시와의 네트워크는 별로 발전하지 않았으며, 통신의 매체는 개항장과 비교할 때 전신보다는 우편에 더 의존하였다.

2.2. 보호국기와 식민지기

개항기 일본국 우편국은 평양과 경성을 제외하고는 모두 항구를 거점으로 하고 있었고, 우편국을 연결하는 체송망은 해안체송망이 중심이었다. 반면 대한제국의 통신기관은 한성을 중심으로 하여 X자형으로 배치되었으며,

이들을 연결하는 체송망은 X자형의 체송망이었다. 일본은 대한제국의 통신기관을 탈취하고 통신기관을 재편성하였다. 이때 형성된 체송망은 한성을 중심으로 한 X자형 체송망을 기본 체송망으로 하면서, 개항장을 중심으로 형성된 일본국 통신기관의 해안 체송망을 보완적인 체송망으로 사용하였으며, 평북과 함북의 국경지대의 체송망을 강화하는 방식의 재편성을 하였다.

이제 이러한 재배치를 출발점으로 하여 보호국기와 식민지기의 도시화의 양상을 통신 사용량을 통하여 살펴보자. 통상우편물 발송량, 소포우편물 발송량, 그리고 전화가입자에 대한 통계는 도시별 민족별 통계를 작성할 수 있다.[170] 여기에서는 통상우편물 발송량에 대한 통계와 전화가입자에 대한 통계를 중심으로 하여 도시의 부침과 도시에 있어 조선인의 지위의 변동을 살펴보자.

도시별 통상우편물 발송량을 살펴보면, 제1위의 도시는 경성이다. 경성을 제외한 다른 도시의 순위는 부침이 심하였다. 주요 도시의 부침이 당시 도시화의 한 특질이라고 판단되므로, 주요 도시의 순위의 변동을 살펴볼 필요가 있다. 그리고 도시를 1위, 2위-5위, 6위-10위, 11위에서 50위, 그리고 51위 이하로 나누어서 각 그룹별로 통신 사용량이 전체 통신량에서 어느 비중을 차지하는가를 통하여, 도시 피라미드의 특질 및 그 변화를 살펴볼 필요가 있다.

각 도시별 통상우편물 발송량은 다음 세 자료로부터 살펴볼 수 있다. 첫 번째 자료는 『통감부 통신사업 제2회 보고』이다. 이 보고의 부록에는 우편국별 발송량 통계가 있다. 이 통계를 이용하는 데에는 몇 가지 문제가 있다. 1) 이 보고에는 우편국 이외의 통신기관에서 취급한 통상우편물발송량은 기관별 집계치만 공표되어 있어, 도시별로 분할을 할 수 없다. 그래서 우편국의 통계만으로 그 순위를 정하고 비율을 산정하였다. 당시 우편국은 50개였는데, 이 중 5개는 경성에 있어서, 이를 합산하여 하나로 취급하면,

---

[170] 대도시에는 여러 개의 통신기관이 있다. 도시별 통신량을 파악하기 위해, 각 통신기관의 통신 취급량을 도시별로 합산하였다.

총 46개 도시의 통상우편물 발송량을 알 수 있다. 취급소나 수취소 중에는 우편국보다 취급량이 많은 곳도 있기 때문에, 상위 10위에서 50위까지의 도시그룹의 발송량은 약간 과소평가된다. 2) 몇 개의 주요 도시에는 우편국 이외에 수취소가 있는데, 수취소의 취급량의 도시별 통계가 없어 이를 포함시키지 않았기 때문에, 경성과 상위 2-5위까지의 취급량 통계는 약간 과소평가된다. 3) 다른 시기는 모두 상위 11위에서 50위까지의 도시에 40개의 도시가 포함되지만, 1906년에는 36개의 도시만 포함되어 있다. 그래서 상위 10위에서 50위까지의 그룹의 취급량 통계는 약간 과소평가된다. 이 과소평가의 크기는 1-2% 내외라고 할 수 있다. 그런데, 위에서 든 세 가지 바이어스가 서로 상쇄되는 측면도 있어서, 이와 같은 자료상의 한계가 결과를 크게 왜곡시킬 것으로 판단되지는 않는다.

두 번째 자료는 1911년도 『우편국소요람(郵便局所要覽)』이다. 이 자료에는 각 우편국과 우편소가 취급한 통상우편물 인수통계가 있다. 이 통계에는 우체소 발송량에 대한 통계는 없다. 우체소에서의 발송량은 적기 때문에 우리의 분석에 큰 영향을 주지는 않는다고 판단된다. 보다 큰 문제는 발송량 통계를 잘못 기재하는 오기이다. 그러나 어떠한 수치로 고쳐야 하는가에 대한 정보가 없기 때문에 그대로 두었다. 특히 문제가 되는 오기는 목포의 통상우편물 발송량 통계이다. 이 자료에는 목포의 통상우편물 발송량이 563만 1,376통으로 되어 있는데, 전남의 통상우편물 발송량이 200만 통을 조금 넘었기 때문에, 이 수치는 오기일 수밖에 없다. 이것은 56만 통의 오기일 가능성이 높지만, 수정하지 않은 채 사용하였는데, 이후의 결과를 고찰할 때는 이 점을 염두에 둘 필요가 있다.

세 번째 자료는 1921-1928년 동안 매년 발간된 『통신사무개황(通信事務槪況)』이다. 이 자료에는 각 우편국소의 취급량이 기재되어 있으며, 통상우편물과 소포우편물과 우편저금에 대해서는 민족별 통계도 수록되어 있다. 이 자료에서는 아직 어떤 문제를 발견하지 못하였다.

<표 2- 20> 주요 도시에 있어 통상우편물 발송량의 동향

		전체				조선인				
						전체 도시순위 기준		조선인 도시순위 기준		
		1906	1910	1921	1928	1921	1928	1904	1921	1928
실수	경성	7950596	14052713	35053345	55027074	6561646	14790230		6561646	14790230
	2-5위	10428402	13705997	25200228	27497352	8099598	6014346		8099598	8101886
	6-10위	4063552	4673283	12561551	15241473	2181166	5404009		2553408	4481919
	11-50위	4507750	9941398	29394376	43379624	7582939	14879982		8206172	14984658
	51위 이하	4223420	4710179	51648270	81580652	20975829	40203335		19980354	38933209
구성비	경성	25.50	29.85	22.78	24.71	14.45	18.19	40.23	14.45	18.19
	2-5위	33.45	29.11	16.38	12.35	17.84	7.40	31.19	17.84	9.97
	6-10위	13.04	9.93	8.16	6.84	4.80	6.65	7.01	5.62	5.51
	11-50위	14.46	21.11	19.10	19.48	16.70	18.30	13.91	18.07	18.43
	51위 이하	13.55	10.00	33.57	36.63	46.20	49.46	7.67	44.01	47.89
경성의 비중	1-5위	43.26	50.62	58.18	66.68	44.76	71.09	56.33	44.76	64.61
	1-10위	35.43	43.33	48.14	56.28	38.96	56.43	51.30	38.12	54.03
	1-50위	29.50	33.16	34.30	38.99	26.86	36.00	43.57	25.81	34.92
	전체	25.50	29.85	22.78	24.71	14.45	18.19	40.23	14.45	18.19
순위	1위	경성	경성	경성	경성	경성	경성	한성	경성	경성
	2위	함흥	목포	부산	부산	부산	부산	인천	개성	개성
	3위	평양	부산	평양	평양	평양	평양	평양	부산	평양
	4위	인천	평양	대구	대구	대구	대구	부산	평양	대구
	5위	부산	인천	개성	인천	개성	인천	은산	대구	부산
	6위	원산	마산	인천	원산	인천	원산	개성	원산	여해진
	7위	북청	대구	원산	개성	원산	개성	공주	인천	원산
	8위	진남포	원산	대전	군산	대전	군산	대구	안성	함흥
	9위	신의주	함흥	목포	함흥	목포	함흥	옥구	목포	몽슬포
	10위	마산	진남포	나남	목포	나남	목포	삼화	대전	영흥

주 1. 1906년을 제외하고는 각 도시의 인수통수는 그 도시의 우편국과 우편소 인수통수를 합산한 것임. 1906년 50위 이상까지는 우편국의 인수통수만으로 작성한 것임. 1906년의 우편국 소재도시는 46개이므로 상위 10-50위의 수치는 전체 우편국 인수통수에서 상위 10개 도시 우편국의 인수통수를 제한 나머지이고, 50위 이하는 전체 인수통수에서 우편국 인수통수를 제한 것임.

2. 1910년 목포 우편국의 인수통수는 원 자료에 5,631,376통으로 되어 있는데 이것은 오기임. 목포 우편국의 인수통수는 1910년에 563만 통이 아니라 56만 통일 가능성이 높음. 여기에서는 원 자료대로 목포 우편국의 인수통수를 563만 통으로 계산하였음. 목포 우편국의 인수통수를 56만 통으로 보는 경우, 상위 2-5위의 실수는 1370만 통에서 870만 통으로, 구성비는 29%에서 19%로 수정되어야 함. 51위 이하는 10%에서 20%로 수정되어야 하며 경성의 비중의 상위 5개 도시는 51%에서 62%로, 상위 10개 도시는 43%에서 51%로, 상위 50개 도시는 33%에서 38%로 각각 수정되어야 함.

3. 조선인 도시순위에 있는 1904년의 통계는 1904년 우체사와 임시우체사의 수입금으로부터 계산한 것으로, 인수통수와 수입금이 비례한다는 가정하에 계산한 것임. 일부 우체사와 임시우체사는 몇 개월분이 누락되었는데, 이는 매월의 수입금이 동일하다는 가정하에 모두 12개월로 환산하였으며, 일부 지역의 임시우체사의 수입금은 결여되어 있는데, 이는 전체 임시우체사의 평균과 동일할 것이라는 가정하에 보완하였음. 11위에서 50위까지에는 40개 도시의 집계치를 넣어야 하나, 34개 도시의 통계만이 포함되어 있음. 우체사는 총 50개인데, 이 중 3개는 경성 우체사의 지사이기 때문에 경성에 합산하였으며, 광주 우체사의 통계는 없으므로 없는 대로 하였음.

이 세 자료를 이용하여 도시의 순위와 도시그룹별 비중의 변화를 살펴보도록 하자. 도시의 순위를 보면, 1위는 경성으로 전 기간에 걸쳐 변화가 없다. 반면 2위 이하는 큰 변화가 있었다. 1906년에는 2위가 함흥, 3위가 평양, 4위가 인천, 5위가 원산이고, 대구는 12위였다. 당시의 특징이라면, 함흥 원산 북청 등 함경남도의 3개 도시의 우편물 발송량이 매우 높았다는 점이다. 1910년에는 경성, 목포, 부산, 평양, 인천, 마산의 순으로 되어 있는데, 이 중 목포는 오기(誤記) 때문에 높은 순위를 얻고 있으므로, 목포를 빼고 생각하여야 한다. 원산과 함흥의 지위가 하락하였다는 점이 특징적이다.[171] 1921년에는 경성 부산 평양 대구의 순서여서, 인천의 지위가 하락하고 대구의 지위가 상승하였음을 알 수 있다. 이 4대 도시는 식민지 말에 이르기까지 통신사용의 중심지로서의 지위를 유지하였다. 1921년에는 조선인 우편발송량이 일본인 우편발송량보다 더 많은 개성이 인천보다 더 우위인 5위로 되었으며, 마산의 지위는 하락하였다. 그리고 경부선의 요충지인 대전과 군항도시인 나남의 성장을 볼 수 있다. 1928년에는 다시 원산과 함흥의 지위가 상승하고 있으며, 개성의 위치는 하락하였고, 미곡의 반출항인 군산과 목포가 모두 10대 도시에 들어와 있음을 볼 수 있다. 식민지기에 경성의 지위는 변동이 없었지만, 그 이하 도시들의 순위는 상당한 부침을 보이고 있다. 경성 부산 평양 대구라는 도시의 순위는 1910년대에 형성되었으며, 개성은 조선인의 도시라는 이미지를 가지고 있는데, 이 도시에서 통신 사용량이 빠르게 증가된 것은 1910년대였다.

이제 도시 그룹별 통신 사용량의 구성을 살펴보자. 경성이 차지하는 비

---

[171] 1906년 당시 원산과 함흥의 우편물 발송량 중에는 군사우편물이 많았다. 군사우편물은 무료우편물에 포함되어 있으므로, 무료우편물을 제외한 유료우편물만으로 순위를 계산하면, 원산과 함흥은 인천 평양 부산에 못 미치는 5위와 6위이지만, 대구와 마산보다는 더 우위에 있었다. 그런데 1910년에는 대구와 마산에도 미치지 못하게 되었다. 즉 유료 우편물만을 대상으로 하더라도 이 두 도시의 지위는 이 기간 동안 하락하였다.

중은 전체 통신량의 1/4 수준에서 오르내리고 있다. 보호국기에 경성의 비중은 늘었지만, 1910년대에는 줄어들었고, 1920년대에는 다시 약간 늘어났다. 1906년에 경성에 소재하는 수취소의 우편물 발송량을 포함시키지 않아 과소평가된 측면이 있기 때문에 이를 교정하고 보면, 경성의 비중은 추세적으로는 약간 줄었다고 평가할 수 있다. 2위에서 10위권의 도시그룹의 비중은 지속적으로 하락하고 있다. 반면 상위 11위에서 50위권의 도시그룹의 비중은 보호국기에는 성장하지만, 그 이후의 시기에는 대체로 일정하여, 1위에서 10위권의 도시그룹의 지위가 하락경향을 보인 것과 대조적이다. 즉 1위에서 50위까지의 도시 중에서 하위의 도시의 비중이 커졌음을 보여준다. 51위 이하의 도시를 보면, 1906년에는 13.55%로서 그 비중이 매우 적었지만, 이후 그 비중은 증가하고 있다. 1910년에 10%로 하락한 것으로 보이는 것은 목포의 오기 때문으로, 이것을 수정하면 20%가 되어 성장하였음을 알 수 있다. 경성의 비중은 추세적으로 조금 하락하였음을 살펴보았는데, 상위 50개 도시 중에서 경성의 비중을 보면, 오히려 늘어나고 있다. 즉 경성은 다른 도시보다 빠르게 통신 사용량이 증가하고 있지만, 통신사용의 저변이 지속적으로 확대됨에 따라 조선 전체적으로 볼 때는 그 비중이 약간 줄어들게 된 것이다.

이제 도시별 조선인 통신량을 살펴보자. 1921년 이전에는 도시별로 조선인 통상우편물 발송량을 파악할 수 없다. 단, 1904년에는 우체사별 수입금을 통하여 각 도시에서의 조선인 우편물 발송량을 대체적으로 추론할 수 있을 뿐이다. 이 수입금을 바탕으로 하여 그 비중을 구성하여 보면, 경성의 지위가 압도적으로 높음을 알 수 있다. 또한 상위 2-5위의 도시의 비중도 높음을 알 수 있는데, 이는 인천의 통신량이 많음에 기인할 뿐, 다른 도시의 통신량은 미미하다. 경성과 인천이 압도적인 비중을 차지하고 있다. 1921년 도시별 조선인 우편물 발송량을 보면, 경성의 비중은 14.45%로, 1904년 40.23%에 비해 크게 줄어들었다. 반면 51위 이하의 비중이 크게 늘어났음을 알 수 있다. 보호국기 이후 통신 사용량의 증대는 경성 이외의 여러 도시에 있어 조선인 통신량의 성장이 중요한 역할을 하였음을 알 수 있다. 1921년과 1928년을 비교하는 경우, 경성의 비중은 늘어났고, 2위에서 10위까지의 도시그룹의 비중은 줄어들었고, 11위에서 50위까지의 도시그룹의 비중은 늘어났다. 조선인의 우편물 발송량의 도시별 분포를 조선 전체의 우편물 발송량의 도시별 분포와 비교하여 보면, 조선인의 우편물 발송량은 대도시보다는 중소도읍에서 더 높음을 알 수 있다.

조선인 우편물 발송량만으로 도시의 순위를 정하면, 1904년에는 인천이 2위였는데, 이후 인천의 순위는 떨어져, 1921년에는 7위로, 1928년에는 15위로 되었다. 개성과 대구의 순위는 빠르게 상승하여, 1928년에 개성이 2위로 대구는 4위로 되었으며, 양 도시 모두 부산보다 더 우위에 있었다. 평양과 부산의 지위는 교체하고 있는데, 1928년에는 부산의 순위가 하락하여 5위가 되었다. 특이한 변화를 보이는 도시로는 안성을 들 수 있는데, 안성은 1921년에는 8위였지만, 1928년에는 38위로 하락했다. 안성의 순위의 하락은 안성의 우편물 발송량이 절대적으로 감소한 것도 작용하였지만, 그보다는 안성의 통신 사용량을 능가하는 도시들이 대거 성장하였기 때문이다. 이러한 도시에는 여해진과 함흥, 영흥 등 함경도 해안지역의 도시들이 포함된다.

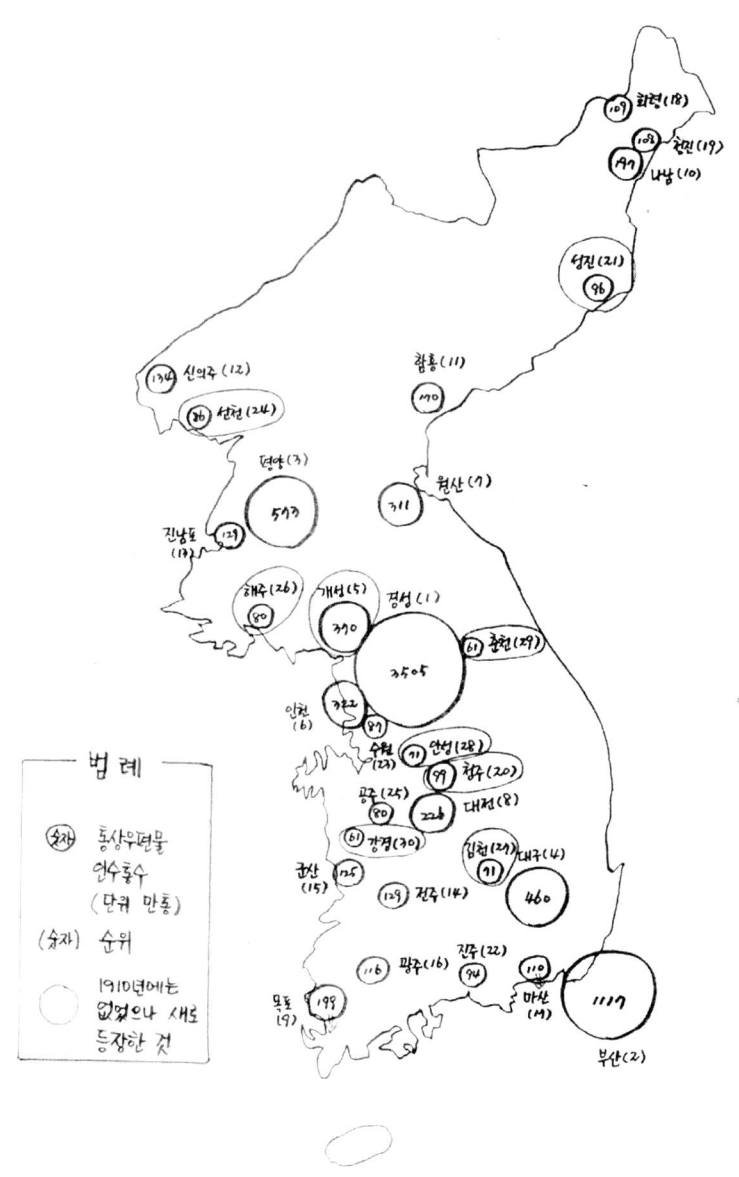

<도 2-12> 1921년도 주요 도시의 통상우편물 발송통수(60만통 이상인 도시, 30개도시)

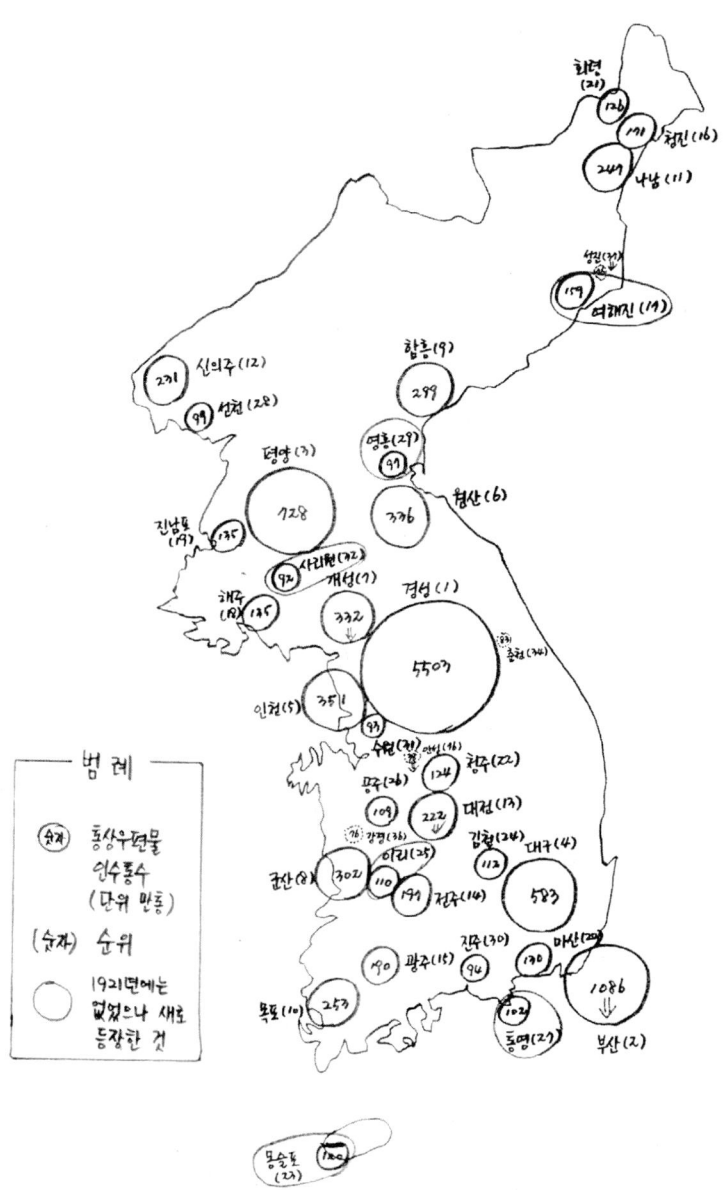

회령
(21)

청진 (16)

나남 (11)

성진(전)

웅기진 (17)

159

247

141

신의주 (12)
271

성천 (28)
99

함흥(9)
299

영흥(29)
97

평양(3)
728

원산 (6)
336

진남포
(9)
135

사리원(32)
92

해주
(8)
135

개성(7)
332

경성(1)
5509

충주(34)

인천(5)
351

93

수원(전)
96

청주(22)
124

공주(34)
109

대전(13)
222

김천(24)
112

대구(4)
583

군산(8)
302

강경(33)

이리(25)
110

전주(14)
191

진주(30)
96

마산(26)
190

광주(18)
90

목포(11)
253

통영(27)
102

부산(2)
1086

범례

종재 통상우편물
인수통수
(단위 만통)

(숙자) 순위

1921면에는
없었으나 새로
등장한 것

몽송도
(23)
120

<도 2-13> 1928년도 주요 도시의 통상우편물 발송통수(90만 통 이상인 도시. 32개 도시)

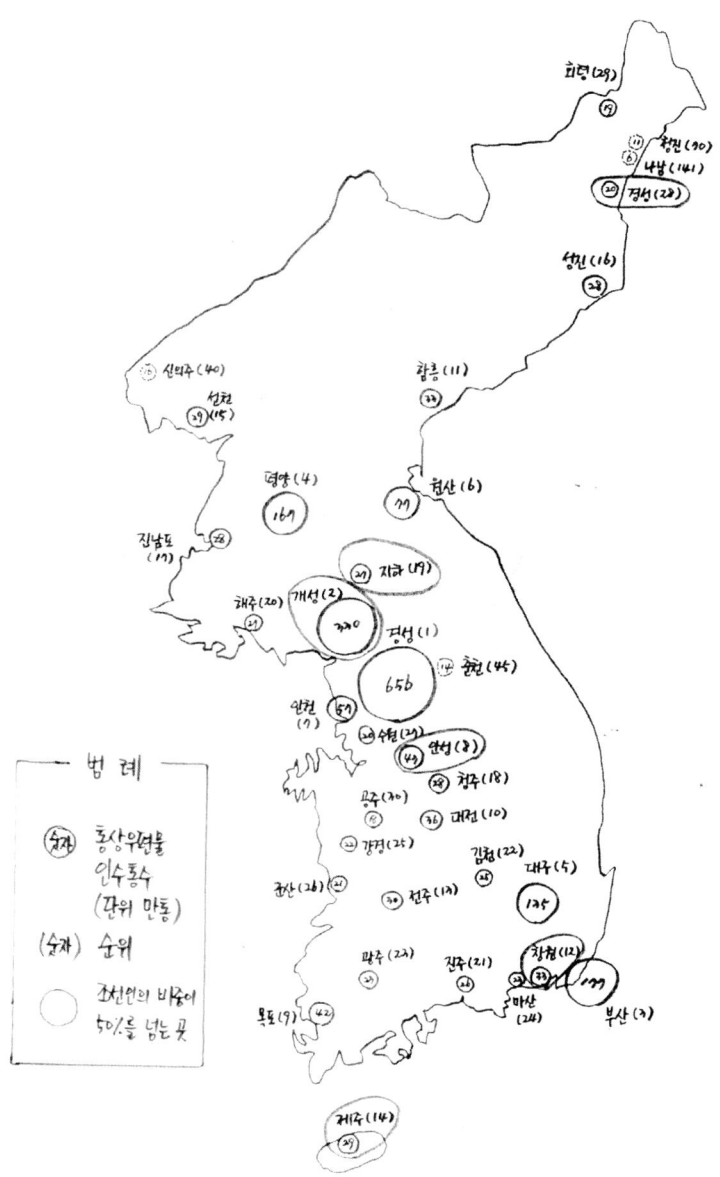

<도 2-14> 1921년도 주요 도시의 조선인 통상우편물 발송통수(30개 도시)

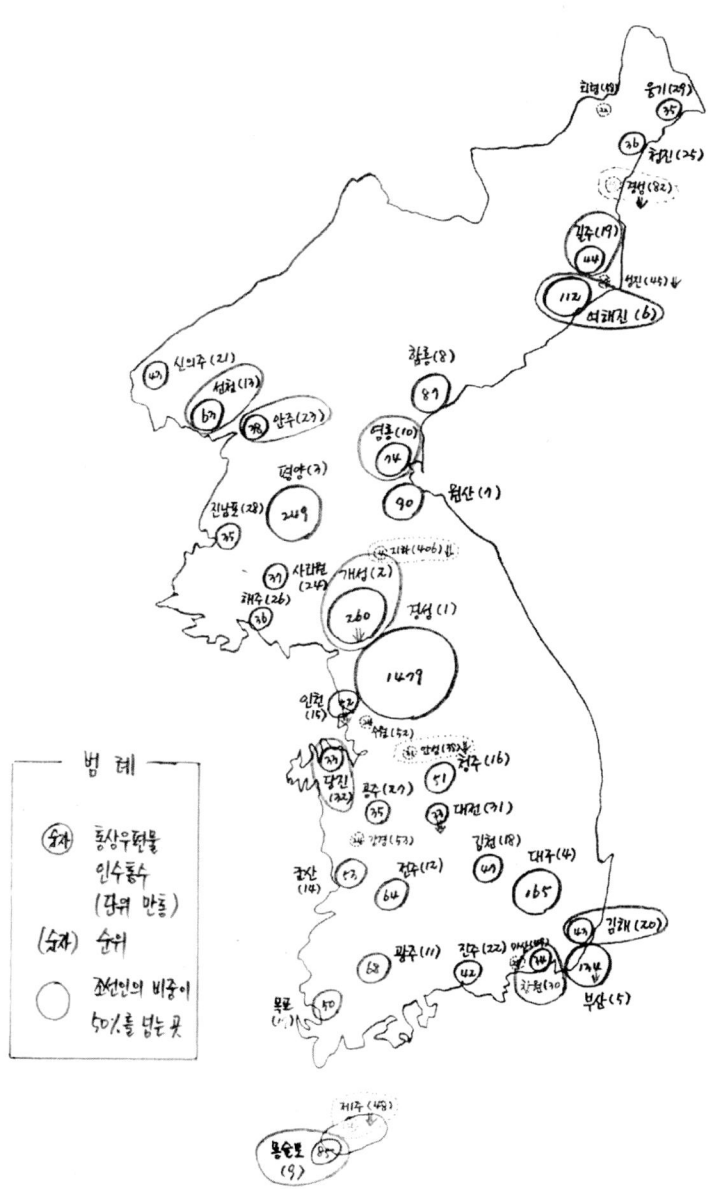

<도 2- 15> 1928년도 주요 도시의 조산인 통상우편물 발송통수(32개 도시)

<표 2-21> 1928년 조선인 통상우편물 발송통수의 비중이 50%를 넘는 주요 도시에 있어서 조선인 발송통수와 조선인 비중의 동향

1921년 발송통수 중 조선인의 통상우편물 발송통수의 비중이 50% 이상인 도시									
	개성		몽슬포		길주		창원		당진	
	통수	비중	통수	비중	통수	비중	통수	비중	통수	비중
1921	3303664	89.3	115388	67.8	45851	59.5	326794	91.5	122356	68.0
1922	3278145	91.0	164073	84.2	381862	82.0	252226	61.6	129740	58.4
1923	2036892	81.6	99502	75.2	389168	88.7	235924	65.6	131053	60.1
1924	2081014	81.7	105118	68.4	313716	65.1	215202	61.4	130598	59.8
1925	1847352	80.0	101985	55.9	141999	52.3	205309	60.7	215631	63.8
1926	2333292	86.5	776438	63.1	270907	61.5	251524	59.2	251095	71.2
1927	2446587	76.3	905918	75.0	441467	61.4	252083	67.5	298077	71.4
1928	2603172	78.3	849030	70.8	436488	64.2	338260	66.6	331006	67.1
1921년 발송통수 중 조선인의 통상우편물 발송통수의 비중이 50% 미만인 도시									
	여해진		영흥		선천		김해		안주	
	통수	비중	통수	비중	통수	비중	통수	비중	통수	비중
1921	21944	45.0	99502	46.3	292149	34.2	118768	39.0	131651	39.6
1922	20306	38.1	128947	51.6	168844	52.7	135278	37.8	191035	42.9
1923	36036	43.9	102609	47.6	218062	63.7	138177	42.1	223548	33.7
1924	42237	43.3	147121	54.9	561457	68.9	119834	43.0	266331	48.9
1925	64337	24.9	202345	61.4	605176	65.8	173732	59.5	287378	50.3
1926	69667	26.9	214487	57.3	681239	71.7	167323	57.0	305253	58.3
1927	132340	47.9	233090	52.0	719459	68.8	170053	48.9	311363	55.7
1928	1121432	70.4	741650	76.2	623784	63.0	433238	67.6	380263	75.7

자료: 『통신사업개황』.

이제 민족별 우편물 발송량의 비중의 변화를 도시별로 살펴보자. 1921년에 조선인 우편물 발송량이 많은 상위 30개 도시에서 조선인 우편물 발송량의 비율이 50%를 넘는 도시는 개성, 안성, 창원, 제주, 지하, 경성 등 6개 도시였다. 조선인 우편물 발송량이 많은 도시 중에서 조선인의 우편물발송량의 비율이 50%를 넘는 도시는 많지 않았다. 즉 조선인의 통신사용량은 일본인을 중심으로 하여 통신 사용량이 증가하는 지역에서 더불어 증가하는 것이 일반적인 형태였다. 물론 조선인이 중심이 되어 통신사용량이 상당한 정도로 성장한 지역도 있었음을 간과하여서는 안 된다. 그런데 조선인이 중심이 되어 우편물 발송량이 성장하여 간 지역은 계속적인 성장을 거의 하지 못하였다. 1921년 우편물발송량을 1928년과 비교할 때, 창원만이 비슷한 우편물 발송량을 유지하고 있을 뿐 다른 5개 도시는 우편물 발송량이 감소하고 있음을 확인할 수 있다. 1928년에 조선인 우편물 발송량이 많은 32개 도시 중에, 개성과 창원만이 포함되어 있고, 나머지 4개 도시는 그 밖으로 추락되어 있다.

물론 이것은 1928년 조선인 우편물발송량이 많은 32개 도시 중에서 조선인 우편물 발송량이 50%를 넘는 도시가 줄어들었음을 의미하는 것은 아니다. 오히려 그 수는 10개로 증가하였다. 1928년에 조선인 우편물 발송량이 50%를 넘는 10개 도시는 4가지 유형으로 나누어 볼 수 있다. 첫째는 개성과 창원으로, 1921년에도 조선인 우편물 발송량이 많은 30개 도시에 포함되어 있었고, 조선인 우편물 발송량이 50%를 넘었던 도시이다. 둘째는 선천으로 1921년에도 조선인 우편물 발송량이 많은 30개 도시에 포함되어 있었지만, 조선인 우편물 발송량이 50%가 되지 않았던 도시이다. 셋째는 몽슬포, 길주, 당진으로, 1921년에는 조선인 우편물 발송량이 많은 30개 도시에 포함되어 있지는 않았지만, 조선인 우편물발송량이 50%를 넘었던 도시이다. 넷째는 여해진, 영흥, 김해, 안주로, 1921년에 조선인 우편물 발송량이 많은 30개 도시에 포함되어 있지 않았으며 조선인 우편물 발송량이 50%도 되지 않았던 도시이다. 이렇게 분류하여 보면, 1928년 조선인 우편물 발송량이 많은 도시 중 조선인 우편물 발송량이 50%를 넘는 도시 10개 중 3개만이, 1921년에 조선인 우편물 발송량이 많은 도시에 포함되어 있었으며, 나머지 7개 도시는 새롭게 성장한 도시임을 알 수 있다. 그리고, 1928년 조선인 우편물 발송량이 많은 도시 중 조선인 우편물 발송량이 50%를 넘는 도시 10개 중 5개 도시는 1921년에 조선인 우편물 발송량이 50%가 되지 않았던 지역이다. 즉 일본인 우편물 발송량이 많은 지역에서 조선인 우편물 발송량이 많은 도시로 바뀐 도시가 절반을 차지하고 있다.

　이상의 내용을 조선인 통신 사용량의 성장이라는 관점에서 정리하여 보자. 조선인 통신 사용량의 비중은 대도시에서보다는 중소도읍에서 더 높았다. 그리고 조선인의 통신량으로 순위를 매겨본 도시의 순위는 그 부침이 대단히 심했다. 이러한 부침은 조선인 통신 중심지가 새롭게 성장하여 나타난 것도 있지만, 이미 상당히 성장한 지역이 다시 쇠퇴해 버리거나 정체해 버리기 때문에 나타난 것도 있다. 새롭게 조선인 통신 중심지로 성장한 도시 중에는 조선인의 도시로서 그 규모가 확장된 것도 있고, 일본인의 도시에서 조선인의 도시로 바뀐 곳도 있다.

　그런데 조선인의 도시로서 중소도시의 수준을 넘어선 것은 거의 없다. 중소도시의 수준을 넘어선 유일한 곳은 개성이다. 개성이 행정편제상 부(府)가 된 것은 30년대 후반이다. 당시 부(府)란 식민지 정부가 개발거점으로 설정한 지역으로, 식민지 정부의 지원하에 도로나 철도나 항만과 같은 교통시설과 다양한 산업시설이 갖추어졌던 지역이다. 당시 도시로서의 면모를 갖추기 위해서는 조선총독부의 적극적인 개발정책이 동반되지 않으면 안 되었다. 그런 점에서 볼 때 조선인의 도시는 도시다운 면모로 성장할 수 있는 힘을 결여하고 있었다. 때문에 조선인의 도시는 중소도읍의 수준을 벗어나지 못하고 그 부침을 반복하게 되었다. 비록 식민지시기에 중소도읍의 통신량이 차지하는 비중이 늘어나고 있기는 하였지만, 여전히 통신량의 대부분은 소수의 대도시에 집중되어 있었다. 조선인의 통신량이 일본인의 통신량을 능가하기 위해서는 조선인의 도시가 대도시로 성장하든가 아니면 대도시를 조선인의 도시화하던가 두 가지 중의 어느 하나가 이루어져야 하지만, 아직 이러한 가능성은 없었다. 그렇지만, 조선인은 일본인을 중심으로 발전하고 있는 대도시의 일원으로서 성장하고 있었을 뿐만 아니라, 매우 불안정하고 또 중소도읍의 수준을 벗어나지 못하고 있지만, 조선인의 통신 중심지를 만들어가고 있었으며, 그 수도 증가하고 있었다는 점은 과소평가될 수 없다. 바로 이러한 성장이 식민지 지배체제하에서 조선인이 성장하여 가는 모습이기 때문이다.

이제 도시별 전화가입자수를 통하여 각 도시의 성쇠를 고찰하여 보자. 당시 도시 내부 통신수단 중 가장 중요한 통신수단은 전화였다. 우편기관은 서울과 부산 등을 위시한 소수의 지역을 제외하고는 한 도시에 하나뿐이었다. 즉 대부분의 도시에서 우편물은 도시 내 통신이 아니라 도시 간 내지 도시와 인접농촌 간의 통신이었다. 그러나 도시의 성장이 이루어지기 위해서는 도시 내부의 통신체계도 발전하지 않으면 안 된다. 이것은 부분적으로는 도시 내 우편기관의 증설에 의해 이루어졌다. 그러나 이와 관련하여 보다 중요한 역할을 한 것은 전화였다.

1911년에서 1941년까지 전화가입자수로 도시의 순위를 매겨 보면, 상위 4개 도시는 대체로 안정적이다. 경성과 부산은 처음부터 1, 2위를 차지하고 있다. 인천은 3위였지만, 1920년에는 평양에 뒤처지고, 1922년에는 대구에 뒤처지고, 1940년에는 청진에 뒤처지게 되었다. 평양과 대구는 각각 4위와 5위에서 3위와 4위로 되었고, 그 순위는 이후 바뀌지 않았다. 그 밖의 도시들의 순위는 매우 번잡하게 바뀌고 있는데, 상대적으로 비슷한 규모의 도시들이 모여 있기 때문이기도 하지만, 빠르게 성장하는 도시와 빠르게 쇠퇴하는 도시도 적지 않았기 때문이다. 식민지기에 빠르게 쇠퇴한 도시로는 진해와 공주를 들 수 있다. 진해는 군항으로서 식민지 초기에 성장하였지만, 그 성장은 지속되지 못하고 일정한 수준에 머물러 있으며, 공주는, 충남도청이 대전으로 옮기고 충남권이 대전을 중심으로 하여 재편되면서, 성장이 멈췄다. 이렇게 정체된 도시들의 순위가 빠르게 하락한 시기는 1910년대와 1920년대 전반이었다. 식민지기에 빠르게 성장한 도시로는 청진과 나진과 웅기를 들 수 있다. 청진과 웅기는 20년대 중반부터 급성장을 하였고, 나진은 도도선이 개통되어 만철의 종단항이 됨으로써 급부상한 도시이다. 전화가입자로 본 도시의 부침은 우편물 발송량으로 본 도시의 부침과 동일한 이미지를 보여준다.

<표 2- 22> 주요 도시에 있어서의 민족별 전화가입자수

	1912			1923			1934		
	총수 (A)	조선인 (B)	B/A	총수 (A)	조선인 (B)	B/A	총수 (A)	조선인 (B)	B/A
경성부	2877	337	11.71	6026	958	15.90	9375	2130	22.72
부산부	986	12	1.22	1950	86	4.41	3067	199	6.49
평양부	504	17	3.37	1198	173	14.44	2136	735	34.41
대구부	371	15	4.04	1056	146	13.83	1636	294	17.97
인천부	645	16	2.48	846	60	7.09	1102	169	15.32
원산부	358	10	2.79	727	95	13.07	878	156	17.78
신의주부	145	3	2.07	550	53	9.64	855	212	24.78
군산부	280	0	0.00	583	61	10.46	783	57	7.30
청진부	122	0	0.00	444	25	5.63	758	53	7.00
함흥부	110	1	0.91	279	55	19.71	733	183	24.96
목포부	251	1	0.40	401	40	9.98	717	134	18.69
진남포부	238	2	0.84	377	33	8.75	607	149	24.58
대전부	157	0	0.00	318	10	3.14	552	56	10.15
광주부	103	3	2.91	307	48	15.64	540	94	17.41
전주부	132	8	6.06	299	47	15.72	470	91	19.36
마산부	243	0	0.00	312	34	10.90	414	69	16.69
나남읍	111	0	0.00	321	8	2.49	375	28	7.52
해주부	58	4	6.90	229	81	35.37	345	124	36.02
개성부	69	8	11.59	184	81	44.02	339	215	63.49
청주읍	84	1	1.19	197	6	3.05	223	22	9.94
춘천읍	62	0	0.00	127	10	7.87	175	24	14.00
주요 도시계	7906	438	5.54	16731	2110	12.61	26080	5195	19.92
기타	1055	45	4.27	5045	705	13.97	11614	2831	24.37
전 조선계	8961	483	5.39	21776	2815	12.93	37694	8026	21.29

자료: 『조선총독부 체신연보』.

주: 1934년의 주요 도시의 조선인 가입자수는 조선인 일 가입자당 인구수를

1934년 호구조사 인구수를 바탕으로 역산한 것임.

0.2% 내외의 오차가 있으므로 경성 평양 대구의 경우 약간의 차이가 있을 것으로 판단됨.

　이제 조선인 가입자가 많은 지역을 살펴보자. 1923년까지는 모든 전화교환구역에 대해 민족별 전화가입자수를 공표하였다. 그 이후 1934년까지는 부(府)와 도청소재지에 대해서만 민족별 전화가입자수를 알 수 있다. 모든 시기를 다 고찰하는 것은 번잡하기 때문에 1912년, 1923년, 1934년 3개년에 한정해서 주요도시의 순위와 조선인의 비중을 살펴보자.

　1912년 조선인 전화가입자가 가장 많은 도시는 경성으로 조선인 전화가입자는 337명이었다. 두번째는 평양인데, 조선인 가입자는 17명에 불과하다. 이 시기에 조선인 전화가입자수가 10명이 넘는 지역은 경성부 부산부 평양부 대구부 인천부 원산부 의주 등 7개 도시뿐이다. 이 시기에 경성을 제외하고 조선인 전화가입자는 매우 적었다고 할 수 있다. 그러나 1923년이 되면, 조선인 전화가입자수는 1912년의 5배로 되어, 조선인 전화가입자가 상당수에 이르는 도시들이 많이 출현하였다. 1912년 조선인 전화가입자가 20명을 넘는 도시는 경성뿐이었지만, 1923년에는 28개로 늘어났다.[172] 전화교환구역이 되기 위해서는 최소한 20명의 전화가입자가 있어야 한다. 조선인 전화가입자가 20명을 넘었다 함은, 조선인만으로 전화교환구역이 될 수 있음을 의미한다. 이 중 조선인 전화가입자의 비중이 50%가 넘는 도시는 안주뿐이다. 우편물 발송량으로 볼 때보다 조선인의 도시는 더 적다. 통상우편은 전화보다는 대중적인 통신수단이고, 전화는 큰 규모의 상공업자나 관리등 상류층의 전유물이었다. 전화를 개설할 만한 상류층에 있어 조선인의 비중은 대중적인 통신수단을 이용할 수 있는 층에서의 조선인의 비중보다 더 적었다 할 수 있다.

　1923년 주요 도시를 망라하여 살펴보면, 경성부의 조선인 전화가입자수

---

[172] 조선인 전화가입자가 20명을 넘어선 도시는 다음과 같다. 경기의 경성, 개성, 인천, 수원, 충남의 천안, 전북의 군산, 전주, 전남의 광주, 목포, 경북의 대구, 김천, 상주, 경남의 부산, 마산, 황해의 해주, 사리원, 안악, 평남의 평양, 진남포, 안주, 평북의 신의주, 강원의 철원, 함남의 원산, 함흥, 북청, 함북의 청진, 회령, 웅기이다.

는 다른 도시와 비교할 수 없을 만큼 압도적으로 많음은 1912년과 같고, 평양과 대구의 조선인 전화가입자가 부산보다 많은 것도 1912년과 같다. 그러나 1923년에는 원산의 전화가입자수도 부산을 능가하게 되었으며, 인천은 부산보다 적게 되었다. 해주와 개성도 인천을 넘어서서 부산의 규모와 비슷하게 되었다. 통상우편과는 달리 개성이 아니라 평양과 대구가 부산을 앞서고 있음은 주목할 만하다. 그런데, 이 시기 개성부의 전화가입자 중 조선인의 비중은 44.02%여서 안주를 제외하면 조선인의 비중이 가장 높다. 또 이 시기에는 군산의 조선인 전화가입자수가 인천을 능가하고 있다.

이제 1934년의 통계를 보면, 조선인 전화가입자가 빠르게 증가하였음을 확인할 수 있다. 경성의 조선인 전화가입자수는 2천 명을 넘어섰다. 그리고 평양은 735명으로 다른 지역보다 조선인 전화가입자가 월등히 많게 되었다. 제3위는 대구이고, 그 다음은 신의주와 개성이어서, 부산은 6위로 하락하였다. 원산과 인천의 성장은 상대적으로 더 더디었는데, 함남에서는 원산보다 함흥에서 조선인 전화가입자가 더 많게 되었다. 군산부는 상대적으로 정체하고 있는 대신 목포와 진남포의 조선인 전화가입자가 100명을 넘게 되었다. 이상 12개 도시는 전화보급으로 보아 상당한 수준의 도시적 외관을 가지게 되었다. 이 시기에는 또한 많은 위성도읍이 형성되었다. 위 21개 주요 도시의 조선인 전화가입자가 전체 조선인 전화가입자에서 차지하는 비중은 점차 감소하고 있다. 1912년에 조선인 전화가입자 대부분은 경성에 있었고, 그 이외 지역에는 거의 없었기 때문에, 전화가입자 중 조선인의 비중은 주요 도시에서 더 높았다. 그러나 이후 조선인은 주요 도시 이외의 지역에서 보다 빠른 속도로 증가하고 있어서, 1923년에는 전화가입자 중 조선인의 비중은 주요 도시보다 그 이외의 지역에서 더 높았다. 그리고 이러한 경향은 1934년에도 발견된다.

조선인 전화가입자는 대도시보다 위성도읍에서 빠르게 증가하고 있었는데, 이 위성도읍에 있어서조차 조선인 전화가입자보다 일본인 전화가입자가 더 많다. 전화가입자는 대체로 대상공인과 관리 등 조선사회의 상층부를 형성하는 사람들인데, 조선인은 이와 같은 상층부에 진입하는 것이 어려웠다. 이와 같은 제한이 전화가입자 중 조선인의 비중이 낮은 수준으로 머물러 있는 것을 설명해 줄 수 있다. 그러나 조선인 전화가입자가 몰락한 것이 아니라 일본인 전화가입자수보다 더 빠르게 증가하고 있었다는 점은 간과할 수 없다.

소 결

해방 이전에도 통신기술은 여러 방면에서 상당한 발전을 이루었다. 우편의 경우, 체송 및 집배송에 있어 발전된 운송수단을 채용함으로써 운송시간을 절약하고 운송비를 절약할 수 있었다. 전신의 경우, 회선절약적 기술의 발전이 이루어졌고, 전화의 경우, 가입자 증가에 따른 규모의 불경제를 해결하는 교환체계의 발전 및 회선절약적 기술의 발전이 이루어져서, 비용을 줄이고, 대기시간을 줄이고, 통화품질을 높일 수 있었다. 이러한 통신기술의 발전은 보호국기와 식민지기에 일어났는데, 기술의 발전 및 규모의 경제에서 발생하는 경제적 잉여는 재정수입으로 흡수되어 통신사업 수지를 개선하는 데 기여하였다. 소비자들은 실질통신요금 인하의 혜택을 받지는 못하였지만, 통신서비스의 품질 개선이라는 혜택을 받았기 때문에, 통신기술의 발전이 통신수요의 증대에 어느 정도 기여하였다고 할 수 있다.

조선인 통신 이용자층의 성장을 살펴보면, 우편기관 이용자층으로 볼 수 있는 조선인 우편저금 예입원의 증가는 1927년까지는 지주나 자작농, 자소작농상층 등 조선인 농업종사자층의 증가에 따른 것이었는데, 1927년부터 1932년까지는 그 이전과 달리 조선인 농업종사자층은 줄어들고, 대신 조선인 상공인층의 증가에 따른 것이다. 전기통신 수용자층으로 파악할 수 있는 조선인 라디오 청취자의 추이를 보면, 상공인, 화이트칼라, 관공리 등이 전기통신 수용자층으로 1930년대에 성장하였음을 확인할 수 있다. 식민지기 통신수요의 성장은 통신 이용자층의 저변이 확대되고, 통신 서비스를 보다 많이 사용하는 직업층이 성장하여 발생한 것이다.

해방 이전 조선에 있어서 통신산업은 매우 역동적으로 성장하고 있었지만, 일본의 메이지 시대와 비할 바는 아니었다. 일본의 메이지 시대와 비교할 때 조선의 통신 사업량의 증가속도는 상대적으로 느렸는데, 이 원인으로는 조선에 있어 통신기관 보급의 저위성을 들 수 있다. 조선과 대만의 일인당 통신 사용량의 추이를 비교하면, 식민지 초기에는 대만이 조선보다 더 많았지만, 1930년대 말에는 조선이 대만을 추월하였는데, 이것도 통신기관의 보급과 관련되어 있다. 대만에 있어 통신기관의 보급은 조선에도 미치지 못하였다.

보호국기와 식민지기에 있어 조선인 통신 사용량은 빠르게 성장하였지만, 전체 통신 사용량에서 조선인 통신 사용량이 차지하는 비중은 소포를 제외하고는 50%를 훨씬 밑돌았다. 조선에서 일본인 통신 사용량이 우위를 차지할 수 있던 배경으로는 두 가지를 들 수 있다. 첫째, 조선의 통신망이 일본의 제국적 통신망의 일환으로 발전하고 있었다는 점이다. 이것은 조선의 통신량 중 조선-일본 간의 통신량의 비중이 매우 큰 것에서 확인할 수 있다. 둘째, 통신 사용량은 거래의 집결지인 도시에서 많은데, 당시의 도시는 일본인 거주지를 중심으로 하여 발전하였다. 조선인의 도시들은 조선총독부의 개발정책의 수혜를 별로 받지 못함으로써, 중소도읍의 범위를 넘어서지 못하고 있었다.

이와 같은 요인으로, 통신 사용량에 있어 일본인의 우위가 유지되고 있었지만, 조선인 통신 사용량이 성장함에 따라, 일본인 우위의 구조가 변질되는 측면도 있었다. 조선의 통신망은 비록 제국적 통신망의 일환으로 편제되어 있었지만, 조선-일본 간 통신보다 조선 내부 통신이 더 빠르게 성장하고 있었다. 조선인 통신량은 조선 내부 통신망의 성장을 바탕으로 하여 빠르게 성장하고 있었다. 그리고 조선-일본 간 통신은 제국적 통신망으로서 식민지 초기에는 일본인이 전유하였지만, 점차 조선인이 제국적 통신망의 담지자로서 성장하고 있었다.

조선총독부는 일본인 거주지를 중심으로 하여 도시 개발을 하였다. 조선인은 한편으로는 조선총독부에 의해 개발된 도시를 자신의 성장의 기반으로 전유할 수 있었으며, 조선총독부의 지원을 받지는 못하였지만, 중소규모의 도시를 발전시켜 나갈 수 있었다. 식민지기 도시 피라미드를 대도시 – 위성도읍 – 농촌이라는 삼중 구조 속에서 파악할 때, 통신 사용량은 대도시보다는 중소도읍에서 빠르게 성장하였으며, 조선인 통신 사용량의 비중은 대도시보다는 중소도읍에서 더 높았다. 조선인은 중소도읍을 발판으로 하여 성장하고 있었고, 개발된 도시를 자신의 성장의 기반으로 전유할 수는 있었지만, 조선인이 중심이 되는 대도시를 건설하지는 못하였다는 점에서 일정한 한계가 있었다.

제3장

인사관리체계와 고용구조

머리말

한국의 경제발전을 연구하는 학자들은 한국의 경제발전을 가능케 한 요인의 하나로 양질의 노동력을 든다. 이와 같은 인식을 공유하는 한국경제사 연구자들은 한국에 있어 양질의 노동력의 역사적 형성과정을 중요한 연구과제로 설정한다.

현재 한국에 있어 양질의 노동력의 역사적 형성과정을 설명하는 시각으로는 다음 두 가지를 들 수 있다. 첫째는 한국에 있어서 인적자원 형성의 전통적 또는 내재적 기반을 구명하려고 하는 시각이다. 개항 이전의 한국의 전통적 발전을 고찰하는 시각으로는 자본주의 맹아론과 소농경제론이 있다. 자본주의 맹아론은 개항 이전에 이미 자생적 자본주의가 발전할 수 있는 맹아가 형성되어 있었다는 견해로서, 조선사회 정체론을 비판하기 위한 목적론적 역사연구로서 실증적 기반은 매우 취약하다. 소농경제론은 자생적 자본주의를 형성할 수 있는 조건이 아니라 자본주의를 수용할 수 있는 조건의 형성에 초점을 둔다. 소농경제론에 의하면, 조선후기에는 자본주의 맹아로서의 메뉴펙쳐나 부농의 형성은 취약하였지만, 자립적 소농의 발전은 상당한 수준에 이르렀다.[173] 소농은 자신이 소유하거나 빌린 땅을 가족노동

---

[173] 한국의 근대화 과정은 소농이 기업가, 기술자, 노동자로 전환되는 과정이었음은 최근 안병직 교수에 지적된 바 있다. 조선후기 소농경제의 발전에 대한 최근의 논의는 박이택(2005)과 안병직·이영훈(2007)을 참조할 수 있다.

에 기반하여 자기경리하에 경영하는 생산단위이다. 소농경제의 발전은 이들이 일반적인 생산단위로 정립되는 것을 의미한다. 다시 말하면, 소농경제의 발전은 자립적인 경영능력의 일반적인 보급과정이다. 소농경제론은 개항 이전 자립적 경영능력의 보유자가 된 소농들이 개항 이후 새로운 경제적 기회에 대응하여 기업가, 기술자, 노동자로 변환되는 과정으로 한국의 근대화 과정을 파악한다.

둘째는 한국에 있어 인적자원 형성의 이식적(移植的) 성격에 초점을 맞추어, 한국인이 서구의 근대적인 기술 및 조직운영 방식을 체화하고 있는 인적자원으로 어떻게 변모되어 가는가를 구명하고자 하는 시각이다. 이 시각은 서구에서 발전한 기술 및 조직운영 방식을 학습하는 과정을 중시하는데, 이러한 학습으로는 교육 및 양성기관을 통한 학습과 근대적인 사업을 수행하는 제 기관에 종사하면서 체득하게 되는 실행에 의한 학습을 들 수 있다.[174] 이 시각은 후발성의 이익론, 케취-업 이론, 흡수 이론 등으로 다양하게 명명되지만, 핵심은 보다 발전된 국가의 기술이나 지식을 후발국이 학습함으로써, 보다 빠르게 성장할 수 있다는 것이다. 여기에서는 이것을 근대 학습론이라 표현하고자 한다.

소농경제론과 근대 학습론은 대립적이라기보다는 상호 보완적이다. 소농경제론은 근대적인 학습 없이 소농이 바로 근대적인 경제주체로 전환될 수 있음을 의미하는 것은 아니다. 소농경제론은 근대적인 기술이나 지식을 수용하고 근대적인 경제체제에 적응할 수 있는 사회적 능력이 조선에서는 상당히 성숙되어 있었음을 강조하고 있는 것이다. 근대 학습론은 왜 모든 국가가 학습에 의한 이득 혹은 후발성의 이득을 향유하지 못하는가를 그 사회에 축적되어 있는 사회적 능력으로 설명한다. 그런데, 그 사회적 능력의 차이의 역사적 실체를 잘 설명하지는 못한다. 소농경제론은 근대 학습론에

---

[174] 식민지기 직업훈련의 전개과정과 조선인의 성장에 관한 대표적인 연구로는 안병직(1988,1990), 정재정(1989,1999), Park Soon-won(1985), 박순원(1994)의 연구가 있다.

서 말하는 바 사회적 능력의 역사적 형성과정을 설명하여 준다.

본 연구자는 기본적으로 소농경제론과 근대 학습론을 수용하지만, 한국의 근대화 과정을 고찰할 때에는 다음과 같은 시각으로 보완될 필요가 있다고 생각한다.

첫째, 소농경제론은 한국에 있어 인적자원 형성을 논의할 때 그 내재적 기반도 고려하여야 함을 지적하였다는 점에서 그 이론적 의의가 크지만, 소농경제론만으로 한국에 있어 인적자원 형성의 내재적 기반이 완전히 구명되었다고는 할 수 없다. 한국에 있어 인적자원 형성의 내재적 기반을 논의할 때는 소농경제론 못지않게, 한국에 있어서의 관료지향성과 이에 바탕한 관료주의적 발전도 중요하다. 한국 전통사회에서는 국가로부터 자립한 제 계급의 발전은 거의 없어서, 사회 제 계급은 모두 국가의 재분배체계와의 관련 속에서 재생산되고 있었으며, 관료지향성은 이러한 재분배체계와 관련하여 강화되고 있었다. 한국의 근대화는 정부주도 공업화로 인식되고 있는데, 이 정부주도 공업화를 떠받치고 있는 것 중의 하나가 바로 한국에 있어서의 관료주의적 발전이었다. 정부주도 공업화에 대한 정치경제학적 접근들은 정부주도 공업화를 가능케 한 조건으로서 강성국가(强性國家)를 제시하고 있다. 강성국가는 사회 제 계급으로부터 상대적으로 자립적인 국가를 의미한다.[175]

전통사회에서의 관료제가 소농사회의 안정화를 위한 재분배체계와 관련

---

[175] 개발국가론자들은 동아시아 경제발전을 정부주도공업화로 파악하는데, 이를 가능케 한 기반으로서 강성국가(强性國家)를 들고 있다. 개발국가론자들이 사용하는 강성국가란 국가가 경제 제 계급으로부터 상대적으로 자율적이어서, 경제를 통치할 수 있는 능력을 가지고 있는 국가를 의미한다. 이와 같은 시각에 입각한 연구로서, 대만에 관해서는 Wade(1990)를, 한국에 관해서는 Amsden(1989)를 들 수 있다. Linda Weiss and John M. Hobson(1995)은 강성국가에 대한 개념을 보다 체계화시켰는데, 이들에 의하면 강성국가가 되기 위해서는 국가가 경제 제 계급으로부터 상대적으로 자율적일 뿐만 아니라, 민간경제에 침투하여 자원을 동원할 수 있는 하부구조(infrastructure)를 갖추고 있어야 한다.

하여 발전하였다고 한다면, 근대화 과정에서 관료제는 공업화를 위한 산업지도체계로서 발전하였다. 따라서 관료제가 산업지도체계로서 정립되어 가는 과정은 관료제가 전통적인 신분질서를 유지하는 기제로서가 아니라, 근대적인 기술과 조직운영방식을 체득한 인적자원을 양성하고 배출하는 기관으로 자기 변신하는 과정이기도 하였다. 한국 근대화에 있어서 관료제적 발전을 국가관료제가 근대화를 담지할 수 있는 체제로 변화되는 과정으로 연구할 필요가 있다.

둘째, 근대 학습은 구체적으로는 매우 다양한 방식으로 이루어질 수 있다. Gerschenkron(1962)과 Abramovitz(1986)는 선진국과 다른 신사업을 발전시킬 가능성에 중점을 두지만, 赤松 要(1945)는 선진국의 사양산업을 수용하여 발전할 가능성에 중점을 두었다. 일본과 한국에서는 아카마츠(赤松 要)가 주장한 안행적 발전이 근대화 과정에서 매우 중요하였다. 이와 같은 안행적 발전에서는 선진국에서 발전된 기술체계를 본국인에게 학습시키고, 생산성을 올리기 위해 현장관리체계(現場管理體系)가 중요하다.[176] 일본의 근대화 과정에서는 현장관리의 중요성이 강조되었는데, 일본에서 현장관리체계는 상명하달식보다는 현업원(現業員)의 능동성을 중시하는 방향으로 정립되었다. 능동적인 현업원을 창출하기 위하여 사업 전반에 대한 지식을 보유한 보통이원(普通吏員)을 양성하고, 보통이원으로부터 선발된 이원을 중견이원(中堅吏員)으로 양성함으로써 현업원 중심의 위계(位階)를 확립하였으며, 현업원의 능동성을 유발하기 위한 유인체계로서 연공서열형의 임금체계와 승진체계를 발전시켰다. 종사자는 점차 인사계열상 하나로 통합된 종업원 조직으로 발전하였으며, 이에 따라 계급(階級)보다 소속(所屬)이

---

[176] Amsden(1989)은 후발국에서는 선진국의 발전된 기술과 조직운영방식을 구현하기 위하여 상대적으로 현장관리가 중요하다고 지적한 바 있다. 후발국은 기술적으로 선진국보다 더 후진적이기 때문에, 저임금에 기반한 공업화를 기도하였는데, 이들 저임금 노동자들을 효율적으로 조직 관리하는 체계가 중요한 역할을 하는 것이다.

중요한 기업문화가 형성되었다.[177]

한국은 식민지기에 일본형 기업문화가 이식되었다. 전후 한국의 산업화도 일본과 비슷한 형의 후발공업화였으므로, 현장관리체계가 중요하였다. 암스덴은 해방 이후 한국에 있어서 산업화의 성공을 가능케 한 요인의 하나로서 현장관리체계의 발전을 언급한 바 있다. 이 현장관리체계는 후발성의 이익을 극대화하기 위한 조직체계라는 성격을 가지는 것인데, 그러나 일본의 현장관리체계와 비교하는 경우, 상당한 차이를 보이고 있는 것도 사실이다. 왜 한국의 현장관리체계는 일본과 다른 특징을 가지게 되었는가는 식민지기 일본형 현장관리체계의 이식에 있어서의 문제와 해방 후 전전의 현장관리체계와의 단절적 변환의 문제 등을 고찰하여야 할 것이다.[178] 이 연구에서는 이중 식민지기 일본형 현장관리체계의 이식상의 문제 즉 식민지적 고용구조의 규정성의 문제에 초점을 맞춘다.

---

[177] 일본에 있어서 이와 같은 기업문화를 자본주의 체계에 대한 비교유형학적 접근에 기반하여 개념화한 대표적인 연구로는 Lazonick(1991)을 들 수 있다. Lazonick(1991)은 일본의 자본주의 체계를 집단적 자본주의로 개념화하였다. 일본이 언제 이러한 체계로 전환되었는가에 대해서는 일본형 자본주의 체계의 기원과 관련하여 많은 논의가 이루어졌다. 크게는 두 가지 견해로 대별된다. 첫째는 에도시대의 이에에서 기원하였다는 견해로서, 村上泰亮·公文俊平·佐藤誠三郞(1979)을 들 수 있다. 둘째는 제2차세계대전기의 전시동원체계에서 기원하였다는 견해로서, 岡岐哲二·奧野正寬編(1993)을 들 수 있다.

[178] 연공서열형의 임금체계와 승진체계는 내부노동시장론에 입각하여 연구할 수 있다. 내부노동시장은 스팟마켓과 구별되는 것으로서, 장기고용과 기업특수적인 기술습득을 장려하기 위한 유인체계로서 연공서열형의 임금체계와 승진체계를 가지고 있다. 그러나 해방 이전 체신국에 있어서 노동시장의 변화는 내부노동시장의 이론만으로 충분히 설명할 수는 없다. 내부노동시장론은 사무원들의 내부노동시장의 형성, 노무자들의 내부노동시장의 형성을 설명할 수는 있지만, 이들 두 내부노동시장이 왜 통합된 내부노동시장으로 되는가라는 문제는 설명할 수 없기 때문이다. 필자의 주된 관심사는 이 두 개의 내부노동시장의 통합과정에 있는데, 이를 위해서는 현업중심주의의 전개과정이라는 시각에서의 접근이 유효하다고 생각한다.

일본형 기업문화는 현업원 중심주의를 기본적인 특징으로 하는데, 현업원의 능동성을 유발하기 위한 유인체계로서 연공서열형의 임금체계와 승진체계를 발전시켰으며, 종사자는 점차 인사계열상 하나로 통합된 종업원 조직으로 발전하였음을 앞서 지적한 바 있다. 그런데 식민지에는 상급관리자(上級管理者) = 일본인, 하급노무자(下級勞務者) = 조선인라는 식민지적 고용구조가 식민지 지배체제 유지의 일환으로 형성되어 있었다. 현업원 중심주의에 기반한 하나로 통합된 종업원 조직체계와 상급관리자와 하급노무자가 민족별로 분리된 식민지적 고용구조는 양립 가능한 것인가? 이에 대해서는 아직 본격적인 연구가 이루어지지 않았다. 본 연구에서는 이 양자의 대립이 식민지적 고용구조의 변질의 계기로 작용하였음을 고찰하고자 한다.[179]

이 장은 이상과 같은 문제의식에 입각하여 개항기와 식민지기에 있어서 통신 종사자의 형성을 관료제 내부에서의 근대적 인적자원의 형성과, 이들 인적자원의 조직원리로서의 현업중심주의의 발전이라는 시점에서 파악하고자 한다. 그리고 이와 더불어 식민지적 고용구조의 형성 전개 및 그 변질에 대해서 고찰함으로써, 식민지적 고용구조를 유지하는 기제와, 식민지적 고용구조 속에서도 조선인이 성장할 수 있었던 조선인 성장의 기반을 구명하고자 한다.

---

[179] 식민지적 고용구조론을 제시한 가장 대표적인 논자로는 小林英夫(1977)를 들 수 있다. 그는 식민지민에 있어 인적자본의 축적을 파악하고 있지 않다, 이 식민지적 고용구조론에 대한 비판은 안병직(1988, 1990)에 의해 이루어졌다. 안병직 교수는 식민지하에서도 식민지민이 인적자본을 축적할 수 있음을 지적하고, 이를 실증적으로 입증하였다.

제1절 대한제국 경영기의 인사관리체계와 고용구조

근대화 추진기구로의 관료제의 변화는 정부부서 내에 근대적 사업을 추진하는 제 기관이 형성되고, 이 기관을 운영하는 관료들의 비중이 점차 증대되어 가는 형태로 진행되었다. 개항기 조선에 있어서 관료제의 근대적 재편은 메이지 전기 일본에서의 변화와 비교할 때 상대적으로 점진적으로 이루어졌다. 근대화를 추진할 수 있는 인적 기반이 취약하였을 뿐만 아니라, 이를 추진하기 위해 필요한 재정적 기반도 취약하였기 때문이다. 따라서 근대화를 위해 필요한 제 기관은 기획되었지만 건실하게 정착되지는 못하였으며, 근대적인 사업은 외국인의 이권사업(利權事業)으로 전개되기도 하였다. 이에 대한 대표적인 예외로서 대한제국이 가장 성공적으로 전개한 근대적 사업은 바로 통신사업이었다. 통신기관은 관청사업(官廳事業)으로 창설되어, 1905년 일본에 탈취될 때까지 꾸준히 성장하여 갔다.

이 절은 개항기에 조선의 관료제 내에서 가장 두드러지게 성장하고 있었던 통신사업을 대상으로 하여, 이 근대적 기관을 운영하는 인적자원이 어떻게 형성되고 있으며, 이들 인적자원을 조직하는 방식은 어떠하였는가를 파악하고자 한다.

1. 고용구조

1.1. 갑오개혁기의 관제개혁

개항기에 관한 연구는 다양한 측면에서 접근되고 있지만, 관제개혁의 형식으로 진행되고 있었던 새로운 관료제적 질서의 형성과정이라는 시각에서의 연구는 많지 않다. 그러나 당시 개혁의 중심에는 관제 개혁을 통한 새로

운 관료제적 질서의 창출이 있었다.

조선시대 관료제적 질서는 품계제도(品階制度)와 신역제(身役制)를 기반으로 한 신분제적 질서였다. 신분은 크게 관리(官吏)와 이서(吏胥)와 조례(皁隷)로 구분할 수 있다. 관리는 벼슬아치를 총칭하는 용어로서, 관리자를 의미하고, 이서는 각 관아의 구실아치를 총칭하는 용어로서, 관아의 실무를 보는 현업원을 의미하고, 조례는 관청에서 천역에 쓰는 관노비를 총칭하는 용어이다. 관리는 품계제도에 의해 더욱 세분화된 신분으로 구분되었다. 품계제도는 관리를 1품에서 9품까지 구분하고 있는데, 각 품에는 각각 정종의 구분이 있으며, 종6품 이상에는 다시 상계(上階)와 하계(下階)의 구분이 있으며, 정1품만은 삼계(三階)로 구분되어 있어서 총 31계로 되어 있다. 이 중 정삼품 상계 이상은 당상관(堂上官), 정삼품 하계에서 종6품까지는 참상관(參上官), 정7품 이하는 참하관(參下官)으로 구분된다. 이 품계는 8종류가 있었다. 크게 정직계, 잡직계, 토관직계로 구분되며, 다시 각각 동반관계와 서반관계로 구분되고, 정직 동반관계는 다시 조관계와 종친계와 의빈계로 구분된다. 그래서 정직 동반관계 조관계, 정직 동반관계 종친계, 정직 동반관계 의빈계, 정직 서반관계, 잡직 동반관계, 잡직 서반관계, 토관직 동반관계, 토관직 서반관계로 총 8개의 품계제가 있었다. 이 품계제도는 무관과 기술관을 차별하고, 문관 중심의 관료제도를 유지하는 기반이 되었다.[180] 관직은 이러한 품계제도에 따라 편성되어서 각 관직에는 그 자리에 앉을 사람의 품계를 정하여 놓았다. 신분의 차별은 이러한 수준에서 그치는 것이 아니라, 적자인지 서얼인지를 구분하여 서얼이 등용될 수 있는 관직이 또 정해져 있으며, 과거출신인지 남행인지를 구분하여 각각 등용될 수 있는 관직이 정해져 있었다.[181] 문관과

---

[180] 품계제도를 가장 체계적으로 정리하고 있는 연구로는 장종국(1998)이 있다. 품계제도 속에 체화되어 있는 신분제적 질서에 대해서는 이 책을 참고할 수 있다.

[181] 조선시대에 각 관직이 과거급제자와 남행자에게 어떻게 분배되었으며, 각 출신자의 이후의 승진체계가 어떻게 이루어졌는지에 대해서는 정약용(1997)을 통해 파악할 수 있다.

무관과 기술관을 구분하고, 적자와 서자를 구분하고, 과거출신과 남행을 구분하는 분류체계 위에 관직제도는 설정되어 있었으며, 이 중 가장 중요한 자리는 청요직이라고 하여 구별되었다. 형식적으로는 양인 이상은 모두 과거를 보아 관리가 될 수 있게 되어 있었지만, 이러한 관직제도와 가문에 의해 운영되고 있는 교육시설, 문란한 과거제도, 그리고 강한 혈연의식이 결합하여, 벌열지배체제[182]를 구축하였다.

하급실무자와 잡역층인 이서와 조례는 신역제도의 틀 내에서 운영되었다. 신역제도는 공식적으로 어떠한 보수도 지급되지 않는 향리제도에서 가장 많은 문제를 표출하고 있었다. 지방행정기관에 있어서 부정과 부패는 신역제도의 문제에서 기인하는 바가 컸다.

위에서 고찰한 관료제적 질서는 조선 후기에 이르러 신분질서의 동요, 과거제도의 문란, 매관매직, 지방관 및 향리의 탐학(貪虐) 등에 의해 위기에 직면하게 되었고, 농민들이 일으킨 민란은 이러한 위기를 고조시켰다. 개항 이후 위기는 더욱 고조되었는데, 동학농민전쟁은 더 이상 구래의 관료제적 질서를 유지할 수 없도록 하였다. 한편 개항 이후 서구의 근대적인 문물을 견습하고 근대화를 지향하는 신진관료들이 성장함에 따라 이들에 의해 근대적인 기관들이 관료제 내부에서 형성되기 시작하였다. 이 기관들은 개혁지향적인 신진관료에 의해 운영되었으며, 개혁지향적인 신진관료들의 세력 증대의 기반으로 작용하였다.

갑오개혁은 조선에 있어 관료제적 질서의 변경에 한 획기를 이룬다. 갑오개혁기 관료제적 질서의 변경에 있어 핵심적인 내용으로는 다음의 두 가지 점을 들 수 있다. 첫째는 신분제의 폐지이다. 신분제는 앞서 말한 바와 같이, 품계제도와 신역제를 주된 축으로 하고 있다. 품계제를 중심으로 한

---

[182] 벌열(閥閱)은 정치적 경제적 특권을 이용하여 많은 재산을 축적하고 대대로 벼슬을 독점하는 특권계층인 일부 대관료 대지주들을 지칭한다. 조선후기 벌열지배체제에 대해서는 차장섭(1997)을 참조할 수 있다.

관직제도는 직권과 직무를 중심으로 한 관등제로 변화하였다. 관리의 신분
은 일본의 관리신분제를 모방하여 칙임관(勅任官) 주임관(奏任官) 판임관
(判任官)으로 구분하였는데, 이는 임명권자의 차이를 나타내는 것임과 동시
에 직권과 직무의 차이를 반영한 것이다. 칙임관은 최고경영자층을, 주임관
은 중간관리자 및 스탭진을, 판임관은 현업사무원(現業事務員)을 지칭한다.
신역제도에 의해 사역되었던 이서와 조예는 사라지고, 용인이 현업 노무(現
業勞務)와 잡역(雜役)을 담당하게 되었다. 용인은 국가에 고용되어 있는 피
고용자층을 지칭하는 것으로서, 용인의 존재는 신역제도가 고용제도로 변
화되었음을 증명한다.

둘째는 양성 및 채용제도의 변화이다. 가문에 의해 유지되고 있었던 교
육기관은 한편으로는 신분제를 유지하는 기제임과 동시에 주자학적 윤리체
계의 재생산 기제였다. 이를 대신하여 관공립학교를 설립하여, 교육기회의
균등을 기하고, 또한 문명개화를 담지할 수 있는 인적자원을 양성하게 되
었다. 과거제도는 문란화되어서 공정한 선발기제로 기능하지 못하였으며,
또한 경학과 사장 중심의 선발제도로서 주자학적 윤리체계의 재생산 기제
였는데, 이를 대신하여 추천과 전고제도가 마련되었다. 각 기관은 자신의
업무에 필요한 인물을 추천하고 전고국은 관리로서 직임을 수행할 수 있는
자격을 심사함으로써, 각 기관의 인사권을 강화하고, 문명개화를 담지할 수
있는 인원을 선발하는 형식적인 틀을 갖추게 되었다.

이러한 관료제 체계의 변화가 구체적으로 어떻게 전개되고 있었는가를
통신기관을 중심으로 하여 고찰하도록 하자.

1.2. 통신기관의 고용구조

갑오개혁 이전의 근대적 통신기관으로는 우편기관으로 1884년의 우정총
국(郵征總局)(1884년 4월 22일 - 12월 4일)이 있었고, 전신기관으로 중국인에
의해 운영되는 한성전보총국(漢城電報總局)(1885년 9월 28일 - 1894년 6월

21일)과 조선정부가 운영하는 조선전보총국(朝鮮電報總局)(1887년 4월 6일
- 1893년 9월 25일) 및 전우총국(電郵總局)(1893년 9월 25일 - 1894년 6월 27
일)이 있었다.

갑오개혁기의 우편 전신사업은 새롭게 시작된 것이 아니라 재건된 것이
었다. 우편업무는 1884년에 개화당에 의해 창설되었지만 단명에 끝났으며,
전신업무는 1887년부터는 조선정부가 직접 운영하는 기관도 만들어 업무를
개시하였지만, 청일전쟁에 의해 전신선과 전주가 파괴되거나, 일본인에게
강제 점거되어, 업무가 거의 중단된 상태에 있었다.

<표 3- 1> 대한제국 경영기 통신기관 종사자의 동향

(단위 인)

	통신원				우체사			전보사			계				임시우체사	
	칙임	주임	판임	고인	주임	판임	고인	주임	판임	고인	칙임	주임	판임	고인	주사	고인
1895		1			3	30	200					4	30	200		
1896		1			10	60	(358)	1	11	(27)		12	71	(385)		
1897		1			13	76	(456)	5	35	(89)		19	111	(545)		
1898		1			13	80	(476)	8	45	(118)		22	125	(594)	342	*
1899		1			16	92	(553)	13	67	(175)		30	159	(728)	342	*
1900	2	6	9	70	16	89	534	15	80	205	2	37	178	809	342	*
1901	2	6	10	(94)	16	98	(584)	16	88	(231)	2	38	196	(909)	342	*
1902	2	8	16	(118)	16	114	(666)	16	100	(257)	2	40	230	(1041)	343	*
1903	2	8	16	142	16	121	706	18	124	324	2	42	261	1109	343	*
1904	2	8	16	(166)	18	128	(747)	19	130	(333)	2	45	274	(1246)	343	686
인계당시	2	8	16	107	13	98	681	15	109	269	2	36	223	1057	335	670

자료: 『구한말관보』; 체신부(1971), 『한국우정사』; 체신부(1985), 『한국전기통신100년사』 .

주: 1. 1899년 이전 즉 통신원(通信院) 설립 이전에는 통신원란에 농상공부 통신국장 1명만을 기재함.

　2. 통신원의 고인은 청사 정원과 사역 정원의 합계임. ( )는 추계로 1900년과 1903년의 데이터를 이용하여 보간법으로
　　추정함.

　3. 우체사의 고인은 체전부 정원임. ( )는 추계임. 고인은 직원의 5.12배로 하여 추계함.

　4. 전보사의 고인은 전전부, 공두, 고인보방 정원의 합계임. ( )는 추계임. 전보사 직원의 2.22배로 하여 추계함.

　5. 임시우체사의 주사는 향장이나 임시우체주사 등이 맡는데, 여기에서는 임시우체사 수를 기재함.

　6. 임시우체사의 고인은 실인원수가 아니라 임시우체사당 2명의 체전부 고임비가 지출되므로 이에 의거하여 기재함.

　7. * 1903년 이전 임시우체사에는 체전부의 고임비가 설정되어 있지 않아서, 체전부의 역할을 면임 등이 하였음

갑오개혁기에는 우편과 전신업무를 재건하기 시작하였는데, 대한제국 경영기의 통신기관 종사자의 전체적인 추이를 살펴보면, 1897년에는 670여 명이었는데, 1904년에는 2,600명 정도로 성장하였다. 현대 공무원수와 비교하면 매우 적은 수에 불과하지만, 당시 국가기관 내에서 볼 때 통신기관은 군대와 지방 행정기관을 제외하면, 가장 많은 종사자를 가지고 있는 기관이었다. 이제 관리감독기관과 현업기관으로 나누어 인적구성이 어떻게 변화되고 있었는가를 살펴보자.

1.2.1. 관리감독기관

갑오개혁기에는 먼저 관리감독기관이 만들어졌다. 1894년 6월 28일에 설립된 공무아문(工務衙門)에는 역체국(驛遞局)과 전신국(電信局)이 우편사업과 전신사업의 관리감독의 업무를 담당하였다. 갑오개혁기에는 중앙행정기관의 정비만이 이루어졌을 뿐, 지방행정기관의 정비는 그 이듬해에 이루어졌다. 통신사업에 있어서도 통신사업의 관리감독기관은 1894년에 설립되었지만, 현업기관은 그 이듬 해부터 설립되기 시작하였다. 이 때부터 조선에서는 통신사업의 관리감독기관과 현업기관은 완전히 분리되어, 관리감독기관은 현업업무를 취급하지 않게 되었다.

관리감독기관은 공무아문(工務衙門), 농상공부(農商工部), 통신원(通信院)으로 바뀌어 갔다. 관리감독기관의 인적구성의 변화를 살펴보도록 하자. 공무아문 시기(1894년 6월 28일 - 1895년 3월 24일)에는 역체국과 전신국 각 국에 참의(參議) 1명과 주사(主事) 2명이 있었다.[183] 여기에 공무아문 대신(工務衙門大臣) 1명과 협판(協辦) 1명을 합하면 도합 8명이었다. 대신과 협판은 칙임관이고, 참의는 주임관의 최상층이며, 주사는 참의의 아래로서, 주임주사와 판임주사가 있는데, 이 시기에는, 주임주사와 판임주사의 구분보다 참

---

[183] '의안 각아문관제', 『한말근대법령자료집 1』, p.8.

의와 주사의 구분이 더 중요하였다.

농상공부 시기(1895년 3월 25일 - 1900년 3월 25일)에는 통신기관을 감독하는 상급기관으로 통신국이 있었는데, 통신국에는 통신국장이 주임관으로서 1명이 있으며, 이 외에 통신업무를 담당하는 참서관(參書官)과 기사(技師)와 기수(技手)와 주사(主事)가 있지만, 그 수가 얼마인지는 명확하지 않다. 농상공부 전체의 전임 참서관은 4명, 전임 기사는 7명 이하, 전임 기수는 12명 이하, 주사는 18명으로 정원이 정해져 있다. 참서관과 기사는 주임관이며, 기수와 주사는 판임관이다. 1895년에 농상공부 기사 중 2명이 전신업무를 담당하는 기사였지만, 참서관과 기수와 주사 중에 몇 명이 통신업무를 담당하였는지는 명확하지 않다.[184] 통신원 시기가 되면서 1900년 3월 26일부터 28일까지 통신원의 직원에 대한 인사가 단행되었는데, 그중 농상공부의 관리 중 몇 명이 통신원관리로 되었는가를 통하여 농상공부시기 통신사업의 관리감독에 종사한 관리수를 대략적으로 파악할 수 있다. 이때 농상공부 협판(農商工部協辦)은 통신원 총판(通信院總辦)을 겸하게 되었고, 농상공부 통신국장은 통신원 서무국장으로, 그리고 농상공부 참서관 1명, 기사 1명, 주사 3명, 기수 3명이 통신원으로 소속을 바꾸었다. 여기에 농상공부 대신 1명을 합하면, 11명 정도가 통신사업의 관리감독에 종사한 관리였다. 대신과 협판은 칙임관이고, 통신국장, 참서관, 기사는 주임관이며, 기수와 주사는 판임관이다.

통신원 시기(1900년 3월 26일-)에는 통신원 총판 1명(勅任官)과 서무국장 1명(칙임 혹은 주임), 참서관 3명, 기사 1명, 번역관 2명(이상 주임관), 주사 10명(판임관)이 정원으로 되어 관리의 총원은 18명으로 증가하였다.[185] 통신원이 창설된 초기에 통신원 총판은 농상공부 협판이 겸임하도록 되어 있지만, 통신원이 농상공부 외청(農商工部外廳)에서 독립기관으로 승격하면서, 1900년 11월 26일에는 전임 총판(專任總辦)이 임명되었다. 1902년 10월 30일

---

[184] '칙령 제48호 농상공부 관제', 『한말근대법령자료집 1』, pp.214-215.

[185] '칙령 제11호 통신원 관제', 『한말근대법령자료집 3』, pp.53-55.

에는 관제를 개정하여 총판(總辦) 1명, 회판(會辦) 1명(이상 칙임관), 참서관 5명, 기사 1명, 번역관 2명(이상 주임관), 주사 15명(판임관)으로 늘어나, 총 인원이 25명으로 증가하였다. 관리감독기관의 관리정원은 이처럼 8명에서 25명으로 점차 증가되었다.[186] 현업통신기관이 증설되고, 통신사업이 발전 되자, 통신사업의 관리감독에 종사하는 관리수도 증대된 것이다.

1.2.2. 우편기관

우편업무를 담당하는 현업기관은 우체사라 불렀는데, 우체사에 대한 관제는 1895년 윤5월 26일에 제정되었다. 당시의 관제는 총 24개의 우체사를 설치할 것을 규정하고 있다. 우체사의 사등(司等)은 아직 없었다. 우체사에 는 우체사장(郵遞司長), 우체주사(郵遞主事), 우체기수(郵遞技手), 우체기수 보(郵遞技手補)를 두도록 하였다. 우체사장은 각 사에 일 명을 두고, 사중 (司中)의 일체사무를 장리(掌理)하도록 하는데, 주임 4등 이하 판임 5등 이 상의 지위로 설정되어 있다. 우체주사, 우체기수, 우체기수보는 모두 판임 관으로서, 현업기관 전체의 정원이 정해져 있으며, 각 사별 정원은 농상공 부 대신이 부령(部令)으로 정하도록 되어 있다. 우체주사는 사무(司務)에 종 사하고, 우체기수와 우체기수보는 업무(業務)에 종사하는데, 우체기수보는 판임 8등으로 정하여 우체기수의 업무를 보조하도록 하였다.[187] 우체사 관 제가 제정된 바로 그날 '우체기수보 봉급에 관한 건'이 칙령 제126호로 제 정되었는데, 이 건에서는 우체기수보를 육급(六給)으로 구분하여 일급은 판 임관 6등의 봉급을 받고, 삼 급은 판임관 8등의 봉급을 받고, 사 급 이하는 판임관 8등 미만의 봉급을 받도록 하였다. 관등(官等)은 판임관 8등이지만, 실제로는 판임관 6등 이하의 봉급 특히 판임관 최하등인 8등 이하의 봉급 도 지급할 수 있는 또 하나의 신분(身分)이었다.[188] 우체기수보라는 새로운

---

[186] '칙령 제18호 통신원 관제 개정', 『한말근대법령자료집 3』, pp.462-464.

[187] '칙령 제125호 우체사 관제', 『한말근대법령자료집 1』, pp.464-465.

[188] '칙령 제126호 우체기수보 봉급에 관한 건', 『한말근대법령자료집 1』, pp.464-465.

신분을 제정한 이유는 우편사업의 인건비를 감소시키기 위함이었다. 1896년 1월 21일에는 우체사 관제를 개정하여 우체기수보를 판임관 8등이 아니라 판임관 대우로 규정하였는데,[189] 이러한 변화는 실제에 걸맞은 명칭의 변화였다고 생각되며, 이러한 명칭의 변경이 우체기수보의 지위에 미친 실질적 영향은 거의 없었다.

우체사장은 각 사에 1인으로 규정되어 있었고, 우체주사는 각 사를 통하여 24인으로, 우체기수는 각 사를 통하여 27인으로, 우체기수보는 각 사를 통하여 49인으로 규정되어 있었는데, 이를 통하여 볼 때 당시 구상하고 있었던 각 우체사의 관리의 구성은 우체사장 1인, 우체주사 1인, 우체기수 1인, 우체기수보 2인으로 일사(一司)당 관리수는 5인 정도를 설정하고 있었다. 관리가 5인 이상인 기관은 당시 다른 행정기관의 관리수를 볼 때, 대단히 큰 기관이었다. 한성부의 관리는 칙임관인 판윤(判尹) 1명, 주임관인 소윤(小尹) 1명, 판임관인 주사 5명으로 칙임관이 존재하는 기관이지만, 관리의 총수는 7인이며, 관찰도의 관리는 칙임관인 관찰사 1명 판임관인 주사 6명과 총순(總巡) 2명으로 칙임관이 있는 기관이지만, 관리수는 9명이며, 7부(府)와 각 군은 모두 관리가 주임관 1명뿐인 기관이다. 이 점을 고려한다면, 관리를 평균 5인으로 설정하여 놓은 우체사는 당시의 기준으로 볼 때 대단히 큰 기관이었다.

그러나 실제 운영은 이와 같지 않았다. 당시 조선에 있어서 민간 우편수요는 거의 없어서 관리 현원(現員)은 정원(定員)에 훨씬 못 미쳤다. 1896년 8월 5일에는 우체사 관제가 개정되었는데,[190] 이 개정은 우체사 관제가 가지고 있었던 상기의 문제를 해결한 개정이었다. 1896년 우체사 관제 개정의 내용중 특기할 만한 것은 다음 두 가지이다.

첫째, 관직 구성이 단순화되었다. 1895년에는 관직으로 사장, 우체주사, 우체기수, 우체기수보가 있고, 사장은 주임 4등 이하 판임 5등 이상으로 되어

---

189 '칙령 제10호 우체사 관제 개정', 『한말근대법령자료집 2』, p.19.
190 '칙령 제42호 우체사 관제 개정', 『한말근대법령자료집 2』, pp.130-131.

있고, 우체주사와 우체기수는 판임관으로, 우체기수보는 판임관 대우로 되어 있다. 반면 1896년 우체사 관제에서는 사장은 주임관이 하도록 바뀌었으며, 우체주사, 우체기수, 우체기수보의 구별은 사라지고, 모두 우체주사로 통합되었다. 당시에는 우편수요가 많지 않아서, 업무와 사무를 구분하여, 각각의 전임자를 두고, 업무를 수행하는 데 있어서 보조자를 둘 만큼 업무량이 많지 않아서 이러한 구분이 사실 인원을 과다하게 채용하게 하는 요인으로 작용할 뿐이었다. 그리고 우체기수보는 판임관 대우로서 판임관 6등 이하의 봉급을 받으며, 판임관 8등 이하의 봉급까지도 지불할 수 있도록 규정되어 있었지만, 사실 우체기수와 우체주사는 신규 채용된 인원보다는 우체기수보에서 승진한 인원이 많은데, 우체기수나 우체주사로 승진한 우체기수보는 우체기수보로서의 경력이 1년에도 못 미친다. 이와 같이 단기간에 우체기수보를 우체기수나 우체주사로 승진시킨 이유는 업무량이 많지 않아 보조자가 아니라, 우체사의 사무와 업무를 수행할 수 있는 우체기수와 우체주사가 필요하였는데 이 직임을 수행할 수 있는 능력을 갖춘 인물은 우체기수보밖에 없었기 때문이다. 즉 우체기수보는 판임관 8등 이하의 봉급을 받고, 6급으로 구분되어 있어서, 상당히 장기적인 승급과정을 거쳐 우체기수나 우체주사로 승진하도록 예정되어 있었지만, 당시의 통신기관 업무상태에서는 이와 같이 실행될 수는 없었다. 우체기수보는 사실상 판임관 견습 정도의 지위였다. 이에 따라 우체기수보는 모두 판임관 6등으로 승진시켜 주사로 승격시켰으며, 우체기수보라는 관질(官秩)은 없앴다.[191] 이제 우체사는 주임관인 사장과 판임관인 주사로 구성되게 되었다.

둘째, 우체사의 사등(司等)을 정하고, 사등(司等)에 따라 관리의 정원에 차이를 두었다. 1895년에는 우체사의 등급을 구분하지 않았다. 그러나 1년 동안 사업을 수행하면서, 중요한 우체사와 덜 중요한 우체사의 구분이 명

---

[191] 원래 판임관은 일등부터 팔등까지로 구분되어 있지만, 초임자는 판임관 6등 이하의 관등을 주도록 되어 있다. 대부분의 판임관은 초임관등으로 판임관 6등에 서임되었다. 판임관 6등으로 승진시킨 것은 이러한 사정을 반영한 것이었다.

확하게 되었는데, 중요한 10개 우체사에는 사장(司長)을 임명하였으며, 덜 중요한 나머지 우체사에는 사장이 임명되지 않았다. 우체사는 일등사(一等司)와 이등사(二等司)로 구분되었는데, 일등사는 11개 사로 이 중 경성 우체사(鏡城郵遞司)를 제외하고는 이미 사장이 임명된 10개 우체사이고, 이등사는 나머지 14개 우체사로, 아직 사장이 임명되지 않은 곳이거나 아직 개국을 하지 않은 곳이다. 우체사의 사등을 정하고, 관리 정원에 차이를 두었는데, 일등우체사 중 한성 우체사(漢城郵遞司)에는 사장 1명에 주사 15인을 두도록 하였고, 한성 우체사 이외의 일등우체사는 사장 1명에 주사 3인 이하를 두도록 하였으며, 이등우체사에는 잠정적으로 사장을 두지 않고, 주사 2인을 두고, 주사 1명으로 하여금 사장 대판업무(司長代辦業務)를 하도록 하였다. 1895년 관제와 비교하면, 우체사 관리의 정원은 감소하였다. 이등우체사에 사장을 두지 않는 것은 잠정적인 조치였지만, 통신기관이 피탈될 때까지 경성 우체사(鏡城郵遞司)를 제외하고는 사장이 임명되지 못하였다. 1904년에 경성 우체사(鏡城郵遞司)는 이등우체사였지만[192], 사장이 임명되고 있다. 이것이 이등사에 사장이 임명된 유일한 예외이다.

갑오개혁 이후 우체사 관제 개정은 당시 일본에서의 우편기관의 관제 변화를 어느 정도 모방한 것이었다. 일본의 우편기관은 1871년 우편사업을 시작할 때 우편역소(郵便役所)와 우편취급소(郵便取扱所) 두 종류였는데, 우편역소는 직영기관에 상당하고, 우편취급소는 청부기관에 상당한다. 우편역소와 우편취급소의 체계는 이후 몇 차례의 변화를 겪어서, 1883년에는 직영기관으로서, 일등우편국과 우편국지국이 있었으며, 청부기관으로서 이등우편국에서 오등우편국, 그리고, 우편수취소(郵便受取所)가 있었다. 대한제국에는 청부기관이 발전하지 않았기 때문에, 직영기관만을 보면, 일본은 일등

---

[192] 경성 우체사(鏡城郵遞司)는 1896년 8월 5일의 관제에서는 일등우체사였지만, 1897년 9월 12일에 이등우체사가 되었으며, 경성 우체사 대신에 경흥 우체사(慶興郵遞司)가 일등우체사로 되었다.

우편국과 우편국지국의 편성이었는데, 1895년 조선에는 우체사(郵遞司)와 우체지사(郵遞支司)가 있었다. 우체지사는 관제에는 규정되어 있지 않은 관제 외 기관으로서, 수원 우체지사는 한성 우체사의 지사로 운영되고 있었다. 일본에서는 1896년에 직영기관을 일등우편국과 이등우편국 그리고 일등우편국 지국(一等郵便局支局) 세 가지로 구분하였으며, 청부기관을 삼등우편국과 우편수취소로 구분하였다. 조선에서 이 시기에 개정된 우체사 관제는 일등우체사, 이등우체사, 우체지사 세 가지로 구분하였는데, 이것은 일본에서의 관제 개정과 비슷한 것이었다.

1897년 3월 23일에는 우체사 관제를 개정하여 한성 우체사를 우체총사(郵遞總司)로 만들었다.[193] 이 때부터 총사(總司) - 일등사(一等司) - 이등사(二等司) - 지사(支司)의 체제가 갖추어지게 되었고, 이 체제는 통신기관이 피탈될 때까지 변화되지 않았다.

1900년 7월 25일에는 우체사 관제가 개정되어서 총사에서의 직원의 정원은 17명으로 증가되었다.[194] 1900년에는 외체업무를 시행함에 따라, 이를 취급하는 우체사에는 이 업무를 취급할 수 있는 인원을 늘릴 필요가 있었는데, 이에 따라 1900년 11월 3일에 우체사 관제를 개정하여 총사와 일등사에 주사 일이 명을 늘릴 수 있도록 하였다.[195]

대한제국기 우체사 관리수의 변동은 <표 3-2>에 정리되어 있다. 1896년 사장 10명, 주사 60명에서, 1904년에는 사장 18명, 주사 128명으로 관리수는 2배 정도 늘어났는데, 그 내역을 보면, 우체사의 증설 및 외체업무의 실시에 의해 늘어난 것이 대부분이며, 우편량의 증가나 관리직제의 고도화를 바탕으로 한 인원의 증가는 없었다.

---

[193] ‘칙령 제17호 우체사 관제 개정’, 『한말근대법령자료집 2』, pp.223-224.

[194] ‘칙령 제28호 우체사 관제’, 『한말근대법령자료집 3』, pp.130-131.

[195] ‘칙령 제42호 우체사 관제 개정’, 『한말근대법령자료집 3』, p.234.

<표 3-2> 우체사별 관리수의 동향

(단위: 인)

1904년의 사명 및 사등		1896 사장	주사	1897 사장	주사	1898 사장	주사	1899 사장	주사	1900 사장	주사	1901 사장	주사	1902 사장	주사	1903 사장	주사	1904 사장	주사
총사	한성 우체사	1	15	1	15	1	15	1	15	1	17	1	18	1	19	1	19	1	21
일등사	인천 우체사	1	2	1	2	1	2	1	3	1	3	1	4	1	4	1	4	1	4
	부산 우체사	1	2	1	2	1	2	1	3	1	2	1	3	1	3	1	3	1	3
	평양 우체사	1	1	1	1	1	2	1	2	1	2	1	3	1	3	1	3	1	3
	원산 우체사	1	2	1	2	1	2	1	3	1	3	1	3	1	3	1	2	1	2
	개성 우체사	1	2	1	1	1	2	1	2	1	2	1	2	1	2	1	2	1	2
	공주 우체사	1	2	1	2	1	2	1	2	1	2	1	2	1	2	1	2	1	2
	대구 우체사	1	2	1	2	1	2	1	2	1	2	1	2	1	2	1	2	1	2
	의주 우체사	1	2	1	2	1	2	1	2	1	1	1	2	1	2	1	2	1	2
	전주 우체사	1	2	1	2	1	2	1	2	1	2	1	2	1	2	1	2	1	2
	경흥 우체사 *		2	1	2	1	2	1	2	1	2	1	2	1	2	1	2	1	2
	무안 우체사			1	2	1	2	1	3	1	3	1	3	1	3	1	3	1	3
	삼화 우체사			1	2	1	2	1	3	1	3	1	3	1	3	1	3	1	3
	창원 우체사							1	3	1	2	1	3	1	4	1	4	1	4
	옥구 우체사							1	3	1	1	1	2	1	3	1	3	1	3
	성진 우체사									1	2	1	2	1	2	1	2	1	2
	진위 우체사																	1	3
이등사	경성 우체사 **		2		2		2		2		2		2		2		3	1	5
	해주 우체사		2		2		2		2		2		2		2		3		3
	진주 우체사		2		2		2		2		2		2		2				3
	안동 우체사		2		2		3		2		2		2		2				2
	광주 우체사		2		2		2		2		2		2		2				2
	수원 우체사		2		2		2		2		2		2		2				2
	정주 우체사		2		2		2		2		2		2		2				2
	춘천 우체사		2		2		2		2		2		2		2				2
	충주 우체사		2		2		2		2		2		2		2				2
	함흥 우체사		2		2		2		2		2		2		2				2
	홍주 우체사		2		2		3		2		2		2		2				2
	남원 우체사		2		2		1		2		2		2		2				2
	강계 우체사				2		2		2		2		2		2				1
	강릉 우체사				2		2		2		2		2		2				2
	북청 우체사				2		2		2		2		2		2				2
	상주 우체사				2		2		2		2		2		2				2
	안성 우체사				2		2		2		2		2		2				2
	영변 우체사				2		2		2		2		2		2				2
	철원 우체사				2		2		2		2		2		2				2
	청주 우체사				2		2		2		2		2		2		1		1
	서흥 우체사														3		3		3
	경주 우체사														2		2		2
	벽동 우체사														2		2		2
	은진 우체사														2		2		2
	장흥 우체사														2		2		2
	제주 우체사														2		2		1
	시흥 우체사																3		3
지사	한성 우체지사												2		2		6		7
계		10	60	13	76	13	80	16	92	16	89	16	98	16	114	16	121	18	128

자료: 『구한말관보』.

주:1.* 경흥 우체사는 1897년 9월 12일에 일등사로 됨.

2.** 경성 우체사는 1896년에는 일등사였지만 1897년 9월 12일에는 이등사로 되었고, 1904년에는 이등사이지만 사장이 임명되었음.

3.1896년의 부산 우체사에 기재된 것은 동래 우체사의 직원수임.

4.1896년의 광주 우체사에 기재된 것은 나주 우체사의 직원수임.

5.1897년의 철원 우체사에 기재된 것은 금성 우체사의 직원수임.

<표 3-3> 우체사 용인의 업무별 직급별 구성

(단위: 인)

사명		1900년 4월 현원							1903년 8월 23일 정원							비교
		체전부				체전부이외		계	체전부				체전부이외		계	
		체전부		임시 체전부	계	청사	사역	A	일급 체부	이급 체부	삼급 체부	합계	청사	사역	B	(B-A)
		숙박료 없음	숙박료 있음													
총사	한성	?	?	?	?	?	?	?	20	9	30	59	8	3	70	
일등사	인사	9	0	0	9	1	1	11	7	7	3	17	1	1	19	8
	원산	3	7	2	12	1	1	14	1	2	17	20	1	1	22	8
	부산	3	5	4	12	1	1	14	4	4	10	18	1	1	20	6
	평양	4	13	12	29	1	0	30	3	4	28	35	1	1	37	7
	전주	3	6	6	15	1	0	16	1	2	13	16	1	1	18	2
	개성	3	10	1	14	1	0	15	3	4	12	19	1	1	21	6
	공주	3	10	6	19	1	0	20	1	2	13	16	1	1	18	-2
	의주	3	3	4	10	1	0	11	1	2	7	10	1	1	12	1
	대구	3	8	10	21	1	0	22	1	2	18	21	1	1	23	1
	무안	4	3	4	11	1	1	13	2	2	6	10	1	1	12	-1
	삼화	3	2	2	7	1	1	9	2	2	5	9	1	1	11	2
	경흥	3	4	4	11	1	0	12	1	2	8	11	1	1	13	1
	성진	4	6	0	10	1	1	12	2	2	8	12	1	1	14	2
	옥구	4	5	0	9	1	1	11	2	2	4	8	1	1	10	-1
	창원	3	5	4	12	1	1	14	2	2	7	11	1	1	13	-1
이등사	수원	3	5	4	12	1	0	13	2	2	13	17	1	1	19	6
	충주	3	5	5	13	1	0	14	1	2	12	15	1	1	17	3
	홍주	3	2	6	11	1	0	12	1	2	10	13	1	1	15	3
	남원	3	7	3	13	1	0	14	1	2	9	12	1	1	14	0
	광주	3	5	12	20	1	0	21	1	2	16	19	1	1	21	0
	진주	1	5	12	18	1	0	19	1	2	14	17	1	1	19	0
	상주	3	6	3	12	1	0	13	1	2	11	14	1	1	16	3
	춘천	3	6	5	14	1	0	15	1	2	15	18	1	1	20	5
	해주	3	3	12	18	1	0	19	2	2	14	18	1	1	20	1
	강계	3	2	8	13	1	0	14	1	2	16	19	1	1	21	7
	철원	3	7	5	15	1	0	16	1	2	16	19	1	1	21	5
	강릉	3	3	15	21	1	0	22	1	2	23	26	1	1	28	6
	영변	3	5	3	11	1	0	12	2	3	21	26	1	1	28	16
	정주	3	2	6	11	1	0	12	1	2	8	11	1	1	13	1
	안성	3	3	4	10	1	0	11	1	2	3	6	1	1	8	-3
	청주	3	2	4	9	1	0	10	1	2	7	10	1	1	12	2
	안동	3	2	5	10	1	0	11	1	2	8	11	1	1	13	2
	북청	5	5	6	16	1	0	17	1	2	12	15	1	1	17	0
	경성	3	6	5	14	1	0	15	1	2	15	18	1	1	20	5
	함흥	3	6	6	15	1	0	16	1	2	11	14	1	1	16	0
	은진								2	2	7	11	1	1	13	13
	서흥								1	2	13	16	1	1	18	18
	경주								1	2	15	18	1	1	20	20
	벽동								1	2	15	18	1	1	20	20
	장흥								1	2	9	12	1	1	14	14
	제주								1	2	7	10	1	1	12	12
지사	돈의문외								2	1	3	6	1	1	8	8
	마포								2	3	0	5	1	1	7	7
계		115	174	188	477	35	8	520	87	107	512	706	51	46	803	

자료: 『거래안』; 국회도서관(1970,1971), 『한말근대법령자료집』; 체신부(1971), 『한국우정사』.

이제까지 관리수의 변동을 고찰하였다. 우체사에는 관리 이외에 용인이 있다. 용인은 체전부(遞傳夫), 청사(聽使), 사역(使役)으로 구성되어 있다. 체전부는 우편물의 집신 분전 발송 등의 직무를 수행하는 현업노무에 종사하는 용인이고, 청사와 사역은 잡역을 맡고 있는 용인이다. 체전부는 현업노무를 수행하기 위해 우체규칙을 어느 정도 숙지하고 있어야 하며, 글자를 해독할 수 있는 능력이 있어야 한다. 처음 우편사업을 재개할 때에 체전부는 일본국 경성 우편국(日本國京城郵便局)에 위탁 교육시켰다. 이후에도 체전부가 업무를 수행하도록 하기 위해 교육과 훈련을 시키기는 하였지만, 체계적인 교육제도를 만들지는 않았다. 용인은 우체사 사장이나 주사가 선발하였으며, 체전부의 수는 각 사마다 상당한 차이가 있다. 1903년의 정원을 보면, 한성 우체사의 체전부 정원은 59명으로 가장 많고, 마포지사가 5명으로 가장 적으며, 각 사의 체전부 정원은 대부분 10명에서 20명 사이이다. 청사는 한성 우체사를 제외하고는 각 사에 1명이 배치되어 있으며, 사역은 1900년에는 한성 우체사와 항구사(港口司)에만 존재하였는데, 1903년에는 한성우체사를 제외한 각 사의 사역정원은 1명으로 되었다. 이들은 더 이상 신역제에 의해 운영되지 않았다. 이들은 국가에 고용되어 있는 피고용자였다. 새롭게 형성된 고용제도가 어떻게 정착되어 가는가를 체전부를 중심으로 하여 고찰하여 보자. 체전부는 우편물의 집신 분전 발송업무를 담당하였는데, 처음에는 각 직무에 따른 차등이 없었다. 1898년에는 임시우체사제도(臨時郵遞司制度)를 운영하였는데, 이 시기부터는 체전부를 체전부와 임시체전부로 구분하여 정원을 책정하였다. 체전부는 우체사와 우체사 간의 발송업무나, 우체사 관할지역 내의 집신과 분전업무를 담당하는 체전부이고, 임시체전부는 우체사와 임시우체사 간의 발송업무를 취급하는 체전부인데, 체전부와 임시체전부는 대우에 있어서 어떤 차이가 있었던 것은 아니다. 각 우체사가 담당하는 체송로와 임시체송로를 감안하여 인원을 책정하기 위하여 이루어진 구분이었다. 1903년에 이르러 체전부는 일급체부와

이급체부와 삼급체부로 구분되어 보수에 있어서 차등을 두었는데,[196] 등급
제의 채택은 당시 제기되고 있었던 고용문제를 해소하기 위함이었다. 한편
으로는 임금인상에 대한 요구를 수용하면서, 다른 한편으로는 근속에 따
른 연공가급을 수용하여, 현업기관의 관리에게 노무관리의 수단을 마련하
였으며, 집신체부와 분전체부와 발송체부를 구분하고, 발송체부에서 집신
체부와 분전체부로의 승진을 규정함으로써, 관리에 의한 자의적인 직무배
정을 어느 정도 제한하게 되었다. 즉 보수에 있어서의 등급제와 직무별 승
진체계를 갖추게 되었다. 청사와 사역은 한성우체사를 제외하고는 각 사
에 많아야 1명 정도였으며, 아직 이들에 대한 노무관리체계는 명확화되지
않았다.

　우체사는 40여 개 안팎이었으므로, 한 우체사가 8개 군 이상의 지역을 포
괄하여 집배송을 수행하여야 하는데, 이는 사실상 불가능한 것이었다. 이러
한 문제를 해결하기 위해 출현한 것이 임시우체사제도(臨時郵遞司制度)였
다. 1897년 12월 23일에는 임시우체규칙을 제정하였는데, 이것은 군의 공문
체송망(公文遞送網)을 우체 집배송망으로 활용하는 것이었다. 우체사장은
각 부군 지방관이 예겸(例兼)하였으며, 우체주사는 각 부군 향장(鄕長)이 겸
임하였으며, 각 부군 방곡 면촌에 분전 및 우송하는 임시우체물은 각 해임
(各該任)으로 하여금 해부군 겸임우체주사(兼任郵遞主事)의 지휘를 받아 순
차로 분전 및 체송하게 하였다. 그리고 겸임우체주사는 해도 내 우체사에
전부(前赴)하여 우무(郵務)를 숙달하게 하였으며, 각 부군에 발송하는 임시
우체물은 해도에 있는 우체사에서 관리하도록 하였다.[197]

　임시우체사제도는 비용을 들이지 않고 우편사업의 집배송망을 확대하
기 위해 마련한 것이었다. 향장(鄕長)은 일종의 명예직이고, 면임은 공식

---

[196] '통신원령 제10호 체전부 집무 급 료자 지급 규정', 『한말근대법령자료집 3』,
　　pp.545-548.
[197] '칙령 제43호 임시우체규칙', 『한말근대법령자료집 2』, pp.305-319.

적으로 어떠한 보수도 받지 못하였다. 면임을 관청사업을 위해 무보수로
활용한 것은 아직 여전히 신역제가 향촌사회에 엄존하였음을 증언한다.
전신사업에 있어 갑오개혁 이전의 순변(巡弁) 순병제(巡兵制)가 노역의
부담을 지방관부에 전가시킨 것과 동일한 맥락의 것이다. 임시우체사제
는 1900년 11월 3일에 개정되었는데, 개정의 요지는 임시우체사장을 예겸
하게 된 지방관에 대하여 통신원 총판의 통제권을 강화한 것과, 향장으로
임시우체사무(臨時郵遞事務)를 맡은 지 3개년이 된 자는 임시우체주사로
임명하게 하는 것이다.[198] 1904년 9월 10일에는 다시 임시우체규칙이 개
정되었는데, 이 때에 와서 비로소 임시우체주사와 임시체전부에게 료미
를 지급하게 되었다. 임시우체주사는 월급 8원을 받으며, 임시체전부는
월급 5원을 받는데, 임시우체사에 2인을 두도록 하였다.[199] 이와 같이 유
급으로 바뀌게 되면서, 1904년 10월 11일에 임시우체사장과 임시우체주사
및 임시체전부에 대한 통신원의 통제를 보다 강화하였고, 임시체전부도
면임(面任)이 아니라, 조해문자(粗解文字)하고 초지사리자(稍知事理者)로
선임하도록 하였다. 임시우체사의 인건비는 연간 216원으로, 이등우체사
의 일사당 인건비 1988원의 10% 정도에 불과하다. 경비의 절감은 보다
낮은 급료를 지급하고, 보다 적은 인원으로 운영하도록 하였기 때문이지
만, 이 급료수준은 당시 군의 원역의 급료수준과 비교할 때 결코 낮은 수
준은 아니었다. 임시우체사는, 우체사가 설치되어 있는 부나 군에서는 우
체사가 소재한 지역의 20리 이내를 제외한 전군을 분전의 대상으로 하였
으며, 우체사가 소재하지 않은 지역의 경우에는 전군을 분전의 대상으로
하였다. 단 2명의 임시체전부가 분전을 담당하게 하였으므로, 임시우체사
가 분전을 담당하는 지역의 주민들은 매우 저급한 우편 서비스를 받았다
고 할 수 있다. 임시우체주사와 임시체전부는 우체주사나 체전부와는 달

---

[198] '칙령 제45호 임시우체규칙 개정', 『한말근대법령자료집 3』, pp.236-237.

[199] '칙령 제25호 임시우체규칙', 『한말근대법령자료집 3』, pp.645-646.

리 아직 승급제도가 도입되지 않은 관직이었으며, 임시우체주사는 주사라 불리기는 하지만, 판임관은 아니었다.

1.2.3. 전신기관

갑오개혁 이후에 전신업무를 담당하는 현업기관은 전보사(공무아문시기에는 전신사라 부름)라 불렀다. 그런데 전신사업은 갑오개혁 이전에도 실시되고 있었다. 우선 갑오개혁 이전에 전신사업에 종사하였던 관리의 지위가 갑오개혁 이후에 어떻게 변화되어 갔는지를 살펴보자. 전우총국 시기에 현업에 종사하는 관리로는 주사(主事)와 위원(委員)이 있었다. 주사와 위원은 공부아문 시기에는 주사와 사사로 임명하여 전신업무를 수행하였게 하였고, 농상공부 시기에는 농상공부 주사와 기수로 임명하여 각 현업기관에 파견함으로써, 훼손된 전선을 신설하거나 보수하고, 또 전신업무를 수행하도록 하였다. 그러나 이 때에는 관제의 미정비로 인하여 각 현업전신기관에서 업무를 수행하고 있음에도 불구하고 관리로 임용되지 못한 인원들이 있었다. 이 현업업무에 종사하는 관리들은 전보사 관제(電報司官制)가 시행되면서, 각 사의 사장과 주사로 임명되게 되었다.

전보사 관제는 1896년 7월 23일에 제정되었는데, 이보다 먼저 제정된 우체사 관제보다 더 발전된 것이었고, 우체사 관제 개정의 모델로 작용하였다. 전보사 관제를 최초로 제정된 우체사 관제와 비교하면 다음과 같은 점이 주목된다. 첫째, 전보사는 처음부터 일등사와 이등사로 구분되어 있었다. 일등사는 8개 사이고, 이등사는 19개이다. 청일전쟁 이전에 조선에는 2총국 11분국이 있었다. 서로전선에는 한성전보총국(漢城電報總局)과 인천분국, 평양분국, 의주분국이 있어서 1총국 3분국이었고, 남로전선과 북로전선에는 조선전보총국(朝鮮電報總局)과 공주분국, 전주분국, 대구분국, 동래분국, 청주분국, 춘천분국, 원산분국이 있어서, 1총국 8분국이었다. 이 중 각 선로의 종단항(終端港)에는 일등국이 설치되었고, 내지의 각 분국은 이등사로 되었으며, 이 외에 경성 경흥 회령이 일등사로 포함되어 있고, 기타 신설지는 모두 이등사에 포함되어 있었다. 당시 일등사와 이등사를 구분하는 가장 중요한 기준은 항구사(港口司)인가 그렇지 않은가였다.

둘째, 사장은 이미 주임관으로 규정되어 있으며, 주사는 판임관으로 규정되어 있다. 전신사업은 우편사업과는 달리 한성전보총국이 사업을 개시한 이래로 전신사업에 종사하는 조선인 관리가 많이 축적되어 있었다. 전보사 관제를 시행할 시기에 있어서 전보사 관리로 임명된 인물의 상당부분은 바로 이들이었다. 전신사업을 운영한 경험과 운영한 인원들이 있었으므로, 이를 바탕으로 하여 보다 현실에 적합한 관제를 만들 수 있었다.

이 관제에 규정되어 있는 관리의 정원을 보면, 사장은 매 사에 1명을 두도록 하였으며, 주사는 한성사에는 10인을, 항구사에는 3인 이하를, 각 지방사에는 2인을 두도록 하였다. 그리고 지선(支線)이 있는 사(司)는 1-2인을 더 둘 수 있게 하였다.[200]

1897년 6월 14일에는 관제를 개정하였는데, 이 시기의 주된 변화를 보면 다음과 같다. 첫째, 일등사·이등사 체계를 총사·일등사·이등사 체계로 바꾸었다. 총사·일등사·이등사 체계는 통신기관이 피탈될 때까지 지속되었다. 둘째, 잠정적으로 사무가 적은 사(司)에는 사장을 두지 않고 사장 사무대판(司長事務代辦)을 두도록 하였다. 당시 이등사는 물론이고 일등사인 의주 전보사에도 사장을 임명하지 못하고 있는 현실을 반영한 것이다.[201] 이후 일등사에는 모두 사장을 임명하는 것으로 되었으며, 이등사에는 통신기관이 피탈될 때까지 한 군데도 사장이 임명되지 않았다. 1903년에는 우체사와 전보사의 이등사에도 사장을 임명하기 위해 이등사 사장의 봉급을 포함시킨 예산을 통신원에서 작성하였지만, 이것은 실행예산으로 되지 않았다. 통신원에서 작성한 1904년 예산에도 이등사 사장의 봉급이 포함되어 있지만,

---

[200] ‘칙령 제32호 전보사 관제’, 『한말근대법령자료집 2』, pp.102-104.
[201] ‘칙령 제23호 전보사 관제’, 『한말근대법령자료집 2』, pp.241-242.

여전히 실행예산으로 되지는 않았는데, 이러한 점을 보면, 예산의 제약이 이등사에 사장을 임명하지 못한 이유였다고 할 수 있다. 셋째, 주사의 정원은 불변이지만, 그 표현이 항구사는 일등사로 지방사는 이등사로 변화되었으며, 지선이 있는 곳뿐 아니라 사무가 번극한 곳에도 관원을 1-2인 더 둘 수 있도록 하였다. 1899년 10월 6일의 개정에서는 한성 전보사에 기사 2인을 두도록 하였으며, 한성 전보사의 주사 정원을 15명으로 늘렸다.[202] 1902년에는 전화업무를 시작하였는데, 전화업무는 따로 독자적인 기관을 가지고 있는 것은 아니었다. 전화업무는 전보사에서 취급하였는데, 전보사 건물 내에 전화소(電話所)를 설치하여 그곳에서 업무를 보게 하였다. 이에 따라 전보사의 소요인원이 증가하게 되었다. 이를 반영하기 위해 1902년 4월 24일에는 관제를 개정하여 전화선 구역 내에 있는 전보사에서는 주사 2인 이하를 증설할 수 있도록 하였다.[203]

대한제국기 전보사 관리의 변동을 정리한 것이 <표 3-4>이다. 1896년 사장 1명, 주사 11명에서, 1904년에는 사장 19명, 주사 130명으로 관리수는 10배 이상 증가하였다. 전보사의 중심적인 현업업무는 전신을 송수신하는 것인데, 주사가 이 업무를 담당하였다.

---

[202] '칙령 제36호 전보사 관제 개정', 『한말근대법령자료집 2』, p.575.
[203] '칙령 제6호 전보사 관제 개정', 『한말근대법령자료집 3』, pp.369-370.

<표 3-4> 전보사별 관리수의 동향

(단위: 인)

	1904년의 사명 및 사등	1896		1897		1898		1899		1900		1901		1902		1903		1904		비고
		사장	주사	사장	주사	사장	주사	사장	주사	사장	주사	사장	주사	사장	주사	사장	주사	사장	주사	
총사	한성 전보사	1	4	1	10	1	10	3	15	3	15	3	15	3	22	3	22	3	21	
일등사	인천 전보사			1	3	1	3	1	3	1	4	1	4	1	5	1	6	1	6	
	원산 전보사			1	2	1	3	1	3	1	3	1	3	1	3	1	5	1	5	
	삼화 전보사			1	2	1	3	1	3	1	3	1	2	1	3	1	3	1	3	
	무안 전보사			1	3	1	3	1	3	1	3	1	3	1	3	1	3	1	2	
	의주 전보사		3		3	1	3	1	3	1	3	1	2	1	3	1	3	1	3	1
	평양 전보사		2		3	1	3	1	3	1	5	1	6	1	6	1	7	1	7	2
	부산 전보사					1	3	1	3	1	3	1	3	1	3	1	3	1	5	
	전주 전보사				3		3	1	4	1	5	1	5	1	5	1	5	1	5	3
	옥구 전보사									1	2	1	3	1	3	1	4	1	4	
	창원 전보사									1	3	1	2	1	3	1	2	1	2	
	경성 전보사									1	2	1	2	1	2	1	2	1	4	
	성진 전보사									1	3	1	3	1	3	1	3	1	2	
	대구 전보사						3		3		3	1	4	1	4	1	6	1	7	4
	안주 전보사						2		3		3		3		3	1	3	1	3	5
	은진 전보사															1	2	1	3	
	진위 전보사																	1	3	
이등사	개성 전보사		2		3		3		3		3		3		3		4		4	
	공주 전보사				3		3		3		3		3		3		3		3	
	해주 전보사								3		3		3		3		3		3	
	함흥 전보사								3		3		3		2		3		3	
	금성 전보사										2		2		1		2		2	
	운산 전보사										1		1		2		2		2	
	박천 전보사										1									
	은산 전보사												2		2		2		2	
	북청 전보사												2		2		1		1	
	충주 전보사														3		3		4	
	광주 전보사														2		2		2	
	영변 전보사														2		2		2	
	진주 전보사														2		2		2	
	수원 전보사																3		3	
	시흥 전보사																3		2	
	제주 전보사																		1	
지사	한성전보지사																10		9	
계		1	11	5	35	8	45	13	67	15	80	16	88	16	100	18	124	19	130	

자료: 『구한말관보』.

주 1. 의주 전보사는 일등사였지만, 1896년 1898년에는 사장이 없음.

2. 평양 전보사는 1897.10.28 일등사로 됨

3. 전주 전보사는 1899.10.6 일등사로 됨

4. 대구 전보사는 1901.6.1 일등사로 됨

5. 안주 전보사는 1903.2.10 일등사로 됨

6. 1899년부터는 한성 전보사 사장 란에 기사 2명을 합산하였음.

<표 3-5> 전보사 용인의 업무별 직급별 구성

(단위: 인)

사명		1900년 4월 현원						1904년 3월 31일 정원											
		공두	전전부	청사	보방직	사역	계	공두				전전부				청사	보방직	사역	계
								일급	이급	삼급	계	일급	이급	삼급	계				
총사	한성	11	16	2	2	2	33	7	5	3	15	9	10	7	26	5	1	3	50
일등사	인천	2	4	1	1		8	1	1	1	3	3	2	3	8	1	2		14
	부산	4	5	1	1		11	2	2	2	6	2	1	2	5	1	1		13
	무안	3	4	1	1		9	1	1	2	4	1	1	2	4	1	1		10
	전주	11	5	1	1		18	4	3	4	11	2	1	2	5	1	1		18
	평양	7	4	1	1		13	3	2	3	8	3	2	2	7	1	2		18
	삼화	2	4	1	1		8			1	2	1	1	2	4	1	1		8
	의주	3	4	1	1		9	1	1	2	4	2	2	2	6	1	1		12
	대구	10	4	1	1		16	4	4	5	13	1	1	2	4	1	1		19
	원산	6	4	1	1		12	2	2	2	6	1	1	2	4	1	1		12
	옥구	2	4	1	1		8	1	1	1	3	1	1	2	4	1	1		9
	창원	3	4	1	1		9	2	2	2	6	1	1	2	4	1	1		12
	성진							2	2	2	6	1	1	2	4	1	1		12
	경성							1	1	1	3	1	1	2	4	1	1		9
	안주	7	2	1	1		11	3	2	2	7	1	1	1	3	1	1		12
	은진								1	1	2	1	1	2	4	1	1		8
이등사	공주	5	4	1	1		11	2	1	2	5	1	1	2	4	1	1		11
	금성	1	2	1	1		5			1	1			2	2	1	1		5
	개성	7	4	1	1		13	3	2	3	8	3	2	2	7	1	2		18
	함흥	3	4	1	1		9	2	1	2	5	1	1	2	4	1	1		11
	운산	2	2	1	1		6			1	1	1		1	2	1	1		5
	해주	3	4	1	1		9	1	1	1	3	1	1	2	4	1	1		9
	은산								1	1	2		1	1	2	1	1		6
	북청							2	1	2	5	1	1	2	4	1	1		11
	영변								1	1	2	1	1	1	3	1	1		7
	충주							2	2	2	6	1	1	2	4	1	1		12
	진주								1	1	2		1	1	2	1	1		6
	광주								1	1	2	1	1	1	3	1	1		7
	수원									1	1	1	1	2	4	1	1		7
	시흥									1	1		1	1	2	1	1		5
지사	마포									1	1	1	1	2	4	1	1		7
	도동									1	1		1	1	2	1	1		5
	경교									1	1			2	2	1	1		5
	계	92	84	20	20	2	218	47	43	53	143	42	42	59	143	34	33	3	356

자료: 『거래안』; 국회도서관(1970,1971), 『한말근대법령자료집』; 체신부(1985), 『한국전기통신100년사』.

전보사 관리의 증가는 전보사의 증설, 전화사업의 실시에 의해 늘어난 것이 대부분이지만, 업무량의 증대에 의해 늘어난 것도 있었다. 그러나 우체사와 마찬가지로 관리직제의 고도화를 바탕으로 한 인원의 증가는 없었다.

이제 전보사의 용인층을 살펴보도록 하자. 전보사의 용인에는, 현업용인(現業傭人)에 해당하는 공두(工頭)와 전전부(電傳夫)와 보방직(報房直)이 있으며, 잡역에 종사하는 청사(廳使)와 사역(使役)이 있었다. 공두(工頭)의 직무는 전신선과 전주를 유지 관리하는 것이고, 전전부(電傳夫)의 직무는 수신된 전보를 배달하는 것이고, 보방직(報房直)의 직무는 보방(주사가 전보를 수발하는 곳)에서 주사를 보조하는 것이다. 전신선과 전주의 유지관리는 1885년부터 1898년까지는 순변(巡弁) 순병제도(巡兵制度)에 의했다. 청국은 한성전보총국을 설치 운용하면서, 전신선과 전주의 유지관리에 필요한 인원을 조선정부에서 조달하도록 하였는데, 조선정부는 전신선과 전주가 있는 각 관아에 이 임무를 배정하였다. 그런데 1898년 6월 16일에는 순변 순병제도를 폐지하고, 공두를 증원하여 순변 순병을 대체하였다. 이로써 전신사업에서는 신역제의 유제가 사라졌다.

보방직과 청사는 1900년에는 한성 전보사를 제외하고는 각 사에 1명씩 있었는데, 1902년 이후 전보사에서 전화업무를 취급하면서 전화소가 설치되어 있는 곳에는 1명의 보방직이 더 있게 되었다. 사역은 1900년에는 한성전보사에만 2명이 있었으며, 1904년에는 한성 전보사에만 3명이 있었다. 보방직과 청사와 사역은 그 인원이 많지 않아서 노무관리의 문제가 적었다고 생각된다. 1904년 공두의 정원은 한성전보사가 15명으로 가장 많았고, 1명밖에 없는 전보사와 지사도 7개 사나 있었다. 전주사와 대구사를 제외하고는 모두 10명 이하였다. 전전부는 한성전보사가 26명으로 가장 많고, 나머지는 모두 10명 미만이었다. 1903년까지 용인에게는 승급제도가 없었는데, 1904년에는 체전부의 예를 따라 공두와 전전부의 승급제도가 마련되었다.[204]

---

204 '통신원령제1호 공두 집무 급료자 지급 규정', 『한말근대법령자료집 3』, pp.586-588,

이상 통신기관의 고용구조를 보면, 관리감독기관과 현업기관이 분리됨으로써, 관리사무와 현업사무의 구분이 명확하게 되었다. 그러나 현업기관에서의 관리사무자와 현업사무자는 아직 명확하게 구분되지 않았다. 현업기관의 경우, 주요한 사(司)에는 사장과 주사로 구분되어, 관리보직이 있었지만, 통신기관이 피탈될 때까지 관리보직은 사장뿐이었고, 사장도 경우에 따라서는 주사와 더불어 현업사무를 수행하였다. 사장은 현업사무원이자 동시에 기관장으로서의 성격을 가지고 있었다. 또한 이등사 이하의 기관에는 사장이라는 관리보직은 없었으며, 현업사무원인 주사가 관리사무를 대판하였다. 이처럼 관리보직이 미발달한 것은 아직 통신수요가 많지 않아서 업무량이 많지 않은 것에 기인한다. 관리의 수는 증가되어 갔는데, 이는 취급하는 업무종류의 증가와 사(司)의 신설에 의한 현업사무원의 증가에 의한 것으로서, 관리직제의 고도화에 의한 인원의 증가는 없었다.

현업노무에 종사하는 인원은 용인이었는데, 이들은 신역제에 의해 무상으로 사역되는 존재가 아니라, 임금을 지급받으며 일하는 피고용자였다. 용인의 경우에도 주요한 직에 있어서는 승급제도가 만들어져서, 이들 간에 근속연수에 따른 직무의 분화와 봉급의 차등이 만들어졌다. 물론 갑오개혁으로 신역제도에 의해 운영되는 층이 완전히 사라진 것은 아니었다. 임시우체사의 경우, 그 종사자는 신역제에 의해 운영된 측면이 강하였다. 그러나 이러한 직임의 경우에도 점차 신역제적인 성격은 사라지고 있었다.

용인의 경우, 근속에 기반하여 관리로 성장할 수 있는 법제화된 통로는 없었다. 관리와 용인은 명확하게 구분되어 있었으며, 이들의 구분을 완충하는 어떠한 중간적인 신분도 없었다. 그러나 중요한 현업노무를 담당하는 용인의 경우에는 승급제도가 마련되어 있어서, 장기근속을 유발하는 체계로 되었다.

'통신원령제2호 전전부 집무 급료자 지급 규정', 『한말근대법령자료집 3』, pp.588-590.

2. 인사관리체계

2.1. 채용과 양성

2.1.1. 채 용

우선 관리의 충원방식을 <표 3-6>을 통하여 살펴보자. 우체사 판임관으로 임명된 인원은 1895년-1900년의 10년 동안 총 262명이었다. 앞 5년동안에 임명된 인원은 166명이었으며, 뒤 5년 동안에 임명된 인원은 96명이었다. 연간 임명된 인원은 앞 5년 동안은 33명 정도이고, 뒤 5년 동안은 19명 정도이다. 이들 중 234명은 신규 채용이고 4명은 전입된 인원이며, 24명은 해직되거나 전출되었다가 복직되거나 전입된 인원이다. 즉 89%가 신규 채용된 인원이며, 전입과 재임용은 10% 정도이다. 특히 앞 5년 동안은 신규 채용이 92.8%를 차지하고 있으며, 뒤 5년 동안에는 신규채용은 83.3%로 감소하였고, 재임용이 16.7%로 증가했다는데, 사업이 경과함에 따라 해직이나 전출된 인원이 누적된다는 점을 감안하여야 한다. 조선시대에는 관리임명 대상으로 전직 관리가 주요한 원천이었으므로, 전직 관리의 누적에 따라 이들의 재채용 비율이 늘어난 것은 당연한 변화이다.

전보사 판임관으로 임명된 인원은 1896-1904년에 걸쳐 총 225명이었다. 앞 4년 동안에 101명이 채용되었고, 뒤 5년 동안에 124명이 채용되었다. 앞 4년 동안은 연평균 25명 정도이고, 뒤 5년 동안에도 연평균 25명 정도이다. 우체사는 1899년까지 대체로 그 확장을 마쳤음에 반하여 전보사는 계속 확장되어 가고 있었던 상황을 반영하는 것이다. 신규 채용된 인원이 187명으로 전체의 83.1%를 차지하고 있으며, 전입은 11명으로 4.9%를 차지하고 있고, 재임용은 27명으로 전체의 12%를 차지하고 있다. 우체사에 비해 전입이나 재임용의 비중이 더 높다. 전입은 앞 4년 동안에만 이루어졌으며, 재임용은 후기에 많아졌다.

우편사업은 1884년에 잠깐 실행된 적이 있지만, 이 때 활동했던 인원으로서 우편사업의 재개에 참여했던 인원은 거의 없다. 반면 전보사업에서는 1887년부터 조선전보총국에서 업무의 경험을 쌓은 상당한 인원이 축적되어 있었다. 조선전보총국이나 전우총국의 관리였던 인원 중 전보사관리에 임명된 인원은 총 31명이 확인된다. 1896년에 8명, 1897년에 13명, 1898년에 7명, 1899년에 1명, 1900년에 2명이지만, 필자가 가지고 있는 조선전보총국과 전우총국 관리의 명단이 완전하지 않기 때문에, 실제는 이보다 더 많았다고 할 수 있다. 전신사업의 경우, 갑오개혁 이전의 전신사업에서 경험을 쌓은 인원들이 중요한 공급원이었다.

<표 3-6> 대한제국기 통신기관 관리의 충원방식

(단위: 인, %)

			실수													바율		
			1895	1896	1897	1898	1899	1900	1901	1902	1903	1904	95-99	00-04	계	95-99	00-04	계
통신원																		
주임	신규	채용-		1			3						1	3	4	17	38	29
		전입	2		2		2		2				4	4	8	67	50	57
	재임	채용-																
		전입			1		1						1	1	2	17	13	14
		계	2	1	3		6		2				6	8	14	100	100	100
판임	신규	채용-						5	1	8		1		15	15		71	71
		전입						3						3	3		14	14
	재임	채용-																
		전입						3						3	3		14	14
		계						11	1	8		1		21	21		100	100
우체사																		
주임	신규	채용-		1		2							3		3	30		23
		전입	3	1	1	1							6		6	60		46
	재임	채용-																
		전입				1		2	1				1	3	4	10	100	31
		계	3	2	1	1	3		2	1			10	3	13	100	100	100
판임	신규	채용-	32	40	35	14	33	20	10	15	17	18	154	80	234	93	83	89
		전입		2		1	1						4		4	2		2
	재임	채용-				2	2		1	7	4	4	4	16	20	2	17	8
		전입				2	2						4		4	2		2
		계	32	42	35	19	38	20	11	22	21	22	166	96	262	100	100	100

			실수													바율		
			1895	1896	1897	1898	1899	1900	1901	1902	1903	1904	95-99	00-04	계	95-99	00-04	계
전보사																		
주임	신규	채용			1		1						2		2	40		33
		전입		1		1							2		2	40		33
	재임	채용																
		전입					1	1					1	1	2	20	100	33
	계			1	1	1	2	1					5	1	6	100	100	100
판임	신규	채용		6	22	19	39	20	12	20	32	17	86	101	187	85	81	83
		전입		5	3	3							11		11	11		5
	재임	채용					3	4	2	4	4	9	3	23	26	3	19	12
		전입					1						1		1	1		0
	계			11	25	22	43	24	14	24	36	26	101	124	225	100	100	100
합계																		
주임	신규	채용		2	1		3	3					6	3	9	29	25	27
		전입	5	2	3	2		2		2			12	4	16	57	33	48
	재임	채용																
		전입			1		2	2	2	1			3	5	8	14	42	24
	계		5	4	5	2	5	7	2	3			21	12	33	100	100	100
판임	신규	채용	32	46	57	33	72	45	23	43	49	36	240	196	436	90	81	86
		전입		7	3	4	1	3					15	3	18	6	1	4
	재임	채용				2	5	4	3	11	8	13	7	39	46	3	16	9
		전입				2	3	3					5	3	8	2	1	2
	계		32	53	60	41	81	55	26	54	57	49	267	241	508	100	100	100

자료: 『구한말관보』.

주: 1. 신규는 통신기관 직원으로 최초로 서임되는 경우를 의미하고, 재임은 전출이나 퇴직한 전직 통신기관 직원을 다시 서임하는 경우를 의미함.

2. 채용은 현재 관직을 가지고 있지 않은 인원을 서임하는 경우를 의미하고, 전입은 다른 관서로부터 전입된 경우를 지칭하는데, 전관직을 의원면본관한 당일 새 관직에 임명된 경우도 전입으로 파악하였음.

3. 우체사와 전신사 간의 전직은 채용이나 전입으로 파악하지 않았음.
농상공부에서 통신원, 우체사, 전보사로의 전직은 전입으로 파악하였음.

4. 1899년 이전의 통신원의 항에 기재된 것은 농상공부 통신국장 1명의 채용 전입 통계임.

이상에서 본 바와 같이 우체사와 전보사는 매년 각각 20명 정도의 인원을 신규 채용했다. 우체사 판임관은 기본적인 언어능력과 기본적인 산술능력뿐만 아니라, 체전부를 관리 감독할 수 있는 능력과 우체규칙(郵遞規則) 및 우체세칙(郵遞細則)에 대한 지식을 가지고 있어야 하고, 또 외국우편을 취급하기 위해서는 외국어와 만국우체연합규칙(萬國郵遞聯合規則)을 숙지하고 있어야 한다. 전보사 판임관의 경우는 전보수발능력과 전신기와 전신선을 유지 관리할 수 있는 능력을 가지고 있어야 하고, 전신규칙(電信規則)에 대한 지식도 갖추고 있어야 하며, 외국전보를 취급하기 위해서는 영어능력이 요구되었다. 이러한 인원을 확보하기 위해 대한제국은 여러 가지 양성방식을 활용하였다.

우선 판임관에 신규 임명된 인원 중에서 우편사업이나 전신사업을 위해 양성된 인원이 차지하는 비중을 살펴보자. 당시 양성기관 재학자의 총명부는 구할 수 없으므로, 『대한제국 관원 이력서(大韓帝國官員履歷書)』를 자료로 하여, 당시 채용된 인원 중 양성기관 졸업자의 비중이 어떻게 되는지를 살펴보도록 하자. 이력서 중에는 성명과 현재의 관직만이 기재되어 있는 이력서도 있는데, 이러한 이력서는 통계작업에서 제외하였다. 여기에서는 적어도 연령이 기재되어 있는 이력서만을 택하였는데, 학력을 기재하지 않은 이력서도 약간 있으므로, 양성기관 재학자의 비중은 과소평가된다고 할 수 있다. 우체사 판임관으로 신규 임명된 인원은 총 238명인데, 이력을 알 수 있는 인원은 48명이어서, 전체인원의 20% 정도를 확인할 수 있었다. 이 48명 중 우체학습(郵遞學習)을 한 인원은 33명으로 확인 가능한 인원의 69%가 우체학습을 받았다. 나머지 15명 중 10명은 전직도 학력도 기재되어 있지 않은 인물이며, 2명은 관직은 기재되어 있으나, 학력은 기재되어 있지 않은 사람이고, 1명은 전보학습을 한 인원이며, 2명은 일어학교를 졸업한 인원이다. 우체사 판임관으로 우체(郵遞)나 전보학습(電報學習)을 하지 않은 인원이 임명된 것은 우무학도 규칙(郵務學徒規則)이 제정된 1900년 11월 이후에는 단 1명이 있을 뿐이며, 그 이전 시기에는 우체학습을 하지 않았으면서 우체사 판임관으로 임명된 경우가, 많다고는 할 수 없지만, 어느 정도는 있었다. 이것은 후술하겠지만, 인사비리와도 관련된 것이었다.

전보사 판임관으로 임명된 인원은 225명이었는데, 이 중 이력서가 있는 인물은 40명으로, 전체인원의 20% 정도를 확인할 수 있다. 이 중 35명은 전보학습을 한 인원이고, 4명은 학력도 관직도 기재되어 있지 않은 인물이고, 1명은 우체학습을 한 인원이다. 즉 전체의 88%가 전보학습을 한 인원으로서 우체사의 경우보다 더 높다. 이러한 현상이 발생한 것은 전보의 경우, 전보의 타전과 수신이 주된 업무인데, 이러한 업무는 학습을 하지 않고서는 수행할 수 없는 것이었기 때문이다.

통신원 주사를 보면, 1900년부터 신규 채용된 인원은 15명인데, 이 중 이력을 확인할 수 있는 인물은 14명이다. 이 중 우체학습이나 전보학습을 한 인원은 한 명도 없고, 다른 관직경험을 가지고 있는 인원만이 3명 있었다. 농상공부시기에는 농상공부 기수와 주사는 우체사 전보사의 주사와 서로 대류관계(對流關係)에 있었고, 대체로 우편과 전신에 대한 지식을 가지고 있는 인물이었다고 생각되는데, 이들을 제외하고 신규로 채용된 인원은 우편과 전신에 대한 지식을 거의 가지고 있지 않은 인물들이었다. 농상공부시기에는 우체사 전보사의 주사와 농상공부 기수 주사와의 인적 교류가 활발하였음에 반하여, 통신원시기에 들어와서, 우체사 전보사 주사로서, 통신원 주사로 되거나 그 역으로 된 경우는 한 건도 없다는 점에서, 관리감독기관과 현업기관은 인적 구성의 측면에서도 분리되었다고 할 수 있다.

2.1.2. 양 성

이제 양성방법을 살펴보도록 하자. 우체사 관리를 양성하는 방법으로는 세 가지가 있었다. 첫째는 대한제국 통신기관이 자체 양성기관을 이용하여 양성하는 것이다. 둘째는 일본유학을 통하여 양성하는 것이다. 셋째는 조선에 들어와 있는 일본국 우편국에 위탁 양성하는 것이다.

첫째 방법부터 살펴보자. 이것이 대한제국기 우체사 관리를 양성하는 가장 주된 방법이었는데, 우체사에서 실습생을 뽑아 우편업무를 견습시킨 후 시험을 거쳐 채용하는 것이다. 이 양성방법이 언제부터 시작되었는지는 명백하지 않지만, 우체사 관제가 공포되고 얼마 있지 않아 개시되었다고 판단된다. 1895년 윤5월 26일(양력 6월 1일)에 우체사 관제가 처음 제정될 때는 우체학습원(郵遞學習員)을 우체사 주사로 임명한다는 규정이 포함되어 있지 않았지만, 1896년 8월 5일에 개정된 우체사 관제에서는 우체학습원을 주사로 임명한다고 규정하였다. 현재 우체학습(郵遞學習)을 한 인원으로 확인된 인원 중 가장 빠른 사람은 1895년 6월 10일에 우체학습을 시작한 사람이다. 이력서에 기재된 이 날짜는 양력으로 생각되는데, 우체사 관제가 제정된 지 9일이 지난 때이다. 1895년에 양성된 인원으로서 이력을 알 수 있는 사람은 4인이 있는데 이 시기의 양성인원들의 학습기간은 모두 1년에 못 미쳤다. 즉 초기에는 단기간에 우체장정(郵遞章程)만을 학습시키고 채용하였다. 당시는 내국우편만을 취급하였으므로, 우체장정이란 국내우체규칙(國內郵遞規則)과 세칙(細則)을 의미하는 것이다.

1899년부터는 외국우편을 실시하기 위해 만국연합우체학교(萬國聯合郵遞學校)를 설치하여 외체업무에 필요한 인원을 양성하였다. 당시 만국연합우체학교에 입학한 인원으로서 이력을 알 수 있는 인원이 4명 있는데, 이들은 모두 법어학교(法語學校) 재학 중이다가 외체학습원으로 피선되어 8개월 내외의 기간 동안 우체업무를 학습하고 우체사 주사로 임명되었다. 우무학당 규칙(郵務學堂規則)이 제정되기 이전에 이미, 내국우편과와 외국우편과로 구분되어 양성되고 있었음을 확인할 수 있다. 그리고 지방사에서도 양성을 하였는데, 백남철은 자신의 이력에 1899년에 대구 우편사무를 견습 졸업한 것으로 쓰고 있는데, 우체사 주사로 임명되지는 못하였다.

위에서 설명한 대로 우체사의 관리가 양성되고 있었지만 아직 인원의 선발, 학과의 편성, 시험 등에 대한 체계적인 법제화는 미흡하였음을 알 수 있다. 비법제화된 양성체계는 인사비리를 야기하고 있었다. 1898년 4월 23일자 매일신문에는 "일전에 우체사 학도 백여 명이 모여 의론하되 전농상공부 대신 정낙용 씨가 사사로운 청촉을 듣고 액외 사람들도 우체주사를 많이 시켰으니 이렇게 사정으로만 할 것 같으면 우체학도는 무슨 까닭으로 설립하였는지 대신께 물어 보자고들 하였다더라."[205]라는 기사가 게재되어 있는데, 이것은 당시 인사비리의 실태를 보여주는 것이다. 이러한 인사비리는 1898년 4월 25일자 매일신문에 실린 다음과 같은 기사에서도 확인할 수 있다. "홍주 우체사 주사가 두 사람인데 하나는 우표를 두 번 씀을 살피지 못한 죄로 농상공부에서 면직시키고 하나는 늑혼하는 주단을 보낸 죄로 면직시키고 그 뒤로 주사 둘을 파송하였는데, 그 두 사람이 다 우체장정을 알지 못하매 면관된 두 사람에게 새로 내려간 두 사람이 익숙하도록 우체사무를 방조하여 주라고 하였다더라."[206] 1898년 3월 8일에 홍주 우체사 주사 이면직과 이제경은 면직되었는데, 이들 대신에 임명된 인물은 이규만과 백은기였다. 이규만은 1895년에 우체기수보로 우체사 판임관 생활을 시작한 인물로 이미, 우체사에 종사한 지 2년이 넘었으므로, 우체장정도 알지 못한다는 것은 사실과 다를 것이다. 이규만은 3월 8일자로 임명되었지만, 부임은 6월 6일에 이루어져 아직 부임하지 않은 상태였다. 백은기는 우체사 주사로 신규 채용된 인물로서 4월 5일에 부임하였는데, 아마도 백은기가 우체장정도 모르면서 임명된 사람이라고 생각된다. 백은기는 우체사 주사에 임명된 지, 6개월 만에 사직하였다.

이상과 같은 인사비리에 대한 폭로와 반발은 양성체계를 재정비하게 하였으며, 그 결과 우무학도 규칙(郵務學徒規則)이 제정되게 되었다. 우무학도 규칙은 1900년 11월 1일에 제정되었는데, 우무학도는 통신원의 칙주임관이 수시 천입하도록 되어 있고, 이렇게 천입된 인원은 입학시험을 거쳐 선발하도록 되어 있다. 입학지원자의 연령은 만 15세 이상 30세 이하로 하고, 시험과목은 한문과 국어 산술로 되어 있다. 우무학도는 25명을 정액으로 하여 궐원이 발생할 때 보충하므로, 특정한 입학시기가 있었던 것은 아니다. 시험에 합격하여 우무학도가 된 인원은 내체반과 외체반으로 나누어

---

[205] 『매일신문』(1898년 4월 23일).
[206] 『매일신문』(1898년 4월 25일).

양성하였다. 우무학과에 규정된 학습과목은 국내우체규칙(國內郵遞規則), 국내우체세칙(國內郵遞細則), 만국연우체규칙(萬國聯郵遞規則), 외국어, 산술 5가지이다. 규칙의 학습이 주를 이루고 있으며, 이에 덧붙여 외국어와 산술을 교육시키고 있다. 물론 한두 과목을 증감할 수 있도록 되어 있는데, 구체적으로 어떻게 운영되었는지는 알 수 없다.

학급은 제1급 제2급 제3급으로 정하여, 학도의 연도질서(年度秩序)와 학력에 응하여 편제하도록 되어 있다. 그리고 동급 내에도 좌(座)가 있어서, 일정한 순서가 정해져 있었다. 이 규정을 현재의 3학년제로 해석하는 학자도 있지만, 현재의 3학년제와는 다르다. 이는 승좌(昇座)와 승급(昇級)이 어떻게 이루어지고 있는가를 통하여 파악할 수 있다. 시험에는 3종의 시험이 있는데, 월종시험(月終試驗)과 연종시험(年終試驗)과 특별시험(特別試驗)이 있었다. 월종시험은 말 그대로 월말에 보는 시험이고, 연종시험은 연말에 보는 시험이지만, 연종시험에 어떤 특별한 의미가 있는지는 명확하지 않다. 특별시험은 졸업시험에 해당한다. 월종시험에 우등하면 동일한 급(級)에서 승좌(昇座)하도록 되어 있어, 우등과 그 이하의 구분이 대단히 중요하다. 우등을 세 번 연속하게 되면, 승급(昇級)하도록 되어 있어, 이론적으로는 3개월 만에 승급할 수 있다. 그래서 6개월이 지나면 1급에 도달할 수 있고, 이때 특별시험에 합격하면, 졸업할 수 있으므로, 일 년 이내에 졸업할 수도 있고, 실제 일 년 안에 졸업한 인원도 상당수 있었다. 연속 세 번 우등하지는 않았지만, 우등을 6번 한 경우에도 승급하도록 되어 있다. 즉 학습기간에 의한 승급이 아니라 시험에 우등하면 승급하는 체계였다. 특별시험에 우등이 된 자는 우체총사에 선입(選入)하여 일개월간 실지견습을 한 후에 서임하도록 되어 있다. 특별시험은 졸업시험임과 동시에 관리임용시험이었다.

\<표 3- 7\> 우체학교와 전보학교 졸업자의 수학기간

(단위: 인)

	1894년 이전	1899년 이전	1900년 이후	계
전보학교				
6개월 이하			3	3
1년 이하	2	6	1	9
2년 이하	1	12	4	17
3년 이하	1	1		2
4년 이하	2	1		3
4년 초과	2	2		4
계	8	22	8	38
우체학교				
6개월 이하		2	3	5
1년 이하		9	4	13
2년 이하		5	5	10
3년 이하		2		2
4년 이하				
4년 초과		1		1
계		19	12	31
합계				
6개월 이하		2	6	8
1년 이하	2	15	5	22
2년 이하	1	17	9	27
3년 이하	1	3		4
4년 이하	2	1		3
4년 초과	2	3		5
계	8	41	20	69

자료: 대한민국 문교부 국사편찬위원회(1972), 『대한제국관원이력서』.

이제 둘째 방법을 살펴보자. 우편사업에 종사시킬 목적으로 통신원 자체
의 경비로 유학을 보낸 것이 있었는지는 확인되지 않지만, 학부(學部)의 일
본국 유학생으로 피선되어 있는 인원에게 우체 및 전신학을 수업하게 하여

그들을 활용하려고는 하였다. 1896년 12월 말에 정부는 경응의숙에 유학 중인 학도 180명 중 50명만 정선하여 학업을 계속시키고, 그 나머지 80여 명은 우체 및 전신학 등을 수업하게 하되 3-4개월 내에 속성하여 빨리 귀국하게 조치하려고 하였다. 그러나 경응의숙 측이 유학생의 약정기간 전의 귀국을 반대하였기 때문에 이 조치는 공식적으로는 좌절되었지만, 일부는 이 조치에 따라 우체 및 전신학을 수업하고 귀국하여 우편전신업무를 수행하였다. 이력을 알 수 있는 인물 중에서 이 조치에 의해 우편전신업무를 학습한 인물이 2명 확인된다.[207] 당시 예정이었던 80명 중에서 몇 명이나 이러한 케이스였는지를 확인할 수는 없지만, 이 두 명의 경우를 놓고 본다면, 이들이 우체사나 전신사에 임명되어 활동한 시기는 1902년 이후이기 때문에, 이 유학생들이 우체전신사업의 초창기에 활동하지는 못하였다.

셋째 방법은 조선에 들어와 있는 일본국 우편국에 위탁 양성하는 것이다. 이 예로는 우편부 양성도 있지만, 우체사 관리의 양성으로 활용된 예도 1명 확인된다. 이기철(1861년 생)은 1891년 4월부터 전보국에서 전보학습을 하였는데, 1895년 2월부터는 진고개에 있는 일본국 우편국에 위임학도(委任學徒)로 임명되어 우편업무를 학습하였으며, 1895년 6월 1일 우체사가 설립되면서, 우체기수 판임관 4등으로 임명되었다. 그러나 이러한 위탁양성이 어느 정도 있었는지는 알 수 없다.

이제 전보사 관리의 양성방법에 대해 살펴보도록 하자. 전보사관리의 양

---

[207] 조제환(1869년생)은 전보학습을 한 후 조선전보총국 위원(委員)이 되어 근무하였는데, 1895년 3월에 학부아문 일본국 유학생으로 피선되어, 1895년 3월부터 1899년 5월까지 일본에서 유학하였다. 경응의숙에 입학하여 졸업한 후 동경 우편전신국에서 법규와 실무를 연습하였고, 중앙은행 국고부 및 영업부에서 실무 시습하였고, 법학원에 있다가 귀국하였는데, 1904년 6월 9일에 성진 우체사 주사로 임명되었다. 유문상(1877년생)은 1894년 10월에 관립일어학교에 입학하였는데, 1895년 2월에 일본유학생으로 피선되었다. 1895년 4월부터 1900년 9월까지 일본에서 유학하였는데, 경응의숙에서 수학한 이후, 동경 우편전신국에서 사무견습을 하였고, 동경전문학교에서 수학하다가 귀국하여 1902년 2월에 한성 우체사 주사로 임명되었다.

성은 1885년 한성전보총국이 조선에서 전신업무를 수행하면서부터 시작되었다. 전보사의 경우 갑오개혁 이전에 이미 신식학교 졸업자를 선발하여 양성을 하고 이를 주사로 임명하는 체계가 형성되어 있었다. 이 시기 주사는 참하관의 관직이 아니어서, 참상관 주사도 있었음은 앞서 지적하였다. 이 시기의 양성체계는 갑오개혁 이후의 전보사의 양성체계와 기본적으로 동일하기 때문에, 근대적 관리양성체계의 선구적인 역할을 하였다고 평가할 만하다. 이것은 갑오개혁이 일본국이 제시한 내정개혁의 일환으로서 일본의 제도를 급진적으로 도입한 측면만이 아니라, 갑오개혁 이전의 제반 변화과정과 연속적인 측면도 있었음을 보여주는 사례이다. 전신사업에서 근대적인 양성체계가 선구적으로 발전하고 있었던 것은 그 기술체계가 신식학문체계에 기반하고 있었기 때문이다. 이제 그 구체적인 양성의 과정을 살펴보도록 하자. 전보를 취급하는 관리의 양성방법으로는 세 가지가 있었다. 첫째는 한성전보총국에 위탁 양성하는 것이다. 둘째는 조선의 전신기관이 직접 양성하는 것이고, 셋째는 일본에 유학을 보내어 양성하는 것이다.

첫째부터 살펴보도록 하자. 한성전보총국은 1885년 6월 6일에 체결된 의주 전선 합동(義州電線合同)에 의거하여 설립되었다. 의주 전선 합동 제5조에는 조선인의 유재자를 선발하여 기술을 습득시킨다고 규정되어 있다. 이 조항에 의거하여 양성된 인물로 이력이 확인되는 인물은 4명이다. 그 최초의 인물인 김재림(金載霖)(1834년생, 중인(中人)출신)은 1885년에 입학해서, 1887년에 졸업하였으며, 졸업 후 전보총국 위원(참하관)이 되었다. 그는 이후 전우총국 위원, 공무아문 주사(판임관), 농상공부 기사(주임관), 통신원 기사로 되었다.

둘째 방법을 살펴보자. 1887년에 조선전보총국이 설립되고, 조선정부가 남로전선을 가설하여 전신사업을 시작하려고 하였을 때, 조선정부는 한성 전보총국에 양장(洋匠)과 공두(工頭)의 파견을 의뢰하였는데, 이는 배제학당으로부터 외국어에 능통한 10여 명을 전보총국 학생으로 선발하고 이들에게 타전법(打電法)을 가르치게 하기 위한 것이었다. 이것이 어떻게 실현되었는지는 알 수 없는데, 이 시기에 배제학당 출신으로서 전보학습을 한 이력을 가진 인물은 아직 발견되지 않는다. 그러나 늦어도 1888년 초부터는 양성이 시작되었다고 판단된다. 한종익(1871년생, 중인(中人)출신)은 육영공원 학생이었는데, 1888년 2월에 전보학당에 입학하였고, 1892년 6월 26일에 졸업하여 조선전보총국 주사(참하관)가 되었다. 그는 이후 공무아문 사사(工務亞門司事)(전보송수신을 하는 판임관), 농상공부 기수(판임관), 농상공부 기사(주임관), 한성전보사 사장(漢城電報司司長)(주임관) 등을 역임하였다. 이와 같은 양성체계는 전우총국이 해체될 때까지 지속되었다. 당시에 양성된 인원들은 조선전보총국 주사와 전우총국 주사가 되어 전신업무에 종사하였고, 농상공부시기에 전보사가 설치되었을 때 전보사 주사로 임명되어 전신업무에 종사하였다. 갑오개혁기에 전보사 관세를 공포하기 이전에 이미 전신업무에 종사할 관리의 양성을 재개하였다. 구연만(1876년생)은 1895년 11월 15일에 전보학교에 입학하였는데, 1897년 10월 20일에 졸업하여 10월 26일에는 전주전보사 주사로 임명되었다. 농상공부시기에는 한성 전보총사에서뿐만 아니라, 각 지방사(地方司)에서도 견습원을 받아 양성하였는데, 이들은 한성 전보사에 와서 시험을 보아 자격을 인정받았다. 박상준(1877년생)은 1898년 12월에 안주 전보사 견습원(見習員)이 되었는데, 1900년 5월 30일에는 한성 전보학당의 시험에 우등하였으며, 6월 11일에는 금성 전보사의 주사로 임명되었다.

이와 같은 전신기술자의 양성체계가 가동되고 있었기 때문에, 1896년 7월 23일 전보사 관제를 처음 제정할 때, 주사는 전보학습원(電報學習員)으로 채용한다고 규정한 것이다. 그러나, 당시에는 전보학습이 비체계적이어서 우체사 인사에서와 마찬가지로 인사비리가 발생하고 있었다. 1898년 4월 21일자 매일신문에는 당시 전보사의 인사비리에 해당하는 기사를 싣고 있다. "재동사는 황종윤 씨가 월전에 의주 전보사 주사로 피임되었는데 전보사무

를 알지 못하므로 청원하여 해임되었는데, 어떠한 친구를 대하야 말하기를
강내시 석호 씨를 인연하여 서하를 다섯 번이나 나렸는데 한갓 주사(主事)
차함에 지나지 못하니 공명은 팔자에 있고 인력으로 할 수 없다고 자탄하
드라 하기로 우리는 듣는 대로 기재하노라."[208] 황종윤은 1898년 2월 18일
의주 전보사 주사로 임명되었는데, 8일 만인 6월 26일에 사직하였다. 그러
나 두 달이 채 지나지 않은 4월 16일에는 한성우체사 주사로 임명되었으며,
1899년 12월 28일에는 판임관 5등에서 평양우체사 사장 주임관 6등으로 승
진하였다. 이러한 인사비리가 어느 정도를 차지하고 있었는지는 확인하기
어려우나, 1899년 6월 19일자 황성신문에는 전보 및 우체학도로서 보직을
얻기가 힘드므로, 그들에게 먼저 보직을 주어야 한다고 주장하였으며, 이어
동년 10월 16일에는 다시 전보 및 우체 양사의 인사행정에 부정이 개재하
여 마땅히 보직되어야 할 전보 및 우체학도가 도리어 보직을 얻기가 심히
어렵다고 보도하고 있다. 1900년 11월 1일의 전무학도규칙은 이러한 문제를
해소하기 위해 제정된 것이었다.

전무학도 규칙(電務學徒規則)을 통하여 당시의 운영실태를 파악하여 보
자. 전무학도의 채용 및 양성방법은 우무학도와 거의 동일하다. 차이가 나
는 것은 교수과목으로서, 규정된 과목은 1. 타보(打報) 2. 번역(飜譯) 3. 전리
학(電理學) 4. 전보규칙(電報規則) 5. 외국어 6. 산술이다. 외국어와 산술을 가
르치는 것은 우무학도와 동일하다. 우무학도에서는 규칙의 학습이 중요하
였지만, 전무학도의 경우에는 전보규칙의 학습 이외에, 타보와 전리학이 중
요하였다. 타보(打報)는 전신문을 타전하는 것을 의미하고, 전리학은 전신
과 전기에 대한 개괄적인 이해를 할 수 있도록 가르친 것으로 생각된다. 이
외에 번역도 학과목에 들어 있다. 물론 한두 과목을 증감할 수 있도록 되어
있는데, 이것이 어떻게 운영되었는지는 알 수 없다.

---

[208] 『매일신문』 (1898년 4월 21일).

<표 3-8> 전무학도 규칙 제정 당시 전무학도 재학생의 발령 상황

발령일	성명	발령지	입학연도	전무학도 규칙 제정 당시의 급과 좌	비 고
00-11-29	정인묵	경성 전보사	1897.11	1급 2좌	
00-11-29	안병한	성진 전보사		1급 4좌	
00-11-29	이원학	함흥 전보사		1급 5좌	
00-11-29	이남호	운산 전보사		1급 6좌	
00-11-29	남기훈	함흥 전보사		1급 9좌	
00-11-29	오귀영	전주 전보사		1급 10좌	
01-01-11	오인묵	운산 전보사		1급 3좌	
01-01-18	김인식	개성 전보사	1900.7.16	당시 전무학도 아님	영어학교에서 전입
01-05-19	김노선	영변 전보사	1899.5.1	1급 7좌	
01-06-08	김상찬	개성 전보사		1급 8좌	
01-07-06	이필우	원산 전보사	1898.2	1급 1좌	
01-07-06	오진근	대구 전보사	1899.12.10	2급 5좌	
01-07-06	심상일	경성 전보사		2급 8좌	
01-07-06	안건호	인천 전보사		3급 7좌	
01-10-01	진상준	전주 전보사		2급 4좌	
01-11-07	홍태건	영변 전보사		3급 8좌	
01-12-10	문언교	진주 전보사	1899	2급 1좌	
01-12-11	이정춘	광주 전보지사		3급 2좌	
02-01-27	김병건	안주 전보사		당시 전무학도 아님	
02-01-27	박성호	영변 전보사		2급 3좌	
02-01-27	김상준	전주 전보사		2급 6좌	
02-01-27	조태하	금성 전보사		2급 7좌	
02-04-04	이근영	한성 전보사		당시 전무학도 아님	
02-04-09	이춘복	창원 전보사		3급 4좌	
02-04-09	구자욱	개성 전보사	1901.1.15		전무학도 규칙 제정이후 입학
	10명 생략				
02-09-24	김하영	옥구 전보사		3급 1좌	
02-10-27	이호영	평양 전보사		3급 3좌	

자료: 1. 전무학도 제정 당시의 전무학도 명부는 체신부(1985), 『한국전기통신100년사』, p.190.
　　 2. 발령일과 발령지는 『구한말관보』.
　　 3. 기타 기록은 대한민국 문교부 국사편찬위원회(1972), 『대한제국관원이력서』.
주: 다음 인원은 발령되지 않았음: 2급 2좌 정희문, 3급 5좌 임종석, 3급 6좌 김병민

실제 전무학도들이 어떻게 채용되었는가를 전무학도규칙 제정 당시에 전무학도로 있었던 인원의 발령상황을 통하여 살펴보자. 1900년 11월 1일 현재, 일급이 10명, 이급이 8명, 삼 급이 7명이지만, 이 외에 한 명은 외부에 있는데, 이를 삼 급에 포함시키면, 삼 급은 8명이 되고, 총 26명이 된다. 이 26명 중 23명은 전보사 주사로 임명되었다. 전보사 주사에 임명되지 못한 인원은 이급이 1명 삼 급이 2명이었다. 전보사 주사로 임명되었다는 것은 졸업하였음을 의미하므로, 졸업률이 낮다고는 할 수 없다. 전무학도는 급의 구별이 있을 뿐만 아니라, 동일한 급 내에도 좌로 다시 서열 매겨져 있다. 23명이 전보사 주사로 임명된 시기는 1900년 11월 29일에서 1902년 10월 27일 동안이다. 이 기간 동안에는 총 37명이 전보사 주사로 신규 임명되었다. 1900년 11월 29일부터 1901년 말까지는 총 18명이 전보사 주사로 신규 임용되었는데 이 중 1명을 제외하고는 1900년 11월 1일 전무학도 명단에 있는 인물이었다. 이 예외적인 한 명도 전무학도이다. 그는 원래 영어학교 학생으로서, 전무학도로 전입하여, 6개월 만에 졸업하였다. 전무학도 규칙을 보면, 우등만을 계속한 경우에는 6개월 만에도 졸업할 수 있는 체계이기 때문에, 영어학교 학생이었다는 것을 근거로 특별대우를 한 것인지, 아니면, 연속 우등을 하여 졸업하게 되었는지는 명백하지 않다. 이 시기 동안 졸업한 17명을 보면, 일급이 10명, 이급이 4명, 삼 급이 3명으로 되어 있다. 이급보다 더 빨리 졸업한 삼 급들이 있다는 점과, 대부분의 학생이 2년 이내에 졸업한다는 점을 고려하면, 이를 삼 년제의 학교로 파악하는 것은 문제가 있다. 급과 좌의 구분은 취학기간이 아니라 성적에 의해 결정되는 것이다. 또한 전보사 직원으로 임명된 인원이 1901년까지 모두 전무학도로 되어 있다는 점을 고려할 때 이 시기에는 전무학도 이외의 인원을 전보사 관리로 임명하는 인사비리가 없었다고 할 수 있다. 이 이후 시기에는 명단에 포함되지 않은 인물들이 있는데, 구자욱과 같이 1901년에 입학하여 1902년 4월 9일에 졸업한 인물들이 있기 때문에, 이 이후의 전무학도생의 명단을 얻기 이전까지는 평가할 수 없지만,

전무학도제도는 인사의 공정성을 기하는 데, 도움이 되었다고 할 수 있다.

셋째는 일본유학에 의한 학습이다. 이 시기는 전신기술이 급속하게 발전하는 시기였다. 유학은 새로운 기술을 수입하는 창구로 기능하였다. 1896년 경응의숙의 학생에 대한 조치는 앞서 언급하였으므로 생략하도록 하자. 통신원에서는 1904년 전보사업비 예산을 편성하면서, 주사 4명을 일본에 유학시키기 위해 유학생비를 포함시켰다. 이것이 어떻게 진행되었는지는 알 수 없지만, 국내의 양성체계가 어느 정도 갖추어졌다고 해서, 외국으로부터의 신기술의 수입에 대해 전혀 무관심하였던 것은 아니라는 것을 보여준다.

이 시기에 양성된 인원으로 어떠한 사람을 선발하였는가를 보기 위해, 우체나 전신학습원으로 선발되기 이전의 학력을 고찰하여 보자. 전보사의 경우, 우체나 전신학습을 한 인원으로서, 그 이력을 알 수 있는 인원은 총 36명인데, 이 중 27명은 이 이외의 학력은 없다. 그리고, 나머지 9명은 영어학교 6명, 법관양성소 1명, 사범학교 1명, 일동사숙 1명이다. 우체사의 경우, 우체나 전신학습을 한 인원으로서, 그 이력을 알 수 있는 인원은 총 26명인데, 그중 12명은 학력이 없고, 일본유학자가 3명, 외국어학교가 7명, 법관양성소 1명, 사범학교 1명, 종두의양성소 1명, 조애의숙 1명이다. 즉 학력이 없는 경우가 가장 많고 그 다음은 외국어학교를 다녔던 인원이다. 학력이 없다는 것은 무학자를 의미한다기보다는 가숙에서 학업을 한 것으로 이해된다. 갑오개혁 이후 소학교가 설립되었지만, 이들 소학교 졸업생이 관리로 등장할 정도의 시간이 경과하지 않았기 때문에 소학교 졸업생은 없었다. 이 시기에는 여전히 가문에 의해 운영되고 있는 가숙이 각 개인의 관료로서의 성장의 기반이 되고 있으며, 당시 새롭게 설립되고 있었던 외국어학교 등에 입학하거나 일본에 유학하는 것도 관리가 될 수 있는 요로였다. 또한 당시의 관리선발은 추천과 전고에 의해 이루어지는데, 추천권자는 칙주임관이었다. 가문에 의해 운영되는 교육기관이 여전히 중요하였고, 공개모집이 아닌 추천제 방식이었기 때문에 일반 양민이 관리로 될 수 있는 경우는 상당히 드물었다고 할 수 있지만, 그러나 완전히 배제된 것은 아니다. 이 시기에 우체나 전신업무에 종사하는 관리로 진출한 사람 중에는 칙임관을 제외하고는 과거 합격자는 한 명도 없으며, 상당수는 중인(中人)출신이었다. 당시 중인들은 서양의 신문물을 상대적으로 빨리 수용하였고, 이것을 기반으로 하여 신분상승을 하고 있었다.

2.2. 임금제도와 승진제도

2.2.1. 임금제도

조선시대에 관리는 품계제도에 의해 관리되었는데, 갑오개혁기부터는 관등제에 의해 관리되었다. 갑오개혁기에 품계제도가 완전히 사라진 것은 아니지만, 이 시기의 품계제도는 조선시대의 품계제도와는 달리 관리자격이라기보다는 일종의 명예였다. 관등제도는 관리의 위계를 관등으로 서열 지운 것으로서, 품계제도와는 달리, 군인을 제외한 모든 관리는 동일한 관등체계 내에 서열 지워졌다. 당시 관리는 칙임관, 주임관, 판임관으로 구분되었는데, 칙임관은 4등으로, 주임관은 6등으로, 판임관은 8등으로 구분되었다. 1895년 3월 29일 관등봉급령에는 주임관과 판임관의 관등은 따로 진급하는 예를 정한 자 외에 재직 만 1년을 넘지 않으면 승서하지 못하도록 하였다. 즉 현 관등에 재직한 지 일 년이 지나면 고과를 평가하여 승등하는 체계였다. 물론 이것은 칙령에 규정된 관등제의 운영방식이고, 실제 운영은 이와 달랐다. 우체사와 전보사 관리의 승등을 살펴보면, 1900년 이전까지는 일 년에 한 번씩 승등하는 것이 기본이었지만, 경우에 따라서는 일 년에 여러 번 승등하기도 하였다. 당시 가장 고속 승진하였던 강인규의 이력서는 이러한 승등 승진의 실례를 잘 보여준다. 강인규는 1895년 6월 1일 판임관 8등인 우체기수보로 채용되어서, 1년 7개월 만에 3번 승등하였고, 주임관으로 승진한 후, 5개월여 만에 또 2번 승등을 하여 총 2년 6개월 만에 주임관

4등이 되었다. 그 이후에도 강인규의 승등 승진은 막힘이 없었는데, 우체기수보에서 칙임관으로 승진하기까지 4년 9개월 25일이 소요되었을 뿐이다. 이것은 당시의 승등제도의 문란함을 단적으로 보여주는 것이다. 승등제도는 1900년대에 들어와서 상당한 변화를 겪었다. 이제 정기적인 승진연한에 승진하는 것이 예외적으로 되었다. 1901년에는 칙주임관 승급 및 승등령(勅奏任官昇級及昇等令)을 제정하여 승등연한을 더 넓혀서 판임관 6등에서 5등으로 승등하는 데는 1년 6개월로, 5등에서 4등으로 승등하는 데도 1년 6개월로 늘렸고, 4등에서 3등으로 승등하는 데는 2년 6개월로 늘렸다. 점차 위로 갈수록 승등에 요하는 기간이 더 늘어나는 체계로 만들었다. 실제로 1년 6개월 만에 6등에서 5등으로 승진하는 것은 이례적인 것이 되었다.

관등제는 일정 연한이 지나면 고과를 거쳐 관리를 승진시키는 관리인사제도인데, 관등은 관리의 입장에서 볼 때 두 가지 중요한 의미를 가진다. 첫째, 관등이 올라감에 따라 보다 높은 관직으로 승진할 수 있다. 둘째, 관등이 올라감에 따라 보다 높은 봉급을 받을 수 있다. 그러나 이 두 번째 점은 모든 관리에게 해당되는 것은 아니었다. 관등제는 모든 관리에게 동일하게 적용되고는 있지만, 관등에 대한 봉급은 모든 관직에 동일한 것은 아니었다. 관등이 오르면 봉급이 오르는 관직이 있는가 하면, 관등이 올라도 봉급이 오르지 않는 관직이 있다. 전자의 예로는 내각 및 중앙각부의 관리를 들 수 있고, 후자의 예로는 지방행정기관의 관리를 들 수 있다. <표 3-9>는 1895년의 내각 및 각부 관리의 봉급체계와 1896년 지방행정기관의 관리의 봉급체계를 정리한 것이다. 내각 및 각부의 관리는 관등에 따라 상이한 봉급을 받았는데, 칙임관이 가장 높은 봉급을 받았고, 주임관은 1등조차 칙임관 4등의 봉급에 미치지 못하였고, 판임관은 1등조차 주임관 6등의 봉급에 못 미쳤다. 각 신분은 관등이 오름에 따라 봉급이 증가하는 체계였지만, 각 신분의 봉급은 서로 겹쳐지지 않는다.[209] 내각 및 각부 관리의 봉급은 관등이

---

[209] 식민지기의 봉급은 호봉제도에 의하였는데, 판임관 상급과 주임관 하등의 봉급

올라감에 따라 증가하게 되어 있는 반면, 지방행정기관의 관리의 봉급은 맡고 있는 직임에 따라 관등에 관계없이 일정한 봉급을 받는 직무급이었다.

<표 3-9> 각부 관리와 지방 행정기관 관리의 봉급체계

(단위: 원)

제정일	내각 및 각부 관리 1895년 3월 29일		지방 행정기관 관리 1896년 8월 4일	
칙임관	생략		한성부 판윤, 관찰사	2000
주임관	1등	1600	제주 목사	1500
	2등	1400	7부 부윤	1200
	3등	1200	일등군 군수	1000
	4등	1000	이등군 군수	900
	5등	800	삼등군 군수	800
	6등	600	사등군 군수	700
			오등군 군수, 한성부 소윤	600
판임관	1등	500	한성부 주사	240
	2등	420	관찰도 주사	216
	3등	360	관찰도 총순	192
	4등	300	제주목 주사	180
	5등	240		
	6등	180		
	7등	150		
	8등	120		
원역			7부와 각 군 수서기	96
			한성부, 관찰도 서기	96
			7부, 제주목, 각 군 서기	72

자료: 국회도서관(1970), 『한말근대법령자료집1』 '칙령 제57호 관등봉급령', pp.255-262; 국회도서관(1971), 『한말근대법령자료집2』 '칙령 제36호 지방제도·관제·봉급·경비 개정', pp.115-124.

이 겹치고, 주임관 내의 각 신분의 임금도 서로 겹치게 되어 있다. 이 시기의 봉급체계는 신분이 오르지 않아도 봉급이 계속 오를 수 있도록 허락하는 식민지기의 호봉제도와는 달랐다.

이제 내각 및 각부 관리, 지방행정기관 관리의 임금을 비교하면서, 통신기관 관리의 봉급체계의 특성을 살펴보자. 우체사와 전보사의 관리감독기관이었던 농상공부와 통신원의 관리의 임금은 중앙 각부 관리의 임금과 동일하므로 생략하고, 우체사와 전보사 관리의 봉급체계만을 살펴보자.

<표 3- 10> 우체사와 전보사 관리의 봉급체계의 변천

(단위 원)

		우체사 1895년윤5월26일	전보사 1896년 7월 23일 일등사	이등사	우체사 1896년 8월 5일 일등사	이등사	우체사, 전보사 1900년 11월 3일 일등사	이등사
주임관	1등		480	420	480	360	840	720
	2등	없음	480	420	480	360	840	720
	3등		480	420	480	360	720	600
	4등	1000	480	420	480	360	720	600
	5등	800	480	420	480	360	600	480
	6등	600	480	420	480	360	600	480
판임관	1등	500	360	300	240	240	420	360
	2등	420	360	300	240	240	420	360
	3등	360	360	300	240	240	360	300
	4등	300	360	300	240	240	360	300
	5등	240	360	300	240	240	300	240
	6등	180	360	300	240	240	300	240
	7등	150						
	8등	120						
우체기수보	1급	180						
	2급	144			없음			
	3급	120						
	4급	96						
	5급	84						
	6급	72						

자료: 국회도서관(1970), 『한말근대법령자료집1』 '칙령 제57호 관등봉급령', pp.255-262, '칙령 제126호 우체기수보 봉급에 관한 간, pp.465-466; 국회도서관(1971), 『한말근대법령자료집2』 '칙령 제33호 전보사 직원 봉급령, p.104, '칙령 제43호 우체사 직원 봉급령, p.132, '칙령 제43호 우체사 직원 봉급령 개정, pp.234-235, '칙령 제44호 전보사 직원 봉급령 개정, pp.235-236.

1895년 윤5월 26일 우체사 관리의 봉급이 규정되었는데, 주임관과 판임관의 봉급은 내각과 각부 관리의 봉급과 동일하였다. 당시 사장은 주임관 4등부터 판임관 5등 이상으로 규정되어 있다. 일반관리의 경우, 판임관 6등에서부터 시작하고, 또한 대체로 일 년이 지나면 5등으로 승등하므로, 판임관 경력 1년이면 사장이 될 수 있는 자격이 생긴다고 할 수 있다. 그러나 이 시기에는 앞서 언급한 바와 같이 우체기수보라는 관질이 있었는데, 우체기수보는 1급부터 6급까지로 구분하여서, 4급 이하는 판임관의 8등에 못 미치는 봉급이고, 1급은 판임관 6등에 상당하는 것이었다. 당시 중앙기관의 판임관의 초임관등이 판임관 6등이었다는 점을 감안한다는 그 이하의 임금을 지불할 수 있는 관등을 둔 것이다. 임금제도로 보는 한, 우체기수보는 6년 정도 근무를 하고, 우체기수로 승진하고, 우체기수로서 일 년 이상 근무한 관리로부터 사장을 선발하는 체계를 구상하고 있었다. 그러나 이 봉급체계는 오래 지속되지 않았다. 사장을 판임관 5등이 맡을 수 있는 관질로 설정한 것은 현업업무(現業業務)를 숙지하고 있는 인물을 사장으로 임명하기 위한 것이었다. 그런데 1895년에 우체사 관리의 임명상황을 보면 사장이 4명, 우체기수가 2명, 우체기수보가 27명으로 대부분이 우체기수보이다. 이러한 인원구성을 기초로 우체사를 증설하게 되자, 우체기수보로부터 바로 우체사장을 임명할 수밖에 없는 상황이 발생한 것이다.

1896년 7월 23일에는 전보사 관리의 봉급이 정해졌는데, 일등사 사장은 480원, 이등사 사장은 420원, 일등사 주사는 360원, 이등사 주사는 300원으로 정하였다. 전보사의 경우 사장은 주임관을 임명하도록 되어 있지만, 그 연봉은 판임관 1급에도 못 미친다. 사장은 주임관으로 주사는 판임관으로 함으로써 전보사에 있어서의 신분질서를 명확하게 하였지만, 주임관 사장의 봉급이 판임관 1급에도 못 미치도록 설정된 것은 부분적으로는 전보사 사장이 주사로부터 승진하는 직책으로 설정되어 있기 때문이다. 그리고 판임관인 주사의 봉급을 보면, 일등사 주사는 판임관 3등의 연봉을 받고, 이등사 주사는 판임관 4등의 연봉을 받으며, 지방행정기관과 마찬가지로 봉급은 관등과 무관하게 일정하게 받는 직무급인데, 지방행정기관의 판임관과 비교할 때 더 많은 봉급을 받는다. 중앙 각부 판임관과의 비교는 용이하지 않는데, 1896년 말 전보사 주사의 관등을 보면, 4등 3명, 5등 2명, 6등 6명으로 되어 있어서, 당시의 관등에 비해서 볼 때는 중앙부서보다 오히려 더 많은 봉급을 받았다. 그러나 장기적으로 근무하여 1등이나 2등으로 승진하는 경우, 관등에 비해서 낮은 봉급을 받을 수 있지만, 당시 전보사 사장의 봉급을 보면, 판임관 1등이나 2등의 연봉에 상당하고, 사장으로의 승진은 판임관 하등에서도 이루어지고 있으므로, 판임관 상등에서의 봉급의 손실은 사장으로의 승진에 의해 보상될 수 있다.

전보사 관리의 봉급이 제정된 얼마 후에 우체사 관리의 봉급도 개정되었다. 우체사 관제가 개정되기 이전에는 우체기수보에서 주임관 4등에 이르기까지 상당히 세분화된 관등봉급제가 실시되고 있었는데, 1896년 8월 5일의 개정에서는 매우 단순화되었다. 우체사 주사에게는 240원을 지급하며, 우체사 사장은 주임관을 임명하도록 되어 있는데, 일등사 사장에게는 480원, 이등사 사장에게는 360원을 지급한다. 전보사와 비교하면, 우체사 주사에게는 전보사 이등사 주사의 봉급에 못 미치는 판임관 5등의 봉급을 지급한다. 전보사와 달리 일등사 주사와 이등사 주사의 봉급의 차이는 없다. 그리고, 우체사 일등사 사장은 전보사 일등사 사장의 봉급과 같고, 우체사 이등사 사장은 전보사 일등사 주사의 봉급과 같은데, 우체사 이등사 사장은 임명되지 않았다. 이러한 변화 속에서 우체기수보는 모두 우체주사6등으로 승진 임명되었고 우체기수보라는 관질은 소멸하였다. 이 시기에 우체주사는 4등이 1명 있는 것을 제외하고 나머지 59명이 모두 6등이었는데 5등의 봉급을 지급하고 있으므로, 중앙 각부의 판임관보다 더 많은 봉급을 받았다고는 하겠지만, 우체주사들의 관등이 올라가면, 오히려 중앙 각부의 판임관보다 더 적은 봉급을 받도록 변화될 것이었다. 전보사와 우체사 주사의 임금의 차이는 당시 전보사 주사와 우체사 주사의 관등의 차이를 반영한 측면도 있었다.

그러나 이러한 봉급체계는 오래 지속되지 않았다. 첫째, 사업의 연수가 증가하여 가자, 관등이 높은 판임관들이 출현하게 되었는데, 이들은 승진의 전망이 적어지고, 중앙관서의 관리보다 봉급도 적게 받게 되었다. 1900년 말 상태에서 볼 때, 우체사 판임관의 관등의 분포는 이등이 20명, 삼등이 15명, 4등이 16명, 5등이 22명, 6등이 16명으로 상당히 고르게 분포되어 있었고, 또 전보사의 경우에는 일등이 4명, 이등이 6명, 삼등이 6명, 4등이 20명, 5등이 23명, 6등이 21명으로 상당한 정도의 분포를 이루고 있다. 승등이 연봉의 증가로 연결되지 않으므로, 장기근속에 대한 인센티브를 결여한 봉급체계라고 할 수 있다.

<표 3- 11> 우체사와 전보사에 있어서 관리의 관등별 분포의 동향

(단위 인)

		관등	주임							판임						
			1	2	3	4	5	6	계	1	2	3	4	5	6	계
우체사	총사와 일등사	1896						10	10				1		33	34
		1897						13	13	1				16	19	36
		1898					9	4	13	1		15	6	17	39
		1899			7	4	5	16	1	15	6	13	17	52
		1900			6	4	4	2	16	12	6	8	16	7	49
		1901			6	4	5	1	16	11	7	8	17	13	56
		1902			6	3	6	1	16	15	9	17	10	10	61
		1903			6	3	6	1	16	15	3	15	11	14	58
		1904			6	3	4	4	17	12	8	18	10	15	63
	이등사 와 지사	1896												26	26
		1897											25	15	40
		1898										20	12	9	41
		1899									11	7	11	11	40
		1900								8	9	8	6	9	40
		1901								9	8	13	8	4	42
		1902								13	9	9	10	12	53
		1903								19	11	14	4	15	63
		1904						1	1	17	11	10	11	16	65

		관등	주임						계	판임						계
			1	2	3	4	5	6		1	2	3	4	5	6	
전보사	총사와	1896					1		1				2	2	3	7
	일등사	1897		1			1	3	5			2	2	5	14	23
		1898			1	1		6	8		2	1	4	8	13	28
		1899		1	1		7	4	13		1	5	9	14	16	45
		1900	1	1		7	3	3	15	2	5	6	10	15	14	52
		1901	1	1		7	3	4	16	3	3	7	13	13	18	57
		1902	1	1	1	6	2	5	16	2	4	5	10	13	13	47
		1903	1	1	1	6	2	7	18	1	7	10	23	17	21	79
		1904	1	1	5	2	6	4	19	2	5	12	22	19	25	85
	이등사	1896											1		3	4
	와 지사	1897											2	3	7	12
		1898										4	3	4	6	17
		1899									3	2	1	5	11	21
		1900								2	1		10	8	7	28
		1901								1			9	11	10	31
		1902								1	1	5	21	10	15	53
		1903										5	14	7	19	45
		1904									2	5	14	17	7	45

자료: 『구한말관보』.

둘째, 사장으로의 승진의 전망이 사라지고 있었다는 점이다. 1895년부터 1904년까지 사장으로 서임된 인원은 총 58명이었다. 그러나 이 중 40명은 1899년 이전에 임명된 인원이고, 1900년부터 1904년까지 사장으로 인명된 인원은 18명에 불과하였다. 1899년까지는 일등사를 신설함으로써, 사장정원이 상당수 늘어났는데, 1900년부터는 일등사의 신설은 거의 없게 되었다. <표 3-13>에 나타난 주사로의 강등은 아주 이례적인 것이다.[210] 주사의 인원은 증가했고, 또 주사의 관등이 증가하였지만, 사장으로 승진될 인원은 줄어들고 있었다.

[210] 지방사 사장으로 임명되자 부임하지 않아 발생한 현상으로 예외적인 것이다.

<표 3-12> 우체사 전보사에 있어서 사장의 충원 원인

(단위: 인)

		1895	1896	1897	1898	1899	1900	1901	1902	1903	1904	95-99	00-04	계
우체사	사장 정원 증가	4	6	3		3					2	16	2	18
	퇴직 및 전출		1	1	1	6	1	2	1		3	9	7	16
	주사로 강등				1							1		1
	계	4	7	4	2	9	1	2	1		5	26	9	35
전보사	사장 정원 증가		1	4	3	5	2	1		2	1	13	6	19
	퇴직 및 전출						1	2		1		1	3	4
	주사로 강등													
	계		1	4	3	6	4	1	1	2	1	14	9	23
합계	사장 정원 증가	4	7	7	3	8	2	1		2	3	29	8	37
	퇴직 및 전출		1	1	1	7	3	2	2		3	10	10	20
	주사로 강등				1							1		1
	계	4	8	8	5	15	5	3	2	2	6	40	18	58

자료: 『구한말관보』.

이에 따라 퇴직률이 증가하게 되었고, 이에 대한 대응으로 봉급체계는 개정되게 되었다. 1900년 11월 3일 개정의 특징을 살펴보면, 우선 우체사와 전보사의 봉급체계는 같아지게 되었다. 이것은 우체사 관리의 지위의 상승을 의미하는 것인데, 이러한 지위의 상승이 일어나게 된 배경으로 두 가지를 들 수 있다. 첫째는 1896년과는 다르게 우체사의 주사에도 이제 근속자들이 축적되어 관등의 분포가 어느 정도 전보사와 비슷하게 되었기 때문이다. 둘째는 외체사업의 실시에 따라 외국어를 구사할 수 있는 인물이 필요하였다.

이 때 봉급체계의 변화를 보면, 일등사와 이등사의 봉급체계의 차이는 여전히 있었다. 주사의 경우, 일등사 일이 등은 420원, 삼사 등은 360원, 오륙 등은 300원, 그리고 이등사 일이 등은 360원, 삼사 등은 300원, 오륙 등은 240원으로 되어서, 전체적으로는 판임관 2등부터 판임관 5등의 임금에 상당한데, 동일한 등급일 때 일등사는 이등사보다 한 등급 더 높은 연봉을 받도록 되어 있다. 동일한 관등일 경우 중앙 각부와 비교하여 보면, 일등사인 경우, 4등 5등 6등은 오히려 중앙각부보다 더 많은 연봉을 받고, 1등은 더 낮은 임금을 받도록 되어 있는데, 실제로 일등은 매우 예외적인 경우에, 도달할 수 있는 관등이었다. 그리고 이등사인 경우라면, 6등은 더 나은 대우를 받지만, 1, 2, 3등의 경우에는 더 불리한 대우를 받게 된다. 전체적으로 중앙 기관의 판임관과 비교할 때, 하등일 때는 더 나은 봉급을 받지만, 상등일 경우에는 오히려 더 낮은 대우를 받는 체계로 되어 있지만, 근속에 의한 연공임금의 체계를 채택하고 있다는 점에서 이전 시기와는 구별된다. 주임관의 경우에는 일등사 사장의 경우, 중앙 각부의 주임관 5등과 6등 봉급에 상당한다.

<표 3-13> 대한제국기 통신기관 종사자의 퇴직 동향

(단위: 인, %)

		실수													비율		
		1895	1896	1897	1898	1899	1900	1901	1902	1903	1904	95-00	01-04	계	95-00	01-04	계
통신원																	
주임	의원면	1	1					1				2	1	3	33	50	38
	파면					1						1		1	17		13
	전출			3							1	3	1	4	50	50	50
	사망																
	계	1	1	3		1		1			1	6	2	8	100	100	100
판임	의원면						1						1	1		50	50
	파면																
	전출																
	사망							1					1	1		50	50
	계						1	1					2	2		100	100
우체사																	
주임	의원면					2	1				2	3	2	5	30	33	31
	파면					2					1	2	1	3	20	17	19
	전출		1	1	1	1		2	1			4	3	7	40	50	44
	사망					1						1		1	10		6
	계		1	1	1	6	1	2	1		3	10	6	16	100	100	100
판임	의원면	2	4	5	9	11	11	1	3	4	3	42	11	53	55	34	49
	파면			4	3	3	6	1	1	9	7	16	18	34	21	56	31
	전출	1		2	3	7	1		1			14	1	15	18	3	14
	사망		1	1			3		1	1		5	2	7	6	6	6
	계	3	5	12	15	21	21	2	6	14	10	77	32	109	100	100	100

			실수													비율		
			1895	1896	1897	1898	1899	1900	1901	1902	1903	1904	95-00	01-04	계	95-00	01-04	계
전보사																		
	주임	의원면																
		파면					1		1				1	1	2	33	100	50
		전출				1	1						2		2	67		50
		사망																
		계				1	2		1				3	1	4	100	100	100
	판임	의원면				7	13	6		7	6	7	26	20	46	72	47	58
		파면				2	2	2	3	4	5	9	6	21	27	17	49	34
		전출			1	2							3		3	8		4
		사망						1	1			1	1	2	3	3	5	4
		계			1	11	15	9	4	11	11	17	36	43	79	100	100	100
합계																		
	주임	의원면	1	1			2	1		1		2	5	3	8	26	33	29
		파면					2	2		1		1	4	2	6	21	22	21
		전출		1	4	1	2	1	2	1		1	9	4	13	47	44	46
		사망					1						1		1	5		4
		계	1	2	4	1	7	4	2	3		4	19	9	28	100	100	100
		퇴직률	20	14	17	4	19	10	5	7	0	8	14	5	11			
	판임	의원면	2	4	5	16	24	17	2	10	10	10	68	32	100	60	42	53
		파면			4	5	5	8	4	5	14	16	22	39	61	19	51	32
		전출	1		3	5	7	1		1			17	1	18	15	1	9
		사망		1	1			4	1	2	1	1	6	5	11	5	6	6
		계	3	5	13	26	36	30	7	18	25	27	113	77	190	100	100	100
		퇴직률	9	7	10	17	19	14	3	7	9	9	13	7	11			

자료: 『구한말관보』.
주: 1. 전출은 통신기관 이외의 기관으로의 전출임.
　　2. 퇴직률은 퇴직자수(연도 말 인원+퇴직자수)로 구하였음.

즉 이 시기에 들어와서, 통신기관 주임관은 주임관의 대우를 받게 되었지만, 그 봉급은 주임관 하등에 속한다. 지방행정기관의 주임관과 비교하면, 사장 일이 등은 삼등군 군수에, 사장 삼사 등은 사등군 군수에, 사장 오육 등은 오등군 군수에 상당하는 봉급을 받게 된 것이다. 즉 작은 군의 군수에 상당하는 대우를 하고 있다.

1900년 봉급체계의 변화가 봉급지급액에 미친 영향을 살펴보자. 우체사의 경우에는 35% 정도의 봉급인상을 가졌왔음에 반하여, 전보사의 경우에는 약간의 봉급인상의 효과는 있었지만, 이는 사장의 봉급인상으로 인한 것이고, 주사의 경우에는 오히려 봉급이 인하되는 효과가 있었다.

<표 3-14> 1900년 봉급표의 개정이 봉급액에 미친 효과

(단위 원, 비율)

	1896년 봉급표에 의한 봉급액(A)			1900년 봉급표에 의한 봉급액(B)			B/A		
	주임	판임	계	주임	판임	계	주임	판임	계
우체사									
1896	4800	14400	19200	6000	16500	22500	1.25	1.15	1.17
1897	6240	18240	24480	7800	20520	28320	1.25	1.13	1.16
1898	6240	19200	25440	7800	23760	31560	1.25	1.24	1.24
1899	7680	22080	29760	10440	27660	38100	1.36	1.25	1.28
1900	7680	21360	29040	10800	28560	39360	1.41	1.34	1.36
1901	7680	23520	31200	10800	31440	42240	1.41	1.34	1.35
1902	7680	27360	35040	10680	37020	47700	1.39	1.35	1.36
1903	7680	29040	36720	10680	39180	49860	1.39	1.35	1.36
1904	8520	30720	39240	11760	40800	52560	1.38	1.33	1.34
전보사									
1896	480	3720	4200	600	3240	3840	1.25	0.87	0.91
1897	2400	11880	14280	3120	10140	13260	1.30	0.85	0.93
1898	3840	15180	19020	5040	13440	18480	1.31	0.89	0.97
1899	6240	22500	28740	8160	20040	28200	1.31	0.89	0.98
1900	7200	27120	34320	10320	25080	35400	1.43	0.92	1.03
1901	7680	29820	37500	10920	27120	38040	1.42	0.91	1.01
1902	7680	32820	40500	10920	30240	41160	1.42	0.92	1.02
1903	8640	41940	50580	12120	38580	50700	1.40	0.92	1.00
1904	9120	44460	53580	12720	40920	53640	1.39	0.92	1.00

자료: 『구한말관보』.

통신기관의 봉급체계는 1896년에는 단순 직무급이었지만, 1900년부터는 근속에 의한 연공가급체계가 되었다. 이 이외의 보직수당이나 상여 등은 거의 존재하지 않아, 전체적으로 매우 단순한 봉급체계였지만, 연공가급제를 실시함으로써, 퇴직률을 줄여 고용의 안정에 기여하였다.

이제 용인의 보수를 살펴보자. 용인의 급료에 대한 통계는 별로 많지 않다. 체전부(遞傳夫)는 용인 중에서 가장 큰 비중을 차지한다. 체전부의 료미는 1895년에 7원으로 설정되었는데, 1903년 8월 이전까지 변하지 않았다. 당시 각 군의 수서기의 급료가 8원이었고, 서기가 6원이었으므로, 수서기와 서기의 중간 정도의 급료를 받았다. 지방행정기관에 있어 수서기와 서기는 가장 많은 급료를 받는 원역이었다는 점을 감안한다면, 상당한 수준의 보수를 지급하였다고 할 수 있다. 대부분의 직역에 대해 급료액을 얻을 수 있는 1900년의 급료액을 보자. 체전부와 보방직(報房直)은 7원이었으며, 공두(工頭)는 5원이고, 청사와 사역은 4원의 급료를 받았다. 각 군의 순교가 4원을 받고 있었으므로, 지방청의 원역의 임금과 비교하여 볼 때 통신원의 용인의 급료는 낮은 편은 아니었다. 이 임금은 이후 변화하여 갔는데, 1903년에는 공두와 전전부(電傳夫)의 급료가 7원으로 증가하였다. 그리고 통신원에서는 청사와 사역의 급료를 5원으로 인상할 계획을 가지고 있었는데 실현되지 않았다. 1903년 8월에는 체전부를 3급으로 구분하여 일급 체부는 9원, 이급 체부는 8원 3급, 체부는 7원으로 하여 차등을 두었는데, 이것은 어느 정도 임금상승의 효과가 있었지만, 1903년에는 실현되지는 않았다. 1904년에는 공두와 전전부의 임금체계도 체전부와 같이 만들었지만, 이것이 어떻게 집행되었는지는 명백하지 않다. 1905년에는 다시 체전부의 급료를 일급은 10원, 이급은 9원, 3급은 8원으로 각각 1원씩 인상하였다. 그리고 청사의 임금은 6원으로 인상하였다. 지방행정기관의 원역의 급료는 오르지 않고 있음에 반하여 통신기관 용인의 급료는 올라가고 있었기 때문에, 급료상으로 볼 때 상대적으로 나은 직종이었다고 할 수 있다.

<표 3-15> 우체사와 전보사 용인의 봉급체계의 변천

(단위: 원)

구분				1895	1900. 4월	1900. 12월	1903 예산서	1903. 1월	1903. 8월	1904 예산서	1904. 3월	1905. 3월	비고
우체사	직원	사무원					10						1
	용인	고원					10						2
		체전부	급설정 이전	7	7	7	7						3
			일급							9		10	
			이급							8		9	
			삼급							7		8	
		임시 체전부			7	7							4
		청사			4	4	5					6	
		사역			4	4	5						
전보사	직원	고원								10			5
	용인	별공두								30			5
		공두	급설정 이전	5	5		7						
			일급							9	9		
			이급							8	8		
			삼급							7	7		
		전전부	급설정 이전		4	4	7						
			일급							9	9		
			이급							8	8		
			삼급							7	7		
		보방직			7	7	7			8			
		청사			4	4	4			5			
		사역											5

자료: 1. 1900년은 '각 지방 우체사 경비 명세표(各地方郵遞司經費明細表)'와 '각 지방 전보사 경비 명세표(各地方電報司經費明細表)'에서 작성

　2. 1903년 예산과 1904년 예산은 '광무 칠년도 우편사업비 예산표(光武七年度郵便事業費豫算表)'와 '광무 팔년도 전보사업비 예산표(光武八年度電報事業費豫算表)'에서 작성

　3. 1903년 8월과 1904년 3월은 료자 지급에 관한 통신원령으로부터 작성

비고: 1. 마포 영수소와 부산 초량 영수소에서 재근

　2. 한성우체사 소속

　3. 집신체부, 분전체부, 우체사 간 발송체부

　4. 우체사와 임시우체사 간을 체송; 발송체부와 동일

　5. 한성전보사 소속

2.2.2. 승진제도

이제 승진에 대해 살펴보자. 사장으로 채용된 인원의 전력을 고찰함으로

써, 어떠한 인원이 충원되고 있는지를 확인할 수 있다. 채용이나 전입에 의해 충용된 인원은 총 19명이고, 주사로부터 승진된 인원은 39명이어서, 주사로부터의 승진이 압도적으로 많다. 이를 시기적으로 보면, 1895년부터 1899년까지는 채용이나 전입이 15명이고 내부 승진이 25명이었는데, 1900년부터 1904년까지는 채용 및 전입이 4명이고, 내부 승진이 14명이다. 1901년 이후의 채용 및 전입 3명은 우체사장이 철도국 기사로 전출되고, 다시 재전입되는 반복에 의해 야기된 것으로 실제적으로 외부로부터의 영입은 없었다고 할 수 있다.

<표 3- 16> 우체사 전보사에 있어서 사장의 충원 방법

(단위: 인)

		1895	1896	1897	1898	1899	1900	1901	1902	1903	1904	95-99	00-04	계
우체사														
채용 전입			1			2						3		3
	주임	2			1	1		2	1			4	3	7
	판임	1	1	1								3		3
	채용, 전입계	3	2	1	1	3		2	1			10	3	13
내부 승진	1등													
	2등					1					3	1	3	4
	3등					1	1					1	1	2
	4등	1			1	2					2	4	2	6
	5등			3		2						5		5
	6등													0
	8등 혹은 우체기수보		5									5		5
	내부 승진계	1	5	3	1	6	1				5	16	6	22
계		4	7	4	2	9	1	2	1		5	26	9	35
전보사														
채용 전입			1		1							2		2
	주임		1			1	1					2	1	3
	판임			1								1		1
	채용, 전입계		1	1	1	2	1					5	1	6
내부 승진	1등					1			2			1	2	3
	2등					2	1					2	1	3
	3등						3	1					4	4
	4등			1		1					1	2	1	3
	5등			1	2							3		3
	6등			1								1		1
	8등 혹은 우체기수보													
	내부 승진계		3	2	4	3	1	1	2	1		9	8	17
계			1	4	3	6	4	1	1	2	1	14	9	23

		1895	1896	1897	1898	1899	1900	1901	1902	1903	1904	95-99	00-04	계
합계														
채용			1	1		3						5		5
전입	주임	2	1		1	2	1	2	1			6	4	10
	판임	1	1	1	1							4		4
	채용, 전입계	3	3	2	2	5	1	2	1			15	4	19
내부승진	1등					1			2			1	2	3
	2등					3		1			3	3	4	7
	3등					1	4		1			1	5	6
	4등	1		1	1	3					3	6	3	9
	5등		4		2	2						8		8
	6등			1								1		1
	8등 혹은 우체기수보		5									5		5
	내부 승진계	1	5	6	3	10	4	1	1	2	6	25	14	39
계		4	8	8	5	15	5	3	2	2	6	40	18	58

자료: 『구한말관보』.

승진의 기회는 줄어들었지만, 사장의 충원은 모두 내부 승진에 의하는 것으로 변화하였다. 앞서 살펴본 바와 같이, 1900년 이후에 주사 수는 증가 하였지만, 사장으로 승진할 수 있는 기회는 오히려 줄어들었다. 통신원에서 는 이러한 인사문제를 해결하기 위한 수단으로 이등사에도 사장을 임명하 도록 하는 예산을 편성하였지만, 이는 실행예산으로 되지 않았다.[211]

제2절 식민지적 고용구조의 형성과정

대한제국 통신기관 종사자 중 외국인은 2명에 불과하였다. 이를 제외하 고는 모두 조선인이었다. 그러나 1905년 대한제국 통신기관이 일본에 피탈 되면서, 조선인은 해직되고, 그 자리에 일본인이 채용됨으로써 식민지적 고 용구조가 형성되었다.

---

[211] 자체 내부의 1903년도 우편사업비 예산서와 전보사업비 예산서에 반영하고 있지 만, 이는 실행되지는 못하였다.

이 절에서는 대한제국 통신기관이 일본에 피탈된 때부터 식민지로 되기까지의 기간 동안, 즉 일본국 체신성 관리시기와 통감부 통신관리국 관리시기 동안 조선의 통신기관의 고용구조가 어떻게 식민지적 고용구조로 변화되었는가를 살펴보고자 한다.

1. 조선인 통신기관 종사자의 인계 채용과 구축(驅逐)과정

1905년 4월 1일에 조인된 통신기관 위탁에 관한 협정서 제6조 2항에 일본국 정부는 관리 및 확장의 업무에 있어서 가능한 한 많은 한국관리 또는 사용인을 사용하도록 규정하고 있다. 여기에서 사용인은 용인을 지칭한다. 이에 따라 통신기관에 종사하고 있는 관리와 용인을 모두 인계 채용한다는 원칙을 세웠지만, 그 실제적인 진행상황은 이와 같지 않았다. 통신기관의 합동이 강제적으로 체결된 것이었기 때문에 조선인 종사자들은 인계채용을 거부하는 것으로 통신기관 탈취에 대해 저항하였다. 물론 이러한 저항은 예상되었던 것으로서, 일본인 인계위원들은 이러한 사태에 대응하기 위하여 일본인 종사자에게 조선인 종사자들이 대한제국 통신기관에서 수행하고 있었던 제반 업무를 교육시킴과 동시에 통신기관에 종사한 경험이 있는 조선인이나, 통신기관 용인 중에서 업무를 수행할 수 있는 인물을 선발하여 양성하는 방식으로 대처하고 있었다. 이에 따라 통신기관 종사자 상당수가 인계 채용되지 않게 되었다.

신분별 인계 채용 상황을 보면, 임시우체주사를 제외한 이원(吏員)은 48%가 인계 채용되었고, 용인은 95%가 인계 채용되어서, 용인은 대부분이 인계 채용된 반면, 이원은 과반이 인계 채용되지 않았다. 이원 중에서도 주임관이었던 사장(司長)과 기사(技師)의 인계 채용률은 29%에 불과하였다. 전원 인계채용을 표방하였음에도 불구하고, 관리의 인계 채용률이 이렇게 낮게 된 과정을 한성 우체사 및 한성 전보사 관리의 인계 채용 과정을 통하여 살펴보자.

한성 우체사 및 한성 전보사의 사무인계는 1905년 5월 18일에 완료되었는데, 이 날 조선인 관리 및 용인의 인계채용을 위한 사령장 교부가 이루어졌다. 이케다(池田十三郞) 인계위원장은 한성 우체사 및 한성 전보사의 이원 전부를 한성 전보사에 소집하였고, 다나까(田中) 경성 우편국장은 당일 출근 중인 이원 및 소속 현업용인에게 하나 하나 채용 사령을 교부하였으며, 이케다(池田) 인계위원장은 종래 고등관을 주사장(主事長)으로 임명하는 채용 사령을 교부하였다.

고등관인 사장과 기사는 주사장(主事長)으로, 판임관인 주사는 주사로, 용인은 용인으로 채용 사령을 발령하였는데, 주사라는 명칭은 종래 조선인 판임관의 관질명을 그대로 사용한 것이었으며, 주사장은 그 지위가 보다 상위임을 보여주기 위해 장(長)을 붙여 놓은 것이었다.

<표 3- 17> 통신기관 탈취 시 인계 채용률

(단위 인, %)

	인계 당시			인계 채용		인계채용률
	직명		인원	직명	인원	
이원	우체사	사장	13	주사장	5	38.46
		주사	98	주사	57	58.16
	전보사	사장	13	주사장	3	23.08
		기사	2	기사		0.00
		주사	109	주사	43	39.45
	합계	사장	26	주사장	8	30.77
		기사	2	기사		0.00
		주사	207	주사	100	48.31
		계	235	계	108	45.96
	서기 또는 고원		28	통신사무원	17	67.86
				임시 통신사무원	2	
	총계		263	총계	127	48.29
	임시우체주사		335	임시주사	335	100.00
	누계		598	누계	462	77.26
용인	체전부		681	체전부	651	95.59
	전전부		128	전전부	118	92.19
	보방직		30	보방직	29	96.67
	공두		111	공두	107	96.40
	청사		71	청사	68	95.77
	사역		36	사역	32	88.89
	합계		1057	합계	1005	95.08

자료: 통감부통신관리국(1906), 『통감부 통신사업보고』.

주사와 주사장이 일본의 관리신분체계에서는 어떠한 위치에 상당하는지 살펴보자. 일본인 종사자의 신분은 관리와 고원과 용인으로 구분된다. 관리는 다시 칙임관(勅任官)과 고등관(高等官)으로 구분되고, 고등관은 주임관(奏任官)과 판임관(判任官)으로 구분된다. 주사와 주사장은 일본국의 관리신분 어디에도 해당하지 않는다. 그 신분은 고원에 준하는 것이었는데, 고원과 완전히 동일한 것도 아니었다. 고원은 고원규칙에 의해 고원이 받을 수 있는 월액의 상한이 정해져 있는데, 주사는 이러한 상한을 넘어 급료를 받을 수 있었다. 이 시기 주사장과 주사 및 용인은 인계 이전의 봉급을 그대로 받는 것으로 하여 인계 채용한 것이므로, 주사장과 주사는 고원보다 더 고액의 봉급을 받게 된 것이다.

인계 채용을 한 다음 날인 5월 19일에는 전일 채용 사령을 받은 주사들이 모두 출근하지 않았을 뿐만 아니라, 전 한성우체사 주사 홍익수, 김영일, 윤인구, 한윤빈, 이덕규 등 6명(1명이 누구인지는 알 수 없음)은 사직청원서를 제출하면서 사령을 반환하였고, 또 한성 전보사장 이정래, 동 기사 백철용, 한종익, 동 주사 백윤덕, 홍기주, 이홍선, 서병문, 안병태, 구연만, 오진근, 김노선, 조동철, 박진만, 최봉기, 이봉승 15명은 자신들이 가지고 있는 한국 관리의 신분에 대한 처분이 아직 결정되지 않았으므로 일본정부의 사령을 받을 수 없다는 문서를 제출하고 사령을 반환하였으며, 그 이후에도 계속 사령을 반환하고 있는 이원들이 있었다. 그리고 인계 당일에 출근하지 않은 자는 누구도 출국하지 않았고 또 출국하는 자도 빈번히 퇴국하는 등 인계에 대한 거부의사를 표시하였다. 이에 인계위원들은 일본인 통신이원들이 각종 사무를 무리없이 수행할 수 있도록 노력함과 동시에 21일에는 인계 이래 충실하게 집무하고 또 장래 유망하다고 인정된 주사 및 용인을 장려하는 취지에서 5월 18일부로 승급 사령을 교부하여 유화책을 쓰기도 하였다. 그러나 이러한 유화책에도 불구하고 조선인 관리의 신분문제는 여전히 남아 있었는데, 통신원 총판은 23일 업무의 정상적인 운행을 위하여 조선인 관리의 신분문제는 일단 제쳐두고 종전대로 근무하라는 명령을 내려서 채용에 대한 문제가 해결되지 않은 상태에서 사무는 정상적으로 운행되게 되었다.

인계위원들은 그러나 조선인 이원이 총사직을 하거나 동맹휴업을 기도하거나 증급 채용을 요구하는 등의 사건이 일어날 것을 대비하여, 처음부터 강경주의를 지속함과 동시에 이에 대한 대비로서 1905년 5월 31일에는 재한 각 우편국장에게 만일의 경우에 준비하기 위해 미리 일본인 통신이원으로 하여금 한국 우편전신 사무를 연습하도록 하고, 특히 조선문전보의 취급에 관해서는 급히 그 연습을 시켜서 일본인 통신이원의 손으로 지장없이 모든 사무를 집행할 수 있도록 하라는 조치를 내렸으며, 경성 우편국으로 하여 언문전보의 취급에 통달한 자를 모집시킴과 동시에 국원으로 하여금 언문전보를 연습하도록 하였다. 또 상당수의 보충원을 미리 채용하여 둠으로써 이에 대처하기 위한 시도도 하였는데, 우선 경성 우편국에 임시통신사무원 20명을 증치하였으며, 재한국 각 우편국장에게는 보방직으로 하여금 조선문 전보취급을 숙련시키고 또 보방직 청사 중에서 우편물의 구분압인 등의 취급을 감당할 수 있는 자는 10원 이내의 임시사무원으로 채용할 수 있다는 취지의 명령을 하달하였다. 5월 27일에는 경성국 이외의 각 국에도 미리 임시사무원을 배치하게 하였는데 임시사무원으로는 가능하면 대한제국 통신기관의 관리로 근무한 경험이 있는 자를 채용하되, 만약 그것이 가능하지 않다면 현재 보방직으로 재직하고 있는 자로서 사무에 능한 자를 채용하고, 연습이 필요한 자에게는 따로 통신사무원 견습(通信事務員見習)으로 채용하도록 하는 통첩을 하달하였다.

1905년 6월 15일에는 재래 조선인 이원이 없더라도 일본인 이원과 새로 채용한 조선인 이원만으로 사무를 처리할 수 있게 됨에 따라 다나까(田中) 경성 우편국장은 통신원 서리총판(通信院署理總辦) 김재순으로 하여금 한국인 관리는 전원 한국관리 신분을 사직하고 일본정부의 이원으로 채용하도록 요구하였지만, 통신원 서리총판은 이에 대한 처리를 미룸으로써, 6월 16일자로 한성 우체사 및 전보사의 재래의 조선인 이원 44명 전부를 채용하지 않는 것으로 결정하고, 이러한 경우에 대처하기 위해 미리 양성하여 두거나 또는 새로 채용한 사무원을 보충주사(補充主事) 또는 보충사무원(補充事務員)으로 충당하여 사무를 집행하는 것으로 하였는바, 6월 17일부로 보충주사 8명, 보충사무원 10명, 동 월 26일부로 다시 보충주사 1명, 보충사무원 2명을 채용하였다. 이로써 한성 우체사 및 전보사에서 근무하고 있던 조선인 관리 44명은 전용 채용하지 않게 되었다.

조선인 관리의 구축은 인계과정에서만 발생한 것은 아니었다. 인계 이후에도 조선인 관리는 계속적으로 도태되어 갔다. 인계 당시 우체사나 전보사의 고등관은 28명이었는데, 이 중 인계 채용된 인원은 8명이었으며, 통감부 통신관리국 체제가 출범하기 전날인 1906년 1월 9일에는 5명으로 줄어들었다. 인계 당시 우체사나 전보사의 판임관은 207명이었는데, 이 중 인계 채용된 인원은 100명이었으며, 1906년 1월 9일에는 43명으로 감소하였다. 즉 인계 당시부터 통감부 통신관리국이 출범하기 전날까지 주사장은 18% 수준으로 감소하였고, 주사는 20% 수준으로 감소하였다.

1906년 1월 10일 통감부 통신관리국 체계가 출범하면서, 조선인 전직 관리들을 대우하기 위해 사용하였던 주사장이나 주사의 명칭은 사라지게 되었고, 이들은 모두 고원과 동일하게 취급되게 되었다. 이후 조선인 전직 관리들의 동향이 어떠하였는지는 파악할 수 없다.

<표 3- 18> 보호국기에 있어 조선인 종사자의 추이

(단위: 인)

	인계 직전	인계 채용	일본국 체신성 관리 시기		통감부 통신관리국 관리시기						
			1905. 7.1일	1906. 1.9일	1906. 1.10일	1906. 3월말	1906. 9월말	1907. 3월말	1908. 3월말	1909. 3월말	1910. 3월말
주사장	28	8	6	5							
주사	207	100	83	43				183	156	153	87
보충주사				20							
고원(통신주사)	28	19	81	80	148	140	196	175	163	149	140
이원계	263	127	170	148	148	140	196	358	319	302	227
임시주사	335	335	335	335	335	339	339	204	168	152	145
용인	1057	1005	801	734	501	540	466	397	465	577	869
계	1655	1467	1306	1217	984	1019	1001	959	952	1031	1241

자료: 통감부통신관리국, 『통감부통신사업보고』; 조선총독부, 『조선총독부통계연보』.

용인의 경우에도 점차 구축되기 시작하였는데, 인계당시 1,057명이었던 용인 중 1,005명이 인계 채용되었으며, 이후 점차 구축되어, 1906년 1월 10일에는 501명으로 감소하였고, 1907년 3월 말에는 397명으로 감소하였다. 용인 수는 인계 당시에 근무하였던 자 중 잔존하고 있는 사람의 숫자가 아니라, 당시 근무하고 있는 조선인 용인 전체 숫자이다. 1907년 3월 말의 397 명이라는 숫자에는 조선인 용인을 보충하기 위해 신규 채용한 인원을 포함하고 있음에도 불구하고, 인계 당시의 38%에 불과하다.

2. 일본국 체신성 통신기관 종사자의 수입과 식민지적 고용구조의 창출

이상과 같은 과정을 거쳐 조선인 이원은 점차 구축되어 갔으며, 이들의 자리는 일부 조선인 이원에 의해 보충되기도 하였지만, 대부분은 일본인

이원으로 충당되었다. 인계가 완료된 1905년 7월 1일부터 통감부 통신관리국 체계가 출범하는 1906년 1월 10일까지 조선의 통신기관은 일본국 체신성의 관리하에 있었는데, 이 시기 동안 일본국 체신성의 이원은 200명 정도 수입되었고, 통감부 통신관리국 시기에 있어서는 더욱 많이 수입되어 1909년 3월 말에 일본인 이원만 1,820명이 되었다.

일본국 통신기관은 개항과 동시에 조선에 진출하였음은 앞서 지적한 바 있는데, 조선에 진출한 일본국 통신기관은 일본국 체신성의 관리하에 있었다. 이 때부터 조선에 진출한 일본인 관리를 위한 다양한 조치들이 취해졌다. 당시 조선에 진출한 일본국 통신기관의 관리들은 해외에 재근하는 관리로 취급되어, 해외에 재근하는 관리에게 지급하는 재근수당을 지급하였는데, 이를 위해 1891년 6월 23일에 칙령 67호로서 '재외국 본방 우편전신국장 이하 국원 월수당금 급여액 제정(在外國本邦郵便電信局長以下局員月手當金給與額制定)'이 공포되었다. 이 시기에는 식민지기의 재근가봉에 해당하는 월수당금이 있었다.[212]

또한 일본에서는 통신관서의 특성상 고원이 판임관으로 승진하기 용이하도록 하는 특별임용제도로서, 철도 서기보 통신수 시험규칙(鐵道書記補通信手試驗規則)이 있었는데, 철도 서기보 통신수 시험규칙은 1906년 1월 11일부터는 통감부에서도 준용하도록 하였다.[213] 이는 조선에 진출한 일본인 고원의 승진을 용이하게 하기 위한 조치로, 승진상에 있어 일본에서 근무하는 것에 비해 손해를 보지 않도록 하는 조치였다.

---

[212] 체신성(1940), 『체신사업사 제1권』, p. 233.

[213] 철도 서기보 통신수 시험규칙이 제정된 당시에는 철도업무가 체신성에 포함되어 있었다. 통신기관과 관련되는 것은 통신수이다. 통신수는 이후 서기보로 명칭이 변경되었다. 1935년에 조선에서는 우편소 고원 중 판임관 대우로 통신수를 임명하였는데, 이 통신수와는 다르다.

<표 3- 19> 보호국기 일본인 종사자의 동향

(단위 인)

	관리					고원			용인		
	칙임관	주임관	판임관	우편소장	계	고원	수취소취급인	계	용인	수부체송인	계
1896년 3월 말			30		30	2		2	27		27
1897년 3월 말			31		31	2		2	30		30
1898년 3월 말		3	30		33	4		4	31		31
1899년 3월 말		3	33		36	3		3	30		30
1900년 3월 말		2	39		41	4	1	5	38		38
1901년 3월 말		4	50		54	9	1	10	65		65
1902년 3월 말		4	51		55	8	1	9	72		72
1903년 3월 말		3	72		75	58	6	64	84		84
1904년 3월 말		2	93		95	62	17	79	99	23	122
1905년 3월 말		2	124		126	100	45	145	127	26	153
1905년 7월 1일		2	251		253	116	47	163	322		322
1906년 1월 9일		7	317		324	244	47	291	468		468
1906년 1월 10일	1	17	320		338	244	47	291	476		476
1906년 3월 말	1	18	451		470	393	49	442	492		492
1906년 9월 말	1	22	558		581	522	71	593	681		681
1907년 3월 말	1	28	618		647	772	71	843	849		849
1908년 3월 말	1	28	625	66	720	849		849	908		908
1909년 3월 말	1	28	667	81	777	1043		1043	814		814

자료: 통감부 통신관리국, 『통감부 통신사업보고』.

또한 일본인 용인 수도 증가하여서, 1905년 3월 말에 127명이었던 용인은 1907년 3월에 908명으로 증가하였다. 용인마저 조선인을 구축하고 일본인을 고용하는 체계가 형성되게 된 배경으로 두 가지를 지적할 수 있다. 첫째, 일본인 거주지를 중심으로 한 통신기관의 재편성이다. 일본인 배달구역은 일본인 용인이 담당하였는데, 일본인 용인의 증가는 바로 우편기관 및 전신기관을 일본인 거주지를 중심으로 재편성한 결과였다. 둘째, 조선인 용인에 대한 불신감이다. 당시 통신기관은 국고금 취급 사무를 하게 됨으로써 현금 체송(現金遞送)을 실시하고 있었는데, 조선인에게 현금체송을 맡기지 않기 위해 배달뿐 아니라 체송부로서도 조선인을 거의 사용하지 않았다.

이에 따라 관리직 및 현업 사무직(現業事務職)뿐 아니라 현업 노무직(現業勞務職)에 이르기까지 일본인이 다수를 차지하는 구조가 창출되었는데, 이 과정은 조선인의 배제구축 과정이었고, 일본인의 수입 과정이었다.

<표 3- 20> 1908년도 말 통감부 소속 통신기관 종사자의 기관별 신분별 민족별 구성

(단위 인, %)

		통신관리국	우편국	취급소	우편소	우체소	합계
전체	관리	210	341	145	81		777
	고원	214	717	296	118	152	1497
	용인	252	744	248	147		1391
	계	676	1802	689	346	152	3665
조선인	관리						
	고원	2	93	202	5	152	454
	용인	19	335	167	56		577
	계	21	428	369	61	152	1031
조선인 비율	관리	0.00	0.00	0.00	0.00		0.00
	고원	0.93	12.97	68.24	4.24	100.00	30.33
	용인	7.54	45.03	67.34	38.10		41.48
	계	3.11	23.75	53.56	17.63	100.00	28.13
	고원의 세부내역						
고원	고원	214	686	174	118		1192
	주사		31	122		152	305
	계	214	717	296	118	152	1497
조선인	고원	2	62	80	5		149
	주사		31	122		152	305
	계	2	93	202	5	152	454
조선인 비율	고원	0.93	9.04	45.98	4.24		12.50
	주사		100.00	100.00		100.00	100.00
	계	0.93	12.97	68.24	4.24	100.00	30.33

		통신관리국	우편국	취급소	우편소	우체소	합계
용인중 현업용인의 세부내역							
현업용인	통신부		612	248	147		1007
	(내 통신부 취체)		12				12
	신사		15				15
	통신공	193					193
	선원		18				18
	계	193	645	248	147		1233
조선인	통신부		295	167	56		518
	(내 통신부 취체)						
	신사						
	통신공	19					19
	선원						
	계	19	295	167	56		537
조선인 비율	통신부		48.20	67.34	38.10		51.44
	(내 통신부 취체)		0.00				0.00
	신사		0.00				0.00
	통신공	9.84					9.84
	선원		0.00				0.00
	계	9.84	45.74	67.34	38.10		43.55

자료: 통감부 통신관리국, 『통감부 통신사업보고』.

그러나 조선인 용인은 1907년부터 다시 증가하게 되었다. 조선인 용인이 이처럼 증가하게 된 배경으로는 두 가지를 들 수 있다. 첫째, 조선인이 현금을 가지고 도주한다든가 하는 일이 거의 발생하지 않음으로써, 조선인 용인에 대해 가지고 있었던 편견이 사리지게 되었다. 둘째, 당시 통신기관은 일본의 침략의 교두보로 인식되어서 의병들의 공격의 대상이 되었는데, 이는 체송부의 경우에도 마찬가지였다. 체송은 매우 위험한 업무였으며, 이러한 위험에 대한 대처능력이 일본인보다 조선인이 더 우수하였다. 체송의 안전을 도모하기 위해 조선인을 체송부로 고용하게 되었다. 이에 따라 조선인 용인은 1907년 3월 말에 379명으로 감소하였지만, 1910년 3월 말에는 869명으로 증가하였고, 일본인 용인은 830명으로 감소하여, 용인은 조선인이 보다 다수를 차지하게 되었다. 이 시기에 이르러 관리와 고원은 일본인, 용인은 조선인이라는 식민지적 고용구조가 형성되게 되었다.

1909년 3월 말 통감부 통신관서 소속 종사원을 보다 세부적으로 검토하여 보자. 조선인 관리는 한 명도 없으며, 조선인 고원은 전체의 30.33%이고, 조선인 용인은 전체의 41.38%이다. 그리고 조선인 고원의 61%는 주사이다. 이 시기 조선인 주사는 취급소와 우체소에서 근무하고 있는데, 대한제국기 임시우체주사(臨時郵遞主事)에 해당한다. 일본은 통신기관이 국고금 사무를 취급할 수 있도록 하면서, 조선의 임시우체사를 상당수 우편취급소로 승격시켰는데, 이 과정에서 조선인 임시우체주사는 취급소의 주사가 되었다. 이 주사들은 장기적으로 구축될 존재였다. 조선인 고원의 기관별 비중을 살펴보면, 우체소는 100% 조선인으로 되어 있는데, 이는 대한제국기 임시우체사로서 이름만을 우체소로 바꾸었을 뿐, 임시우체사와 동일하게 운영되고 있는 기관이다. 우체소는 식민지 초기에 일본인 우편소가 진출함으로써, 모두 소멸되었다. 취급소는 국고금 취급사무를 담당하도록 하기 위해 중요한 군(郡)의 임시우체사를 승격시킨 것이다. 취급소는 그 기원의 특성상 그리고 사무의 특성상 조선인 고원의 비중이 높다. 반면 통감부 통신관리국 본국(統監府通信管理局本局)과 우편국, 우편소에는 조선인 고원이 거의 없었다. 우편소는 일본인들이 일본인 거주지역을 중심으로 하여 설치한 청부기관으로서, 그 기원 및 이용대상의 특성상 조선인 고원이 거의 없다. 용인의 경우에도 일본인 거주지에 설치된 기관이나 상급기관의 경우 조선인의 비중은 더 줄어들고 있음을 확인할 수 있다. 당시 용인은 현업용인(現業傭人)과 정용인(定傭人)으로 구분되었는데, 정용인은 소사와 급사와 같은 청사의 잡역에 종사하는 용인이며, 현업용인은 통신현업사무에 종사하는 용인으로, 통신부와 신사(信使) 통신공 선원 등이 이에 속한다. 이 중 신사(信使)는 보방(報房)에서 전신사무원의 업무를 보조하는 역할을 하는 용인으로, 대한제국기에는 보방직이라 불렸는데, 조선인이 한 명도 없었으며, 선원도 조선인이 한 명도 없었다. 통신부와 통신공에는 조선인이 있었는데, 통신공은 선로의 가설업무을 수행하는 현업용인으로서 대한제국 경영기에 공두로 불렸던 것이고, 통신부는 체송부와 집배인을 의미하는데, 대한제국 경영기의 체전부와 전전부가 이에 상당한다. 당시 통신부에는 취체(取締)라는 용인의 상층이 있었는데, 조선인은 통신부의 절반 이상을 차지하고 있음에도 불구하고 조선인 취체(取締)는 한 명도 없었다. 용인에 있어서조차 상층용인은 일본인, 하층용인은 조선인이라는 구조가 형성된 것이다.

제3절 식민지기 인사관리체계와 고용구조의 전개과정

1. 고용구조의 장기적 동향

1.1. 위계제적 질서의 특질 및 추이

일본의 근대화는 기본적으로 서구를 추급하는 후발공업화의 과정이었다. Amsden(1989, pp.314-316)에 의하면, 후발공업국에서는 선진국의 기술체계를 체화하기 위하여 현장관리가 상대적으로 중요하다. 일본에 있어 현장관리의 중요성은 현업중심주의(現業中心主義)라는 용어로 표현된다. 현업중심주의는 현업원의 활동에 높은 가치를 부여하기 때문에, 현업원들이 능동적으로 작업을 할 수 있도록 하기 위한 다양한 유인체계를 마련한다. 이와 같은 유인체계에는 현업 경력을 바탕으로 한 관리직제로의 승진도 포함된다. 물론 일본의 인사관리체계에 있어 현업중심주의가 유일한 또는 가장 기본적인 조직화의 원리였음을 말하는 것은 아니다. 일본에서는 또 한편으로 학력을 매우 중시하였다. 서구의 발전된 학문과 기술을 수용하기 위하여 일본은 제국대학을 정점으로 하는 교육체계를 발전시켰다. 제국대학 졸업을 정점으로 하는 학력의 체계는 일본사회에 있어 사회적 지위를 결정하는 가장 중요한 요인 중의 하나였다. 통신사업에서 보는 한 일본의 인사관리체계는 학력주의와 현업중심주의의 적절한 결합의 체계였다. 학력주의와 현업중심주의를 양 기둥으로 하는 일본에 있어서의 위계제 편성의 원리를 1910년대를 대상으로 하여 살펴보자.

　사무와 노무, 그리고 기획관리 사무와 현업 사무의 구분은 근대적 대규모조직에서 기본적으로 채용하고 있는 구분이다. 노무자보다는 사무자가 상위의 지위를 차지하고, 현업 사무에 종사하는 사람보다는 기획관리 사무에 종사하는 사람이 보다 상위의 지위를 차지한다. 이를 위계제상의 지위 순으로 나열하면, 기획관리자 - 현업 사무자 - 노무자의 순으로 배치된다.

　이러한 위계적 질서가 일본 관업 종사자의 신분제도상에 어떻게 구현되어 있는가를 살펴보자. 일본 관업 종사자의 신분제도는 관리 - 고원 - 용인이라는 삼층구조로 되어 있다. 관리는 관리분한령(官吏分限令)에 의해, 고원은 고원규칙(雇員規則)[214]에 의해, 용인은 용인규칙(傭人規則)[215]에 의해 그 신분이 규정되어 있다. 관리는 다시 고등관과 판임관으로 구분할 수 있다. 이러한 구분을 당시는 신분이라고 표현하고 있는데, 이 신분은 기본적으로 학력에 의해 구분되는 것이다. 관리는 중학교 졸업 이상의 학력이 요구되고, 고원은 고등소학교 이상의 학력이 요구되며, 용인은 문자를 이해할 수 있는 능력과 건강한 신체가 조건이 된다. 이렇게 파악하면 일본의 신분제도는 학력주의 일변도로 보인다. 그러나 이들 각 신분은 다시 세분되어 있는데, 고등관은 사무관(事務官)과 사무관보(事務官補)로, 판임관은 서기(書記)와 서기보(書記補)로 구분된다. 그리고 고원과 용인에 대해서는, 우편업무를 취급하는 고원

---

[214] 각 관서마다 그 명칭은 상이하지만, 여기에서는 이를 고원규칙이라 통칭한다.
[215] 각 관서마다 그 명칭은 상이하지만, 여기에서는 이를 용인규칙이라 통칭한다.

과 용인에 한정하여 살펴보면, 고원은 통신수(通信手)와 통신사무원(通信事務員)으로, 용인은 취체(取締)와 통신부(通信夫)로 구분된다. 관리자는 일반적인 교양과 관리능력만이 아니라, 그가 관리하는 대상자의 업무에 대한 지식도 필요하다. 따라서 현업 업무에 능숙한 인원들에게 관리능력을 학습시킴으로써, 현업(現業)에 대한 지식과 관리능력을 동시에 겸비한 인원을 양성하려고 하였는데, 당시에는 이를 중견이원(中堅吏員)이라 불렀다. 중견이원은 현장관리자로서, 그리고 현업원(現業員)의 지도자로서의 위치를 부여받아, 현업의 능률증진을 추진하는 중심인물로 설정되었다. 중견이원을 양성하기 위하여 학력이 아니라 경력에 기반하여 승진할 수 있는 체계를 구축하고 있었는데, 경력에 의한 승진을 허용하기 위해 만든 것이 사무관보와 서기보 등이다.[216] 통신수는 삼등우편국이라는 관청청부기관에 소속된 중견이원이

---

[216] 일본정부는 1887년 7월 문관시험 시보 및 견습에 관한 칙령을 제정하여 학력주의에 기반한 관리선발자격을 규정하였다. 그러나 1890년 7월에는 우편전신국 관제를 개정하여 우편전신서기보, 우편서기보, 전신서기보 및 우편환저금국서기보의 관을 설정하여, 고원이 경력에 의해 판임관으로 승진하는 것을 보다 용이하게 하는 특별임용제도를 만들었고, 1898년 8월에는 체신사무관, 통신사무관, 통신사무관보 특별임용령을 제정하여, 판임관이 경력에 의해 주임관으로 승진할 수 있는 특별임용제도를 만들었다. 즉 1898년에는 학력주의와 경력주의를 두축으로 하는 관리임용자격제도가 정립되었다[체신성(1940), 『체신사업사 제1권』, pp.154-158]. 각 관직의 임용자격이 어떻게 되어 있었는가를 1913년 체신종사자의 임용자격을 통하여 살펴보자. 주임문관에 임용될 수 있는 자격은 문관고등시험에 합격한 자이다. 판임관에 임용될 수 있는 자격은 크게 4가지로 정리할 수 있는데, 1. 중학교 졸업 이상의 학력소지자, 2. 문관보통시험(판임관자격시험)과 문관고등시험(주임관자격시험)에 합격한 자, 3. 3년 이상 문관의 직에 있었던 자, 4. 5년 이상 고원인 자이다. 이상과 같은 자격을 갖춘 인원을 판임관으로 임명하는 것을 일반임용이라고 한다. 그러나 이러한 일반임용 이외에 특별임용제도가 있다. 체신성 관리에게 적용되는 특별임용은 환저금국 지방체신관서 직원 특별임용령에 규정되어 있다. 1913년에는 주임관은 사무관, 부사무관, 사무관보로 삼분되어 있지만, 이후 부사무관과 사무관보는 사무관보로 통합된다. 부사무관으로 될 수 있는 자격은 1. 5년 이상 체신사무에 종사하고 현재 판임관 2급봉 이상의 봉급을 받는 자, 2. 판임관 2급봉 이상의 봉급을 받은 자로서 사무

다.[217] 취체(取締)는 용인으로서, 통신부의 작업을 배분하는 역할을 수행함과 더불어 고원과 용인을 중계하는 가교의 역할을 하는 용인층에 존재하는 보직이다. 용인에게 있어서도 용인의 관리업무의 일부는 용인업무를 능숙하게 파악하고 있는 용인에게 위임되어 있는 것이다. 즉 일본 관업 종사자의 신분은 학력과 경력이라는 이중적인 기준에 의해 운영되고 있었다.

이에 따라, 일반 관리자 – 현업 사무자 – 현업 노무자라는 위계적 질서는 관리 - 고원 - 용인이라는 신분과 정확히 일치하지 않는다. 일반 관리자 – 현업 사무자 – 현업 노무자와 합치할 수 있도록 신분을 구분하여 보면, 비현업관리 - (현업 관리 + 고원) - 용인이라는 형태로 되고, 고원으로부터 현업관리로의 승진의 루트가 보장되어 있다. 따라서 관리와 고원은 승진계열 상으로는 통합되어 있어, 이를 이원으로 통칭하기도 한다.

관보로 승진하여 현재 그 직에 있는 자, 3. 판임관 3급봉 이하의 봉급을 받은 자로서 사무관보로 승진하여 현재 2년 이상 재직한 자로 규정하였고, 사무관보로 될 수 있는 자격은 3년 이상 체신사무에 종사하고 현재 판임관 5급봉 이상의 봉급을 받는 자로 규정하였다. 이 특별임용은 판임관 경력을 바탕으로 하여 주임관으로 승진할 수 있는 길을 규정한 것이다. 판임관은 서기와 서기보로 구분되는데, 서기는 서기보로서 2년 이상 그 직에 있었던 자를 임용할 수 있게 하였고, 서기보의 자격은 서기보 시험에 합격하는 것이다. 서기보 시험규칙에는 시험을 대체할 수 있는 자격을 규정하고 있는데, 그 중 중요한 것을 보면, 1. 중학교 3학년 이상의 수업증서를 갖고 있는 자, 2. 만 2년 이상 체신사무에 종사한 자이다. 즉 판임관인 서기보가 될 수 있는 자격은 판임관 일반임용의 자격보다 완화되었는데, 중학교 졸업 이상의 학력을 가진 자에서 중학교 3학년 이상의 수업증서를 갖고 있는 자로, 5년 이상 고원인 자에서 만 2년 이상 체신사무에 종사한 자로 완화된 것이다. 특히 후자는 경력에 의한 승진조건을 보다 완화함으로써 고원의 판임관으로의 승진을 보다 용이하게 한 것이다.

[217] 삼등우편국은 조선의 우편소에 해당하는 것으로, 그 인사권은 삼등우편국장에게 있다. 판임관 이상은 국가의 관리로서, 그 임명권자는 체신대신이지만, 삼등우편국 종사자의 임명권자는 우편국장이므로, 삼등우편국에 판임관을 둘 수는 없다. 그러나 삼등우편국에도 중견이원은 필요하였다. 이 때문에 마련한 것이 판임관 대우인 통신수이다.

위에서 서술한 일본국 체신성의 위계제적 편성이 바로 조선총독부 체신국의 위계제적 편성이었다. 1910년대에는 이미 고등관 판임관 고원은 상이한 신분이지만, 경력에 의하여 승진하여 갈 수 있는 즉 인사계열상으로 통합되어 있었는데, 이와 같은 통합을 밑받침하고 있었던 것이 현업원 중심주의와 중견이원이라는 이념이다. 중견이원은 기획관리 사무와 현업 사무와의 간격을 축소한 것이었다고 할 수 있다. 그러나 이원과 용인 간에는 승진계열상의 통합이 이루어지지 않았다. 용인층에는 취체(取締)라는 보직이 있기는 하지만, 이는 고원으로 승진하는 것과는 무관하였으며, 고원과 용인 간에는 고등소학교 졸업이라는 학력에 의한 구분이 있었다. 예외적으로, 공무업무에서는 용인인 직공과 공부(工夫)가 경력에 기반하여 고원인 공수(工手)로 승진할 수 있었다.

1930년대에는 인사계열상의 통합을 강화하는 제 변화가 일어났다. 관리와 고원의 인사계열상의 통합을 강화하는 변화에 대해 살펴보자. 식민지시기에는 초등교육뿐 아니라 고등교육의 보급도 상당한 정도로 진행되어, 학력 인플레이션이 진행되고 있었다. 1920년에는 중학교 졸업자의 경우 판임관으로 임명될 수 있었지만, 1930년대에는 중학교 졸업자는 말할 것도 없이 전문학교나 사립대학 졸업자들도 판임관으로 바로 임명되기 매우 힘들었다. 이들도 고원을 거쳐 판임관으로 승진하는 것이 일반적이게 되었다. 학력 인플레이션은 판임관과 고원 간의 인사상의 통합을 강화시키는 방향으로 작용하였다.

또한 고원과 용인 간의 인사상의 통합도 강화되었다고 할 수 있다. 조선에서는 1936년에 취체(取締)가 고원이라는 신분을 획득함으로써, 인사계열상의 통합이 이루어졌다. 반면 일본에서는 1939년에 통신사업에 있어 가장 대표적인 용인들인 우편업무에 종사하는 우편부, 전신업무에 종사하는 신사, 공무업무에 종사하는 통신기공과 통신공수가 고원 또는 특무고원(特務雇員)으로 됨으로써, 사실상 용인층이 소멸하면서[218] 사무자와 노무자의 신

---

[218] 뒤에서 살펴보겠지만, 용인층이 완전히 없어진 것은 아니다. 1939년에 이러한 변

분적 구분이 완화되었다. 이는 현업 노무(現業勞務)의 중요성을 인정한 것으로서 현업중심주의(現業中心主義)의 완성된 형태라고 할 수 있다. 이에 따라 일본에서는 기획관리 사무와 현업 사무, 사무와 노무의 신분적 구분은 완화되었고, 이러한 업무종사자를 통칭하는 종업원이라는 관념이 형성되고, 신분보다 소속이 중요한 사회가 되었다.

이제 기획관리 사무와 현업 사무, 사무와 노무의 구분을 중심으로 하여, 각 업무별 신분구성의 변화를 살펴 보자. 체신국은 관리감독기관과 현업기관으로 구성되어 있다. 관리감독기관에 종사하는 인원은 비현업원으로 취급된다. 그리고 현업기관에 재직하는 모든 인원이 현업원인 것은 아니다. 각 기관의 기관장 및 과장이나 계장 등의 보직자는 비현업원(非現業員)으로 파악된다. 주임관 이상의 관리는 모두 이러한 보직자에 해당하므로 비현업원으로 파악된다. 따라서 현업원은 현업기관의 무보직 판임관, 고원, 용인으로 구성되어 있다. 이제 이들 현업원을 업무별로 살펴보도록 하자. 업무는 크게 우편업무, 전신업무, 전화업무, 환저금업무, 공무업무로 구성되어 있다. 우편소에 근무하는 종사자도 이 업무를 수행하고 있지만, 이들의 인사권은 우편소장에게 있으므로 그 지위에 있어서 우편국 전화국 전신국에 소속되어 있는 종사자와는 그 대우가 다르므로 따로 구분하도록 한다.

화가 있고 난 이후에도 용인층은 존재하였는데, 급사(給仕), 소사(小使), 인쇄기공(印刷技工: 技工 괄호 안에 부기되어 있는 명칭은 1939년에 개칭된 명칭임, 이하 동일), 인쇄기공 견습(印刷技工見習: 技工助手), 난방화부(煖房火夫: 조기수), 승강기운전수(昇降機運轉手: 조기수)가 용인이었다. 1939년 이전에는 용인을 현업용인(現業傭人), 기공용인(技工傭人), 보통용인(普通傭人)으로 구분하였는데, 현업용인과 기공용인이 체신사업상의 노무에 종사한 반면, 보통용인은 체신사업상에서 보면 일용직의 성격을 가지는 노무자이다. 위에 든 용인은 모두 1939년 이전의 용인분류에 의하면 보통용인에 해당한다.

<표 3-21> 조선총독부 체신국에 있어서 종사자의 신분 구성의 변천

	신분	우편	전신	전화	환저금	공무	우편소
1918년	판임관	체신서기 체신서기보	체신서기 체신서기보	체신서기 체신서기보	체신서기 체신서기보	체신기수	우편소장
	고원	사무원	사무원	전화교환수취체 전화교환수 전화교환수견습	사무원	공수	사무원
	용인	통신부취체 집배인 체송인 우편부 어자 마정	통신부취체 집배인 신사		집배인 원부조수	직공 공부	통신부취체 집배인 체송인 우편부
1922년	판임관	체신서기 체신서기보	체신서기 체신서기보	체신서기 체신서기보	체신서기 체신서기보	체신기수	우편소장
	고원	사무원	사무원	전화취체 사무원 사무원견습	사무원	공수	사무원
	용인	취체 집배인 체송인 우편부 어자 마정	취체 집배인 신사		집배인 원부조수	직공 공부	취체 집배인 체송인 우편부
1936년	고등관대우						우편소장
	판임관	체신서기 체신서기보	체신서기 체신서기보	체신서기 체신서기보	체신서기 체신서기보	체신기수	우편소장
	판임관대우						통신수
	고원	사무원 집배수취체	사무원 집배수취체	전화주사보 전화사무원 전화사무원견습	사무원	공원 기공취체 공수취체	사무원 집배수취체
	용인	집배수 자동차운전수 자동차조수	집배수 신사		집배수 원부수	기공 공수	집배수

우선 1918년의 업무별 신분구성을 살펴보자. 현업 판임관은 공무를 제외하고는 모두 체신서기와 체신서기보로 부르고 업무에 따른 세부적인 명칭은 없었다. 그들을 구분하는 명칭이 없었다는 것은 종사하는 업무에 따라 신분상의 대우가 달라지지 않았음을 의미한다. 공무를 수행하는 판임관은 체신기수라고 불린다. 사무에 종사하는 인원과 기술에 종사하는 인원은 구분하였다. 교관 기술관 그리고 기타 특별한 학술기예를 요하는 문관들은 인사상 특별한 취급을 하였는데, 공무를 수행하는 판임관은 기술관에 해당한다. 우편소에는 현업 판임관은 존재하지 않는다. 우편소장은 판임관이지만 기관장이기 때문에 비현업원으로 취급된다.

고원도 공무와 전화업무를 제외하고는 사무원으로 불렸다. 공무와 전화업무를 취급하는 고원을 제외하고는 인사상 구분할 필요가 없기 때문이다. 공무업무에 종사하는 고원은 공수(工手)라 불렸으며, 전화업무에 종사하는 고원은 전화교환수 취체(電話交換手取締), 전화교환수(電話交換手), 전화교환수 견습(電話交換手見習) 이라 불렸다. 공수는 기술직에 종사하기 때문에 구분하고 있으며, 전화업무에 종사하는 고원은 그 대부분이 여자라는 점과 사회적인 지위가 다른 고원에 비해 상대적으로 더 낮았다는 점[219]으로 인해 구분하고 있다. 전화교환수 견습은 전화교환수 양성과정에 있는 자이다. 이들이 고원에 포함되어 있는 이유는 전화교환수의 양성은 전화교환국에서 실시하고 있어서, 전화교환국의 고원으로 파악되고 있기 때문이다. 반면 체신이원양성소(遞信吏員養成所)의 전습생(傳習生)들은 전습생 규칙 (傳習生規則)에 의해 고원과는 다른 대우를 받는다. 전화교환수 취체는 전화업무에 있어 중견이원이라고 할 수 있다. 그러나 이들의 신분이 고원으로 되어 있

---

[219] 철도국은 철도업무를 위하여 자체 통신망을 가지고 있는데, 이를 위해 상당수의 전화교환수를 고용하고 있다. 철도국에서 전화교환수의 신분은 용인이다. 동일한 업무를 취급한다고 하여 각 기관마다 동일한 신분을 부여하는 것은 아니고, 사업상의 중요성에 따라 약간씩 달라진다. 체신국에서는 이들을 고원으로 분류하였지만, 고원 중에서는 상대적으로 낮은 지위를 부여하였다.

는 것은 전화교환수의 지위가 상대적으로 낮았다는 점과 여자들로 되어 있
어 장기근속자가 별로 없었다는 점에 기인한다. 용인은 일본에 있어서는
현업용인, 기공용인, 보통용인으로 구분되는데, 조선에서는 이와 같은 용인
의 세부적인 구분은 없었다. 일본에서는, 현업용인은 통신업무에 종사하는
용인을, 기공용인은 전신전화의 설치 및 유지에 종사하는 용인을, 보통용인
은 이 이외의 용인으로 소사나 급사가 여기에 해당한다. 조선에서는 비록
일본과 같은 구분체계는 없지만, 편의상 일본의 현업용인과 기공용인에 해
당하는 것만 고찰하자. 우편에 있어서는 집배인 체송인 우편부 어자 마정
등 용인들이 있는데 이들은 모두 우편 집배 및 체송에 종사하는 용인이다.
집배인 체송인 우편부는 통칭하여 통신부라 부르는데, 통신부가 30인 이상
있는 국소에는 통신부 취체(通信夫取締)를 두었다. 통신부 취체는 통신부의
업무를 배정하는 일과 고원의 지시를 통신부에게 전달하는 일을 수행하는
보직으로서, 취체 수당(取締手當)을 지급받는데 그 신분은 용인이다. 전신업
무에 종사하는 용인은 집배인과 신사가 있는데, 집배인은 전보배달에 종사
하는 용인이며, 신사는 보방에서 전신이원의 업무를 보조하는 용인이다. 여
기에서도 대국(大局)의 경우에는 통신부 취체가 있을 수 있다. 환저금사무
에는 집배인과 원부조수가 있으며, 우편소에도 우편국에서와 마찬가지로
집배인 체송인 우편부가 있다. 공무에 종사하는 용인으로는 직공과 공부가
있다. 용인은 매우 세분하여 취급하고 있다. 용인은 특정한 용역 급부자로
서의 성격을 가지고 있기 때문에, 제공하는 용역의 성격에 따라 인사상 상
이한 규칙(예컨대 채용대상 연령의 차이) 등을 적용할 필요가 있었다.

1922년에는 사소한 변경이 이루어졌는데, 신분분류상의 변화는 없었고,
몇 가지 직명이 변경되었다. 전화업무에 종사하는 고원의 경우, 전화교환수
는 사무원으로, 전화교환수 견습은 사무원 견습, 전화교환수 취체는 전화
취체(電話取締)로 명칭이 변경되었다. 또 용인의 경우, 통신부 취체는 취체
(取締)로 명칭이 변경되었다. 이러한 명칭의 변경은 신분의 변동을 동반하

지는 않았다.

1936년에는 보다 대대적인 변경이 이루어졌는데, 직명의 변경뿐 아니라 신분의 변동도 이루어졌다. 우편소의 경우, 우편소장은 이전까지 판임관이 었지만, 이제 고등관 대우를 받을 수도 있게 되었으며, 사무원 중에서 일부는 통신수로서 판임관 대우를 받을 수 있게 되었다. 고원의 경우, 전화업무에 종사하는 고원의 명칭이 변경되었는데, 사무원은 전화사무원으로, 사무원 견습은 전화사무원 견습으로, 전화 취체(電話取締)는 전화 주사보(電話主事補)로 각각 변경되었다. 그리고 공무에 종사하는 고원은 공수라 불리었는데 이제는 공원으로 불리게 되었다. 보다 커다란 변화는 용인층에서 일어났다. 기존 용인의 일부가 고원으로 된 것이다. 용인 중 집배인(集配人) 체송인(遞送人) 우편부(郵便夫)는 집배수(集配手)로 통칭하게 되었고, 원부 조수는 원부수로 변경되었으며, 직공은 기공으로, 공부는 공수로 명칭이 변경되었다. 이전의 취체(取締)는 이제 집배수 취체(集配手取締)라 불리는데, 고원으로 되었으며, 기공과 공수 중에도 취체(取締)를 두었는데, 기공 취체(技工取締)와 공수 취체(工手取締)도 고원이 되었다. 물론 모든 용인 취체(傭人取締)가 고원으로 된 것은 아니다. 1936년에는 창고수 취체(倉庫手取締) 인쇄수 취체(印刷手取締) 소사 취체(小使取締) 등이 신설되었는데, 이들의 신분은 모두 용인이다. 일본국 체신성의 용인분류체계에 따르면 현업용인(現業傭人)과 기공용인(技工傭人)의 취체는 고원으로 되고, 보통용인(普通傭人)의 취체는 여전히 용인으로 남아 있었다. 1936년에 용인층에서 일어난 변화를 요약하면, 첫째, 많은 종류의 취체가 신설되었다. 1936년 이전에는 집배수 취체밖에 없었는데, 1936년에는 기공 취체, 공수 취체, 창고수 취체, 인쇄수 취체, 소사 취체 등이 신설되었다. 이 취체들은 고원신분이 아닌 용인신분의 취체라 하더라도, 관리적 업무의 일부를 수행하고 취체 수당이라는 보직수당을 받는다는 점을 감안할 때, 용인에 대한 대우개선이라 할 수 있다. 둘째, 현업용인과 기공용인의 취체가 고원으로 되었다. 이렇게 고원으로 취급하게 된 것도 용인에 대한 대우개선이라 할 수 있다. 그러나 이것은 용인의 매우 적은 일부가 고원으로 된 것으로서, 인사상의 통합이 약간 진전되었다고는 하겠으나, 사무와 노무라는 구분이 신분적 구분의 의미를 상실하게 될 정도의 것은 아니었다. 조선에서의 이러한 변화는 일본에서의 용인의 지위의 상승과 관련된 것이었다.

일본에서는 1935년부터 용인의 신분적 지위가 개선되기 시작하였다. 1935년 5월에는 체신수제도(遞信手制度)를 만들었는데, 체신수제도란 만 2년 이상 현업용인 취체역(現業傭人取締役)의 직에 있었던 자를 체신성 보통시험위원의 전형(銓衡)을 거쳐 바로 통신서기보(通信書記補)로 임용할 수 있도록 하는 것으로서, 현업용인이 경력에 입각하여 관리로 승진할 수 있는 길을 마련한 것이었다.[220] 1939년 3월에는 용인신분이 더욱 개선되었다. 현업용인과 기공용인은 모두 고원이나 특무고원으로 승격되었다. 보통용인 중에서는 난방기관수만이 고원으로 승격되었고, 나머지는 그대로 용인으로 남아 있다. 고원으로 승격된 것은 이전 명칭으로 신사와 난방기관수인데, 이 때에 와서 신사는 운신원으로 명칭이 변경되어 고원으로 되었고, 이전에 난방기관수는 원래 보통용인이었지만, 기술원으로 명칭이 변경되어 고원으로 승격되었다. 이들 이외의 현업용인 및 기공용인은 특무고원으로 되었는데, 특무고원은 신분상으로는 고원과 동일하지만, 그 업무의 성격상 명칭을 구분하고 있다. 집배수와 체송수와 우편수는 모두 집배원(集配員)으로 통칭되었고, 통신기공은 기계공원으로, 통신공수는 선로공원으로 명칭이 변경되었는데, 이들 모두 특무고원이 되었다. 또 기계공원 견습이나 선로공원 견습도 모두 특무고원이 되었다. 현업용인이나 기공용인이 특무고원으로 변경된 것은 단순한 신분의 격상은 아니었다. 그 채용조건도 변화하여 고원과 동일한 학력을 요구하게 되었다.

---

[220] 체신성(1940), 『체신사업사 제1권』, p.164.

<표 3-22> 일본국 체신성 및 대만총독부 교통국 체신부 종사자의 신분 구성

	신분	우편	전신	전화	환저금	공무	삼등우편국
일본 1936년	고등관 대우						삼등우편국장
	판임관	체신속 통신서기 통신서기보	체신속 통신서기 통신서기보	체신속 통신서기 통신서기보	체신속 통신서기 통신서기보	체신기수	삼등우편국장
	판임관 대우						통신수
	고원	통신사무원	통신사무원	전화주사보 전화사무원 전화사무원견습	통신사무원	통신공원	통신사무원
	용인	취체역 집배수 체송수 우편수 어자 마정	집배수 신사		집배수 원부조수	통신기공취체역 통신공수취체역 통신기공 통신공수	취체역 집배수 체송수
일본 1939년	고등관 대우						삼등우편국장
	판임관	체신속 통신서기 통신서기보	체신속 통신서기 통신서기보	체신속 통신서기 통신서기보	체신속 통신서기 통신서기보	체신기수	삼등우편국장
	판임관 대우						체신수
	고원	사무원	사무원 운신원(전 신사)	전화주사보 전화사무원 전화사무원견습	사무원	공무원 공무원견습 기술원(전 난방기관수)	사무원
	특무고원	집배원 (전 집배수, 체송수, 우편수)				기계공원(전 통신기공) 기계공원견습 선로공원(전 통신공수) 선로공원견습	
	용인	현업용인과 기공용인은 위와 같이 특무고원으로 되었다. 보통용인은 용인으로 남아 있는데, 급사와 소사는 여전히 용인이다.					
대만 1937년	고등관 대우						삼등우편국장
	판임관	서기 교통주사	서기 교통주사	서기 교통주사	서기 교통주사	기수	삼등우편국장
	판임관 대우						통신수
	고원	통신사무원	통신사무원	통신사무원	통신사무원	통신공수	통신사무원
	용인	현업용인취체 집배수 체송수 우편수 자동차운전수	집배수 신사		집배수 원부조수	통신공부 통신직공	현업용인취체 집배수 체송수

기존 통신사무원인 고원의 채용조건은 1. 15세 이상의 자는 고등소학교
졸업 이상 또는 동등학력자, 2. 15세 미만의 자는 심상소학교 졸업 이상 또
는 동등학력자였는데, 1939년부터는 고등소학교 졸업 이상 또는 동등학력자
로 되었다. 이전에 집배수였던 집배원의 채용조건의 변화를 보면, 변경되기
이전 현업용인일 때의 채용조건은 평이한 문장을 통독하여 직무를 감당할
수 있고, 신원보증인을 가지고 있고, 신분 강건하여 조행실직자를 조건으로
하였는데, 이제 변경되어, 1. 고등소학교 졸업 이상 또는 동등학력자 2. 2년
이상 부내(部內) 용인 근속자(傭人勤續者) 3. 신체 강건하고 사상 건전한 자로
조건이 변경되었다. 고원과 약간 채용조건이 다르기는 하지만, 학력조건은 모
두 고등소학교 졸업 이상으로 되어, 학력에 의한 구분은 사라지게 되었다.

일본에서 이러한 변화가 일어나게 된 이유는 무엇인가? 두 가지 점이 주
목된다. 첫째, 교육의 일반화에 따른 용인의 학력의 상승이다. 1936년 일본
본토에서의 현업용인은 총 62,283명이었는데, 이 중 고등소학교 졸업 이상
의 학력을 가진 자는 37,853명으로 60.8%를 차지하고 있다. 1939년에는 이
들의 채용조건을 고등소학교 졸업 이상으로 하여도 인원 채용상에 별문제
가 없게 된 것이다. 용인의 학력의 상승으로, 학력에 기반한 고원과 용인의
신분 구분은 그 의미를 상실하게 되었다. 둘째, 현업중심주의의 발전이다.
학력의 일반화가 사무와 노무 간의 신분적 구분을 소멸하게 하는 충분조건
은 아니다. 학력의 일반화가 신분적 구분은 보존한 채 학력 인플레이션만
을 유발할 수도 있기 때문이다. 학력의 일반화가 사무와 노무의 신분적 구
분의 폐지로까지 전개된 것의 저류에는 현업 노무(現業勞務)에 대한 사회적
평가가 높아졌기 때문이다. 이상과 같이 일본에 있어서는 관리 사무자 – 현
업 사무자 – 현업 노무자 간의 승진계열상의 통합이 높은 수준으로 이루어
지고 있었다.

그러나 조선에서는 용인 취체를 고원으로 승격시키는 수준에서 용인에
대한 대우개선이 일어났을 뿐이었다. 물론 이것은 일본에서의 용인의 지위

보다는 더 낮은 것이지만, 대만에 있어서의 용인의 지위보다는 더 나은 것
이었다. 조선에 있어서 용인의 대우 개선이 보다 미흡하게 이루어진 이유
로는 두 가지를 들 수 있다. 첫째는 학력의 일반화가 아직은 충분히 진행되
지 않았다. 둘째, 사무와 노무의 신분적 구분의 문제에는 민족문제도 내포
되어 있었다. 노무자는 조선인이 대부분을 구성하지만, 사무자는 여전히 일
본인이 중요한 비중을 차지하고 있었다.

1.2. 임금체계와 승진질서

1.2.1. 임금체계

앞에서는 승진체계상에서 각 신분 간의 통합이 강화되어 가고 있음을 살펴
보았다. 이것은 현업원의 숙련에 대한 높은 가치평가를 반영한 것이다. 현업
원의 숙련에 대한 높은 가치평가는 임금체계 및 승급 승진 질서에서도 나타
나고 있다.

우선 임금체계부터 고찰하도록 하자. 식민지기 관리가 받는 봉급은 본봉
(本俸), 가봉(加俸), 가급(加給)으로 구성되어 있다. 여기에서는 본봉과 가봉
에 대해서만 살펴보고자 한다. 조선총독부가 들어서면서 일본의 봉급령이
적용된 1910년 9월부터 1930년대 말까지 일본국의 봉급체계는 1920년과
1931년 두 번에 걸쳐 바뀌었다. 10년에 한 번 봉급체계가 바뀐 것이다. 그리
고 조선에서는 이 봉급령과 더불어 다른 외지(外地)와 마찬가지로 가봉령
(加俸令)이 적용되었다.

우선 주임문관(奏任文官)의 봉급을 보자. 일본에서는 명치유신 이후 관등
봉급제(官等俸給制)를 실시하였지만, 1891년부터 호봉제도(號俸制度)를 실시
하였다. 1910년대 호봉체계를 보면, 호는 제1호부터 제5호로 구분되어 있으
며, 각 호는 다시 1급봉부터 8급봉 내지 12급봉으로 차등화된 연봉을 받는다.
호는 관직의 분류체계로서, 제1호는 최상위직이고 제4호는 최하위직이며, 제

5호는 기사이다. 제1호는 3등부터 7등까지의 관등의 소유자가 취임하는 관직인데, 7등은 고등문관시험에 합격한 사람이 주임관으로 되었을 때의 관등(官等)이다. 제2호는 4등부터 8등까지의 관등 소유자가 임용될 수 있는 관직이며, 제3호는 5등에서 8등까지의 관등의 소유자가 임용될 수 있는 관직이고, 제4호는 6등부터 9등까지의 관등의 소유자가 임용될 수 있는 관직이다.

<표 3-23> 주임문관 본봉(연봉)의 동향

(단위: 원)

급봉	1910년					조선인
	제1호	제2호	제3호	제4호	제5호	
1급	3000	2500	2000	1500	3000	2500
2급	2700	2200	1700	1300	2700	2000
3급	2500	2000	1500	1200	2500	1800
4급	2200	1700	1200	1100	2200	1600
5급	2000	1500	1100	1000	2000	1400
6급	1700	1200	1000	850	1700	1200
7급	1500	1100	850	750	1500	1000
8급	1200	1000	750	600	1200	900
9급	1100	850		550	1100	800
10급	1000	750		500	1000	700
11급					850	600
12급					750	500

급봉	1920년			1931년		
	제1호	제2호	제3호	제1호	제2호	제3호
1급	4500	3800	3100	4050	3400	2770
2급	4100	3400	2700	3660	3050	2420
3급	3800	3100	2400	3400	2770	2150
4급	3400	2700	2000	3050	2420	1820
5급	3100	2400	1800	2770	2150	1650
6급	2700	2000	1600	2420	1820	1470
7급	2400	1800	1400	2150	1650	1300
8급	2000	1600	1200	1820	1470	1130
9급	1800	1400	1100	1650	1300	1050
10급	1600	1200	1000	1470	1130	970
11급	1400	1100	900	1300	1050	900
12급	1200			1130		

자료: 조선총독부, 『조선총독부 급 소속관서 직원록』.

<표 3-24> 1910년 주임문관 본봉상당표

관등	제1호	제2호	제3호	제4호
3등	1급			
4등	2급, 3급	1급		
5등	4급, 5급	2급, 3급	1급	
6등	6급, 7급	4급, 5급	2급, 3급	1급
7등	8, 9, 10급	6, 7, 8급	4, 5, 6급	3, 2급
8등		9, 10급	7, 8급	5, 6, 7급
9등				8, 9, 10급

자료: 조선총독부, 『조선총독부 급 소속관서 직원록』.

체신국을 예로 들면, 서기관-사무관-사무관보로 직위가 구분되어 있었을 때(1910년-1914년), 서기관은 1호, 사무관은 2호, 사무관보는 4호, 기사는 5호였다. 사무관-부사무관-사무관보로 각 직위의 이름이 바뀌었을 때(1915년-1920년)에는, 사무관은 1호, 부사무관은 2호, 사무관보는 4호, 기사는 5호로 분류되었다. 여기에서 서기관(1915년 이후 사무관)은 체신국 각 과의 과장이며, 사무관(1915년 이후 부사무관)은 체신국 각 계의 계장이며, 사무관보(1915년 이후에도 여전히 사무관보)는 무보직 고등관이다.

이 호봉제도가 고등관 관등에 따라 일률적인 봉급을 지급하는 것과 어떠한 차이가 있는가를 살펴보기 위해 고등관 6등이 호에 따라 어떠한 차이를 보이는가를 살펴보자. 고등관 6등은 제1호에 속해 있으면, 6급과 7급이며, 제2호에 속해 있으면 4급과 5급이며, 제3호에 속해 있으면 2급과 3급이며, 제4호에 속해 있으면, 1급이다. 그런데 제4호를 제외하면 상급은 연봉 1700원이고, 하급은 연봉 1500원으로 모두 같다. 4호의 경우에는 앞의 하급의 연액을 받고 있다. 즉 호가 내려갈수록 동일한 관등일 때 2급씩 더 올라가게 되어 있지만, 받는 연봉은 대체로 동일하다. 그렇다면 이와 같이 복잡한 호봉제도를 사용하는 이유는 무엇인가? 연봉은 관직에 종사한 대가로서 지불되는 것인데, 각 관직은 관등과 일대일로 대응하지 않기 때문이다. 한 관직에는 상이한 관등의 소유자가 재직할 수 있다. 즉 동일한 관직에 재직하고 있어도 연공에 따라 승등할 수 있도록 허용하고 있기 때문이다. 예컨대 체신국을 예로 들면, 체신국의 각 과의 과장은 서기관이며, 계장은 사무관인데, 계장에서 과장으로 승진하지 않는다 하더라도, 연공승등에 따라 과장보다 더 높은 연봉을 받는 계장이 있을 수 있음을 인정하고 있는 체계였다. 물론 계장은 과장보다 받을 수 있는 최고 연봉은 더 적게 설정되어 있다. 이와 같은 편제는 직무급과 연공임금이 결합된 형태 즉 동일한 직무를 수행하더라도 연공이 더 높으면 더 높은 임금을 줄 수 있는 체계이다. 반면 기술관과 조선인은 각각 이와 구별되는 연봉체계에 의해 운영되었다. 기술관은 제5호로 구분되어 있으며, 조선인은 조선인으로 구분되어 있다. 조선인은 사무관리라 하더라도 사무관리의 호봉체계에 의해 운영되는 것이 아니라 조선인으로서 특별취급을 받았다. 물론 이러한 특별취급은 봉급을 차별하기 위해 이루어졌다고 생각되지는 않는다. 당시 조선인 고등관은 식민지 지배체제를 안정화시키기 위해 필수적인 존재로서 그들에게 차별적인 연봉을 지급하여, 반체제적으로 되게 할 빌미를 제공할 이유는 없기 때문이다. 조선인을 상이하게 구분하는 것은 조선인의 임용체계의 특이성에서 기인한다. 사무고등관을 서기관 사무관 사무관보로 구분하는데 이는 각각 고등관 내에서 상이한 신분을 의미한다. 이들의 임용자격은 상이하고 이들 간의 승진을 위해서는 엄격한 전형과정을 거쳐야 하기 때문에, 구분하고 있다. 조선인의 경우에도 조선인 특별임용령(朝鮮人特別任用令)이라고 하는 상이한 임용령에 근거하여 임용되고 있기 때문에 구별하고 있다.

<표 3-25> 판임문관 본봉(월봉)의 동향

(단위: 원)

	1910	1920	1931
1급	95	160	145
2급	75	135	125
3급	65	115	110
4급	55	100	95
5급	50	85	85
6급	45	75	75
7급	40	65	65
8급	35	55	55
9급	30	50	50
10급	25	45	45
11급	20	40	40

자료: 조선총독부, 『조선총독부 급 소속관서 직원록』.

이제 판임문관의 본봉을 보자. 조선총독부 판임문관의 봉급도 일본에서 행해지고 있는 봉급체계를 그대로 적용한 것이다. 판임문관은 부서와 업무에 관련 없이 11급으로 구분된 급봉을 받고 있다. 제1급은 월봉 95원이고, 제11급은 월봉 20원으로 거의 다섯 배의 차이를 보이고 있다. 판임관은 월봉을 받는데, 제1급은 고등관 7등에 해당하는 월봉을 받고 있으며, 판임관 6급은 고등관 9등에 해당하는 월봉을 받고 있으며, 판임관 7급은 고등관 9등에 약간 못 미치는 월봉을 받고 있어, 판임관의 월봉과 고등관의 연봉이 많이 중첩되어 있음을 확인할 수 있다. 고등관에 있어 계장이 과장보다 더 많은 연봉을 받을 수도 있도록 한 것과 동일한 취지에서 취해진 것으로 이해된다. 즉 관직은 상승하지 않았지만, 연공에 의해 계속 승급함으로써, 고등관에 비해 적지 않은 연봉을 받을 수 있도록 허용한 것이다. 여기에서도 직무급과 연공임금이 결합된 형태의 임금체계를 발견할 수 있다. 그런데 1910년에는 조선인의 월봉은 일본인의 월봉과 다르게 책정되었다. 물론 이것은 가봉에 의한 차이는 아니다. 이 시기 조선인 판임관에 대한 임금차별에 대한 서술은 이후로 미루기로 하자.

이 이외에 조선에 재근하는 일본인 관리에게는 1910년 3월에 제정된 가봉령에 의하여, 가봉을 지급하였는데, 고등관 및 시보(試補)의 가봉(加俸)은 10분의 5 이내, 판임관은 10분의 8 이내로 하고, 그 액은 조선총독이 정하도록 하였다. 단 시보(試補), 6급 이하의 판임관 및 견습(見習)의 가봉은 월액 40원까지를 지급할 수 있도록 하였다. 즉 6급 이하의 경우 100% 이상 200%까지를 지급할 수 있도록 한 것이다. 가봉은 본봉을 기준으로 하여 지급하는 것이지만, 가봉을 지급하는 이유는 조선에서 근무함으로써 더 들어가는 생활비나 생활상의 불편을 보상하기 위한 것이기 때문에, 하급직일수록 그 비율이 높아질 수 있다. 이상에서 서술한 것은 줄 수 있는 가봉의 상한에 대한 것이고, 실제의 가봉은 주임관의 경우에는 본봉의 40%, 판임관의 경우에는 본봉의 60%가 관례로서 정해져 있었고, 특별한 경우에만, 이와 다른 가봉을 줄 수 있었다.

1920년과 1931년에 봉급체계는 변하였다. 양자를 동시에 살펴보자. 1920년의 봉급체계의 개정은 제1차 세계대전의 여파로 민간부문의 임금이 급속하게 증가하였기 때문이다. 1931년의 개정은 공황으로 말미암은 상위공무원의 임금의 삭감이었다. 1920년의 개정과 비교할 때, 1931년의 개정은 미미한 것이었다.

1920년의 개정에서, 주임관의 경우 5호로 분류하던 체계를 3호로 분류하는 것으로 바꾸었다. 기사는 제1호로 통합되었고, 특별임용으로 될 수 있는 직위는 대체로 제2호와 제3호의 연봉을 받았다. 제1호는 3등 내지 7등, 제2호는 4등 내지 8등, 제3호는 5등 이하가 재직하는 관직이다. 본봉의 변화를 보면, 1920년에는 1910년에 비해 명목 연봉액이 급봉에 따라 다르기는 하지만, 50%에서 60%를 약간 넘는 수준으로 상승하였다. 1931년의 경우 제3호 11급의 경우는 불변이고, 그 이상의 경우는 높은 봉급일수록 더 많이 감소하였다.

판임관의 경우, 1920년에는 1급 68%에서 11급 100% 정도 증가했다. 1920
년 봉급의 변화를 보면, 주임관보다는 판임관의 봉급이 더 높게 증가하였
고, 전체적으로 하급관리의 본봉이 상급관리의 본봉보다 더 많이 올랐다.
그리고 30년대를 보면, 판임관 4급봉 이상만 봉급이 인하되었고, 그 이하는
그대로였다. 식민지시기 전 기간을 걸쳐 보면, 주임관과 판임관의 임금의
격차는 축소되고 있었다. 이러한 변화는 현업중심주의와 상응하는 형태의
변화였다고 할 수 있다.

또한 1920년부터는 조선인과 일본인의 봉급은 가봉을 제외하고는 동일하
게 되었다. 가봉의 경우 그 전체적인 비율은 변하지 않았다. 1920년에는 봉
급의 상승에 맞추어 6급 이하는 70원 이내에서 가봉을 주도록 바뀌었다.

이제 고원의 월급을 고찰하자. 고원이라는 신분은 1871년 관제등급을 제
정하면서, 새로 만들어진 출사(出仕)에서 기원하였다. 출사는 사무가 번잡
한 경우 임시로 정원 이외로 채용한 관리였다. 1879년에는 등외 관리로 되
었으며, 그 이후 고원으로 되었다. 고원은 정원 외 판임관에서 기원한 것이
기 때문에, 고원에 대해서는 판임관에 대한 제 규정을 준용하였다. 월급도
판임관의 월급을 준용하였다. 그렇지만, 고원의 월급은 각 관청에 따라 상
이하였다. 1920년대에는 지급의 상한이 정하여졌는데, 고원의 급료에 관한
건(1920.11.10 관비(官秘)268호)에 의하면, 특별한 기술을 요하지 않는 고원
또는 사자생(寫字生)의 급료는 다음과 같이 지급하도록 되어 있다.

<표 3-26> 1920년 고원의 급료상한

		월 액	일 액
고 원	내지인	150원 이내	4원 이내
	조선인	85원 이내	2원 50전 이내
사자생			3원 이내

자료: 조선총독부(1923), 『인사예규』, p.100

　그리고 학교졸업자의 경우 학력에 따라 초임금이 상이하였는데, 1920년 학교졸업자 초임급 지급(學校卒業者初任給支給)의 표준의 건(1920. 10. 28 인비(人秘)2204호)과, 기술원 채용 봉급(技術員採用俸給)에 관한 건(1920. 4. 1), 교원양성기관 졸업자 초임봉급(敎員養成機關卒業者初任俸給)의 건(1919. 11. 18 인비(人秘)5262호)을 정리하면, <표 3-27>과 같다.

<표 3-27> 1920년 제 학교졸업자의 초임급

구　분	판임관	판임관 견습
제국대학 공학부 졸업자	최고 3급봉 통상 5급봉	
경성 고등상업학교 수원 농림전문학교 경성 전수학교	8급봉	
임시 (소학교) 교원양성소 사범과	남자 10급봉 여자 11급봉	
중학교 고등보통학교	11급봉	35원

　자료: 조선총독부(1923), 『인사예규』, p.96-98.

　제국대학 졸업자는 전문학교 졸업자보다 2년 정도 더 수학하여야 하는데, 급봉은 3-5급봉을 더 주고 있다. 당시 승급에 필요한 최소 경과연수와 일 회 승급 시 최고 승급액을 가지고 계산하여도 8급봉에서 5급봉으로 승진하는 데는 최소 10년이 소요되고, 8급봉에서 3급봉으로 승진하는 데는 최소 20년이 소요된다. 제국대학 졸업자는 전문학교 졸업자보다 2년 더 수학하였지만, 10년 내지 20년에 상당하는 경력을 인정하여 주고 있다는 점에서 소요기간보다 더 높게 경력을 인정해 주는 것이다. 전문학교 졸업자의 경우 중학교 졸업자보다 3년을 더 다녀야 하는데 3급봉을 더 주고있다. 11급봉에서 8급봉까지 승진하는 데는 앞서와 마찬가지 방법으로 계산하면 최소 4년 6개월이 소요되므로, 학력취득을 위해 소요되는 기간보다 더 많은 경력을 인정하고 있다고는 하지만, 그 차이는 전문학교 졸업자와 제국대학 공학부 졸업자와의 차이보다는 적다. 이것은 20세가 넘어 판임관으로 바로 임용되는 경우이고, 20세 이내인 자는 35원을 받았는데 이는 4급봉 정도 차이가 나는 것으로 35원에서 8급봉으로 승진하기 위해서는 최소 5년 6개월이 소요된다. 초임금체계는 고학력자에게 유리한 것이었다. 물론 고학력자는 이뿐 아니라, 승진에 있어서도 비교할 수 없을 만큼 유리하였음은 두말할 필요가 없다.

<표 3- 28> 1931년 신규 채용된 제 학교졸업자의 급여액 상한

(단위 원)

졸업학교 종별			고원 급료 월액	판임관 사무	기술
고등시험 합격자				6급	
관립대학	사무	내지인	100	7급	
		조선인	65	7급	
	기술	내지인	130		5급
		조선인	85		5급
사립대학	사무	내지인	65		
		조선인	45		
	기술	내지인	75		
		조선인	55		
전문학교	사무	내지인	60		
		조선인	40		
	기술	내지인	70		
		조선인	50		
중등학교	남	내지인	40		
		조선인	30		
	여	내지인	30		
		조선인	20		
갑종정도 실업학교	사무	내지인	40		
		조선인	30		
	기술	내지인	50		
		조선인	40		
을종정도 실업학교	남	내지인	35		
		조선인	25		
	여	내지인	25		
		조선인	15		

자료: 조선총독부(1923), 『인사예규』, p.96-98.
주: 을종정도 실업학교 졸업자로서 기술고원은 5원 이내에서 가급하는 것이 가함.

1931년에는 몇 가지 명령으로 나뉘어 있고, 각 부처마다 조금은 상이하게 운영되고 있던 제 학교졸업자(諸學校卒業者)의 신규채용과 고원의 증액(增額)에 관한 총괄적인 명령이 발령되었다. 물론 이것은 1931년 봉급체계의 변화와 그 궤를 같이하는 것이었다. '제 학교졸업자 신규채용 및 고원 증액에 관한 건'(1931. 3. 9. 인비231호)을 정리하면, <표 3-28>과 같다.

이 채용규정을 보면, 1920년의 그것과는 매우 다르다. 첫째, 1920년에는 전문학교 이상의 경우는 대부분, 그리고 중학교졸업자의 일부는 판임관으로 임용하였음에 반해, 이제는 관립대학을 제외하고 모두 고원으로 채용한다는 점이다. 일부 관립대학 졸업자조차 고원으로 채용할 경우의 봉급이 명시되어 있는 것은 20년대와 30년대가 상당히 다른 시대임을 실감 나게 한다. 중등학교 졸업자는 이제 판임관 11급에도 못 미치는 월급을 받는 고원이 되는 것이다. 이것은 학력 인플레이션의 결과였다. 고원은 판임관이 되기 위해 거쳐야 하는 하나의 관문이 되었음을 의미한다. 고원과 판임관 간의 승진계열상의 통합은 한층 강화되었다고 할 수 있다.

둘째, 20년대에는 중학교 이상 졸업자는 판임관으로 임용될 수 있었고, 이때 가봉은 60%였다. 고원의 경우에도 이것을 준용한 초임금을 주었다. 1920년대에 민족별로 초임금을 제시하지 않은 것은 이 때문이다. 1931년에는 관립대학 졸업자와 고등시험 합격자를 제외하고는 판임관으로 임명되지 못하였고, 고원에서 시작하고 있는데, 고원의 경우, 판임관을 준용한 가봉을 지급하게 되어 있지만, 이것은 고원에게 가봉으로 지급되는 것이 아니라 가봉에 해당하는 만큼 보다 높은 초임급을 주는 것이다. 이를 반영하여, 조선인과 일본인은 동등학력 소지자라도 상이한 초임금을 받고 있다. 그런데 이 초임금의 차이는 모두 60%의 수준에 못 미친다(을종정도 학교를 나온 일본인 여자의 경우는 예외적으로 66%). 중학교 졸업자의 경우 일본인은 조선인보다 10원의 급료를 더 받았을 뿐이고, 전문학교와 대학교의 경우 일본인은 조선인에 비해 20원의 급료를 더 받았을 뿐이다. 그리고 관립대학의 경우는 거의 60%에 비근하게 받고 있다. 조선인과 일본인 간의 초임금의 차이는 줄어들었다.

셋째, 사무직의 경우, 중등학교 졸업자보다 전문학교 졸업자는 2급봉 정도를 더 인정받고 있었고, 사립대학 졸업자는 3급봉 정도를 더 인정받고 있었으며, 관립대학 졸업자는 5급봉을 더 인정받고 있다. 이제 중등학교 졸업자가 그 이상 학력소지자가 받는 초임금을 받기 위해 소요되는 최소연한을 계산하여 보자. 전문학교 졸업자의 초임금을 받기 위해서는 최소 3년이 소요되는데, 이는 전문학교 졸업자가 중학교 졸업자보다 3년 더 수학한 기간과 동일하다. 사립대학 졸업자가 받는 초임금을 받기 위해서는 최소 4년이 소요되는데, 사립대학 졸업자는 중학교 졸업자보다 5년 더 수학하므로, 수학연한보다 더 적은 경력을 인정받고 있다. 관립대학의 경우에는 사립대학과 동일한 수학연한이 요구되는데, 경력인정은 9년 6개월 정도에 해당한다. 이 시기에 이르러서는 관립대학을 제외하고는 중학교 이상의 학력소유가 중학교를 졸업하고 고원으로 바로 입사한 것보다 더 낮지 않다. 물론 이것은 승진에 필요한 최소연한임을 감안하여야 한다. 승진에는 보다 많은 연한이 걸리는 것이 일반적이므로, 사립대학이나 전문학교를 졸업하는 것이 큰 손해가 되는 것은 아니다. 관립대학은 예외적으로 높은 경력을 인정하여 주고 있다.[221] 그러나 관립대학의 경우에도, 1920년에 비하면, 특혜의 정도는 줄어들었다. 전체적으로 고학력자에 대한 우대는 축소되었고, 학력보다 경력이 더 우대받는 사회로 변화되었다고 평가할 수 있다. 이는 전문학교 이하의 학력의 희소성이 상당히 적어졌음을 반영하는 것이기도 하다. 이 시기 고학력자의 증가에 대해서는 제4절 2.2.1 교육투자에서 상술하고자 한다.

---

[221] 일본은 메이지 유신 초기에는 프랑스형의 전문학교 체계를 수용하였지만, 이후 독일형의 제국대학 체계로 변화되었다. 제국대학은 다른 대학졸업자에 비해 더 많은 특권을 향유하였는데, 예컨대 다른 사립대학 법학부 졸업자들과는 다르게 제국대학 법학부 졸업자들에게는 변호사 자격을 부여하였다. 이와 같은 제국대학 졸업자 우대정책은 이후 완화되어 갔지만, 아직 제국대학 졸업자에 대한 우대정책이 완전히 사라진 것은 아니라는 점을 여기에서 확인할 수 있다.

넷째, 사무직에 대한 기술직의 봉급 면에서의 우대이다. 주임문관의 봉급 체계에서도 기사는 제1호의 기준에 편입되어 있다. 기술자 우대정책은 1931년이 되면 더 두드러진다.

이상에서 보았듯이, 임금체계를 분석하면, 신분 간의 격차가 축소되고, 학력보다 경력이 중요시되어 가는 경향을 발견할 수 있는데, 이는 현업중심주의와 합치하는 변화였다고 할 수 있다.

1.2.2. 승진질서

승진에는 고원에서 판임관, 판임관에서 주임관, 주임관에서 칙임관으로의 승진이 있으며, 각 신분 내에서는 승등 및 증봉이 있다. 1930년 이전에 고원의 증급이 어떻게 이루어졌는지 잘 모른다. 그러나 1931년의 경우에는 '제학교졸업자 신규채용 및 고원 증액에 관한 건'(1931. 3. 9. 인비(人秘)231호)을 통하여 살펴볼 수 있다. 고원의 인사권자는 각 관서의 장이므로, 증급을 결정할 수 있는 권한도 각 관서의 기관장에게 있었다. 각 관서의 장이 증급을 결정할 수 있는 권한이 있기는 하였지만, 그렇다고, 각 관서의 장이 자의적으로 할 수 있는 것은 아니었다. 조선총독부에서 정한 증급에 필요한 경과연한과 일 회 증급 시의 상한을 지키는 한도에서 할 수 있었을 뿐이다. 급료가 50원 미만인 경우에는 1년이 경과하여야 4원 이내의 증급을 받을 수 있고, 75원 미만인 경우에는 1년 6개월이 경과하여야 5원 이내의 증급을 받을 수 있으며, 75원 이상인 경우에는 2년이 경과하여야 7원 이내의 증급을 받을 수 있으며, 백 원 이상인 경우에는 3년이 경과하여 10원 이내의 증급을 받을 수 있도록 되어 있다. 급료월액이 증가할수록 증급하는 데 걸리는 시간이 증가하고, 일 회 증급상한이 더 높아짐을 확인할 수 있다. 물론 경과연월이 지난다고 모두 증급되는 것은 아니다. 증급의 결정권자는 각 관서의 장이므로, 각 관서의 장에 따라 약간 상이하였을 것으로 생각된다.

<표 3-29> 고원 증급 규정

급료월액	경과 연월	증급 월액
50원 미만	1년	4원 이내
75원 미만	1년 6개월	5원 이내
75원 이상	2년	7원 이내
백 원 이상	3년	10원 이내

자료: 조선총독부 관방비서과(1937), 『조선인사예규』 p. 73.

　다음으로 고원의 판임관으로의 승진임용의 선발기준을 살펴보자. 고원을 판임관으로 임용하기 위해 1926년에는 각 고원마다 고원고과표(雇員考課表)를 징수하였다. 고과표에는 현재 근무하고 있는 국과(局課), 현재의 월급액뿐 아니라, 담당사무(현재 종사하고 있는 사무 종별), 소양(학력, 시험합격, 고원재직연한), 기능 및 재간(才幹)(본인이 특장으로 하는 사무 또는 재능의 양부), 성격, 근무태도 및 성적, 경력(종래의 경력을 약기하고, 일본 근무연수와 조선 근무연수를 기입), 체격 및 최근건강상태(신장의 상태뿐 아니라, 결근상태도 포함함), 공과(功過)(상벌사항을 기재), 가정의 상태 그리고 기타 참고사항을 기재하게 되어 있다. 기재사항에 담당사무가 들어 있는 것은 판임관 임용가능 인원수는 사무종별로 나뉘어 있기 때문이다. 소양에는 승진할 자격이 있는가를 판단하는 기준을 기재하였다. 판임관이 되기 위해서는 중학교 이상의 졸업학력이 있든지, 보통문관시험이나 그에 상당하는 시험에 합격하였든지, 고원의 근속기간이 일정연수 이상이어야 하므로, 이 사항을 체크한다. 그러나 이 이외에도, 현업 사무능력과 근무태도 경력 및 상벌 등이 모두 고려되었음을 확인할 수 있다.

　이제 주임관과 판임관 중 승진자를 선별하는 기준을 살펴보자. 주임관과 판임관의 승등 및 증봉을 위해서 매년 4차례 내지 2차례 내신서(內申書)를 받았다. 승등과 증봉은 이 내신서에 의해 이루어졌다. 내신서를 작성하는 방법 및 양식에 관한 훈령은 몇 차례 변화했는데, 여기에서는 1917년과

1930년의 것을 비교하여 보자.

1917년에는 내신서의 양식이 매우 간단하였다. 고등관의 승진 증봉 내신서(昇進增奉內申書)는 현재의 등급 가봉 가급을 기재하고, 승진할 등급 가봉 가급을 기재하며, 현재 등급에서의 경과 연월일을 기재하도록 되어 있다. 이 이외에는 관명과 근무지 그리고 내신자 중에서의 승진 순위를 기재하게 되어 있다. 판임관의 증봉 내신서도 동일한 양식이었다. 이에 비해 1930년의 내신서는 훨씬 복잡해졌다. 결근과 징계의 항이 포함되었으며, 주임관의 경우에는 특별임용인지, 학사인지, 고시합격자인지를 표시하도록 되어 있고, 판임관의 승급에 있어서조차 학사인지 고시합격인지를 표기하도록 되어 있다. 1930년대 이후에는 승급 또는 승등 결정에 있어 학사학위와 고시합격증이 중요하였음을 알 수 있다. 그리고 단순히 경과 연월만을 따지던 1917년과는 다르게 결근과 징계라는 근무성적이 중시되었다. 1930년대에는 경력이 보다 중시되었음은 앞서 지적한 바 있는데, 경력은 단순히 재직기간을 산정하는 방식에서 근무태도도 반영하는 방식으로 변화되고 있었다. 이와 같은 고과장이나 내신서의 작성은 각 관서의 장이 작성하므로, 각 관서의 장의 인사권은 강화되었다고 할 수 있다.

1.3. 고용구조의 동향

우선 신분별 고용구조의 장기적인 변화를 살펴보자. 식민지기에는 전체적으로 관리와 용인은 감소하고, 사무직 및 기술직 고원의 비중은 증가하였다. 전체 종사자에서 용인이 차지하는 비중은 1905년 43%였지만, 1914년까지는 약간의 기복을 보이면서 50%로 증가하였다. 그 이후 추세적으로 감소하여 1940년대 초에는 36%대로 감소하였다. 이원(吏員) 중에서 관리가 차지하는 비중은 1905년 35%였지만, 추세적으로 감소하여 1940년대 초에는 23%대로 감소하였다. 반면 고원층의 비중은 용인층의 비중이 증대되어 간 1914년까지는 감소하여, 1905년 37%에서 34%로 감소하였지만, 이후 급속하게 증가하여 1940년대 초에는 49%대로 증가하였다. 관리 중에서 주임관 이상이 차지하는 비중을 살펴보면, 1905년에는 4%였지만, 추세적으로 감소하여 1940년대 초에는 1.5%대로 감소하고 있다. 관리층에서는 고등관의 비중은 줄어들고 판임관의 비중이 늘어나고 있었다. 전체적으로 고원과 판임관을 중심으로 한 고용구조로 변화되었다고 할 수 있다.

이제 고용구조를 변화시킨 요인에 대해 살펴보자. 용인의 비중은 우편집배송 체계와 관련된다. 통신기관 합동 이전에는 군단위의 집배체계는 임시우체사제도에 의거하고 있었는데, 이것은 일군(一郡) 내의 모든 집배를 2인에게 하도록 한 것으로 상당히 부실한 것이었다. 그러나 각 지역에 우편소가 설립됨으로써 지방의 집배체계는 강화되었다. 이것이 용인의 증대로 나타났다. 그러나 1914년 이후에는 교통기관의 발달에 힘입어 체송업무는 철도체송이나 선박체송, 그리고 자동차체송으로 변화되어 갔으며, 이러한 방식의 체송은 수부제도(受負制度) 즉 체송 청부제도(遞送請負制度)에 의했으므로, 체송부의 비중은 감소하였다. 또 집배송에서도 자동차나 자전거에 의한 집배송이 확대되어, 인원절감이 이루어졌다. 이 외에 1914년 이후 용인의 비중의 감소를 가져온 이유로는 우편업무 대신에 전신업무 전화업무 보험업무 등 사무원이 주가 되는 사업의 비중이 증대되어 간 것을 들 수 있다.

관리층의 감소는 식민지기 우편기관의 보급이 우편소나 우편취급소 전신전화취급소와 같은 간이한 기관을 중심으로 하여 보급된 것에 기인한다. 우편소는 우편소장 1인만이 판임관인 기관이고, 우편취급소나 전신전화취급소는 판임관이 없는 기관이다. 이들 기관은 고원이 중심이 되어 운영되었다.

조선에서의 이러한 고용구조의 변화를 당시 일본에서의 고용구조의 변화와 비교하여 보자. 일본에서 용인이 차지하는 비중은 1905년에 61%였으나

추세적으로 감소하여 1935년에는 35%로 감소하였다. 그리고 이원 중 관리
가 차지하는 비중은 1905년 34%였지만, 1918년 25%로까지 추세적으로 감
소하다가, 다시 상승하기 시작하여 1935년에는 27%로 증가하고 있다. 일본
에서 관리 중 주임관이 차지하는 비중은 1905년 2.7%대였지만, 추세적으로
감소하여 1930년대 중반에는 1.7%대로 감소하였다. 일본도 전체적으로 관
리와 용인의 비중이 감소하였고, 고원 및 판임관이 두터워지는 구조로 변
화되고 있었다. 조선에서의 변화는 기본적으로 일본과 동일하였다.

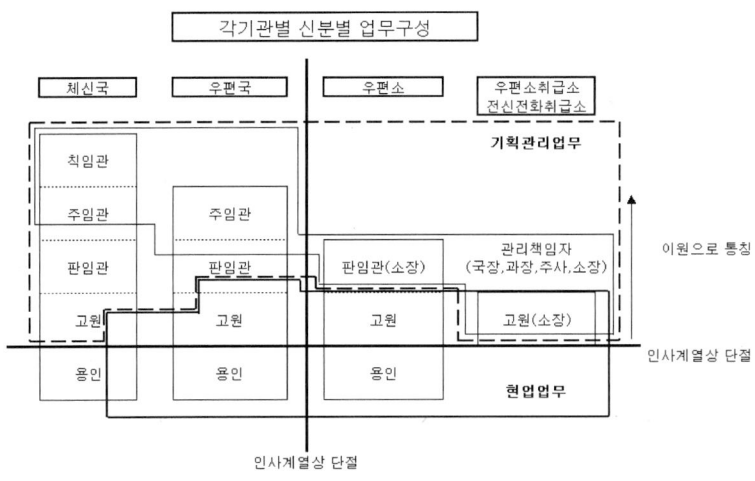

<도 3-1> 각 기관별 신분별 업무구성

이제 업무별 신분별 고용구조를 살펴보자. 수행하는 업무가 관리사무인
가 현업사무인가에 따라 비현업원과 현업원으로 구분하는데, 비현업원은
다시 두 종류로 구분된다. 첫째, 비현업 부서(非現業部署)에 근무하는 종사
자이다. 예컨대 체신국 본국에서 근무하는 종사원은 비현업원으로 파악한
다. 둘째는 현업부서에 근무하는 비현업원으로서 국장이나 소장, 과장이나

계장 등과 같은 보직자들이다. 보직자들은 관리업무에 치중하고 있기 때문에, 현업부서에 근무하고 있지만, 비현업원으로 취급한다.

1920년경의 비현업원과 현업원의 구성을 보면, 판임관 이상 즉 관리 중 현업원의 비중은 대략 40%이고, 나머지 60%는 비현업원이다. 비현업 판임 관은 고등교육 졸업자를 채용한 경우도 있지만, 비현업 사무원에서 비현업 판임관으로 승진한 경우도 있고, 현업 사무원에서 현업사무를 당당하는 판 임관을 거쳐 비현업 판임관으로 승진한 경우도 있다. 반면 현업 판임관은 거의 대부분 현업고원으로부터 승진한 것으로 간주할 수 있다. 따라서 관 리 중 현업원의 비중은 고원으로부터 승진하여 관리로 된 층을 과소평가하 고 있다. 현업 관리는 관리이면서도 동시에 현업 사무를 맡고 있는 관리인 데, 전체 관리의 40%에 이르고 있어, 현업 관리가 매우 두텁게 있었음을 확 인할 수 있다. 현업관리가 두텁게 있었던 이유는 중견이원(中堅吏員)을 중 시하는 인사관리에 대한 이념 때문이었다.[222] 고원 이하의 하급직은 대부분 현업원인데, 고원의 경우 약 90%가 현업원이다. 관리업무에 종사하는 비현 업원의 신분별 구성을 보면, 판임관 이상이 70% 정도이고, 고원이 30% 정 도인데, 비현업 고원은 관리감독기관에 소속되어 있는 고원이다. 관리감독 사무를 보조하는 고원의 비중은 상대적으로 작았다. 현업원의 경우에는 그 역으로 판임관 이상은 28%를 차지하고, 고원은 72% 내외를 차지한다.

---

[222] 현업원을 지도 감독하는 지위에 있는 중견이원은 관리감독능력이 있을 뿐만 아 니라 현업사무에 대한 기술과 지식도 폭넓게 가지고 있어야 하며, 현업고원과 더 불어 같은 업무에 종사하면서 지도감독을 하는 것이 바람직하다고 생각되었다.

<표 3-30> 이원의 업무별 신분별 동향

(단위: 인, %)

	비현업원			현업원			현업원의 비중			현업원 중 관리 비중	
	관리	고원	계	관리	고원	계	관리	고원	계	전 기관	우편소 제외
전체											
1919	772	291	1063	535	3079	3614	40.93	91.36	77.27	14.80	19.60
1925	1140	420	1560	751	4501	5252	39.71	91.47	77.10	14.30	21.09
1930	1390	664	2054	809	5649	6458	36.79	89.48	75.87	12.53	18.86
1935	1698	989	2687	1071	7194	8265	38.68	87.91	75.47	12.96	19.01
1941	2454	1365	3819	2422	13433	15855	49.67	90.78	80.59	15.28	23.04
조선인											
1919	0	6	6	4	888	892	100.00	99.33	99.33	0.45	0.91
1925	32	27	59	28	1587	1615	46.67	98.33	96.48	1.76	5.28
1930	75	61	136	26	2203	2229	25.74	97.31	94.25	1.18	3.83
1935	115	131	246	66	3178	3244	36.46	96.04	92.95	2.08	5.61
1941	358	411	769	351	9953	10304	49.51	96.03	93.06	3.53	6.60

자료: 『조선체신국 내 직원 급 용인 위생통계』.

이원 중 현업원이 차지하는 비중은 1919년부터 1939년까지 75%에서 80% 사이에 있었는데, 그 진폭은 매우 커서, 1920년에 75.5%였던 것이, 1928년에는 79.9%로 증가하였고, 다시 1935년에는 75.5%로 하락하였다가, 1937년부터 1942년까지는 80%를 유지하고 있다. 1936년까지는 순환적 변동을 보였지만, 1937년 이후에는 현업원의 비중이 상당히 높은 수준에서 유지되고 있다. 판임관 중에서 현업원이 차지하는 비중은 1919년-1935년까지는 37%에서 43%의 범위 내에서 변동하고 있었는데, 1936년 이후 1942년까지는 48%-50%의 수준으로 증가하고 있어, 1936년을 획기로 하여 급격한 증가가 이루어지고 있음을 확인할 수 있다. 단 1937년에는 예외적으로 낮은 46%를 보이고 있다. 즉 1930년대 후반 이후에는 이원 중 현업원의 비중이 80% 수준을 유지하고 있고, 판임관 중 현업원의 비중도 50%까지 증가하고 있어, 현업원의 중요성은 더욱 강화되었다고 할 수 있다. 현업원의 중요성의 강화와 더불어 지적되어야 할 것은 우편소에 있어 통신수 제도의 실시이다. 우편소 통신수는 우편소 고원 중에서 선발하여 판임관 대우로 한 것이다. 통신수는 비록 판임관 대우이기는 하지만, 현업원의 지위의 상승 및 중견 이원의 중요성 등이 우편소에서도 실현되었음을 의미한다. 현업원 중 판임 관의 비중을 살펴보면, 14%에서 20% 사이에서 변동하고 있는데 1910년대 후반에 상대적으로 높았다가, 20년대 중반부터 30년대 중반까지는 상대적으로 낮은 수준에 있었으며, 1930년대 후반은 상대적으로 높은 수준을 유지하고 있어서, 경기순환 및 경영합리화와 관련하여 변동하고 있었다고 할 수 있다.

조선인 관리는 우편소장과 우편국의 판임관으로 있었다. 우편소장은 비현업원으로 파악되고, 우편국 판임관은 조선인의 경우 거의 보직자가 없었기 때문에, 모두 현업원으로 파악된다. 조선인의 경우, 판임관 중 현업원의 비중은 이 양자의 구성에 의해 결정되었다. 조선인 현업원 중 관리의 비중을 살펴보면, 1919년에는 0.45%였던 것이, 1941년에는 3.53%로 증가하고 있고, 특히 1935년 이후에 급속하게 증가하고 있다. 전체 현업원 중 관리의 비중은 1919년에 17.38%에서 1941년에는 18.03%로 거의 변화하지 않은 것에 비하면 매우 급속한 성장이라고 할 수 있다. 관리는 일본인, 고원 용인은 조선인이라는 식민지적 고용구조가 변질되어, 이제 조선인 고원의 상당수가 관리로 성장하고 있음을 보여주는 것이다. 그러나 1941년에도 조선인 현업 관리의 비중은 전체의 1/5 정도밖에 되지 않았다. 이것은 조선인의 승진의 저위성을 보여줄 뿐만 아니라, 이러한 저위성 속에서도 상당히 급속하게 조선인 현업 관리층이 형성되고 있었음을 보여주는 것이다.

각 업무별 현업 판임관과 현업 고원의 비율을 1919년에 대해 살펴보자. 우편의 경우에는 현업 판임관이 현업원 중에서 차지하는 비중이 14%, 전신은 17%, 전화는 3%, 환저금은 18%, 기타는 78%이다. 이 중 기타는 기수(技手)나 간수(看守) 등인데, 공무 전습생과 항로표지 전습생은 상대적으로 고학력을 뽑고 있어, 고원이란 판임관으로 승진하기 위해 거쳐 가는 정도의 의미를 가질 뿐이다. 그리고 기수는 고등공업학교 이상의 학력자를 채용하는 경우가 많다. 전화업무에 있어서 현업 판임관의 비중은 상대적으로 적다. 전화업무의 경우에는 전화업무 판임관 – 전화 취체(電話取締) - 전화교환수 – 전화교환수 견습(電話交換手見習)으로 구성되어 있는데, 전화교환수는 사무원에 비해 그 사회적 지위가 상대적으로 낮고, 또 여자로 구성되어 있다는 특징을 가지고 있어 상대적으로 판임관의 비중이 낮다. 전화교환수를 지도 감독하는 중견이원의 역할을 담당하는 층은 전화업무 판임관과 전화 취체(電話取締)로 구성되어 있는데, 전화 취체는 신분이 고원이고, 이 전화 취체 중 일부만이 전화 판임관으로 승진하고 있다.

<표 3- 31> 1919년 현업 이원의 업무별 신분별 구성

(단위 인, %)

		전체					
		실수			업무별 구성비		
		남자	여자	계	남자	여자	계
관리	우편	154		154	28.79		28.79
	전신	125		125	23.36		23.36
	전화	21		21	3.93		3.93
	환저금	108		108	20.19		20.19
	기타	127		127	23.74		23.74
	합계	535		535	100.00		100.00
고원	우편	1122	152	1274	52.73	15.98	41.38
	전신	559	57	616	26.27	5.99	20.01
	전화	88	567	655	4.14	59.62	21.27
	환저금	326	173	499	15.32	18.19	16.21
	기타	33	2	35	1.55	0.21	1.14
	합계	2128	951	3079	100.00	100.00	100.00
계	우편	1276	152	1428	47.92	15.98	39.51
	전신	684	57	741	25.69	5.99	20.50
	전화	109	567	676	4.09	59.62	18.71
	환저금	434	173	607	16.30	18.19	16.80

		실수			업무별 구성비		
		남자	여자	계	남자	여자	계
	기타	160	2	162	6.01	0.21	4.48
	합계	2663	951	3614	100.00	100.00	100.00
관리의 비중	우편	12.07	0.00	10.78			
	전신	18.27	0.00	16.87			
	전화	19.27	0.00	3.11			
	환저금	24.88	0.00	17.79			
	기타	79.38	0.00	78.40			
	합계	20.09	0.00	14.80			
조선인							
관리	우편						
	전신						
	전화						
	환저금						
	기타	4		4	100.00		100.00
	합계	4		4	100.00		100.00
고원	우편	556		556	63.11		62.61
	전신	207		207	23.50		23.31
	전화	37	7	44	4.20	100.00	4.95
	환저금	78		78	8.85		8.78
	기타	3		3	0.34		0.34
	합계	881	7	888	100.00	100.00	100.00
계	우편	556		556	62.82		62.33
	전신	207		207	23.39		23.21
	전화	37	7	44	4.18	100.00	4.93
	환저금	78		78	8.81		8.74
	기타	7		7	0.79		0.78
	합계	885	7	892	100.00	100.00	100.00
관리의 비중	우편	0.00		0.00			
	전신	0.00		0.00			
	전화	0.00	0.00	0.00			
	환저금	0.00		0.00			
	기타	57.14		57.14			
	합계	0.45	0.00	0.45			

자료: 조선총독부 체신국, 『조선총독부 체신연보』.

이제 현업원의 업무별 구성의 변화를 살펴보도록 하자. 고용구조는 기술의 변화와 취급업무의 변화 등에 의해 변화하였다. 체신국 현업이원의 업무별 직원구성을 살펴보면, 1919년에 현업이원은 3,614명이고, 현업이원 중 우편이원이 1,428명(39.51%)이고, 전신이원이 741명(20.5%), 전화이원이 676명 (18.7%), 환저금이원이 607명(16.8%), 기타가 162명(4.5%)이었다. 환저금사무원 607명 중 220명가량은 우편환저금관리소 이원이고 이를 제외한 환저금 이원은 각 우편국소에서 근무하는 환저금사무원이다. 우편이원이 40%가량을 차지하고 있고, 전신사무원이 그 다음을 차지하고 있으며, 전신사무원의 비중이나 전화사무원의 비중, 환저금사무원의 비중은 각각 15-20%의 비중을 차지하고 있어 큰 차이를 보이지 않는다.

이러한 업무별 고용구조가 어떻게 변화하였는가를 직접적으로 파악할 자료는 없으므로, 다음과 같은 방법에 의해 위와 비근한 통계표를 만들어 보고자 한다. 1939년에는 우편국 이원의 업무별 구성을 알 수 있다. 여기에는 우편소 이원과 전신국 이원과 전화국 이원과 저금관리소 이원이 포함되어 있지 않다. 전신국 이원은 전신업무를 담당하는 이원으로, 전화국 이원은 전화업무를 담당하는 이원으로, 저금관리소 이원은 환저금업무를 담당하는 이원으로 분류하는 것은 큰 문제가 없다고 생각되므로, 우편소 이원을 각 업무별로 어떻게 배분하는가가 문제이다. 1939년에는 우편소에서도 우편국과 거의 동일한 업무를 취급하고 있으므로, 우편국과 직원구성이 동일하다고 가정하였다. 물론 우편소에 있어 전신업무와 전화업무 종사자의 비중은 상대적으로 작으므로 이렇게 가정하면 전신업무 종사자와 전화업무 종사자의 구성을 과대평가하는 편향이 발생할 것이지만, 우편국 중 가장 많은 이원을 보유하고 있는 경성국의 경우 전화는 전화국 및 분국(分局)으로 전신은 중앙전신국으로 분리되어 나갔기 때문에, 우편소에 있어서 전신업무와 전화업무 종사자를 과소 추계하는 문제는 생각보다 크지 않을 수 있다. 이상과 같은 방법으로 작성한 것이 <표 3-32>이다. 1919년과 비교하면, 1919년에는 없었던 보험이원이 16%를 차지하고 있으며, 보험이원의 비중이 환저금이원의 비중을 능가하고 있다. 조선총독부가 1930년에 실시한 조선간이생명보험사업에 어느 만큼 심혈을 기울이고 있었는가를 보여준다. 1919년과 비교하기 위해 보험이원을 제외하고 그 비중을 구해 보면, 우편이원은 26.5%로 13% 감소하였고, 전신이원은 23%로 2.5% 정도 늘었으며, 전화이원은 32.1%로 13% 정도 늘었으며, 환저금이원은 13.3%로 2.5% 정도 줄었다. 우편이원과 환저금이원의 비중이 줄고 전신이원과 전화이원의 비중이 늘었는데, 특히 우편이원의 비중의 감소와 전화이원의 비중의 증가가 두드러진다.

<표 3- 32> 1939년 체신국 현업이원의 업무별 기관별 구성

(단위 인, %)

	우편	전신	전화	환저금	보험	서무회계	계
우편국	1558	938	1581	420	1129	301	5927
우편소	1315	791	1334	354	953	254	5001
전신국		761					761
전화국			557				557
저금관리소				663			663
계	2873	2490	3472	1437	2082	555	12909
비중	22.25	19.29	26.90	11.13	16.13	4.30	100.00
보험 제외	2873	2490	3472	1437		555	10827
비중	26.53	23.00	32.07	13.28		5.13	100.00

이렇게 업무별 종사자의 증가율이 차이를 보이는 이유는 우편이 이미 1919년경에 거의 완비된 체계를 갖추었음에 반하여 전화와 전신의 보급은 1920년대와 1930년대에 이르러 급속하게 진행되었기 때문이다. 특히 전화는 전화교환구역이 점차 증설됨에 따라 급속하게 증가하였다. 우편소의 경우 1919년에는 일반적으로 우편사무원이 우편업무와 전신업무와 전화업무

를 겸무하였는데, 각 지방의 전신수요가 증대하고 전화교환업무가 늘어남
에 따라 전업적인 전신 사무원과 전화 교환원을 두도록 변화하였던 것도
영향을 주었다고 판단된다.

위에서는 고찰되지 않았지만, 고등전신기가 발전하고 무선전신 업무가
증대됨에 따라 고등전신 기술원과 무선전신 기술원이 늘어났는데, 아직 고
등전신기와 무선전신은 일반유선전신에 비하면 그 규모가 미약한 수준이었
으므로, 그 비중은 크지 않았다. 전화교환 업무의 경우, 조선에서는 1930년
대 후반부터 자동교환기가 보급되기 시작하여 전화교환수가 기계로 대체되
고 있었는데, 자동교환기의 보급지역이 아직 소수에 불과하여 여전히 전화
교환수의 비중은 높은 수준을 유지하고 있다. 경성의 경우에도 경성 중앙
전화국과 용산분국(龍山分局)에는 자동교환기가 개설되었지만, 광화문분국
(光化門分局)과 동분국(東分局)에는 자동교환기가 가설되어 있지 않는 등,
그 보급은 미약한 수준이었다.

2. 양성기관의 형성과 전개과정

2.1. 양성대상과 양성기관

조선총독부 체신국의 종사자는 관리와 고원과 용인으로 구분된다. 관리
는 다시 고등관과 판임관으로 구분되는데, 식민지기에는 관리와 고원을
합하여 이원(吏員)으로 통칭하였다. 식민지기 양성의 주 대상은 바로 이
원이었다.[223]

---

[223] 물론 식민지기에 용인의 양성이 없었던 것은 아니다. 용인의 양성 예로는 직공 견
습(職工見習)을 들 수 있다. 체신국에서는 1년 동안 직공 견습을 지낸 이후에야 직
공이 될 수 있었다. 그러나 용인 중 가장 다수를 차지하는 통신부(通信夫)에 대한

체신관서의 업무는 크게 우편업무, 전신업무, 전화업무, 전신전화가설유지업무, 환저금업무, 보험업무, 항로표지업무 등으로 구분할 수 있다. 식민지 전체를 통틀어 보면 이 중 환저금업무를 전담적으로 취급하는 이원을 양성하는 제도는 없었다. 이를 제외한 모든 업무 종사자에 대해서는 양성이 이루어졌다. 이 중 전신업무 종사자, 전화업무 종사자, 전신전화가설유지업무 종사자, 항로표지업무 종사자의 양성은 1910년대부터 실시되었고, 우편업무 종사자와 보험업무 종사자의 양성은 1940년대에 들어서야 실시되었다. 즉 모든 신규 이원에 대한 양성은 1940년대에 들어서야 실현되었다.

체신국은 이렇게 자신에게 필요한 인원을 양성하는 외에 자신의 관리감독하에 있는 민간사업에 필요한 인원을 양성하기도 하였는데, 해원, 전기공수, 무선전신 기술자, 사설 전화교환수, 항공요원의 양성이 그것이다.

여기에서는 이 중 통신사업과 관련된 이원의 양성에 초점을 맞추어서 고찰한다. 이원은 관리와 고원을 통칭하는 것이지만, 이중 양성의 주 대상은 고원이었다. 이원의 양성은 크게 신규이원(新規吏員)의 양성과 중견이원(中堅吏員)의 양성으로 구분할 수 있는데, 신규이원의 양성은 바로 고원으로 채용할 인원을 양성하는 것이다. 중견이원양성은 고원이나 판임관에게 고등기술이나 행정관리능력 등을 교육하기 위해 행하였다.

이들을 양성하는 기관은 양성대상에 따라 달랐는데, 조선총독부 체신국, 분장사무취급 우편국(分掌事務取扱郵便局), 전화교환국이 양성기관이었다. 전신이원과 우편소고원의 일부는 분장우편국에서 양성하였고, 전화교환수

양성은 실행되지 않았다. 일본에서 모든 신규 채용자를 교육시키겠다는 방침하에 통신부도 양성의 대상에 포함시키자는 논의가 1930년대 후반에 전개되기 시작하였는데[체신성(1940), 『체신사업사 제1권』. pp.692-696], 조선에서는 이러한 논의도 진행되지 않았다. 물론 통신부도 그 자신이 맡은 업무의 내용을 파악하기 위해서는 학습이 필요하였는데, 이러한 학습은 실행에 의한 학습(on-the-jop training)으로 이루어지거나 각 우편국소장의 관할하에 강연회를 개최한다든가, 업무향상을 위한 모임을 만든다든가 하는 방법으로 실행되었을 뿐이다.

는 전화교환국에서 양성하였으며, 이를 제외한 모든 양성대상은 체신국에
서 양성하였다. 이 이외에 일본에 있는 일본 체신성 체신관리연습소(日本遞
信省遞信官史練習所)에 위탁 양성하기도 하였다. 이곳에서는 보다 고급의
기술과 지식을 학습시켜 고급통신인력을 양성하였다. 조선총독부 체신국은
고급통신인력을 확보하기 위해 이곳에 체신국 이원을 위탁 양성시켰다.

2.2. 양성체계에 대한 시기구분

보호국기와 식민지기를 통틀어서 살펴보면, 체신이원 양성체계는 크게 4
시기로 구분할 수 있다. 첫째 시기는 1906년부터 1911년까지로 아직 체계적
인 양성규칙도 양성기관도 없었던 시기이다. 물론 이 때에도 이원의 양성
은 있었지만, 양성인원은 매우 적었다. 필요한 인원의 대부분은 일본 본토
의 통신기관 종사자를 수입하여 사용하였으며, 이를 부분적으로 보완하는
정도의 양성이 서무과에서 행해졌다. 둘째 시기는 1912년부터 1917년까지
의 시기이다. 이 시기에도 필요한 인원은 일본으로부터 수입하여 쓰는 것
이 기본적인 방침이었지만, 보다 체계적인 양성규칙이 만들어진 시기이다.
1912년 10월에 체신이원 전습생 양성규정(遞信吏員傳習生養成規程)이 제정
공포되었는데, 이 양성규정은 통신업무 전습생(通信業務傳習生)과 항로표지
업무 전습생(航路標識業務傳習生)에 대한 것이다. 1913년에는 이 규정을 개
정하여 공무 전습생(公務傳習生)도 양성하게 하였다. 1914년에는 통신업무
전습생을 통신 갑종 전습생과 통신 을종 전습생으로 나누어 양성하는 것으
로 바뀌었다. 1917년 11월에는 다시 개정되어 통신 별과생(通信別科生)의 양
성도 이루어졌다. 통신 별과는 우편소 고원을 양성하는 학과이다. 이와 같
이 이 기간 동안에는 여러 업무분야의 이원을 양성하기 위한 규칙들이 제
정되었다. 셋째 시기는 1918년부터 1941년까지이다. 이 시기는 앞선 두 시
기와는 달리 조선총독부 체신국에서 필요한 이원은 조선에서 양성한다는

방침을 수립한 시기이다. 방침의 변화가 일어나게 된 이유는 조선에서 필요한 이원을 일본으로부터 수입하기 어려웠겠기 때문이다. 당시 일본에서는 체신성에서 필요한 통신이원조차 확보하기 어려운 구인난에 직면해 있었다. 일본은 1914년부터 급속한 인플레이션을 경험하였는데, 이원의 봉급은 거의 변화하지 않아 이원의 실질임금이 지속적으로 하락하게 되었고, 민간기업이 급속하게 성장함에 따라 민간부문에서 인력수요가 증가함에 따라 관업부문에서 인력난이 발생한 것이다. 일본에서의 인력난으로 일본인 종사자를 수입하여 사용하는 것이 어려워짐으로써 자급자족의 체계로 넘어가게 된 것이다. 이러한 상황의 변화에 대응하기 위해 만들어진 것이 바로 체신이원양성소(遞信吏員養成所)였다. 물론 모든 양성과정을 조선에서 완결하게 된 것은 아니다. 일본에서 체신이원을 양성하는 기관은 상급 양성기관과 하급 양성기관으로 이중화되어 있었다. 상급 양성기관은 체신성에서 운영하는 체신관리연습소(遞信官吏練習所)이고,[224] 하급 양성기관은 지방체신청에서 운영하는 체신강습소(遞信講習所)이다.[225] 체신성에서 운영하는 체신관리연습소는 판임관급을 양성하는 기관이고, 지방체신청에서 운영하는 체신강습소는 고원급을 양성하는 기관이다. 일반학교 체계와 비교하여 말하면, 체신관리연습소는 중학교 졸업자를 모집대상으로 한 고등전문학교(예컨대 고등공업학교나 고등상업학교와 같은 3년제 학교) 수준의 양성기관을 지향하고 있었으며, 체신강습소는 고등소학교 졸업자를 모집대상으로 한 전습과(1년 안팎의 특정기술을 습득케 하는 과정) 수준의 양성기관을 지향하고 있었다. 체신관리연습소 출신 중 상당수는 고등관으로 승진하였다. 체신관리연습소는 단순한 중견이원의 양성뿐만 아니라 최고 관리자의 양성이라는 성격도 띠고 있었다. 반면 각 지방체신청에 있는 체신강습소의 경우에는 보통이원의 양성과 중견이원의 양성을 목적으로 한 것이다. 조선에

---

[224] 체신성(1940), 『체신사업사 제1권』, p.655-688.
[225] 체신성(1940), 『체신사업사 제3권』, p.858-876.

체신관리연습소와 같은 기관이 만들어지지 않은 이유는 일본에서는 조선총독부 체신국을 일본의 지방체신청 정도로 위치 지우고 있었기 때문이다. 일본에서는 조선총독부 체신국을 경성 체신청(京城遞信廳)으로 부르기도 하였다. 물론 이것은 양성의 중점이 그렇다는 것일 뿐이고, 체신관리연습소에서도 고원급의 이원을 일부 양성하기도 하고, 체신강습소에서도 중견이원 양성과정이 있었다. 조선의 체신이원양성소는 이 중 일본의 지방체신청에서 운영하는 체신강습소에 상당하는 양성기관이다. 조선에서도 일부 중견이원을 양성하기는 하지만, 여전히 고급관리자의 양성은 일본에 의존하는 체계였다.

넷째 시기는 1942년 이후의 시기로 1942년에 우편과와 고등우편과가 신설되고, 1944년에는 보험과가 신설되어, 용인을 제외한 전 업무 종사자의 양성이 이루어지게 된 시기이다.

2.3. 양성방법

우선, 식민지기 체신이원 양성에 있어 가장 중심적인 지위를 차지하였던 전신이원을 중심으로 하여 양성방식의 변화를 살펴보자. 전신이원의 양성이 중심을 이루고 있었던 이유는 다른 업무와는 달리 업무 특수적인 기능을 장기간 연습을 통하여 숙달을 하지 않으면 업무를 수행할 수 없었기 때문이다.

1912년 10월에는 체신이원전습생 양성규정(遞信吏員傳習生養成規程)을 제정 공포하고, 통신업무 전습생(通信業務傳習生)을 양성하였다. 통신업무 전습생에는 중학교 2학년 이상(고등소학교 졸업자)의 학력을 갖고 있는 자를 모집하였는데, 양성기간은 8개월이었다. 전습과목은 1. 전기통신술, 2. 전신전화사무, 3. 전기 취급 심득, 4. 전 각 호의 외 우편국에 있어서 처리할 현업사무 일반(現業事務一般), 5. 회계사무, 6. 복무상의 심득, 7. 일본어(조선인),

8. 조선어(일본인), 9. 영어였다. 전기통신의 원리적 이해를 돕는 전기학(電氣學)은 포함되어 있지 않고, 대신 업무상 필요한 기술적인 사항들을 가르치는 전기 취급 심득(電氣取扱心得)이 들어 있으며, 직업인에게 필요한 포괄적인 교양을 가르치는 수신(修身)은 포함되어 있지 않고, 대신 업무상의 준칙을 가르치는 복무 심득(服務心得)만이 포함되어 있다. 전신업무에 필요한 전기통신술, 전신전화사무, 전기 취급 심득 등이 들어 있다. 당시 전신은 일본어 조선어 구미어 전보를 취급하고 있었으므로 영어, 그리고 조선인에게는 일본어, 일본인에게는 조선어를 가르치고 있었다. 이 이외에 이들은 우편국에 배치될 것이기 때문에, 우편국의 다른 현업사무 일반과 회계사무를 가르치고 있다. 전기통신 이외의 교과목을 가르치고는 있지만 아직 명확하게 교과목이 설정되어 있지는 않았다. 8개월이라는 기간은 간신히 전신의 송수신만을 숙달할 수 있는 정도의 시간이므로, 다른 과목들이 책정되어 있기는 하지만, 그 내용은 빈약하였다. 그러나 전신의 송수신만이 아니라 배속될 기관의 전반적인 업무도 숙달시킨다는 점에서, 보통이원의 양성이라는 당시의 일반적인 양성의 이념을 반영하고 있었다.[226]

---

[226] 보통이원의 양성이라는 양성의 이념은 일본에서 양성체계를 정립시켜가는 과정 중에 형성된 이념이다. 전신업무만을 학습시켜 각 우편국에 배치하는 경우, 그 통신기관의 일반적인 업무에 대한 지식이 결여되어 있으므로, 우편국장은 이렇게 전신업무만을 숙달한 인원을 배척하는 경향이 있었다. 따라서, 전신업무 이외에 그가 배속될 기관의 전반적인 업무를 교육시킴으로써 배속될 기관에 보다 유용한 인원을 양성하려고 하였다. 배속될 기관의 전반적인 업무를 모두 할 수 있는 이원을 양성하여야 한다는 보통이원 양성의 이념은 더욱 발전되어 갔다. 같은 기관에 종사하는 동료의 업무를 이해함으로써 그들 간의 협력을 유발할 수 있고, 또 대외적으로도 통신이용자가 특정한 업무에 대해 문의를 하는 경우, 모든 종사자가 이 업무에 대해 설명하여 줄 수 있는 능력을 갖춤으로써, 자신의 업무가 아니므로 담당자를 찾아가라는 등의 문제를 야기하지 않게 된다. 후자는 현재의 원스톱 쇼핑(one-stop shopping)의 개념에 상당한다. 보통이원의 이념은 보직순환(補職循環)의 관념과도 관련되는데, 보통이원의 양성은 보직순환을 가능하게 하는 양성의 이념이다.

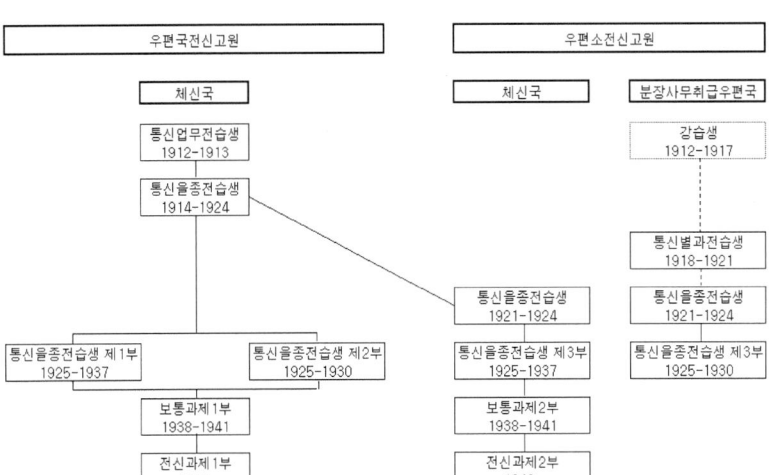

<도 3-2> 보통 전신이원 양성과정의 변천

이 규정은 1913년 10월에 개정되었다. 제1조에 체신업무 전습생을 양성하는 목적을 체신관서의 통신업무, 항로표지업무, 전신전화의 공무에 종사시키기 위한 것이라고 명기하였다. 양성의 목적으로 기능의 전수만을 명시하고 있는데, 단순한 기능의 전수가 목적임은 수업과목에도 드러나 있다. 통신 전습생의 과목을 보면 1912년과 거의 동일하지만, 전신전화사무 대신 전신법규와 전화법규가 들어가 있다. 그리고, 우편국에서 처리할 현업업무 일반과 회계사무는 필요에 따라 생략할 수 있는 것으로 바꾸었다.

통신업무 전습생 응모자격을 살펴보면, 14세 이상 20세 이하로 연령을 제한하고 있을 뿐이다. 학교 졸업증서는 반드시 필요한 것은 아니었다. 채용시험이 학력 인증시험(學歷認證試驗)의 성격을 가지고 있었기 때문이다. 채용시험이 학력 인증시험의 성격을 가지고 있었기 때문에 일정 학력 이상은 시험면제의 특권을 부여받았다. 통신업무 전습생의 경우, 중학교 제2학년 수업 정도의 문제를 출제하도록 되어 있었으므로, 중학교 2학년 이상의 수업증서, 고등소학교 혹은 고등보통학교의 전과 졸업증서를 갖고 있는 자에게는 시험의 일부를 면제해 주었다. 채용시험에 합격한 통신 전습생은 체신국장이 정한 바에 의해 2주간 이상 전기통신술을 시수(試修)하여 성업(成業)의 예상이 있다고 인정된 자를 뽑고 있다. 현재의 적성검사에 상당한다. 적성검사의 실행은 과학적 관리법의 수용을 의미하는 것이다. 필기시험과목은, 통신업무 전습생의 경우, 1. 독서(漢字交り文) 2. 작문(왕복문, 기사문) 3. 필사(해서, 행서) 4. 산술 5. 지리 6. 이과(물리화학의 초보) 7. 영어(독서, 譯解)이고, 영어는 생략할 수도 있었다.

전습생의 양성기간은 10개월 이내에서 체신국장이 정하도록 하였다. 전습생에게는 양성기간 중 수당금을 급여할 수 있도록 하였으며, 그 금액은 조선 총독의 인가를 얻어 체신국장이 정하도록 하였고, 전습생의 수업에 요하는 기구기계 및 서적류는 그것을 대여하고, 식지류도 지급하도록 하였다. 전습생은 졸업시험을 치르는 데 이에 합격하면 졸업증서를 수여하고 성적이 우등한 자에게는 우등 졸업증서를 수여하였다. 양성기관을 졸업한 이원에게는 의무복무기간(義務服務期間)이 정해져 있었는데, 수당금을 받은 자는 졸업일부터 기산하여 3년간, 그것을 받지 않은 자는 2년간 각기 양성된 업무에 종사할 의무가 있다. 단 졸업일부터 기산하여 6개월이 경과되도록 그 업무에 종사해야 할 관직에 채용되지 않은 자에 한해 그것을 면제하였다.

이 규정은 1914년 3월 총훈 18호로 다시 개정되었다. 사업이 진전됨에 따라, 전기통신에 종사할 이원은 종래의 통신 전습생 정도의 이원보다 더 높은 학력과 소양을 가진 자를 양성 배치하는 것이 필요하다는 인식하에 통신 갑종 전습생(通信甲種傳習生)을 새로 설치하여 중학교 졸업 정도의 학력을 가진 자를 채용하였다. 종래의 통신 전습생은 통신 을종 전습생으로 개칭하고 체조의 과목을 증과하여 1915년부터 양성하는 것으로 하였다. 통신 갑종 전습생은 중견이원 양성제도에 상당한다고 할 수 있다. 그러나 이후 고등과 통신생(高等科通信生)이나 무선과 통신생(無線科通信生)이 현재 체신국의 이원으로 있는 자를 대상으로 한 반면에 통신 갑종 전습생은 고학력자의 신규모집에 의하고 있는 것이 특징이다. 통신 갑종 전습생은 제1회의 모집만 있었으며, 이후 다시 모집되지 않았으므로, 전신이원 양성사에서 볼 때, 큰 의의가 있는 것은 아니다. 이보다 1년 전에 특수사무 수습(特殊事務修習)을 두어서 체신부 내에 근무하는 이원으로서 특수의 업무에 종사시키기 위하여 특수의 학술 또는 업무를 수습시켰는데, 그 전습과목은 수학, 전기학 또는 체신업무 전습생 전습과목의 전부 또는 일부로 하였다. 특수사무 수습은 1913년부터 1921년까지 실시되었는데, 모집학과가 수학이나 항로표지업무 등이었으므로 전신이원의 양성과 직접 관련이 있는 것은 아니지만, 현재 재직 중인 이원을 모집하여 양성한다는 점에서, 통신 갑종 전습생 제도와 더불어 이후 중견이원 양성제도의 모범이 되었다고 할 수 있다.

통신 갑종 전습생에게 전습한 과목은 1. 전기통신술, 2. 전기법규, 3. 전화법규, 4. 전기학, 5. 전 각 호의 외 우편국에 있어서 현업사무 일반, 6. 회계사무, 7. 복무 심득, 8. 일본어(조선인), 9. 조선어(내지인), 10. 영어, 11. 불어, 12. 체조로서 통신 을종 전습생과 비교하면 전기취급 심득 대신 전기학이 들어가 있고, 외국어로서 불어가 더 들어가 있다.

모집대상을 보면, 통신업무의 갑종 전습생은 연령 17세 이상 23세 이하, 통신업무의 을종 전습생은 연령 14세 이상 20세 이하이다. 통신 을종 전습생은 중학교 제2학년 수업 정도의 문제를, 통신 갑종 전습생은 중학교 졸업 정도의 문제를 출제하고 있으며, 중학교 2학년 이상의 수업증서, 고등소학교 혹은 고등보통학교의 전과 졸업증서를 갖고 있는 자 또는 체신국장에 있어서 그와 동등 이상의 학력이 있다고 인정된 자는 통신 을종 전습생 응시에 있어, 또 중학교의 전과 졸업증서를 갖고 있는 자 또는 체신국장에 있어 그와 동등 이상의 학력이 있다고 인정되는 자는 통신 갑종 전습생 응시에 있어 시험의 전부 또는 일부를 생략하는 것이 가능하도록 하였다. 통신 갑을 양종의 전습생은 체신국장이 정한 바에 의해 2주간 이상 전기통신술을 시수(試修)하여 성업(成業)의 예상이 있다고 인정된 자를 선발하였다.

전습생의 양성기간은 10개월 이내로 되어 있지만, 통신 갑종 전습생은 8개월간이었으며, 통신 을종 전습생은 1914년에는 4개월간이었고, 1915년에는 5개월간이어서, 1912년의 통신업무 전습생의 8개월 양성과 비교할 때 축소되었다.

이 규정은 다시 1917년 11월에 개정되었는데, 가장 중요한 변화는 통신 별과생의 양성제도가 포함되었다는 것이다. 통신 갑종 전습생과 을종 전습생은 우편국의 전신이원을 양성하는 것이 목적이었다. 우편소의 이원양성에 대해서는 명시적인 규정이 없었다. 물론 이 이전에 우편소 이원의 양성이 없었던 것은 아니다. 우편소의 관리감독의 일부를 분장하고 있는 우편국이 분장사무취급 우편국인데, 분장사무취급 우편국에서는 관리감독의 차원에서 우편소이원을 양성하기도 하였다.

통신 별과생 제도가 신설되게 된 배경으로는 두 가지를 들 수 있다. 첫째, 종래 우편소의 전기통신에 종사할 이원도 주로 일본본토에서 양성된 기술원을 수입하여 충용하였는데, 제1차 세계대전에 의해 일본의 민간부문이 성장하자 희망자가 전무하게 되었기 때문이다. 둘째, 통신 을종 전습생은 경성에서 모집하여 양성하므로, 지방에 거주하는 고등소학교 이상의 졸업자들을 통신 을종 전습생으로 흡수하기 어려웠으므로, 이들을 흡수하기 위한 편의 제공의 차원에서 지방에 소재하고 있는 분장사무취급 우편국으로 하여금 전신이원을 양성하게 하기 위함이었다.

통신 별과 전습생은 연령 14세 이상 25세 이하의 남자 또는 여자 중에서 채용하였다. 양성기관은 체신국 또는 필요한 경우에는 우편국을 지정하여 양성하도록 하였는데, 실제로는 분장사무취급 우편국에서 양성하였다. 기타 규정은 통신 을종 전습생에 관한 규정을 준용하였다. 전습과목은 통신 을종 전습생과 거의 동일하였는데, 통신 별과생의 교과목에는 체조가 없다는 것이 차이점이다.

1918년 1월 18일에는 체신국 감리과 양성계를 확장하여 체신이원양성소를 설치하여 체신이원 양성에 관한 사항을 총괄 장리하도록 하였다. 이러한 조직변경을 하게 된 것은 통신사업이 발전되어 전기통신 기술에 종사하여야 할 이원이 더욱 많이 필요하게 되었는데, 1차 세계대전의 영향으로 일본 본토에서 민간사업이 촉진 발흥하여 많은 유능한 인물이 이 방면에 흡수되었기 때문에 일본 본토로부터의 전직 희망자가 거의 사라지게 되었고, 조선총독부 체신국 이원으로 있는 일본인도 많이 사직하고 일본으로 귀환하는 사태가 발생하여 종래의 소규모 양성으로써는 결원보충도 할 수 없는 상황이 되었기 때문이다.[227] 이에 대응하기 위해 전신이원을 대규모로 양성할 수 있도록 조직을 개편하였다. 종래 통신 을종 전습생은 일 년에 일 학급 30명 내지 40명을 양성하였는데, 이제는 50인을 일 학급으로 하여 일본인 2조, 조선인 1조 합하여 3학급으로 늘려 매년 양성하도록 하였다. 그러나 응모인원을 확보하기가 어려워지자 1919년 10월에는 다시 양성규칙을 개정하여 통신 을종 전습생에는 일본인과 조선인 남자만을 채용할 수 있도록 되어 있던 것을 일본인 여자도 채용할 수 있는 것으로 바꾸었다.[228]

통신 별과 전습생은 지방에 거주하는 고등소학교 이상의 학력을 가진 이원을 우편소 이원으로 채용하기 위해 만든 제도이지만, 통신 별과 전습생은 우편소 이원이 된다는 점 때문에 응모하는 사람들이 줄어들었다. 이 문제를 해결하기 위하여 1921년부터는 통신 별과 전습생을 통신 을종 전습생

---

[227] 당시 일본에서는 사설전신 사설전화 무선전신 등이 발전하여, 민간기업에서 전신이나 전화기술자에 대한 수요가 크게 증가하고 있었다. 조선에서 민간기업의 사설전신전화가 발전하여 체신국 종사자를 스카우트 해 가기 시작한 것은 1920년경부터이다. 이 시기에는 특히 전화교환수 스카우트가 문제가 되어 총독부는 사설전화에 종사할 전화교환수를 위탁 양성하기도 하였다.

[228] 일본에서 여자 직원 채용제도가 확립된 것은 1891년이다. 이 때 전화교환수 채용규정을 공포하고 남자와 동일한 시험으로 전화교환수를 채용하였다. 이후 여자의 채용범위가 확대되어 갔는데, 1910년에는 우편전신의 현업 및 저금계산사무에도 여자 직원 채용을 제도로서 인정하였다[체신성(1940), 『체신사업사 제1권』, p.166].

으로 명칭을 변경하고, 분장사무취급 우편국에서도 체신국과 마찬가지로 통신 을종 전습생을 양성하도록 바꾸었다. 그리고 종래 통신 을종 전습생은 우편국 이원으로, 통신 별과 전습생은 우편소 이원으로 채용하도록 하였던 것을 통신 을종 전습생을 우편국과 우편소의 이원으로 채용하도록 바꾸었다. 통신 을종 전습생의 양성기간은 1914년에 4개월이었던 것이, 1915년에는 5개월로 늘어났고, 1920년에는 7개월로 늘어났으며, 1921년에는 9개월로 늘어났으며, 1922년에는 다시 10개월로 늘어났다. 이처럼 통신 을종 전습생의 양성기간은 그 해의 사정에 따라 변동하고 있는데 전체적으로 그 기간은 다시 늘어나서 1921년에는 1912년보다 더 늘어나게 되어 보다 충실하게 양성할 수 있도록 되었다. 1922년에 양성기간을 늘린 것을 기회로 과목도 변경하였는데, 복무 심득은 수신으로 바뀌었고, 지리과목이 추가되었다. 복무 심득은 업무상 지켜야 할 수칙 등을 가르치는 것이고, 수신은 일반적인 교양을 가르치는 것이다. 교양인의 양성이 양성의 한 목표가 되었음을 보여준다.[229] 지리는 사업상 그 중요성이 절실하였으므로 추가되었다.

이 시기 체신국에서 양성한 통신 을종 전습생 중 어느 정도가 우편소 고원으로 되었는지는 알 수 없다. 그러나 이러한 통합은 모집정원의 확보를 위한 편법으로서, 실제 우편소 전신이원과 우편국 전신이원은 양성과정을 동일하게 운영하기 어려운 측면이 있었다. 첫째, 우편소에는 취급하는 사무분량이 적어 고원수도 소수에 불과하기 때문에 우편업무를 취급하는 사무

---

[229] 1921년 당시 조선총독부 체신국장이었던 모찌지(持地六三郞)는 통신 을종 전습생에게 교양의 중요성을 역설한 바 있다. "전신이라고 하는 것은 단지 기술만은 아니다. 만약 기술만으로 족한 것이라고 한다면 반드시 인간에 한하지 않고 인간 이외의 동물에게도 기술이 숙달되어 있기만 하면 되지만, 오류 배달사고 등의 사고에 대해서도 상당한 고려를 요하는 것이다. 즉 기술 이외 일반적 지식 환언하면 상식을 크게 필요로 하는 것이다. 상식이란 도덕적 지식적 학술적인 모든 방면의 지식을 총칭하는 것이어서 만약 그것을 결하면, 선량한 기술자라 할 수 없다."[持地六三郞(1921), '제15기 통신 을종 전습생 졸업식에서의 체신국장 훈시', 『조선체신협회잡지』 6월호, p. 61]

원과 전신업무를 취급하는 사무원의 명확한 구분을 설정하기가 어려웠다. 따라서 전신업무를 취급하는 사무원은 동시에 우편업무, 전화업무, 환저금 업무도 동시에 수행하고 있었다. 반면, 우편국 전신이원은 전신업무를 전담 하는 이원이었다. 둘째, 우편소 고원의 채용권자는 우편소장으로서, 체신국 에서 특정 인원의 채용을 명령할 수는 없었다. 이러한 사정을 반영하여 1925년에는 다시 양성방식이 변경되었는데 통신업무 전습생을 제1부 제2부 제3부로 나누어, 통신 을종 전습생 제1부는 우편국의 전신업무를 취급하는 이원을 양성하는 학과로, 제2부는 우편국의 우편업무와 전신업무를 취급하 는 이원을 양성하는 학과로, 제3부는 우편소의 현업업무를 취급하는 이원 을 양성하는 학과로 하였다. 그렇다고 하여 이들의 교수과목의 차이가 있 었던 것은 아니었다. 차이는 과목에 배정된 시간의 차이라고 판단되는데 어떠한 차이가 있었는지를 보여주는 자료를 아직 보지 못하였다. 통신 을 종 전습생 제1부와 제2부는 체신국 체신이원양성소에서 양성하고, 제3부는 체신국 체신이원양성소와 관리사무분장 우편국에서 양성하도록 하였다.

제1부생과 제2부생은 공개모집으로 채용하였는데, 응모자격을 일본인으 로 제한하여, 조선인의 응모를 배제하였다. 1924년까지는 비록 일본인 학급 과 조선인 학급을 따로 모집하고 민족별 모집정원에 따라 일본인 학급과 조선인 학급의 개설을 조정하기는 하였지만, 조선인의 채용을 명시적으로 배제하지는 않았다. 그러나 이제 조선인의 채용을 명시적으로 배제함으로 써 조선인이 우편국 전신이원으로 성장하는 것을 보다 엄격하게 제한하였 다. 조선인에 대한 응모제한이 이루어진 배경으로는 첫째, 1920년 전후에 발생하였던 일본인의 모집난이 해소되고 있었던 것, 둘째, 우편국에서 식민 지적 고용구조가 붕괴될 위험을 막기 위해 채용차별이 필요하게 되었다는 것을 들 수 있다. 제3부생은 우편소장이 추천한 인물 중에서 시험을 보아 선발하는 것으로 바뀌었다. 앞서 언급한 바와 같이 우편소 고원의 임명권 자는 우편소장이기 때문에 우편소장이 추천한 자를 양성하여 그 우편소에

배치하기 위해 취해진 조치였다. 우편소의 운영경비는 와타시키리(渡切) 경비제도에 의해 운영되었는데, 우편소장이 일본인을 고용하든 조선인을 고용하든 우편소 고원 일인당 지급액은 동일하였다. 일본인 우편소장은 자신의 가족이나 친인척을 우편소 고원으로 채용하기도 하지만, 이렇게 가족의 일원을 고용하는 경우를 제외한다면, 우편소 경리상 조선인 이원을 고용하는 것이 보다 나았다. 이에 따라 우편소장이 추천하는 인원의 상당수는 조선인이었다. 제1부생과 제2부생에 조선인이 응모할 수 없도록 하여 조선인의 채용이 없어진 반면, 제3부생은 우편소장들이 조선인을 추천하여 그 대부분이 조선인으로 되었기 때문에, 우편국 전신고원은 일본인, 우편소 고원은 조선인이라는 통신기관에서의 식민지적 고용구조가 만들어지게 되었다. 이렇게 조선인이 우편국 전신이원으로 성장하는 것을 막는 조치는 1941년까지 지속되었다. 1938년에는 조선 내에서 일본인 우편국 전신이원 응모자를 구할 수 없어서 일본 본토에 양성소장을 파견하여 일본에서 직접 일본인을 모집하는 일까지 일어나게 되었다. 통신 을종 전습생 제3부제가 시행되면서 양성기간도 변하였는데, 기존에 통신 을종 전습생의 양성기간이 10개월이던 것을 제1부생과 제2부생은 일 개년으로 늘리고 제3부생은 5개월로 단축하였다. 조선인이 주류를 이루게 된 제3부생은 보다 저급한 양성과정을 받게 되었다.

1931년부터는 통신 을종 전습생 제2부생의 양성이 중단되었으며, 분장사무취급 우편국에서의 통신 을종 전습생 제3부생의 양성도 중단되었다. 통신 을종 전습생 제2부생은 우편국의 우편업무와 전신업무를 취급하는 이원으로서 소규모 우편국에서 필요한 이원을 양성하기 위한 것이었는데, 이러한 소규모 우편국이 사라지게 된 것이 그 배경이다. 우편국은 1920년에 180개였는데 1932년에는 85개로 지속적으로 감소하였다. 소규모 우편국을 우편소로 변경하고 있었기 때문이다. 그리고 통신수요가 일반적으로 크게 증가하였기 때문에 우편 사무원과 전신 사무원은 서로 전문화되어 갔다. 분장사무취급 우편국에서 통신 을종 전습생 제3부생의 양성을 중단하게 된 이유는 명백하지 않지만, 분장사무취급 우편국에서 통신 전습생을 양성한 것은 인력난에 의한 것이었는데, 인력난의 완화가 영향을 주었다고 판단된다.

1938년에는 통신 을종 전습생 제1부와 제3부는 각각 보통과 제1부와 제2부로 변경되었다. 보통과는 고등과나 무선과와 구분하는 의미에서 붙여진 것이다. 1942년 이후에는 우편과나 보험과가 신설되어 보통과는 전신과로 명칭이 변경되었다.

1942년 전신과의 운영실태를 살펴보자. 전신과 제1부는 통신 을종 전습생 제1부에 해당하고 전신과 제2부는 통신 을종 전습생 제3부에 해당하는데 채용시험은 1. 일본어, 2. 작문, 3. 산술 세 과목이며, 국민학교 고등과 수료 정도(1910년대의 고등소학교에 해당)에 해당하는 시험을 보았고, 중등학교를 졸업한 자에게는 시험의 일부 내지 전부를 면제하였다. 국민학교 고등과 학력인증시험인 것이 아니라 국민학교 고등과 수료자의 경쟁채용시험으로 바뀌었음을 확인할 수 있다. 이는 식민지기의 학력 인플레이션을 반영한 것이다. 또 시험 합격자는 적성검사를 받도록 되어 있는데, 2주간 이상 전기통신술을 시수(試修)하여 성업(成業)의 예상이 있다고 인정된 자를 뽑는다는 조항을 대체한 것이다.

교수과목은 1. 수신 및 공민과, 2. 체신사업 개요, 3. 전기통신술, 4. 전신전화학 대의, 5. 전신전화 법규, 6. 우편, 우편환, 우편저금 및 간이생명보험 법규 개요, 7. 국어, 8. 국사, 9. 지리, 10. 영어, 11. 수학, 12. 주산, 13. 체조, 14. 전신업무 실천이다. 교수과목이 상당히 많아졌음을 알 수 있으며, 보통이원의 이념을 반영하여 체신사업 개요나, 우편, 우편환, 우편저금 및 간이생명보험 법규개요 등을 교수하고 있음을 확인할 수 있다. 조선어가 빠져 있는 것은 조선어 전보가 폐지된 것을 반영하는 것이고, 국사가 들어가 있는 것은 동화주의에 입각한 민족말살정책을 반영한 것이다.

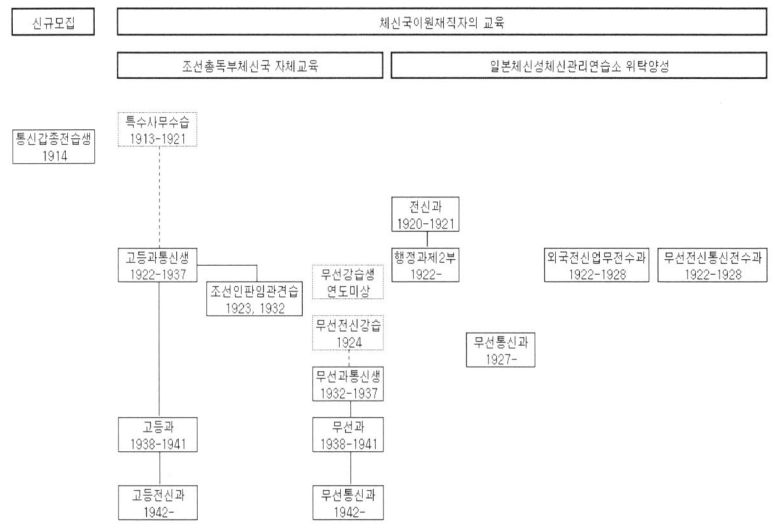

<도 3-3> 중견 전신이원 양성과정의 변천

　이제까지 신규 전신이원의 양성을 살펴보았는데, 이제 중견 전신이원 양성을 살펴보자. 중견 전신이원 양성의 전사로 파악할 수 있는 것은 통신 갑종 전습생 제도와 특수사무 수습이었음은 앞서 지적한 바와 같다. 통신 갑종 전습생은 전신업무를 취급하는 보다 고학력의 인재를 확보할 필요성에서 이루어진 것으로 그 형식은 신규이원의 양성이라는 형태를 띠었고, 특수사무 수습은 체신국 재직자의 양성이라는 성격을 가지고 있지만, 직접 전신이원 양성을 목적으로 하지 않았다는 점에서 이후 중견 전신이원 양성과는 그 성질을 달리하는 것이다.

　1919년에는 비록 3개월이라는 단기적인 양성과정이기는 하지만, 체신국 재직자를 대상으로 한 고등통신 종사자의 양성이 이루어졌다. 고등통신종사자 양성은 통신 을종 전습을 졸업한 자 중 일본인 4인 조선인 3인을 선발하여 양성한 것으로 중견 전신이원 양성의 최초의 사례이다. 그러나 이것은 단기적으로 필요에 따라 그때 그때 운용되는 비체계적인 양성방식이었다. 보다 체계적인 형태의 중견이원 양성과정이 만들어진 것은 1922년 고등과 통신생 제도가 생기면서부터이다.[230] 고등과 통신생 제도는 통신 을 종 전습생 졸업자 중에서 선발한 전신이원에게 고등통신기술 및 행정관리 능력을 가르쳐서 중견이원으로 양성하기 위해 설치한 과정이었다. 고등과 통신생 제도는 한편으로는 고등통신기 증가에 따라 필요하게 된 고등통신기 운용자를 확보하고, 다른 한편으로는 통신 을종 전습생들의 향상심을 기르기 위한 것이었다. 물론 이 과정은 고원에 한정되는 것은 아니고 현직 판임관도 응시할 수 있었다. 고원의 경우에 중견이원 양성과정은 판임관으 로 승진하는 지름길이었다. 양성기간은 1년이고, 현직에 근무하면서, 잔여 시간을 활용하여 양성하는 과정이었다. 물론 양성기간 중에는 양성강좌를 듣는 데 지장을 받지 않도록 업무시간에서 약간의 특혜를 주었다. 교과목 은 1. 수신, 2. 전기통신술, 3. 통신 법규, 4. 전기학, 5. 영어, 6. 법제 경제, 7. 물 리 화학, 8. 사업관리법, 9. 수학, 10. 조선어(일본인), 11. 일본어(조선인), 12. 지 리, 13. 회의문, 14. 체조로서, 통신 을종 전습생에 비하면 전기학, 물리 화학, 수학 등 기초 학문과목들이 들어 있으며, 법제 경제, 사업관리법, 회의문과 같이 관리로서의 소양을 학습하는 과목들이 추가되어 있음을 확인할 수 있 다. 고등과 통신생 제도는 중견이원의 역할이 무엇인가를 보여주는데, 중견 이원은 현업업무에 대한 소양을 가지고 있으면서, 보통이원보다 전문기술 에 대한 지식과 관리능력을 더 갖추게 함으로써, 보통이원의 지도관리의

---

[230] 조선에서의 양성기관의 정비는 일본에서의 양성제도의 체계화에 영향을 받고 있 었다. 고등과 통신생의 신설도 당시 일본 지방체신청의 체신강습소에서 고등과 (高等科)를 신설한 것과 관련되어 있다. "일본 체신계에는 전신기술양성을 종래 7 개월을 연장하고, 연습생을 보통과(양성기간 9개월), 고등과(1년)로 나누어 전자 에 있어서는 보통 전신기술을 후자에 있어서는 고등 전신기술을 연습게 하여 명 실상부한 양성소로 만드는 현황이므로 조선에서도 이를 모방하여 보통 고등 두 과를 속히 실시할 수는 없지만은 현재의 양성기간을 6개월로 하여 금후로는 더 욱 기술의 향상개선에 노력할 방침이라고 체신국 감리과장은 말했다."[『조선일 보』 (1921년 6월 1일)].

직을 수행할 수 있는 이원이다. 1932년에는 무선과 통신생이 창설되었다. 고등과 통신생과 무선과 통신생은 1938년에 고등과와 무선과로 명칭이 변경되었다. 1942년에 고등과는 고등전신과로 명칭이 변경되었고, 무선과는 무선통신과로 명칭이 변경되었다. 1935년부터는 특수기능 근면수당제도를 창설하여 중견이원 양성과정을 졸업하는 경우 기능보유에 대한 수당을 받게 되었다. 고등과나 무선과는 이원으로부터 선발시험을 치러 뽑았는데, 시험과목에는 통신술이 있다. 통신술은 통신 을종 전습생 제1부 수준의 기능을 요구하고 있었고, 시험 정도도 중학교 정도의 수준을 요구하였다. 조선인도 이 시험에 응시하는 것은 가능하였다. 그러나 조선인의 학력은 아직 일본인에 비해 뒤떨어졌고, 또한 1924년부터는 조선인은 통신 을종 전습생 제1부에서 전신술을 학습받는 것이 명시적으로 배제되었기 때문에 조선인 졸업생은 거의 없었다.

1923년에는 조선인 판임관 견습생(朝鮮人判任官見習生)을 모집하여 양성하였는데, 조선인 판임관 견습생의 양성방법은 고등과 통신생과 완전히 동일한데, 차이점은 모집인원을 조선인으로 한정했다는 것이다. 이것은 조선인에 대한 우우정책(優遇政策)으로 실시된 것으로서, 1923년과 1931년 2차례에 걸쳐 실시되었다. 3.1운동으로 표출된 조선인의 식민지 지배체제에 대한 저항은 식민지정부에 커다란 충격으로 다가왔으며, 이에 식민지정부는 조선인에 대한 차별을 폐지하고, 일시동인(一視同仁)의 통치이념 아래 조선인에게도 일본인과 동일한 대우를 하겠다고 천명하였다. 이 일환으로 조선인에게 관리로서의 승진기회를 보다 많이 제공하는 조치를 취하였다. 1923년의 조선인 판임관 견습생 제도는 이 일환으로 이루어진 것이다. 그러나 이러한 조선인에 대한 우우정책은 1회적인 것이었다. 1931년에 다시 한번 실시되었는데 이 때의 동기는 1923년과는 달랐다. 1931년 조선인 판임관 견습생 제도의 부활은 관리사무분장 우편국장 회의에서 체신국에 건의하는 형태로 이루어졌다. 관리사무분장 우편국장은 현업조직을 이끌어 나가는데,

조선인 판임관 견습생 제도가 조선인의 업무태도의 개선과 조선인에게 향상심을 부여함으로써 긍정적인 영향을 주었다는 점을 지적하면서 그 부활을 요구하였다. 즉 1923년의 실시 배경이 정치적인 것이었다고 한다면, 1931년의 실시 배경은 노무관리상의 필요였다.

이제 1942년 고등전신과와 무선통신과의 양성방식을 고찰함으로써 그 변천상을 살펴보자. 고등전신과 및 무선통신과에 입소할 수 있는 자격은 16세 이상 25세 이하의 남자로서 전신과를 졸업하거나 또는 그와 동등 이상의 자격을 갖고 현재 조선총독부 체신국 내에 일 년 이상 재직한 자로 한정하고 있는데 이는 앞서와 동일한 규정이다. 채용시험은 1. 국어, 2. 작문, 3. 영어(영문화역, 화문영역), 4. 수학(대수, 기하), 5. 전기통신술을 보는데, 중학교 3학년 수료 정도의 시험을 보고, 전기통신술은 전신과 제1부 졸업 이상 정도의 시험을 보았다. 교수과목을 보면, 고등전신과는 1. 수신, 2. 전기통신술, 3. 전신전화 법규, 4. 전신전화학, 5. 우편 법규개요, 6. 우편환 및 우편저금 법규 개요, 7. 회계 법규, 8. 사업관리, 9. 사업위생, 10. 회의문, 11. 체신통계, 12. 법제 경제, 13. 교통지리, 14. 영어, 15. 수학, 16. 체조, 17. 전신업무 실천 등으로 그 과목이 대폭 늘어나 있음을 알 수 있다. 고등전신과이지만, 고등전신기에 대한 지식만이 아니라, 우편 법규 개요, 우편환 및 우편저금 법규 개요 등을 가르치고 있어 현업업무 일반에 대한 지식을 가르치고 있는 점은 보통이원의 이념에 부응하는 것이고, 회계법규, 사업관리, 사업위생, 회의문, 체신통계, 법제 경제 등을 가르치는 것은 관리자로서의 능력을 배양하기 위한 것이다. 이러한 점 등은 앞서 언급한 바와 같이 중견이원으로서의 이념에 합치하는 교과목의 편성이다. 무선통신과생의 경우에는 1. 수신, 2. 무선통신술, 3. 무선전신 및 무선전화 법규, 4. 무선전신전화학, 5. 무선전신전화실험, 6. 전기자기학, 7. 선박항공 개요, 8. 사업위생, 9. 회의문, 10. 회계법규, 11. 체신통계, 12. 법제 경제, 13. 교통지리, 14. 영어, 15. 수학, 16. 체조, 17. 무선전신업무 실천 등으로 되어 있는데, 무선전신업무에 대한 교육을 포함하고 있으며, 관리자로서의 능력을 배양하기 위한 교과목들이 포함되어 있다. 고등통신과와는 달리 우편 법규 개요, 우편환 및 우편저금 법규 개요 등을 가르치고 있지 않는데 이는 보통이원의 이념을 방기한 것이 아니다. 고등통신과생은 유선전신업무를 담당하는데, 당시 경성 중앙전신국만이 우편국으로부터 분리되어 있을 뿐 다른 모든 지역에서는 유선전신업무는 우편국에서 취급하고 있으므로, 소속기관의 업무로서 우편 법규 개요, 우편환 및 우편저금 법규 개요 등을 학습하고 있지만, 무선통신과생은 무선전신국에 배치되어 근무하는데, 무선전신국에서는 무선전신업무만 취급할 뿐, 우편, 우편환, 우편저금 등은 취급하지 않으므로, 이들 과목은 그 소속기관의 현업업무가 아니므로 학습대상에서 제외되어 있는 것이다.

이상에서 고찰한 것은 모두 조선총독부 체신국에서 양성한 것이다. 체신국은 일본 체신성 체신관리연습소에 조선총독부 체신국 종사자를 위탁 양성시켰다. 체신관리연습소는 체신강습소 출신이나 체신이원을 중견이원의 수준을 넘어서 상급관리자로 양성하는 것을 목적으로 하는 기관이다. 체신관리로 출세하기 위한 요로이기도 하였다.

1920년에 전신과에 위탁 양성하고 있고, 1922년 이후에는 전신과가 행정과 제2부로 명칭 변경되었으므로 이 행정과 제2부에 위탁 양성하고 있으며, 1927년부터는 무선통신과에도 위탁 양성하고 있다. 외국전신업무 전수과나 무선전신통신 전수과는 체신관리연습소의 전신과나 체신강습소의 고등과 졸업자를 대상으로 양성하는 기관으로 가장 높은 수준의 내용을 양성하는 기관이라고 할 수 있는데, 이곳에도 위탁 양성하고 있다.

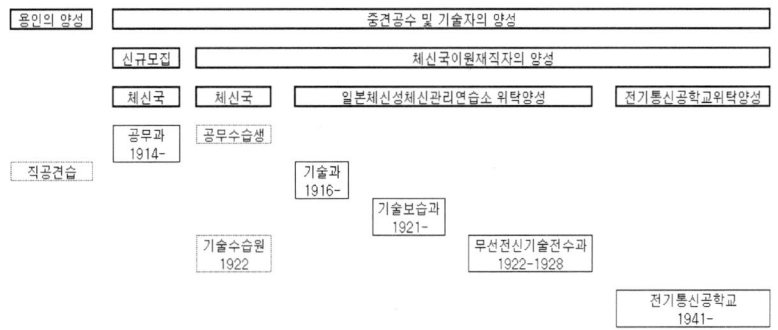

용인의 양성		중견공수 및 기술자의 양성		
	신규모집	체신국이원재직자의 양성		
	체신국	체신국	일본체신성체신관리연습소 위탁양성	전기통신공학교위탁양성
직공견습	공무과 1914-	공무수습생		
		기술과 1916-		
		기술보습과 1921-		
	기술수습원 1922	무선전신기술전수과 1922-1928		
		전기통신공학교 1941-		

<도 3-4> 공무이원 양성과정의 변천

전신이원 이외의 각 업무종사자의 양성을 간략히 살펴보자. 전신이원 양성 이외에 항로표지간수와 공수의 양성은 상당히 이른 시기부터 시행되고 있는데 여기에서는 공수의 양성에 대해서만 고찰한다. 직공은 1년 정도의 견습을 시키고 있어서 용인의 양성도 이루어지고 있음은 앞서 지적한 바 있다. 공무과의 공수의 상당수는 직공으로부터 승진하여 올라온 자들이다. 전신이원의 경우, 통신수나 신사의 경력을 바탕으로 하여 전신이원이 될 수는 없지만, 공수의 경우에는 직공의 경력을 바탕으로 하여 공수로 채용할 수 있다. 공무과는 공수를 신규로 양성하기 위한 과정이지만, 공수는 직공으로부터 승진할 수도 있고, 고등학력 소유자를 채용할 수도 있으므로, 전신이원이 되기 위해 반드시 통신 전습생 과정을 거쳐야 하는 것과는 차이가 있다. 공무과를 설치한 것은 고등학력 소유자를 모집하여 중견공수로 양성하기 위함이었다. 따라서 통신 갑종 전습생과 같은 성격의 것이라 하겠다. 공무과는 1914년에 만들어졌는데, 중학교 졸업 이상의 학력을 가진 자를 모집하는 것으로 되어 있다. 공무과 이외에 체신이원 재직자를 대상으로 하여 양성하는 학과도 있었는데, 이것은 공무과에 비할 때 부차적인 양성학과였다. 체신이원 재직자를 대상으로 하여 중견이원으로 양성하는 학과는 공무수습생과 기술수습생이 있다. 공무수습생은 체신이원으로서 공무과에 입학하여 졸업한 것을 말하고, 기술수습생은 1922년에 한 번 양성되었다.

또한 고급기사로 양성하기 위해 일본 체신성 체신관리연습소에 위탁 양성하고 있으며, 1941년부터는 전기통신공학교에 위탁 양성하기도 했다.

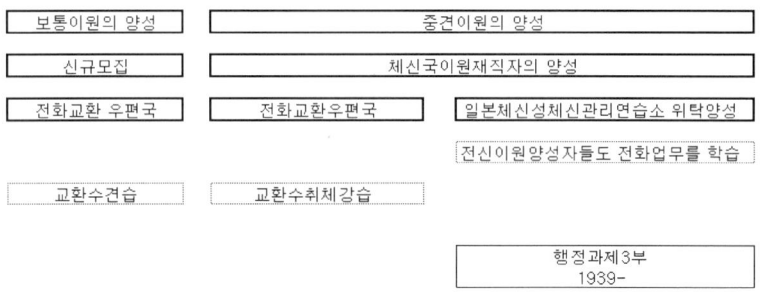

<도 3-5> 전화이원 양성과정의 변천

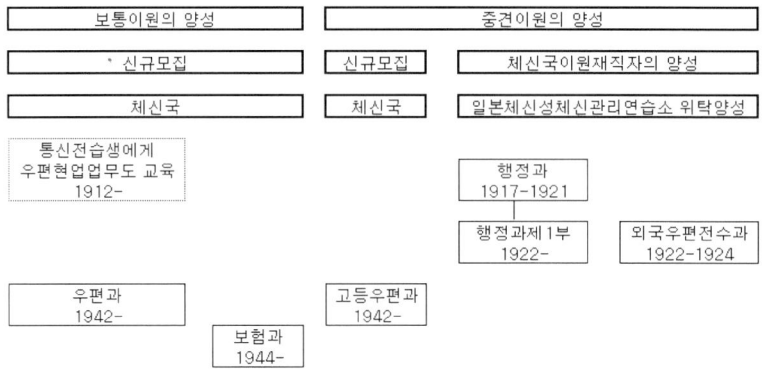

<도 3-6> 우편 및 보험이원 양성과정의 변천

전화이원 양성은 앞에서 살펴보았듯이 전화교환국에서 필요한 인원을 양성하는데 양성기간은 3개월이다. 또한 중견이원 양성으로는 전화교환국에서 실시한 교환수 취체 강습(交換手取締講習)이 있다. 1939년부터는 일본 체

신성 체신관리연습소에 행정과 제3부가 신설되어 전화사무를 담당하는 상급관리자를 양성하였는데, 이것은 전화교환수와 직접적인 관련이 없다. 자동교환기와 반송식 전화의 등장은 전화 현업업무의 구조를 변경시키고 있었다. 자동식 교환기는 전화교환수를 배제하는 효과를 나았고, 반송식 전화는 전화교환이라는 반용인적(半庸人的) 업무에서 상당히 기술적 소양을 갖춘 업무로 전화업무를 변경시키고 있었다. 행정과 제3부는 이와 같은 변화에 대응하기 위해 신설된 것이다.

우편이나 보험이원의 양성은 상당히 뒤늦게 시작되었다. 우편업무를 담당할 보통이원을 양성하는 학과로 1942년에 우편과가 생겼고, 보험업무를 담당할 이원을 양성하는 학과로 1944년에 보험과가 생겼다. 중견이원을 양성하는 과정으로는 체신국 자체 내에서 교육하는 것으로 1942년에 고등우편과가 생겼다. 체신성 체신관리연습소에 위탁 양성하는 것은 1917년부터 행해졌다.

2.4. 양성인원의 동향

이제 양성인원의 동향을 살펴보자. 보통 전신이원은 1912년에서 1945년까지 총 10,118명이 양성되었다. 그중 조선인은 5,314명으로 일본인보다 많다. 조선인이 더 많게 된 것은 1938년 이후 조선인을 대대적으로 양성한 것 때문으로, 그 이전에는 몇 해를 제외하고는 일본인이 더 많이 양성되었다. 조선인 보통전신이원 양성에 있어 획기가 되었던 시기는 1918년과 1938년이다. 1918년은 조선에서 보통전신이원이 대량으로 양성되기 시작한 시기이고, 1938년은 조선인이 일본인보다 더 많이 양성되기 시작한 시기이다.

<표 3-33> 보통 전신이원 양성과정 졸업생의 동향

(단위 인)

	우편국 보통전신고원의 양성				우편소 보통전신고원의 양성				계			
	일본인	조선인	계	일본여	일본인	조선인	계	일본여	일본인	조선인	계	일본여
1912	17	2	19						17	2	19	0
1913			0						0	0	0	0
1914	19	1	20						19	1	20	0
1915	21	2	23						21	2	23	0
1916	61	1	62						61	1	62	0
1917	37	1	38						37	1	38	0
1918	148	52	200		23	6	29	0	171	58	229	0
1919	70	76	146		8	14	22	2	78	90	168	2
1920	78	64	142	20	2	13	15	1	80	77	157	21
1921	137	33	170	30	17	9	26	7	154	42	196	37
1922	94	23	117	22	28	21	49	2	122	44	166	24
1923	46	7	53	13	14	11	25	0	60	18	78	13
1924	136	20	156	35	76	15	91	30	212	35	247	65
1925	111		111	31	72	136	208	12	183	136	319	43
1926	113		113	34	46	189	235	12	159	189	348	46
1927	111		111	32	11	34	45	2	122	34	156	34
1928	108		108	32	9	34	43	5	117	34	151	37
1929	92		92		17	49	66	4	109	49	158	4
1930	64		64		19	70	89	7	83	70	153	7
1931	75		75	18	11	29	40	2	86	29	115	20
1932	47		47						47	0	47	0
1933	51		51		33	44	77	7	84	44	128	7
1934	111		111		28	85	113	6	139	85	224	6
1935	69		69		31	79	110	6	100	79	179	6
1936	109		109	19	25	149	174	5	134	149	283	24
1937	154		154	44	25	110	135	18	179	110	289	62
1938	129		129		13	175	188	0	142	175	317	
1939	379		379		24	490	514	0	403	490	893	
1940	295		295			492	492	0	295	492	787	
1941	316		316			401	401	0	316	401	717	
1942-45	1073	635	1708	7	1	1742	1743		1074	2377	3451	7
계	4271	917	5188	337	533	4397	4930	128	4804	5314	10118	465

자료: 조선총독부체신국, 『조선총독부체신연보』 ; 한국전기통신공사연수원(1990), 『전기통신연수원사』 .

　이제 우편국과 우편소의 전신이원으로 구분하여 살펴보자. 우편국 이원은 총 5,188명이 양성되었는데 조선인은 이 중 17.68%인 635명이 양성되었을 뿐이다. 반면 우편소 전신이원은 총 4,930명이 양성되었는데, 이 중 89.19%가 조선인이다. 우편국 전신이원의 경우 조선인은 1924년 이전과 1942년 이후에만 양성되었는데, 1919년을 제외한다면 조선인 수는 일본인에 훨씬 못 미쳤다. 우편소의 경우 제3부생 제도 즉 우편소장의 추천을 받아 양성하는 제도가 만들어지면서, 조선인이 압도적 우위를 차지하게 되었다. 우편소장은 경비지출의 최소화를 위해 대부분 조선인을 추천하였기 때문이다. 그리고 조선인 우편국 전신이원의 양성은 일본인의 인력난이 심각해진 때 주로 행해졌다.

<표 3-34> 전신 및 공무업무 중견이원 양성과정 졸업생의 동향

(단위: 인)

| | 중견전신이원 양성과정 졸업자 | | | | | | | | | 중견공수 양성과정 졸업자 | | | | |
| | 통신갑종전습생 | 고등과 | | 판임관견습생 | 무선과 | | 무선전신강습 | 계 | | 공무과 | | 기술수습 | 계 | |
	일본인	일본인	조선인	조선인	일본인	조선인	일본인	일본인	조선인	일본인	조선인	일본인	일본인	조선인
1914										8			8	
1915										11			11	
1916	10							10		13	1		13	1
1921										4			4	
1922		17	1					17	1	3	1		3	1
1923										3	2	18	21	2
1924				12			7	7	12	10	1		10	1
1926		9						9						
1927										10			10	
1928		10						10		3			3	
1929										12			12	
1930		9	1					9	1	9			9	
1931		10						10						
1932				10	14	1		14	11					
1934					15			15						
1935					15			15						
1936		14						14						
1937					27			27						
1938					18			18		34			34	
1939					26			26		30			30	
1940					53			53		33			33	
1941					45			45		25			25	
1942-45		38			158	1		196	1	68	15		68	15
계	10	107	2	22	371	2	7	495	26	285	20	18	303	20

자료: 조선총독부체신국, 『조선총독부체신보』; 한국전기통신공사연수원(1990), 『전기통신연수원사』.

중견전신이원의 경우를 보면 중학교 이상자를 신규 채용하여 양성하는 통신 갑종 전습생은 체신국에서 양성한 전체 중견이원 중 2%에 불과하다. 때문에 중견이원은 주로 재직자의 양성이었다고 평가할 수 있다. 물론 재직자 중 모집한 중견이원 양성과정을 거친 인원 중 상당수는 중등교육 이상의 졸업장을 가지고 있다. 일본에서는 고등소학교 졸업자로 입사해서 중등학교를 다녀 중등학교 졸업장을 획득한 이원이 상당하다고 알려져 있는데, 조선에서는 체신국에 입사해서 중등교육을 받을 수 있는 사회경제적 조건이 형성되어 있지 않아, 재직하면서 고학력을 획득하는 것은 어려웠다. 고원의 학력 분포는 조선에서는 알 수 없기 때문에, 일본과의 비교는 어렵지만, 환저금관리소 고원의 학력별 분포를 비교하여 보면, 일본이 더 높은 학력을 소지하고 있음을 알 수 있다. 조선에서는 재직 중 중등학력을 취득하는 것이 용이하지 않았지만, 점차 중등학교 졸업자의 고원 입사가 증가하고 있었기 때문에 중견이원 양성과정에 입학한 이원은 중등학교 이상의 졸업자가 많아지게 되었다.

양성의 중점은 1931년 이전까지는 고등과였지만, 1932년 이후는 무선과로 바뀌었다. 고등통신기는 다중기나 찬공기, 전신감독기, 자동기 등을 의미하는데, 고등통신기의 도입은 상당히 빠른 시기에 이루어졌지만, 보급 자체는 소수의 대국에 국한되었기 때문에 고등통신기 취급자에 대한 수요 자체는 크지 않았다. 반면, 무선과에 대한 수요는 선박무선이나 항공무선 등이 이후 급속도로 보급됨에 따라 증대했다. 대형선박에 장치한 선박무선이 증대됨에 따라 무선전신국이 증대되고, 또 각지에 비행장이 설치되고, 비행기의 운행이 늘어나자 항공무선의 비중도 증대되었다. 무선과의 우위는 이러한 추이를 반영하는 것이다. 그런데 조선인의 비중을 보면, 고등과는 2명, 무선과도 2명에 머물러 있다. 조선인이 이렇게 적은 것은 앞서 언급한 바와 같이 조선인의 학력이 낮고, 제1부에서 교육받은 인원이 1924년 이후에 사라졌기 때문이다. 반면 고등과 통신생과 내용상 동일한 조선인 판임관 견습생은 22명으로 조선인 중견이원 양성의 대다수를 점하고 있다.

중견공수 양성과정 졸업자를 살펴보면, 조선인 공무과 졸업생은 1924년까지는 1, 2명 존재하였지만, 그 이후에는 없으며, 1942년 이후에야 15명 정도가 양성되었다. 조선인 중등교육 이상 졸업자가 상당히 증가한 1942년 이후에도 조선인 양성인원은 소수에 불과하였다. 이것은 조선인이 고급기술을 습득할 수 있는 기회를 막는다는 정책적 의도도 작용하였고, 조선인이 상대적으로 기술직을 천시한 경향도 영향을 미쳤을 것으로 판단된다.

전화이원은 전신이원보다 더 많이 양성되었을 것으로 판단되지만, 각 교환국에서 양성되었던 관계로 그 수를 파악할 수는 없다. 1932년에는 전화교환수 견습의 양성 예상인원이 1,407명에 달하고 있다. 물론 이 수는 그 이전보다 훨씬 늘어난 숫자인데 전화가입자수가 증대함에 따라 전화교환수도 많이 필요하게 되었기 때문이다. 또한 여자의 경우에는 재직연한이 길지 않아서 양성인원은 매우 크게 되었다. 식민지 기간 동안에 양성된 교환수 견습은 적어도 20,000명을 넘었을 것으로 판단된다. 그러나 그 구체적인 추이는 알 수 없다. 단지 전화교환수의 추이를 통하여 전화교환수 견습 양성자의 민족별 구성을 가늠해 볼 수 있다. 1930년대 전반까지 조선인 교환수의 비율은 경성전화국의 경우 10% 안팎이었지만, 1930년대 후반 조선인 전화교환수는 급속히 증대되어 1942년에는 전체의 80%에 이르게 된다. 조선인 전화교환수가 급속하게 증대된 시기는 1930년대 후반이다. 1930년대 전반까지 조선인 전화교환수가 적었던 것은 조선인이 여자의 교육을 등한시했고 교육받은 여자들의 경제활동참가도 낮았기 때문이다. 전화교환수는 대체로 빈곤한 가정 출신으로 조사되고 있다. 1930년대 후반에 이르러서 조선인 전화교환수가 증대한 것은 별로 부유하지 않은 가정에서도 여자들에게 교육을 시키게 되었음을 시사한다.

중견전화이원도 양성하였지만, 언제부터 시작되었는지, 그리고 그 추이가 어떻게 되었는지는 잘 알 수 없다. 전화교환수 중 일부는 관리자 격인 전화

취체가 되는데, 전화 취체는 고원이다. 이 전화 취체를 강습시킨 것이 중견 전화이원 양성이라고 할 수 있다. 경성 중앙전화국에서 1924년에 제1회 전화 취체 강습회(電話取締講習會)를 열었는데, 전화 취체 30명 중 16명을 뽑아 강습시킨 것이다. 이곳 이외에 중견전화이원 양성이 어떻게 진행되고 있었는지, 그리고 이 이후 경성 중앙전화국에서 어떻게 강습회를 지속하였는지는 아직 밝혀진 바가 없다.

우편과와 보험과의 양성은 1940년대에 이루어졌다. 이 양 학과의 졸업생의 대부분은 조선인이었다. 1940년대 초는 일본인의 인력난이 심각한 상태였다. 이 같은 상황이었기 때문에, 조선인이 양성기관에 선발될 수 있는 가능성이 높아졌다. 또한 보험과의 경우 조선간이보험사업의 주 대상이 조선인이었기 때문에, 조선인 고원을 많이 양성한 측면도 있다.

3. 기업문화의 형성과 전개과정

일본국 체신성은 현업중심주의에 기반한 인사관리체계를 발전시켰다. 현업중심주의에 기반한 인사관리체계는, 현업원 업무에 높은 가치를 부여하기 때문에, 현업원이 업무에 충실하고 능률증진에 능동성을 발휘하도록 하기 위해 인사관리에 있어 마련한 다양한 유인체계를 말한다. 이와 같은 인사관리체계는 인사관리상으로 볼 때, 통합된 위계체계를 형성하기 때문에, 계급적 이해관계를 극복하고 조직적 통일성을 확립하는 데 기여한다. 조선총독부 체신국도 현업중심주의에 기반한 인사관리체계로 나아가고 있었지만, 아직 학교의 보급이 미흡하고, 고용구조상에 식민지적 왜곡이 개재되어 있어 일본과 동일한 정도로까지 인사계열상으로 통합된 위계체계를 형성하지는 못하였다. 현업중심주의에 입각한 조직운영은 앞서 언급했듯이 인사관리체계와 긴밀하게 관련되어 있지만, 그것에 국한되는 것은 아니다. 이

항에서는 조직적 통일성을 기하기 위한 보조조직(補助組織)의 발전과, 하급 종사자에 대한 배려의 체계를 고찰하고자 한다.

3.1. 현업원을 대상으로 한 보조조직의 발전

체신국은 사업의 운영을 위해 다양한 보조조직(補助組織)을 창설하여 운영하였다. 이 보조조직들은 관업의 효율적 운영을 위하여 창설된 것으로서, 체신국의 경영이념을 구현하는 수단으로서 활용되었다.

보조조직 중 가장 대규모인 보조조직은 체신협회(遞信協會)와 공제조합(共濟組合)이다. 이 이외에 종사자의 건강과 팀워크의 향상을 위해 창설된 체신체육협회(遞信體育協會)나, 우편소 운영의 합리화를 도모하기 위해 설립된 우편소 청사 개량조합(郵便所廳舍改良組合)이나 우편소장회(郵便所長會), 이원들 간의 수평적 교류를 증진하기 위해 만들어진 체신이원양성소동창회(遞信吏員養成所同窓會) 등이 있었으며, 이보다 소규모의 보조조직으로는, 체신관구나 각 현업기관 수준에서 결성된 것으로서 친목을 목적으로 하는 회, 법규나 기능의 향상을 목적으로 하는 회, 체육활동을 목적으로 하는 회 등 다종다양한 보조조직들이 있었다. 당시 체신국 관리들은 체신국 관제가 직능의 배분을 규정한 큰 골격에 해당한다면, 보조조직들은 근육과 육질에 해당한다고 생각하였다.

보조조직은 우선 체신관구나 현업기관의 수준에서 만들어졌다. 부산 우편국은 1910년대 초반부터 정신수양 강화회(精神修養講話會)를 만들어 명사를 초정하여 국원 및 용인들에게 정신수양상의 강화(講和)를 하였으며,[231] 1915년부터는 그 관구 내 우편소에 우편소 업무장려회(郵便所業務奬勵會)를 만들어, 우편소에서 발생하는 사고의 감멸(減滅)을 도모하였다. 운영방

---

[231] ‘정신수양 강화회’, 『조선체신협회잡지』 (1918년 1월호, p. 79).

법을 보면, 첫째, 사고가 적게 발생한 우편소의 사무담당자에게는 포상을
주고, 사고가 많이 난 우편소의 사무담당자에게는 과태금을 징수하는 등
사고와 관련된 상벌제도를 운영하여 사고방지를 도모하였고, 둘째, 각 우편
소로부터 자금을 거출하여 2년 이상 장기근속자에게 포상 및 상여를 제공
함으로써 장기근속을 유도하였으며,[232] 셋째, 그 산하에 법규연구회를 만들
어 법규를 학습하게 하고 그 우수자에게 포상하였다.[233] 이 조직들은 상당
히 성공적이었다고 평가되어, 이후 체신국 전체 종사원을 대상으로 한 조
직의 출현에 긍정적인 역할을 하였다.

  체신국에서 전체 종사원을 대상으로 하여 만든 최초의 보조조직은 조선
체신협회(朝鮮遞信協會)였다. 조선체신협회가 창설된 데에는 중요한 두 가
지 배경이 있었다. 첫째, 관기차원(官紀次元)에서 추진하고 있던 능률증진운
동을 보다 조직적으로 추진할 필요가 있었기 때문이다. 이 시기는, 서구에
서 급속도로 발전하고 있던 체신기술이 일본에 도입되고, 경영조직상의 혁
명이라고 할 수 있는 과학적 관리법이 보급 수용되고 있던 시기였다. 발전
된 기술과 관리법을 체신사업에 장착하기 위해 그리고 당시에 빈발하고 있
었던 사고를 감소시키기 위해 체신국은 1914년부터 능률증진운동을 추진하
였다.[234] 당시 능률증진운동은 현업의 과학화를 중심으로 하여 전개되었다.

---

[232] '郵便所業務獎勵會の近況', 『조선체신협회잡지』 (1918년 2월호, pp. 124-125).

[233] '郵便所業務獎勵會近況', 『조선체신협회잡지』 (1918년 3월호, p. 103).

[234] 체신국에서 능률증진을 목표로 제시한 것은 1914년이다. 1914년 10월 22일부터 9
일 동안 진행된 우편국장회에서 당시 체신국장인 이케다(池田十三郞)는 능률증진
을 중심논제로 한 지시사항을 하달하였다. 능률증진법이란 가능한 한 근소한 인원
과 노력으로 가능한 한 다대한 사업을 경영하는 경제적 방법을 의미하는 것으로
정의하고, 그 실천요강으로 다음의 세 가지를 들었다. 첫째, 우량한 인물을 선정하
여 적재적소에 배치하고, 항시 감독을 게을리 하지 않는 것 둘째, 사무의 집행, 업
무의 취급을 모두 과학적으로 연구하고 상호의 계통연락을 완전히 보지하고 그
집무순서 및 수속 기타 기구기계와 같은 것은 모두 종사자가 작업하기 쉬운 모양
으로 개선하고, 또 평소에 종사자를 훈련 지도하는 것. 여기에는 사무간첩 또는 번

체신국 최고관리들은 이를 위해 현업원에게 지식과 기술을 보급하고, 현업원들의 업무개선노력을 수용할 수 있는 체계를 갖추고, 현업원이 이러한 노력을 수행하도록 하는 정신적 동기와 물질적 유인의 체계를 갖추는 것이 필요하다고 인식하고 있었으며,[235] 능률증진운동을 보다 조직적으로 추진하

문(繁文)생략과 같은 것이 포함됨. 셋째, 정신의 수양 및 품성의 도야에 유의하여 항시 관기(官紀)를 지키고, 질서를 중시하며, 진충보국의 정신으로 성심성의하여 자동적으로 직무에 분려 노력하는 기품을 함양하고 고무장려 상벌관엄(鼓舞獎勵賞罰寬嚴)을 마땅하게 하여 최선최량의 효과를 얻도록 노력하는 것이다.

[235] 1918년 당시 체신이원양성소 소장이자 체신국 감리과 기밀계 계장(遞信局監理課機密係係長)을 겸하고 있었던 시가(志賀良三郎)는 현재 체신국 통신당무자의 능률증진 방책으로 6가지를 제시하고 있다. 그 내용을 요약 정리하면 다음과 같다. 1. 직원을 채용할 때 종사할 사무의 종류에 따라 그에 적당한 능력과 성격을 갖고 있는 사람을 선발하여야 하고, 이를 위해서는 고원은 물론이고 체송집배인 우편부에 이르기까지 각기 직무에 따라 필요한 성격고사(性格考査)도 더불어 실행하여야 한다. 2. 노련숙달한 사람은 신참자에 비해 보다 능률적이므로, 영년근속(永年勤續)을 장려하여야 한다. 이를 위해 (1) 현행 연공가급의 제도를 확장하여야 하며, 우편소원에게도 연공가급의 제도를 실행하여야 한다. (2) 공제조합제도를 조선에 시행하여야 한다. (3) 표창규정을 발포하여 영년근속자를 표창하여야 한다. (4) 우량한 우편소 사무원을 선발하여 통신수로 하여야 한다. (5) 영년 근속한 우편소원은 우편국원으로 전용하여야 한다. 3. 직원을 배치하는 방법으로는 사업본위주의(事業本位主義)와 양성본위주의(養成本位主義)가 있는데 적어도 양성주의를 어느 정도는 채택하여야 한다. 사업본위주의란 한 종사원을 한 업무에 특화시키는 것을 의미하고, 양성본위주의는 여러 업무를 고루 수행할 수 있는 종사자를 양성하는 것이다. 양성본위주의의 장점은 종사자가 상호 보조하는 것이 가능하여 업무의 번한(繁閑)에 대응할 수 있고, 종사자의 융통성이 증대된다는 점이다. 4. 능률증진은 육체적 피로의 저감을 의미하는데, 육체적 피로는 업무량에 비례하는 것은 아니다. 육체적 피로를 줄이기 위해서는 종사원으로 하여금 직무에 취미를 가지도록 하여야 한다. 이를 위해서 (1) 종사원에게 성격 기호에 적합한 직을 부여하여야 한다. (2) 어느 정도 사용인을 신용하여 사용인으로 하여 자기 책임 하에 직무에 종사하도록 한다. (3) 현업실의 설비를 크게 개선하여, 운동장 식당 휴게실 도서실 침실 등의 설비들도 갖추게 한다. 5. 시간을 능률적으로 이용할 수 있도록 근무시간과 휴게시간을 적절히 안배한 복무표(服務表)를 작제

기 위해서는 이를 전담할 보조기관이 필요하다고 인식하고 있었다.

둘째, 종사자의 대우개선을 위한 제도 도입의 필요성이다. 제1차 세계대전은 일본에 미증유의 호황을 가져왔다. 이 호황으로 말미암아, 민간부문이 성장하여 민간부문에서의 인력수요가 증대하였고, 인플레이션이 발생하였는데, 관업부문은 임금체계를 신축적으로 바꾸지 못하였기 때문에, 관업부문의 실질임금은 하락하였다. 따라서 관업부문은 인력난에 시달렸다. 상대적으로 높은 임금을 보장하는 민간부문이 성장함으로써, 관업부문의 퇴직률이 증가하기 시작하였고, 이를 보충할 인력을 구하는 것도 용이하지 않았다. 이에 대한 대응으로 1917년에는 고원 용인에게 임시가급(臨時加給)을 지급하였지만, 이것은 인플레이션에 의한 소득의 감소분을 보충하기에는 턱없이 부족한 것이었다. 일본에서는 공제조합제도가 발전하여 고원이나 용인 등 현업원의 생활안정에 기여하는 제도가 있었지만, 조선에서는 공제조합제도도 실행되지 않았다. 조선총독부 체신국의 열악한 작업환경을 개선하기 위해서는 이를 담당할 조직이 필요하였다.

체신협회는 이러한 보조조직의 필요성에 따라 창설된 것이다. 체신협회 설립추진은 1917년부터 진행되었다. 조선총독부 체신국장은 동년 9월 12일 조선체신협회 설립에 관한 건을 조선총독에게 품청(稟請)하였다. 이 품청서에 의하면, 조선체신협회가 필요한 이유는 법령과 관기(官紀)만으로는 체신기관 산하의 제 기관을 지도 감독하는 데에 있어 부족한 점이 있으므로, 그 운영의 원활을 위해서는 보조조직이 필요하다는 것이다. 특히 현재 조선체

하여야 한다. 6. 번문욕례(繁文縟禮)를 생략하고 취급수속을 간이하게 하여야 한다[志賀良三郞 (1918), "如何にして通信當務者の能率を增進せしむべきか", 『조선체신협회잡지』 3월호, 4월호, 5월호, 6월호, 8월회]. 이상과 같이 체신국에서의 능률증진은 작업통제나 감독을 효율적으로 실행할 수 있는 방향으로의 능률증진이라기보다는, 현업원의 기량을 최대한 발휘할 수 있도록 하는 현업중심주의의 성격을 가지고 있는데, 이를 위해 현업원의 책임을 증대시키고, 그 능력을 증대시키며, 그 작업환경을 개선하려고 도모하였다.

신협회가 필요한 이유로는 통신사업 종사자들의 범죄가 빈발한 것을 들고 있다. 이를 방지하기 위해서도 각 종업자로 하여금 정신수양에 노력하고 인격향상을 기할 수 있도록 하지 않으면 안 되는 데 이를 위해서는 이를 담당할 보조조직이 필요하다는 것이다.[236] 조선총독은 동년 9월 27일 조선체신협회의 설립을 인가하였으며, 1918년 1월 1일 조선체신협회가 출범하게 되었다.

조선체신협회 회장은 조선총독부 체신국장이 당연직으로 맡게 되었는데, 설립추진자였던 체신국장 모찌지(持地六三郞)는 조선체신협회 설립의 취지를 다음과 같이 기술하고 있다. 체신협회의 목적으로, 첫째는 절차탁마(切磋琢磨)하여 지식의 증진을 기하고, 둘째는 수양단련(修養鍛鍊)하여 인격의 향상을 도모하며, 셋째는 제서유액(提撕誘掖)하여 협력일체의 양습을 함양하고, 넷째는 위자구조(慰藉救助)하여 동료공제의 미덕을 발양하는 것 4가지를 들었다.[237] 이러한 목적을 달성하기 위해 실행할 사업으로, 첫째는 기관잡지로서 회지를 발행하는 것이다. 이를 통해 회원상호의 의사융화를 기도함과 더불어 지식의 증진과 인격의 향상을 도모하고 겸하여 내외 체신사업의 상황을 지실(知悉)하여 사회의 진전에 부응하고 더불어 회원의 의견 발표의 기관이 되도록 하는 것이다. 둘째는 부내직원이 불행재액에 조우하는 경우에 적절한 구제위자의 길을 강구하는 것이다. 이는 일반종사자로 하여 각각 그 맡은 바 지위에서 편안하게 몸을 다해 그 직무를 수행하는 데 있어 간절히 요구된다는 것이다. 때문에 현재 부내에 봉직하는 이원 또는 용인으로서 사업상 공로 있는 자가 질병 사망 등 때문에 곤액(困厄)에 빠진 경우, 또는 비상재해에 조우하거나 혹은 공무수행 중 부상한 경우 등에 있어서는 상당한 금액을 증여하여 구제위자의 자금으로 충당하게 함으로써 공적 설비의 결함을 보완하는 것이다. 셋째는 사업상 특히 공로 있는

---

236 ‘本會成立の經過’, 『조선체신협회잡지』 (1918년 1월호, pp. 84-85).

237 持地六三郞 (1918), “朝鮮遞信協會設立の趣旨を述ぶ”, 『조선체신협회잡지』 1월호, pp. 3-9

자에 대하여 그것을 표창하고 혹은 전보송수, 우편구분 등 제종의 경기회
를 개최하고, 또는 때로 사업상에 관한 현상논문을 모집하여 우수발군의
자는 그것을 포상하는 등 각종의 장려사업을 수행한다. 이를 통해 다른 종
사원을 고무격려하며 기술상의 개량진보를 도모하고 직원의 활동능률을 향
상하는 것에 힘을 다하게 한다. 넷째는 본부 및 지부 소재지에 있어 때때로
회원을 모집하여 박식 명망 있는 인사를 초빙하여 강연회를 개최하고 그것
을 필기한 것을 회지에 게재하고 또 사업상 참고로 해야 할 것 또는 정신
수양에 도움이 되는 것과 같은 유익한 서적의 편찬 번역 등을 행하고 두루
그것을 배부함으로써 일반지식의 증진 및 정신수양에 경주한다. 다섯째는
기타 유익한 사업으로 체신사업의 발달 개선에 도움이 된다고 인정되는 사
업은 점차 자금을 충실히 하여 그것을 시행하도록 하는 것이다.

이에 따라 조선체신협회잡지는 1918년 1월부터 월간으로 계속 발간되었
으며, 위자금(慰藉金)과 조제금(弔祭金)도 1918년 1월부터 지급하고 있다.[238]
기타 경기회나 현상논문 모집, 강연회, 편찬번역 등도 모두 실행하고 있다.

1921년 1월에 체신협회의 사업은 확대되었는데, 단체보급사업(團體補給
事業)과 회원을 위한 구매사업이 그것이다. 단체보급사업은 우편국, 우편소
를 비롯한 통신 현업기관 또는 이들의 수 개 연합으로 다음과 같은 사업을
할 때에는 소요경비를 보급(補給)하도록 하여, 각 기관단위의 활동을 촉진

---

[238] 위자금과 조제금의 지급은 조선체신협회 조위내규(朝鮮遞信協會弔慰內規)를 제
정하여 운영하였다. 조위금이 지급되는 경우는 다음 7가지 경우이다. 1. 공무로
인하여 발생한 상이(傷痍) 또는 질병(疾病)으로 사망한 때, 2. 공무로 인하여 발생
하지는 않았지만, 상이 또는 질병으로 재직 중 사망한 때, 3. 공무로 인하여 발생
하지는 않았지만, 상이 또는 질병으로 인하여 그 직을 잃은 후 사망하여 사정 안
타까울 때, 4. 공무로 인하여 발생한 상이(傷痍)로 불구가 되거나 또는 불치의 질
병에 걸려 그 직을 감당하지 못하여 퇴직한 때, 5. 공무로 인하여 발생한 상이 또
는 질병으로 30일 이상 계속 치료를 요할 때, 6. 수해 화재 기타 비상(非常)의 재
액(災厄)으로 인하여 가재(家財)를 상실한 때, 7. 공무로 인하여 발생하지는 않았
지만, 상이 또는 질병으로 60일 이상 계속 치료를 요할 때이다.

하기 위해 취해진 사업이다. 이러한 보급(補給)이 허용되는 사업으로는 1. 체신사업에 관한 지식의 보급을 목적으로 하는 것, 2. 회원 상호의 친목 또는 의사의 연락을 도모하는 것을 목적으로 하는 것, 3. 도서구입을 목적으로 하는 것, 4. 운동기구의 구입 또는 시설을 목적으로 하는 것, 5. 오락에 관한 회합 또는 시설을 목적으로 하는 것, 6. 전 각 호에 준거한 것 등이다. 각 현업기관에서의 지식의 보급뿐만 아니라, 친목이나 운동 오락 등도 지원의 대상으로 되었음을 확인할 수 있다. 이에 따라 체신협회의 보급(補給)을 받아 많은 기관에서 이러한 사업을 진행하였다.[239] 회원들의 구매사업을 위해, 체신협회에 구매계를 신설하여, 물품의 공동구매에 관한 사항, 특수물품의 위탁구매에 관한 사항, 물품구매에 관한 일반 조사사항, 구매물품대금의 계산수지에 관한 사항, 구매물품의 보관배송에 관한 사항 등을 취급하였다. 통신기관은 조선 각처에 널리 분포되어 있는데, 대도회지가 아닌 다른 지역에서는 물품의 구매가 곤란하였는데, 이를 위한 편의사업으로 운영한 것이다.

체신협회의 조직상의 특성을 살펴보면, 첫째, 회원제로 운영하고 있다. 운영경비는 회원이 납부한 회비로 운영하며, 회원의 자격은 이원(吏員)으로 한정하여, 용인은 대상에서 제외되었다. 둘째, 체신협회의 조직과 관제(官制)가 중첩되어 있다. 체신협회 총재(遞信協會總裁)는 조선총독부 정무총감

---

[239] 1921년 4월과 5월에 행해진 것만을 소개하면, 1921년 4월 10일에는 경성부 내 각 우편국소 연합통신경기회가 경성국에서 개최되었다. 1921년 5월 7·8일 양일간에 거쳐 부산 우편국 교우회 주최 가족위안회가 거행되었다. 이 위안회는 부산 재주 통신업무 종사원 및 그 후원자인 가족 일동을 위안하기 위하여 또 상호친목을 도모하고, 사무개선에 기여할 목적으로 개최되었다. 이 가족위안회는 이미 그 이전에 춘추 이회에 걸쳐 실시하기로 되어 있었지만, 어떤 사정 때문에 중지되어 있다가 다시 시작된 것이다. 1921년 5월 28일에는 체신국 및 우편환저금관리소 연합의 오락회를 경성공회당에서 개최하였으며, 1921년 5월 29일에는 평양우편국 이원들이 종사원의 위안과 침목을 도모할 목적으로 조직한 연광회가 주최하여 평양 우편국 대운동회가 열었다.

이, 회장(會長)은 조선총독부 체신국장이, 그리고 역원들도 조선총독부의 고등관들이 맡고 있다.[240] 이와 같은 특성에도 불구하고, 체신협회는 기술이나 지식의 보급, 하의상달 및 수평적 의사전달체계의 확립, 체신국 이원의 집단적 귀속감의 조성 등에 있어 중심적인 역할을 수행하였다.

체신협회가 설립된 얼마 후에 현업원 공제조합이 설립되었다. 일본 관업 공제조합제도는 1907년 4월 철도원(鐵道院) 공제조합이 효시이다. 공제조합 제도는 이후 확산되어, 1908년 6월에는 전매국, 1909년 3월에는 인쇄국 및 대만총독부 교통국 철도부에 설립되었으며,[241] 체신성에는 1909년 7월에 설립되었다. 1907년 이후에 일본의 관업기관에서 공제조합제도가 보급되게 된 배경으로는 첫째, 이 시기는 일본에 있어서 사회주의 운동의 여명기로 노동문제가 대두되었기 때문이고, 둘째, 당시 재정상의 문제로 급료 증액을 하는 것이 어려웠기 때문이다. 그러나 공제조합제도는 아직 조선총독부 체신국에는 설립되지 않았다. 당시 조선총독부 체신국 고원의 대부분은 일본국 체신성에서 수입한 이원으로 구성되어 있었음을 고려하면, 조선총독부 체신국의 입장에서는 그 형평성을 위해서라도 도입하지 않으면 안 되었으며, 1918년에 체신이원양성소 소장이자 체신국 감리과 기밀계 계장을 겸하고 있었던 시가(志賀良三郞)도 주장하고 있었던 바와 같이 영년근속을 장려하기 위해서도 요구되는 것이었다.

1918년에는 조선체신협회를 만들어 구제위자제도를 부분적으로 도입하였지만, 이것이 공제조합제도를 대체할 수 있는 것은 아니었다. 조선총독부 체신국 현업원 공제조합은 1921는 1월 1일에 출범하였다. 공제조합의 정식 명칭은 조선총독부 체신관서 현업원 공제조합이다. 명칭으로 알 수 있는

---

[240] 예컨대 지부장은 체신국 지부의 경우, 총재의 승인을 거쳐 회장이 선임한 이사 중에서 회장이 선임하고, 경성지부, 부산지부, 원산지부, 평양지부의 지부장은 관리사무부분장 우편국장이 당연직으로 취임한다. 기타의 역원은 체신국장과 관리사무부분장 우편국장이 지명하도록 되어 있다.

[241] "我國に於ける共濟組合の現狀," 『사회정책시보』(1933년 1월호).

바와 같이, 현업원의 공제조합이기 때문에, 가입자는 현업원에 제한되어 있다. 이것도 현업중심주의를 반영한 것이라고 할 수 있다.

조선총독부 체신관서 현업원 공제조합(朝鮮總督府遞信官署現業員公濟組合)의 목적 및 사업은 다른 공제조합과 크게 다르지 않다. 그 목적은 크게 세 가지로 설정되어 있는데, 첫째, 현업 종사자가 근무로 인하여 상이 질병에 걸린 경우, 충분한 휴양을 할 수 있는 조치를 취하고, 둘째, 수화 진재 등 불시의 재해에 조우한 경우에 그 곤궁으로부터 구출하고, 셋째, 직을 잃거나, 또는 노폐로 인하여 그 직을 감당할 수 없게 된 자를 구제하는 것이다.[242]

조합원은 갑을의 2종류로 구분하였는데, 1. 체신국 중 전신전화의 시험수리에 관한 고원 및 용인, 2. 우편환저금관리소 및 우편국소의 고원 및 용인을 갑종 조합원으로 하고, 갑종 이외의 조합원을 을종 조합원으로 하였다. 조합은 조합원의 괘금과 정부보급금으로 운영하는데, 괘금은 갑종 조합원의 경우, 급료 월액의 1000분의 36이고, 을종 조합원의 경우, 급료월액의 1000분의 60으로 하여 갑을에 따라 차이를 두었다. 공제급여금은 순직, 상이, 질병, 요양, 사망, 재해, 탈퇴 및 근속급여금의 8종으로 구분하여 지급하였다. 1927년 1월 1일에는 공제급여금에 특증(特症), 의료, 산부, 장제(葬祭) 급여금의 4종목을 추가하여 조합원의 구제범위를 확장하였다.

공제조합 사업은 공제급여금 사업에서 시작하였지만, 이후 그 부속사업들을 시행하게 되었다. 1925년 4월부터는 조합원 또는 그 가족이 재액에 빠져 생계 궁박하게 된 자에게 저리대부 사무를 개시하였고, 1927년 9월부터는 조합원 생계에 필요한 물품 기타의 공급을 목적으로 하여 구매조합을 조직하였다.

이상의 조직들은 조선에 독특한 조직이 아니었다. 일본에서 이미 창설되어 운영되고 있는 조직들이다. 체신국 고위관리들은 현업원의 능동성을 유발하고, 계급이익보다는 조직적 통일성을 보다 중시하도록 하기 위한 장치

---

[242] 野村情次郎 (1921), "現業員共濟組合の成立に就て", 『조선체신협회잡지』 1월호, p. 17.

로서 일본에서 발전한 조직들을 모방하여 도입한 것이다.

3.2. 현업원의 대우개선사업

체신협회의 위자구제사업이나, 체신관서 현업원 공제조합의 공제급여금 사업 및 부속사업은 하급 종사자의 대우개선을 목적으로 한 것이다. 이 이외에 현업원의 대우개선사업으로서 다음 세 가지는 주목할 만하다.

첫째, 현업 근면수당제도(現業勤勉手當制度)이다.[243] 현업 근면수당은 관리나 관리 대우를 받는 자, 촉탁, 고원, 용인 또는 직공 모두를 포함하여 특정한 현업에 종사하는 자에게 지급하는 수당이다. 조선총독부에서 현업 근면수당을 지급하는 현업으로는 철도국의 현업, 체신국의 현업, 전매국의 현업, 영림서(營林署)의 현업, 세관의 현업, 그리고 제 공사(諸工事)에 있어서의 현업이다. 각 기관에서의 현업업무는 보다 세분되어 정의되어 있다. 1930년대 체신국에서의 현업은 1. 체신국, 저금관리소에 있어서 환, 저금 및 조선간이생명보험금의 출납, 조사계산, 증거서의 계리, 원부의 등기 및 증서의 발행사무 및 전신전화용품, 전기사업용품의 시험 또는 공작, 항로표지용품의 공작과 2. 우편 전신 및 전화국소에 있어서의 사무로 규정되어 있다. 전자에서는 그 계획 및 감독사무를 제외하도록 되어 있다. 이들 현업원에게 지급되는 근면수당의 지급연액은 상여금(위로금을 포함)과 합하여 각자의 봉급, 급료 또는 수당 월액의 7개월분 이내로 되어 있다.

둘째, 우편소원(郵便所員)의 대우개선이다. 체신국의 현업조직은 우편국급의 현업기관과 우편소 급 이하의 현업기관으로 이중화되어 있다. 통신기관의 보급이 우편소를 중심으로 하여 이루어졌기 때문에 현업원 중에서 우편소원의 비중은 높아지고 있었다. 우편소는 관청 청부기관으로서, 우편소

---

[243] 일본에서는 1903년에 판임관 이하의 현업원에게 근면수당을 지급하는 제도가 만들어졌다[체신성(1940), 『체신사업사 제1권』, p.224].

장이 와타시키리(渡切) 경비와 우표 및 수입인지 판매수입을 가지고 자기 책임하에 운영하고 있음은 이미 지적한 바와 같다. 우편소원은 우편국원에 비해 훨씬 열악한 상황에 처해 있었다. 와타시키리(渡切) 경비로 지급받는 고원의 급료는 업무량에 따라 산정된 예산정액으로서, 이에 의거하여 지급하는 경우, 우편소원은 우편국원에 비해 연공가급(年功加給)이나 정근상여금(精勤賞與金), 유기자수당(有技者手當) 등을 받지 못한다. 체신국에서는 이에 대한 대책으로, 1921년 7월 20일에 우편소장회 규칙(郵便所長會規則)을 제정하여, 우편소장이 기금을 출현하고, 그 기금으로 우편소원 중 근속자에게 연공가급을 급여하게 하였으며, 정근자에게 상여금을 지급하게 하였다. 1926년에는 우편소원의 대우개선을 위해 사무비 및 전보배달료를 증액하였으며, 전신 유기능자에게는 유기수당(有技手當)을 급여하였다. 그리고 1935년에는 우편소 고원 중 통신수(通信手)를 선발하여 판임관 대우로 하는 조치를 취하였다. 이러한 일련의 우편소원 대우개선사업을 실행하게 된 이유로는 두 가지를 주목할 만하다. 첫째는 우편소원이 대우상의 문제 또는 우편소장의 태도에 대한 불만 등을 이유로 동맹파업을 하거나, 우편소장을 구타하는 등의 문제가 발생하고 있었는데, 이러한 문제에 대응하기 위해서였다. 물론 사고가 난 우편소는 우편소장이 정해진 급료조차 지급하지 않음으로써 발생한 것이었지만, 이 사고들을 계기로 우편소원의 대우개선의 문제가 이슈화되었다. 둘째는 우편소원의 소질개선을 위하여 필요하였기 때문이다. 대우의 저위성은 퇴직률을 높일 뿐만 아니라, 소질향상을 위한 노력도 실행하지 않도록 하여 사업성적을 나쁘게 하였다. 장기근속을 장려하고, 소질향상을 위한 노력을 촉발시키기 위해서는 대우개선이 필요하였다.

셋째, 조선인의 대우개선이다. 조선인은 용인 및 우편소 고원 등에 있어 다수를 차지하고 있었고, 우편국 고원에서도 상당한 비중을 차지하고 있어, 현업원에서 조선인이 차지하는 비중은 높았다. 식민지 초기에 조선인 종사자는 다양한 차별을 받았는데, 이러한 차별대우를 완화하는 여러 조치들이 취해졌다. 우선 들 수 있는 것은 조선인 고원이 판임관으로 승진하는 것을 용이하게 하기 위해 조선인 판임관 견습생 제도를 실시한 것이다. 조선인 판임관 견습생 제도는 1923년과 1931년 2차례에 걸쳐 실시되었는데, 1923년은 3.1운동으로 촉발된 조선인의 독립운동 의식을 무마하기 위한 유화책으로 실시된 것이었고, 1931년에는 노무관리의 차원에서 실시된 것이었음은 앞서 언급한 바와 같다. 그리고 또 하나 들 수 있는 것은 우편소원의 대우개선이다. 우편소원은 그 대부분이 조선인이었으므로 우편소원의 대우개선은 바로 조선인의 대우개선을 의미하는 것이었다. 물론 조선인에 대한 대우개선이 차별의 철폐를 의미하는 것은 아니었다. 차별과 대우개선의 공존이라는 모순적인 현상은 식민지적 고용구조(植民地的 雇用構造)와 현업중심주의(現業中心主義) 간의 모순을 반영한 것으로서, 식민지 말기까지 존속하였다.

제4절 조선인의 성장과 식민지적 고용구조의 변질과정

1. 식민지적 차별의 구조

1.1. 채용차별

조선은 독립된 국가로서 나름의 국가기관을 유지 발전시켜 왔다. 이 국가기관은 보호국기를 거치면서 점차 식민지 정부기관으로 변화되어 갔다. 보호국기에 일부 국가기관은 통감부 소속으로 변화된 것도 있지만, 대부분은 대한제국의 국가기관으로 남아 있었다. 1910년 한일합방이 되어 조선총독부가 수립되고, 대한제국의 국가기관과 통감부의 정부기관은 조선총독부의 정부기관으로 되었다.

조선의 구래의 국가기관이 식민지적 국가기관으로 재편되는 과정 속에서 조선인 관리가 급속히 배제된 것은 아니었다. 체제안정을 도모하는 데 구래 조선인 관리를 이용하는 것이 유리할 수 있기 때문이다. 조선총독부 관리는 일본제국의 관리로서, 일본제국(日本帝國)의 관리임용령(官吏任用令)에 의거하여 임용하여야 하는데, 이에 의거할 때, 구래 조선인 관리는 배제될 수밖에 없었다. 따라서 조선인 관리를 인계 채용하기 위해서는 그것을 정당화하는 임용령이 필요하였는데, 이 목적으로 재정된 것이 조선인 특별임용령(朝鮮人特別任用令)이다. 조선인 특별임용령은 구래의 조선인 관리의 자리를 조선인에게 보장하여 주는 것으로서 일본제국의 관리임용자격(官吏任用資格)을 가지지 않았더라도 특별히 임용할 수 있도록 한 것이다. 이에 의거하여 조선인은 군수나, 재판관 등의 자리에 상당 정도 진출할 수가 있었다. 그러나 통신기관은 이와 달리 이미 보호국화되기 이전에 일본국 체신성의 관리하에 들어가면서, 인계 채용된 조선인 관리는 고원으로 되었고, 그들도 점차 해직되었다. 따라서 식민지 초기에 조선총독부 체신국에서 통신업무에 종사하는 조선인 관리는 한 명도 없었다. 대한제국기에 내부 소속(內部所屬)이었던 항로표지업무(航路標識業務)는 식민지화되면서 조선총독부 체신국 소속으로 변경되었는데, 이 때 내부(內部) 항로표지간수(航路標識看守)로 있었던 조선인 관리가 조선총독부 체신국 관리로 인계 채용되었다. 이들이 식민지 초기에 체신국에 존재하는 두 명의 조선인 관리이다.

조선총독부 체신국에서 통신업무에 종사하는 조선인 관리가 없는 것은 인계채용과정에서 조선인 관리가 해직되고 고원으로 격하되었기 때문이기도 하지만, 그 이후 조선인을 관리로 채용하지 않으려는 의도적인 배제도 작용하였다. 예컨대 우편소장과 전신고원에 대해 살펴보자. 벽지에 우편소

를 만들려는 경우, 그 지역에 일본인이 존재하지 않을 때 일본인 우편소장
을 구하는 것은 매우 어려웠는데, 이러한 경우에도 조선인은 채용하지 않
았다. 조선인으로서 우편소를 경영할 만한 사람이 없었기 때문이 아니다.
조선인으로서 우편소장이 되기 위해 청원한 사람들도 있었지만, 이들의 청
원은 모두 기각되었다. 이들의 청원이 기각되었던 이유는 통신기관이 정보
취급기관이기 때문에 치안유지의 목적상 조선인을 채용할 수 없다는 것이
다. 전신고원의 경우, 1918년 일본인 인력난으로 인하여 일본인 체신이원을
모집할 수 없었을 때 조선인을 양성하여 채용하는 방침을 수립하였지만,
이 인재난이 해소되자 조선인은 우편국 전신이원 양성대상자에서 배제되었
다. 이러한 조선인의 배제는 1941년까지 지속되었는데, 1938년의 경우, 조선
에서 일본인 이원의 확보가 어려워지자 조선총독부 체신이원양성소 소장
(朝鮮總督府遞信吏員養成所所長)은 직접 원서를 가지고 일본에 가서 모집
하는 편법을 쓰기도 하였다. 물론 이러한 모집방책도 시장상황이 보다 어
려워지자 수정되지 않을 수 없었다. 1942년부터는 다시 조선인을 우편국 전
신고원으로 양성하게 되었다.

1.2. 임금차별

식민지 정부기관에 있어서 조선인 임금과 일본인 임금의 차이를 이야기
할 때는 통상 식민지 가봉을 든다. 그러나 1910년대에는 가봉 이외에 본봉
에 있어서도 임금차별이 있었다. 이러한 차별적 임금체계는 1919년 3.1운동
을 계기로 소멸되었는데, 그 이전까지는 동일한 조선총독부의 관리임에도
불구하고 조선인 관리의 봉급과 일본인 관리의 봉급은 따로 제정되어 운영
되었다. 고등관의 경우, 조선인의 연봉은 따로 책정되어 있는데, 이것은 조
선인의 차별을 목적으로 하는 것이라기보다 임용자격의 차이에서 기인하는
특별취급임은 앞서 언급한 바 있다. 그러나 판임관의 경우, 조선인과 일본

인의 상이한 임금체계는 임금차별 및 승진차별이 목적이었음을 1910년대 봉급체계의 변화를 통하여 파악할 수 있다.

1910년대 조선인 판임관의 본봉을 일본인 판임관의 본봉과 비교하여 보자. 조선인의 경우 1918년 이전까지 판임관으로 받을 수 있는 본봉의 상한은 50원이었다. 본봉의 하한은 1913년 이전은 10원, 이후는 15원이다. 1913년에 단행된 조선인 판임관의 본봉의 하한액의 상승과 관등의 축소는 조선인 고원이 판임관으로 승진하기 어렵게 만들어 놓은 것이다. 그리고, 1918년의 변화는 본봉의 전반적인 상승으로 보이지만, 사실은 위 세 단계가 새롭게 생긴 것이다. 이전의 판임관 1급봉은 판임관 4급봉으로 바뀌었다. 이렇게 판임관의 상위직급을 마련한 것은 조선인이 판임관 5급봉으로 너무 쉽게 승진하였기 때문이었다. 판임관 5급봉은 특별임용에 의해 주임관이 될 수 있는 자격이다. 이제 위의 세 단계를 삽입함으로써 판임관 5급봉은 8급봉으로 되었고 주임관으로의 승진자격은 박탈되었다.

<표 3-35> 조선인 판임문관 본봉의 동향

(단위: 원)

	일본인	조선인		
	1910	1910	1913	1918
1급	95	50	50	70
2급	75	45	45	60
3급	65	40	40	55
4급	55	35	35	50
5급	50	30	30	45
6급	45	25	25	40
7급	40	20	20	35
8급	35	15	15	30
9급	30	12		25
10급	25	10		20
11급	20			15

자료: 조선총독부, 『조선총독부 급 소속관서 직원록』.

구한말 내부 등대국(燈臺局)의 판임관으로 있다가 조선총독부 체신국의 판
임관으로 된 항로표지간수 정관진(鄭寬鎭)과 정구진(鄭龜鎭)(이들은 1910년대
전반기의 오직 두 명 있었던 체신국 판임관이다)의 본봉은 이를 보여준다.

<표 3-36> 1910년대 조선총독부 체신국 조선인 판임관의 승급

	정관진	정구진
1911	6급	7급
1912	6급	23원
1914	27원(6급+2원)	6급
1916	27원(6급+2원)	27원(6급+2원)
1917	5급	27원(6급+2원)
1918	5급	27원(6급+2원)
1919	8급(개정전의 5급)	8급(개정전의 5급)

자료: 조선총독부, 『조선총독부 급 소속관서 직원록』.

식민지 재근 가봉은 조선인보다 일본인에게 보다 많은 봉급을 지급하기 위
해 마련된 제도는 아니다. 식민지 재근 가봉은 일본에 재근하는 일본인 관리
보다 조선에 재근하는 일본인 관리에게 보다 많은 급료를 지급하기 위해 마련
한 것이다. 외국에 근무할 때에는 국내에서 근무할 때보다 생계비가 더 많이
들고, 생활이 불편하며, 직무환경도 더 위험하기 때문에 그 보상으로서 가봉을
지급한다. 1910년 이전에 조선에 진출한 일본인 관리에게도 위와 같은 이유로
가봉을 지급하고 있다. 식민지 초기에도, 조선은 비록 일본의 일부가 되어 이
제 더 이상 외국은 아니지만, 일본인 관리가 조선에 근무하는 경우, 일본에서
근무할 때보다, 생계비가 더 많이 들고, 생활환경이 더 나쁘고, 직무환경이 더
위험하였으므로, 가봉의 지급은 타당한 것으로 인정되었다. 그러나 1920년대
와 1930년대가 되자 이러한 가봉이 필요한가에 대해 의문이 제기되기 시작하
였다. 이 시기가 되면, 조선이 일본의 어느 지방과 마찬가지의 생활조건과 직

무환경을 갖추었기 때문이다.[244] 식민지가봉을 폐지하자는 논의는 일본국 재무성에서 시작되었는데, 일본국 재무성이 추진한 식민지 가봉 철폐 시도는 식민지 재근 관리들의 특권유지운동(特權維持運動)으로 좌절되었다. 식민지 개발로 가봉이 사실상 필요 없게 되었음에도 불구하고 식민지 가봉이 존속함으로써, 식민지에서의 근무는 보수 면에서는 일본 본토보다 상대적으로 더 유리하게 되어, 일본인이 조선의 관리가 되도록 하는 유인을 강화시켰다.

1.3. 승진차별

통신사업은 치안 및 국방과 긴밀하게 관련되어 있다. 한국의 통신선의 상당부분은 경비전화선(警備電話線)인데, 경비전화선을 공중통신선(公衆通信線)으로 겸하여 사용하였다. 당시 일본에서는 경비전화망과 체신성의 공중통신망은 구분되어 운영되었지만, 조선에서는 이러한 분리가 이루어지지 않았다. 체신국이 경비전화선도 유지 관리하였다. 때문에, 전신업무는 치안업무의 일종으로 인식되고 있었다.

체신국은 치안상의 이유로 조선인을 전신이원(電信吏員)으로 채용하지 않으려 한다든가, 기관장으로 승진시키지 않으려 한다든가 하는 채용 및 승진차별을 행하였다. 그러나 치안유지를 위해 조선인의 승진을 금지하는

---

[244] 1935년에 동아일보와 조선일보는 가봉의 철폐를 주장하는 사설을 게재하고 있다. 일본국 재무성은 1920년부터 예산절감의 차원에서 식민지 가봉의 폐지를 논의하여 왔는데, 다시 1935년에 식민지 가봉의 폐지에 대한 논란이 일어나게 되어, 이 해 의회에서 다시 재론되게 되었다. 이러한 상황 속에서 가봉의 철폐에 대한 사설을 개재하게 된 것이다. 조선일보 사설의 내용을 일부 소개하면 다음과 같다. "가봉급여의 이유는 조선의 기후, 풍토가 일본 내지의 그것과 다를 뿐만 아니라 교통이 불편하고 교육기관이 발달하지 않았고 오락적 설비가 적기 때문에 그들을 우대하기 위해 제정한 것이라고 말한다. 그러나 지금부터 2, 30년 전이라면 모르지만 현재와 같이 교통, 교육, 오락의 제 기관이 발달한 바에는 가봉의 필요성은 없다. 가봉은 신속히 철폐하고 그 재원을 초등교육과 같이 긴급한 바에 전용시켜야 할 것이다."[『조선일보』(1935년 5월 29일)].

식의 식민지적 차별은 3.1운동 이후 점차 완화되었다. 1920년대 이후 조선인의 승진을 어렵게 한 것은 봉급제도와 결합되어 있는 승진체계였다. 식민지 재근 가봉제도는 판임관 이상의 관리에게 적용되는 것이다. 일본인 고원에게 가봉은 지급되지 않는다. 물론 이것은 조선인과 일본인에게 동일한 임금을 지급하였음을 의미하지는 않는다. 일본인 고원에게는 가봉 대신 가봉분만큼 많은 초임금을 지급하였다. 일본인 고원에게 초임금을 높게 책정하는 방식으로 식민지 재근에 대한 보상을 해주었는데, 이러한 급여체계는 조선인 고원의 승진을 억제하는 제도로 작용하였다. 승진후보자는 일정한 급여액 이상자로 한정되었는데, 일본인은 가봉분만큼 높은 초임금을 받기 때문에 조선인과 동일한 학력으로 고원에 입사하여 근무하였더라도 5-10년 정도 더 빨리 판임관으로 승진할 수 있었다. 이러한 사실을 극명하게 보여주는 것이 바로 서기보의 민족별 본봉분포(本俸分布)이다.

<표 3-37> 1937년 체신국 판임관의 본봉별 분포

(단위 인)

직급	우편국장 및 과장		전항외의 서기		서기보		출장소장	기수		간수장		간수	
	일본인	조선인	일본인	조선인	일본인	조선인	일본인	일본인	조선인	일본인	조선인	일본인	조선인
1							2	1					
2	15		8				2	10					
3	45		29				3	18					
4	44		67	1			4	40	2	7			
5(85원 이하)	19	1	139	3	3	10	1	57		8		3	
6(75원 이하)	5		198	13	3	12		55	1	16	2	4	1
70원 이하			88	1	8	27	1	17	3	1		1	1
7(65원 이하)			113	3	44	14	1	34		3		5	
60원 이하			46		111	8	1	37		1		1	
8(55원 이하)			17		200		1	19		1		20	
9(50원 이하)			6		212		1	16				10	
10(45원 이하)			2		185		1	3				14	
11(40원 이하)					65							13	
35원 이하					9							9	
30원 이하					2								
합계	128	1	713	21	842	71	18	307	6	37	2	80	2

자료: 조선총독부(1937), 『조선총독부 급 소속관서 직원록 쇼와 12년 7월 1일 현재』.

1937년 체신국 판임관의 민족별 본봉별 분포를 살펴보자. 조선인은 8급봉 이하의 본봉을 받는 자가 한 명도 없다. 반면에 일본인은 8급봉 이하가 상당수에 달하고 있다. 일본인은 조선인보다 학력이 높고, 또 양성기관을 통하여 빠르게 승진할 수 있는 기회가 많아, 이러한 현상이 일부 발생할 수도 있지만, 그것만으로 8급봉 이하의 본봉을 받는 조선인 판임관이 한 명도 없는 것을 설명할 수는 없다. 고원의 급여가 같은 조선인과 일본인을 승진시키면, 조선인의 판임관 급봉은 일본인보다 더 높게 된다. 일본인 고원의 급여에는 가봉분이 포함되어 있는데, 판임관으로 승진하면, 고원 급료 중 가봉분을 뺀 부분이 판임관 급봉으로 되고, 가봉분은 가봉으로 되기 때문에, 일본인 판임관 급봉은 더 낮게 되는 것이다.

1.4. 빈곤한 교육기반

이러한 여러 차별제도 못지않게, 조선인의 성장을 억압하였던 것은 조선에 있어서 고등교육기관의 빈약함이었다. 식민지기의 선발체계는 경력주의가 강화되는 방향으로 진행되고 있기는 하였지만, 경력주의가 학력주의를 대체할 정도에 이르지는 않았다. 당시 경력주의는 학력주의를 보완하는 수준을 넘어선 것은 아니었다. 학력주의에 기반한 선발체계를 고려할 때, 조선 내에 있어 고등교육시설의 미발달은 조선인의 성장을 억압하는 주요한 요소였다.

<표 3- 38> 1935년 일본제국에 있어서 전문학교 이상의 학생수와 관리수

(단위 인, 비율, %)

	학생수				판임관 이상	A/B
	총수(A)	관립	공립	사립	관리수(B)	
일본	189452	69188	7230	113034	116045	1.63
조선	5485	2197	567	2721	13871	0.40
대만	1667	1667			6336	0.26
관동주	1342	398		944	2078	0.65
합계	197946	73450	7797	116699	138330	1.43
비율						
일본	95.71	94.20	92.73	96.86	83.89	
조선	2.77	2.99	7.27	2.33	10.03	
대만	0.84	2.27	0.00	0.00	4.58	
관동주	0.68	0.54	0.00	0.81	1.50	
합계	100	100	100	100	100	

자료: 학생수와 관리수는 『제57회 일본제국 통계연감』의 통계를 사용하였음
주: 1. 조선의 관리는 1934년의 통계가 게재되어 있으나, 그대로 사용하였음. 다른 지역
　　도 자료가 수집되지 않는 곳은 1934년 통계를 사용하고 있음.
　　2. 관리수는 판임관 이상으로 국고지급의 것만임. 판임관 대우는 포함하고 있지 않음.

　조선에 있어서 고등교육기관의 빈약함은 조선 내에 고등교육기관을 설립하려는 사람이 없어서, 또는 조선 내에 고등교육기관에 입학하려는 사람이 없어서 나타난 현상은 아니었다. 조선인은 민립대학 설립운동 등 고등교육기관을 설립하고자 하였으나, 총독부에 의해 의도적으로 억제되었으며, 고등교육을 받기 위해 매년 일본으로 유학을 가는 조선인의 수는 늘어나고 있었다. 조선 내 고등교육기관이 빈약하였기 때문에, 고등교육기관에 대한 수요가 유학에 대한 수요로 전환된 것이다. 그러나 유학은 조선 내 고등교육기관의 부족을 완전히 대체할 수는 없는 것이었기 때문에, 조선 내 빈약한 고등교육기관이 조선인의 성장을 억제하는 요인으로 작용하였음을 부정하기는 어렵다. 조선에 있어 고등교육기관의 빈약한 실태를 1935년 자료를

통하여 살펴보자. 1935년 일본·조선·대만의 전문학교 이상의 학생수를 판임관 이상의 관리수와 비교하면, 일본은 관리 1인당 전문학교 이상 학생수가 1.63명임에 반해, 조선은 0.40명이고, 대만은 0.26명이어서, 조선은 일본의 1/4 수준에 불과하고, 대만은 조선의 3/5 정도이다.[245] 이와 같이 고등교육기관이 부족하였기 때문에, 고등교육인력을 계속 일본으로부터 보급받아야 했다.[246]

이상은 관리 1인당 고등교육기관 재학자를 비교한 것이다. 이것은 인구 대비 고등교육기관 재학자와 같은 것은 아니다. 일본 본토 인구는 조선인구의 3.4배 정도이지만, 관리의 수는 8.4배이고, 대만인구는 조선인구의 1/4이지만, 관리의 수는 1/2이다. 즉 조선은 일본이나 대만에 비해 인구 대비 관리수가 1/2 이하이다. 따라서 인구를 기준으로 하여 고등교육 재학자를 비교하는 경우, 조선은 일본의 1/10 정도이고, 대만보다도 더 적다.[247]

---

[245] 민족별 고등교육 재학자를 파악하려고 하면 약간 더 수정하여야 한다. 조선이나 대만에 있는 고등교육기관에는 일본인 학생이 다수이고, 조선인이나 대만인은 일본 내지의 고등교육기관에 입학하여 재학한 자도 적지 않기 때문이다.

[246] 조선과 대만을 비교하면, 조선에서 사립고등교육기관이 발달하였음을 확인할 수 있다. 대만에는 사립고등교육기관이 없는 반면, 조선에는 사립고등교육기관의 재학자가 고등교육기관 재학자의 절반을 넘는다. 사립고등교육기관을 제외하고 관공립고등교육기관만을 계산한다면, 대만이 조선보다 관리 1인당 고등교육기관 재학자의 수는 더 많다.

[247] 인구대비 고등교육 재학자를 비교하는 것보다, 초등교육기관 재학자 대비 고등교육재학자를 비교하는 것이 더 나을 수 있다. 대만의 경우, 초등교육기관의 보급은 조선보다 월등하게 앞서 있다. 따라서 초등교육기관 재학자 대비 고등교육기관 재학자를 비교하는 경우, 조선이 대만보다 더 많다.

2. 조선인 종사자의 성장기반

2.1. 차별체계의 취약성

식민지적 차별을 구명하려는 연구들은 제국주의 체제의 압제성을 드러내는 데 그칠 뿐, 그것을 넘어, 차별 시스템의 동태적 변화를 파악하지는 않는다. 그러나 식민지기 조선인의 성장을 파악하기 위해서는 차별체계의 변동양상을 분석하는 것이 필요하다. 식민지적 차별체계를 분석하면, 그 속에서 많은 약한 고리들이 발견된다. 이와 같은 약한 고리들은 차별체계를 상당히 불안정하게 하고 있는데, 특히 다음 세 가지 점은 주목할 만하다.

첫째, 식민지민이 동등한 인격으로서 스스로를 자각하게 하면, 차별체계를 유지하는 데 많은 비용이 든다는 점이다. 일본은 보호국기와 무단정치기에 일방적인 억압으로 조선인을 대하였지만, 삼일운동 이후 더 이상 무단정치를 지속할 수는 없었다. 무단정치를 유지할 경우 감당하여야 할 비용이 매우 많기 때문에, 민족회유정책으로 변화되었다. 민족회유정책은 동화주의(同化主義) 혹은 일시동인(一視同仁)이라는 말로 표현되고 있는데, 일시동인이란 바로 천황의 입장에서는 조선인도 일본인도 모두 천황의 적자이기 때문에, 동등한 대우를 하겠다는 의미이다. 일시동인으로 표현된 동등한 대우는 기회의 균등 즉 형식적인 평등을 의미하는 것이 아니라 결과적인 평등 즉 실질적인 평등을 의미하는 것이었다. 민족회유정책을 단순한 기만정책으로 파악하는 학자들도 있지만, 그렇지는 않았다. 일본인에게는 조선인에 대한 차별행위의 부당성을 인식할 수 있는 기회를 제공하였으며[248], 조선인에게는 부당한 차별행위를 소극적으로 감내하는 것에서 부당한

---

[248] 소요까지 일어난 것은 결국 재조선 일본인의 노력이 부족하였다고 하지 않으면 안 된다. 일본인의 조선인에 대한 태도는 감당하기 힘든 점이 많다. 조선인을 일반적으로 경멸하는 풍이 있고, 심하게는 폭력을 쓰는 자조차 있다. 사람은 감정

차별행위의 시정을 적극적으로 요구할 수 있는 것으로 변할 수 있는 근거를 제공하고 있었다.[249]

식민지적 차별을 철폐하고 실질적 평등을 구현하겠다는 의사를 보이기 위해 실행된 것이 조선인에 대한 특별임용(特別任用)의 확대였다. 이 확대 정책은 체신국에도 영향을 미쳤는데, 조선인을 우편소장에 임용한 것과, 조선인 고원을 판임관으로 승진시키기 위해 조선인 판임관 견습생 제도(朝鮮人判任官見習生制度)를 만든 것이 그것이다. 그러나 이러한 조치를 통하여 조선인과 일본인 간의 실질적 평등이 이루어질 것이라는 생각은 식민지 정책 당국자들도 하지 않았다. 이 특별임용으로 실질적 평등이 구현될 수는 없다는 점에서 그것은 일종의 전시행정(展示行政)이었다.[250] 그러나 이러한

의 동물인 이상 누구라도 경멸받아 좋은 기분을 갖지는 않는다. 그런데 이 경향은 주로 하류사회의 사람에게 많은 모양이지만, 진실로 한심하기 짝이 없다. 일본인이 조선인을 정복했다고 생각하고 있는 그것이야말로 큰 문제이다. 외국인 선교사가 재선 일본인을 평하여 '일본인은 조선인에 대한 사랑이 없다.'고 말하고 있는 것과 같이, 그것은 지극히 우매한 생각이라고 판단된다. 조선인을 애무하는 일은 동포와 같이 하지 않으면 안 된다[名田韓花 (1921), "同化の第一義諦は 內鮮人の通婚におあり", 『조선체신협회잡지』 1월호, pp. 43-44].

249 일본인 간에 그러한 쟁론을 하는 일이 있어도 표의상 상호 일본인인 것를 알면 상대가 기량 우월함에도 불구하고, 바로 화해하여 통신 원만하게 행함에 반하여 조선인에 대한 그러한 태도는 필경 경멸의 의미로부터 나온 악감이라고 생각된다. 그러한 때마다 우리 조선인이 일본인에 대해 갖는 반감이 실로 큰 것으로서 제군의 반성을 촉구하는 점 이 것이고, …제군은 우리가 병합 당시의 조선과는 전혀 다른 조선인 것을 양지하여야 할 것이다. 시세는 변천하기를 쉬지 않고, 조선민족의 사상은 지식의 향상 문화의 발전과 더불어 급진하고 있고, …조선인에 대한 입장의 여하를 고려하여 사랑으로서 접대하는 일을 바라는 것이다[曹秉軫 (1921), "內地人通信員の反省を促す", 『조선체신협회잡지』 9월호, p. 24].

250 조선에 있어서 종사자에는 일본인 및 조선인이라는 2종류의 조금 다른 구분이 있어서 이 양자가 모두 각각 결점을 가지고 있다. 즉 일본인은 조선의 사정에 통하지 않고, 조선어 전보를 소홀히 하는 경향이 있고, ……조선인 제군은 종래 졸업의 때의 성적은 매번 좋아지는 방향이지만, 그런데 한 번 나아가서 실무에 종사

전시행정을 실시함으로써 조선인에 대한 노골적인 차별을 어렵게 하였으며 조선인에게는 성장의 가능성이 넓혀졌다는 그리고 넓혀 나갈 수 있다는 인식의 전환을 가져왔다.

둘째, 노동시장의 조건이다. 식민지적 고용구조는 일본 본토로부터 일본인을 원활하게 보급받지 않으면 유지될 수 없다. 따라서 일본의 노동시장의 조건이 변화하여, 일본인의 수입이 용이하지 않게 되면, 식민지적 고용구조를 유지하기 어려워진다. 일본은 20세기 전반기에 두 차례에 걸쳐 인력난에 직면했다. 첫째는 제1차 세계대전이 가져다 준 특수로 민간부분이 급성장하면서 나타난 인력난이다. 둘째는 제2차 세계대전에 참전하여 총동원전쟁을 수행함으로써 발생한 인력난이다. 이러한 인력난으로 일본으로부터 일본인을 원활하게 보급받지 못하자, 일본인의 자리를 메우기 위해 조선인을 양성함으로써 식민지적 고용구조는 일정 정도 변용되었다.

셋째, 일본의 인사관리체계와 식민지적 차별체계의 마찰이다. 일본의 인사관리체계는 학력주의와 현업중심주의를 이념으로 하여 편성되었음은 앞서 언급한 바 있다. 현업중심주의는 현업원의 관리자로의 승진을 광범하게

하는 데 있어서는 그 성적이 나아지지 않아 유감이다. 이미 총독 각하의 훈시에도 있어 일시동인(一視同仁)의 취지로서 일본인 조선인 간에 하등 대우상 차별이 없기 때문에 일본인에게 떨어지지 않는다는 자신으로 일에 종사하지 않으면 안 된다.....총독각하가 일시동인의 성정을 배풀어도 조선인 스스로가 자기의 인격학예의 향상을 노력하지 않고, 헛되이 일시동인을 요구하는 것이 있다면, 그것은 커다란 오류이고, 고로 스스로 그 실력을 배가하여 내지인과 하등 차이 없기에 이르러 비로소 상하일치의 일시동인이 완전히 가능한 것이다. 당사자인 조선인은 마땅히 일시동인을 주창함에 앞서 장중하여 우선 자신의 인격과 실력을 수양함에 노력해야 한다. 만약 그러하지 않고서 일시동인을 요구하는 것이 있다면, 그것은 마땅하지 않다고 생각된다.....중에는 희귀하게 승진이 지체되고 있는 것도 있지만, 체신국으로서는 점차 그것들은 개선하여 가려고 생각하고 있다[持地六三郎 (1921), '제15기 통신 을종 전습생 졸업식장에서의 체신국장 훈시', 『조선체신협회잡지』 6월호, pp. 61-62].

허용함으로써, 현업원을 독려하고, 장기근속을 유도하였다. 즉 승진에 의한 유인체계가 인사관리체계의 중요한 부분이었다. 식민지적 차별이란 승진에 의한 유인체계를 조선인에게는 허용하지 않다는 것을 의미한다. 현업중심주의에 입각한 인사관리체계와 식민지 통치전략에 따른 식민지적 고용구조가 마찰하고 있었음은 제2회 조선인 판임관 견습생 제도의 실시를 통하여 파악할 수 있다. 제1회 조선인 판임관 견습생 제도는 일시동인이라는 이름 하에 민족유화정책으로 시행된 것이었다. 그러나 제2회 조선인 판임관 견습생 제도는 이와 달리 노무관리의 차원에서 이루어졌다. 조선총독부 체신국 상측으로부터 민족유화정책을 위해 기획된 것이 아니라, 조선인 판임관 견습생 제도가 조선인 종사자를 관리하는 데 상당한 효과가 있었다는 점을 우편국장들이 지적하면서 다시 실행하기를 건의하여 이루어진 것이다.

이러한 여러 조건들은 조선인에 대한 차별구조가 그렇게 강고하지는 않았음을 드러낸다. 이러한 차별구조의 취약성을 공략하여 조선인이 성장하기 위해서는 조선인의 실력의 증대가 전제되어야 했다.

2.2. 조선인 성장의 기반

2.2.1. 교육투자

조선인은 소득수준이 낮음에도 불구하고 높은 교육열을 보이고 있었는데, 당대의 관찰자들을 이것을 조선인의 한 특질로 인식하였다. 조선인의 높은 교육열은 교육이 신분상승의 주요한 수단이었던 전통사회의 구조에서 기인한 측면도 있다. 전통사회에 있어 신분상승이란 과거에 급제하여 관료가 되는 것을 의미하는 것이었지만, 향촌사회에서 향반(鄕班)이라는 지배계급이 되기 위해서도 학식은 필수 불가결한 조건이었다. 당시의 학식은 주자학적 소양을 의미한다. 조선인의 전통적 교육열은 관료 선발체계의 변화와 결합하여 근대적 교육에 대한 정열로 변화되었다. 당시의 교육이 관료가 되기 위하였다는 점은 교육을 받은 인물의 진로를 분석함으로써 파악할 수 있다. <표 3-39>은 조선인 학교졸업자의 취직 동향을 제시한 것이다. 고등교육 이수자일수록 관공서 취직자의 비중이 높다. 1923년에는 아직 대학이 없었으므로, 전문학교가 최고학교였는데, 이 중 37%가 관공서에 취직하고 있다. 1934년에는 대학졸업자의 61%가 관공서에 취직하고 있다. 식민지기 교육투자의 주요한 동기중의 하나가 관리자격을 얻기 위한 것이었음을 어느 정도 보여준다.

<표 3-39> 조선인 학교 졸업자의 취직 분야의 동향

(단위 인, %)

	대학	전문학교	중학교급	고등소학교급	각종학교	소학교급	총수
1923년도 졸업자에 대한 24년도 말 현재조사(실수)							
졸업자 총수		203	2157	234	10822	25412	38828
관공서 취직자		76	295	33	123	588	1115
학교 교원		30	858	8	312	208	1416
은행 회사 상점 취직자		19	114	53	94	237	517
가업 종사자		55	394	101	5912	14805	21267
학교 입학자		8	366	15	3077	5931	9397
사망		2	5	6	73	56	142
기타		13	125	18	1231	3587	4974
1934년 3월 졸업자에 대한 35년 3월 현재조사(실수)							
졸업자 총수	59	469	5162	1616	5128	80672	93106
관공서 취직자	36	124	739	86	109	882	1976
학교 교원	2	58	745	3	52	67	927
은행 회사 상점 취직자	5	103	708	278	361	4328	5783
가업 종사자	1	98	1605	1088	3175	53589	59556
학교 입학자	5	29	1059	135	1250	20616	23094
사망	2	2	12	1	4	92	113
기타	8	55	294	25	177	1098	1657
1923년도 졸업자에 대한 24년도 말 현재조사(비율)							
졸업자 총수		100.00	100.00	100.00	100.00	100.00	100.00
관공서 취직자		37.44	13.68	14.10	1.14	2.31	2.87
학교 교원		14.78	39.78	3.42	2.88	0.82	3.65

	대학	전문학교	중학교급	고등소학교급	각종학교	소학교급	총수
은행　회사　상점 취직자	9.36	5.29	22.65	0.87	0.93		1.33
가업 종사자	27.09	18.27	43.16	54.63	58.26		54.77
학교 입학자	3.94	16.97	6.41	28.43	23.34		24.20
사망	0.99	0.23	2.56	0.67	0.22		0.37
기타	6.40	5.80	7.69	11.37	14.12		12.81
1934년 3월 졸업자에 대한 35년 3월 현재조사(비율)							
졸업자 총수	100.00	100.00	100.00	100.00	100.00	100.00	100.00
관공서 취직자	61.02	26.44	14.32	5.32	2.13	1.09	2.12
학교 교원	3.39	12.37	14.43	0.19	1.01	0.08	1.00
은행　회사　상점 취직자	8.47	21.96	13.72	17.20	7.04	5.36	6.21
가업 종사자	1.69	20.90	31.09	67.33	61.91	66.43	63.97
학교 입학자	8.47	6.18	20.52	8.35	24.38	25.56	24.80
사망	3.39	0.43	0.23	0.06	0.08	0.11	0.12
기타	13.56	11.73	5.70	1.55	3.45	1.36	1.78

자료: 1923년은 『조선총독부 관보』, 1934년은 『조선총독부 조사월보』(1936.1).

주: 1. 중학교급은 중학교, 실업학교, 사범학교임.

　　2. 고등소학교급은 고등소학교, 실업보습학교임.

　　3. 각종 학교는 1923년은 모든 각종 학교임. 1934년은 소학교급 각종 학교임

　그리고 관공서 취직자 중 판임문관의 자격인 중학교 졸업 이상자의 비중을 보면, 1923년에는 33%였는데, 1934년에는 45%로 증가하였음을 알 수 있다. 조선인의 학력 인플레이션은 조선인이 특별임용(特別任用)에 의해 관리가 되었던 것에서 일반임용(一般任用)에 의해 관리가 되는 것으로 변화하도록 하였다.[251] 위 표는 조선인 고등교육기관 졸업자를 망라한 것은 아니다. 고등학력을 획득하기 위해 조선인의 일본유학은 늘어나고 있었다. 조선인은 고등보통학교나 보통학교를 마치고 일본에 유학하여 대학이나 고등학교에 진학하였는데, 유학을 통하여 고등학력을 획득하고 있는 조선인의 추이를 조선인 제국대학 졸업자의 추이를 통하여서도 살펴볼 수 있다.

---

[251] 식민지 초기에는 판임관이 되기 위한 조건인 중등학교 졸업장을 가진 조선인이 없어서 중등학교 졸업장이 없는 경우에도 조선인을 판임관에 임명할 수 있도록 하는 특별임용령에 의한 임용이 많았지만, 조선인의 학력 인플레이션은 이러한 특별임용령이 사실상 필요 없어지게 만들고 있었다.

<표 3-40> 조선인 제국대학(帝國大學) 졸업생수의 동향

(단위: 인, %)

	동경	경도	동북	구주	대판	북해도	경성A	합B	A/B
1910년 이전	1	0	0	0	0	0	0	1	0.0
1915년 이전	3	1	0	1	0	0	0	5	0.0
1920년 이전	2	7	0	0	0	0	0	9	0.0
1925년 이전	6	9	0	4	0	0	0	19	0.0
1930년 이전	22	36	18	12	0	0	109	197	55.3
1935년 이전	30	84	11	22	1	8	240	396	60.6
1940년 이전	25	34	21	39	4	5	255	383	66.6
합계	89	171	50	78	5	13	604	1010	59.8

자료: 경성제대는 『조선총독부 통계연보』, 그 외는 각 대학 『졸업생명부』
주: 대만에는 대북제대가 있지만, 이는 포함하고 있지 않음.

조선인 제국대학 졸업자는 지속적으로 증가하고 있었다. 특히 1930년대에 들어와서 급증했는데, 이 중 60% 정도는 경성 제국대학 졸업자이고, 나머지 40% 정도는 일본에 있는 6개 제국대학 졸업자이다. 이 표는 일본에서 대학을 졸업한 조선인 수를 과소평가하게 한다. 조선에는 경성 제국대학(京城帝國大學)이 유일한 대학이지만, 일본에는 제국대학 이외에도 국립대학과 사립대학들이 많이 있는데, 이 대학에도 조선인이 많이 진학하였기 때문이다. 특히 와세다대학, 일본대학 등은 조선인이 많이 진학한 사립대학에 속한다. 이 대학 졸업자는 제국대학 졸업자를 능가한다.

<표 3-41> 1944년 조선에 있어 학력별 민족별 인구

	조선인A	일본인	총수B	A/B
대졸	7374	7230	14604	50.49
전졸	22064	19245	41309	53.41
중졸	199642	155234	354876	56.26
국고졸	49942	142430	192372	25.96
국초졸	1637042	127910	764952	92.75
국초퇴	254805	7714	262519	97.06
간서수	980122		980122	100.00
불취학	19642775	158340	19801115	99.20
총수	22793766	618103	23411869	97.36

자료: 조선총독부(1945), 『인구조사결과보고』.

식민지기 조선인 교육투자의 결산이라고 할 수 있는 1944년 학력별 민족별 인구를 보면 중학 이상의 고등학력 졸업자 중 조선인의 비중은 50%를 넘고 있어서 관리를 비롯한 고등학력자 진출 업종에 있어 조선인의 비중은 50% 정도를 차지하여야 할 것으로 예상되지만, 고등관리에 있어 조선인의 비중은 별로 높지 않다. 식민지적 차별이 이러한 현상을 야기한 측면도 있지만, 조선인은 30년대에 들어 고등학력을 취득한 자가 대부분이어서, 아직 그 경력이 일천하기 때문에, 고등학력 소지자에 비해 고등관리가 적은 측면도 있다.

2.2.2. 집무태도

승진자를 결정하는 기준으로서 학력이 매우 중요하였음을 부인할 수 없지만, 학력 이외에 근무태도 및 근속연수도 점점 중요해지고 있었다.

조선인은 이직률이 높다는 몇 가지 단편적인 통계에 의거하여 조선인이 근대적인 조직에 잘 적응하지 못하고 있다고 주장하는 논자들이 있는데 실제 그러한가는 면밀하게 검토되지 못하였다. 체신국은 이것을 검토해 볼 수 있는 좋은 대상이다. 통신기관은 그 기관의 특성상 규칙적이며, 반복적인 업무를 특징으로 하기 때문에, 결근은 사업의 운영에 있어 심각한 문제를 야기한다. 때문에 결근이나 위생 등에 대해 상대적으로 많은 신경을 써서 당시의 결근율 통계를 만들 수 있다. 결근은 다양한 이유로 나타날 수 있고, 직무대상에 따라 차이가 날 수 있기 때문에, 집무태도를 파악할 수 있는 완전한 지표라고는 할 수 없지만, 현재 집무태도로 수량적으로 파악하는 데에는 이보다 좋은 자료는 없다.

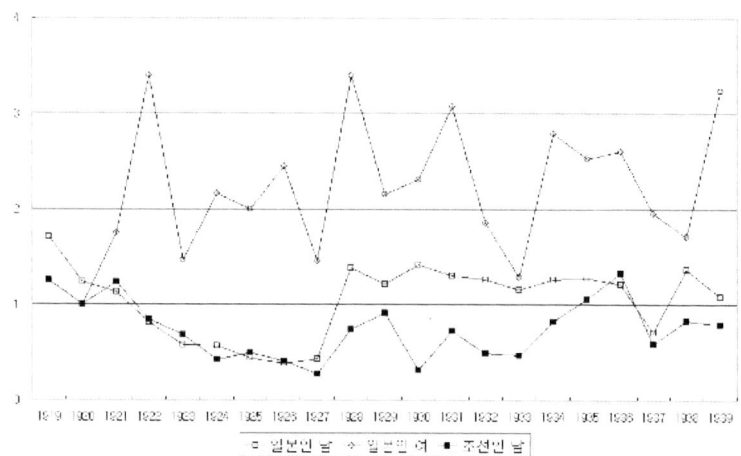

자료: 조선총독부 체신국, 『조선체신국내 직원 급 용인 위생통계』.

<도 3- 7> 현업관리 일 인당 결근도수의 민족별 동향

현업관리의 결근도수를 보면 조선인 결근도수와 일본인 결근도수는 1927년까지는 거의 비슷하지만, 1927년부터는 조선인 결근도수가 일본인 결근도수보다 더 적다. 고원의 결근도수를 비교하면, 남자의 경우 조선인 결근도수는 식민지 초부터 식민지 말까지 일본인보다 더 낮은 상태에 있다. 여자의 경우에는 1920년대 전반에는 조선인의 결근도수가 더 높았지만, 그 이후가 되며 오히려 낮아지고 있다. 용인의 경우 여자용인은 그 수가 많지 않기 때문에 소수의 특별한 사정에 의해 결근도수가 급속하게 변하므로 여자를 제외하고, 남자를 중심으로 하여 살펴보면, 대체로 유사하다고 할 수 있다.

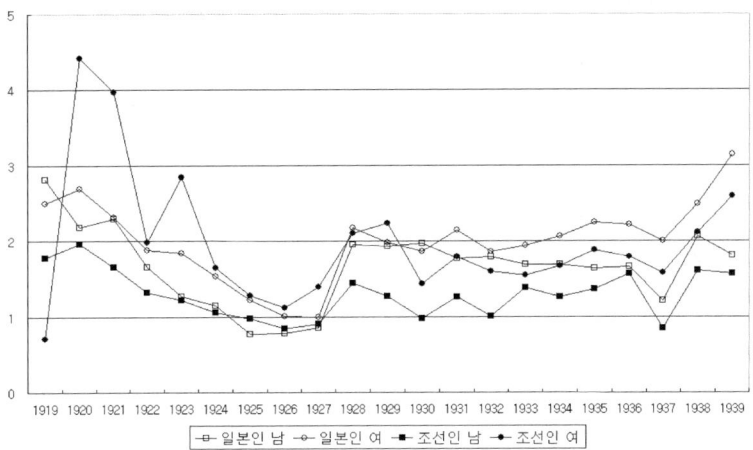

자료: 조선총독부 체신국, 『조선체신국내 직원 급 용인 위생통계』.

<도 3-8> 고원 일 인당 결근도수의 민족별 동향

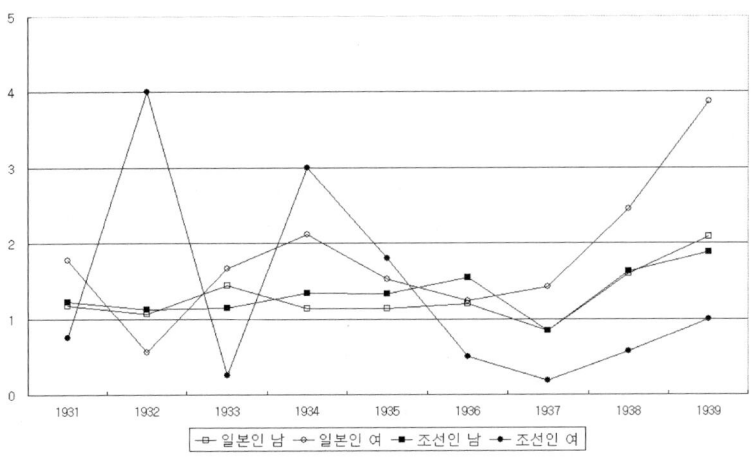

자료: 조선총독부 체신국, 『조선체신국내 직원 급 용인 위생통계』.

<도 3-9> 용인 일 인당 결근도수의 민족별 동향

이상을 종합하면 조선인이 일본인보다 더 결근율이 높다고 할 수는 없다.

2.2.3. 퇴직률

다음은 퇴직률[252]이다.

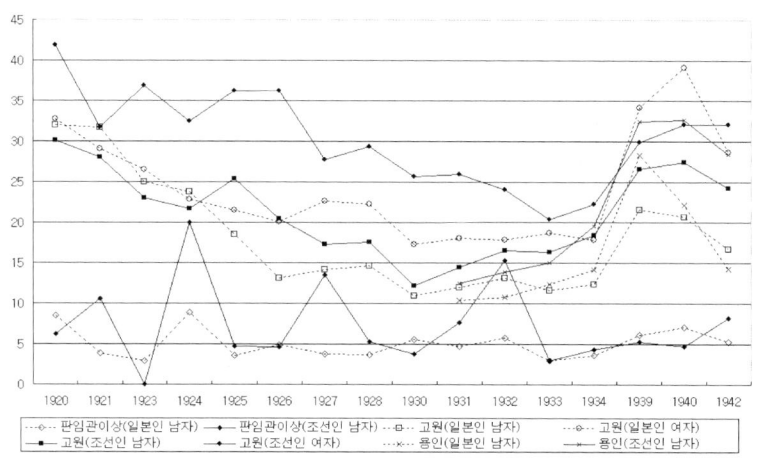

자료: 『조선총독부 체신통계요람』.

<도 3-10> 신분별 성별 민족별 퇴직률의 동향

조선인은 이직을 많이 하는 것으로 알려져 있는데, 이직률은 직무환경에 따라 상당한 차이를 보일 수 있으며, 조선인의 직무환경은 더 열악하므로, 열악한 직무환경을 통제하고도 조선인의 이직률이 더 높은가를 검토하여야 한다. 체신국에서도 신분별, 성별, 기관별, 민족별로 직무환경은 다르므로, 이를 모두 통제하고 분석하여야 하지만, 아직 이러한 분석을 할 수 있을 만큼 좋은 자료를 발견하지 못하였다.

현재 신분별 성별 민족별 구분을 한 퇴직률 통계는 만들 수 있는데, 이에

---

[252] 퇴직률은 일반적으로 (퇴직자수 / 연초 인원)으로 구하지만, 여기에서는 (퇴직자 수 / (연말 인원 + 퇴직자수))로 구하였다. 이와 같이 구한 이유는 퇴직할 수 있는 사람 중에서 퇴직한 수를 구하는 것이 바람직하다고 판단하였기 때문이다.

따르면 관리의 경우, 조선인과 일본인 간에 차이가 있다고 보기 어렵다. 반면 고원과 용인의 경우, 조선인의 퇴직률은 일본인보다 더 높다. 고원의 경우만을 따로 떼어 고찰하면, 1920년대 전반에는 일본인의 퇴직률보다 조선인의 퇴직률이 더 낮았는데, 그 이후 조선인의 퇴직률이 일본인을 능가하게 되었다. 고원과 용인의 경우, 기관에 따라 퇴직률은 큰 차이를 보인다. 체신국 고원과 용인은 우편국 고원과 용인보다 퇴직률이 더 낮고, 우편국 고원과 용인의 퇴직률은 우편소 고원과 용인의 퇴직률보다 더 낮다. 물론 우편국은 조선인 고원이나 용인이 적고 우편소는 조선인 고원이나 용인이 거의 대부분이다. 우편국보다 우편소의 퇴직률이 더 높은 것은 일본인의 퇴직률보다 조선인의 퇴직률이 더 높기 때문이라고 해석할 수도 있지만, 조선인 고원이나 용인이 일본인 고원이나 용인보다 퇴직률이 더 높은 것은 조선인은 직무환경이 열악한 우편소에 많이 근무하기 때문이라고 해석할 수도 있다. 즉 퇴직률의 차이가 민족별 성향에 따른 것인가 기관별 직무환경에 따른 것인가라는 해석의 문제가 있다. 필자는 민족별 성향에 의했다기보다는 기관별 직무환경의 차이가 중요하였다고 판단하는데, 그 이유로는 두 가지를 들 수 있다. 첫째, 체신국은 우편국보다 퇴직률이 더 낮고, 우편국은 우편소보다 퇴직률이 더 낮다. 즉 기관의 순위에 따라 퇴직률은 서열화되어 있는데, 우편국과 우편소의 차이는 조선인과 일본인의 구성의 차이로 설명할 수 있을지 모르지만, 체신국과 우편국의 차이는 민족별 구성으로 설명하기 어렵다. 퇴직률과 직무환경에 대한 만족도는 정의 관계를 띠는 것이 일반적이기 때문에, 민족별 퇴직률의 차이는 민족별 기관별 구성의 차이가 영향을 미쳤다고 볼 수 있다. 둘째, 조선인과 일본인 간의 퇴직률 격차보다는 우편소와 우편국의 퇴직률 격차가 더 크다. 즉 우편소와 우편국의 퇴직률 격차는 조선인과 일본인 간의 퇴직률 격차에 의해 완전히 설명될 수 없다. 민족별 퇴직률 격차가 민족별 특질에 의한 것인가를 보이기 위해서는 동일 기관 동일 신분에 있어서 조선인과 일본인의 퇴직률 격차를 비교할 수 있으면 가능하지만, 이와 같은 자료는 없다. 체신국의 퇴직률 통계는 민족별 퇴직률 격차가 일본인은 근무환경이 좋은 곳에 배속되고, 조선인은 근무환경이 나쁜 곳에 배속되기 때문에 발생하였을 가능성을 보여주기 때문에 근무환경을 통제하지 않고 퇴직률을 바로 비교하면서 조선인의 근무태도를 논하는 것은 어렵다.

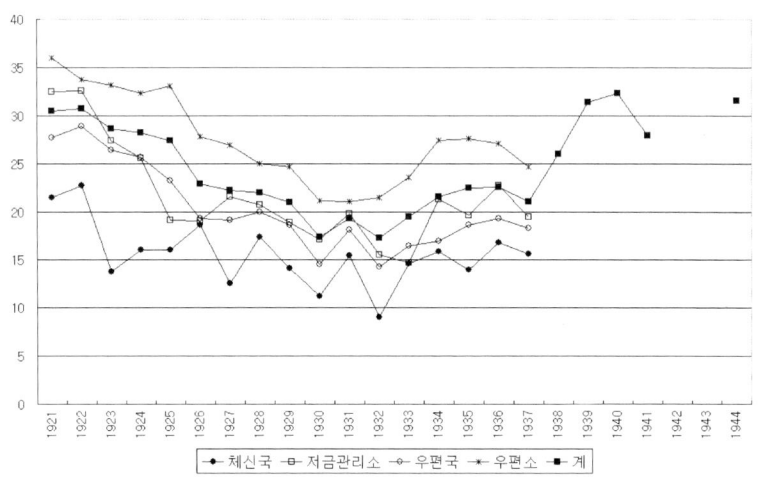

자료: 『조선총독부 체신연보』.

<도 3- 11> 갑종(甲種) 공제조합원의 퇴직률의 기관별 동향

이제 장기근속에 대해 살펴보자. 퇴직률이 높다는 것은 장기근속자가 적다는 것을 의미하지 않는다. 1942년에는 근속연수별 퇴직률을 구할 수 있는데 이 자료를 분석하여 보자. 1942년은 전시경제체제가 본격적으로 전개된 시기이지만, 직업전환을 위한 퇴직은 활발하게 일어나고 있는 시기였다.[253]

---

[253] 1942년의 퇴직률이 역사적으로 볼 때, 어느 정도 수준에 있었는가를 검토하자. 퇴직률의 장기적 동향을 보면, 1921년부터 1930년까지 퇴직률이 지속적으로 하락하고 있다. 제1차 세계대전에 의해 일본은 미증유의 호황을 맞이하게 되었고 이에 따라 민간부문이 성장함에 따라 1920년 대초의 퇴직률은 높았지만, 1920년대

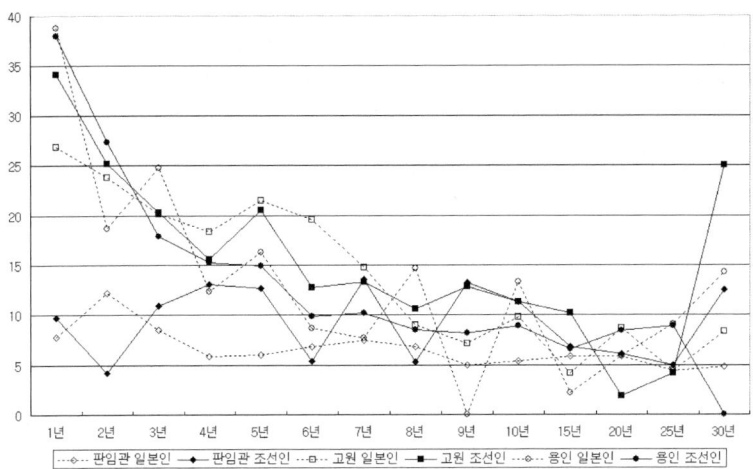

자료: 조선총독부 체신국(1943), 『조선총독부 체신통계요람』.

<도 3- 12> 신분별 민족별 근속연수별 퇴직률(1942년)

에는 경기가 부진하여 퇴직률은 지속적으로 하락하였다. 그러나 1932년부터 일본 경제는 다시 성장하기 시작하였고, 조선에서는 식민지 공업화도 진행되어 퇴직률은 다시 상승하는 경향을 보인다. 특히 1937년부터 퇴직률은 급속히 증대하였다. 전시 통제체제가 강화되면서 1941년부터는 다소 감소의 경향을 띠어 1942년의 퇴직률은 조금 낮아진 수준이지만, 대체로 1938년 정도의 높은 퇴직률 수준에 있었다. 즉 1942년은 식민지 전 기간의 퇴직률을 고려할 때 퇴직률이 상대적으로 높은 시기에 해당한다.

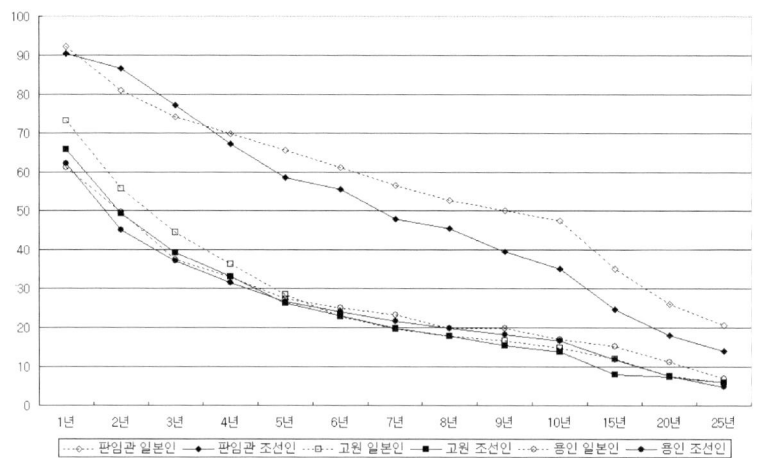

자료: <도 3-12>와 동일.

<도 3-13> 신분별 민족별 잔류율(1942년)

이 시기의 근속연수별 퇴직률을 고려하여 보자. 고원과 용인은 취직한 후 얼마 되지 않아 퇴직하는 사람들이 많기 때문에, 근속연수가 1-2년인 사람의 퇴직률이 높다. 그리고 그 이후 퇴직률은 감소하는 모습을 보여준다. 반면 판임관은 임관 초기의 퇴직률이 높지 않다. 판임관은 대부분 고원으로부터 승진한 사람들이어서, 이미 체신국에 잘 적응하고 있는 사람들이기 때문이다. 조선인 판임관의 경우 4-5년차에 상당히 높은 퇴직률을 보이고 있는데, 조선인 판임관의 경우 우편국장을 거쳐 주임관으로 승진할 기회가 거의 없어서, 이 시기쯤에 우편소장을 지원하기 때문이다. 우편소장이 되기 위해서는 판임관을 퇴직하여야 한다. 고원의 경우, 조선인은 입사초기에 일본인보다 더 높은 퇴직률을 보이고 있는데, 조선인 고원은 근무환경이 좋지 않은 우편소에 많이 취직하고 있으며, 우편소의 퇴직률은 우편국의 퇴직률보다 더 높음은 앞서 지적한 바 있다. 근속기간이 4-7년에 해당하는 기간 동안에는 일본인의 퇴직률이 더 높은데, 이것은 판임관으로의 승진과

관련되어 있다. 용인을 보면 시기에 따른 반전되고 있기 때문에 일률적으로 말할 수 없다.

근속연수별 퇴직률을 이용하여 근속기간별 잔류율을 구해 보면, 일본인 판임관의 경우보다 조선인 판임관의 잔류율이 더 높은 시기는 2년차와 3년 차뿐이고, 그 이후는 조선인의 잔류율이 더 낮다. 고원과 용인의 잔류율을 보면, 민족 간 직위 간 차이는 그리 크지 않다. 5년 이하의 초기에는 조선인의 잔류율이 더 낮지만, 그 이상으로 되면 거의 비슷해진다. 이를 통하여 살펴보면 조선인이 일본인보다 장기근속성향이 더 적었다고 판단되지 않는다.

2.2.4. 승진에 대한 태도

조선인 고원이 판임관으로 승진하는 것은 매우 힘든 일이었지만, 불가능한 것은 아니었다. 조선인 고원이 판임관으로 승진하기 위해서는 일본인보다 더 많은 노력을 경주하여야 했다. 승진을 위한 노력은 승진에 대한 인식이 영향을 미치므로, 이제 조선인이 승진에 대해 어떠한 관념을 가지고 있었는가를 고찰하자. 1923년에는 조선인 판임관 견습생 제도가 실시되어, 조선인 고원이 판임관으로 승진할 수 있는 용이한 길이 열렸다. 이 때 이 승진기회를 조선인 고원은 어떻게 평가하고 있었는가를 살펴보자. 신의주 우편국의 고원인 김이건은 조선총독부 체신이원양성소 동창회지에 일본어로 다음과 같은 글을 게재하였다.

"우리 체신부내에 종사하고 있는 조선인 인원수는 실로 전 인원의 약 1/3을 헤아리고 있다. 그런데 우리 부내는 타관서에 비하여 조선인의 고관자를 전혀 볼 수 없을 뿐만 아니라, 판임관에 있어서도 극히 적은 것이다. 우리들은 그것이 무슨 이유인가를 냉정하게 생각하지 않으면 안된다.

우리의 근면인내성이 다른 사람에게 미치지 못하고, 장기박양한 기질이 즉 그 고위상급을 획득할 수 없는 원인이라는 것을 알아서 수치스럽다. 과반 체신국에 있어서는 판임관 견습생 양성책을 공표하여 널리 부내의 유능자를 발탁하는 것으로 되었다. 우리는 이 우리들의 전면에 놓여 있는 일대 서광을 의식하고, 깊이 이것에 감사함과 더불어 스스로 발분하는 바이다. 이 견습 양성기관의 실현은 우리 조선인으로 하여 보다 잘 양위의 인재가 되게 함으로써 이 업의 운행능률을 일층 증진하려는 의미임은 의심을 요하지 않는 바이다.

일보 나아가 활동하지 않으면 출세가 가능하지 않는 시대이다. 고로 정신과 노력을 합하여 자기개척에 힘씀으로써 이 계에 웅비함과 더불어 국가에 대한 충량한 신민으로 되지 않으면 안된다."[254]

그런데 이 글은 조선체신협회잡지(朝鮮遞信協會雜誌)의 조선총독부체신이원양성소 동창회 회보 항에 일본어로 게재되어 있었다. 당시 조선체신협회잡지에는 조선총독부 체신이원양성소 동창회 회보뿐 아니라 조선어로 기고할 수 있는 선문란이 있어서 조선인 종사자가 조선어로 쓴 글을 게재할 수 있는 지면이 있었다. 그런데 조선인 제군에게 말하는 글을 조선인 선문란이 아니라, 조선총독부 체신이원양성소 동창회 회보에 일본어로 게재하였다는 것을 문제 삼아 함흥 우편국 고원 강영철은 다음과 같은 반박의 글을 선문란에 기고하였다.

"선인은 고관이 없을 뿐만 아니라 판임관에 있어서도 상급자가 적은 것이오, 즉 근면인내성이 없고 장기박양한 까닭이라고 단독의 평을 하였다……오늘날 우리의 경제적 곤고가 더욱 더욱 심하게 되는 것이 오직 그 이유에 한한다 하여서야 어찌 삼척동자인들 시인하리요, 물론 우리는 고관을 바랄 처지도 못 된다. 그러나 우리로 하여금 고관의 힘이 없는 것은 아니다. 반드시 어느 곳에든지 김씨의 평 이외에 근인이 되는 결함이 있다. 아, 나는 그 결함을 확실히 안다. 그러나 그 결함을 타파하려면 개미 허리만한 우리의 목숨이 쉽게 끊어질 것이다. 끊어져도 타파가 되겠는지는 의문이다…… 아, 가련한 김씨여 우리가 무슨 힘

---

[254] 김이건(1924), "鮮人諸君に告ぐ", 『조선체신협회잡지』 3월호, pp. 153-154.

이 있어서 고관타령을 하고 있겠는가, 그저 조석의 빵을 위하여 또 우리끼리의 문예로 말미암아 자위를 받자, 공여니 검은 비를 마져 힌 옷을 어지럽히지 말자, 우리는 국가의 선량한 충신이나 국민이 되는 것은 일임하고, 오직 빈대와 같이 심주를 세우고 노력하자."[255]

그는 조선인 고등관이나 판임관이 없는 것이 식민지적 차별에 근거하고 있으며, 이러한 차별을 철폐하지 않으면 조선인이 성장할 수 없는데, 이러한 차별을 현실적으로 제거하는 것은 거의 불가능하므로, 현재의 지위에 자족하고 조선인으로서의 민족적 아이덴티티를 유지하기 위해 노력하자는 글을 게재한 것이다. 이 말 속에는, 조선인이 판임관으로 승진하는 것은 민족적 아이덴티티를 더럽히는 것이라는 승진에 대한 부정적인 의견이 포함되어 있다. 이러한 강영철의 인식은 조선인이 고등관이나 판임관으로 승진하기 위해 노력하는 것을 주저하게 하는 요인으로서, 조선인의 승진에 있어서 걸림돌의 역할을 한 것이었다. 그러나 김이건과 같은 의견이 소수이고, 강영철과 같은 의견이 다수였다고 할 수는 없다.

안주 우편국 고원인 유진성은 선문란에 조선인 판임관 견습시험의 합격자 발표가 있고 난 다음 다음과 같은 글을 기고하였다.

"금년은 기이한 복년이다.…선인 판임관 견습 시험제도 시행의 제1년이다. 나는 일희일비의 감상이 있다. 우리 선인에 대하여는 종래에 없든 오운이 개척되었으니, 일반이 공희(共喜)할 바이다. 그러나 시험성적의 발표를 견하면 합격자가 불과 15인이다. 우리 체신부내에 종사하는 선인 이원수가 약 일천오백인중에 근히 백분의 일이다.

천은 자조자를 조한다. 평소의 소양이 없다가 모집광고만 보고서 임갈굴정으로 응시한 결과이다. 관하라 범사에 준비와 용의가 무하면 실패를 당한다. 오배가 평시에 수양치 아니한 증거이다. 과거를 회하면 무엇을 얻을까 금일로부

---

[255] 강영철 (1924), "金氏의 '鮮人諸君에게 告홈'을 보고", 『조선체신협회잡지』 5월호, p. 145..

터 향상할 방침을 연구함이 양책이다.

관직에 종사하는 이상에는 판임 고원의 계급문제는 고사하고 정력성심을 다함이 득책이나, 그러나 동가홍상이면, 그 지위도 득함이 호치 아이한가. 만일의 낙오자가 되면 우리 사회는 따라서 암흑으로 화한다. 분투하라 청년의 본능을 발휘하라."[256]

조선인 판임관 견습생 합격자가 15인에 불과한 것은 조선인이 평소에 노력하지 않은 결과이니 이를 반성하고 노력하자는 글이다. 물론 조선인 판임관 견습생이 15인에 불과한 것은 조선인의 평소의 노력이 부족한 것의 결과인 것만은 아니다. 조선인 판임관 견습생을 양성하고, 또 그 양성자를 승진시키기 위해서는 예산이 소요된다. 이 예산의 제약도 원인이 되어, 1931년까지 다시 실시되지 못하였다는 점을 고려하면, 15명을 선발하려는 정책의 결과일 수도 있다. 그러나 사전적으로 몇 명을 모집할 예정이었는가를 보여주는 기록이나, 이 시험에 응시한 조선인의 성적을 확인할 수가 없기 때문에 단언할 수는 없다. 여기에서는 그의 판단이 오른지 그른지를 판단하려는 것은 아니고, 그가 승진을 위해 꾸준히 노력하여야 한다는 것을 설파하고 있는 점에 주목하여 인용하였다.

또 종성 우편국 고원 강두길도 유성진과 동일한 취지의 글을 선문란에 기고하였다.

"아직도 우리 청년중에는 구관을 탈치 못하고, 전진을 주저하며, 암흑전도에 일점광명을 인치 못하고, 신세를 자탄하며, 세태의 무정함을 한하다가, 마침내 스스로 멸하고, 참운을 면치 못하는 자가 있다. 우리 사회에 신문명을 건설하자며, 부패한 청년계를 소생케할 자는 오직 우리 청년뿐인데,……우리는 의지와 인내성이 박약한 것이 우리의 제1의 결함이다 함으로 우리는 일우를 고집하는 편성을 작치말고 허황한 망념으로 공상을 탐치 말지라, 우리는 결코 일조에 거만

---

[256] 유진성(1924), "判任官見習生試驗에對한感想", 『조선체신협회잡지』 5월호, p. 146.

부호될 리 없고, 고관대직될리 없으며, 영구한 안락을 취할 수 없는 것이라.[257]

이상과 같이 조선인 고원이 판임관으로 승진하기 위해 끊임없는 노력을 수행하여야 한다고 설파한 조선인 고원들도 있었다. 물론 강영철과 같은 인식을 하고 있었던 조선인 고원이 많은지 김이건과 같은 의견을 가지고 있는 조선인이 많은지는 알 수 없지만, 1931년 제2회 조선인 판임관 견습생 모집에 즈음하여서, 조선인으로서 고등과 통신생(高等科通信生)이 되기 위해 노력하는 조선인이 상당히 있으므로 경쟁이 치열할 것이라는 기술들이 있다. 이를 보면, 승진을 위해 지속적인 노력을 하는 조선인들이 증가하고 있음을 확인할 수 있다. 참고로 강영철은 판임관으로 승진하지 못하였지만, 김이건·유성진·장두길은 판임관으로 승진하였다.

3. 식민지적 고용구조의 변질

3.1. 조선과 대만에 있어 종사자의 민족별 구성의 동향

식민지적 고용구조는 식민지적 차별체계(差別體系)에 의해 유지되고 있었는데, 식민지적 차별체계는 많은 약한 고리를 가지고 있었다. 조선인의 민족적 자각은 일본제국주의의 지배정책에 있어 일대 전환을 가져와서, 원색적인 차별정책을 취하는 것을 어렵게 만들었다. 뿐만 아니라, 때때로 발생하는 일본인의 인력난을 기회로 하여, 자기 개발에 열중하였던 조선인들은 승진하여 감으로써, 식민지적 차별체계는 부분적으로 극복되어 갔다. 조선에서 전개된 이러한 변화는 식민지 일반에 있어서 관철되는 변화 방향이

---

[257] 장두길(1924), "吾儕靑年의계", 『조선체신협회잡지』 5월호, p. 147.

었다고 할 수 없다. 동일한 일본의 식민지였지만, 대만에서 전개된 과정은
조선과는 상이한 것이었다.

조선과 대만을 비교하는 경우, 우선 주목되는 것은 전체 인구에서 일본
인이 차지하는 비중이다. 조선에 있어 일본인의 비중보다 대만에 있어 일
본인의 비중이 훨씬 높다. 조선과 대만에 진출한 일본인의 직업별 구성을
보면, 대만에서는 공업과 공무자유업에 진출한 일본인의 비중이 높은 반면
에 조선에서는 농업과 수산업에 진출한 일본인의 비중이 높다. 공무자유업
에 있어 민족별 비중으로부터 알 수 있듯이, 대만의 경우, 대만인 관리의
비중은 매우 낮고, 조선의 경우, 조선인 관리의 비중이 상당한 수준에 이른
다. 조선인 관리는 주로 지방행정기관과 사법기관에 임용되어 있는데, 지방
행정기관을 중심으로 하여 살펴보면, 조선에서는 대부분의 군의 군수는 조
선인이며, 도지사의 경우에도 절반 정도는 조선인이다. 그리고 군 밑의 행
정기관인 면의 장인 면장의 경우, 대부분이 조선인이다. 반면, 대만에서는
조선의 면장에 해당하는 장장(庄長)의 경우, 대만인이 대부분이지만, 군수
나 청장 등에는 대만인이 거의 임용되지 않았다. 즉 대만인에게는 면 수준
에서의 대만인의 행정관을 용인하고 있지만, 그 이상에는 대만인의 진출을
허용하지 않았다.[258] 이와 같은 차이를 야기한 요인으로는 크게 세 가지를
주목할 수 있다. 첫째, 식민지 정부기관 형성과정(植民地政府機關形成過程)
의 차이이다. 잘 알려져 있듯이 조선은 식민지화되기 이전에 독립된 국가
체계를 가지고 있었고, 일본 제국은 조선을 식민지화하면서, 구래의 조선인
의 통치영역에 대해서는 조선인을 상당수 채용하고 있다. 조선인 특별임용
제(朝鮮人特別任用制)를 실시하여 대한제국의 관리를 조선총독부 관리로
인계 채용할 수 있는 근거를 마련함과 동시에 조선인 관리의 결원이 발생
하였을 때 이 결원을 보충하는 데 있어 조선인에게는 그 관리자격을 대폭
적으로 완화하여 채용할 수 있는 방도를 마련하였다. 반면에 대만은 청일

---

[258] 내각인쇄국(1939), 『직원록 쇼와 14년 7월 1일 현재』.

전쟁의 배상금으로 일본이 청국으로부터 할양(割讓)받은 것이었다. 일본제국은 대만을 할양받음으로써, 대만을 통치하는 것과 관련하여, 다음과 같은 문제에 직면하였다. 대만지역을 할양받은 것은 사실이지만, 그 위에 거주하고 있는 대만인도 할양받았느냐 하는 것이다. 이 문제를 해결하는 방법으로 일본정부는 당시 대만지역에 거주하고 있는 대만인에게 국가를 선택할 수 있는 권리를 부여하였다. 즉 5년 내에 대만에 있는 부동산을 처분하고 중국으로 이주할 수 있는 권리를 부여한 것이다. 그리고 이 시기 동안에 일본인을 중심으로 하여 정부기관을 재편성하였다.

둘째, 동화정책(同化政策) 전개양상의 차이이다. 일본의 식민지 정책은 기본적으로 동화정책이었다고 평가되는데, 동화정책 실행의 강도는 조선과 대만에서 달랐다. 조선에서는 동조동근론(同祖同根論)에 기반하여 조선인의 흡수동화 즉 조선인의 민족성 말살을 기도하였지만, 대만에서는 이러한 민족성 말살의 이데올로기적 기반이 훨씬 취약하였다.

셋째, 조선인과 대만인의 관료지향성의 차이이다. 조선인이 관료지향적이라는 것은 여러 사실로부터 확인할 수 있다. 반면 대만에서는 조선과 같은 수준의 관료지향적인 성격이 없었다. 관료지향성의 차이는 제국대학 졸업자의 사회적 진출을 분석함으로써 어느 정도 파악할 수 있다.

제국대학은 당시 최고의 엘리트를 배출하는 대학들이었다. 제국대학 졸업자들의 동창회에 해당하는 것이 학사원(學士院)인데, 학사원에서는 매년 회원의 명부를 작성하였다. 학사원 명부에는 회비를 납부한 회원만이 등재된 것이기 때문에 제국대학 졸업자 전원이 등재되어 있는 것은 아니다. 그리고 일부 명예회원도 있기는 하지만, 이는 소수로서 무시할 만하다. 1942년 학사원 명부에는 본적 현주소 직업이 게재되어 있는데, 이 학사원 명부에 등재된 조선인은 121명이고 대만인은 53명이다. 이들의 현주소와 직업을 분석하면 조선인은 81%가 조선에 거주하는 반면 대만인은 62%가 대만에 거주하고 있어 조선인의 환류율이 더 높으며, 그 직업을 보면, 조선인은

26.4%가 관리인 반면 대만인은 9.4%가 관리이다. 관리가 되는 비중이 조선인은 대만인보다 2.8배 정도 더 높다. 대신 대만인은 은행회사원이 되는 경우가 많고, 직업이 기재되어 있지 않는 것도 상당수에 이른다.

<표 3-42> 1942년 학사원 명부에 등장하는 조선인과 대만인의 직업별 거소별 분포

(단위 인, %)

		실수		비율	
		조선	대만	조선	대만
직업별	관리	32	5	26.4	9.4
	의사	26	14	21.5	26.4
	은행 회사원	23	15	19.0	28.3
	무	19	11	15.7	20.8
	학업	8	2	6.6	3.8
	교원	7	2	5.8	3.8
	실업가	5	2	4.1	3.8
	변호사	1	2	0.8	3.8
	계	121	53	100.0	100.0
거소별	조선	98		80.99	
	대만	1	33	0.83	62.26
	일본	13	15	10.74	28.30
	만주	6	3	4.96	5.66
	중국	3	2	2.48	3.77
	본적지 외 계	23	20	19.01	37.74
	계	121	53	100.00	100.00

자료: 학사회(1942), 『회원씨명록』.

이제 통신사업 종사자를 중심으로 살펴보도록 하자. 조선에서 통신사업은 조선총독부 체신국이 담당하고 있지만, 대만에서는 대만총독부 교통국 체신부에서 담당하고 있다. 1939년 대만총독부 교통국 체신부의 관리 중 대만인을 살펴보면, 대만인 고등관은 한 명도 없으며, 판임관은 서기 1명에 교통주사 7명 그리고 삼등우편국장 2명이 있을 뿐이다. 서기(書記)는 조선의 서기에 해당하고 교통주사(交通主事)는 조선의 서기보(書記補)에 해당하며 삼등우편국장은 조선의 우편소장에 해당한다. 즉 대만총독부 교통국 체신부 판임관 947명 중에서 대만인은 10명이어서, 그 비중은 1%였다.[259] 반면 조선에서는 고등관 89명 중 조선인이 3명이어서 그 비중은 3%이고, 판임관 3,679명 중 조선인은 482명이어서 그 비중은 13%이다. 조선에 있어서 조선인 판임관의 비중은 대만에 있어서 대만인 판임관의 비중의 13배에 달하고, 조선에 있어서 조선인 고등관의 비중도 대만에서 대만인 판임관의 비중의 3배에 달하고 있었다.

이제 중간관리자급인 고원과 말단종사자인 용인을 살펴보자. 용인에 있어 대만인의 비중과 고원에 있어 대만인의 비중을 보면 고원에 있어 대만인의 비중이 적다는 점은 조선과 동일하다. 즉 양 지역 모두 하급직은 식민지민, 상급직은 일본인이라는 식민지적 고용구조를 보이고 있다. 그러나 그 동향을 살펴보는 경우, 대만에서는 통계를 구할 수 있는 1926년 이후 대만인 종사자의 비중은 고원과 용인 모두에서 감소하는 경향을 보이고 있지만, 조선에서는 조선인의 비중이 증가하는 경향을 보이고 있다. 대만의 경우 1926년 이후 국가관청에서 대만인이 구축(驅逐)되고 있었는데, 이는 체신국에 한정된 것이 아니었다. 기존에 대만인이 많이 임용되었던 관직은 공학교 훈도, 군 이하 지방행정기관의 직원, 순사 등인데, 이 중 그 민족별 구성의 장기적 추세를 파악할 수 있는 공학교 훈도의 경우, 1930년대에는 대만인의 비중이 감소할 뿐만 아니라 절대수도 감소하고 있다. 반면 조선에서는 조선인 훈도의 비중은 약간 감소하고 있지만, 절대수에 있어서는 급속하게 증대하고 있다. 즉 조선에서는 국가기관 종사자로 조선인의 진출이 급속하게 이루어지고 있었음에 반해 대만에서는 대만인의 구축이 이루어지고 있었다.

---

[259] 내각인쇄국(1939), 『직원록 쇼와 14년 7월 1일 현재』.

통신기관 고원을 보면 남자고원은 1927년에 조선과 대만에서 거의 비슷한 수준이었지만, 1939년에 가면 조선에 있어 조선인 고원은 60% 이상으로 증대되었는데 대만에 있어 대만인 고원은 40% 이하로 감소하였다. 여자고원은 1927년에 대만에서는 25%를 넘고 있는데 조선에서는 7-8% 수준에 머물러 있었다. 그런데, 대만에서는 그 비율이 감소하다가 1934년 이후 증가하는 양상으로 반전하지만, 조선에서는 지속적으로 비율이 증대되어 1939년에는 조선에서 그 비율이 높아지도록 바뀌었다. 남자용인의 경우 1927년경에는 조선과 대만이 거의 같은 수준이었는데 그 이후 대만에서는 대만인의 비중이 감소한 반면 조선에서는 조선인의 비중이 증대되어 조선에서는 88% 정도 수준을 보이고 있는 데 반해 대만에서는 70%대로 되었다.

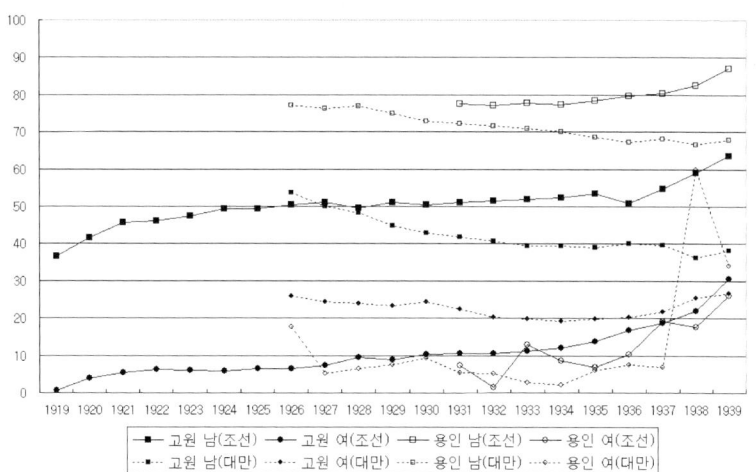

자료: 1. 조선은 조선총독부 체신국, 『조선체신국내 직원 급 용인 위생통계』.
　　　 2. 대만은 대만총독부 교통국 체신부, 『대만총독부 체신통계요람』.

<도 3-14> 대만과 조선에 있어서 통신기관 종사자의 민족별 구성

3.2. 조선인 관리자의 성장

3.2.1. 고원으로의 성장

조선인 고원의 성장을 우편소 고원으로의 성장과 우편국 고원으로의 성
장으로 나누어 살펴보자.

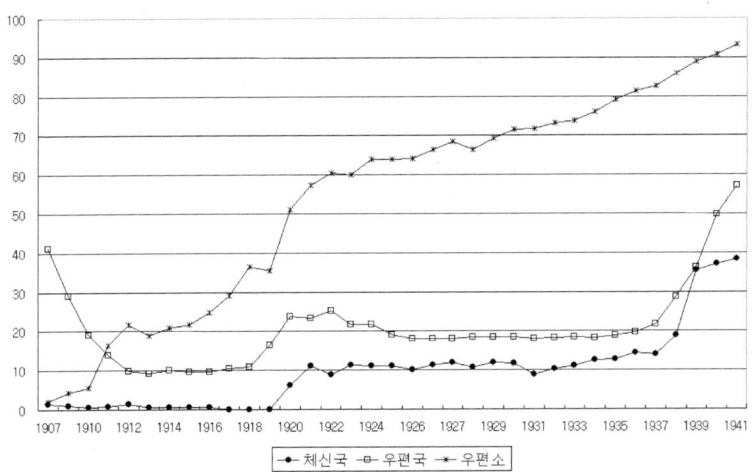

자료: 통감부 통신관리국, 『통감부 통신사업보고』; 조선총독부, 『조선총독부 통계
연보』; 조선총독부 체신국, 『조선총독부 체신연보』.

<도 3- 15> 기관별 조선인 고원의 비중의 동향

우편소는 관청청부기관으로서, 개항기의 우편수취소에서 기원하였다. 우
편수취소는 조선에 진출한 일본인들의 통신수요를 충족시키기 위해 일본인
거주지역에 일본인이 설립한 일본국 우편기관이었다. 따라서 우편수취소장
을 비롯하여 전 종사자가 일본인이었음은 말할 필요도 없다. 이 우편수취
소는 1907년에 우편소로 명칭이 변경되었는데, 일본인 소장이 일본인을 고
용하여 운영하는 기관이었다. 따라서 우편소에 있어 조선인 고원은 거의

없는 상태에서 출발하였지만, 1907년부터 조선인 고원은 지속적으로 증가하여, 1940년에는 조선인 고원의 비중이 90%를 넘게 되었다.

반면 우편국은 대한제국기의 우체사(郵遞司)와 임시우체사(臨時郵遞司)에서 기원하는 것이 많았다. 대한제국기의 우체사는 1905년에 일본국 우편국과 합쳐져서 우편국으로 되었다. 그리고 임시우체사 중 일부는 통신기관이 국고금 취급사무를 실행하면서 우편취급소로 승격되었고, 우편취급소는 이후 다시 우편국으로 승격되었다. 물론 대한제국기의 우체사와 임시우체사에서 기원하지 않은 우편국도 있었지만, 이것은 예외적인 것이었다. 따라서 초기에는 조선인 고원의 비중이 상당히 높았지만, 점차 조선인 고원은 구축되어서, 1910년대에는 조선인 고원의 비중은 10% 수준으로 떨어졌다. 그러나 일본인의 인력난이 발생한 1910년대 말과, 1938년 이후에 조선인 고원의 비중은 높아져서, 1941년에는 조선인 고원의 비중이 60% 수준에 달하였다. 물론 조선인 고원의 비중이 꾸준히 상승한 것은 아니다. 1910년대 말에는 일본인의 인력난으로 조선인 고원이 25% 이상으로 성장하였지만, 다시 일본인 인력난이 완화되자, 조선인은 구축되어, 20%에 못 미치게 되기도 하였다. 이러한 후퇴가 있기는 하였지만, 장기 추세적으로는 조선인 고원의 성장이 이루어졌다고 할 수 있다.

이처럼 우편소에서의 조선인 고원의 성장패턴과 우편국에서의 조선인 고원의 성장패턴을 상이하게 만든 요인으로 다음 두 가지가 주목된다. 첫째, 채용차별의 유무이다. 전신 고원을 대상으로 살펴보자. 우편국에서는 조선인의 채용을 억제하는 다양한 조치가 시행되었다. 1910년대 전반까지는 조선인을 구축하고, 그 대신에 일본국 체신성의 종사자를 수입하여 쓰는 방침을 고수하였다. 그러나 1910년대 말에 일본에서 인력난이 발생하자, 조선에서 양성하는 방침을 수립하여, 양성인원의 1/3을 조선인으로 배정하였다. 그러나 일본에서의 인력난이 해소되자, 1925년부터 조선인을 양성대상에서 배제하였는데, 이 조치는 1941년까지 지속되었다. 반면에 우편소의 경우,

우편국에서와 같은 채용차별은 발견되지 않는다. 둘째, 우편국과 우편소의 경리방식(經理方式)의 차이이다. 우편소는 앞서 언급한 바와 같이 와타시키리(渡切) 제도에 의해 운영되었다. 와타시키리(渡切) 제도하에서 체신국은 우편소장이 조선인을 고용하든 일본인을 고용하든 구분하지 않고, 업무량에 의해 산정된 인원에 예산정율을 곱한 급여액을 우편소에 지급하였다. 따라서 우편소장은 자신의 수입을 증대시키기 위해 급여가 적은 조선인을 고용한 것이다.[260] 이 외에도 조선인 우편소 고원의 성장에 유리하게 작용한 요인으로 조선인이 운영하는 우편소가 증가하고 있었던 것과 지방에서 조선인의 통신수요가 성장하고 있었던 것을 들 수 있다.

우편소는 우편국보다 더 하위의 관서라는 점을 들어 우편소에 있어 조선인 고원의 성장의 의미를 과소평가하는 것은 타당하지 않다. 우편소는 처음에는 매우 작은 규모의 기관으로 출발하였지만, 통신수요가 점차 증가하여, 소규모 우편국의 규모와 거의 같아지게 성장하였다.[261] 또 그 취급업무도 넓어지면서 각 분야에 특화된 전문적 능력을 가진 고원들이 형성되고 있었다.[262] 우편소 규모가 성장하고, 그 관리경영도 복잡화함에 따라, 우편소장을

---

[260] 만약 일본인과 조선인의 생산성 격차가 일본인과 조선인의 임금격차보다 더 컸다고 하면, 우편소에 있어 조선인 고원의 비중은 별로 늘지 않았을 것이다. 조선인의 비중이 크게 증대한 것은 일본인과 조선인 간의 생산성 격차가 일본인과 조선인 간의 임금격차보다 더 적었음을 의미한다.

[261] 1914년에 일 우편소당 고원수는 1.76인, 용인수는 3.15인이었는데, 1942년에는 일 우편소당 고원수는 6.00인, 용인수는 4.55인으로 증가하였다.

[262] 식민지 초기에 우편소는 우편업무 이외에 전신과 전화업무를 취급하는 것이 많기는 하였지만, 전신은 전화기를 사용하여 전달하는 구송(口送)이었기 때문에, 일반적으로 우편사무원이 겸하였고, 전화업무도 전화통화업무만을 취급하였기 때문에 우편사무원이 겸하였다. 그러나 통신수요가 성장함에 따라 전신업무는 구송에 의한 전신에서 전건에 의한 전신으로 변화하였으며, 전화업무도 전화통화업무뿐만 아니라 전화교환업무도 취급하는 우편소가 증가하고 있었다. 따라서 우편소에서도 업무별로 전문화된 능력을 가진 고원이 형성되게 되었다.

보조하는 관리자층도 형성되게 되었다. 이러한 요구에 부응하기 위해 만들어진 제도가 바로 통신수 제도(通信手制度)이다.[263] 통신수의 대부분은 바로 조선인이었으며, 일본인 통신수는 극소수에 불과하였다는 점은 주목해 둘 만하다. 보호국기에는 용인 취체(取締)조차 일본인이었던 것과 좋은 대조를 이룬다. 일본인이 우편소장을 하는 우편소조차 일본인 우편소장 – 조선인 통신수 – 조선인 고원 – 조선인 용인이라는 형태를 취하게 되어, 조선인이 일본인 우편소장을 대신하여 우편소를 총괄하는 직책에 진출하게 된 것이다.

우편국 고원으로서의 조선인의 성장은 우편소 고원으로서의 조선인의 성장보다는 미약하였는데, 그 이유에 대해서는 앞서 언급한 바 있다. 그런데, 조선인 고원의 성장을 억제하는 체제를 가지고 있었던 우편국에서조차 조선인 고원의 비중이 증가하고 있었다는 점은 주목해 둘 만하다. 조선인의 성장은 일본인 인력난을 계기로 하여 급속하게 이루어지고 있었지만, 이는 일본인을 대체할 수 있는 조선인의 성장을 전제한 것이었다. 이제 조선인 고원의 성장을 업무별로 고찰하여 보자. 전신업무에 종사하는 고원은 체신국의 채용정책에 의해 직접적으로 영향을 받았다. 즉 전신유기자(電信有技者)가 아니면 우편국 전신고원이 될 수 없었는데, 전신유기자를 양성하는 기관은 바로 체신이원양성소였다. 체신국은 1925년부터 조선인을 우편국 전신이원으로 양성하지 않았기 때문에 조선인 전신고원은 감소할 수밖에 없었다. 그러나 1925년 이후 우편국에서 조선인 고원의 비중은 감소하지 않았다. 전신업무 이외의 업무에 종사하는 조선인 고원이 증가하고 있었기 때문이다. 특히 조선인 전화교환수와 조선인 보험이원(保險吏員)은 빠르게 증가했다. 식민지 초기에 조선인 전화교환수는 거의 없었다. 그러나 조선인 여자의 취학률이 높아지고, 근대교육을 받은 조선인 여자의 경제참가가 이루어지는 것을 배경으로 조선인 여자 전화교환수가 증대하고 있었다. 1930

---

[263] 우편소 통신수는 판임관 대우(判任官待遇)로서, 우편소장이 부재할 때 우편소장을 대리하여 우편소를 관리하는 직책이다.

년에는 통신기관이 조선간이생명보험(朝鮮簡易生命保險)사업을 시행하게
되었는데, 조선간이생명보험사업은 조선인을 주 대상으로 한 사업이다. 따
라서, 조선간이생명보험을 담당할 보험이원으로서 조선인 고원의 성장이
빠르게 이루어지고 있었다. 1941년까지 전신고원 양성 대상자에서 조선인이
배제되었음에도 불구하고, 우편국에 있어 조선인 고원이 급속하게 성장하
였던 것은 전화교환수와 보험이원으로 조선인이 성장하고 있었기 때문이다.

3.2.2. 판임관으로의 성장

조선인 판임관의 성장은 우편소장으로의 성장과 우편국의 판임관으로의
성장으로 나누어서 살펴보자.

우편소는 조선총독부의 한 관청이고, 우편소장은 조선총독부에 소속된
관청의 기관장으로서, 그 지역사회에 있어 주도적 역할을 수행하는 지위이
다. 우편소장의 이러한 지위를 엄두에 둘 때, 조선인 우편소장의 성장은 괄
목할 만한 것이었다. 조선에 있어 우편소는 개항기 우편수취소에서 기원하
였음은 앞서 언급한 바 있다. 따라서 식민지 초기에는 조선인 우편소장이
없었다. 우편소장에 조선인을 등용하자는 논의는 1919년 이전에 이미 있었
다. 그러나 조선인은 우편소장으로 기용되지 못하였다. 치안유지를 위하여,
조선인 우편소장을 기용할 수 없다는 것이 그 이유였다. 그러나 1919년 3.1
운동의 발발은 식민지 당국자의 의식을 변화시켰다. 즉 천왕이 표명한 일
시동인이라는 대명제는 치안유지를 위한 차별을 완화시킨 것이다. 이에 따
라 조선인 우편소장의 등용이 허용되었는데 그 후 조선인 우편소장은 급속
하게 증대되었다. 조선인 우편소장은 1921년에 최초로 임용되었는데, 1942
년에는 조선인 우편소장의 비중이 1/3 정도에 이르게 되었다. 이는 우편국
판임관의 비중과 비교할 때, 상당히 높은 수준이었다.

조선인이 우편소장으로 되는 두 가지 길이 있었다. 첫째는 청원우편소(請

願郵便所) 우편소장이 되는 것이다. 1920년대부터 식민지 개발정책이 실시되어 전국 각지가 개발되기 시작하였는데, 이에 편승하여 자기 지역에 우편소가 없는 조선인들은 스스로 청원하여 우편소를 만들기 시작하였다.

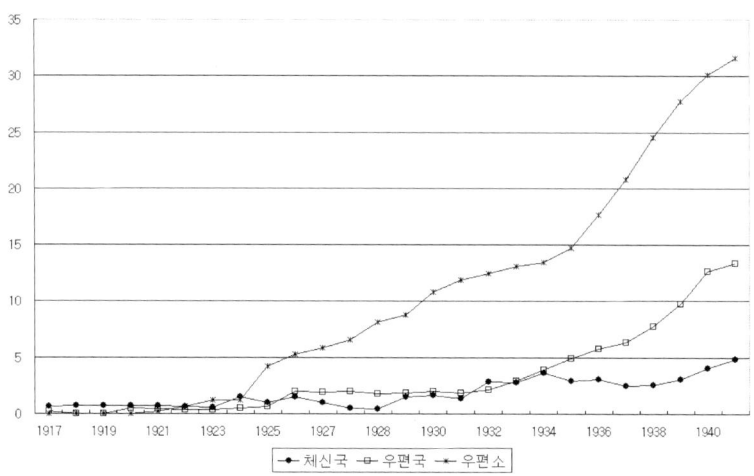

자료: 통감부 통신관리국, 『통감부 통신사업보고』; 조선총독부, 『조선총독부 통계연보』; 조선총독부 체신국, 『조선총독부 체신연보』.

<도 3-16> 기관별 조선인 판임관의 비중의 동향

<표 3-43> 체신국 판임관으로서 우편소장이 된 조선인

성명	판임관 경력		우편소장 경력		비 고
	신임 연도	직책	신임 연도	우편소명	
이철종	1917	서기보	1925	강원 원주	24년 12월 12일 원주 우편국에서 우편소로
이병득	1917	항로표지간수	1925	평남 석암	
최경근	1926	서기보	1934	함북 합수	33년 8월 3일 합수 우편소 신설
김봉일	1933	서기보	1936	평북 고장	27년 8월 1일 신설
김병준	1936	서기보	1937	함북 고건원	37년 3월 26일 신설
김지선	1924	서기보	1937	경기 진접	37년 2월 16일 진접 우편취급소에서 우편소로
송창하	1935	서기보	1937	함남대 오시천	37년 3월 16일 신설
오광섭	1934	서기보	1937	평북 온화	37년 3월 16일 신설
현태묵	1935	서기보	1937	황해 누천	29년 3월 1일 청원신설
김교직	1937	서기보	1938	평북 수등	
김동완	1926	서기보	1938	전북 갈담	38년 3월 16일 갈담 우편취급소에서 우편소로
김종헌	1937	서기보	1938	경북 죽장	38년 3월 10일 신설
박영우	1935	서기보	1938	충북 원남	38년 3월 16일 원남 우편취급소에서 우편소로
송일선	1937	서기보	1938	평북 양강	38년 3월 16일 신설
유진성	1933	서기보	1938	평남 영곡	
윤형진	1931	서기보	1938	평남 송정	38년 3월 25일 신설
이응구	1934	서기보	1938	전북 여산	
이항규	1924	서기보	1938	충북 우로	
최영관	1930	서기보	1938	황해 안악온천	38년 2월 21일 신설
양두익	1934	서기보	1939	함남 하양	
이덕주	1930	서기보	1939	전북 금구	
최원재	1938	서기보	1939	황해 소강	22년 3월 21일 신설

자료: 조선총독부, 『조선총독부 급 소속관서 직원록』.

<표 3-44> 조선인우편소장의 유형별 사례

유 형	전 직	이 름	경 력	
총독부 고등관 출신	총독부 이사관	석계황	1912.4.1.	조선 공립보통학교 훈도
			1918.9.18.	조선총독부 군서기
			1931.4.18.	조선총독부 이사관, 고등관 7등
			1931.5.1.	문화 우편취급소장
			1935.3.1.	문화 우편소장
	군수	신희연		소학교 및 동경 부기학교 속성과 졸업
			1908.6.	동경명치교익사에 입사, 퇴직, 귀선(歸鮮)
			1908.12.	재무감독국 근무
			1910.10.	조선총독부 군서기
			1920	함북 경원군 군수
			1924	함북 단천군 군수
			1931	함남 안변 우편소장 취임
			1933.6.	조선총독부 중추원 참의
			1937	함남 안변 우편소장 퇴직
	군수	박선철	1907.7.27.	탁지부 세무주사, 판임관 7급
			1908.1.1.	재무서 주사
			1910-1920	조선총독부 부서기, 군서기, 도서기
			1921.3.11.	조선총독부 군수, 고등관 8등
			1931.12.28	평양 기림 우편소 사무원
			1932.9.30.	평양 기림 우편소장
군서기 출신	군서기	김달풍	1887.10.15	평양검보초시
			1888.8.1.	향교 도훈장
			1890.9.11.	유향 좌수
			1898.4.12.	향장 피선
			1906.12.21	양덕군 주사, 판임관 4등8급
			1910.10.	평남군 서기
			1924	평남 양덕 우편소장
			1932	우편소장 퇴직
면장 출신	면장	문태흥	1910.7.9.	儿仈 면장
			1913.4.1.	평남 안주군 儿仈代 면장
			1914.4.1.	안주군 儿仈 면장
			1932.2.6.	평남 만성 우편소장
체신국 직원 출신	체신서기	김지선	1907.8.16.	경성 우편국 통신사무원
			1923.8.13.	조선총독부 체신서기보
			1934.3.16.	조선총독부 체신서기
			1934.3.16.	경기 진접 우편취급소장

유 형	전 직	이 름	경 력	
			1937	경기 진접 우편소장
	체신서기보	김겸수	1902.7.16.	한국 통신원 옥구 우체사 주사
			1904.5.13.	전임 우체지사 주사
			1906.4.30.	경성 우편국 통신사무원
			1925.5.1.	조선총독부 체신서기보
			1925.5.17.	연천 우편소장
	우편소고원	김형재	1910.4.13.	통감부 통신관리국 임시통신주사
			1910.11.28	사무원
			1920.5.1.	금산포 우편소 사무원
			1930.5.26.	금산포 우편소장
민간회사 중역 출신	합성양조소 사무취체역	한광수		중등학교 졸업
				조선총독부 기수로 근무하다 퇴관
				주식회사 합성양주소 사무취체역으로 취임
			1924.12.21	함남 역전 우편소장
			1939	퇴직
			기타	원산부회 의원, 원산 시민협회원, 원산 중학교 이사
				원산학교, 원산루씨고년 및 원산 제2고보 평의원
	안동전기주식 회사 취체역	유교하	1924	조도전 대학 법정과 졸업
				경일은행에 입사, 지배인 대리, 업무과장
				안동전기주식회사 취체역
			1930.6.1.	경성 동대문외 우편소장
			1932	우편소장 퇴직
			기타	총독부 촉탁, 대구부 협의회원

　둘째는 체신국 고원이나 판임관 경력을 가진 조선인들이 우편소장이 되는 길이다. 체신국 종사자 출신으로 우편소장이 된 경우를 보면, 서기에서 우편소장이 되기도 하고 서기보에서 우편소장이 되기도 하고 고원에서 우편소장이 되기도 한다. 물론 이 중 다수를 차지하는 것은 판임관으로서 우편소장이 되는 경우이다. 조선총독부 직원록으로부터 체신국 판임관으로서 우편소장이 된 조선인을 찾아보면 총 22명이다.[264] 일본인 체신국 판임관들은 각 우편국

---

[264] 이것은 체신국 판임관으로서 우편소장이 된 조선인을 모두 망라한 것은 아니다. 체신국 서기보로 임명되고, 얼마 되지 않아 우편소장으로 발령된 경우에는 1년에 한 번 발행되는 직원록상에 서기보 경력이 나타나지 않을 수 있기 때문이다.

의 주임, 우편국장 등을 거쳐 주임관으로 승진하여 가는 것이 일반적인 것이 었지만, 조선인은 이와 같은 승진의 길을 걷는 것이 어려웠다. 즉 우편국장을 거쳐 주임관으로 승진하는 것은 거의 불가능하였다. 이에 따라 조선인들은 우편국장을 거쳐 주임관으로 되는 길을 포기하고 대신 조선인에게 새롭게 허용된 우편소장으로의 진출을 도모하게 되었다. 1930년대 우편취급소 제도가 새롭게 실시되게 되면, 체신국 판임관이 우편소장이 되는 것이 보다 용이해졌다. 조선인은 우선 우편소보다 더 간이한 우편취급소의 소장으로 취임하고, 우편취급소를 발전시켜 우편소로 만들어 우편소장이 될 수 있었다. 체신국 종사자들은 대부분 일반우편소의 우편소장이 되었으며, 청원우편소의 우편소장이 되는 것은 예외적인 것이었다. 체신국 판임관으로서 우편소장이 된 조선인 22명 중 청원우편소의 우편소장으로 된 인물은 한 명뿐이었다.

1941년까지 조선인으로서 우편소장이 된 인물은 총 301명이었다. 이 중 22명은 체신국 판임관으로서 우편소장이 되었음은 앞서 살펴보았다. 나머지 279명은 어떠한 인물이었는가? 우선 그 경력을 알 수 있는 인물을 유형화하여 살펴보자.

조선인으로서 우편소장이 된 사람의 경력은 크게 다섯 가지로 분류할 수 있다. 첫째는 총독부 고등관 출신, 둘째는 군서기 출신, 셋째는 면장 출신, 넷째는 체신국 직원 출신, 다섯째는 민간회사 중역 출신이다. 물론 이들은 조선인으로서는 상당한 저명인사인데, 이렇게 저명인사들만이 우편소장을 한 것은 아니다. 본 연구자가 청원우편소장의 명부와 유명인사를 수록한 인명록을 비교하는 작업을 하였기 때문에 이러한 결과가 나왔다. 본 연구자는 이렇게 분석한 결과 오히려 저명인사로서 우편소장으로 된 경우는 상대적으로 적다고 인식하게 되었다. 우편소장은 일정한 재력과 일본어를 할 수 있을 정도의 학력만 있으면 될 수 있기 때문에 지방의 대유지들보다는 그 아래에 해당하는 유지들이 창설한 것이 일반적이었다고 보인다.[265]

---

[265] 이 중 군서기 출신인 김달풍의 경우, 식민지화 이전에 이미 향장(鄕長)과 군주사

　　이제 체신국이나 우편국의 판임관으로 성장한 조선인을 살펴보자. 체신
국이나 우편국의 판임관이 될 수 있는 길은 세 가지이다. 첫째는 장기근속
에 바탕하여 승진하는 것이다. 둘째는 중견이원양성과정을 거쳐 승진하는
경우이다. 세번째는 대학이나 고등학교를 졸업하여 판임관으로 입사하는
방법이다. 조선인 판임관은 처음에는 장기근속자가 판임관으로 승진함으로
써 형성되었다. 인계채용 시 조선인 이원은 대부분 해직되었지만, 일부는
판임관에서 고원으로 강등된 상태에서 장기 근속하였고, 또 인계 채용 과
정에서 조선인의 결원을 보충하기 위해 또는 통역상의 필요에 의해 새로
모집된 다수의 보충주사(補充主事)들이 있었다. 1923년 이전에 체신국 서기
보가 된 조선인은 7명인데, 이 중 서기보가 되기 이전의 이력을 알 수 있는
인물은 6명이다. 이들을 보면 식민지가 된 이후에 체신국 사무원이 된 인물
은 1922년에 서기보가 된 김인숙 1명뿐이고, 1921년 이전에 서기보가 된 나
머지 5명은 모두 식민지기 이전에 통신기관에 입사한 인물이었다.[266] 이들
은 판임관이 되기 이전 통신기관에서 10년 이상의 경력을 쌓은 사람들이다.

<표 3- 45> 1923년 이전에 체신서기보가 된 조선인의 이력

＼	성 명	경 력	
보호국기	이석종	1905년 6월 7일	경성 우편국 통신사무원
		1906년 3월	광화문 우편국 통신사무원
		1910년 4월	통신관리국 사무원
		1916년 10월 25일	조선총독부 체신서기보
		1923년	조선총독부 체신서기
		1925년	강원 원주 우편소장
		1926년	퇴직

　　(郡主事)를 역임하였는데, 당시의 향장과 군주사는 임시우체사주사(臨時郵遞司主
　　事)를 겸임하는 경우가 대부분이었으므로 그 역시 임시우체사주사의 경험을 가지
　　고 있다고 생각된다.
266 5명 중 4명은 통신기관 합동 이전에 전보사 주사(電報司主事)로 근무하였던 사람들이
　　고, 나머지 한 명은 통신기관 합동 이후에 통감부 통신관리국 고원이 된 사람이다.

채용시기	성 명	경 력	
대한제국기	강계필	1898년 12월 20일	전보학교 입학
		1900년 8월 10일	전보학교 졸업
		1900년 8월 15일	평양 전보사 주사
		1902년 4월 4일	한성 전보사 주사
		1919년 9월 20일	조선총독부 체신서기보
		1919년 9월 20일	의원 면본관
	조상순	1897년 9월	입학 전무학교
		1899년 10월	한성 전보사 주사
		1905년 3월	의원 면본관
		1906년 3월	사립중교의숙 야학 일어과 입학
		1906년 9월	탁지부 문산시험시 응시 당선
		1906년 10월	탁지부 세무주사
		1906년 11월	의원 면본관
		1907년 3월	경성 우편국 전신과 통신사무원
		1907년 4월	사립중교의숙 야학 일어과를 가사로 인해 퇴학
		1921년	조선총독부 체신서기보
		1924년	조선총독부 체신서기
		1932년	퇴직
	김노선	1899년 5월	전보학교에서 수업
		1901년 5월	영변 전보사 주사
		1901년 8월	평양 전보사 주사
		1902년 7월	한성 전보사 주사
		1921년	조선총독부 체신서기보
		1925년	조선총독부 체신서기
		1927년	퇴직
	오진근	1901년 7월	대구 전보사 주사
		1902년 6월	인천 전보사 주사
		1921년	조선총독부 체신서기보
		1924년	조선총독부 체신서기
		1932년	퇴직
식민지기	김인숙	1913년 5월 19일	횡성 우편소 사무원
		1913년 10월 13일	원주 우편국 사무원
		1922년 5월 16일	조선총독부 체신서기보
		1922년 5월 17일	의원 면본관
		1922년 6월 1일	강원도 고원, 내무국 회계과 근무
		1928년 7월 25일	강원도 서기보, 내무국 회계과 근무
		1929년 4월 1일	강원도 지방서기
불명	한석동	1916년 10월 25일	조선총독부 체신서기보
		1917년 4월 13일	의원 면본관

자료: 『구한말관보』; 대한민국문교부국사편찬위원회(1972), 『대한제국관원이력서』; 조선총독부,
『조선총독부 급 소속관서 직원록』

조선인 고원의 판임관으로의 진출은 이들의 승진에 의해 시작되었고, 이들의 승진은 이후 조선인 장기근속자가 늘어나도록 하는 데 영향을 주었다. 처음 조선인 판임관으로 승진한 사람들은 장기근속자들이었는데, 이후 조선인 판임관의 성장에 영향을 준 또 하나의 중요한 계기는 조선인 판임관 견습생 제도이다. 조선인 판임관 견습생 제도는 2차례에 걸쳐서 실시되었는데 1923년에 양성된 인원들은 1926년에 모두 판임관으로 승진되었고, 1932년에 양성된 인원들도 1935년 이후에 점차 판임관으로 승진되었다. 조선인 판임관 견습생 제도는 조선인도 판임관으로 임용할 것이라는 체신당국의 뜻을 표명한 것이라고 할 수 있다. 물론 이러한 적극적인 양성정책이 지속적으로 실행된 것은 아니지만, 조선인의 판임관으로의 승진차별을 완화하는 역할을 수행하였다는 점은 인정할 수 있다. 이후 조선인은 장기근속에 기반하여 꾸준히 성장하고 있다.

둘째는 양성기관을 통한 조선인의 성장이다. 양성기관이 운영한 양성과정에는 중견이원을 양성하는 것이 있었지만, 조선인의 경우 앞서 언급한 조선인 판임관 견습생 제도를 제외하고는 중견이원 양성제도를 통하여 승진하는 경우는 매우 드물었다. 조선인들이 승진의 방법으로 중견이원 양성제도를 거의 이용하지 못하였던 이유로는 두 가지를 들 수 있다. 첫째, 학력상의 결함이었다. 조선인의 경우, 고학력자는 별로 없을 뿐만 아니라, 소수의 고학력자도 체신관청이 아니라 군이나 도 등에 취직하는 경향이 있었다. 군이나 도에 주사로 입사하는 경우, 판임관뿐 아니라 주임관 더 나아가서는 칙임관으로 승진할 수도 있었다. 체신관서의 경우, 조선인은 판임관으로 승진하는 것이 어려웠기 때문에, 판임관으로의 승진을 위해 지속적으로 노력하는 조선인도 많지 않았다. 이러한 상황에서 조선인은 고원에 비해 판임관이 너무 적다는 조선인의 불평은 증대하고 있었고, 이에 대한 유화정책으로 조선인 판임관 견습생 제도가 실시되었다. 이것은 조선인이 판임관으로 승진할 수 있다는 강한 신호기의 역할을 하였다. 둘째, 중견이원 양성과정에 선발되기 위해서는 통신 을종 전습생 제1부생 정도의 통신술이 요구되었는데, 통신 을종 전습생 제1부생은 일본인만을 뽑았다. 즉 보통이 원 양성과정에서의 민족별 차별이 중견이원 양성과정에도 영향을 미치고 있었다.[267] 그러나 조선인 판임관 견습생 제도는 조선인의 성장에 한 획을 그은 것이라고 할 수 있다. 장기근속자가 축적되고 이들의 향상심을 촉발 시켰으며, 또 고학력자의 체신국으로의 유입을 야기하였다는 점에서 그러 하다[268].

셋째는 고학력자의 체신국으로의 유입이다. 본 연구자는 체신관서에 종사 하는 조선인의 학력에 대한 조사자료를 구하지는 못하였다. 따라서, 제국대학 이나 고등공업학교를 졸업한 조선인의 명부와 조선인 판임관의 명부를 대조 하는 작업을 하였는데, 그 결과 조선인 판임관의 상당수는 고등학력 소지자 임이 밝혀졌다. 또, 학력별 초임급의 차이를 이용하면 직원록만으로도 고등 학력소지자로서 체신국에 입사한 조선인의 추이를 파악할 수 있다.

---

[267] 전신과 관련된 중견이원 양성제도로는 고등과 통신생 제도(高等科通信生制度)와 무선과 통신생 제도(無線科通信生制度)가 있었는데, 이들을 선발하는 시험과목에 는 통신술 시험이 있었다. 통신술 시험은 통신 을종 전습생 제1부생 정도의 통신 술이 있는가를 테스트하는 것이다. 그런데, 1925년부터 조선인은 통신 을종 전습 생 제1부생에 지원할 수 없게 되었다. 조선인에게는 통신 을종 전습생 제3부생이 되는 것만 허락되었다. 통신 을종 전습생 제1부생은 1년간 양성받음에 반하여 통 신 을종 전습생 제3부생은 5개월간 보다 저급의 통신술을 양성받았다.

[268] 송일선은 제1회 조선인 판임관 견습생으로 선발되었는데, 그는 제2회 조선인 판 임관 견습생 선발에 즈음하여 다음과 같은 상황의 변화를 언급하고 있다. "6년래 중지되었던 것으로 각 국소에 산재하여 그것을 기다려 온 자도 많고, 최근에는 고등과 수험을 위해 계속 준비한 것, 또는 각종 중등학교 출신이 많은 것으로부 터 우선 경쟁이 격렬할 것으로 예상된다." [송일선(1931), "轍の跡", 『조선체신협 회잡지』 1월호, p. 129].

<표 3-46> 초임이 서기나 기수인 조선인

	서기	기수	계	기수 이름	기수 학력
1923		1	1	이기인	1919년 3월 경성 공업전문학교 건축과
1924	1		1		
1925		1	1	노창성	1924년 3월 동경 공업대학 부속 공업전문부 전기화학과
1926	1		1		
1927					
1928					
1929					
1930	5	1	6	이재곤	1930년 조도전 대학 전기과
1931	2		2		
1932					
1933	1	1	2	이종일	1932년 3월 동경제대 전기공학과
1934	2		2		
1935		1	1	위인진	1923년 체신이원양성소 공무과 6기
1936		2	2	엄일섭	1932년 조도전대학 전기과
1937	4	1	5	윤태은	1925년 체신이원양성소 공무과 7기
1938	2	3	5	염도유	1934년 3월 명고옥 고등공업학교 전기과
				강기학	1923년 체신이원양성소 공무과6기
1939	2	4	6	황갑성	1937년 3월 구주제대 전기공학과
계	20	15	35		

자료: 『조선총독부 급 소속관서 직원록』; 각 대학 『졸업생명부』.

체신국의 판임관은 사무직으로는 서기와 서기보가 있고, 기술직으로는 기수(技手)가 있다. 사무직으로서 서기보는 고원으로부터 승진한 자들이고, 제국대학이나 대학 고등전문학교 졸업자들은 바로 서기로 임명된다. 따라서 서기로 입사한 사람들은 고등학력 소지자들이다. 또 기술직인 기수가 될 수 있는 경로는 두 가지인데, 중등학교 이상의 학력을 가지고 체신국에 공무 전습생으로 입사하여 공수에서 기수로 승진한 경우와, 제국대학이나 대학의 공학부(工學部)나 고등공업학교를 졸업하고 기수로 입사한 경우이다. 즉 서기와 공무과를 거치지 않은 기수는 적어도 고등전문학교 이상을 졸업한 사람들이다. 조선인의 경우 1939년까지 공무 전습생으로 배출된 인원은 총 5명으로 이 중 기수로 승진한 사람은 3명이다. 이를 제외하고 살펴보면, 1920년대에 서기나 기수로 된 자는 단지 4명에 불과하였는데, 1930년대에는 31명으로 크게 증가하였다. 이들은 판임관의 상층을 형성할 뿐만 아니라, 판임관에서 주임관으로의 승진도 가능한 계층임을 고려할 때 조선인 고등관리의 출현을 예고하는 것이었다.

이상의 과정을 거쳐 조선인 판임관은 성장하여 갔지만, 아직 조선인 판임관이 전체 판임관에서 차지하는 비중은 미미한 수준이었다.

3.2.3. 고등관으로의 성장

식민지 초기에는 치안상의 이유로 조선인을 우편소장으로 임용하는 것을 우려하였다. 이와 같은 점을 고려할 때, 주임관이 임용되는 중요한 우편국장이나 체신국 계장은 말할 것도 없고, 판임관이 임용되는 작은 규모의 우편국의 국장에도 조선인이 임용되는 것을 기피하였다는 것은 매우 자명하다. 그러나 이와 같은 기피에도 불구하고, 조선인 고등학력 소지자 및 주임관 유자격자의 체신국 진출은 조선인 주임관의 등장을 허용하지 않을 수 없게 하였다. 식민지 초기에는 조선인에게 할당된 주임관 자리(군이나 도와 같은 지방 행정기관과 재판소의 주임관 자리)에 조선인을 임용할 때, 주임관 자격을 가진 조선인이 없었기 때문에, 일반임용의 자격이 없는 조선인을 주임관으로 임용하기 위해 특별임용령을 시행하였다. 그러나 점차 주임관 자격을 가진 조선인이 성장함에 따라, 조선인에게 할당된 주임관 자리에 신규 채용되는 사람들은 모두 일반임용의 자격이 있는 조선인이 임용되면서, 특별임용령은 별 의미가 없게 변하였다. 제국대학 졸업자나 고등문관시험을 합격한 조선인은 이전에 조선인의 금역이었던 관직에도 임용되게 되었는데, 이와 같은 상황은 1939년 조선총독부 및 철도국 체신국에 임용된 조선인 고등관을 고찰함으로써 파악할 수 있다.

<표 3-47> 1939년 조선총독부 및 철도국 체신국의 조선인 고등관

이름	직 위	학 력	기 타
송찬도	총독 관방 외무부 사무관 4등8급	경성 고보 수료	1895년생
김병욱	내무국 사무관 3등3급	경성 고보 사범과	1895년생
최하영	내무국 사무관 7등9급	동경제대 법학사(32.3)	고문 행정과(33)
최경열	내무국 토목사무관 5등7급	경도제대 토목공학과(29.3)	
정재영	내무국 토목사무관 7등8급	경성 공업전문학교 토목과(19)	
민한식	내무국 토목사무관 7등8급	경성 공업전문학교 토목과(21)	
장수길	재무국 사무관 7등10급	동경제대 정치학과(36.3)	고문 행정과(35)
계광순	식산국 사무관 5등7급	동경제대 정치학과(31.3)	고문 행정과(32)
안동혁	식산국 기사 6등	경성고등공업학교 응용화학과(26)	
김희덕	농림국 사무관 7등9급	동경제대 정치학과(34.3)	고문 행정과(33)
김대우	학무국 사무관 4등7급	경성 공업전문학교 광산과(21)	
김승욱	학무국 사무관 4등		
박관말	학무국 시학관 5등8급		경기여고 교장
김창조	학무국 편수관 7등9급	경성제대 법문학부 사학과(29)	
이재곤	체신국 기사 7등10급	조도전대 전기(30)	
길원봉	체신국 체신부사무관 6등6급	경도제 대법학과(29)	고문 사법과(32) 고문 행정과(34)
이종일	체신국 기사 7등10급	동경제대 전기공학과(32.3)	
김용근	철도국 부참사 7등8급	경성제대 법문학부 법학과(35)	고문 행정과(36) 고문 사법과(37)
이치홍	철도국 부참사 6등5급		
김재하	철도국 부참사 7등7급	경성제대 법문학부 법학과(33)	고문 행정과(34)

자료: 조선총독부(1939), 『조선총독부 급 소속관서 직원록』 ; 각 대학 『졸업생명부』 ; 『일본국관보』.

당시 조선에서는 고등문관시험이 실시되지 않았다. 조선인은 일본에서 시행되는 고등문관시험에 응시하여 합격하였는데, 체신국에서는 길원봉이 이에 해당한다. 또한 제국대학이나 대학의 공학부 졸업자는 기사로의 승진이 보장되어 있었는데, 제국대학이나 대학의 공학부 졸업자들의 체신국으로의 진출이 이루어지고 있었다. 당시 제국대학이나 대학을 졸업한 조선인은 적었을 뿐만 아니라, 1930년대에 들어 졸업한 사람들이 대부분이기 때문에, 조선인 주임관의 성장은 별로 이루어지지 않았지만, 점차 졸업생은 더욱 증가하고 있었기 때문에, 주임관으로의 성장의 기반은 계속 확장되고 있었다.

조선인은 거의 임용될 수 없었던 조선총독부와 그 소속관서인 철도국과 체신국의 고등관이 된 조선인은 1939년에 20명이었다. 이들의 면면을 보면, 학력을 알 수 없는 3인을 제외한 17명 중 제국대학 졸업자가 10명, 사립대학 공학부 졸업자가 1명, 경성고공 졸업자가 4명, 경성고보 졸업자가 2명이다. 경성고보 졸업자 2명은 모두 54세로 연세가 상당히 많다. 제국대학이 아닌 고등학력자로 주임관이 된 사람은 모두 공학 출신이다. 제국대학 출신을 보면 이 중 1명은 공학부 출신이고, 7명은 고등문과시험 합격자, 그리고 1명은 사학부 출신이다. 학력과 고등문관시험 행정과의 합격증이 이들의 승진을 밑받침하고 있었던 것이다.

조선인이 이렇게 성장한 데에는 인사정책의 변화도 작용하고 있었다. 1928년 7월 16일 인비(人秘) 965호 직원채용에 관한 건은 주임관 또는 동대우(同待遇)로서 임용할 때는 조선 내의 현직자 중으로부터 전형하고, 이것이 가능하지 않아 조선 내에 있지 않는 자를 주임관 또는 동대우로서 임용할 때는, 교섭 전에 미리 조선총독부의 승인을 얻도록 하고 있다. 이러한 승인절차를 피하기 위하여 일단 판임관, 촉탁 강사 등에 채용한 후 바로 주임관으로 임서하는 것은 내신해도 전형하지 않겠다는 강한 의지를 보이고 있다. 또 관리 또는 동대우의 전력을 가진 자의 재임용도 가급적 피할 것을 지시하고 있다.[269] 이러한 인사정책의 변화가 왜 일어났는지는 아직 명확하지 않지만, 고등관을 일본으로부터 수입하는 것에 대한 제한조치임과 동시에 판임관의 주임관으로의 승진체계를 강화한 조치였다.

조선인 주임관은 경력에 의거하여 하급종사자로부터 성장한 것은 아니고, 고등학력 소지자나 고등문관시험 합격자들의 입사에 의해 출현한 것이었다. 일본의 현업중심주의를 상징적으로 보여주는 것은 고원으로부터 시작해서 이원양성소를 졸업하고 이후 판임관을 거쳐 고등관으로 더 나아가서는 칙

---

[269] 조선총독부 관방비서과(1937), 『조선인사예규』, p.58.

임관으로 승진하여 가는 층의 존재인데 조선인으로서 이러한 경로를 밟고 있는 자는 아직 출현하지 않았다. 이와 같은 층이 출현하지 않은 이유로는 두 가지를 들 수 있다. 첫째는 이와 같은 승진경로는 매우 긴 시간이 걸리는데, 조선인은 아직 이러한 경력을 쌓은 인원이 없었다는 점과, 이러한 경로를 밟기 위하여 거쳐야 하는 우편국 주임이나 우편국장에 조선인을 임명하지 않으려 했던 인사정책 때문이다. 그러나 조선인으로서 이러한 경로를 밟고 있었던 인원이 전혀 없었던 것은 아니다. 나맹기는 우편국 고원으로 입사하여 조선인 판임관 견습생을 거쳐 판임관으로 승진하여 1936년에는 우편국장이 된 유일한 조선인이다. 그는 식민지 말까지 주임관이 되지는 못하였지만, 하층으로부터 상층으로의 성장이라는 현업중심주의를 대변하는 전형적인 승진과정을 거치고 있었다. 그는 조선인으로서는 아직 예외적인 존재였다. 나맹기를 제외하고는 1945년까지 조선인으로서 우편국장이 된 사례는 없었다.

소 결

조선시대의 관료제는 주자학적 질서를 구현하는 것을 제일의 목표로 삼고 있었으며, 정부기관을 구성하는 기본적인 운영방식은 신분신역제(身分身役制)였다. 이 시기 기술관료층은 거의 없었으며, 기술보유자는 천시되었다. 개항기에 들어와서 관료제의 목표는 문명개화와 식산흥업으로 변하였으며, 이와 더불어 기술관료층이 성장하였다. 통신기관 종사자는 대표적인 기술관료층이다. 문인관료에 대한 기술관료의 천시는 사라지고 있었으며, 갑오개혁기에는 신분신역제도 폐지되면서, 고용제도가 일반적으로 확립되어 가고 있었다. 또한 통신기관에서는 종사자의 양성체계와 내부승진체계도 발전하고 있다. 관리의 채용은 양성자를 채용하는 것을 원칙으로 하게 되었으며, 통신기관의 상급관리는 하급관리로부터 승진 임용시키는 것을 원칙으로 하게 되었다. 그리고 용인층에 대해서도 연공에 기반한 승진과 임금체계가 마련되고 있었는데, 아직 용인들이 관리로 승진할 수 있는 경로는 없었다. 관리와 용인의 사이에는 넘을 수 없는 신분의 벽이 있었다.

일본은 조선의 통신기관을 탈취하여, 대한제국 통신기관을 일본제국의 통신기관의 하위기관으로 재편하였는데, 그 과정에서 대한제국 통신기관에 종사하고 있었던 조선인 통신기관 종사자를 해직시키고, 대신 일본국 체신성의 통신기관 종사자를 수입하여, 1908년까지는 하급종사자인 용인마저도 일본인이 중심을 이루는 고용구조를 만들었다. 그러나 조선인 용인의 고용은 1908년부터 증가하기 시작하여, 일본인 = 상급관리자, 조선인 = 하급종사자라는 식민지적 고용구조가 형성되는 방향으로 전개되었다.

식민지기에 있어 고용구조와 인사정책은 현업중심주의에 입각한 조직체계의 형성이라는 방향으로 전개되었는데, 본 연구에서는 이와 같은 변화를 신분질서의 변화, 양성제도의 형성, 현업중심주의를 구현하는 보조조직의 운영 등을 통하여 고찰하였다.

식민지기 초기의 신분질서는 학력에 기반한 신분질서였다. 고등관은 제국대학 졸업자, 판임관은 중등학교 졸업자, 고원은 고등소학교 졸업자, 용인은 문자를 독해할 수 있을 정도의 능력을 소지한 사람이었다. 그러나 학력의 보급이 일반화되고, 현업원의 능동성을 강조하는 인사관리가 중요시되면서, 인사체계상으로 볼 때 신분 간 통합이 진행되었다. 일본의 경우, 고원은 판임관을 거쳐 고등관까지 승진할 수 있었으며, 용인도 판임관으로 승진하거나, 용인의 일부 직종이 고원으로 되는 변화도 발생하였다. 1935년 체신수제도(遞信手制度)를 만들어 용인상층을 판임관으로 임명하였으며, 1939년에는 특무고원제도(特務雇員制度)를 만들어 용인의 대부분을 고원으로 승격시켰다. 반면 조선에서는 일본보다 학력보유자가 더 희소하였기 때문에, 학력 프리미엄이 여전히 높게 유지되고 있었고, 또 식민지적 차별도 있어서 인사계열상으로 볼 때 신분 간 통합은 일본보다는 미진하였다. 그러나 조선에서도 인사계열상으로 볼 때, 신분 간 통합은 진전되고 있었다. 예컨대 용인의 일부인 용인 취체(取締)의 신분이 고원으로 승격되었다.

식민지시기에 양성체계는 현저하게 발전하였다. 체신관서에서는 우편 전신 전화 공무 보험 등 전 업무에 대한 양성체계를 갖추었다. 양성체계는 아직 이원을 중심으로 한 양성체계일 뿐, 전 종사원 양성체계는 아니었다. 이원의 양성은 보통이원(普通吏員)의 양성과 중견이원(中堅吏員)의 양성으로 대별할 수 있는데, 보통이원의 양성은 신규이원의 양성이며, 중견이원의 양성은 체신국 재직자의 재교육이 중심이다. 이원은 자신이 종사할 관서의 전반적인 업무를 모두 알고 있어야 하다는 양성 이념이 보통이원 양성제도로 구현되었다. 현업원을 관리하는 중견간부는 관리자로서의 능력뿐만 아니라, 현업원의 직무도 잘 파악하고 있어야 하기 때문에, 현업원으로부터 선발하여 관리자를 양성하여야 한다는 이념이 중견이원 양성제도로 구현되었으며, 중견이원 양성제도는 하급관리가 상급관리로 승진할 수 있는 통로로 기능하였다.

현업중심주의에 입각하여 현업원의 작업환경 및 대우를 개선하기 위한 다양한 조직 및 제도의 발전이 이루어졌다. 이와 같은 목적으로 조직된 기관으로는 체신협회, 공제조합, 체신체육협회, 우편소 청사 개량조합, 우편소장회, 체신이원양성소 동창회 등을 들 수 있다. 이 조직들은 현업원의 능률의 향상과, 현업원에 대한 대우의 개선을 주목적으로 하여 운영되었다. 대우의 개선을 위한 사업으로는 이 이외에, 현업 근면수당제도(現業勤勉手當制度)의 실시나, 우편소원의 대우개선사업, 조선인의 대우개선사업 등을 들 수 있다.

이와 같은 현업중심주의에 기반한 인사관리체계는 식민지적 고용구조를 밑바침한 식민지적 차별구조와는 모순되는 것이었다. 식민지적 차별로는 채용차별, 임금차별, 승진차별, 빈곤한 교육기반 등을 들 수 있다. 그러나 이러한 차별 속에서도 조선인의 성장이 진행되어 식민지적 고용구조는 변질되고 있었다. 조선인의 성장을 가능하게 한 것으로서는 식민지적 차별구조의 취약성과 조선인의 자기 개발을 들 수 있다.

식민지민이 제국신민과 동등한 인격을 갖고 있다는 자각을 하게 되는 경우, 노골적인 식민지적 차별체계는 비용이 많이 들어, 식민지민의 성장을 어느 정도 허용하는 체계를 만들지 않을 수 없다. 그리고 식민지적 고용구조는 노동시장의 상황에 따라 완화되지 않을 수 없다. 예컨대, 일본인 인력난이 발생할 경우, 대안으로서 조선인의 양성 및 채용을 허용할 수밖에 없다. 또한 일본이 발전시키고 있는 현업중심주의에 입각한 인사관리체계는 식민지적 고용구조와 마찰하고 있는데, 조직관리의 효율성을 위해, 식민지적 차별을 어느 정도 완화할 필요가 있었다. 이와 같은 요인들로 인해 식민지적 차별 속에서도 조선인이 성장할 수 있는 여지는 있었다. 이와 같은 여지를 성장의 기회로 승화시키기 위해서는 조선인의 자기 개발 노력이 필요하였다. 조선인은 여러 방향에서 자기 개발 노력을 하였다. 교육투자의 증대, 장기근속, 성실한 근무태도, 승진지향적인 태도의 형성 등에서 조선인의 자기 개발 노력을 확인할 수 있다.

결 론

본 연구는 해방 이후 한국에서 전개되었던 국가주도 산업화의 역사적 전제조건이 개항기와 식민지기에 어떻게 형성되고 있었는가를 해방 이전 통신사업을 중심으로 고찰한 것이다. 개항기와 식민지기에는 근대적 경제성장을 지지할 수 있는 제도와 사회간접자본이 형성되었으며, 이를 바탕으로 하여 산업화를 전개시켜 나갈 수 있는 경제주체들 예컨대 지방개발세력과 기업가와 국가기구가 형성되었다. 이 시기에 형성된 경제주체의 민족별 위계적 구성을 보면, 상급관리자층은 일본인이, 하급종사자는 조선인이 차지하는 구조였지만, 점차 조선인 상급관리자도 성장하고 있음을 확인할 수 있다. 바로 이것이 해방 이전에 형성된 해방 후 산업화의 역사적 전제조건에 해당한다고 판단된다.

본 연구에서 밝혀진 연구결과에 대한 자세한 요약은 각 장의 소결로 대신하고자 한다. 여기에서는 장절의 구성체계에 구애받지 않으면서, 연구사적 의미가 있는 문제를 중심으로 하여 연구결과를 재구성하여, 연구결과의 의의와 한계를 명백하게 하고, 차후 연구과제를 제시하는 것으로 결론을 대신하고자 한다.

본 연구에서 밝혀진 중요한 연구결과는 다음의 다섯 가지의 측면으로 정리할 수 있다. 첫째, 사회간접자본의 형성과 관련하여 전개된 관과 민의 관계의 변화이다. 개항기와 식민지기 동안 관과 민의 관계는 현격하게 변화하였는데, 통신사업의 국가독점권, 통신기관의 창설 및 유지비용의 조달, 관료제적 지배체제라는 세 측면에서 그 변화상을 정리하여 둔다.

(1) 통신사업의 국가독점권: 근대적인 통신사업에 있어서 영업권의 소유구조는 민간의 영업의 자유을 인정한 후에, 영업의 자유에 대한 예외로서 통신사업에 대한 국가독점권을 법률로써 선언하고, 다시 통신사업에 대한 국가독점권에 대한 예외로서 사설 통신사업권(私設通信事業權)을 인정하는 것이다. 이와 같은 영업권의 소유구조는 갑오개혁기 친일내각하에서 도입되었지만, 대한제국기에는 통신사업에 대한 국가독점권을 명기하지 않았다. 대한제국기의 통신사업의 영업권의 소유구조는 애매하게 되었으며, 다시 영업권의 소유구조가 명확하게 확립된 것은 1905년 일본의 통신관계법령이 조선에 적용되면서부터였다.

(2) 통신기관의 창설 및 유지비용의 조달: 대한제국기 통신기관의 보급은 주로 국가의 필요에 의해 이루어졌으며, 특정지역에 있어 전신수요를 제외하고는 민간의 수요는 거의 반영되지 않았다. 이 시기에도 창설 및 유지비용을 민간에게 전가하는 체계가 있었는데, 임시우체사제도나 순변(巡卞) 순병제도(巡兵制度)가 이에 해당한다. 이 제도들은 통신사업의 운영에 필요한 역무에 임금을 지불하지 않고 인민을 동원한 것으로서, 일종의 신역제도였다. 신역제적(身役制的) 비용전가는 통신사업에 대한 민간의 반감을 야기하였다. 식민지기에는 민간의 통신수요는 국가의 보급계획을 능가하게 되었다. 식민지 정부는 이러한 상황의 변화를 반영하여 통신기관의 창설 및 유지비용을 민간에게 전가시키는 제도를 발전시켰다. 창설 및 유지비용을 부담하는 지역에 우선적으로 통신기관을 보급하는 것이 이 제도들의 특징이었는데, 이를 배경으로 하여, 각 지역에서 통신기관 유치운동이 일어나기도 하였다. 통신기관의 보급과 관련된 관과 민의 관계의 장기적인 변화과정을 요약하면, 민간의 수요가 결여된 상태 속에서 국가의 필요에 의해 보급되고 있던 물적 인프라스트럭처가, 민간의 지역개발운동을 기반으로 하여 보급되는 방식으로 변화하였다.

(3) 관료제적 지배체제: 조선시대에는 관료제를 매개로 하여 지배계급은

존재할 수 있었다. 관료를 배출하지 못하는 가문은 몰락할 수밖에 없었으며, 관료를 배출하는 것이 집안을 일으키는 요로였으므로, 조선인의 관료지향성은 매우 강하였다. 이 관료지향성은 개항기와 식민지기의 근대적 변화과정 속에서도 사라지지 않았다. 개항기와 식민지기에는 관리의 선발방식이 변화하였다. 조선시대에는 주자학적 소양을 가지고 있는 인물을 관리로 선발하였음에 반하여 개항 이후에는 신식학문을 학습한 인원을 관리로 선발하였다. 조선인이 근대적인 학교제도를 수용하게 되는 배경에는 관료선발체계의 이러한 변화를 배경으로 한다. 개항기에는 식신학문의 수용자층으로 중인계급(中人階級)이 성장함에 따라 양반지배체제(兩班支配體制)로서의 신분제도는 변질되었다. 식민지시기에는 조선인에게 허락된 소수의 관직을 얻으려는 경쟁속에서 조선인의 학력 인플레이션이 진행되어, 초등교육의 보급수준에 비해 볼 때 상대적으로 많은 조선인 고등학력 소유자가 배출되었다.

둘째, 식민지적 발전의 지역구조적 특질로서의 비지적(飛地的) 발전론의 재검토이다. 본 연구에서는 식민지기에 형성된 통신 네트워크의 확산과정을 분석함으로써, 비지적(飛地的) 발전론을 재검토하였다. 당시 통신 네트워크의 확산과정은 비지적 발전론으로는 설명할 수 없는 세 가지 측면이 있었다. (1) 통신네트워크는 조선-일본 간 통신인 제국적(帝國的) 통신망으로만 발전한 것은 아니고, 조선내부의 통신도 발전하고 있었으며, 후자의 비중이 증대되는 방향으로 진행되었다. (2) 식민지 분업체계를 위한 거점으로 개발된 지역에서만 통신 사용량이 성장하였던 것은 아니고, 이들 지역을 중심으로 한 여러 위성도읍에서 통신사용량이 성장하고 있었으며, 후자의 비중이 더 증가하는 방향으로 진행되었다. (3) 통신 네트워크가 일본인 간의 통신 네트워크로만 발전한 것이 아니라 조선인 간 그리고 조선인과 일본인 간의 통신 네크워크로도 발전하고 있었으며, 후자의 비중이 증대하는 방향으로 진행되었다. 조선 내부의 통신 네크워크의 발전, 대도시와 위성도읍 간의 통신 네트워크의 발전, 조선인 통신 네트워크의 발전은 서로 결합되어 있는 것으로서, 이는 식민지적 분업체계에 조선의 재래적인 유통체계가 포섭되어 발전하는 과정이었음과 동시에 이러한 변화를 진행시키고 있는 주체로서 조선인이 성장하는 과정이었다. 식민지적 분업체계에 조선의 재래적인 유통체계가 포섭되어 발전하고 있었던 것은 식민지기에 장시가 성장하고, 금융조합과 통신기관이 장시소재지를 중심으로 하여 보급되고 있었음을 통하여 파악할 수 있다. 그러나 아직 통신기관과 재래 유통체계가 결합되어 발전하는 양상에 대해서 충분하게 분석하지는 못하였다.

셋째, 당시 통신사업에 있어 형성되고 있었던 인사관리체계의 특질이다. 개항기와 식민지기를 거치면서, 통신사업에서는 현업중심주의(現業中心主義)에 입각한 인사관리체계가 형성되고 있었다. 본 연구에서는 승진제도, 임금제도, 양성제도, 사내복지제도 등에서 현업중심주의에 입각한 인사관리체계가 정착되는 과정을 분석하였는데, 이를 현업중심주의에 기반한 내부노동시장의 형성이라는 시점에 한정하여 정리하면 다음과 같다. 관리들의 내부노동시장은 이미 조선시대에도 있었다. 조선시대 관리들의 내부노동시장은 품계제도(品階制度)에 의해 운영되고 있었다. 품계제도는 내부승진제도와 연공서열형 임금제도로서의 성격을 가지고 있는 것이었다. 대한제국기에는 신역제에 입각하여 운영되고 있었던 현업 노무를 고용제도로 변화시켰는데, 현업 노무자 시장에 있어서도 내부승진제도와 연공서열형 임금제도가 발전하였다. 대한제국기 통신사업에 있어서의 노동시장 발전의 특징은 스팟 노동시장은 거의 발전하지 않고, 관리시장과 용인시장 모두에서 내부노동시장이 형성되었다는 점과, 이 양 시장은 완전히 분리되어 있었다는 점이다. 식민지기에 있어 내부노동시장의 발전은 이렇게 분단되어 있었던 사무자의 내부노동시장과 노무자의 내부노동시장이 통합되는 형태로 진행되었다. 식민지시기에도 통신사업에 있어 스팟 노동시장의 발전은 거의 이루어지지 않았지만, 대한제국기와는 달리 청부제도와 관련되어 새롭게 노동시장의 분단이 이루어지고 있었다. 직영 통신기관의 내부노동시장과 청부 통신기관의 내부노동시장은 분단되어 있었다. 노동시장의 분단과 관련하여 또 하나 지적하여야 할 것은 일종의 노동 청부제도로서 수부 체송제도(受負遞送制度)가 발전하였다는 점이다. 식민지기에는 교통기관이 발전하였는데, 체신국은 체송업무를 이들 교통기관에 청부하고 있다. 스팟마켓에서 내부노동시장으로의 변화가 변화의 주된 형태였던 것이 아니라, 분단되어 있던 내부노동시장의 통합과 내부노동시장의 새로운 분단이 당시 노동시장의 변화의 내용이다.

넷째, 식민지 지배체제 속에서 조선인이 성장할 수 있었던 배경이다. 식민지기에 조선인은 다양한 차원에서 성장하고 있었는데, 조선인의 성장은 조선인의 성장에 친화적인 식민지 지배정책의 산물이었다기보다는 조선인이 식민지민으로서 가지고 있었던 핸디캡을 극복하는 형태로 진행된 측면이 강하였다. 이를 통신기관 유치운동의 추진자로서의 조선인의 성장, 통신 사용자로서의 조선인의 성장, 통신기관종사자로서의 조선인의 성장이라는 세 가지 측면에서 정리하여 보자.

(1) 통신기관 유치운동의 추진자로서의 조선인의 성장: 통신수요는 커지고 있지만, 체신국이 통신기관을 설치하여 주지 않은 지역의 주민들은, 통신기관의 창설 및 유지비용을 분담하는 조건으로 우선적으로 통신기관을 설치하여 줄 것을 요구하였는데, 이와 같은 운동을 통신기관 유치운동이라 한다. 식민지 후기로 갈수록 조선인에 의한 통신기관 유치운동이 증가하고 있다. 통신기관 유치운동의 추진자로서 조선인이 성장하고 있었던 것은 통신수요가 성장하고 있는 조선인 거주지역에 일반예산에 의한 통신기관의 보급이 별로 이루어지지 않았기 때문에 일어난 것으로 볼 수 있다.

(2) 통신 사용자로서의 조선인의 성장: 조선인이 식민지민의 핸디캡을 극복하는 형태로 성장하고 있는 것을 가장 잘 보여주는 것은 전신 사용자로서의 조선인의 성장이다. 조선인 전신 사용량의 성장은 조선어 전보의 감소와 동시에 진행되고 있었다. 당시 통신기관은 조선어 전보를 취급하고는

있었지만, 우편국의 전신고원은 일본인이 대다수여서 조선어 전보는 오류가 많았다. 따라서 조선인은 정확한 내용을 전달하기 위하여 조선어 전보가 아니라 일본어 전보를 사용하였다. 즉 조선인은 조선어 사용자라는 핸디캡을 극복하면서 통신사용자로 성장하고 있었다. 조선인이 일본어 전보를 치게 된 이유로는 조선어 전보의 오류에만 기인한 것은 아니었다. 당시의 통신 네크워크는 식민지적 분업체계와 관련되어 전개되었기 때문에, 제국적 통신망이라는 성격이 강하였다. 조선인이 제국적 통신망에 참입하기 위해서도 조선어 사용자라는 핸디캡을 극복하지 않으면 안 되었는데, 당시 조선어 전보는 조선 내에서 수발되는 전보에 대해서만 행해지는 것으로 조선-일본 간 통신에서는 조선어 전보를 사용할 수가 없었다. 즉 일본에 거주하는 조선인과 조선에 거주하는 조선인이 전보를 하는 경우에도 일본어 전보를 사용할 수밖에 없었다. 조선인은 이러한 언어의 핸디캡을 극복하였기 때문에, 조선-일본 간 통신에 있어서도 조선인 통신사용량의 비중이 높아진 것이다.

(3) 통신기관 종사자로서의 조선인의 성장: 식민지적 차별체계는 식민지 초기보다 후기에 더 완화되었지만, 식민지 말기에 있어서도 식민지적 차별체계 예컨대 채용차별과 임금차별과 승진차별는 의연히 남아 있었다. 조선인은 이러한 차별체계 속에서 보다 상위 직급으로 성장하고 있었다. 관리자격제도와 관련하여 고찰하면, 당시 조선에 있어 관립 고등교육기관의 보급은 매우 미미하였는데, 조선인은 이를 극복하기 위해 사립 고등교육기관을 만들기도 하였으며, 고등학력을 획득하기 위해 일본 본토의 교육기관에 입학하기도 하였으며, 고등문관시험의 경우 일본본토에서만 실시되었는데, 고등관리로 성장하기 위하여 일본 본토에서 실시되고 있었던 고등문관시험에 응시하여 그 자격을 획득하기도 하였다. 이와 같은 과정을 통하여 조선인 고등관리가 형성되었다. 그리고 경력에 의한 승진의 경우에 있어서도 일본인 고원은 식민지 가봉을 지급받지 않는 대신에 조선인보다 더 높은 초임금을 지급받음으로써, 판임관으로 승진하기 위한 봉급에 도달하는 기

간이 동일한 학력소유자라 할지라도 조선인보다 훨씬 빨랐다. 조선인은 이러한 임금 및 승진제도상의 차별을 극복하고 장기근속에 바탕하여 승진하고 있었다. 그리고 채용차별과 관련하여서는 치안유지상의 이유로 조선인을 임용하지 않았던 우편소장으로 조선인이 임용되는 과정을 통하여 살펴볼 수 있다. 조선인 우편소장이 출현할 수 있었던 배경에는 식민지적 차별체계에 대한 조선인의 저항이 있었는데, 채용차별에 대해 식민지민이 저항하는 경우, 조선인의 채용을 배제하는 것보다는 오히려 허용하는 것이 체제유지비용을 줄일 수 있으므로, 조선총독부는 조선인 우편소장을 채용하는 것으로 정책을 변경한 것이다. 이제까지는 조선인이 자신의 핸디캡을 극복하고 성장하는 과정에만 초점을 맞추었기 때문에, 조선인의 성장이 가지고 있는 다양한 측면을 모두 고려하지는 못하였다. 특히 언급해 두어야 할 것은 조선인의 성장이 기본적으로 창발적(創發的)인 과정이 아니라 학습과정이었다는 점이다. 조선인의 학습은 일본제국주의가 식민지 지배체제의 일환으로 구축하고 있었던 근대적인 제도와 시설하에서 진행되었으며, 조선에 진출하여 활동하는 일본인과의 접촉 속에서 이루어진 것이었다. 그런 점에서 당시 식민지 지배정책과 조선에 진출한 일본인과 분리하여 조선인의 학습과정을 생각할 수는 없다.

다섯째, 식민지 조선에 있어서 역사적 경험의 특수성이다. 위에서 고찰한 조선인의 성장은 일본 식민지에 있어 일반적으로 전개된 것은 아니었다. 본 연구자는 조선에서의 전개과정을 대만과 비교하면서 서술하였다. 그런데 위에서 든 조선인의 성장과 대응하는 대만인의 성장은 이루어지지 않았다. 다음 세 가지 측면에서 그 차이를 확인하여 둔다. (1) 조선에서는 통신기관 유치운동의 추진주체로서 조선인의 성장이 이루어지고 있지만, 대만에서는 이에 해당하는 대만인의 성장이 진행되지 않았다. (2) 조선인은 통신 사용자로서 꾸준히 성장하고 있지만, 대만인은 1920년대 이후에 오히려 퇴보하는 경향도 있다. 일 인당 통신사용량을 보면, 전화보급대수를 제외하고는, 1910년대에는 대만인의 통신 사용량이 조선인의 통신 사용량을 능가하였지만, 1930년대 말에는 조선인의 통신 사용량이 대만의 통신 사용량을 능가하게 되었다. (3) 조선인은 통신종사자로서 성장하고 있지만, 대만인의 경우에는 1920년대 이후에 오히려 감소한다. 조선과 대만에서 이러한 차이가 발생한 배경으로, 본 연구에서는 잠정적으로 조선과 대만이 일본에 통합되는 방식의 차이, 조선과 대만에서의 식민지 동화정책의 전개과정의 차이, 조선인과 대만인에 있어 관료지향성의 차이를 들었는데, 이에 대해서는 보다 면밀하게 검토할 필요가 있다.

이제 이 연구의 전반적인 한계와 그 발전방향에 대해 살펴보자.

첫째, 이 연구는 해방 이전 통신사업의 전개과정만을 고찰함으로써, 개항기와 식민지기의 통신사업이 해방 이후 통신사업과 어떻게 연결되는지는 고찰하지 않았다. 개항기와 식민지기에 갖추어진 역사적 전제조건들이 해방 이후 산업화를 어떻게 규정하고 있었는가를 구체적으로 분석할 필요가 있는데, 통신사업은 이를 연구하는데 좋은 소재이다. 뿐만 아니라, 개항기와 식민지기의 통신사업의 역사적 경험이 해방 후 통신사업에 어떠한 규정을 주었는가는 개항기와 식민지기의 통신사업의 역사적 경험을 평가하기 위해서도 반드시 행해야 할 남겨진 연구과제이다.

둘째, 이 연구는 통신사업을 통하여 개항기와 식민지기 조선의 근대화 과정을 들여다보고 있을 뿐, 당시 조선의 전체적인 근대화 과정 속에 통신사업의 근대화 과정을 위치 지우는 작업은 수행하지 못하였다. 통신사업의 근대화 과정을 조선의 전체적인 근대화 과정 속에 위치 지우기 위해서는 다음과 같은 작업들이 이루어져야 한다. (1) 해방 이전 국가관료제의 전체적인 변천과정을 파악하고, 이 속에 통신기관이 차지하는 위치를 명확하게 하는 것이 필요하다. (2) 통신사업이라는 관업에서의 변화과정의 의미를 명확하게 하기 위해서는 민간사업에서의 변화과정과 비교하여 분석하는 것이 요구된다. 이 시기 통신사업과 비교하기에 적당한 민간사업으로서는 전기사업과 해운산업을 들 수 있다. 관업인 통신사업과 민간사업인 전기사업 및 해운산업을 비교함으로써 통신사업의 관업으로서의 특성이 보다 명확하게 될 것이다. (3) 조선의 성장과정을 보여주는 다양한 집계치들에 의해 구상할 수 있는 조선의 근대화 과정에 대한 역사상과 통신 사용량 통계가 보여주는 조선의 근대화 과정에 대한 역사상을 비교하여 검토하는 것이 요청된다.

셋째, 통신 네트워크의 형성을 통신 사용량이라는 집계량를 통하여 살펴보고 있을 뿐, 이러한 집계적 현상에 포괄되어 있는 다양한 미시적 행태들을 고찰하지 못하였다. 각 개인이 남긴 다양한 기록들을 분석하면, 통신활동과 관련된 미시적인 변화들을 고찰할 수 있다. 일가와 신문, 시대소설 등을 자료로 이용하여, 통신기관의 보급이 촌락생활이나 도시생활이나 경제생활에 어떠한 영향을 주었는지를 고찰할 필요가 있다. 예컨대, 통신기관의 보급이 각 개인의 정보교류의 반경에 어떠한 영향을 미치고 있는지, 시장이나 거래소의 이용에 어떠한 영향을 미쳤는지 등을 구체적으로 고찰할 필요가 있다.

넷째, 이 연구에서는 조선에서의 통신사업의 전개과정의 역사적 특질을 파악하기 위해 일본 및 대만과의 비교사적 시각을 채택하였는데, 이와 같은 비교사를 하기에는 아직 일본 및 대만에 대한 연구가 충분히 이루어지지 않았다. 보다 체계적인 자료수집을 하여 일본과 대만의 통신사업에 대한 연구를 조선에 대해 행한 것과 동일한 수준으로 한 이후에야 보다 공정한 비교사가 가능할 것이다.

참고문헌

Ⅰ. 자 료

1. 연혁사

遞信省電務局(1892): 『帝國大日本電信沿革史』.

朝鮮總督府遞信局(1914): 『朝鮮通信事業沿革小史』.

朝鮮總督府遞信局(1915): 『朝鮮郵便官署國庫金事務史』.

朝鮮總督府遞信局(1938): 『朝鮮遞信事業沿革史』.

遞信省(1936): 『遞信省五十年略史』.

遞信省(1940): 『遞信事業史』 1卷-6卷.

遞信部: 『電氣通信史資料 1-4』.

遞信事業史編纂委員會(1957): 『遞信事業沿革史』.

遞信部(1965): 『遞信機構沿革史』.

遞信部(1965): 『韓國電氣通信80年史』.

遞信部(1971): 『韓國郵政史』.

遞信部(1984): 『韓國郵政100年史』, 체성회.

遞信部(1985): 『韓國電氣通信100年史』.

韓國電氣通信公社練修院(1990): 『電氣通信練修院史』.

2. 연보 및 통계

- 조선에 관한 자료

京城日報社: 『朝鮮年鑑』, 1933-1944.

釜山郵便局: 『局勢大要』, 各年版(1933-1936).

日本放送協會: 『ラヂオ年鑑』, 各年版(1937-1943, 1939년판 결).

朝鮮總督府: 『朝鮮總督府統計年報』, 各年度.

朝鮮總督府(1945): 『人口調査結果報告』.

朝鮮總督府通信局(1911): 『郵便局所要覽』.

朝鮮總督府遞信局: 『朝鮮總督府遞信年報』, 1911-1941.

朝鮮總督府遞信局: 『朝鮮總督府遞信統計要覽』, 1921-1941.

朝鮮總督府遞信局: 『朝鮮遞信局內 職員及庸人衛生統計』, 1931-1939.

朝鮮總督府遞信局: 『通信事業槪況』, 1918-1928.

朝鮮總督府遞信局: 『朝鮮ノ遞信事業』, 1925-1939.

統監府通信管理局: 『統監府通信事業報告』, 1906-1909.

遞信部: 『朝鮮遞信統計要覽』, 1943-1944.

『帝國議會提出 歲入歲出總決算』 各年度.

『帝國議會提出 歲入歲出總豫算』 各年度.

『昭和七年度拓務省所管 朝鮮總督府特別會計歲入歲出豫定計算書』

- 일본에 관한 자료

內閣統計局: 『大日本帝國統計年鑑』, 各年版.

貯金局(1937): 『郵便爲替貯金業務狀況』.

遞信大臣官房文書課: 『遞信省年報』, 各年版(1933, 1934, 1935).

遞信大臣官房文書課: 『遞信一覽』, 各年版.

遞信省: 『遞信統計要覽』, 各年版(1927, 1928, 1930).

- 대만에 관한 자료

臺灣總督官房調査課(1916): 『大正十四年臺灣第二十一統計摘要』.

臺灣總督官房調査課(1926): 『臺灣統計一覽表 大正十四年』.

臺灣總督官房調査課(1928): 『昭和二年臺灣第二十三統計摘要』.

臺灣總督官房調査課(1937): 『昭和十一年臺灣第三十二統計摘要』.

臺灣總督官房調査課(1939): 『昭和十二年臺灣第三十三統計摘要』.

臺灣總督官房調査課: 『臺灣總督府統計書』, 各年版(1921, 1924, 1926-1928, 1930
    -1937).

臺灣總督官房企劃部(1939): 『昭和十三年臺灣第三十四統計摘要』.

臺灣總督官房企劃部(1940): 『昭和十三年 臺灣總督府第四十二統計書』.

臺灣總督府(1915): 『大正二年臺灣統計要覽』.

臺灣總督府(1916): 『大正三年臺灣統計要覽』.

臺灣總督府交通局遞信部: 『臺灣總督府遞信統計要覽』, 各年版 1929-1939(1938년 결).

3. 법령 및 예규

國會圖書館(1970,1971): 『韓末近代法令資料集』.

勞動事情調査會(1937): 『官業勞務規程總覽』, モナス.

臺灣總督府(1926): 『臺灣法令輯覽』, 帝國地方行政學會.

臺灣總督府(1943): 『臺灣法令輯覽』.

朝鮮總督府(1923): 『人事例規』.

朝鮮總督府官房秘書課編纂: 『朝鮮人事例規』, 帝國地方行政學會朝鮮本部發行.

朝鮮總督府總務局會計課(1919): 『朝鮮會計例規』.

朝鮮總督府總務局會計課(1926): 『朝鮮會計例規』.

朝鮮總督府總務局會計課(1943): 『朝鮮會計例規』.

4. 잡지, 신문자료 및 지도

『獨立新聞』, 『東亞日報』, 『每日新聞』, 『釜日新聞』, 『帝國新聞』, 『朝鮮中央日報』, 『朝鮮日報』, 『漢城週報』, 『皇城新聞』.

서울대학교신문연구소(1993): 『(신문으로 본) 한국의 전기통신』, 1-3권.

朝鮮遞信協會: 『朝鮮遞信協會雜誌』, 1918.1(제1호) - 1942.12.

朝鮮總督府遞信局: 朝鮮遞信地圖, 1915년, 1927년, 1928년.

統監府通信管理局(1910): 韓國通信線路圖.

遞信協會: 郵便線路圖, 1922년, 1929년, 1932년, 1935년.

5. 인사관련자료

內閣印刷局: 『職員錄』, 各年版.

大垣丈夫(1913): 『朝鮮紳士大同譜』, 경성일보사인쇄부.

大韓民國文敎部國史編纂委員會(1972): 『大韓帝國官員履歷書』, 國史編纂委員會..

田中鴻城(1913): 『朝鮮紳士寶鑑』, 日韓印刷株式會社.

朝鮮總督府: 『朝鮮總督府及所屬官署 職員錄』, 各年版.

學士會: 『會員氏名錄』, 各年版(1928-1943).

各學校 『卒業生名簿』.

6. 기타자료

吉田新一(1936): 『日韓通信事業合同顚末私考』.

堂本敏雄(1938): 『朝鮮通信事業監督論』.

森尾人志(1935): 『朝鮮の遞信陣營』.

朝鮮總督府遞信局(1911): 『朝鮮郵便爲替貯金事業槪況』.

朝鮮總督府遞信局(1936): 『遞信拾遺』.

朝鮮總督府遞信局(1942): 『朝鮮總督府遞信官署 共濟組合事業槪要』.

II. 연구서

1. 한국어 문헌

김경태(1994): "중화체제·만국공법질서의 착종과 정치세력의 분열," 『한국사 11』, 한길사.

金載昊(1997): "甲午改革이후 近代的 財政制度의 形成過程에 관한 硏究," 서울대 박사학위논문.

朴基炷(1998): "朝鮮에서의 金鑛業 發展과 朝鮮人鑛業家," 서울대박사학위논문.

박순원(1995): "식민지공업화기 노동자계급의 성장," 『한국사 14』, 한길사.

박이택(2005): "조선후기의 경제체제: 중국·일본과의 비교론적 접근," 이대근 외,

『새로운 한국경제발전사 – 조선후기에서 20세기 고도성장까지』, 나남출판.

孫兌鉉(1997): 『증정판 한국해운사』, 효성출판사.

孫禎睦(1977): 『朝鮮時代都市社會研究』, 일지사.

孫禎睦(1982): 『한국개항기 도시사회경제사연구』, 일지사.

신경남(1993): 『전정판 최신 회계제도 해설』, 범신사.

安秉直(1990): "식민지조선의 고용구조에 관한 연구," 『근대조선의 경제구조』, 비봉출판사.

安秉直·李大根·中村哲·梶村秀樹 편(1990): 『근대조선의 경제구조』, 비봉출판사.

안병직·이영훈(2007): 『대한민국, 역사의 기로에 서다』, 기파랑.

安秉直·中村哲 공편(1993): 『근대조선공업화의 연구』, 일조각.

吳斗煥(1991): 『韓國近代貨幣史』, 韓國研究院.

李炳天(1983): "朝鮮後期 商品流通과 旅客主人," 『經濟史學』 제6호.

李炳天(1984): "居留地貿易機構와 開港場客主," 『經濟史學』 제7호.

李榮薰(1997): "量案 上의 主 規定과 主名 記載方式의 推移," 『조선토지조사사업의 연구』, 민음사.

李榮薰·張矢遠·宮嶋博史·松本武祝(1992): 『近代朝鮮水利組合研究』, 일조각..

李載坤(1977): "韓國電氣·電子·通信·放送技術史," 『韓國現代文化史大系 科學·技術史(下)』, 高麗大學校 民族文化研究所.

李憲昶(1989): "舊韓末 忠靑北道의 市場構造," 『近代朝鮮의 經濟構造』, 비봉출판사.

李憲昶(1999): "朝鮮後期社會와 日本近世社會의 商品流通의 比較研究 – 前近代 財政과 市場形成의 關聯性을 중심으로," 『財政政策論集』 1號.

장종국(1998): 『조선정치제도사』, 한국문학사.

정약용(1997): 『경세유표 1』, 이익성 역, 한길사.

정재정(1989): "조선총독부철도국의 고용구조," 『근대조선의 경제구조』, 비봉출판사.

정재정(1999): 『일제침략과 한국철도(1892-1945)』, 서울대학교출판부.

車長燮(1997): 『朝鮮後期閥閱研究』, 一潮閣.

天野郁夫(1992): 『敎育と選拔』, 석태종·차갑부 역, 『교육과 선발』, 양서원.

黃道淵(1966): 『通信事業 經營의 近代化過程』, 韓國産業能率本府出版部刊.

2. 일본어 문헌

加藤木重敎(1916): 『日本電氣事業發達史 前編』, 電友社.

角山榮 編(1986): 『日本領事報告の硏究』, 同文館.

岡岐哲二·奧野正寬 編(1993): 『現代日本經濟システムの原流』, 日本經濟新聞社.

溝口敏行·梅村又次(1988): 『舊日本植民地經濟統計』, 東洋經濟新報社.

駒込武(1996): 『植民地帝國日本の文化統合』, 岩波書店.

藤井信幸(1988): "明治前期の電信政策," 日本歷史學會, 『日本歷史』, 479號

藤井信幸(1993): "明治期の生絲販賣における情報傳達システム - 合資岡谷製絲
會社と純水館の電信利用," 東京大學文學部內 史學會, 『史學雜誌』, 第10
2編 第10號

木村光彦(1989): "定期市", 『近代朝鮮의 經濟構造』, 비봉출판사.

木村精一(1938): "會計法規의 理論과 實際", 政治敎育協會, 『行政實務講座5』.

浜口裕子(1996): 『日本統治と東アジア社會』, 勁草書房.

杉山伸也(1990): "情報革命," 『産業化の時代 下』, 岩波書店.

石井寬治(1994): 『情報·通信の社會史』, 有斐閣.

小林英夫(1977): 『大東亞共榮圈の形成と崩壞』, お茶の水書房.

薮內吉彦(1975): 『日本郵便創業史－飛脚から郵便へ－』, 雄山閣出版.

水原明窓(1993): 『朝鮮近代郵便史』, 財團法人日本郵便協會.

安秉直(1988): "日本窒素における朝鮮人勞動者階級の成長に關する硏究," 『朝鮮
史硏究論文集』25.

財團法人船交會(1986): 『朝鮮交通史』.

赤松要(1945): 『經濟新秩序の形成原理』, 理想社.

淸水順治(1928): 『通信事業規畫』, 日本遞信學會.

村上泰亮·公文俊平·佐藤誠三郎(1979): 『文明としてのイエ社會』, 中央公論社.

和田道(1939): 『入試對策の新指導』, 硏究社.

3. 구미 문헌

Abramovitz, Moses(1986): "Catching Up, Forging Ahead, and Falling Behind," *The Journal of Economic History*, Vol. 46, No. 2, pp. 385-406.

Amsden, A.H.(1989): *Asia's Next Giant: South Korea and Late Industrialization*, Oxford Univ. Press.

Amsden, A.H.(1991): "Diffusion of Development: The Late-Industrializing Model and Greater East Asia," *American Economic Review*, Vol. 81, pp.282-286.

Baumol, William J. (1986): "Productivity Growth, Convergence and Welfare: What the Long Run Data Show?" *American Economic Review*, 76, pp. 1072-85.

Clinton, Alan(1984): *Post Office Workers - A Trade Union and Social History*, George Allen & Unwin.

Daniels, P.W.(1985): *Service Industries - A Geographical appraisal*, Methuen.

Gerschenkron(1962): *Economic Backwardness in Historical Perspective*, The Belknap Press of Harvard University Press.

Islam, Nazrul(2003): "What Have We Learnt From The Convergence Debate?," *Journal Of Economic Surveys*, Vol. 17, No. 3.

John, Richard R.(1995): *Spreading the News - The American Postal System from Franklin to Morse*, Harvard University Press.

Lazonick, William(1991): *Business Organization and the Myth of the Market Economy*, Cambridge University Press.

Maddison, A(1987): "Growth and Slowdown in Advanced Capitalized Economies: Techniques of Quantitative Assessment," *Journal of Economic Literature*, Vol. 25, pp.649-698.

Myers, Ramon H., and Mark R. Peattie(1984): *The Japanese Colonial Empire 1895-1945*, Princeton University Press.

Park, Soon Won(1985): *The Emergence of a Factory Labor Force in Colonial Korea; A Case Study of the Onoda Cement Factory*, Ph. D thesis, Harvard University.

Polanyi, Karl(1977): *The Livelihood of Man*, Academic Press.

Wade, R.(1990): *Governing the Market: Economic Theory and the Role of the Government in East Asian Industrialization*, Princeton Univ. Press.

Weiss, Linda and John M. Hobson(1995): *States and Economic Development*, Polity Press.

<부표 1- 1> 우체사 설치 예정지의 변천 및 설치연월

우체사 관제상의 설치 예정 지역											개국 연월	비 고
1895 윤5.26	1896 8.5	변동사항								1904 전체		
		1897 3.23	1897 8.12	1898 3.19	1899 5.12	1900 7.25	1902 10.3	1904 3.12				
	총사	한성								한성	1895년 6.1	
한성	일등사 한성	총사로 변경										
인천	인천									인천	1895년 6.1	
개성	개성									개성	1895년 8.1	
대구	대구									대구	1895년 10.21	
동래	부산									부산	1895년 10.21	
전주	전주									전주	1896년 2.16	
공주	공주									공주	1896년 2.16	
평양	평양									평양	1896년 4.25	
의주	의주									의주	1896년 4.25	
원산	원산									원산	1896년 6.5	
경성	경성										1896년 6.15	
		이등사로 변경										
		경흥								경흥	1896년 12.27	
		삼화								삼화	1897년 12.15	
		무안								무안	1897년 12.19	
			옥구							옥구	1899년 7.22	
			창원							창원	1899년 8.20	
			성진							성진	1899년 9.10	
							진위			진위	1904년 7.10	
							종성			종성		
							황간			황간		
	이등사 수원									수원	1895년 8.10	한성 우체사 지사로 개시
충주	충주									충주	1895년 10.21	
안동	안동	상주로 변경			안동					안동	1895년 10.21	1898.3.26 상주 우체사 지사
남원	남원									남원	1896년 2.16	
나주	나주									나주	1896년 2.16	1897.12.25 광주로 이건후·미개국
춘천	춘천									춘천	1896년 6.5	
해주	해주									해주	1896년 6.5	
홍주	홍주									홍주	1896년 6.5	
함흥	함흥									함흥	1896년 6.5	
강계	강계									강계	1895년 6.15	
진주	진주									진주	1896년 7.25	
강릉	강릉									강릉	1898년 1.5	

우체사 관제상의 설치 예정 지역										개국 연월	비 고
1895 윤5.26	1896 8.5	변동사항							1904 전체		
		1897 3.23	1897 8.12	1898 3.19	1899 5.12	1900 7.25	1902 10.3	1904 3.12			
제주	제주								제주	1902년 8.15	
갑산	갑산								갑산		
		상주							상주	1897년 3.23	
		광주							광주	1897년 12.25	
		영변							영변	1898년 1.15	
			경성						경성		
			금성	철원으로변경			금성		금성	1897년 12.29	1898.3.19 철원으로 이건후 미개국
				철원					철원	1898년 3.19	
						정주			정주	1896년 10.5	평양 우체사 지사로 개시
						청주			청주	1898년 2.25	충주 우체사 지사로 개시
						안성			안성	1898년 2.25	수원 우체사 지사로 개시
						북청			북청	1898년 3.26	함흥 우체사 지사로 개시
							은진		은진	1902년 7.10	공주 우체사 지사로 개시
							경주		경주	1902년 8.15	대구 우체사 지사로 개시
							장흥		장흥	1902년 8.15	광주 우체사 지사로 개시
							서흥		서흥	1902년 8.15	해주 우체사 지사로 개시
							벽동		벽동	1902년 8.15	의주 우체사 지사로 개시
							안주		안주		
								시흥	시흥	1903년 9.18	
								천안	천안		
								노성	노성		
								성주	성주		
								밀양	밀양		
								직산	직산		
								아산	아산		
								전의	전의		
								연산	연산		
								진산	진산		
								금산	금산		
								영동	영동		
								김산	김산		
								칠곡	칠곡		
								청도	청도		
24개 사	25개 사	27개 사	31개 사	31개 사	34개 사	40개 사	46개 사	64개 사	64개 사	44개 사	

<부표 1-2> 전보사 설치 예정지의 변천 및 설치 연월

	전보사 관제상의 설치 예정 지역											업무 개시일	비 고
	1896 7.23	변동사항									1904 전체		
		1897 6.14	1897 10.28	1898 4.14	1899 5.22	1899 10.6	1900 7.25	1901 6.1	1903 2.1	1904 3.12			
총사	한성										한성	1896년 7.28	
일등사	한성	총사로 변경											
	의주										의주	1896년 7.28	
	인천										인천	1897년 3.15	
	원산										원산	1897년 5.31	
	부산										부산	1898년 6.18	
	경성										경성	1900년 12.14	
	경흥										경흥		
	회령										회령		
		평양									평양	(1896년 7.28)	
		삼화									삼화	1897년 11.25	전보지사로 설치
		무안									무안	1898년 2	
				옥구							옥구	1899년 7.31	
				창원							창원	1899년 8.29	
				성진							성진	1900년 11.22	
					전주						전주	(1897년 12.7)	
						대구					대구	(1898년 6.18)	
							안주				안주	(1898년 8.9)	
							은진				은진	1903년 4.10	
								진위			진위	1904년 11.12	
								종성			종성		
								황간			황간		
이등사	개성										개성	1896년 7.28	
	평양	일등사로변경										1896년 7.28	
	공주										공주	1897년 11.23	
	전주				일등사로변경							1897년 12.7	
	대구					일등사로변경						1898년 6.18	
	함흥										함흥	1899년 12	
	해주										해주	1899년 12	
	충주										충주	1901년 5.30	
	진주										진주	1902년 1.7	
	홍주										홍주		
	남원										남원		
	나주										나주		
	제주										제주		

	전보사 관제상의 설치 예정 지역											업무 개시일	비 고
	1896 7.23	변동사항									1904 전체		
		1897 6.14	1897 10.28	1898 4.14	1899 5.22	1899 10.6	1900 7.25	1901 6.1	1903 2.1	1904 3.12			
	고성										고성		
	안동										안동		
	강릉										강릉		
	춘천										춘천		
	강계										강계		
	갑산										갑산		
		안주								일등사로변경		1898년 8.9	
				금성							금성	1899년 6.7	
				운산							운산	1899년 11	
				박천							박천		
						은산					은산	1900년 7.4	전보지사로 설치
						북청					북청	1900년 11.5	
						영변					영변	1901년 5.18	
						원주					원주		
									광주		광주	1902년 1.23	전보지사로 설치
									수원		수원	1903년 6.8	
									삭주		삭주		
									창성		창성		
									벽동		벽동		
									초산		초산		
									위원		위원		
										시흥	시흥	1903년 9.26	
										천안	천안		
										노성	노성		
										성주	성주		
										밀양	밀양		
										직산	직산		
										아산	아산		
										전의	전의		
										연산	연산		
										진산	진산		
										금산	금산		
										영동	영동		
										김산	김산		
										칠곡	칠곡		
										청도	청도		
계	27개사	27개사	29개사	30개사	36개사	36개사	40개사	40개사	48개사	66개사	66개사	31개사	

<부표 1-3> 1904년 우체사 임시우체사별 수입 및 급료 지출액

(단위 원)

우체사		수입			봉급 및 급료				A/B
사등	사명	조사된 수입금	조사 월수	일 개년 수입금(A)	주임관 봉급	판임관 봉급	고인 급료	일 개년 인건비(B)	× 100
총사	한성	13922	12	13922	600	7260	5544	13404	103.87
일등사	인천	9315	12	9315	600	1440	1680	3720	250.41
	평양	1415	12	1415	600	1020	3060	4680	30.24
	부산	815	12	815	720	1080	1656	3456	23.58
	개성	659	12	659	600	780	1716	3096	21.29
	공주	605	12	605	720	780	1392	2892	20.93
	대구	509	12	509	720	600	1812	3132	16.24
	옥구	509	12	509	600	900	744	2244	22.66
	삼화	485	12	485	720	1140	828	2688	18.05
	무안	364	12	364	720	1080	912	2712	13.43
	전주	361	12	361	600	660	1392	2652	13.60
	원산	232	9	309	720	660	1728	3108	9.96
	의주	265	12	265	720	660	888	2268	11.68
	창원	223	12	223	720	1440	996	3156	7.07
	진위	94	6	187	600	1020	744	2364	7.92
	성진	74	12	74	600	660	1080	2340	3.18
	경흥	27	12	27	720	720	972	2412	1.10
이등사	해주	375	10	449		900	1584	2484	18.09
	수원	317	12	317		660	1500	2160	14.68
	진주	260	12	260		840	1476	2316	11.25
	은진	254	12	254		600	996	1596	15.94
	영변	206	11	224		600	2268	2868	7.83
	함흥	205	12	205		660	1224	1884	10.86
	청주	198	12	198		300	888	1188	16.64
	충주	164	12	164		600	1308	1908	8.58
	안성	135	12	135		660	552	1212	11.10
	춘천	122	12	122		660	1560	2220	5.49
	경주	93	10	112		540	1560	2100	5.32
	경성	100	12	100	480	1260	1560	3300	3.02
	강계	48	6	96		360	1644	2004	4.79
	정주	87	12	87		540	972	1512	5.75
	서흥	87	12	87		780	1392	2172	3.99
	남원	82	12	82		720	1056	1776	4.63
	철원	67	10	80		660	1644	2304	3.47
	북청	79	12	79		660	1308	1968	4.00
	홍주	77	12	77		600	1140	1740	4.43
	상주	69	12	69		600	1224	1824	3.76

우체사

사등	사명	수입			봉급 및 급료				A/B
		조사된 수입금	조사 월수	일 개년 수입금(A)	주임관 봉급	판임관 봉급	고인 급료	일 개년 인건비(B)	× 100
이등사	강릉	67	12	67		720	2232	2952	2.29
	안동	61	12	61		540	972	1512	4.06
	제주	52	12	52		240	888	1128	4.64
	시흥	40	10	48		720	552	1272	3.74
	장흥	25	12	25		480	1056	1536	1.65
	벽동	17	9	22		480	1560	2040	1.09
	광주					600	1644	2244	
지사	경교	1363	12	1363					
	도동	241	9	321					
	마포	234	10	281					
	계			1965		1920	1068	2988	65.76
영수소	은산	322	5	773					
	초량	211	12	211					
계		35530		36465	11760	40800	63972	116532	31.29

각 우체사 소속 임시우체사

관할우체사			수입				일 개년	
사등	사명	사수 (司數)	조사된 수입금	조사 월수	일 개년 수입금	일 사당 수입금(A)	운영비 (B)	A/B × 100
총사	한성	18						
일등사	인천	4	100.215	12	100.215	25.054	240	10.44
	평양	20	125.010	12	125.010	6.251	240	2.60
	부산	8	108.279	12	108.279	13.535	240	5.64
	개성	6	23.733	12	23.733	3.956	240	1.65
	공주	13	169.956	12	169.956	13.074	240	5.45
	대구	11	85.563	12	85.563	7.778	240	3.24
	옥구	3	34.092	12	34.092	11.364	240	4.74
	삼화	3	20.790	12	20.790	6.930	240	2.89
	무안	5	23.787	12	23.787	4.757	240	1.98
	진주	15	157.077	12	157.077	10.472	240	4.36
	원산	5	35.487	12	35.487	7.097	240	2.96
	의주	3	28.035	12	28.035	9.345	240	3.89
	창원	8	63.504	12	63.504	7.938	240	3.31
	진위	9	106.029	12	106.029	11.781	240	4.91
	성진	3						
	경흥	3	3.483	6	6.966	2.322	240	0.97
이등사	해주	13						
	수원	5	183.897	12	183.897	36.779	240	15.32
	진주	14	54.792	12	54.792	3.914	240	1.63

각 우체사 소속 임시우체사								
관할우체사			수입				일 개년 운영비 (B)	A/B X 100
사등	사명	사수 (回數)	조사된 수입금	조사 월수	일 개년 수입금	일 사당 수입금(A)		
이등사	은진	6	88.722	12	88.722	14.787	240	6.16
	영변	6	68.103	11	74.294	12.382	240	5.16
	함흥	3	8.918	12	8.918	2.973	240	1.24
	청주	9	33.399	6	66.798	7.422	240	3.09
	충주	11						
	안성	3	51.396	12	51.396	17.132	240	7.14
	춘천	9						
	경주	7	13.194	3	52.776	7.539	240	3.14
	경성	5	6.309	5	15.142	3.028	240	1.26
	강계	3						
	정주	5	97.136	12	97.136	19.427	240	8.09
	서흥	7	44.496	11	48.541	6.934	240	2.89
	남원	8	83.673	12	83.673	10.459	240	4.36
	철원	7	72.036	10	86.443	12.349	240	5.15
	북청	5	9.972	5	23.933	4.787	240	1.99
	홍주	13	92.871	12	92.871	7.144	240	2.98
	상주	9	67.536	12	67.536	7.504	240	3.13
	강릉	11	26.334	6	52.668	4.788	240	2.00
	안동	10	29.880	9	39.840	3.984	240	1.66
	제주	3	4.626	12	4.626	1.542	240	0.64
	시흥	6	20.646	6	41.292	6.882	240	2.87
	장흥	7	18.670	11	20.367	2.910	240	1.21
	벽동	3	11.637	6	23.274	7.758	240	3.23
	광주	18						
지사	경교							
	도동							
	마포							
	계							
영수소	은산		425.000	7	728.571			
	초량							
계		343	2598.283		3096.030			

주: 1. 『한국우정100년사』에는 울진 우체사의 통계가 있으나, 은진 우체사의 오기로 처리함.
2. 봉급과 급료는 다음과 같이 산출하였음. 주임관 봉급액과 판임관 봉급액은 1904년 말 직원을 기준으로, 각각의 월급액을 곱하여 산출함. 고인 급료는 1903년 8월 23일 체전부 정원에 각 급료액을 곱하여 산출함. 고인 정원을 구할 수 없는 진위 우체사는 일등사 중 가장 적은 급료액을 택했으며, 시흥 우체사는 이등우체사 중 가장 적은 급료액을 택했음.

<부표 1- 4> 1904년 전보사별 수입 및 급료 지출액

(단위 원)

		수입			봉급 및 급료				A/B	
		조사된 수입	조사 월수	일 개년 수입(A)	주임관 월봉	판임관 월봉	고인 급료	계(B)	× 100	
총사	한성 전보사	49472	12	49472	2160	7200	4008	13368	3.70	
일등사	인천 전보사	21407	12	21407	840	1920	1056	3816	5.61	
	평양 전보사	20387	12	20387	720	2280	1452	4452	4.58	
	원산 전보사	15134	12	15134	720	1800	948	3468	4.36	
	부산 전보사	16511	12	16511	720	1560	1056	3336	4.95	
	옥구 전보사	8185	12	8185	720	1380	660	2760	2.97	
	경성 전보사	353	3	1411	720	1200	660	2580	0.55	적
	진위 전보사	6	2	39	720	960	552	2232	0.02	적
	대구 전보사	4730	12	4730	600	2340	1608	4548	1.04	
	전주 전보사	4357	12	4357	600	1740	1536	3876	1.12	
	은진 전보사	3252	12	3252	600	1020	552	2172	1.50	
	삼화 전보사	13582	12	13582	600	1020	564	2184	6.22	
	의주 전보사	1323	2	7941	600	960	948	2508	3.17	
	안주 전보사	797	12	797	600	960	972	2532	0.31	적
	무안 전보사	7747	12	7747	600	720	744	2064	3.75	
	창원 전보사	2334	12	2334	600	720	948	2268	1.03	
	성진 전보사	1239	5	2973	600	660	948	2208	1.35	
이등사	충주 전보사	1045	12	1045		1020	948	1968	0.53	적
	개성 전보사	4291	12	4291		1020	1452	2472	1.74	
	수원 전보사	160	12	160		900	456	1356	0.12	적
	해주 전보사	3081	12	3081		780	660	1440	2.14	
	함흥 전보사	1999	12	1999		780	852	1632	1.22	
	공주 전보사	2390	12	2390		720	852	1572	1.52	
	운산 전보사	456	12	456		600	264	864	0.53	적
	시흥 전보사	18	2	110		600	276	876	0.13	적
	진주 전보사	3604	12	3604		600	360	960	3.75	
	금성 전보사	263	12	263		540	252	792	0.33	적
	은산 전보사	3036	12	3036		540	360	900	3.37	
	영변 전보사	423	2	2537		540	468	1008	2.52	
	광주 전보사	2820	12	2820		480	468	948	2.98	
	북청 전보사	775	4	2324		300	852	1152	2.02	
	제주 전보사					240	252	492	0.00	적
지사	한성 전보지사	1534	12	1534		2520	996	3516	0.44	적
	계	196710		209907	12720	40620	28980	82320	2.55	

주: 1. 전보사의 수입은 『한국전기통신100년사』 에 수록된 자료를 활용함. 시흥 전보사의 수입은 1903년의 수입으로부터 산출한 것임.

2. 주임관의 월봉과 판임관의 월봉은 1904년 말 인원에 각 해당 월봉을 곱하여 산출함. 고원급료는 1904년 3월 31일 전전부와 공두의 정원에 각 료미액을 곱하여 산출함.

3. 진위 전보사와 제주 전보사는 고인의 정원을 구할 수 없었으므로, 진위 전보사의 고원급료는 일등전보사 중 가장 적은 고원급료를 택했으며, 제주 전보사의 고원급료는 이등전보사 중 가장 적은 고원급료를 택했음.

<부표 1- 5> 통신기관의 종류별 지역별 구성의 동향(1907년-1944년)

	우편국	우편전신취급소	우편취급소	우체소	우편수취소	우편전신수취소	철도전신취급소	총수
1907년 3월말 총수	50	17	126	204	54	17	40	508
경기	9		14	24	12	3	7	69
충북	2		7	11	4		3	27
충남	4		13	24	7	1	3	52
전북	3		10	18	2			33
전남	3		13	18	2	2		38
경북	4		15	25	6	1	4	55
경남	3	1	14	18	12	6	7	61
황해	1	1	11	11	4		6	34
강원	3		12	14				29
평남	3		8	13	1	2	4	31
평북	7	3	7	12	1		6	36
함남	3	3	2	10	3	1		22
함북	5	9		6			1	21

	우편국	전신국	전화국	우편소	우편취급소	전신전화취급소	전신취급소	총수	일국소에 대한 면적	일국소에 대한 인구
1911년 말 총수	188			272			67	527	419	26571
경기	23			48			15	86	149	17658
충북	8			13			4	25	297	22938
충남	14			29			5	48	169	19249
전북	12			21			3	36	238	27215
전남	17			19				36	386	45937
경북	17			28			5	50	380	33396
경남	16			44			8	68	181	22144
황해	13			13			10	36	465	28234
강원	15			13				28	938	30469
평남	11			15			8	34	439	27346
평북	17			14			9	40	712	25230
함남	10			15				25	1279	38196
함북	15							15	1356	29647
간도	1							1		
1921년 말 총수	150			446		4	106	706	313	24721
경기	14			71			18	103	124	17559
충북	6			22			4	32	232	24287
충남	8			40			8	56	145	20406
전북	6			35			5	46	186	26426
전남	14			36			5	55	253	35559
경북	12			46			6	64	297	33230
경남	11			59		2	10	82	150	22056
황해	9			31		1	10	51	328	25402
강원	8			31		1	3	43	611	27586
평남	6			33			10	49	305	22569

	우편국	전신국	전화국	우편소	우편 취급소	전신 전화 취급소	전신 취급소	총수	일국소에 대한	
									면적	인구
평북	22			20			12	54	527	22882
함남	14			20			7	41	780	30368
함북	20			2			8	30	678	18315
간도	1							1		
1931년말 총수	85	7	3	677	12	11	92	887	249	22633
경기	9	1	3	93	2		6	114	112	17448
충북	2			29			2	33	225	26557
충남	5			49		1	8	63	129	21461
전북	4			41	1		5	51	168	28548
전남	5	2		64	1		5	77	180	29085
경북	6			69		1	4	80	237	29170
경남	6	2		80	1	1	10	100	123	20193
황해	4			48	1	2	6	61	274	24452
강원	3			51		2	2	58	453	24331
평남	4	1		49			9	63	237	20606
평북	15			41	1	2	9	68	419	22012
함남	5			44	3		12	64	500	23202
함북	17	1		19	2	2	14	55	370	12343
1941년말 총수	89	14	4	985	0	4	168	1264	175	19591
경기	10	2	4	124			26	166	77	17712
충북	2			43			1	46	161	19819
충남	5			64		1	6	76	107	20817
전북	4			56			8	68	126	23885
전남	5	2		89			17	113	123	23509
경북	6	2		94		1	6	109	174	22759
경남	6	2		104			13	125	98	18732
황해	4			72			5	81	207	22714
강원	3	1		81		1	5	91	289	19207
평남	4	2		68			12	86	174	19706
평북	15	1		70		1	9	96	297	18684
함남	6	1		73			18	98	326	19762
함북	19	1		47			42	109	187	10589
1944년말 총수	93	13	4	1010		3	150	1273	173	20340
경기	10	3	4	128			24	169	76	19310
충북	2			43				45	165	22117
충남	5			65			5	75	108	22822
전북	4			56			7	67	128	25967
전남	5	2		92			17	116	120	24410
경북	6	1		97		1	6	111	171	23956
경남	7	2		105			8	122	101	20250
황해	4			73			5	82	204	24395
강원	3	1		84		1	5	94	279	19925
평남	5	1		71			9	86	174	21554
평북	15			71		1	7	94	303	20544
함남	6	1		77			17	101	317	20948
함북	21	2		48			40	111	183	10982

\<부표 2 - 1\> 조선총독부 체신국 세입세출 결산표

(단위 원)

| | 세입 | | | | |
| | 경상부 | | | | |
	통신사업 수입	인지수입	잡수입	일반회계	합계
1906	1044471	65935	-		1113088
1907	1494999	-	-		1590008
1908	1712091	-	-		1787854
1909	2007045	-	-		2150024
1910	2520694	-	-		2891766
1911	2593316	855171	-		3448487
1912	2963107	1320354	-		4283461
1913	3135867	-	-		4858802
1914	3158144	1857815			5015959
1915	3422745	2094401	9040		5526186
1916	3761248	2866374	11469		6639091
1917	4492638	4224014	12776		8729428
1918	5436332	5621669	15660		11073662
1919	6955723	9118849	15163		16089735
1920	7642003	8840431	17212		16499647
1921	9388367	10720973	25366		20134706
1922	10110252	9596356	23601		19730210
1923	11017791	9376458	22843		20417092
1924	11260743	10044855	34355		21339953
1925	11920975	10717707	47534		22686216
1926	12324130	11792710	42809		24159649
1927	13140833	11096169	45585		24282587
1928	13761399	11394972	37987		25194358
1929	14409313	11366361	26010		25801684
1930	14006470	10227891	16357	13619	24264336
1931	13999502	10700215	20689		24720406
1932	14393499	11752994	24884		26171377
1933	15734905	13890429	44776		29670110
1934	17268473	16663306	37193		33968972
1935	19371482	18657479	40733		38069694
1936	20893961	20924741	42083		41860785
1937	24679946	19773897	117214		44571057
1938	27564278	22375480	56537		49996295
1939	31725355	28785939	75644		60586938
1940	34960913	29434092	265131		64660136
1941	36787421	31835572	392083		69015076
1942	-	34685272	-		81701861
1943	51650002	44329530	335945		96315477
1944	65761127	43500141	54384		109315652

	세출							
	경상부							
	통신사업 경영비	국고금 취급비	항로표지 사업 경영비	해무비	전기사업 감독비	항공사업 감독비	기상 관측비	합계
1906	1229975	250000						1479975
1907	1586135	250000						1836135
1908	1765967	250000						2015967
1909	1876591	250000						2126591
1910	2028075	250000						2375569
1911	2285124	272823	247625		17137		51727	2874436
1912	2592335	272823	262440	46897	17137			3191631
1913	2725135	-	-	-	-			3352202
1914	2939372	272823	281230	63189	17137			3573751
1915	3079593	272823	289778	63284	17137			3722615
1916	3169490	272823	292412	62710	17137			3814573
1917	3278836	272823	296286	63868	17137			3928950
1918	3443771	272823	296587	77594	17137			4107912
1919	3971823	272823	353429	107020	21847			4726942
1920	6484168	389222	429301	142920	26941			7472552
1921	8472834	447396	540610	175430	39435			9675706
1922	9636500	446680	548876	171028	48184			10851269
1923	10033228	446680	549635	160417	67451			11257406
1924	10301039	446275	499931	168355	67341			11482941
1925	10012569	442849	444021	141717	59223			11100379
1926	10205902	442849	434601	151324	59823			11294499
1927	10750381	442849	457522	176260	75059	3000		11905071
1928	11377577	442849	470493	170854	75059	3000		12539832
1929	11959145	442378	497258	149925	75014	31959		13155678
1930	11640070	439605	470119	141680	73691	72631		12837796
1931	11285874	415816	449588	134326	69624	74687		12429914
1932	11539804	389490	430666	128762	85229	68787		12642739
1933	11930391	389490	447367	130889	91934	53461		13043532
1934	12839002	389490	460846	146433	103851	58061		13997683
1935	13650940	389490	479674	149748	156879	58061		14884792
1936	14640345	389490	506093	198911	233305	70574		16038718
1937	16954558	389490	536743	184040	254896	123582		18443309
1938	19470927	389490	645782	199446	304588	176504		21186737
1939	21909331	389490	682513	217626	300165	257354		23756499
1940	24659525	400072	819720	481576	307711	377386		27045990
1941	29515047	410561	1060355	680384	188202	424322		32278871
1942	-	-	-	-		-		36979162
1943	37574708	480078		1311951		1019272		40386009
1944								26666887

| | 세출 | | | | | | | | | | 합계 |
| | 임시부 | | | | | | | | | | |
	통신사업 경영비	경비전화 확장비및 영선비	국고금 취급비	항로 표지 사업	해무비	전기 사업 감독비	발전 수력 조사비	항공 사업비	기타	합계	
1906	816103									816103	2296078
1907	347529									347529	2183664
1908	287737									287737	2303704
1909	303558									303558	2430149
1910	136699	79521								375194	2750763
1911	458755	29426		122035			29998		950	641164	3515600
1912	448460			62911	241882		27611			780863	3972494
1913	392954			-	-		-			783826	4136028
1914	273627			61179	338985		11997			685788	4259539
1915	360412			30887	462966					854265	4576880
1916	198795			47881	565880					812557	4627130
1917	239923			39564	563858				8607	851952	4780902
1918	1133255		66424	90185	760723	1440				2052025	6159937
1919	2009683		90238	123328	868285	4962				3096496	7823438
1920	1437747	928751	51141	103877	859228	2873				3383616	10856169
1921	988095	217524		44320	880662					2130601	11806307
1922	1880083	113003		79045	1079961	37434	44362			3233888	14085157
1923	1535159	51858		68006	1152862		45687			2856592	14113998
1924	843905			26947	1164059		22842			2057753	13540694
1925	1004578			15215	1002652		36310			2058755	13159134
1926	1008113	116626		11187	1033350		35919			2205195	13499694
1927	973319	95821		38836	1096675		35476			2240127	14145198
1928	953407	98916		14747	1015919		37292	54059		2174340	14714172
1929	1205595	35772		66708	972174	7917		108982	98340	2397148	15552826
1930	1019512			46024	914512	16940		19649		2016636	14854432
1931	562135			75621	893598	17859		18050		1567262	13997176
1932	631531	192606		79001	814652	32		198630		1916452	14559191
1933	692732	13399		96083	840976			76771		1719962	14763494
1934	1985978			49250	840209			22793		2898230	16895913
1935	2204893	1623		154466	796534			18419		3175935	18060727
1936	2240902	145812		111576	884762	98732		130096		3611880	19650598
1937	5889206	277016		576826	719287	435720		1270145		9168200	27611509
1938	3721788	19974		183047	833651	8261986		1986960		15007388	36194125
1939	5203640	130915		168431	862587	16385268		2939814		25690655	49447154
1940	5615343	128756	8056	366106	1027603	17717465		1608645		26471974	53517964
1941	5602937	105454	2807	640148	628721	6309724		984909		14274700	46553571
1942	-	-	-	-	-	-		-		9422450	46401612
1943	6259364	103561	109657		1131779			555488		8159849	48545858
1944										7310789	33977676

주 1. 세출임시부의 기타에 포함시킨 것의 내용은 다음과 같음. 1911년은 신호소 신영비, 1917년은 통신사업 이외에 종사하는 판임관 이하 임시수당, 1929년은 조선간이생명보험 회계조입금
  2. - 는 자료 없음

<부표 2 - 2> 통신사업 수입의 세부 구성

(단위 원)

	통신사업 수입								『전기통신사』	
	우편수입	환저금 수입	전신수입 (A)	전화수입 (B)	잡수	청원통신비 납부금	전신전화 시설비 기부수입	합계	전신수입 (C)	전화수입 (D)
1906	313018	73046	341115	158712				1044471	248317	150872
1907	402049	98205	482416	254598				1494999	377128	237460
1908	526098	127276	475235	301113				1712091	389393	297790
1909	633009	148275	512606	452989				2007045	438010	412125
1910	859369	195063	626155	576612				2520694	557734	611909
1911	976655	291867	597259	713696	13839			2593316	596692	714860
1912	1127772	308185	655909	851675	19566			2963107	655216	850515
1913	1259078	331284	607065	923080	15360			3135867	574069	964909
1914	1323992	281852	598519	935436	18346			3158144	596959	934875
1915	1514533	291265	642076	964237	10635			3422745	640936	964237
1916	1629522	350108	736989	1030937	13693			3761248	736496	1032889
1917	1845579	426041	1029543	1173711	17764			4492638	1027870	1173467
1918	2078777	599060	1398380	1329320	30796			5436332	1396714	1329321
1919	2818826	686889	1871772	1515162	63074			6955723	1869714	1515162
1920	2870852	795905	1952956	1984120	38170			7642003	1948929	1984137
1921	3382410	863995	1951497	3142556	47909			9388367	1941161	3141711
1922	3674770	919014	1972815	3480888	62766			10110252	1960783	3486288
1923	4012678	857815	2027291	4070508	46567	2933		11017791	1976577	4068280
1924	4008820	844341	1909804	4424734	52350	20695		11260743	1897525	4047632
1925	4258300	1022383	2038710	4524513	36763	40306		11920975	2024099	4524512
1926	4292227	1047101	2191208	4708565	40200	44829		12324130	2173012	4719483
1927	4642112	1127882	2231581	4994347	34863	54695	55353	13140833	2215712	4992101
1928	5053454	1036538	2272282	5277234	30880	66318	24693	13761399	2253682	5274612
1929	5398588	-	2350238	5555266	-	-	-	14409313	2350238	5555266
1930	5291123	-	2169986	5462141	-	-	-	14006470	2169986	5462141
1931	5213144	-	2130303	5588799	31984	81620	601	13999502	2130303	5588799
1932	5443406	856054	2231181	5732722	35793	93196	1148	14393499	2231181	5732722
1933	5988364	941101	2477627	6188636	44822	93770	586	15734905	2477627	6188636
1934	6626885	1063071	2764243	6675085	45141	91108	2940	17268473	2764243	6675085
1935	7604171	1167380	3089154	7324059	101230	84839	649	19371482	3089154	7324059
1936	7670086	1271944	3451144	8343516	78657	77330	1284	20893961	3451144	8343516
1937	9232138	1330434	4035145	9910452	84557	81959	5261	24679946	4035145	9910452
1938	9988622	1522359	4598038	11271442	90464	91920	1433	27564278	4598038	11271442
1939	11536254	1865777	5415828	12747570	69960	89966	0	31725355	5415828	12747570
1940	12149407	2069376	5990013	14564802	98065	89250	0	34960913	5990013	14564802
1941	12240616	2173948	6610202	15662970	82753	93057	0	36787421	6610202	15662970
1942	15453370	2183038	7376958	20900740	94905	69741	0	46601453	7376958	20900740
1943	-	-	8868773	24149876	126916	49290	0	51650002	8868773	24149876
1944	-	3570929	-	-	-	-	-	65761127		

자료: 1928년까지는 『조선총독부 체신연보』 각 연판에서 작성
　　1932년 이후의 환저금수입은 우편환저금 등에 관한 요금액으로 『조선체신통계요람』에서 작성
　　1931년 이후의 잡비, 청원통신비납부금, 전신전화시설비기부수입은 『제국의회제출 세입세출총결산』
　　각 연도판으로부터 작성
주: 1. 1929년 이후의 전신수입과 전화수입은 전기통신사의 수치를 게재함.
　　2. 1929년 이후의 우편수입은 통신사업수입액에서 우편수입 이외의 모든 수입을 차감한 수치임
　　3. -는 자료 없음을 표시

<부표 3 - 1> 조선총독부 체신국 소속 종사자의 신분별 민족별 동향

(단위 인)

연 도	국적	칙임	주임	주임대우	판임	판임대우	계	촉탁	고원	용인	합계	취급소장	합계
인계 직전	조선인	2	36		222	335	595			1507	2697		
인계채용시	조선인								462	1005	1467		
1905년 7월	일본인		2		251		253		163	322	991		
(합동당시)	조선인								505	801	1306		
	계		2		251		253		668	1123	2297		
1906년	일본인	1	17		320		338		291	476	1105		
1월 10일	조선인								483	501	984		
	계	1	17		320		338		774	977	2089		
1906년	일본인	1	18		450		469		393	492	1823		
3월 말	조선인								479	540	1019		
	계	1	18		450		469		872	1032	2842		
1907년	일본인	1	28		618		647		772	853	2272		
3월 말	조선인								562	397	959		
	계	1	28		618		647		1334	1250	3231		
1908년	일본인	1	28		691		720		849	908	2477		
3월말	조선인								487	465	952		
	계	1	28		691		720		1336	1373	3429		
1909년	일본인	1	28		748		777		1043	814	2634		
3월 말	조선인								454	577	1031		
	계	1	28		748		777		1497	1391	3665		
1910년	일본인	1	28		685		714		1214	830	2758		
3월 말	조선인								372	869	1241		
	계	1	28		685		714		1586	1699	3999		
1911년	일본인	1	34		873		908	1	1527	1017	3453		
3월말	조선인							168	174	1227	1569		
	계	1	34		873		908	169	1701	2244	5022		
1912년	일본인	2	41		1026		1069	8	1858	1047	3982		
3월 말	조선인							1	249	1873	2123		
	계	2	41		1026		1069	9	2107	2920	6105		
1913년	일본인	2	47		1077		1126	6	2098	1099	4329		
3월 말	조선인				2		2	1	244	2063	2310		
	계	2	47		1079		1128	7	2342	3162	6639		
1914년	일본인	2	47		1117		1166		2286	1111	4563		
3월말	조선인				2		2	1	290	2326	2619		
	계	2	47		1119		1168	1	2576	3437	7182		
1915년	일본인	2	44		1143		1189	1	2278	1144	4612		
3월 말	조선인				2		2	1	321	2685	3009		
	계	2	44		1145		1191	2	2599	3829	7621		
1916년	일본인	2	45		1159		1206	1	2479	1178	4864		
3월 말	조선인				3		3	1	362	2786	3152		
	계	2	45		1162		1209	2	2841	3964	8016		

연 도	국적	칙임	주임	주임 대우	판임	판임 대우	계	촉탁	고원	용인	합계	취급 소장	합계
1917년	일본인	2	43		1179		1224	1	2562	1186	4973		
3월 말	조선인				6		6	1	416	2883	3306		
	계	2	43		1185		1230	2	2978	4069	8279		
1918년	일본인	2	45		1195		1242	1	2513	1124	4880		
3월 말	조선인				5		5	1	494	2886	3386		
	계	2	45		1200		1247	2	3007	4010	8266		
1919년	일본인	2	43		1245		1290	2	2727	1033	5052		
3월말	조선인				5		5	1	707	3000	3713		
	계	2	43		1250		1295	3	3434	4033	8765		
1920년	일본인	2	46		1275		1323	3	2374	892	4592		
3월 말	조선인				8		8	1	969	3224	4202		
	계	2	46		1283		1331	4	3343	4116	8794		
1921년	일본인	2	47		1376		1425	5	2604	956	4990		
3월 말	조선인				14		14	1	1159	3478	4652		
	계	2	47		1390		1439	6	3763	4434	9642		
1922년	일본인	1	50		1556		1607	10	2752	996	5365		
3월 말	조선인				16		16	1	1371	3598	4986		
	계	1	50		1572		1623	11	4123	4594	10351		
1923년	일본인	2	48		1693		1743	15	3198	1072	6028		
3월 말	조선인				19		19	4	1544	3746	5313		
	계	2	48		1712		1762	19	4742	4818	11341		
1924년	일본인	2	52		1833		1887	12	3372	1120	6391		
3월 말	조선인				25		25	6	1636	3857	5524		
	계	2	52		1858		1912	18	5008	4977	11915		
1925년	일본인	2	45		1803		1850	16	3241	1058	6165		
3월 말	조선인				40		40	4	1582	3507	5133		
	계	2	45		1843		1890	20	4823	4565	11298		
1926년	일본인	2	45		1784		1831	17	3307	1049	6204		
3월 말	조선인				60		60	4	1614	3547	5225		
	계	2	45		1844		1891	21	4921	4596	11429		
1927년	일본인	2	42		1765		1809	23	3411	1059	6302		
3월 말	조선인				62		62	5	1718	3615	5400		
	계	2	42		1827		1871	28	5129	4674	11702		
1928년	일본인	2	47		1811		1860	25	3513	1099	6497		
3월 말	조선인				64		64	5	1850	3741	5660		
	계	2	47		1875		1924	30	5363	4840	12157		
1929년	일본인	2	46		1842		1890	24	3625	1100	6639	9	6648
3월 말	조선인				72		72	5	1931	3849	5857		5857
	계	2	46		1914		1962	29	5556	4949	12496	9	12505
1930년	일본인	2	47		1998		2047	31	3859	1176	7113	9	7122
3월 말	조선인				82		82	8	2089	4018	6197		6197
	계	2	47		2080		2129	39	5948	5194	13310	9	13319

연 도	국적	칙임	주임	주임대우	판임	판임대우	계	촉탁	고원	용인	합계	취급소장	합계
1931년	일본인	2	50		2047		2099	92	4048	1231	7470	15	7485
3월 말	조선인				101		101	7	2264	4115	6487		6487
	계	2	50		2148		2200	99	6312	5346	13957	15	13972
1932년	일본인	2	49		2046		2097	29	4030	1242	7398	18	7416
3월 말	조선인				108		108	3	2375	4201	6687	5	6692
	계	2	49		2154		2205	32	6405	5443	14085	23	14108
1933년	일본인	2	55		2151		2208	14	4241	1317	7780	20	7800
3월 말	조선인				122		122	4	2543	4431	7100	5	7105
	계	2	55		2273		2330	18	6784	5748	14880	25	14905
1934년	일본인	2	58		2280		2340	19	4498	1362	8219	20	8239
3월 말	조선인				141		141	3	2757	4581	7482	9	7491
	계	2	58		2421		2481	22	7255	5943	15701	29	15730
1935년	일본인	2	59		2454		2515	24	4738	1443	8720	19	8739
3월 말	조선인				169		169	3	3001	4762	7935	12	7947
	계	2	59		2623		2684	27	7739	6205	16655	31	16686
1936년	일본인	2	57	4	2542	75	2680	26	4856	1407	8969	20	8989
3월 말	조선인		1		194	355	550	3	2965	5042	8560	18	8578
	계	2	58	4	2736	430	3230	29	7821	6449	17529	38	17567
1937년	일본인	2	65	7	2714	68	2856	44	5208	1473	9581	16	9597
3월말	조선인		1		243	358	602	5	3459	5647	9713	26	9739
	계	2	66	7	2957	426	3458	49	8667	7120	19294	42	19336
1938년	일본인	2	74	6	3021	60	3163	51	5781	1591	10586	9	10595
3월 말	조선인		2		300	360	662	5	4177	6549	11393	29	11422
	계	2	76	6	3321	420	3825	56	9958	8140	21979	38	22017
1939년	일본인	2	80	8	3418	52	3560	50	5791	1483	10884		
3월 말	조선인		3		390	342	735	13	5319	7530	13597		
	계	2	83	8	3808	394	4295	63	11110	9013	24481		
1940년	일본인	2	87	12	3667	46	3814	58	5401	1190	10463		
3월 말	조선인		3	1	491	365	860	20	6798	8636	16314		
	계	2	90	13	4158	411	4674	78	12199	9826	26777		
1941년	일본인	2	92	18	4004	49	4165	69	4613	863	9710		
3월 말	조선인		3		651	356	1010	21	8427	9642	19100		
	계	2	95	18	4655	405	5175	90	13040	10505	28810		
1942년	일본인	2	78	16	3994	44	4134	79	4355	719	9287		
3월 말	조선인		2	1	703	521	1227	16	9828	10400	21471		
	계	2	80	17	4697	565	5361	95	14183	11119	30758		
1943년	일본인	2	91	30	4089	75	4287	54	4077	608	9026		
3월 말	조선인		2	5	798	565	1370	11	10961	10896	23238		
	계	2	93	35	4887	640	5657	65	15038	11504	32264		
1944년	일본인	2	66	31	3855	71	4025	49	3231	439	7744		
3월 말	조선인		3	3	911	626	1543	17	12081	11450	25091		
	계	2	69	34	4766	697	5568	66	15312	11889	32835		
1945년	일본인										6019		
3월 말	조선인										24495		
	계										30514		
1945년	한국인										22499		
1946년 남한	한국인										18800		

<부표 3 - 2> 조선총독부 체신국 종사자의 신분별 기관별 민족별 구성의 동향

(단위 인)

		주임관 이상		판임관		고원		용인	
		일본인	조선인	일본인	조선인	일본인	조선인	일본인	조선인
1909. 3월	통신관리국	21		189		212	2	233	19
	우편국	8		333		624	93	409	335
	취급소			145		94	202	81	167
	우편소			81		113	5	91	56
	우체소						152		
	합계	29		748		1043	454	814	577
1914. 3월	체신국	25		154		152	1	49	5
	광제환	3		5		6	1	18	28
	체신국출장소	4		16		17	2	31	6
	항로표지			88		24	1		
	우편위체저금관리소	3		33		122		13	
	우편국	14		498		1523	169	711	1279
	우편소					759	117	81	918
	합계	49		794		2611	291	903	2236
1921. 3월	체신국	20		145	1	120	15	79	45
	체신국해사출장소	6		23		22	3	36	16
	광제환	2		4		3	2	1	48
	항로표지			95	9	1		10	29
	우편위체저금관리소	2		44		205	8	18	14
	우편국	19		657	3	1833	558	788	1874
	우편소			408	1	425	574	24	1452
	합계	49		1376	14	2609	1160	956	3478
1931말	체신국	25		292	4	340	33	107	95
	체신국해사출장소	4		33		20	1	30	20
	항로표지			86	5	10		5	34
	비행장	1		7		8		5	1
	저금관리소	1		79	1	298	29	39	27
	우편국	17		886	18	2326	564	1035	1499
	전신국	1		38		18	2	4	11
	전화국	2		30		363	28	10	4
	우편소			595	80	676	1721	7	2510
	합계	51		2046	108	4059	2378	1242	4201
1941말	체신국	39	2	811	41	914	570	84	474
	지방체신국	20		558	12	477	94	474	947
	해사서 및 동 출장소	5		57	1	16	10	12	50
	항로표지			116	3	1		1	48
	저금관리소	2		156	17	198	364	10	150
	비행장			12		19	2	7	8
	우편국(특정국 제외)	11		1390	307	2025	3274	108	4036
	특정우편국			653	301	396	5510	2	4475
	전신국	1		210	18	304	111	11	194
	전화국	2		47	4	128	430	10	18
	합계	80	2	4010	704	4478	10365	719	10400

찾아보기

저 자

박이택 •약력•

서울대학교 경제학과 졸업
서울대학교 대학원 경제학 박사
낙성대경제연구소 연구위원 역임
일본 히토쓰바시대학 경제연구소 객원연구원 역임
현재 성균관대학교 경제학부 연구교수

•주요논저•

「조선총독부의 인사관리제도」(정신문화연구, 제 29 권 제 2 호, 2006)
「19 세기 종친부 재정의 분석」(경제사학, 제 39 호, 2005)
「식민지기 유통액과 유통마진율 추계」(경제사학, 제 37 호, 2004)
「촌락내부계약에 있어서 지급표준과 지급수단: 1667-2000」(민족문화
　　연구, 제 38 호, 2003)

『근대 동아시아 경제의 역사적 구조』(일조각, 2007, 공저)
『한국의 경제성장: 1911-1940』(서울대학교출판부, 2006, 공저)
『새로운 한국경제발전사』(나남출판, 2005, 공저)
『수량경제사로 다시 본 조선후기』(서울대학교 출판부, 2004, 공저)

한국 통신산업에 있어서
지배구조와 고용구조

· 초판 인쇄   2008 년 2 월 26 일
· 초판 발행   2008 년 2 월 26 일
· 지 은 이   박이택
· 펴 낸 이   채종준
· 펴 낸 곳   한국학술정보㈜
            경기도 파주시 교하읍 문발리 513-5
            파주출판문화정보산업단지
            전화 031)908-3189(대표)·팩스 031)908-3189
            홈페이지 http://www.kstudy.com
            e-mail(출판사업부) publish@kstudy.com
· 등   록   제일산-115 호(2000. 6. 19)
· 가   격   36,000 원

    ISBN   978-89-534-8149-7 93070 (paper book)
            978-89-534-8150-3 98070 (e-book)